U0794582

校企合作双元开发“互联网+”立体化教材
高等职业院校铁道车辆专业“十四五”技能型人才培养新形态教材

铁道车辆制动装置检修

（智媒体版）

主　编　罗晓红
副主编　马　皓　王　丹

西南交通大学出版社
·成　都·

图书在版编目（CIP）数据

铁道车辆制动装置检修：智媒体版 / 罗晓红主编. —成都：西南交通大学出版社，2022.5（2025.6 重印）

校企合作双元开发“互联网+”立体化教材 高等职业院校铁道车辆专业“十四五”技能型人才培养新形态教材

ISBN 978-7-5643-8649-8

Ⅰ. ①铁… Ⅱ. ①罗… Ⅲ. ①铁路车辆－车辆制动－制动装置－检修－高等职业教育－教材 Ⅳ. ①U260.13

中国版本图书馆 CIP 数据核字（2022）第 060037 号

校企合作双元开发“互联网+”立体化教材
高等职业院校铁道车辆专业“十四五”技能型人才培养新形态教材

Tiedao Cheliang Zhidong Zhuangzhi Jianxiu（Zhimeiti Ban）
铁道车辆制动装置检修（智媒体版）

主 编 罗晓红

责任编辑	李华宇
封面设计	何东琳设计工作室
出版发行	西南交通大学出版社 （四川省成都市金牛区二环路北一段 111 号 西南交通大学创新大厦 21 楼）
邮政编码	610031
发行部电话	028-87600564 028-87600533
网址	http://www.xnjdcbs.com
印刷	四川煤田地质制图印务有限责任公司
成品尺寸	185 mm × 260 mm
印张	25.5
字数	634 千
版次	2022 年 5 月第 1 版
印次	2025 年 6 月第 3 次
定价	69.80 元
书号	ISBN 978-7-5643-8649-8

课件咨询电话：028-81435775
图书如有印装质量问题 本社负责退换
版权所有 盗版必究 举报电话：028-87600562

前言

职业教育的目的是培养应用型人才和具有一定文化水平及专业知识技能的劳动者。与普通教育和成人教育相比，职业教育侧重于以促进就业和适应产业发展为导向，着力培养高素质劳动者和技术技能人才。我国铁路处于快速发展时期，各种新技术、新设备、新工艺不断使用到铁路运输各部门，铁道车辆作为铁路运输的重要载体，大量现代化技术设备投入使用，这对铁道车辆检修运用的职工也提出来新的要求。从业人员必须不断地学习、掌握车辆装备及车辆检修运用装备的新知识、新设备、新工艺，以适应铁路运输重载、高速发展战略目标的实施要求。为满足高技能人才培养的要求，适应“教学做”一体化的教学模式，我们组织编写了此教材。

本教材按照生产运输实际分工分为两大部分：货车车辆制动装置检修和客车车辆制动装置检修。每一部分的具体内容根据生产检修的工艺流程分为几个项目：第一部分的项目有货车空气制动装置检修、人力制动机检修、货车单闸瓦式基础制动装置检修、空气制动阀（120/120-1 阀）检修、货车空重车调整装置检修、货车脱轨自动制动装置检修、货车制动机性能试验等 7 个项目；第二部分的项目有客车空气制动机检修、客车手制动机检修、客车基础制动装置检修、客车空气制动阀（104 阀和 F8 阀）检修、客车电空制动机检修、客车制动机性能试验等 6 个项目。制动性能试验部分由于设备更新换代以及各生产单位的设备不完全一致等因素，着重介绍最基本的手动试验设备和试验方法。本教材建议课时为 110 ~ 140 学时。根据高职高专教育、中等职业教育、客车专门化、货车专门化不同的培训要求可选学不同部分内容。

本教材还附有主要知识点的教学视频、PPT 教学课件，各项任务后附有思考与练习，以便课后复习和自我检查学习效果。

本教材由包头铁道职业技术学院罗晓红担任主编，包头铁道职业技术学院马皓、王丹担任副主编。第一部分“货车车辆制动装置检修”的 PPT 课件由王丹负责制作；第二部分“客车车辆制动装置检修”的 PPT 课件由马皓负责制作。教学视频的主讲由罗晓红、王丹和马皓三人共同承担。

本教材可作为职业院校铁道车辆专业教材，也可作为职工短期专项技术技能培训教材，还可作为铁道车辆部门业务管理人员、工程技术人员及其他职工的自学参考书。

由于编者水平有限，教材难免存在不足之处，敬请读者批评指正。

编　者

2022 年 3 月

数字资源索引

目 录

第一部分　货车车辆制动装置检修

第二部分　客车车辆制动装置检修

第一部分

货车车辆制动装置检修

项目一　货车空气制动装置检修

项目概述

车辆制动机是铁路车辆重要的组成部分之一，它直接关系到铁路车辆运行的安全，此外还是提高列车牵引速度、增加载重量的前提条件等。本项目以铁路货车空气制动系统为载体，设计工作情境，让学生组成学习团队，以团队为单位通过认识货车空气制动装置中的各零部件，再绘制货车制动装置组成示意图，熟悉铁路货车制动装置的组成部件及连接关系；通过绘制自动空气制动机基本作用原理图，更换或检修空气制动机附件，熟悉货车空气制动装置检修的工艺流程及要求等。

教学目标

1. 通过阅读工作任务单，明确工作任务要求；
2. 能正确识别铁路货车空气制动装置各零部件；
3. 能根据任务要求和实际情况，合理制订工作计划；
4. 能正确绘制 120 型货车空气制动装置的组成示意图和自动式空气制动机的作用原理图；
5. 能检修 120 型空气制动机的各种附件。

任务一　认识货车空气制动装置

【任务描述】

本任务实施中，将任务化繁为简，先认识货车空气制动机的组成零部件，以及各部件的功用，然后通过正确绘制货车 120 型制动机的组成示意图和自动式空气制动机的作用原理图，熟悉铁道车辆货车空气制动装置的零部件组成及制动基本工作原理。

【任务实施】

课件：认识货车制动装置

一、自动式空气制动装置的组成

自动式空气制动装置的组成如图 1-1 所示。

各组成部分的作用如下：

空气压缩机和总风缸：列车空气制动装置的原动力系统。空气压缩机可以制造 700 ~ 900 kPa 的压缩空气；总风缸储存压缩机制造的压缩空气，供全列车制动系统使用。

给风阀（也称调压阀）：将总风缸的压缩空气调整到规定压力后，经自动制动阀充入制动管。

自动制动阀：操纵列车空气制动装置的部件。

制动管：贯通全列车的压缩空气的导管。通过它向列车中各车辆的制动装置输送压缩空气，并通过自动制动阀控制管内压缩空气的压力变化来实现操纵列车各车辆制动机产生制动、缓解等相应的作用。

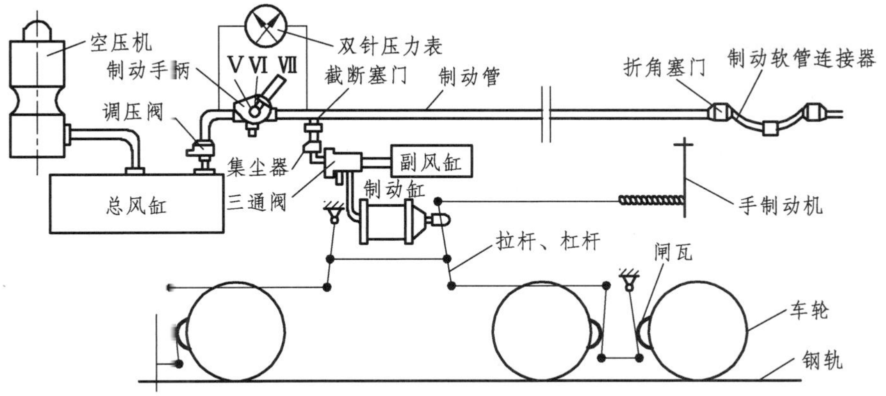

图 1-1　自动空气制动机的组成

微课：空气制动机的基本作用原理

三通阀（分配阀或控制阀）：控制车辆制动机产生制动、缓解等不同作用的部件。三通阀与制动管、副风缸和制动缸相通，故称为三通阀。根据制动管内压缩空气压力的变化情况，产生相应的作用位置，从而控制向副风缸充入压缩空气的同时把制动缸内的压缩空气排向大气实现制动机缓解，或将副风缸内压缩空气充入制动缸产生制动机的制动作用。其作用原理如下：

三通阀内有一个气密性良好的主活塞、带孔道的滑阀和截止阀。主活塞外侧通制动管，内侧通副风缸。当制动管内压缩空气的压力发生增压或减压的变化时，主活塞两侧形成压力差（制动管与副风缸的压力差），当克服主活塞组件的移动阻力后，推动主活塞带动截止阀、滑阀移动，形成不同的作用位置，实现以下各种位置。

（1）充气缓解作用。

当操纵自动制动阀（即大闸）使总风缸的压缩空气向制动管充气时，三通阀内主活塞外侧压力增高，当外侧压力大于内侧压力和移动阻力时，制动管压缩空气推动主活塞、截止阀、滑阀向内移动，开放了充气沟 i，制动管来的空气经充气沟 i 进入副风缸储存起来（其压力最终达到与制动管压力规定压力相等，即定压），准备制动时使用。同时，滑阀移动后将制动缸与三通阀排气口连通，若制动缸内有压缩空气，则经排气口 EX 排入大气，就实现了制动机的充气缓解作用，如图 1-2 所示。

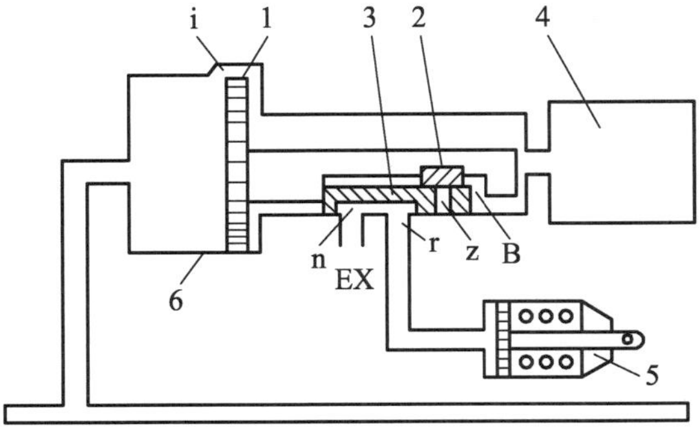

1—主活塞及主活塞杆；2—截止阀；3—滑阀；4—副风缸；5—制动缸；6—三通阀；i—充气沟；B—间隙；z—滑阀制动孔；r—滑阀座制动缸孔；n—滑阀缓解联络槽；EX—排气口。

图 1-2　三通阀充气缓解位的作用原理

（2）制动作用。

当操纵自动制动阀使制动管内的压缩空气排向大气时，三通阀内主活塞外侧压力下降，主活塞被副风缸压力推动，连同滑阀、截止阀向外移动，移动到滑阀与滑阀座上的孔路将副风缸和制动缸连通时，副风缸内压缩空气经滑阀上的制动孔 z 与滑阀座上的制动缸孔 r 进入制动缸，实现制动机的制动作用，如图 1-3 所示。

（3）制动保压作用。

制动后，当制动管停止向外排气时，由于三通阀仍处于制动位置，所以副风缸内压缩空气通过滑阀与滑阀座上的孔路继续充入制动缸，副风缸压力继续下降，当降到稍低于制动管压力时，主活塞带动截止阀向内移动一定距离（滑阀未动），截止阀将滑阀上的副风缸与制动缸通路遮断（z 孔被截止阀盖住）停止了副风缸向制动缸充气，制动缸内压力不再上升，就实现了制动机的制动保压作用，如图 1-4 所示。

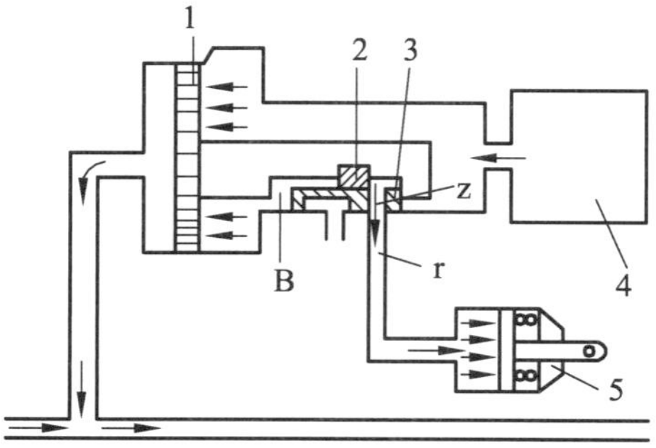

图 1-3　三通阀制动位的作用原理（件号、代号同图 1-2）

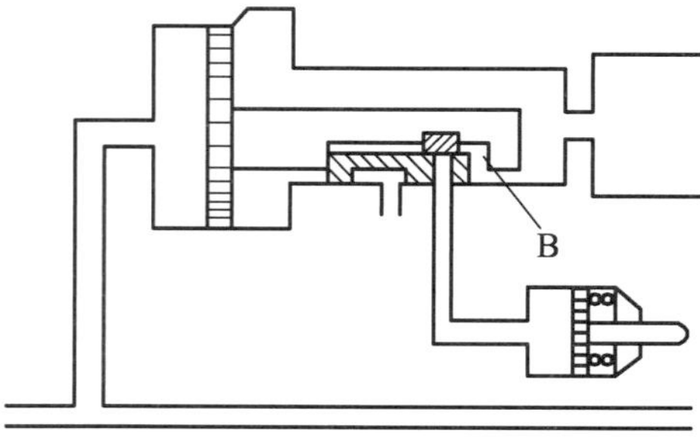

图 1-4　三通阀保压位的作用原理

副风缸：缓解位储存压缩空气，作为制动时制动缸的动力源。

制动缸：制动时，用来把副风缸送来的空气压力变为机械动力。

基础制动装置：制动时将制动缸活塞推力扩大若干倍并传递到闸瓦，使闸瓦压紧车轮产生制动作用；缓解时依靠缓解弹簧使闸瓦离开车轮实现制动机的缓解作用。

闸瓦、车轮和钢轨：制动时的能量转换部分，是实现制动作用的三大要素。

二、货车空气制动机

微课：客货车空气制动机的种类

（一）GK 型空气制动机

GK 型空气制动机由软管连接器 12、制动主管 1、制动支管、截断塞门 6、远心集尘器 4、GK 型三通阀 3、副风缸 11、制动缸 2 等组成。其组成特点是：使用能与直径为 356 mm 的制动缸配套使用的 GK 型副风缸，并设置空重车调整装置（包括降压气室 9、空重车转换塞门 7、安全阀 8、空重车指示牌及调整手把 5 等），如图 1-5 所示。此种制动机已逐渐被淘汰。

（二）103 型空气制动机

103 型空气制动机是以我国自行设计制造的 103 型货车分配阀命名的，如图 1-6 所示。103 型空气制动机由软管连接器、制动主管、制动支管、截断塞门 3、远心集尘器 4、103 型分配阀 5、副风缸 7、制动缸 1、压力风缸 9、缓解阀 8 等组成。其组成特点是：以 103 型分配阀 5 代替了旧型制动机中的三通阀，设有一个容积为 11 L 的压力风缸，分配阀本身设有空重车调整部，其调整装置是通过伸向车体两侧的杠杆和手柄配套使用的，扳动手柄就可调整为空车位或重车位。103 型制动机其他部件与 GK 型制动机基本相同。由于 103 型分配阀通用于各种大小型号的副风缸和制动缸，所以，103 型空气制动机可根据车辆载重吨位的大小来选配制动缸和副风缸。目前，103 型制动机主要安装在载重 500 kN 以上的货物车辆上，使用直径为 356 mm 的制动缸，选用 100 L 的副风缸。

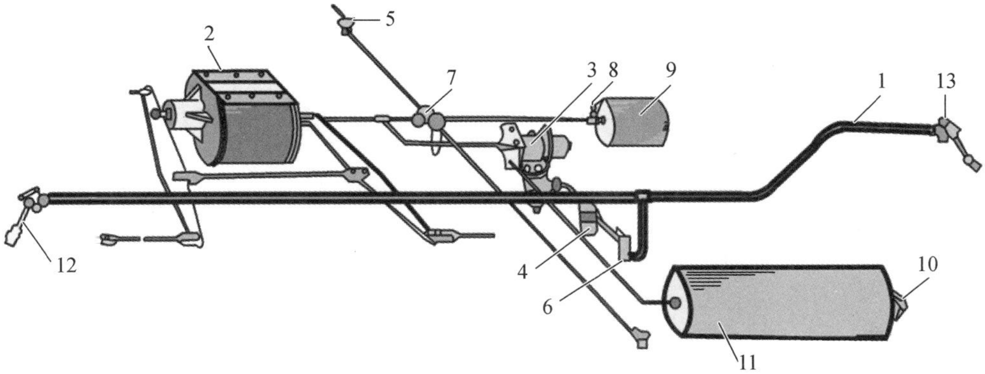

1—制动管；2—制动缸；3—GK 型三通阀；4—远心集尘器；5—空重车调整手把；6—截断塞门；7—空重车转换塞门；8—空车安全阀；9—降压气室；10—缓解阀；11—副风缸；12—制动软管连接器；13—折角塞门。

图 1-5　GK 型空气制动机组成简图

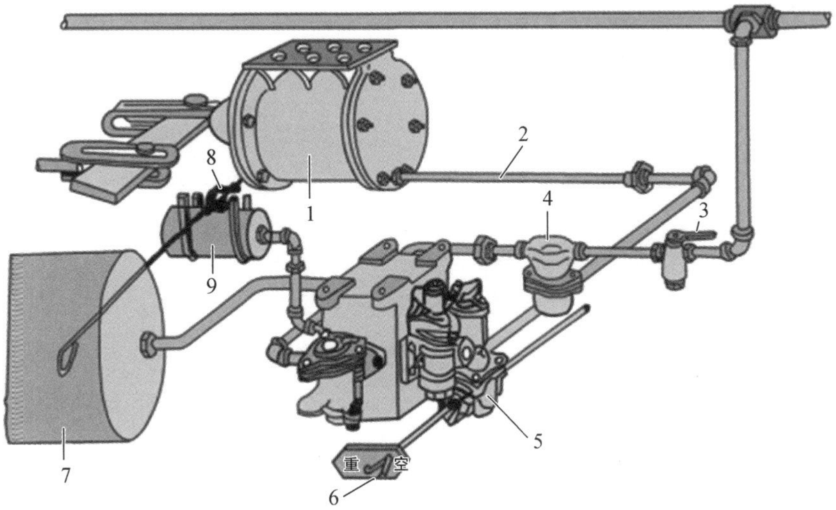

1—制动缸；2—制动缸管；3—截断塞门；4—远心集尘器；5—103 型分配阀；6—空重车指示牌及调整阀；7—副风缸；8—缓解阀；9—压力风缸。

图 1-6　103 型空气制动机组成简图

在制动装置检修或编组列车时，需要排除制动缸内的压缩空气。操作人员要一直拉动安装在压力风缸上的缓解阀拉杆或在手柄处夹放木楔，才能实现车辆制动机的缓解作用。

由于副风缸容积大，势必延长列车初充气的时间，制动管小减压量时，制动缸升压比 GK 型空气制动机高一倍左右，因此两种制动机混编时，制动缸压力不一致，除带来列车冲动外，由于制动力大，还易造成闸瓦磨耗大，甚至磨耗闸瓦托；另外，它的缓解波速低，易造成车辆间过大的纵向冲击，引起车钩缓冲装置各部件的疲劳，严重处将发生断裂，对于长大货物列车（60 000 kN 以上），它的制动波速和缓解波速都不能满足要求。所以，103 型制动机不能适应长大货物列车运输时对制动机性能方面提出的新要求。近年来，新造车和改造车均装用 120 型制动机，故 103 型制动机也仅在少量未改造的旧型车上使用。

（三）120 型空气制动机

120 型空气制动机由软管连接器 1、制动主管 4、制动支管 7、截断塞门和远心集尘器的组合装置 6（也有分成两个独立部件的）、120 型控制阀 8、副风缸 10、加速缓解风缸 5、制动缸 13、空重车调整装置（包括传感阀 16、限压阀 9 和降压气室 17）、折角塞门 3 和 11、制动软管 2 和 12 等零部件组成，如图 1-7 所示。

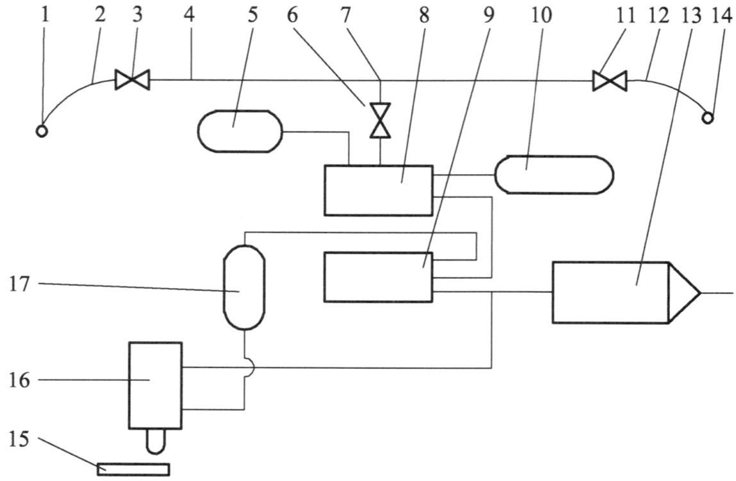

1—制动软管及连接器；2，12—制动软管；3，11—折角塞门；4—制动管；5—加速缓解风缸；6—截断塞门和远心集尘器组合装置；7—制动支管；8—120 型控制阀；9—限压阀；10—副风缸；13—制动缸；14—制动软管连接器；15—摇枕接触板；16—空重车阀；17—降压气室。

图 1-7　120 型空气制动机组成简图

其特点是：120 型客气制动机设置了加速缓解阀和加速缓解风缸。在列车缓解时，加速缓解阀动作，制动机产生制动管局部增压作用，从而加速了制动管的充气速度，提高了列车的缓解波速。120 型制动机还设有半自动缓解阀，它是靠人工拉动缓解阀手柄后，就可使制动缸的压缩空气直接排入大气，达到制动机缓解的目的。使用时在拉动半自动缓解阀手柄 3 ~ 5 s 听到制动缸排气声后，就可松手，制动缸空气会自动排尽，不需要长时间拉着手柄或在手柄处夹放木楔。

随着车辆载重的不断增加，货车自重系数不断下降，空车与重车的总重量差别越来越大。货车的制动率如按空车设计，则重车时制动率将严重不足；如按重车设计，则空车时又因制动率过大，发生滑行而擦伤车轮。为了保证空、重车制动率趋于一致，在 120 型空气制动机上安装了 KZW-A 型（还有部分早几年安装的 TWG-1 系列或 KZW-4G 系列）空重车自动调整装置，可根据车辆实际装载重量自动调整制动缸压力，保持与载重相适应的车辆制动力。当车辆载重不同。摇枕挠度变化时，而横跨梁的位置不变（即挡铁高度不变），传感阀据此将一部分制动缸的压缩空气分流进入降压风缸，并控制调整阀的输入与输出之比，从而使制动缸的压力随车辆载重，无级地、成比例地变化，实现空重车自动无级调整。空重车自动调整装置上装有空重车显示牌，当 KZW-A 型显示牌翻起时显示重车位，表面为白色；落下时显示为空车位，表面为红色。

空重车自动调整装置在现车上的改造十分简单，提速货车制动系统中除了限压阀和传感阀外，其余的 120 型控制阀、副风缸、加速缓解风缸、制动缸和降压气室均与原制动机一样，无须变动。限压阀串接在 120 控制阀通往制动缸的管路中，而传感阀则安装在转向架摇枕上或转向架附近的车体上，其挡铁或横跨梁则设在转向架侧架上，取消了原来空重车装置的转换塞门和安全阀。

知识拓展

一、制动相关的一般概念

（1）制动作用：人为地施加于运动物体一外力，使其减速（含防止其加速）或停止运动，或施加于静止物体，保持其静止状态，这种作用称为制动作用。实现制动作用的力称为制动力。制动力产生过程如图 1-8 所示。

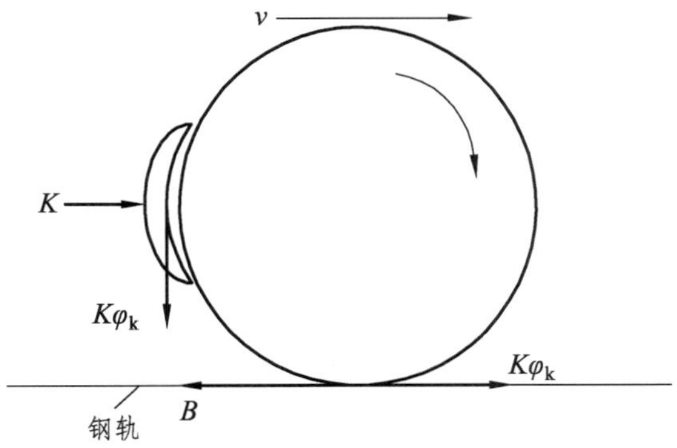

K—闸瓦压力；φ_k—闸瓦与车轮踏面之间的摩擦系数；B—制动力。

图 1-8　制动力产生示意图

$K\varphi_k$ 产生转矩为 $K\varphi_k R$（R 为车轮的半径），转矩 $K\varphi_k R$ 可以移动到车轮的圆周的任一点，效果是一样的。为此，将其移到车轮与钢轨的接触点处，此处车轮对钢轨施加一个力为 $K\varphi_k$，根据作用力与反作用的关系，钢轨也对车轮施加有一个力，该力的方向与 $K\varphi_k$ 相反，用 B 表示，这个力就是制动力。

制动力的大小受轮轨黏着力的限制：

$$B=\sum K\varphi_k \leqslant q_0\mu_z$$

黏着状态时，车轮与钢轨之间的摩擦处于动静结合状态，轮轨之间的最大制动力可认为是最大静摩擦力。闸瓦压力 K 过大时，车轮在钢轨上滑行，μ_Z 变为滑动摩擦系数 μ_H，滑动摩擦系数远小于黏着系数，所以此时的制动力为 $q_0\mu_H$，故制动力 B 远小于 $K\varphi_k$。

（2）缓解作用：解除制动作用的过程称为缓解。制动装置既要能实现制动作用，同时也要能实现缓解作用。

（3）制动装置：机车和车辆上能产生制动作用和缓解作用的零部件所组成的一整套机构称为制动装置，通常包括空气制动机、基础制动装置和手制动机三部分。

（4）列车制动装置：装于机车和车辆上能实现制动作用和缓解作用的装置称为列车制动装置，也称列车制动机。它由机车制动机和车辆制动机组合而成。

（5）列车自动制动机：当列车一旦脱钩分离后，列车前后两部分均能自动地产生制动作用而停车的制动机被称为自动制动机。自动制动机还能在意外情况下，除机车司乘人员以外的列车其他乘务人员在本辆车上操纵紧急制动阀使列车紧急停车。

（6）制动距离：制动时从机车的自动制动阀置于制动位起，到列车停车，列车所走过的距离称为制动距离。制动距离越短，列车的安全系数越大。《铁路技术管理规程》（简称《技规》）规定，列车紧急制动距离按不同情况分别不超过：

旅客列车：120 km/h，800 m
160 km/h，1 400 m
200 km/h，2 000 m
250 km/h，2 700 m
300 km/h，3 700 m
350 km/h，4 800 m

货物列车：90 km/h，800 m
120 km/h，1 100 m
（250 kN 轴重 120 km/h；货物列车，1 400 m）
160 km/h，2 400 m

（7）制动波和制动波速：制动作用的产生一般是制动阀手把置于制动位，制动作用由机车制动机产生作用起，沿列车纵向由前及后车辆制动机逐一产生制动作用。我们称制动作用沿列车长度方向的传播现象称为“制动波”。制动波的传播速度，称为“制动波速”。

制动波速是综合评定制动机性能的重要指标之一。制动波速越高，则列车制动作用传播速度越快，列车前后部制动作用同时性越好，前后部车辆的减速度差值越小，制动过程中任一瞬间的平均制动力比较大。这既可缩短制动距离，确保列车运行安全，又可有效地缓和列车的纵向冲击。同时制动波速越高，制动作用的传播长度就可加大，制动机越适用于重载（长大）、高速列车的要求。

二、制动机的种类

目前，我国应用最广的是摩擦制动方式，即闸瓦与车轮踏面产生摩擦力或盘形制动的闸片与制动盘产生摩擦力，从而产生制动作用。摩擦制动是将列车的动能转化为热能散发于大气中，从而达到制动的目的。车辆制动机有以下几种：

微课：车辆制动机的类型

（一）手制动机

以人力作为动力来源，用手来操纵制动和缓解的制动机叫手制动机。其特点是：结构简单，不受动力的限制，任何时候都可使用。目前手制动机仅用于原地制动或在调车作业中使用。

（二）真空制动机

以大气压力作为动力来源，用对空气抽真空的程度来操纵制动或缓解的制动机叫真空制动机。

特点：其压力最高只能达到一个大气压，即 1.01×10^5 kPa，制动力小；气密性要求高。要增大制动力，只能通过扩大制动缸的直径或提高制动倍率来实现。这样，不仅增加了车辆自重，调整制动缸活塞行程的工作量将大大增加，而且列车编组长度也受到限制。其结构原理如图 1-9 所示。

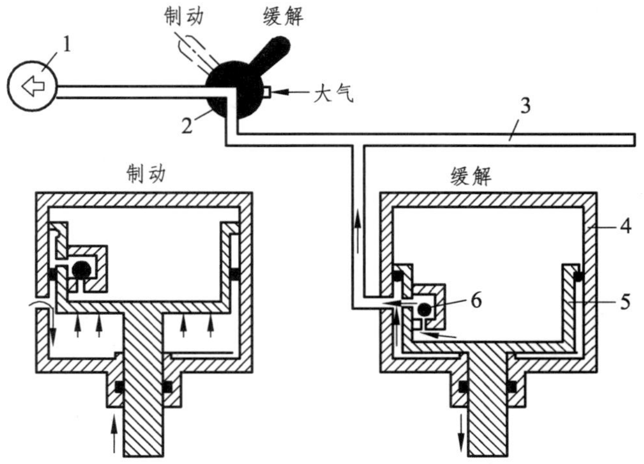

1—真空泵；2—真空制动阀；3—真空制动主管；4—真空制动缸；5—活塞；6—逆止阀。

图 1-9　真空制动机作用原理示意图

（三）空气制动机

空气制动机是以压缩空气为动力来源，用空气压力的变化来操纵制动机。空气制动机根据不同的作用原理可分为直通式空气制动机和自动式空气制动机。

1. 直通式空气制动机

基本组成：压缩机、总风缸、制动阀、列车管和制动缸等组成，如图 1-10 所示。

作用原理：制动阀手把有制动、缓解和保压三个作用位，制动阀手把置Ⅰ位（制动位）时，总风缸的压缩空气经制动阀、制动管进入各车辆的制动缸，使列车产生制动作用；制动阀手把置Ⅱ位（保压位）时，总风缸、制动管和大气之间的通路均被遮断，制动缸和制动管压力保持不变；制动阀手把置Ⅲ位（缓解位）时，制动管及制动缸压缩空气经制动阀排出，制动缸活塞被缓解弹簧推回，闸瓦离开车轮踏面，列车制动状态得到缓解。

优点：构造简单，用制动阀可直接调节制动缸压力，实现阶段制动和阶段缓解。但不适用于较长列车，因为制动和缓解时各车辆制动机的压缩空气都由机车总风缸供给和机车上的制动排气口排出。所以，制动时距离机车近的制动缸充气早、增压快，距离机车远的制动缸充气晚、增压慢；缓解时距离机车近的制动缸排气早、缓解快，距离机车远的制动缸排气晚、缓解慢，造成列车前后部车辆的制动和缓解作用不一致，列车纵向冲动大。特别是当列车发生车钩分离事故时，整个列车就失去制动控制。因此，直通式空气制动机已被淘汰，被自动式空气制动机所代替。

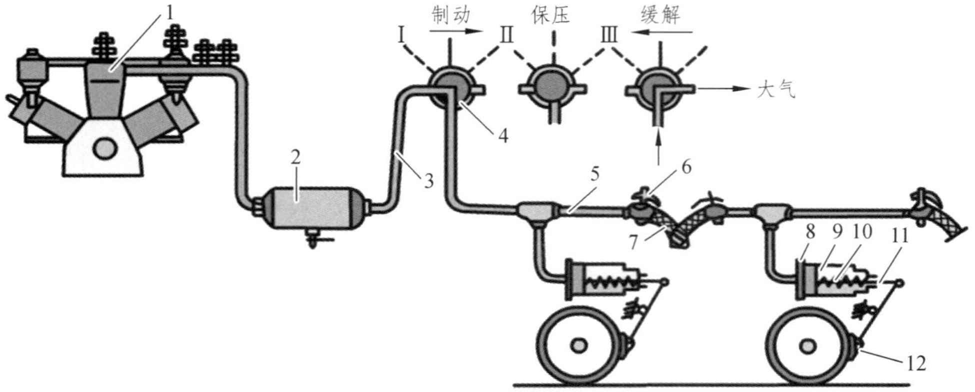

1—空气压缩机；2—储风缸；3—总风缸管；4—制动阀；5—制动管；6—截断塞门；7—制动软管连接器；8—制动缸；9—制动缸活塞；10—制动缸缓解弹簧；11—制动缸活塞杆；12—闸瓦。

图 1-10　直通式空气制动机作用原理

特点：制动管充气增压，产生制动作用；制动管排气减压，产生缓解作用。

2. 自动式空气制动机

自动式空气制动机在每辆车上增加了三通阀（分配阀或控制阀）及副风缸。制动时，各制动缸的压缩空气就近取自本车的副风缸；缓解时，各制动缸的压缩空气经本车的三通阀（分配阀或控制阀）排气口排出。因此，列车前后部车辆的制动和缓解作用一致性比较好，列车的纵向冲击较小，适应于编组较长的列车。

特点：制动管减压时制动，增压时缓解。当列车发生车钩分离事故时或拉动紧急制动阀时，全列车均能自动制动而停车。

（四）电空制动机

电空制动机是以压缩空气作为原动力，利用电来操纵的制动机。为防止电控系统发生故障，列车失去制动控制，仍保留压缩空气操纵装置，以备在电控系统发生故障时，能自动地转为压缩空气操纵。

优点：全列车能迅速发生制动和缓解作用，列车前后部制动机动作的一致性较好，列车纵向冲击小，制动距离短，适应于高速旅客列车。

（五）轨道电磁制动机

在每一个转向架上设有可起落的电磁铁，司机操纵制动时，将悬挂在转向架上导电后起磁感应的电磁铁放下压紧钢轨，使它与钢轨发生摩擦而产生制动力。在高速旅客列车上，轨道电磁制动机与空气制动机并用。

优点：制动力不受黏着力的限制，避免车轮滑行，但重量较大，增加了车辆的自重并加速了钢轨的磨耗。由于设备寿命短，一般只在紧急制动时使用。

（六）线性涡流制动机

在每一个转向架上设有可起落的电磁铁，司机操纵制动时，将悬挂在转向架上导电后起磁感应的电磁铁放在距离轨面上方几毫米处，利用它和钢轨的相对运动使钢轨表面感应电磁涡流，从而产生阻力并使钢轨发热，变列车动能为热能，由钢轨和电磁铁将热量逸散于大气中。

（七）再生制动

列车制动时，使电力机车或用电力牵引的电动车组的牵引电动机转变为发电机，将运行中的列车的动能通过发电机转变为电能反馈回电网（供电网范围内的其他列车牵引使用），使列车的动能转变为可利用的电能。

优点：节能环保，基本无磨耗，是一种比较理想的制动方式。但低速时效率较低，为此常和空气制动配合使用。

（八）电阻制动

电力机车或用电力传动的内燃机车、电动车组或地下铁道车辆制动时，将牵引电动机转变为发电机，将运行中的列车的动能通过发电机转变为电能消耗于电阻，用以控制列车速度。

优点：效率高，不会发生长时间抱死车轮的现象，高速时制动力大。但低速时它的效率就会降低，平常均与空气制动机同时配合使用。

思考与练习

一、名词解释

1. 制动作用；
2. 缓解作用；
3. 制动距离及其意义；
4. 制动波和制动波速。

二、填空题

1. 以（　　　　　）为动力（或工作介质）的制动装置，称为空气制动机。
2. 闸瓦压力过大车轮被抱死时，车辆将产生滑行，此时制动力将（　　　　　）。
3. 车辆制动机是利用储存在（　　　　　）内的压力空气作为制动动力的。
4. 截断塞门安装在（　　　　　　　　）上。

三、问答题

1. 铁路货车制动机有哪些种类？目前我国铁路货车用的主要是哪种制动机？
2. 什么是自动空气制动机？它有何特点？

任务二　货车空气制动机主要附件检修

【任务描述】

本任务实施中，通过对制动软管、制动管、折角塞门、截断塞门、远心集尘器、制动缸等制动机主要附件的分解、组装和检修，掌握铁路货车空气制动装置主要附件的结构、用途、检修方法及要求等，培养学生的专业实操技能。

课件：货车制动装置主要附件

【任务实施】

一、制动软管

微课：制动软管、总风软管及制动管

（一）制动软管简介

制动软管连接器的用途是连接相邻各车辆的制动主管，能在列车通过曲线或车辆间距变化时，不妨碍压缩空气的畅通。构造如图 1-11 所示，其一端装有软管接头，与折角塞门连接，另一端装软管连接器。制动软管由软管、软管连接器与软管接头三部分组成。其软管接头、软管连接器与软管采用压套紧固组合而成。

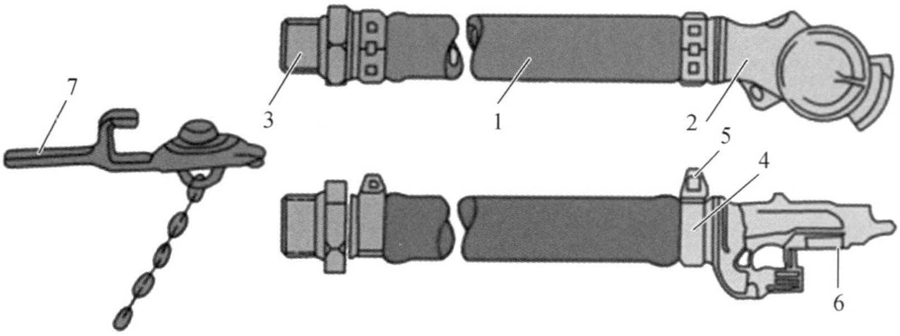

1—制动软管；2—软管连接器；3—软管接头；4—卡子；
5—螺栓和螺母；6—垫圈；7—防尘堵。

图 1-11　制动软管

制动软管的长度以 560 mm 为标准，公差不得超过±10 mm，内径一般是 35 mm，外径一般是 52 ~ 54 mm。

为了保证软管的连接器互相连接后严密不漏，在连接器内嵌入一个软管垫圈 1，如图 1-12 所示。

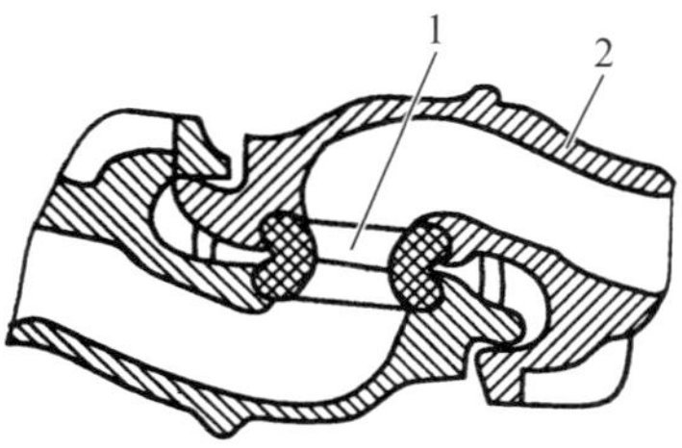

1—垫圈；2—制动软管。

图 1-12　两根制动软管连接器连接状态

当前使用的制动软管连接器的外形如图 1-13 所示。此种连接器具有结构简单、坚固、不易变形、无须装挡销等优点。

制动软管连接器在车上安装时，连接器的结合面应为铅垂面。当摘开车辆之间的制动软管连接器时，为防止尘沙侵入，并避免在调车时和线路上的一切设备发生接触，在车辆端部装有用铸铁制成的制动软管连接器防尘堵，它用铁链连接，悬挂在车钩托板螺栓上。

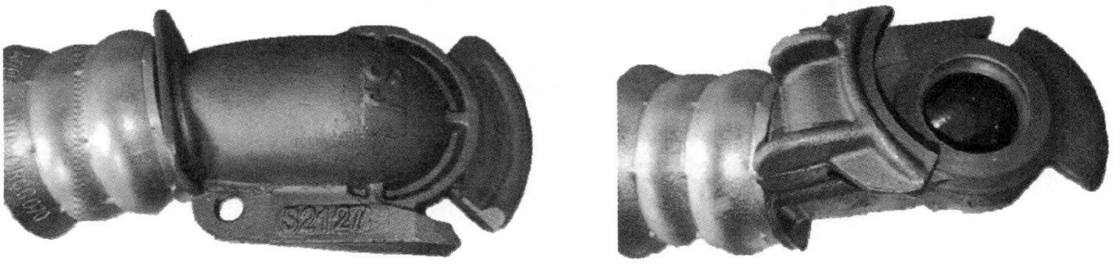

图 1-13　制动软管连接器体的外形

（二）故障处理

制动软管有下列故障时，必须及时处理。

1. 软管连接器破损、分离和漏泄

（1）软管连接器由于材质不良、铸造不好以及敲打有力过猛等原因，造成裂损；连接器头部磨耗或安装角度不正，在列车运行中受振动而造成分离。遇到这种情况，必须更换软管连接器或调整安装角度。

（2）软管连接器连接不严密而造成漏风。该故障是由于连接器头部磨耗或旋制的尺寸不符合标准，或由于垫圈不良、连接不确实等原因造成。处理方法一般可更换软管连接器或更换垫圈后重新连接。

2. 软管裂损

由于材质不良或制造方法不好，使用日久老化，以及水压试验不规范等原因，造成软管裂损。在检查时发现材质老化或无水压试验时应予更换。

使用单位对产品包装、外观、尺寸等进行检查，其中制动软管连接器在装车使用前应进行风、水压试验。制动软管连接器在试验及装车运用中发生异常情况或故障，使用部门不进行修理，而进行整套更换。

（三）检修标准

（1）清除编制制动软管总成外表面尘沙及污物。

（2）连接器体须无裂纹、变形，连接部分状态良好，连接平面无毛刺，连接轮廓符合样板要求。软管垫须更换新品。

（3）连接器及接头表面应无气孔、砂眼、毛刺、裂纹。

（4）软管体老化、破损、脱层时更换。

（5）980 mm 制动软管须外护簧须无断裂、锈蚀。

（6）编制软管的使用寿命为 6 年。

（7）软管吊链裂纹、变形时修理或更换，防尘堵连环直径小于 ϕ4mm 时更换。

（四）制动软管连接器的风、水压试验

在车辆施行厂修、段修和辅修时，制动软管都必须按下列规定进行风、水压试验，合格后才准装车使用。

1. 风压漏泄试验

编制软管风压漏泄试验在特制的水槽中进行，将软管置于水槽内，软管内充入 650 ~ 700 kPa 的风压后保持 5 min，发生下列情况者为不合格。

（1）软管外围局部凸起，或周围膨胀有显著差异；

（2）软管破裂或接头部分漏泄（软管发生气泡在 10 min 内逐渐减少并消失者不算漏泄可继续使用）。

2. 水压试验

软管在风压试验后，再进行水压强度试验，即软管内充入 1 000 kPa 的水压保持 2 min，发生下列情况者为不合格。

（1）软管外围膨胀后直径不大于 57 mm；

（2）软管外围局部凸起以及局部膨胀有显著差异；

（3）软管破损漏水。

3. 风、水压试验标记

经过风压和水压试验合格的软管，应用白磁漆在中央部顺连接器方向涂打试验标记，如图 1-14 所示。

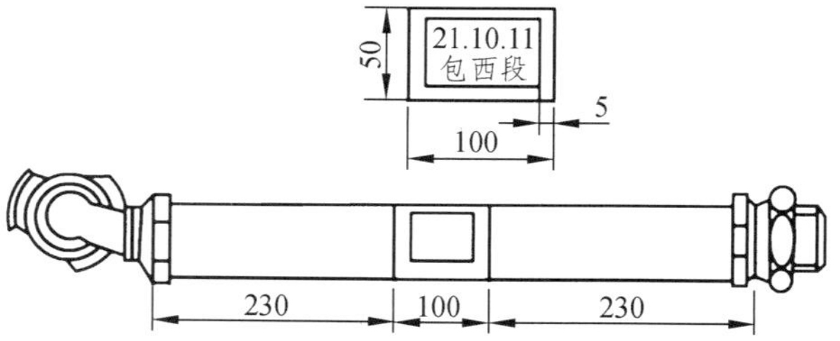

图 1-14 制动软管连接器试验标记

二、制动管

制动管的用途是贯通车辆制动系统的空气通路。制动管包括制动主管和制动支管。

贯通全车辆的制动管路称为制动主管。货车制动主管直径为 32 mm；客车制动主管直径为 25 mm，都是用钢管制成的。制动主管的中央部分制成弯曲状，延伸到车辆两端梁的右侧，稍露出端梁外部。由于使用中制动主管两端腐蚀较多，为了便于检修，在两端各安装 250 ~ 300 mm 长的补助管。制动主管必须用卡子和螺栓并加弹簧垫圈固定在车体底架上，以防因振动而磨伤。

在制动主管中部用 T 形三通接头接出一根制动支管，与控制阀或分配阀等部件连接。客货车制动支管直径均为 25 mm。

制动主、支管由于长期处于阴暗潮湿的部位，容易发生腐蚀；又因卡子发生松动时，制动主管和支管在列车运行中产生交变振动，振动频率随列车速度的提高而加大，与各梁接触部分发生磨伤，造成折损；此外在行车中受到外界异物的碰击，或因丝扣镟削过深，使连接丝扣处管壁太薄，强度大大降低，遇到异物击打或线路不平顺（如遇“三角坑”）等不良情况，在行车中造成折损；此外，车辆在检修时制动主管、制动支管与制动阀组装时别劲，使其存在内应力，遇到异物击打或线路不平顺等不良情况，也易造成折损。为了及早发现故障，必须在车辆定期检修时进行认真检查。检查时用手摇动制动主、支管，看有无松动现象；卡子、卡子垫及螺栓有无松动或丢失；各接口丝扣内有无喷出水珠、油沫、锈粉等现象。若确有裂纹、磨伤等故障时，应及时进行修换。

检修时，须清除制动主管、支管的外部和内部锈垢和尘砂。钢管裂纹或壁厚腐蚀深度于 1 mm 时更换。磷化管更换时更换为磷化管或不锈钢管，不得使用镀锌钢管，管件需在加工成型后磷化处理。

新制钢管切断后，须去除油垢、切削和毛刺，端口部内径缩小量不大于 1 mm，弯曲部位外径的减小量不大于原外径的 10%。

不锈钢管不得加热调修，其他钢管火焰加热调修后，须清除内外表面的氧化皮。

车辆制动主、支管连接最好采用法兰连接，以保证主、支管的强度。检修时，法兰体裂纹或弯曲变形大于 0.5 mm 时更换。两法兰体要平行，防止漏气。法兰密封胶垫应防止老化、过薄，以避免制动主、支管漏气。法兰体变形、裂纹时更换，密封垫圈须更换新品，组装后各螺栓不得松动。

螺纹管螺纹部分腐蚀、磨损时更换，螺纹管或接头新制时螺纹部分须符合 GB/T 7306.1—2000 的规定。压紧式快装管接头接头体、开口环及螺母变形、裂纹时更换。

三、折角塞门

折角塞门安装在制动主管的两端，用以开通或关闭主管与软管之间的通路，以便于关闭空气通路和安全摘挂机车、车辆。折角塞门主要分为锥芯式、球芯式两种。

微课：折角塞门、截断塞门等

（一）锥芯式折角塞门（现已淘汰）

锥芯式（又称旋塞式）折角塞门，是我国大多数旧型车辆上所采用。它的构造如图 1-15 所示，平直的一端与制动主管连接，弯曲的一端与制动软管相连。手把提起后可旋转 90°。塞门芯 5 为圆锥体，顶部呈方形，与套口 3 用圆销 1 结合成一体，以防手把 2 脱落，同时手把上有卡爪，防止自然开关。为使塞门芯与体 4 内壁严密吻合，在底部装有弹簧 6 和盖 7。

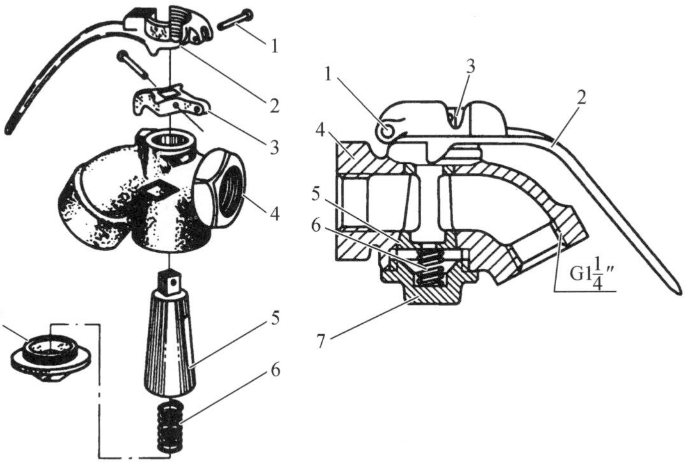

1—销；2—手把；3—套口；4—体；5—塞门芯；6—弹簧；7—盖。

图 1-15　锥芯式折角塞门

当手把与制动主管成平直位置时为开通位置，旋转手把 90°与制动主管成垂直位置时为关闭位置。安装在制动主管上时，折角塞门中心线与车轮垂直线须成 30°角。

锥芯式折角塞门的加工、维修工作量大，互换性差，不宜保持密封，而且耗铜量大，特别是通路截面小，空气流动阻力大，检修周期短，不适应我国货物列车向长大方向发展的要求。

（二）球芯式折角塞门

球芯式折角塞门由塞门体 1、塞门芯 2、密封垫圈 3、塞门心轴 8、手把 4、套口 6、盖 13 和密封圈等组成，如图 1-16 所示。塞门芯为 45 号钢制成外径为 ϕ55 mm 的圆球，表面镀铬并抛光，上面开一个 ϕ32，5 mm 的贯通孔，通孔面积是锥芯式的 1.21 倍，且和制动管同为圆形通径，这样减少了空气的流动阻力。为保证塞门良好的气密性，球形塞门芯两侧各设一个耐油、耐寒并具有自润滑性能的橡胶密封垫圈，与球芯的接触面为球面，形成两个半球形橡胶密封胶垫，包住一个球形的结构。由于橡胶密封垫具有一定预压量，利用其弹性可补偿因温度变化所造成的球芯塞门与橡胶密封垫圈膨胀不同的差别，故其密封性能良好，不会向任何方向窜风而造成漏气。球芯式折角塞门也有开通和关闭两个位置。其安装与操作方法同锥芯式一样。此外，为防止塞门向上窜风，在塞门芯轴与塞门芯轴套之间及塞门芯轴套与塞门体之间，分别装有 ϕ20 mm 和 ϕ35 mm 的 O 形密封圈。在塞门体与塞门盖之间也装有 ϕ75 mm 的 O 形密封圈。

球形折角塞门的手把，也有开通和关闭两个作用位置，当手把与塞门体成水平位置时，为开通位置，在这位置球形塞门芯的圆形通孔完全连通制动主管与制动软管，使压缩空气有较好的通过面积。当手把置于与塞门体成垂直方向位置时，塞门芯的球面正好堵住了制动主管与制动软管的通路，为关闭位置。

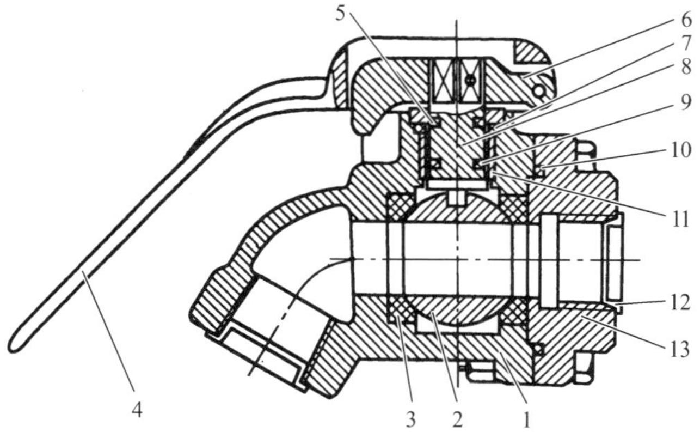

1—塞门体；2—球芯塞门芯；3—密封垫圈；4—手把；5，7，9，10—O 形密封圈；
6—套口；8—塞门芯轴；11—塞门芯轴套；12—防尘堵；13—盖。

图 1-16　球芯式折角塞门

（三）折角塞门的检修要求

（1）折角塞门分解前须清除绣垢，分解后各零件须彻底清洁处理。

（2）橡胶密封件、尼龙密封件更新。折角塞门上盖与锥心挡边间的复合材料垫圈更新。

（3）阀门体裂纹、各气密件拉伤时更新。

（4）手把上挡失效时更新。

（5）铸铁式塞门体腐蚀深度超过原设计厚度 20%或局部腐蚀面积超过总面积的 25%时更新。

（6）组装时须在 O 形圈及其沟槽、球体表面与密封垫结合面及各配合表面涂以适量的 GP-9 硅脂或 7057 硅脂。球芯与密封座结合面结合良好，转动灵活，各螺栓均匀紧固。

（7）性能试验：各塞门置关闭位，进气口与试验台风源连接，充以 600±10 kPa 的压缩空气。

① 开放位：用螺堵堵住另一端管接口，通风后将手把开闭三次后置于开放位，检查各结合部及阀体，不得漏泄。

② 关闭位：将塞门手把置于关闭位，卸下螺堵检查各结合部、阀体及通风口，不得漏泄。

四、截断塞门和远心集成器

（一）截断塞门

截断塞门安装在制动支管上远心集尘器的前方，当列车中的车辆因装载货物的特殊情况或列车检修作业需要停止该车辆制动机的作用时，关闭该车的截断塞门，切断车辆制动机与制动主管的压缩空气的通路，同时排出副风缸和制动缸的压缩空气，使制动机缓解，以便于检修人员的安全操作。

列车中关闭截断塞门的车辆称为“制动关门车”。

《铁路技术管理规程》对制动关门车有如下规定：货物列车中因装载货物规定需停止制动作用的车辆，自动制动机临时发生故障，准许关闭截断塞门，但主要列检所所在站编组始发的列车中，不得有制动关门车，编入列车的关门车数不超过现车总量数的 6%时，可不计每百吨列车重量的换算闸瓦压力；超过 6%时，按规定计算每百吨列车重量的换算闸瓦压力，并填发制动效能证明书交与司机。关门车不得挂于机车后部三辆车之内，在列车中连续编挂不得超过两辆；列车最后一辆不得为关门车，列车最后二、三辆不得连续关门。旅客列车不得编挂关门车。在运行途中如遇制动机临时故障，在停车时间内不能修复时，准许有一辆关门车，但列车最后一辆不得为关门车。

截断塞门也有不同的结构形式，一种为锥芯式（现已淘汰），另一种为球芯组合式。

锥芯独立式截断塞门的结构与锥芯折角塞门的构造基本相同，仅外形尺寸有所区别，如图 1-17 所示。手把与制动支管成平直位置时为开通位置，手把与制动支管成垂直位置时为关闭位置。

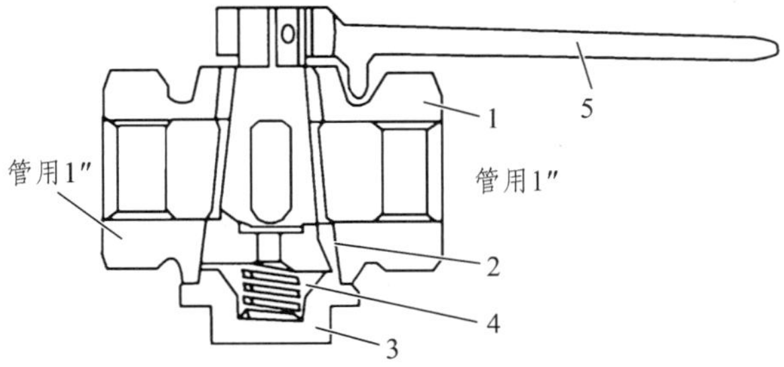

1—体；2—塞门芯；3—盖；4—弹簧；5—手把。

图 1-17　锥芯独立式截断塞门

球芯组合式截断塞门，就是球芯截断塞门与远心集尘器组合成一体。其塞门部分与球芯折角塞门基本相同，只是外形尺寸有所差别，如图 1-19 所示。塞门芯用 45 号钢制成外径为 ϕ 45mm 的圆球，表面镀铬抛光，球芯的通孔直径为 25.5 mm，球芯通孔面积是锥芯式的 1.18 倍，且和制动支管同为圆形通径，减少了空气的流动阻力。为防止漏泄，在塞门芯轴上套装两个密封圈，在塞门芯轴套的丝扣根部、塞门体与远心集尘器的连接处各装一个密封圈。

（二）远心集尘器

远心集尘器安装在制动支管上截断塞门和控制阀或分配阀之间，用以清除由制动主管压缩空气带来的沙土、水分、锈垢等不洁物质，以保证清洁的压缩空气送入三通阀或分配阀，确保三通阀或分配阀的正常工作。

远心集尘器有组合式和独立式两种形式。组合式是远心集尘器和截断塞门连接在一起，如图 1-19 所示。独立式为一个单独的集尘器（现已淘汰），如图 1-18 所示。两者构造相同，都是由集尘器体 1 与集尘盒 4 两部分组成，用 M12 的螺栓连接在一起，为防止压缩空气漏泄，在其中间设胶皮垫。集尘盒内有一垂直的固定杆，杆的顶端安装止尘伞 2，止尘伞可以自由转动或上下晃动。

两者作用也一样，都是由制动管充入压缩空气时，压缩空气从集尘器的左方入口进入集尘器，经过其内部旋涡状的通路。再从垂直口上升，从集尘器体的右方出口流向控制阀或分配阀。由于压缩空气进入集尘器后，流动方向骤然变更，造成气流速度降低，压缩空气中部分不洁物质因自重而落到止尘伞上；又因空气呈旋涡状流动，形成圆周运动，利用其离心力将另一部分不洁物质甩落在集尘器体内斜面上，最后也滑落止尘伞上，因止尘伞受压缩空气的流动的影响，出现摆动现象，使不洁物质落到止尘盒内。当制动管减压时，止尘伞被吸在集尘器体边缘上，可防止不洁物质逆流回到制动管内。

安装远心集尘器时，应注意方向不要装反，集尘器体表面箭头应指向控制阀或分配阀，安装时还应保持集尘器体垂直于轨道平面，集尘盒位于下方，否则将失去集尘作用。

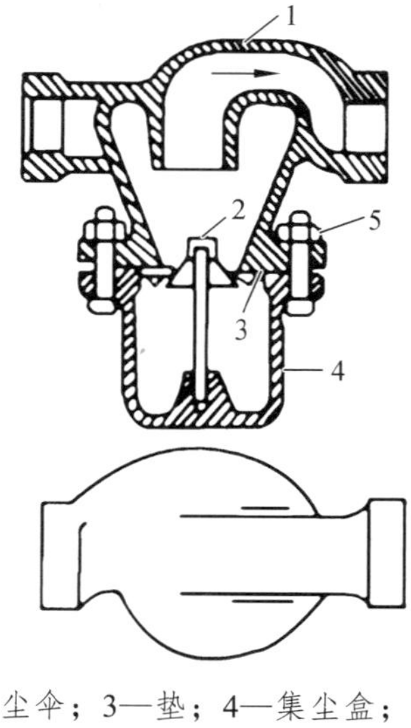

1—体；2—止尘伞；3—垫；4—集尘盒；5—T 型螺栓。

图 1-18　远心集尘器（独立式）

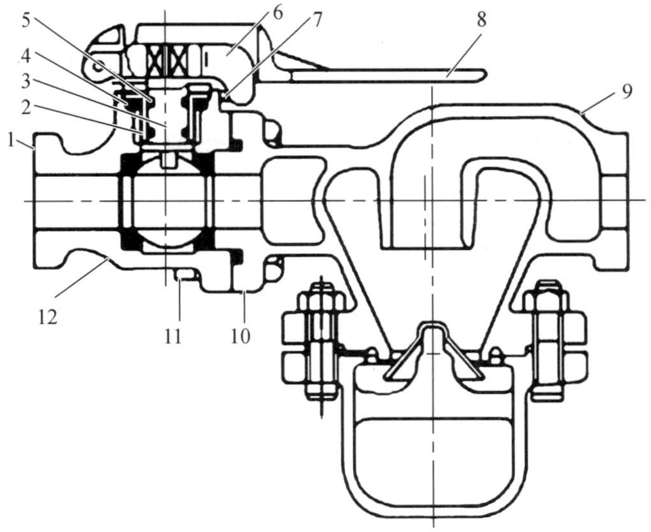

1—塞门体；2—塞门芯轴套；3—塞门芯轴；4，5，7，10—密封圈；
6—套口；8—手把；9—远心集尘器。

图 1-19　球芯截断塞门和远心集尘器组合

（三）检修要求

（1）清除集尘器盒内的尘垢、积水，止尘伞和集成器盒内必须擦拭干净。止尘伞为标准件，裂纹、破损、变形时更换。

（2）组装时胶垫须正位，密封线向上；止尘伞位置正确；上下口对正后均匀拧紧螺栓。

（3）集尘器现车检修时，拆下积尘盒后按上述要求检修。

（4）组合式集尘器的截断塞门和集尘器部分分别按球芯塞门和集尘器要求检修，按塞门试验方法进行试验。

（四）试验

1. 塞门试验

将塞门置于关闭位，进气端与试验台风源连接，通以压力为 600 kPa 的压缩空气。

（1）开放位：用螺堵堵住另一端管接口，通风后将手把开闭三次后置于开放位，用防锈检漏剂检查各结合部、阀体，不得漏泄。

（2）关闭位：将塞门手把置于关闭位，卸下螺堵用防锈检漏剂检查各结合部、阀体及通风口。在锥芯塞门管接口涂防锈检漏剂，10 s 内肥皂泡不得破裂，球芯塞门不得漏泄。

2. 集尘器试验

将集尘器装于试验台上，堵住另一端管接口，通以压力为 600 kPa 的压缩空气，用防锈检漏剂检查集尘器体和结合部，不得漏泄。

五、副风缸

副风缸是储存供制动缸用的压缩空气的容器，在制动时，通过控制阀或分配阀的动作，将压缩空气送入制动缸，产生制动作用。

货车用副风缸常见的有 GK 型、103 型、120 型。GK 型副风缸是用钢板焊接制成的，容积为 59 L，两端有管接头，分别安装连通管和缓解阀，中央部下方还有一个装排水堵的管接头，用来安装排水堵，如图 1-20 所示。

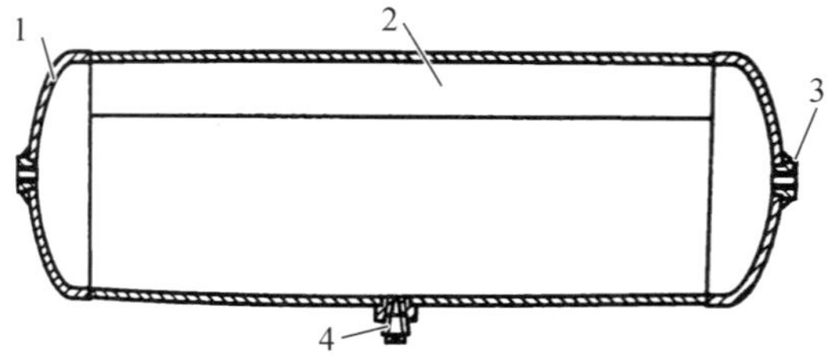

1—前盖；2—缸体；3—管接头；4—排水堵。

图 1-20　GK 型副风缸

103 型制动机使用的副风缸，其容积的大小，是根据制动缸尺寸的大小来选配的，当制动缸直径为 356 mm 时，副风缸容积为 100 L。它的结构与 GK 型副风缸相似，但只在一端有接头，用以安装连通管。

120 型制动机所使用的副风缸容积有 40 L 和 60 L 两种，分别为 254 mm 和 356 mm 制动缸相配，其结构也与 GK 型相似。

六、制动缸

微课：制动缸、缓解阀、紧急制动阀等

制动缸的作用是将空气压力转换为机械推力。制动时，通过控制阀或分配阀的作用，制动缸接收副风缸送来的压力空气，将制动缸活塞向外推出，变空气压力为机械推力，从而使基础制动装置动作，最后使闸瓦压紧车轮，产生制动作用。

缓解时，制动缸内的压缩空气经控制阀或分配阀排向大气，制动缸缓解弹簧使制动缸活塞复位，实现缓解作用。

（一）制动缸的构造

货车制动缸常见的有 GK 型、103 型和 120 型。103 型和 120 型的制动缸组成与 GK 型基本相同，都是由前盖、缸体、活塞、活塞杆及缓解弹簧等组成，如图 1-21 所示。现就一般构造作进一步介绍。

1. 制动缸的前盖和后盖

上述各种制动缸的前盖形式都很相似，结构也比较简单。GK 型制动缸后盖根据构造不同分为四种，但 GK 型制动机已淘汰。

2. 缸　体

制动缸缸体由铸铁制成，两端有凸缘用螺栓与前后盖连接。缸体外表有制动缸尺寸标记，在内壁靠后盖端上部设有一条漏风沟，以防止因三通阀的故障轻微漏泄而引起自然制动。漏风沟的长度应比制动缸活塞厚度稍大一些，过长将浪费压缩空气并影响制动效果；过短则不起漏风作用，不能防止自然制动的发生。

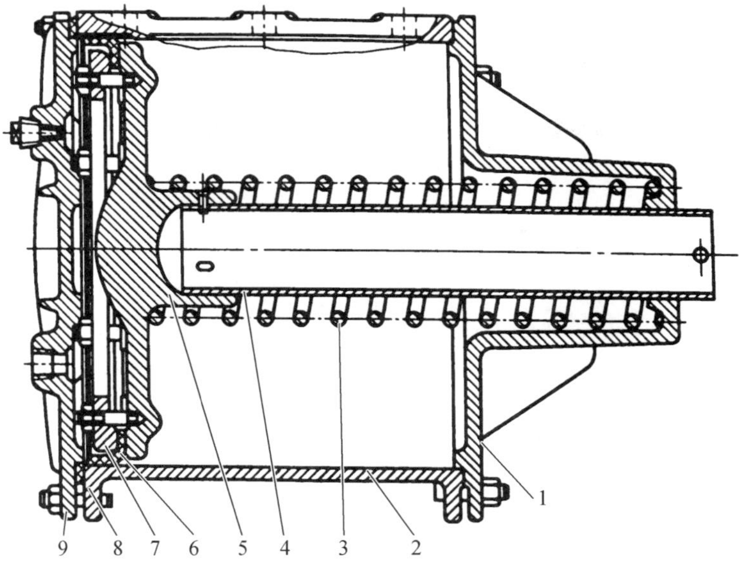

1—前盖；2—缸体；3—缓解弹簧；4—活塞杆；5—活塞；6—皮碗；
7—皮碗压板；8—后盖垫；9—后盖。

图 1-21　GK 型制动缸

3. 活塞及活塞杆

制动缸活塞用铸铁制成，装于缸体内，为防止制动过程中压缩空气的漏泄，保证制动缸的密封性能，在活塞上装有皮碗，并用压板和螺栓与活塞紧固在一起。活塞杆铆接于活塞中央的座上。货车用中空活塞杆，里面插有推杆，并使推杆与活塞杆之间有一定的活动量，当车辆上下振动较大时，可以防止活塞杆的变形和弯曲。

4. 缓解弹簧

在缓解时，为了使制动缸迅速恢复原位并加速排出压缩空气，在制动缸活塞与前盖之间装有缓解弹簧。缓解弹簧的尺寸和弹簧性能应符合表 1-1 的规定。

表 1-1　缓解弹簧的尺寸表　　单位：mm

制动缸规格	簧丝外径	弹簧自由高	弹簧自由高限度
203×305	9	748	708
254×305	9	748	708
356×254	10	555.4	515.4
254×254（密封式）	10	555.4	515.4
356×254（密封式）	12	498	458
356×254	12～13	665	625
356×240	11	585	545
356×305	12	673	633
406×305	12～13	638	598
457×305	12	753	713

上述几种制动缸的结构比较陈旧，特别是前端没有防尘装置，容易吸入灰尘，影响皮碗的使用寿命并降低气密性。当制动缸漏泄严重时，将造成列车制动力衰减，影响行车安全。在长大下坡道上运行时，问题尤为严重。为此，近年来广泛使用密封式制动缸。

（二）货车密封式制动缸

密封式制动缸缸体与后盖旋压成一体（也有分开的）可提高气密性；缸体内壁的粗糙度要求达到 *Ra* 0.8 μm，以减轻皮碗的磨损；前盖用钢板压型，重量仅为铸铁前盖的一半；前盖与活塞杆配合处加装毛毡滤尘套，并在前盖下方设滤尘器，使缓解时吸入缸体内的空气经过过滤，以保持缸内清洁；在活塞的整个圆周上开有两条槽，分别套装 Y 形皮碗和润滑套，润滑套和毡托组成润滑环，以保证皮碗与缸体间的润滑状态良好，并在活塞移动过程中起清扫作用。皮碗采用 Y 形自封式皮碗，目的是在制动过程中，靠空气压力的作用起自封作用，以保证良好的气密性，同时也方便检修。结构如图 1-22 所示。

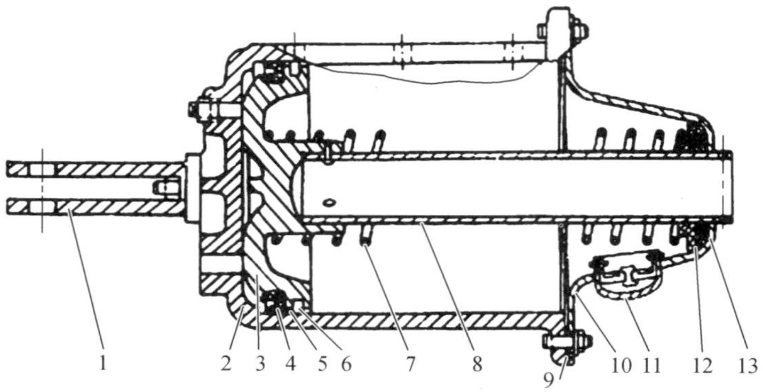

1—制动缸后杠杆托；2—缸体；3—活塞；4—Y 形自封式皮碗；5—润滑套；6—毡托；7—缓解弹簧；8—活塞杆；9—前盖垫；10—前盖；11—滤尘器；12—弹簧座；13—滤尘套。

图 1-22　密封式制动缸（一体式旋压前盖）

（三）制动缸的检修

（1）分解前，制动缸外部须进行喷丸（抛丸）处理，或采用外体清洗机，清除外部锈垢。

（2）拆卸制动缸前盖时，须防止前盖弹出。取出活塞时不得损伤缸体内壁。缸体内壁、活塞及其他零部件须清洗并擦拭干净。

（3）L 形皮碗、Y 形皮碗、活塞膜片和前衬垫橡胶件，活塞润滑套、前盖滤尘套和滤尘器中的毛毡须更换新品。

（4）缸体内壁偏磨、划伤时修理或更换。旋压密封式制动缸缸体底部、中部处内径磨耗大于 2 mm，铸造缸体内径磨耗大于 3 mm 时更换。

（5）旋压式密封式制动缸变形、裂纹时更换，腐蚀深度大于 1 mm 时更换，小于 1 mm 时磨修。铸造缸体裂纹、砂眼、缺损、漏泄时更换，漏泄沟不得堵塞。

（6）弹簧须在弹簧测力机上进行检测。

（7）活塞杆弯曲、裂损、腐蚀严重时更换。铆钉松动、折损时更换铆钉。活塞裂纹、缺损、漏泄时更换。压板裂纹、变形时更换。整体压形活塞变形时更换，局部腐蚀深度大于 2 mm 时焊修磨平或更换。

（8）推杆复原装置各零件腐蚀严重时更换，复原弹簧裂纹，或弹簧钢丝直径磨耗大于 0.5 mm 时更换。

（9）密封式制动缸前盖变形或活塞杆孔偏磨大于 3mm 时更换。铸造制动缸前后盖裂纹、砂眼、缺损严重、漏泄时报废。

（10）旋压密封式制动缸缸体变形时调修或更换，焊缝开裂时焊修或更换，施焊前须清除裂纹。缸座前法兰盘边缘破损不超过两处，破损总长度不超过 50 mm，不影响制动缸使用时可继续使用。

（11）弹簧座、活塞润滑套支架、前盖滤尘套内外环等裂纹、损坏时更换。

（12）组装活塞前，制动缸体内壁、活塞、皮碗须涂抹 89D 制动缸脂。活塞装入缸体内后，内壁须涂抹 89D 制动缸脂。密封式制动缸润滑套和前盖滤尘套的毛毡须用 89M 脂浸润透，可将 89M 脂加热到 50 °C，将毛毡浸润 3h 以上。

制动缸活塞杆按图 1-23 及表 1-2 规定，在 B、C 部须涂白色油漆，涂打行程标记（密封式、半密封式制动缸可不涂打）。图中，*A* 为运用限度活塞最小行程值；*D* 为运用限度活塞最大行程值；*B* 为白铅油标记宽度。

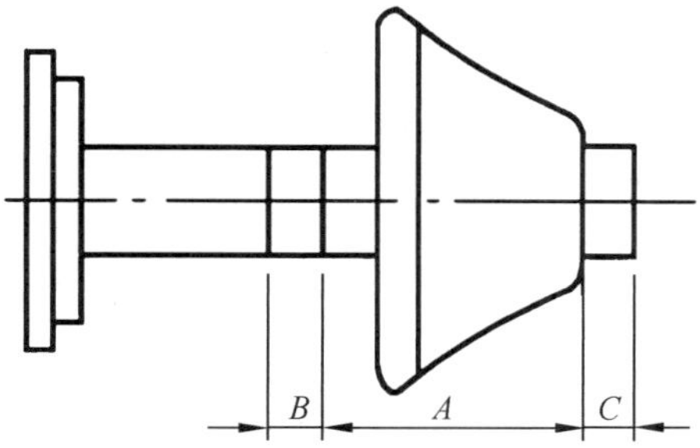

图 1-23　制动缸活塞行程标记

表 1-2　活塞缸标记尺寸　　单位：mm

制动缸规格	装用闸调器		不装闸调器	
	A	*B*	*A*	*B*
365×254	115	20	110	50
305×254	145	20		
254×254	145	20		
203×254	115	20		

注：复式闸瓦，*A* 取 175 mm，*B* 取 30 mm。

（13）旋压式密封式制动缸组装前，缸体和缸座外表面、前盖内外表面须涂防锈底漆，干膜厚度不小于 30 μm。

组装制动缸时，制动缸内壁、活塞及皮碗等须涂抹 89D 制动缸脂，其用量如表 1-3 所示。密封式制动缸润滑套和前盖滤尘套毛毡须浸润相同的油脂。

表 1-3　活塞缸润滑脂用量

制动缸直径/mm	ϕ 203	ϕ 254	ϕ 356
89D 制动缸脂用量/kg	0.10	0.12	0.15

（四）制动缸的性能试验

（1）向缸体内充入 80 kPa 的压缩空气后排气，制动缸活塞推出及退回应无卡滞。

（2）向缸体内充入 600 kPa 的压缩空气后排气，制动缸活塞达到全行程后，保压 1 min，制动缸压力不得下降。

（3）向缸体内充入 400 kPa 的压缩空气后排气，在制动缸活塞行程为 80 mm、120 mm、160 mm、200 mm 时，分别保压 1 min，制动缸压力均不得下降。

七、压力表（风表）

压力表简称“风表”，安装在客车车厢内紧急制动阀支管上，供列车乘务人员观察制动管内空气的压力，也用于制动试验设备上已测量各部压力值。压力表分单针或双针两种，车辆制动装置使用的是单针压力表。双针压力表可以指示两个不同部位的空气压力，一般用在机车和制动机试验设备上。

单针压力表的构造如图 1-24 所示。表内装有一根弯成环状的弹性扁铜管 8，它的截面类似一个椭圆，椭圆的长轴与环面垂直，短轴与环面平行。环面自由的一端 a 是封闭的，固定的一端 b 与要测的容器相连接。a 端通过连杆 5、杠杆 7、扇形齿轮 4、圆形齿轮 9、游丝 2 等装置和指针 3 相连接。如果想测的压力正好大于大气压力，扁铜管内外所受压力相等，整个扁铜管所受合力为零，扁铜管自由端的位置不变，指针指向零点。当压缩空气进入扁铜管时，由于管的内壁各处所受压力大于外壁所受压力，又由于接近于环心的半个管壁的总面积小于外圈的半个管壁的总面积，所以扁铜管受到一个沿半径向外的合力，它促使管壁半径扩张，也就是使管环伸直一些。因为扁铜管 b 端固定不能移动，a 端就要向外移动，同时带动连杆、杠杆及扇形齿轮转动，扇形齿轮拨动中央轴上的圆形齿轮转动，指针则上升。进入扁铜管的空气压力越大，扁铜管向外移动量也越大，指针上升值也越高。通过指针指示盘上的刻度和字码可以读出压缩空气压力的大小。当指针指示 100 kPa 时，表示管内压力比大气压力高出 100 kPa，以此类推。当空气压力降低时，扁铜管因弹性作用向里收拢，指针则下降。为消除齿轮间的间隙误差，使指针恢复原位，在中央转轴上装有一盘游丝。

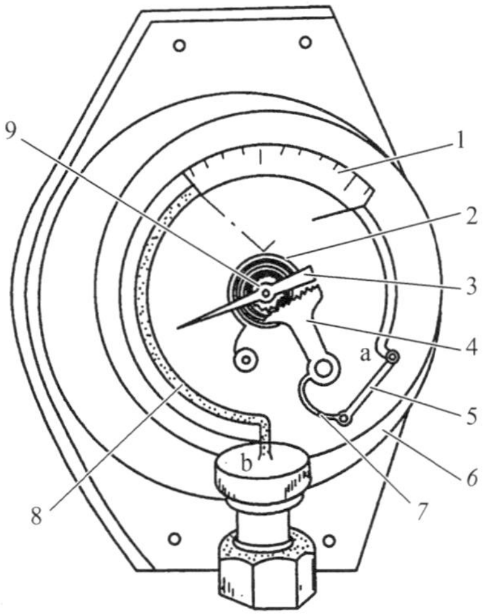

1—表盘；2—游丝；3—指针；4—扇形齿轮；5—连杆；6—表框；7—杠杆；8—扁铜管；9—圆齿轮。

图 1-24　压力表

双针压力表的结构基本上与单针压力表相同，只是比单针压力表多了一套扁铜管、连杆、杠杆、扇形齿轮等装置。

思考与练习

一、填空题

1. 我国货车用制动管的公称通径为（　　　　）mm。

2. 我国客车用制动管的公称通径为（　　　　）mm。

3. 制动三管和支管腐蚀磨耗深度超过壁厚（　　　　）时应更换。

4. 制动软管的长度为（　　　　　）mm。

5. 球芯式比锥芯式折角塞门的通道要（　　　）。

6. 远心集尘器安装在制动管通控制阀的（　　　　　）上。

7. 为了安全起见，应将列车尾部的制动软管连接器用（　　　　）连接，并用铁链挂起。

8. 制动缸的作用是将压力空气转换为（　　　　　）的部件。

二、选择题

1. 制动软管组成后，须进行风压漏泄试验，其风压为（　　）。

A. 500 ~ 600 kPa　　B. 600 ~ 700 kPa　　C. 750 ~ 800 kPa　　D. 800 ~ 1 000 kPa

2. 制动软管组成后，须进行水压漏泄试验，其水压为（　　）。

A. 800 kPa　　B. 900 kPa　　C. 1 000 kPa　　D. 700 kPa

3. 新组成的制动软管连接器做水压试验时，软管外围直径超过原形（　　）为不合格。

A. 4 mm　　B. 6 mm　　C. 8 mm　　D. 12 mm

4. 关门车指的是（　　）被关闭。

A. 折角塞门　　B. 制动管制动支管上的截断塞门

C. 空重车塞门　　D. 总风塞门

5. 制动缸组装后，须进行气密性试验，其试验风压为（　　）。

A. 500 kPa　　B. 600 kPa　　C. 900 kPa　　D. 450 kPa

6. 我国货物列车的制动管定压为（　　）。

A. 550 kPa　　B. 600 kPa　　C. 450 kPa　　D. 500 kPa 或 600 kPa

三、判断题

1. 远心集尘器的作用是用过滤的方法来清除压力空气中的固体及液体杂质。（　）

2. 折角塞门在关闭或开通时，应先提起手柄才能转动。（　）

3. 将某一制动管折角塞门关闭后，将使整个列车失去制动作用。（　）

四、问答题

1. 密封式制动缸有何优点？

2. 旧型制动缸在内壁靠后盖端上部设有一条漏风沟，其作用是什么？其长短过大或过小有何危害？

项目二　货车人力制动机检修

项目概述

本项目以铁路货车人力制动机为载体，设计工作情境，让学生组成学习团队，以团队为单位通过认识货车各型人力制动机的各零部件，再通过操作及检修货车人力制动机，熟悉货车各型人力制动机零部件的结构组成、检修的工艺流程及要求等。

教学目标

1. 通过阅读工作任务单，明确工作任务要求；
2. 能根据任务要求和实际情况，合理制订工作计划；
3. 能正确识别货车各型人力制动机；
4. 能正确完成检修和操作货车各型人力制动机等具体任务。

课件：货车人力制动机

任务一　认识货车人力制动机

【任务描述】

本任务实施中，通过观察、操作货车链条式、FSW、NSW和脚踏式人力制动机等，掌握铁路货车人力制动机的主要类型以及各型人力制动机的结构、特点、原理及操作方法等。

微课：货车链条式和FSW型人力制动机

微课：链条式人力制动机的操作

【任务实施】

一、链条式手制动机

根据手制动轴的构造不同，链条式手制动机可分为固定轴式和折叠轴式两种。

（一）固定轴链条式手制动机

该种制动机多使用在敞车、棚车、罐车等类型的车辆上。构造如图2-1所示。我国现行的大部分早期生产的货车都采用这种手制动机。

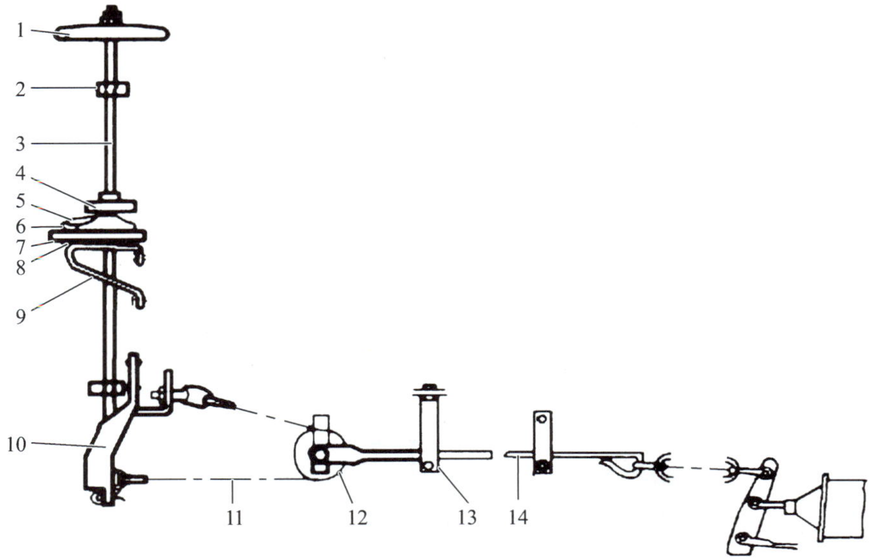

1—手制动轮；2—手制动轴导架；3—手制动轴；4—棘轮；5—棘子锤；6—棘子；7—棘子托；
8—踏板；9—手制动踏板托；10—手制动轴托；11—手制动轴链；12—链条滑轮；
13—手制动拉杆托；14—手制动拉杆。

图 2-1　固定轴链条式手制动机

手制动轴上装有一个手制动手轮 1，在手制动轴中部稍下方设有手制动踏板 8，上面设有防止手制动轴逆转的手制动棘轮 4、棘子 6 和棘子锤 5。手制动导架 2 能保持手制动轴正位，使其不致倾斜摇摆。手制动轴下方设有手制动轴托 10，以支撑手制动轴。手制动轴的下端钻有一个透孔，用螺栓把手制动轴和手制动轴链 11 连接在一起。

制动时，现将棘子锤压在棘子的外端，使棘子的内端卡在棘轮上，以防止手制动轴逆转。然后，顺时针方向转动手轮，随着手制动轴的转动，手制动轴链便卷在手制动轴上，拉动手制动拉杆 14，从而带动基础制动装置移动，使闸瓦压紧车轮产生制动作用。

缓解时，将棘子锤提起，使棘子的内端离开棘轮，则手制动轴依靠其反拨力逆转，恢复到缓解位置。基础制动装置也在制动梁的自重作用下，使闸瓦离开车轮，制动装置处于缓解状态。

（二）折叠轴链条式手制动机

折叠轴链条式手制动机的构造如图 2-2 所示。它的手转动轴分上、下两段，用活节及销子连接。使用时用轴套将手制动轴上、下两段固定，不用时可将上段放倒，平置于手制动轴手把托 6 内，以免妨碍装卸货物和运送长大货物。

手制动轴上装有棘轮，与棘子组成防缓器，其作用和固定轴链条式手制动机一样，都是防止手制动轴逆转。使用时先将手制动轴竖起，并用轴套把上、下两端轴固定在一起，再用卡板将手制动轴卡住，确保其成直立状态。转动手轮即可引起制动作用。

折叠轴链条式手制动机一般使用在装有活动端墙或端开门的货车上，如平车、砂石车等。

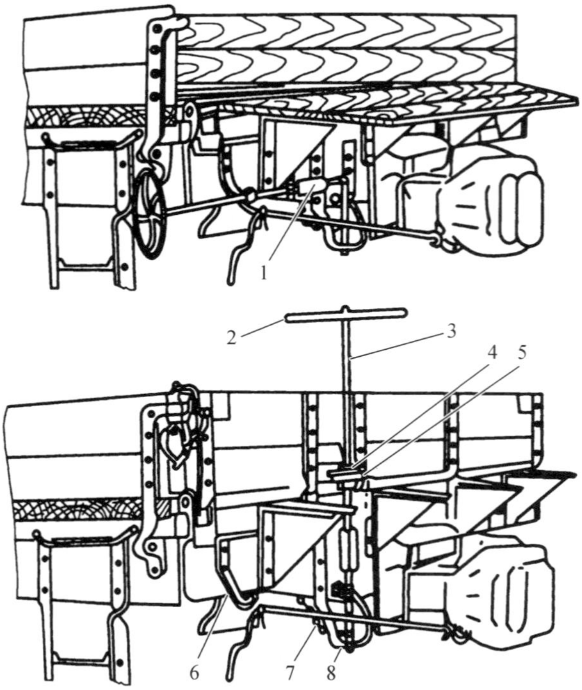

1—轴套；2—手轮；3—手制动轴；4—棘轮；5—卡板；6—手制动轴把托；7—手制动链；8—轴托。

图 2-2　折叠轴链条式手制动机

二、FSW 型手制动机

（一）FSW 型手制动机的构造

目前装用在 C_{65A} 型敞车和部分厂矿企业自备车上。

FSW 型手制动机由手轮、主动轴、卷链轴、手柄、底座、箱壳等组成。构造如图 2-3 所示。手轮直径为 560 mm，由厚 4 mm 的钢板压制而成，它和轮毂焊接在一起。

底座和箱壳均为 6 mm 的钢板压制，两者用 4 个 ϕ12 mm 铆钉连接。箱壳上压有产品型号、制造厂代号、“制动”和“缓解”等永久标记。手柄为铸钢件，铸有“快速缓解”标记。手柄焊于轴 2 上，轴 2 上装有扇形轮。

卷链轴上焊有大齿轮和导板，并铆有材质为 20Mn 的链条。为扩大手制动倍率，在轴上开有两个卷链条的凹槽，以缩小制动时链条中心至轴中心之间的距离。大齿轮有 50 各齿，系短齿齿轮。

主动轴上的六棱柱部分套有离合器，圆柱部分套有控制轮、止动轮、棘轮、摩擦片、小齿轮，端部焊有端轴。控制轮和止动轮间用圆柱销连接。控制轮上有梯形内螺纹，小齿轮上有梯形外螺纹，它们可夹紧位于两者之间的止动轮、摩擦片和棘轮。主动轴组成和棘舌（掣子）相结合，成为一种棘轮摩擦式锥形制动器。构造如图 2-4 所示。这种制动器在棘舌不脱开的情况下，允许主动轴正转、反转或保持制动力。离合器中心有六方孔，端面有 6 个凸爪，当离合器闭合时，凸爪插入控制轮的凹窝中。在小齿轮、摩擦片、棘轮和止动轮相互接触面上都有圆锥角。棘轮有 15 个齿，小齿轮齿数为 8，系短齿齿轮。主动轴组件中，除摩擦片材质是 QSn6.5-0.1 外，其余均为锻钢件。

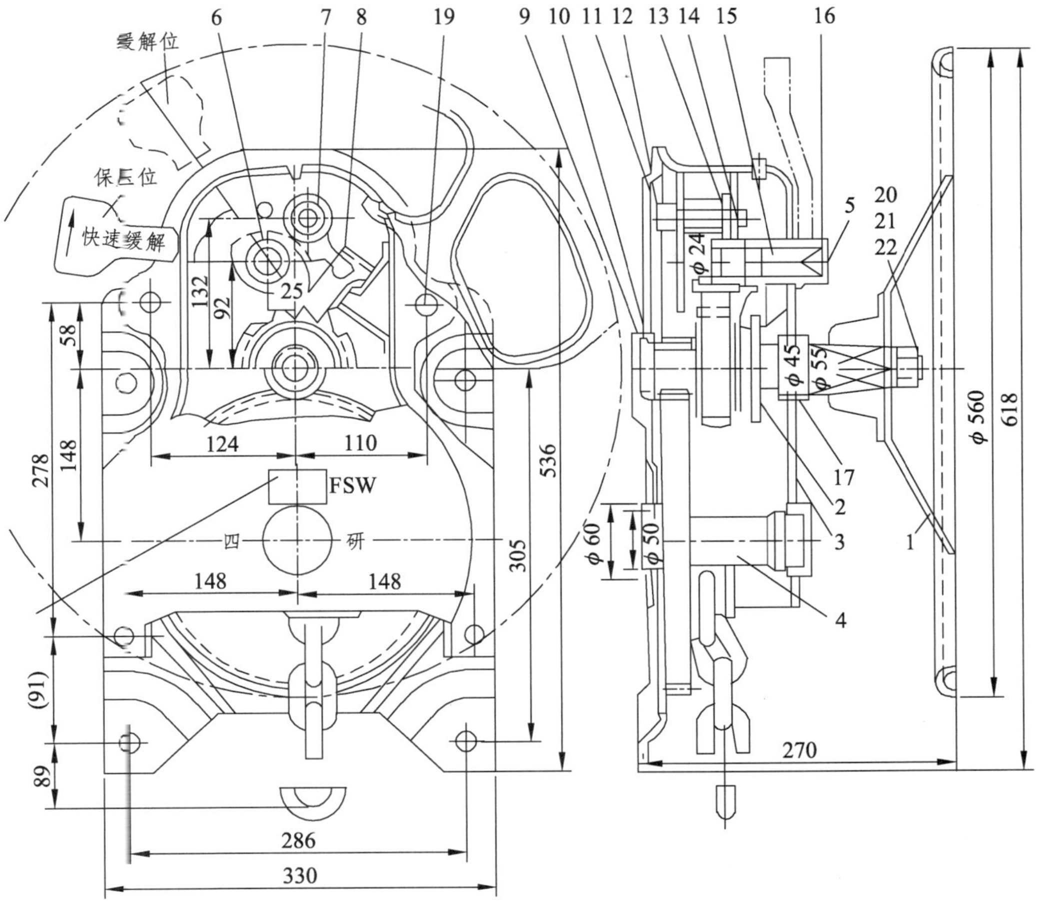

1—手轮组成；2—主动轴组成；3—箱壳组成；4—卷链轴组成；5—油杯；6—开闭挡；7—推柄；8—棘舌；9—轴承座；10—轴承（1）；11—底座；12—轴（1）；13—弹簧；14—扇形轮；15—轴（2）；16—手柄；17—轴承（2）；18—产品名称；19—铆钉；20—垫圈；21—螺母；22—开口销。

图 2-3　FSW 型手制动机

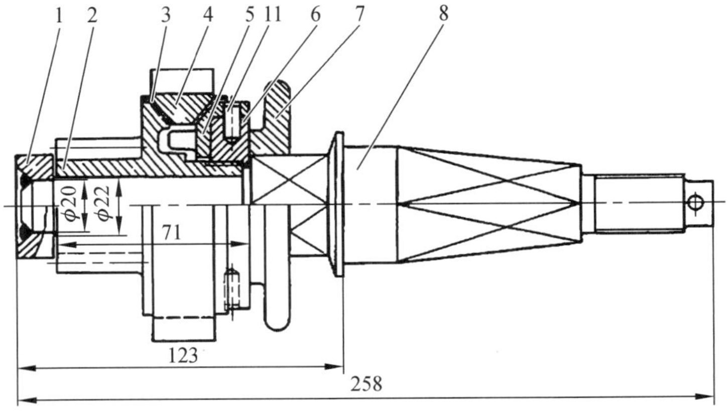

1—端轴；2—小齿轮；3—摩擦片；4—棘轮；5—止动轮；6—控制轮；7—离合器；8—主动轴；11—圆柱销。

图 2-4　FSW 型人力制动机的主轴组成动

（二）FSW 型手制动机的作用原理

FSW 型手制动机具有制动、阶段缓解和快速缓解等三种功能，并具有省力、操作简便、一手扶托、单手操作、安全性好的优点。其作用原理如下：

1. 制动

手柄处于保压位，这时扇形轮将离合器拨向左侧，使其与控制轮闭合，棘舌受开闭挡限制，可沿斜面往复滑动。它只允许棘轮顺时针方向转动。在手轮上顺时针方向施加力矩时，借助控制轮和小齿轮之间的连接，将两个零件之间的其他零件夹紧，并顺时针方向转动。小齿轮带动大齿轮，再带动卷链轴，将链条提升，产生制动作用。当取消力矩时，由于棘轮在保压位不能逆时针方向转动，借助棘轮与摩擦片之间的摩擦力作用，链条的拉力不能使小齿轮逆时针方向转动。这种摩擦力随着手轮力矩，即随链条拉力的增加而增加，可以有效地起制动保压作用。

2. 阶段缓解

手柄处于保压位时，当手轮沿逆时针方向施加力矩（其值略小于制动力矩）时，控制轮逆时针方向转动，它和小齿轮之间的螺纹连接松开，棘轮与摩擦片之间的摩擦力减小，这时虽然棘轮不能逆时针方向转动，但在链条拉力的作用下，小齿轮可以克服摩擦力而逆时针方向转动，产生阶段缓解作用。实际上，小齿轮和控制轮是同步地逆时针方向转动，并随时夹紧棘轮等零件。所以，取消力矩时，仍有保压作用。

3. 快速缓解

手柄由保压位沿顺时针方向推向缓解位，首先，扇形轮将离合器拨向右侧，使之与控制轮脱开，然后轴 2 带动开闭挡顺时针方向转动，使开闭挡不再阻止棘舌的往复摆动，棘轮可逆时针方向转动。小齿轮在链条拉力的作用下，逆时针方向迅速转动，实现快速缓解。由于离合器已提前与控制轮脱开，所以小齿轮至控制轮之间的各零件逆时针方向转动，离合器与手轮静止不动，这对操作人员的安全有利。

为了防止缓解后逆时针方向转动手轮而拉紧链条产生制动作用，在箱壳内焊有挡架。该挡架不影响顺时针方向转动手轮时链条在轴上的缠绕。但手轮逆时针方向转到一定程度时，链条会被挡住，以起到防护作用。

（三）FSW 型手制动机的主要参数（见表 2-1）

表 2-1　FSW 型手制动机的主要技术参数

项目	参数	项目	参数
手轮直径/mm	560	最大长度（不包括链条）/mm	618
卷链轴直径/mm	38	最大宽度（不包括链条）/mm	560
制动倍率	约 42	最大高（厚）度/mm	270
输入力/N	556	质量/kg	39
输出力/kN	≥10		

FSW 型手制动机的制动倍率的计算方法如下：已知手轮直径为 560 mm，卷链轴直径为

38 mm，链条缠绕后其中心线距卷链轴中心线的距离为 42 mm，大小齿轮的齿数分别为 50 和 8，由此得出制动倍率为

$$\beta=\frac{560}{2\times 42}\times\frac{52}{8}=41.7\approx 42$$

当链条落入卷链轴上的凹槽时，链条中心线距卷链轴的中心线的距离要小于 42 mm，此时制动倍率要大于 42。

三、NSW 型手制动机

NSW 型手制动机是在 FSW 型手制动机的基础上经局部改进而成的。它保留了 FSW 型制动机的优点，简化了结构，增设了闭锁装置，有较好的防溜功能，提高了车辆停放的安全性。该制动机具有制动力大、结构紧凑、质量轻等优点，适应于各种铁路货车，尤其适合安装在平车和集装箱车上。

微课：货车 NSW 和脚踏式人力制动机

（一）构造

NSW 型手制动机由手轮、主动轴、卷链轴、功能手柄、棘轮、大齿轮、小齿轮、离合器、键轮、链条、锁闭结构、底座、箱壳等组成，如图 2-5 所示。

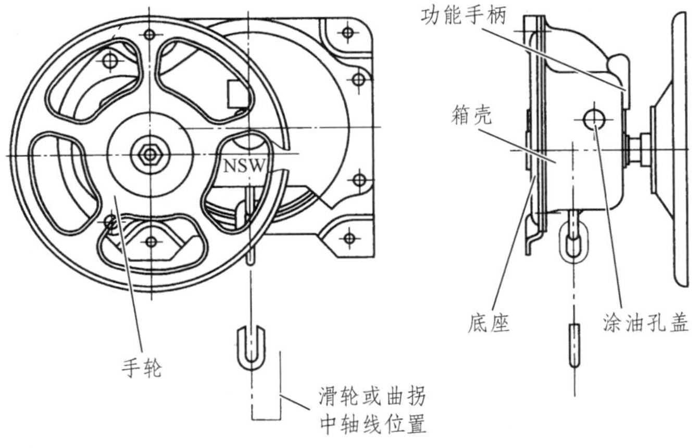

图 2-5　NSW 型人力制动机的主轴组成

（二）作用

NSW 型手制动机具有制动、缓解、调力制动和锁闭等四种功能。

1. 制动功能

将功能手柄指向“常用”位指示标记，顺时针方向转动手轮。

2. 缓解功能

将功能手柄指向“常用”位指示标记，逆时针方向转动约 40°。

3. 调力制动功能

将功能手柄指向“常用”位指示标记，顺时针方向转动手轮至链条上产生一定的拉力，

将功能手柄拨向“调力”位指示标记，之后顺时针方向转动手轮则增大制动力。逆时针方向转动手轮则减小制动力。此时，手不能离开手轮。

4. 锁闭功能

在实现制动后，顺时针方向转动三角钥匙实现缓解功能锁闭，逆时针方向转动三角钥匙则解除缓解功能锁闭。锁闭功能现已取消。

四、脚踏式制动机

（一）脚踏式制动机的结构

脚踏式制动机的构造及原理如图 2-6 所示。脚踏式制动机是通过杠杆传动机构、绕链机构、锁紧及缓解机构三组部件装配在壳体内外来实现的。杠杆传动机构是杠杆的一端铰接可调拉杆，再铰接绕链棘爪，杠杆以中间销孔为支点与壳体上的耳子铰接。平时杠杆在可调拉杆及绕链棘爪等零件的重力作用下，保持 33°待脚踏的工作角度；绕链机构是由绕链轮、重锤链块和绕链一起穿在绕链轴上，轮与轴用键连接，只有重锤链块可在轴上灵活转动，重锤链块又与绕链棘爪另一销孔铰接，整个机构与壳体以滑动轴承的形式相连。

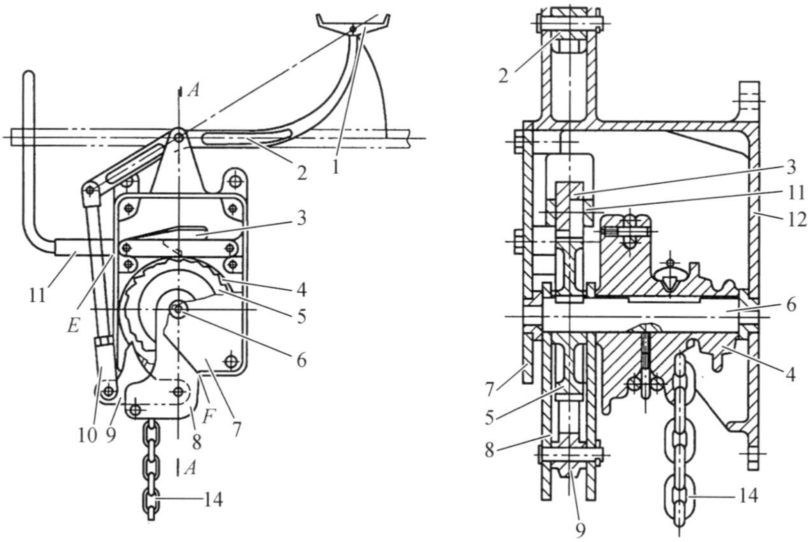

1—脚踏；2—脚踏杠杆；3—锁紧棘爪；4—绕链轮；5—棘轮；6—轴；7—盖；8—重锤链块；9—绕链棘爪；10—可调拉杆；11—缓解杆；12—壳体；14—制动连环。

图 2-6 脚踏式人力制动机结构

可调拉杆与绕链棘爪的部分重量及本身重心位置决定了重锤链块必然紧靠在壳体限定块 F 处止动。绕链棘爪紧卧在重锤链块内的限位销上，使棘爪不接触绕链棘轮，但又与其保持最小间隙，随时等待作用于棘轮；锁紧及缓解机构是以壳体内耳子为铰点的缓解杆及其本身又铰接两个带有重锤的锁紧棘爪所构成，缓解杆在自重作用下落在壳体另一个限位块 E 处向下止动，保持棘爪与棘轮的相关位置。两锁紧棘爪在自重和缓解杆的限定下，总有一个能卡在棘轮上，不抬起缓解杆，棘轮只能朝一个方向旋转。

（二）工作原理

作业时，操作脚踏杠杆，杠杆拉动可调拉杆，带动绕链棘爪，棘爪以重锤连块上的铰点为轴稍加转动（设计转角为 3°）便卡住绕链棘轮。棘轮、棘爪在重锤连块连接之下成为一个整体，每踏动杠杆一下，绕链轮和轴就转动 30°，同时锁紧棘爪在棘齿的撞击下跳动，停止制动时，棘爪卡住棘轮防止倒转。当操作者抬起右脚时，杠杆又恢复到 33°的待脚踏的工作角度。不停地踏动杠杆，绕链轮就不断地将链环绕紧，直至实现车辆制动。缓解时，只需向上提一下缓解杆，棘爪脱离棘轮，链轮逆转，此时整个机构处于快速缓解状态。

思考与练习

一、填空题

1. 固定轴链条式手制动机主要用在（　　　　　）上。
2. 人力制动装置是利用（　　　　　）操纵使闸瓦直接压在钢轨上产生制动力的。
3. 人力制动装置一般安装在车辆的（　　　　　）车端。
4. FSW 型手制动机具有（　　　　　）、（　　　　　）和（　　　　　）等三种功能。
5. 操作脚踏式人力制动机的脚踏杠杆，杠杆拉动可调拉杆，带动绕链棘爪，棘爪转动（　　　　　）度，便卡住绕链棘轮。每踏动杠杆一下，绕链轮和轴就转动（　　　　　）度。

二、问答题

1. 人力制动机的用途是什么？我国目前使用的货车人力制动机有哪几种？
2. FSW 型手制动机有何优点？

任务二　货车人力制动机检修

【任务描述】

本任务实施中，通过货车链条式、FSW、NSW 和脚踏式人力制动机的分解、组装和试验等，掌握铁路货车人力制动机的检修方法及要求等，培养学生的专业实操技能。

【任务实施】

手制动机检修

（1）作业顺序及技术要求：

① 确认使用的检测量具在检定周期内，且状态良好。

② 准备好扳手、手锤等工具。

（2）手制动机各部检修，技术要求为：

① 手轮、棘轮、棘子托、棘子、棘子锤、轴键、链、链导板、转动支架、转动支架座、销及滑轮等配件须齐全，各转动部位须注油。

② 配件裂纹或破损时更换，丢失时补添。

③ 轴导架、轴托弯曲、破损、裂纹时修理或更换。

④ 手轮组装螺栓须安装弹簧垫圈或背母，轴下部须安装垫圈和开口销，开口销须劈开卷起。

⑤ 手制动轴磨耗大于 2 mm 时焊修后加工，手制动轴弯曲时调修。截换时须卸下修理，接口处须开 X 形坡口焊接，并须刻打焊工钢印。

⑥ 敞车手制动轮在上端梁上方时，手轮下面与车端部上平面垂直相对处应有 80 mm 及以上的距离；在上端梁下方时，手轮上边到上端梁距离不得小于 200 mm，手轮上平面到踏板上平面距离应为 950 ~ 1 050 mm。原为直径 400 mm 手轮者，不得更换为直径 300 mm 的手轮（手制动机状态良好时，该尺寸不符合 950 ~ 1 050 mm 时，可不处理，手制动机检修时，该尺寸须为 950 ~ 1 050 mm）。

⑦ 折叠式制动机折叠处的铆钉须平整、牢固，叉口处裂纹时须在轴上截换，轴套裂纹、变形时更换，轴卡板及销、链须齐全，轴托架（指装端梁者）裂纹、弯曲或磨耗超过 3 mm 时焊修或更换，丢失时补装。并须放下检查，不得超过车辆限界。

⑧ FSW 型手制动机螺栓组装的箱体须开盖检查，箱内转动件为铆接者状态良好时可不分解，状态不良的配件须分解修理或更换。分解时，传动机构零件须进行检测，状态良好时须在主动轴和卷链轴端部、箱壳内各运动零件涂润滑脂，不良时修理或更换。注油孔内须注入适量润滑油，组装后须试验，制动、阶段缓解、快速缓解性能良好，符合图样 SYSH-14-00-00-00。

⑨ NSW 型手制动机须现车检查制动、缓解、调力制动及锁闭功能，作用良好时可不分解。打开注油孔塞，手制动机内部摩擦部位须涂润滑脂。

⑩ 卷链轴齿轮凹槽深度磨耗不大于 14 mm，手制动机链环、拉杆链环直径磨耗不小于 ϕ9 mm，超限时分解壳体铆钉，修理、更换破损或故障配件，修理后重新铆接。棘轮、离合器、小齿轮不得损坏；键轮损坏时，主动轴和键轮须同时更换。键轮与离合器之间、离合器与棘轮和小齿轮之间、小齿轮与主动轴之间和卷链轴组成的大齿轮须涂润滑脂。

⑪ NSW 型手制动机分解检修组装后，须符合图样 SYSH-25-00-00-00，并进行如下性能试验：

a. 制动试验：在调速手柄位于右侧时，顺时针方向转动手轮，须产生并保持制动力。

b. 缓解试验：快速逆时针方向转动手轮约 40°时须缓解。

c. 调力试验：功能手柄置于常用位，顺时针转动手轮，当链条产生一定拉力时，给手轮施加顺时针方向扭矩的同时，将功能手柄（功能手轮）拨向调力位，此时，链条拉力可随手轮的旋转增大或减小。

（3）脚踏式制动机各部检修，技术要求为：

① 性能试验与外观检查良好时可不分解。脚蹬、控制杆、脚踏杠杆、拉杆、壳体、控制棘爪、绕链棘轮、绕链棘爪、重锤连块、制动链等配件裂纹、破损时修换，丢失时补装。各转动部分须涂干性二硫化钼润滑脂。

② 摆动杆件不得与脚踏板相碰，各铰接点须转动灵活，挂链螺栓须到位并紧固，除壳体外，其他铸件不得涂润滑油和油漆。

③ 脚踏式制动机分解检修时，使用人力制动机检测量规测量，控制棘爪、绕链棘爪齿尖 R 值的磨损不大于 2.5 mm，绕链棘轮棘齿的 K 值磨损不大于 1 mm。

④ 脚踏式制动机改造链条组成钢丝绳不得断股、安全锁接头不得松动，脚制动机挂链螺杆不得松动，松动时紧固。

⑤ 支点座不得变形，焊缝开裂时清除原焊缝，消除裂纹后焊修。配重铁绕销轴转动须灵活，杠杆不得变形。

⑥ 圆销磨耗不大于 2 mm 和变形。

⑦ 齿轮轴端直径磨耗不大于 1 mm。

⑧ 链蹄环螺杆原型 ϕ12 mm 磨耗不大于 3 mm。

⑨ 分解制动机链时须测量螺栓孔，链蹄环螺栓孔原型一端 ϕ18 mm，另一端 ϕ13 mm 磨耗不大于 2 mm，超限时更换脚踏式制动机。

⑩ 性能试验：在外力作用下脚蹬应在 240±20 mm 行程范围内上下运动，各活动零件（脚踏杠杆、拉杆、绕链棘爪、重锤连块）须动作灵活，不得互相干扰；控制杠杆置于制动位（左位），脚蹬在外力作用下重复 240±20 mm 的全行程 4 次，每次须过 2 齿；控制杠杆置于缓解位（右位），绕链棘爪能自由转动而脚踏杠杆上下踏动为无效运动。

（4）检查各型人力制动机轴链及制动拉杆链、制动拉杆、脚踏板，技术要求为：

① 制动轴链、制动拉杆链环裂纹时须拆下熔接焊修，链环直径磨耗超限时更换。经焊修和更换新环的轴链或拉杆链须施行拉力试验。拉力为：制动轴链 14.70 kN，拉杆链 26.47 kN，试验后不得产生裂纹和变形。

② 制动拉杆裂纹、折断时焊接或锻接后施行 11.76 kN 拉力试验须无永久变形。

③ 制动机踏板安装螺栓须紧固；踏板腐朽、破损时须更换为整块干燥木板，如用两块木板时，须用硬木，组装用方头螺栓，并加装通长带勾压铁。踏板托及铁制踏板弯曲裂纹、腐蚀严重时，修理或补强。铸铁踏板破损时，允许以铁栅式代用，可仿照 C62A 型车钢板焊接的踏板制作。

（5）检修后试验及易失配件焊固，技术要求为：

① 在单车试验时，应进行手制动机作用试验，拧紧手制动机后，止铁须起作用，各闸瓦须抱紧车轮。

② 制动状态时，链环式手制动机轴链卷入量为 0.5 ~ 2 圈，脚踏式制动机链卷入量为 0.5 ~ 1 圈。

③ 人力制动机试验合格后，须将制动拉杆与垫圈、手制动滑轮的圆销与垫圈、棘子锤的圆销与垫圈、棘子的圆销与垫圈间分 120°三点焊固。

思考与练习

一、填空题

1. 制动轴链、制动拉杆链环裂纹时经焊修和更换新环的轴链或拉杆链须施行拉力试验。拉力为：制动轴链（　　　），拉杆链（　　　）。

2. 链条式手制动机轴链卷入量为（　　　）圈，脚踏式制动机链卷入量为（　　　）圈。

二、选择题

NSW 型手制动机进行缓解试验：逆时针方向快速转动手轮约（　　　）时须缓解。

A. 30°　　B. 40°　　C. 50°　　D. 60°

项目三　货车基础制动装置检修

项目概述

货车基础制动装置是车辆制动机的重要组成部分。本项目以铁路货车基础制动装置为载体，设计工作情境，让学生组成学习团队，以团队为单位通过认识货车基础制动装置中的各零部件，再绘制货车基础制动装置组成示意图，熟悉铁路货车基础制动装置的组成部件及连接关系；通过更换或检修基础制动机各零部件，能够检修基础制动装置；此外，通过计算制动倍率、制动效率，人工调整制动缸活塞行程，检修闸瓦间隙自动调整器及其试验等，掌握货车车辆基础制动装置的检修工艺、方法及试验等。

教学目标

1. 通过阅读工作任务单，明确工作任务要求；
2. 能根据任务要求和实际情况，合理制订工作计划；
3. 能正确识别铁路货车基础制动装置各零部件；
4. 能够按任务要求检修货车基础制动装置各零部件；
5. 能够计算制动倍率和制动效率；
6. 能正确安装 ST 型双向闸瓦间隙自动调制器及其控制机构；
7. 能进行 ST 型双向闸瓦间隙自动调制器的检修和试验。

课件：货车基础制动装置

任务一　货车单闸瓦式基础制动装置检修

【任务描述】

本任务实施中，通过认识货车基础制动装置零部件和绘制货车基础制动装置组成示意图，了解其结构组成、制动作用过程和零部件安装，通过更换闸瓦、制动梁等教学活动，掌握基础制动装置的检修及检修要求等，培养学生的专业操作技能。

微课：货车单侧闸瓦式基础制动装置

【任务实施】

基础制动装置是指从制动缸活塞杆到闸瓦之间所使用的一系列杠杆、拉杆、制动梁、吊杆等各种零部件所组成的机械装置。它的用途是把作用在制动缸活塞上的压力空气推力增大适当倍数以后，平均地传递给各块闸瓦或闸片，使其转变为压紧车轮踏面的机械力，阻止车轮转动而产生制动作用。

一、货车基础制动装置的形式和特点

基础制动装置的形式，按每个车轮上的闸瓦块数及其作用方式，可分为单闸瓦式和双闸

瓦式。货车单闸瓦式基础制动装置按制动拉杆安装位置又分为下拉杆式和中拉杆式。

单闸瓦式基础制动装置，简称单闸瓦式，也称单闸瓦制动，即只在车轮的一侧设有闸瓦的制动方式，如图 3-1 所示。我国目前绝大多数货车都采用这种形式。

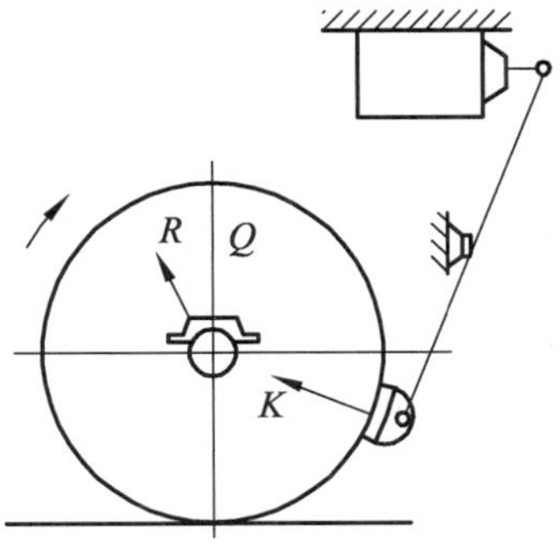

图 3-1　单闸瓦式制动示意图

单闸瓦式基础制动装置的构造简单，节约材料，便于检查和修理。但制动时，车轮只受一侧的闸瓦压力作用，使轴承受力偏斜，易形成轴承偏磨，引起热量过大而出现热轴现象。此外，由于制动力受到闸瓦面积和闸瓦承受压力的限制，制动力的提高也受到限制。若闸瓦单位面积承受的压力过大，散热面积小，容易造成闸瓦的熔化，另外，闸瓦压强大，摩擦系数会降低，这不仅会加速闸瓦的磨耗，而且还会磨耗闸瓦托，使制动力衰减，影响行车安全，有时甚至引起火灾，这种情况在长达坡道地区特别严重。

根据理论计算和实际运用经验，闸瓦单位面积承受的压力一般不超过 1 000 kPa（极限位 1 300 kPa）。目前我国采用的 GK 和 103 型制动机的车辆，多数已达到或超过了这个限度（最高为 1 400 kPa），因此闸瓦熔化及磨耗的情况比较严重，这是单闸瓦式基础制动装置的主要缺点。在车辆不断向大型和高速方向发展，而闸瓦单位面积不能再增加的情况下，应采用高摩擦系数的合成闸瓦，这样不用改变原有基础制动装置就可满足高速运行的要求。

二、四轴货车单闸瓦式基础制动装置的构造和作用

（一）下拉杆式基础制动装置

常用于转 8、K7 系列的转向架。四轴货车单闸瓦式基础制动装置（下拉杆式）的构造和零部件如图 3-2 和图 3-3 所示。下拉杆从转向架摇枕下面穿过，所以需要在制动梁上安装一安全托吊，将下拉杆从安全托吊中间穿过，以免下拉杆脱落，影响行车安全。

其作用过程如图 3-4 所示（箭头表示制动时各杠杆的移动方向）。

四轴货车单闸瓦式基础制动装置在制动机制动和缓解时，各组成部件的动作如下：

制动机制动时，压力空气进入制动缸推动活塞，活塞杆随之伸出，推动活塞推杆，带动制动缸前杠杆 3。此时制动缸前杠杆一边以其中部圆销为支点牵动上拉杆 4，同时又以上拉杆连接的圆销为支点带动中部连接拉杆 7，连接拉杆则以制动缸后杠杆托 9 为支点牵动二位上拉杆，因此一、二位上拉杆同时都向车辆中部移动。上拉杆的移动，再将力传至两个转向架的制动杠杆 5，在制动杠杆的下端，圆销孔与下拉杆 6 销接，而两端的固定杠杆 10 上端的支点为固定销接，不能移动，只能转动。当运动传到制动杠杆 5、固定杠杆 10 时，带动制动梁 16，使各闸瓦压紧车轮。制动缸内压缩空气所产生的制动缸活塞推力经过以上各拉杆和杠杆传达

到各对闸瓦，压紧车轮产生制动作用。

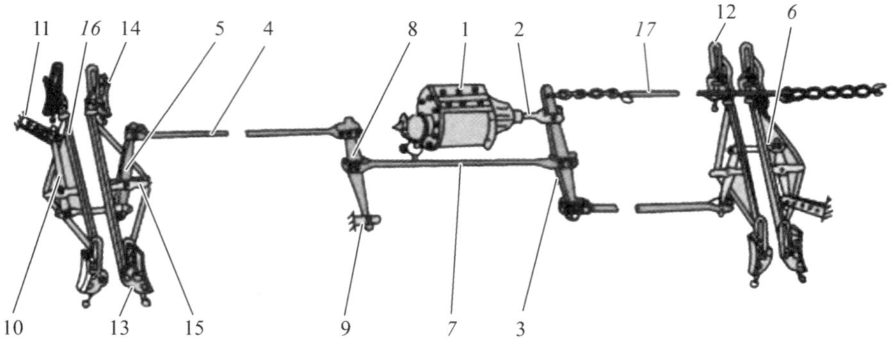

1—制动缸；2—制动缸活塞杆；3—制动缸前杠杆；4—上拉杆；5—制动杠杆；6—下拉杆；
7—连接拉杆；8—制动缸后杠杆；9—制动缸后杠杆托；10—固定杠杆；11—固定杠杆支点；
12—闸瓦托吊；13—闸瓦托；14—闸瓦；15—制动梁支柱；
16—制动梁；17—手制动拉杆。

图 3-2　四轴货车单闸瓦式基础制动装置布置

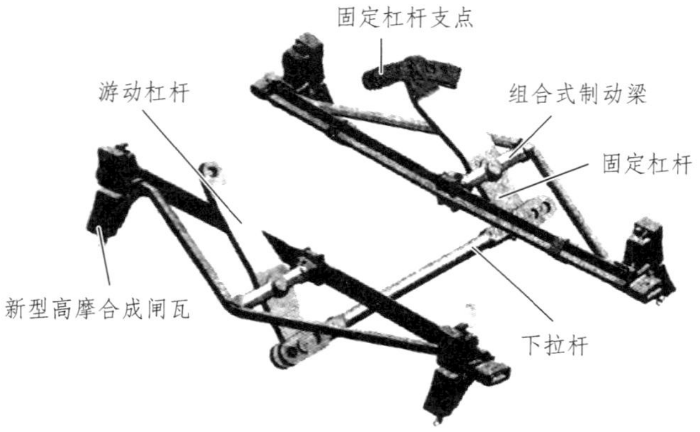

图 3-3　转向架上下拉杆式基础制动装置结构

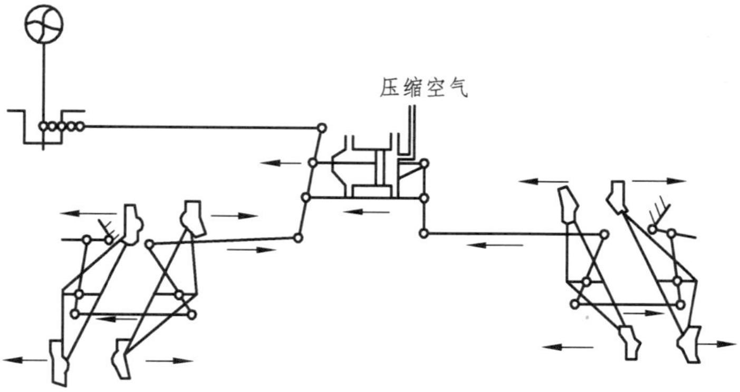

图 3-4　四轴货车单闸瓦式基础制动装置（下拉杆式）作用示意图

制动机缓解时，制动缸内的压力空气排出，制动缸活塞在其缓解弹簧作用下被推回到原位，活塞杆缩回到制动缸内，各杠杆、拉杆、制动梁等也在制动梁重力的作用下，恢复到原位，闸瓦离开车轮，产生缓解作用。

当使用手制动机时，在手制动机链卷绕到主动轴后，手制动拉杆直接拉动制动缸前杠杆的一端，从此以后的动作和空气制动机的制动缸活塞推出的作用相同，只是拉力比制动缸活塞推力要小得多。

（二）中拉杆式基础制动装置

常用于 K2、K4、K5 和 K6 型转向架上。单闸瓦式基础制动装置（中拉杆式）的构造和零部件如图 3-5 所示。其作用过程如图 3-6 所示。其作用过程与下拉杆式的过程相同，只是制动梁装在制动杠杆和固定杠杆的下端，而不是在中部，所以移动杠杆在车体的外端，而固定杠杆处于车体的内端。其安装位置与下拉杆式相比，正好调换了位置。中拉杆从转向架摇枕中间的一个孔穿过，所以无须安全托吊。

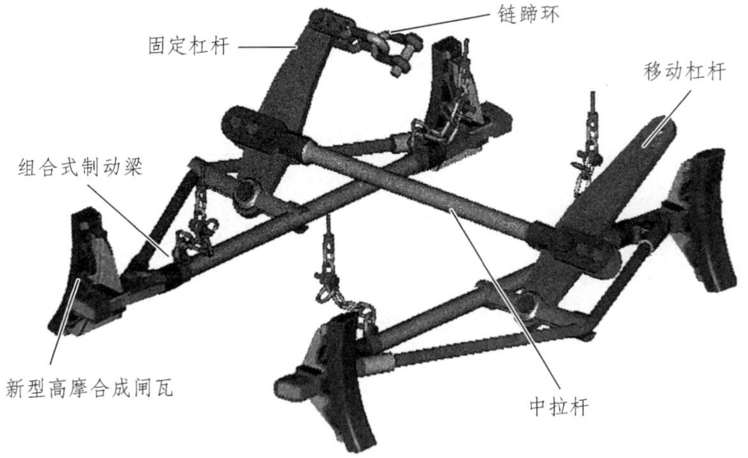

图 3-5　转向架上中拉杆式基础制动装置结构

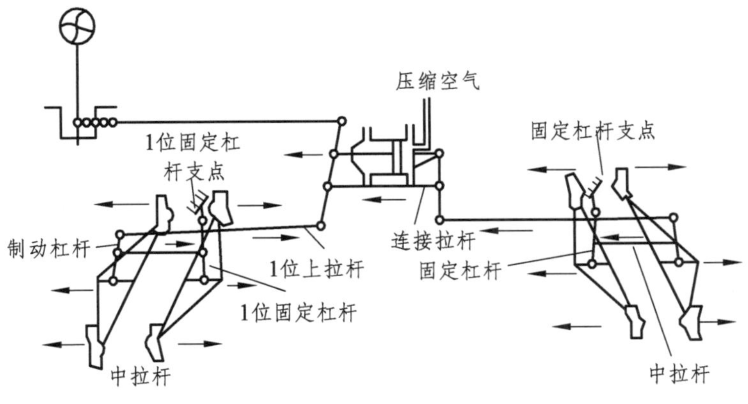

图 3-6　转向架上中拉杆式基础制动装置作用过程示意图

三、基础制动装置的主要部件

（一）制动缸活塞杆和推杆

货车用活塞杆是由钢管制成的中空筒形圆杆，用铆钉固接在活塞座上，中间插入推杆，两者没有固定结合装置。制动时，随着活塞向外移动，推动制动缸杠杆产生制动作用。缓解时，在缓解弹簧的作用下，筒形活塞杆连同制动缸活塞恢复原状，推杆便失去推力，在制动梁的自重作用下，闸瓦离开车轮，并带动推杆缩回到筒形活塞杆内。当使用人力制动机时，推杆从筒形活塞杆内拉出，不会带动制动缸活塞一起移动，可减少阻力。由于推杆和活塞杆没有固定的连接，并且两者之间有相当的间隙，故当制动缸活塞与制动缸活塞推杆移动方向不一致时，也不会产生别劲。同时在列车队中清洗制动缸时，取出活塞也很方便。制动缸活塞杆和推杆的结构如图 3-7 所示。

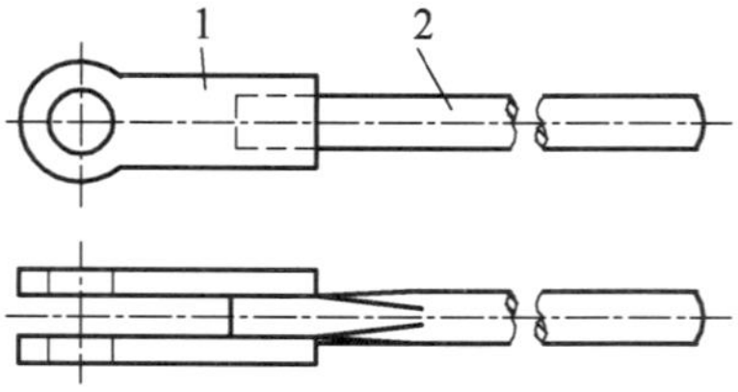

1—推杆头；2—推杆体。

图 3-7　货车制动缸活塞推杆

（二）杠杆

杠杆是基础制动装置中用于传递和扩大制动缸活塞推力的主要配件。客货车所采用的各种杠杆，根据安装位置和作用的不同，其名称也不同。但从形状上看大体相同，如图 3-8 所示。杠杆中部因受力较大，故其断面尺寸较大，两端较窄，构成鱼腹形。

杠杆的种类从形式上主要有下列四种：

（1）有 4 个圆销孔的四孔杠杆，多用于制动缸前杠杆，如图 3-8（a）所示。

（2）有 3 个圆销孔，但孔距不等的三孔杠杆，多用于固定杠杆、制动杠杆、移动杠杆和制动缸后杠杆等，如图 3-8（b）所示。

（3）有 3 个圆销孔，其两端孔距相等的三孔杠杆，多用于客车车辆的均衡杠杆等，如图 3-8（c）所示。

（4）双片杠杆，为焊接成一体的双片结构，用于客车 206、209 型转向架基础制动装置的移动杠杆和固定杠杆，如图 3-8（d）所示。

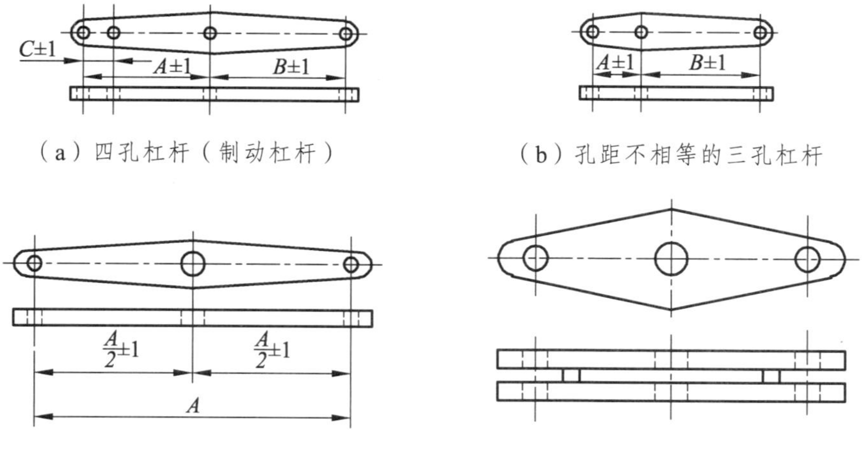

（a）四孔杠杆（制动杠杆）　（b）孔距不相等的三孔杠杆

（c）孔距相等的三孔杠杆　（d）双片杠杆

图 3-8　各形杠杆图

各杠杆的孔眼均镶以 4 ~ 5 mm 厚的磨耗衬套（衬套须经渗碳处理），以便孔眼磨耗时仅更换衬套即可，这样可以减少修理的工作量和延长杠杆的使用寿命。

（三）货车制动梁

货车制动梁有 T 形制动梁、弓形制动梁和滑槽式制动梁。滑槽式制动梁由槽钢、弓形杆、支柱、闸瓦托、下拉杆安全吊、安全链等组成。滑槽式制动梁在闸瓦托上设有端轴，而在转向架的侧架上设有滑槽，将端轴置于滑槽内，以代替闸瓦托吊的作用。这种制动梁在转 8A、转 6A 及转 9 等形式的转向架上采用。根据端轴结构的不同，滑槽式制动梁可分为滑块式和滚轴式两种，如图 3-9 所示。

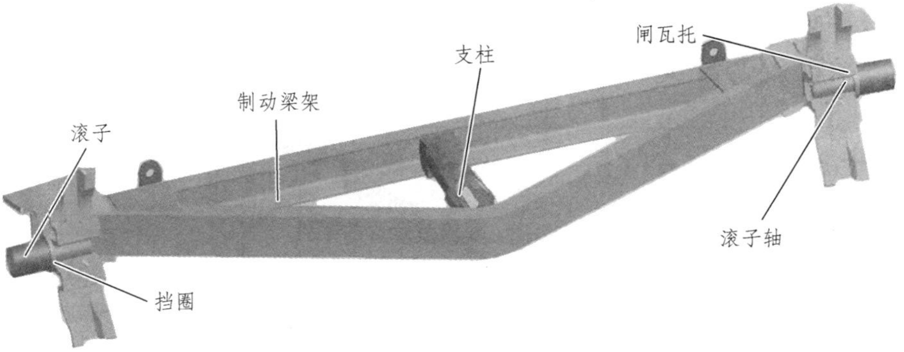

图 3-9　滚轴式制动梁结构

为了克服槽钢梁体滑槽式制动梁的不足，提高制动梁的疲劳强度和使用可靠性，我国研制了 L-A（B）（见图 3-10 和图 3-11、）、L-C 型滑槽式制动梁（见图 3-12）。它与槽钢制动梁可完全互换，可用于转 8A、转 8G、转 K1、转 K2、2D 轴控制型、2E 低动力作用等各型转向架。

1. L-A（B）型制动梁的主要特点

（1）采用了模块化的组合结构，整个制动梁由几个部件组装在一起构成。

（2）制动梁架为一种特殊形状截面的异形钢材经切分、拉制而形成的弓形梁。

（3）支柱前端的 U 形接口支撑在制动梁架的前杆部分，支柱后端和夹扣均有 U 形接口，两者共同夹持在制动梁架的后杆部分。

（4）制动梁架采用压力装配方式装入闸瓦托的止孔内。

（5）制动梁为滑块式结构，滑块在闸瓦托上铸出。

（6）采用非金属滑块磨耗板。锻造工艺制动梁为 L-A 型，轧制工艺制动梁为 L-B 型 。

2. L-C 型制动梁的主要特点

（1）滑块与制动梁端头连成一体，用优质钢体模锻制出，滑块上套有磨耗套。

（2）支柱为优质钢的模锻件，与弓形梁撑杆结合部改为卡装。

（3）弓形杆为轧制的优质圆钢，撑杆为轧制的无缝钢管。

（4）制动梁端头与弓形杆采用了过盈套装新结构。

注意：制动梁支柱均做成 40° 倾斜的。因此，同一转向架的两根制动梁分为左右两种形式，不能换位使用。区别方法：面向制动梁背侧顺手插入斜口，左手顺插者为左制动梁，右手顺插者为右制动梁。

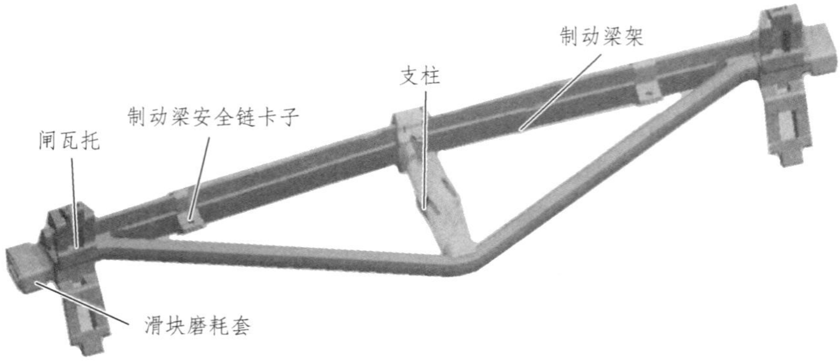

图 3-10　L-A（B）型制动梁结构

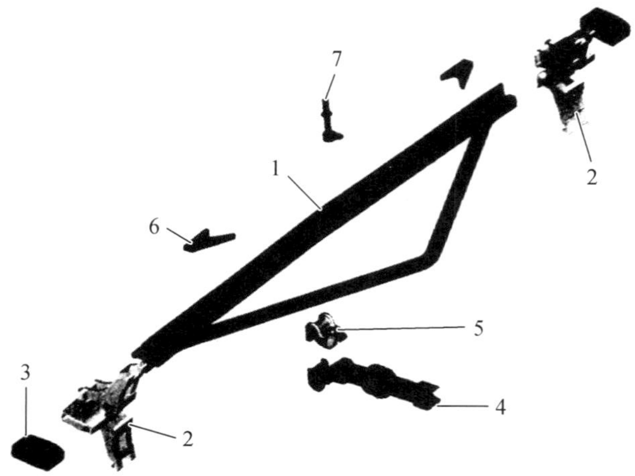

1—制动梁架；2—闸瓦托；3—磨耗套；4—支柱；5—夹扣；6—筋板；7—螺栓。

图 3-11　L-A（B）型制动梁（滑块式）

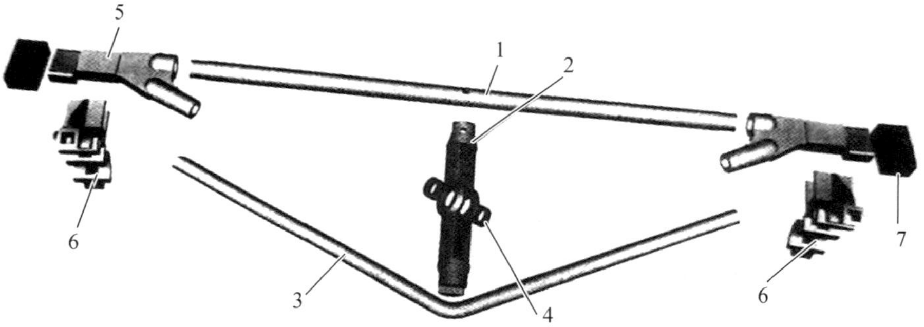

1—撑杆；2—支柱；3—弓形杆；4—衬套；5—制动梁端头；6—闸瓦托；7—滑块磨耗板。

图 3-12　L-C 型制动梁

（四）货车闸瓦托和闸瓦托吊

闸瓦悬挂应保证以下两点：

（1）同一块闸瓦在车轮回转方向不同时，其闸瓦压力应尽量保持一致；

（2）施行缓解作用时，闸瓦能以自身的重量而自动离开车轮；

微课：闸瓦托、闸瓦托吊、闸瓦

在运行中遇有振动时，闸瓦也不会碰靠车轮。

闸瓦托为安装闸瓦的支撑部件。货车的闸瓦托直接安装在制动梁的端部。

闸瓦托的构造如图 3-13 所示，大致可分为：弓形制动梁用闸瓦托、T 形制动梁用闸瓦托和滑槽式制动梁用闸瓦托。

图 3-13　闸瓦托

大多数货车使用滑槽式制动梁，已不用闸瓦托吊。

（五）安全装置

基础制动装置中的制动梁和下拉杆，如果发生脱落，最易造成列车脱轨和颠覆的重大事故，所以必须设置安全装置。

货车制动梁有安全链，防止制动梁脱落。货车制动梁上左右各安装一条安全链，上端分别用螺栓挂装在摇枕的两侧，下端铆接固定在制动梁上，安全链一般留有 200 mm 的松余量。为防止下拉杆脱落，在制动梁梁体上装有方形安全吊，下拉杆从中穿过，如图 3-14 所示。

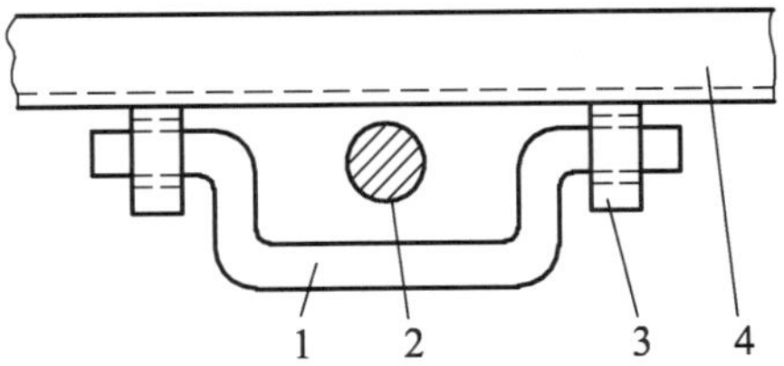

1—下拉杆安全吊；2—下拉杆；3—下拉杆安全吊座；4—弹簧托板或制动梁体。

图 3-14　下拉杆安全吊

（六）闸瓦

闸瓦是指制动时，压紧在车轮踏面上以产生制动作用的制动块。车轮上使用的闸瓦可分为两大类：铸铁闸瓦和合成闸瓦。

铸铁闸瓦又可分为：中磷铸铁闸瓦和高磷铸铁闸瓦。在合成闸瓦中，按其基本成分，可分为合成树脂闸瓦和石棉橡胶闸瓦；按其摩擦系数的高低分为，又可分为高摩合成闸瓦和低摩合成闸瓦。中磷铸铁闸瓦、高磷铸铁闸瓦和低摩合成闸瓦，称为通用闸瓦，可互换使用（不用改变基础制动装置的结构）。

1. 铸铁闸瓦

高磷铸铁闸瓦与中磷铸铁闸瓦比较，主要是提高了含磷量。中磷铸铁闸瓦的含磷量为

0.7%～1.0%，高磷铸铁闸瓦的含磷量为10%以上。高磷铸铁闸瓦的耐磨性比中磷铸铁闸瓦的耐磨性高1倍左右。

运用实践证明，高磷铸铁闸瓦的使用寿命，约为中磷闸瓦的2.5倍以上。高磷铸铁闸瓦还有一个优点，就是制动时火花少。铸铁闸瓦的摩擦系数是随含磷量的增加而增大，故高磷闸瓦的摩擦系数大于中磷闸瓦。但含磷量过高，将增加闸瓦的脆性。实践证明，当含磷量超过1.0%时，闸瓦如不加钢背，便有裂损的可能，所以高磷闸瓦需采用钢背补强。

中磷闸瓦和高磷闸瓦的基本形式如图3-15所示。

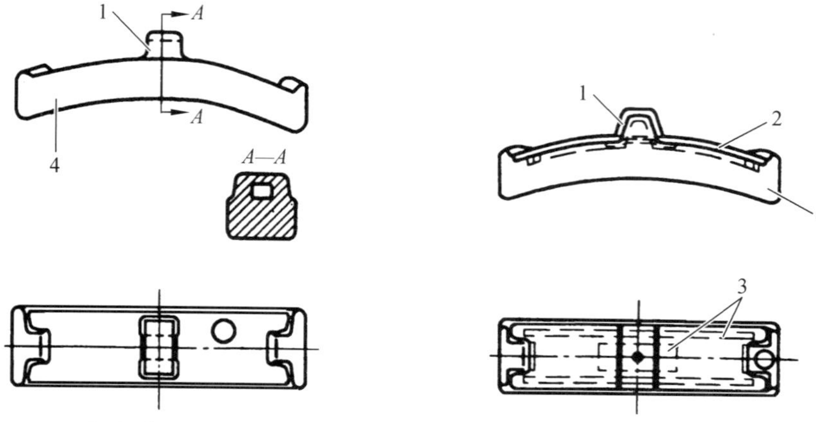

（a）中磷闸瓦　　（b）高磷闸瓦

1—瓦鼻；2—钢背；3—加强筋；4—瓦体。

图3-15　铸铁闸瓦

闸瓦的厚度为45 mm，内圆弧半径为440 mm，可使用于840 mm的货车和915 mm的客车轮对上。

2. 合成闸瓦

合成闸瓦是以树脂、石棉、石墨、铁粉、硫酸钡等材料为主热压而成的闸瓦。高摩合成闸瓦的型号有424型、824型、803型和120K型；低摩合成闸瓦的型号有138B型和4-2H型。

（1）合成闸瓦的优点：

① 摩擦性能按需要进行调整。合成闸瓦的摩擦性能可根据需要，用改变、调整配方和工艺的办法获得较为理想的效果，从而可以充分地利用轮轨间的黏着系数。

② 耐磨性好，使用寿命长。合成闸瓦的耐磨性能好，使用寿命一般为铸铁闸瓦的3～10倍。

③ 节约铸铁材料。

④ 对车轮踏面的磨耗小，可延长车轮使用寿命。

⑤ 重量轻，一般只为铸铁闸瓦的1/3～1/2。

⑥ 可避免磨耗铁粉的污损及因制动喷射火星而引起的火灾事故。铸铁闸瓦的磨耗铁粉，不仅会污损机车车辆的电气设备，而且在制动过程中产生的红铁粉（长大坡道更为严重）喷射出来，容易引起火灾。合成闸瓦制动时没有或很少有磨耗铁粉飞溅，从而能防止火灾事故，并减轻对电气设备的影响。

⑦ 摩擦系数比较平稳并能保证有足够的制动力。铸铁闸瓦在高速制动时摩擦系数较小，可能造成制动力不足，而在低速特别是接近停车时，其摩擦系数又上升较多，很容易引起列

车的纵向冲动，甚至造成滑行而擦伤车轮。而合成闸瓦具有摩擦系数比较平稳的特性，在高速时，摩擦系数值变化较小，故能产生足够的制动力，在速度降低时摩擦系数值增加不多，故能使停车平稳，提高旅客乘坐的舒适度，减轻或防止货物的损坏。

⑧ 由于摩擦系数值可以充分提高，采用合成闸瓦与小直径的制动缸配套，可节约压缩空气，在高坡地区连续制动时可缩短再充气的时间，提高了列车在坡道地区运行的安全性，同时，降低了每块闸瓦的实际压力，使基础制动装置各杠杆受力减小，可减少磨损闸瓦托和制动梁脱落等惯性事故。

（2）合成闸瓦的结构：

合成闸瓦由于其材料本身强度小，必须在其背部衬压一块钢背来增加它的抗压强度。整个合成闸瓦由钢背和摩擦体两部分组成，如图 3-16 所示。钢背内侧开有槽或孔，用于提高摩擦体和钢背的结合强度。低摩合成闸瓦钢背两端的中间部分制成凸起的挡块，两侧低平，以便与闸瓦托的四爪相结合，钢背外侧中部装有用钢板焊制成的闸瓦鼻子，其外形和中磷铸铁闸瓦的相同。因高摩合成闸瓦的摩擦系数大，故不能与通用闸瓦互换使用。为了防止混淆，将高摩合成闸瓦钢背两端的中间制成低平，两侧凸起，正好与低摩合成闸瓦相反，钢背内则还铸有加强筋，以增加钢背的刚度。为了增加散热面积和避免闸瓦裂损、脱落，合成闸瓦摩擦体中部压成一条或两条散热槽。

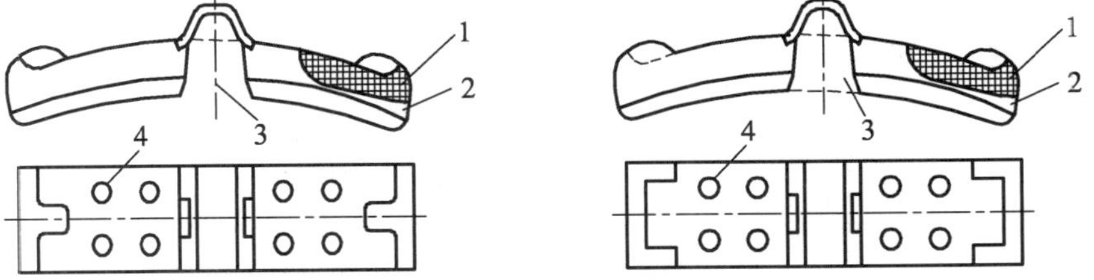

1—钢背；2—摩擦体；3—散热槽；4—冲孔。

图 3-16　合成闸瓦

（3）合成闸瓦在使用中的注意事项：

① 使用合成闸瓦的车辆，制动缸活塞行程尽可能调至上限，特别不可调得过短，以免因制动力过强而擦伤车轮。

② 合成闸瓦的散热性较铸铁闸瓦差，使用中要注意检查车轮是否有异状，有无热裂扩展至横裂纹的情况。

③ 合成闸瓦的材质较脆，严禁用锤猛敲，搬运时要防止摔坏。

④ 合成闸瓦的瓦鼻子容易变形，列检发现时要妥善处理，不可用虎钳来夹闸瓦鼻子的换装方法。

四、基础制动装置的检修

（一）制动梁的检修

1. 货车制动梁的主要故障及防止方法

微课：货车制动梁

（1）端轴焊接不良，在焊缝处发生裂纹，造成滚子轴脱落。导致端轴裂纹、裂损的原因有：其一是端轴承受转向架基础制动装置的全部重量，并受振动冲击等动载荷的影响，工作条件较差；其二是分解端轴垫圈时，端轴被铲伤或被气割烧伤，而这些伤痕恰好发生在端轴的应力集中处。防止方法是分解端轴垫圈时注意不要铲伤端轴，尽量不使用气割分解，要提高焊接质量。

（2）两侧端轴不在一条直线上，或两端闸瓦厚度差超过规定，使制动梁别劲，导致滚子轴根部裂损。防止方法是使两端闸瓦厚度差不超过规定，并保证两端轴在一条直线上。

（3）由于车轮磨耗后轮径变小及闸瓦丢失等原因，制动梁容易从侧架的滑槽缺口滑出，造成制动梁脱落。为防止上述故障，对转 8A 型、转 6A 型转向架的制动梁，在厂、段修时，应在侧架滑槽下承台前端加焊一块 12 mm×52 mm×40 mm 的防脱板，以免滚子或滑块被卡住以及便于装卸制动梁。

（4）端轴材质不良或磨耗过限，发生裂纹折损。须经常保持端轴与滑槽的润滑状况良好，段修时，轴端垫圈须分解，端轴弯曲时加热调修，横裂纹时更换。

滑槽式制动梁弓形杆裂损。多发生在滚轴式制动梁上，裂损部位一般都是在距闸瓦托根部 20 ~ 50 mm 范围之内，也就是闸瓦托内挡毂与弓形杆的焊接点处。其原因是制动时，此处承受较大的弯矩，以及制造检修工艺的影响。主要表现在弓形杆与垫铁或挡毂的焊接缺陷，受力后，这些缺陷处会产生应力集中，极易诱发裂纹的产生。防止方法是提高焊接质量。

2. 车制动梁的检修质量要求

（1）组焊两端滚子轴时，两端滚子轴的中心线应保持在同一直线上，以免制动时发生别劲，影响其作用性能，并保证焊接质量，防止滚子脱出。

（2）制动梁总长度为（1 770±3）mm，其两端与两侧的总间隙不小于 20 mm。如过长，将使制动梁被卡死而不能移动；如过短，则不能保证制动梁端部与侧架有足够的搭载量，易造成制动梁脱落事故，其搭载量为当制动梁偏于一侧时，另一侧应不小于 30 mm。

（3）滑槽与滚子内应涂抹适量的润滑脂，保证作用灵活，并减少磨耗。

3. 拉力试验

货车制动梁经补强、截换或更换槽钢、弓形杆时，要按规定进行拉力试验，不得产生永久变形（见表 3-1）。

表 3-1　制动梁拉力试验的试验压力

制动梁类型	试验拉力/kN	制动梁类型	试验拉力/kN
平行头弓杆或滑槽式制动梁	90	160 mm 工钢梁	60
斜型头弓杆制动梁	70	140 mm 工钢梁	50
旧型的弓形制动梁	50	120 mm 工钢梁	35

（二）闸瓦及闸瓦托的检修

1. 检查

闸瓦托吊槽裂纹时更换，闸瓦在吊槽磨耗剩余厚度不足 9 mm 时焊修后加工平整；闸瓦托插销座支撑面磨耗剩余厚度不足 6 mm 时焊修，闸瓦托四爪磨耗剩余厚度不足 6 mm 时焊修，其余各部磨耗超过 2 mm 时焊修，焊后四爪厚度不小于 8 mm，转 9 型转向架制动梁端部磨耗板有横裂纹时更换。闸瓦托吊磨耗部分磨耗超过 2 mm 时焊修，其余非磨耗部分直径小于原型

3 mm 时报废；吊销孔磨耗超过 2 mm 时铣孔镶套，原套松动、裂纹时重新镶套；闸瓦托吊弯曲时加热调修；闸瓦托吊有横裂纹时报废。

2. 焊接

（1）闸瓦托插销座内孔磨耗过限或出现裂纹时可截换。

（2）闸瓦托吊施焊时不得在弯曲处引弧或灭弧等；焊后平直部分应有 1 ~ 2 mm 的加工余量；压筋及扭曲整形的加热温度为 850 ~ 950 °C。

3. 检验

（1）圆钢制的闸瓦托吊平直磨耗部分和弯曲处需进行电磁探伤，不得有裂纹，未经加工的闸瓦托吊，磨耗部分不得超过 2 mm，非磨耗部分直径不得小于原型 3 mm，吊销孔磨耗不得超过 2 mm，衬套不得松动。

（2）用 R451 mm 的弧面样板检查加工后的闸瓦托弧面，两插销座支撑面中心线两侧四爪须接触，局部缝隙不得超过 1.5 mm，四爪的每处间隙不得超过 2 mm。

（三）杠杆、拉杆的检修

（1）检查鉴定：杠杆销孔或衬套直径磨耗超过 2 mm 时，镶套或更换衬套，原套有裂纹、松动时更换；各杠杆、拉杆腐蚀、磨耗超过 3 mm 时焊修或更换，弯曲变形时加热调修，各杠杆、拉杆、支点有裂纹时焊修，支点上下相对孔中心差不得超过 0.5 mm。

（2）焊接或锻接：锻修时将拉杆接头加热到 850 ~ 950 °C，分别锻成圆弧形，锻接余量为 10 ~ 15 mm；在结合面上撒上硼砂，将接头加热到 1 250 ~ 1 450 °C，一次锻成；锻造后在空气中缓冷，不得存在夹渣、裂纹、错偏、未熔透等现象。

（3）拉杆拉力试验：拉杆经焊接或锻接后须进行拉力试验，不得有裂纹或变形。拉力试验的拉力为 120 MPa。

思考与练习

一、填空题

1. 将制动缸空气压力转换并扩大一定的倍数变成闸瓦压力的机构，称之为（　　　　）。

2. 货车单闸瓦式基础制动装置的零部件主要由制动缸前杠杆、（　　　　　　　）、（　　　　　）、下拉杆、制动杠杆及（　　　　　）、（　　　　　）等组成。

3. 铸铁闸瓦按期材质可分为普通铸铁闸瓦、中磷铸铁闸瓦和（　　　　　）闸瓦。

4. 合成闸瓦其缺点是导热性（　　　　），易使车轮踏面热裂、剥离。

5. 合成闸瓦（　　　　）时无火化或基本无火化，可防止因制动引起的列车或沿线的火灾。

6. 货车用活塞杆是由钢管制成的（　　　　　），用铆钉固接在活塞座上，中间插入（　　　　），两者没有固定结合装置。

7. 由一块闸瓦单向作用于车轮的基础制动装置称为（　　　　　）。

二、选择题

1. 一般来说，我国现有车辆的基础制动装置，货车是（　　　　）。

A. 单闸瓦式　　B. 双闸瓦式　　C. 多闸瓦式　　D. 盘形、闸片式

2. 基础制动装置中的各种圆销，厂段修允许径向磨耗（　　）。

A. 1.5 mm　　B. 2 mm　　C. 2.5 mm　　D. 3 mm

3. 基础制动装置中的各种圆销，厂修组装后与孔的间隙不得大于（　　）。

A. 1.5 mm　　B. 2 mm　　C. 2.5 mm　　D. 3 mm

4. 有关检修规定：段修时，货车制动梁端轴磨耗超过（　　）时，应进行焊修。

A. 2 mm　　B. 2.5 mm　　C. 3 mm　　D. 3.5 mm

三、问答题

绘制货车单闸瓦式基础制动装置（下拉杆式）的组成示意图。

任务二　制动倍率和制动效率

【任务描述】

本任务实施中，通过进行基础制动装置制动倍率和制动效率的计算，进一步掌握基础制动装置的用途及检修要求等，培养学生的专业计算技能。

【任务实施】

一、制动倍率

制动倍率，是指制动缸活塞推力，经杠杆系统转换为闸瓦压力时所扩大的倍数，即

$$\beta=\frac{\sum K}{P_r}$$

式中　β——制动倍率；

$\sum K$——车辆按理论计算的闸瓦总压力（N）；

P_r——制动缸活塞推力（N），其值为 $P_r=P_z\cdot\frac{\pi d^2}{4}$，$P_z$ 为制动缸空气压力（Pa），d 为制动缸直径（m）。

制动倍率可以通过传动杠杆的尺寸比进行计算。通常为了使各轴闸瓦压力分配均匀，制动缸前杠杆和制动缸后杠杆圆销孔距的比值设置相等，及 $l_1∶l_2=l_3∶l_4$，而转向架各杠杆的对应尺寸设置也相等。根据图 3-17 所示，各轴制动倍率计算如下：

（一）第 2 位轴制动倍率 β_2

制动缸活塞推力传达到第 2 位轴闸瓦，经过制动缸前杠杆和 1 位转向架制动杠杆两个杠杆，其制动倍率计算如下：

由于　　$P_r\times l_1=P_1\times l_2$（以 a 点为支点）

所以　　$P_1=\frac{P_r\times l_1}{l_2}$

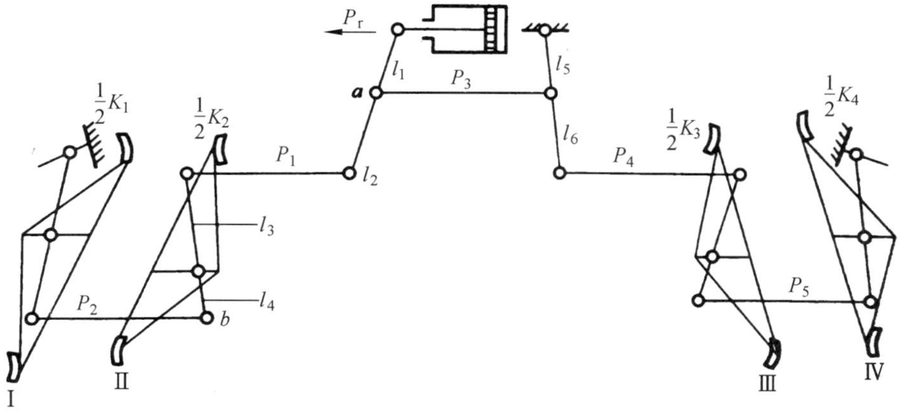

图 3-17　制动倍率计算简图

又由于　　$P_1(l_3+l_4)=K_2\cdot l_4$（以 b 点为支点）

所以　　$K_2=\frac{P_1(l_3+l_4)}{l_4}=P_r\cdot\frac{l_1}{l_2}\cdot\frac{l_3+l_4}{l_4}$

令　　$\beta_2=\frac{K_2}{P_r}$

则　　$\beta_2=\frac{K_2}{P_r}=\frac{l_1}{l_2}\cdot\frac{l_3+l_4}{l_4}$

作用在 2 位制动梁的闸瓦压力为

$$K_2=P_r\cdot\beta_2$$

计算说明：从制动缸到第二位轴闸瓦的制动倍率，等于作用力传递所经过的传动杠杆的主动力臂乘积与从动力臂乘积的比值。因此，同理可求出其他各轴的制动倍率。

K_1、K_2、K_3、K_4 分别为 1 位、2 位、3 位、4 位制动梁两块闸瓦的压力。

（二）第 1 位轴制动倍率 β_1

制动缸活塞推力传达到第 1 位轴闸瓦，经过制动缸前杠杆、一位转向架制动杠杆和固定杠杆三个杠杆，其制动倍率计为

$$\beta_1=\frac{l_1}{l_2}\cdot\frac{l_3}{l_4}\cdot\frac{l_3+l_4}{l_3}=\frac{l_1}{l_2}\cdot\frac{l_3+l_4}{l_4}$$

作用于第 1 位轴制动梁的闸瓦压力为

$$K_1=P_r\cdot\beta_1$$

（三）第 3 位轴制动倍率 β_3

制动缸活塞推力传达到第 3 位轴闸瓦，经过制动缸前杠杆、制动缸后杠杆和二位转向架制动杠杆三个杠杆，其制动倍率计为

$$\beta_3=\frac{l_1+l_2}{l_2}\cdot\frac{l_5}{l_5+l_6}\cdot\frac{l_3+l_4}{l_4}\qquad(3\text{-}1)$$

因为 $\dfrac{l_1}{l_2}=\dfrac{l_5}{l_6}$

所以 $\dfrac{l_6}{l_5}=\dfrac{l_2}{l_1}$，$\dfrac{l_5+l_6}{l_5}=\dfrac{l_1+l_2}{l_1}$

将 $\dfrac{l_5}{l_5+l_6}=\dfrac{l_1}{l_1+l_2}$代入式（3-1）得

$$\beta_3=\frac{l_1}{l_2}\cdot\frac{l_3+l_4}{l_4}$$

作用于第 3 位制动梁的闸瓦压力为

$$K_3=P_{\mathrm{r}}\cdot\beta_3$$

（四）第 4 位轴制动倍率 β_3

制动缸活塞推力传达到第 4 位轴闸瓦，经过制动缸前杠杆、制动缸后杠杆、二位转向架制动杠杆和固定杠杆四个杠杆，其制动倍率计为

$$\beta_4=\frac{l_1+l_2}{l_2}\cdot\frac{l_5}{l_5+l_6}\cdot\frac{l_3}{l_4}\cdot\frac{l_3+l_4}{l_3}=\frac{l_1}{l_2}\cdot\frac{l_3+l_4}{l_4}$$

作用于第 4 位制动梁的闸瓦压力为

$$K_4=P_{\mathrm{r}}\cdot\beta_4$$

（五）全车的制动倍率 β

如果不计算闸瓦悬挂的影响，全车的制动倍率为

$$\beta=\frac{\sum K}{P_{\mathrm{r}}}=\frac{K_1+K_2+K_3+K_4}{P_{\mathrm{r}}}=\beta_1+\beta_2+\beta_3+\beta_4=4\cdot\frac{l_1(l_3+l_4)}{l_2\cdot l_4}$$

制动倍率是基础制动装置的重要特性，制动倍率的大小与制动缸活塞行程及闸瓦与车轮的间隙（闸瓦间隙）大小无关，仅与基础制动装置各杠杆的孔距尺寸有关。选择制动倍率应适中，制动倍率过小，要保证足够的闸瓦压力，必须提高制动管定压或增大制动缸直径，这样会造成空气中的系统耐压强度及漏泄严重的问题，或增大制动缸直径会带来不便安装布置的困难；制动倍率过大，又会带来闸瓦磨耗，引起制动缸活塞行程显著伸长，影响制动效果，检修工作量大的问题。我国客货车的制动倍率，一般客车在 7 ~ 9，货车在 8 ~ 10。

二、基础制动装置的传动效率

在制动缸过程中，由于基础制动装置中的各杠杆、拉杆销连接处的摩擦，制动缸缓解弹簧和制动梁缓解弹簧的抵抗作用，制动缸活塞与制动缸内壁的摩擦等，使得作用在各闸瓦上的实际压力小于理论计算出的闸瓦压力值。实际闸瓦压力值与理论闸瓦压力值的比值称为制动效率，一般用 η 表示，即

$$\eta=\frac{\text{全车实际闸瓦压力}}{\text{制动缸活塞推力}\times\text{制动倍率}}$$

制动效率的大小，与各杠杆和拉杆的结构形式、销套连接的多少、制动缸直径的大小，以及制动装置保养的好坏、气候条件等都有直接的关系。同时，车辆处于静止和运转的不同状态时，对制动效率 η 值也有较大影响。

常用制动时，制动效率随减压量的不同而发生变化，如图 3-18 所示。

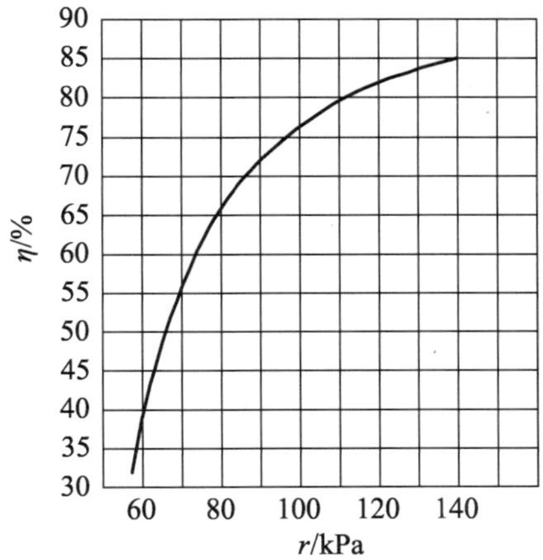

图 3-18　常用制动时制动效率与减压量的关系

在计算闸瓦压力时，应把传动效率和制动倍率都计算进去，即

$$K = P_r \cdot \beta \cdot \eta$$

式中　K——全车闸瓦压力（N）；

P_r——制动缸活塞推力（N）；

β——制动倍率；

η——制动效率。

其他典型的基础制动装置和人力制动机，都可以按上述方法计算制动倍率和车辆的闸瓦压力，不过使用人力制动机的人力，货车按 500 N 计算，客车按 300 N 计算，人力制动机制动倍率应从人力的旋力点算起。

【例】C_{62} 型敞车使用直径 356 mm 的制动缸，常用全制动时制动缸的空气压力为 350 kPa，制动缸杠杆 l_1=300 mm，l_2=420 mm；转向架制动杠杆 l_3=408 mm，l_4=182 mm，试计算全车制动倍率和实际闸瓦压力。

解　制动缸活塞推力 P_r 为制动缸空气压力 P_z 与制动缸活塞面积 F 的乘积，为

$$P_r = P_z \cdot F = 350 \times \frac{\pi}{4} \times (0.356)^2 = 34.82\ (\text{kN})$$

全车制动倍率为

$$\beta = 4 \cdot \frac{l_1 \times (l_3 + l_4)}{l_2 \cdot l_4} = 4 \times \frac{300 \times (408 + 182)}{420 \times 182} = 9.26$$

查图 3-18，常用全制动，即制动管减压量达 140 kPa，制动效率为 85%，则全车实际闸瓦压力为

$$K = P_r \cdot \beta \cdot \eta = 34.82 \times 9.26 \times 0.85 = 274\ (\text{kN})$$

所以全车制动倍率为 9.26，实际闸瓦压力为 274 kN。

思考与练习

一、填空题

1. 制动倍率，是指制动缸活塞推力，经杠杆系统转换为（　　　　　）时所扩大的倍数。

2. 制动效率是指实际闸瓦压力与（　　　　　）的比值称为制动效率。

二、判断题

1. 制动缸活塞行程短，闸瓦压力就大，制动倍率就大。（　　）

2. 货车单闸瓦式基础制动装置由于结构较双闸瓦式基础制动装置简单，所以制动效率较高。（　　）

三、问答题

推算货车单闸瓦中拉杆式基础制动装置的制动倍率。

任务三　调整制动缸活塞行程

【任务描述】

本任务实施中，通过进行人工调整制动缸活塞行程，ST 型双向闸瓦间隙自动调制器的检修、试验等，掌握基础制动装置专用部件的检修工艺、方法和要求等，培养学生的专业操作技能。

【任务实施】

一、制动缸活塞行程调整的意义

制动缸活塞行程，是指制动时制动缸活塞所移动的距离。这个距离由三个方面产生：其一是缓解状态下的闸瓦间隙；其二是各传动杠杆销接处各圆销与圆销孔之间的间隙；其三是基础制动装置各杠杆在制动时产生的弹性变形。其中闸瓦间隙的变化影响最大。

制动缸活塞行程的长短与制动力有密切关系。当施行制动作用时，在相同的列车管减压量下，活塞行程过长时，制动缸容积增大，副风缸与制动缸的计算容积比减小，制动缸空气压力就要降低，从而使制动力减小，延长制动距离，影响行车安全。反之，制动缸活塞行程过短时，制动缸压力就会增大，容易抱死车轮，造成车轮踏面擦伤。而且，在列车中，如果各车辆的制动缸活塞行程长短相差过大时，还会使各车辆的制动力相差悬殊，从而增加列车的纵向动力作用。

此外，制动缸活塞行程超长时还会造成基础制动装置的作用不正确，从而使制动缸前杠杆和制动缸后杠杆的斜度扩大，产生杠杆与托架相抗的现象，即所谓的抗托现象。由于抗托从而降低制动效果，甚至无制动力。

制动缸活塞行程超长的危害很大，一些事故，如冒进、放飏、闸件脱落等都与制动缸活塞行程有关。因此，在运用中必须及时地对变化了的制动缸活塞行程进行适当的调整，使之保持在规定的范围内（表 3-2 是《技规》第 269 条对车辆制动缸活塞行程规定的运用限度）。

另一方面应尽快使用闸瓦间隙自动调整器，从根本上解决制动缸活塞行程自动调整的问题。

表 3-2　制动缸活塞行程表　　单位：mm

项目名称			限度	备注	
装有自动间隙调整器的复式闸瓦客车			175 ~ 250		
装有 ST1-600 型闸调器的复式闸瓦客车			180 ~ 220		
装有闸调器的单闸瓦式货车	356×254 制动缸	空车位	115 ~ 135	未装闸调器	85 ~ 125
		重车位	125 ~ 160		110 ~ 160
	305×254 制动缸	空车位	145 ~ 165		
		重车位	145 ~ 195		
	254×254 制动缸	空车位	145 ~ 165		
		重车位	145 ~ 195		
	203×254 制动缸	空车位	115 ~ 145		
		重车位	125 ~ 160		
装有闸调器的复式闸瓦货车	B_{21}、B_{22} 型车	空车位	120 ~ 130		
		重车位	150 ~ 160		
	B_{19}、B_{22-2}、B_{23} 型车		130 ~ 150		不分空重车位

二、人工调整货车制动缸活塞行程

没有安装闸瓦间隙自动调整器的货车，采用人工的方法调整制动缸活塞行程，即根据基础制动装置的杠杆传动原理，变更各杠杆的连接长度、连接位置，以获得调整闸瓦间隙和制动缸活塞行程的目的（见图 3-19）。

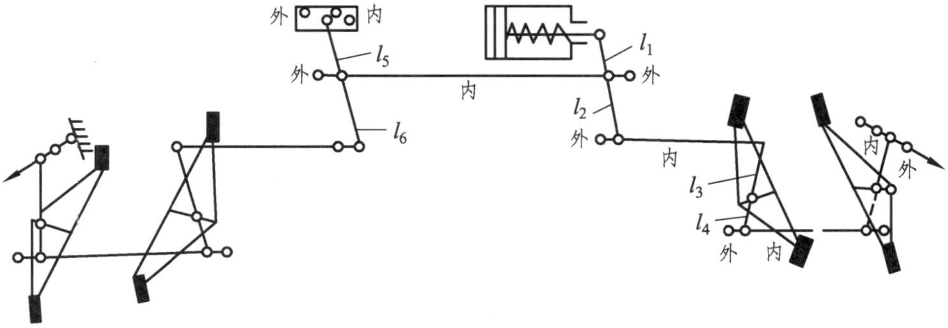

图 3-19　制动缸活塞行程调整示意图

（一）调整部位和方法

（1）调固定支点：向外调时，活塞行程缩短；向内调时，活塞行程伸长。

（2）调上拉杆：向内调时，活塞行程缩短；向外调时，活塞行程伸长。

（3）调下拉杆：向外调时，活塞行程缩短；向内调时，活塞行程伸长。

（4）调连接拉杆：向内调时，活塞行程缩短；向外调时，活塞行程伸长。

（5）调制动缸后杠杆托：向外调时（即向离开制动缸的方向移动），活塞行程缩短；向内调时（即向靠近制动缸的方向移动），活塞行程伸长。

（6）更换新闸瓦：用新闸瓦更换磨耗到限的闸瓦时，制动缸活塞行程缩短。

（二）制动缸活塞行程调整量的计算

调整各杠杆的销孔位置对制动缸活塞行程的影响，可通过计算方法求出。

设 h 表示调整销孔间的孔距，ΔL 表示制动缸活塞行程的变化量，根据计算简图，如图 3-20 所示。可列出下列公式：

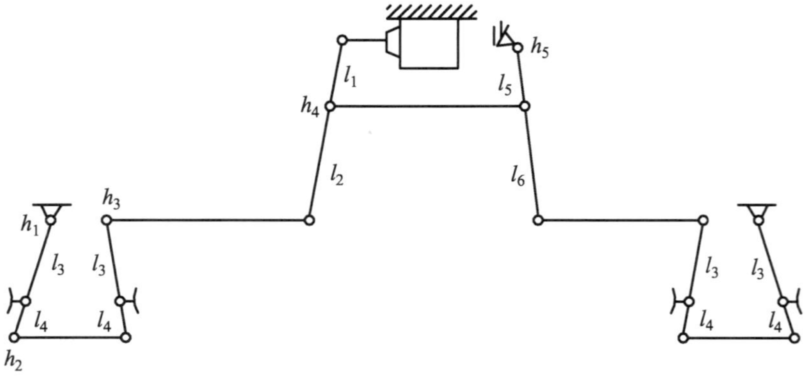

图 3-20　制动缸活塞行程调整量的计算简图

（1）调整固定杠杆支点孔距 h_1 时，活塞行程的改变量 ΔL_1 如下：

Ⅰ位，下拉杆移动量为 $\dfrac{l_4}{l_3}h_1$，上拉杆移动量为 h_1，所以活塞行程的变化量为 $\Delta L_1=\dfrac{l_1}{l_2}h_1$。

由此可见调某一部分销孔距离 h，活塞行程变化量为自活塞杆起，主动力臂积与从动力臂积的比值与调整销子孔距的乘积，即

$$\Delta L_1=\frac{l_1}{l_2}\cdot\frac{l_3}{l_4}\cdot\frac{l_4}{l_3}h_1=\frac{l_1}{l_2}h_1$$

Ⅱ位，$\Delta L_1=\dfrac{l_1+l_2}{l_2}\cdot\dfrac{l_5}{l_5+l_6}\cdot\dfrac{l_3}{l_4}\cdot\dfrac{l_4}{l_3}h_1=\dfrac{l_1}{l_2}h_1$（由 $\dfrac{l_1}{l_2}=\dfrac{l_5}{l_6}$ 可得 $\dfrac{l_5}{l_5+l_6}=\dfrac{l_1}{l_1+l_2}$）。由此调整 1、2 位同一部位相同销孔，制动缸活塞行程的变化量相同。以下只列一个部位的计算式。

（2）调整下拉杆孔距 h_2 时，活塞行程的改变量为 ΔL_2 为

$$\Delta L_2=\frac{l_1}{l_2}\cdot\frac{l_3}{l_4}\cdot h_2$$

（3）调整上拉杆孔距 h_3 时，活塞行程的改变量为 ΔL_3 为

$$\Delta L_3=\frac{l_1}{l_2}\cdot h_3$$

（4）调整连接拉杆支点孔距 h_4 时，活塞行程的改变量为 ΔL_4 为

$$\Delta L_4=\frac{l_1+l_2}{l_2}\cdot h_4$$

（5）调整制动缸后杠杆托支点孔距 h_5 时，活塞行程的改变量为 ΔL_5 为

$$\Delta L_5=\frac{l_1+l_2}{l_2}\cdot\frac{l_6}{l_5+l_6}\cdot h_5=h_5$$

（6）更换新闸瓦一块时，制动缸活塞行程的改变量为

$$\Delta L_6=\frac{l_1}{l_2}\cdot\frac{l_3+l_4}{l_4}\cdot\frac{\Delta u}{2}{}_{1}=\frac{1}{2}\beta_z\cdot\Delta u=15\beta_z=3.75\beta$$

式中 β_z——制动缸到任一轴的制动倍率；

$B_z/2$——制动缸到任一车轮的制动倍率；

B——全车制动倍率；

$\Delta\mu$——更换一块闸瓦时闸瓦间隙的改变量，新闸瓦的厚度为 40 mm，运用到限度为 10 mm，更换一块新闸瓦 $\Delta\mu$ 等于 30 mm，货车制动缸活塞行程调整尺寸如表 3-3 所示。

表 3-3 货车制动缸活塞行程调整尺寸

调整部位	各种货车每调整 1 孔制动缸活塞行程调整量/mm				
	载重 400 kN	载重 500 kN	载重 500 kN 进口罐车	载重 600 ~ 650 kN	S_{11} 守车
固定杠杆支点	28 ~ 31	28 ~ 35	29 ~ 44	30 ~ 32	25
上拉杆	25 ~ 37	27 ~ 40	52 ~ 62	27 ~ 40	35
下拉杆	58 ~ 77	78 ~ 89	125 ~ 155	89 ~ 90	80
连接拉杆	73 ~ 85	70 ~ 110		90 ~ 110	90

注：制动缸后杠杆托，一般斜调 1 孔，制动缸活塞行程变化 25 mm，直调 1 孔，行程变化 50 mm。

三、ST 型双向闸瓦间隙自动调整活塞行程

（一）ST 型双向闸瓦间隙自动调整器概述

车辆制动装置采用踏面制动方式时，在制动过程中闸瓦磨耗会导致闸瓦与齿轮间的间隙增大，使制动缸活塞行程超长，减小制动缸的空气压力，从而使车辆的制动力减小，延长制动距离。制动缸活塞行程超长严重时，还会出现基础制动装置的抗托现象，使制动失效，对行车安全不利。当车辆没有安装闸调器时，为保证行车安全，车辆检修部门，特别是列检人员，必须经常用人工方法调整车辆基础制动装置各杠杆圆销孔的位置，以保证制动缸活塞行程在规定的范围内。根据制动缸活塞行程与闸瓦间隙的关系知道，闸瓦平均磨耗 5 ~ 6 mm 时，制动缸活塞行程就会超过规定范围，需要调整一次。采用人工调整方法不仅工人的劳动强度大，而且难以达到准确调整的要求，又因延长列车在站检修作业时间，在一定程度上延长了车辆周转时间，影响了运输效率。

微课：ST 型闸调器概述

1. 车辆上使用的闸瓦间隙闸调器的功用

（1）能根据闸瓦间隙的变化，自动地使制动缸活塞行程保持在规定的范围内，保持闸瓦与车轮的正常间隙，确保制动力不衰减，有效地保证了行车安全。

（2）在列车中各车辆的制动缸活塞行程能自动地保持一致，减少了列车的纵向动力作用，使列车的冲击减小。

（3）采用闸瓦间隙调整器，大大减轻了列检人员的体力劳动，减少了列检停站技术作业的时间，从而加速车辆周转，提高运输效率。

2. ST 型闸调器的特点

ST 型闸调器是我国自行设计生产的，适用于客货车辆。ST 型闸调器是双向调整闸调器，分为 ST_1-600 型双向闸调器和 ST_2-250 型双向闸调器两种。两种闸调器的构造、作用、原理都一样，其区别是安装位置不同和螺杆的工作长度不同。ST_1-600 型双向闸调器的螺杆工作长度为 600 mm，ST_2-250 型双向闸调器的工作长度为 250 mm。

ST 型闸调器具有以下特点：

（1）ST 型闸调器具有双向调整作用。车辆运行中，无论闸瓦与车轮的间隙偏大或偏小，它都能自动地调整制动缸活塞行程达到正常间隙，使制动缸活塞行程保持在规定范围内。

（2）采用非自锁螺纹式机械结构，作用比较可靠，机构紧凑，而且动作较迅速，对空气制动又没有干扰。

3. ST 型闸调器的主要技术参数（见表 3-4）

表 3-4 ST 型闸调器的主要技术参数

序号	技术参数项目	ST_1-600 型	ST_2-250 型
1	最大调整长度（螺杆工作长度）/mm	600	250
2	螺杆一次最大伸长量/mm	30	30
3	螺杆一次最大缩短量/mm	135	大于 50
4	最大许应拉力/kN	78.4	78.4
5	闸调器安装后的最大长度/mm	2 566	1 420
6	闸调器缩短后的最小长度/mm	1 966	1 420
7	外体直径/mm	100	100
8	安装位置	上拉杆处	连接拉杆处
9	本体质量/kg	33	28
10	手动调整功能	有	有

4. ST 型闸调器在车辆上的安装

ST_1-600 型闸调器安装在货车基础制动的一位上拉杆处，相对于一根能自动伸缩的上拉杆，如图 3-21 所示。其左端与改短的上拉杆相接。在制动作用的过程中它依据闸瓦间隙的变化，自动伸出或缩短，从而使制动缸活塞行程保持在规定的范围内，所以闸调器实际上是一根能自动伸缩的上拉杆。

ST_2-250 型闸调器安装在货车基础制动的连接拉杆处，相当于一根能自动伸缩的连接拉杆，如图 3-22 所示。闸调器的右端与制动缸后杠杆连接，左端与制动缸前杠杆相连。相当于一根能自动伸缩的连接拉杆。

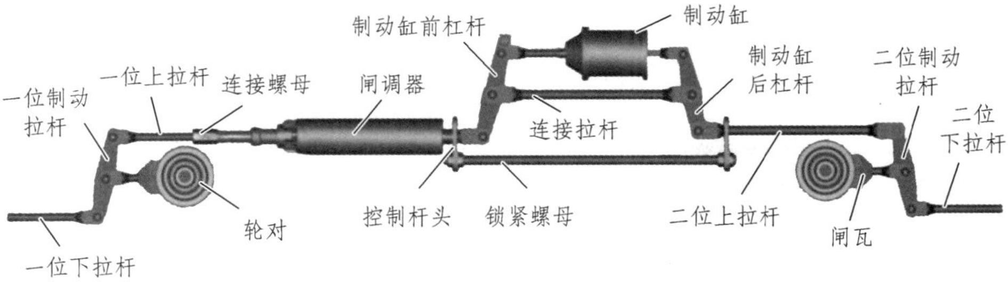

图 3-21　ST-600 型闸调器在车辆上的安装

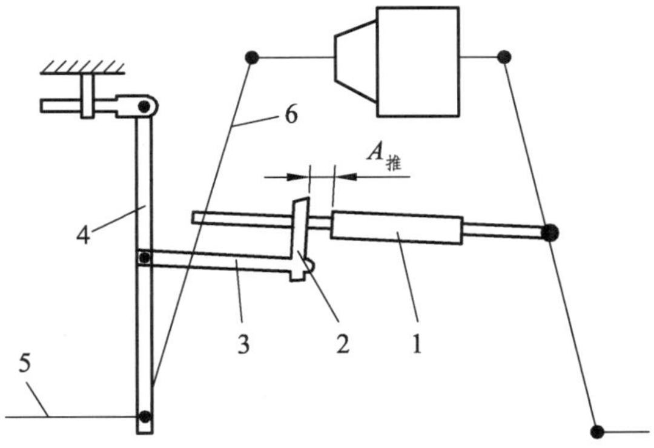

1—闸调器；2—控制杆头；3—控制杆；4—控制杠杆；5—上拉杆；6—制动缸前杠杆。

图 3-22　ST_2-250 型闸调器在车辆上的安装

ST 型闸调器在新车上安装后，基础制动装置各杠杆的圆销孔位置应按图 3-23 所示的孔位放置。但经过镟修后的轮对，下拉杆圆销孔位和固定支点圆销孔位应根据转向架车轮的平均直径来确定（见表 3-5）。

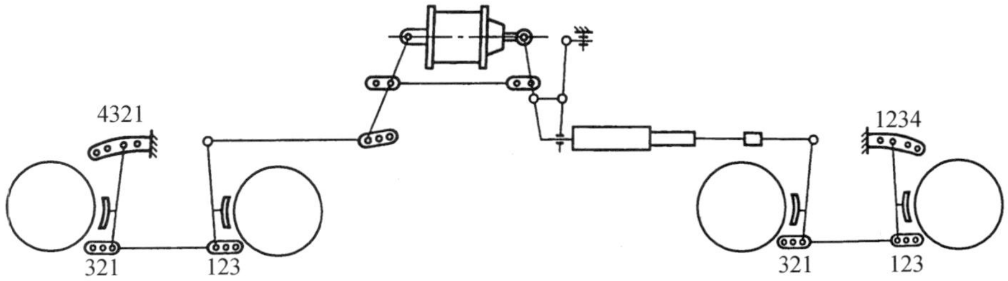

图 3-23　制动拉杆安装位置

表 3-5　定检轮对镟修后制动拉杆的安装孔位

转向架各车轮平均直径/mm	大于 820	820～800	800～780	小于 780
下拉杆圆销孔位置	1　　1	1　　2	1　　2	2　　2
固定支点圆销孔位置	2	1	2	1

（二）ST 型闸调器的构造

ST 型闸调器在构造上由本体部分、控制部分和连接部分三部分组成。本体部分由闸调器体、拉杆、护管和螺杆等组成，如图 3-24 所示。

微课：ST 型闸调器的构造

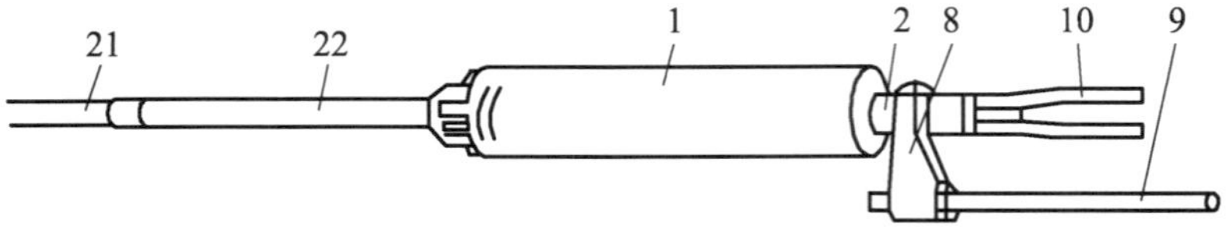

1—闸调器体；2—拉杆；8—控制杆头；9—控制杠杆；10—拉杆叉头；21—螺杆；22—护管。

图 3-24　ST 型闸调器的组成

1. 闸调器的控制部分

ST_1-600 型闸调器的控制机构有推杆式和杠杆式两种。推杆式控制机构如图 3-25 所示，杠杆式控制机构如图 3-26 所示。

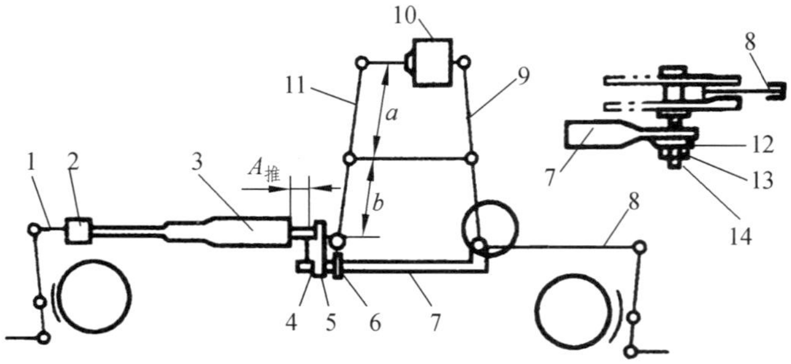

1—上拉杆接杆；2—连接螺母；3—闸调器；4—控制杆头；5—弹簧垫圈；6—锁紧螺母；
7—控制杆；8—二位上拉杆；9—制动缸后杠杆；10—制动缸；11—制动缸前杠杆；
12—垫圈；13—螺母；14—开口销。

图 3-25　推杆式控制机构

（1）推杆式控制机构适应于制动缸前杠杆传动比（b/a）等于或小于 1 的车辆。控制杆头 4 的上部有一大孔，此孔套在闸调器的拉杆上，能左右滑动。大孔下半圆周有凸出的平面，在闸调器动作中与闸调器的后盖端面贴靠，组成离合器 f。控制杆头 4 的下部有一个 M30 的螺纹孔。控制杆 7 左端有一段 M30 的外螺纹，先将锁紧螺母 6 拧入控制杆，套上弹簧垫圈 5，然后拧入控制杆头的螺纹孔内。控制杆头距离控制杆左端的长度应根据安装在车上要求的“A”值来确定。控制杆右端做出扁平面，平面上有一圆孔，用销子与制动缸后杠杆及 2 位上拉杆连接，连接时须装上垫圈 12、螺母 13 及开口销 14。

（2）杠杆式控制机构适应于制动缸前杠杆传动比（b/a）大于 1 的车辆，如图 3-26 所示。

在车底架中梁上加焊支座 4，支座上有圆孔，将调整螺杆穿过支座上的圆孔，两侧用螺母 3 和弹簧垫圈固定。调整螺杆的固定端口有夹口，夹口的圆孔用于安装控制杠杆的一端，用圆销固定。另一端的夹口套在闸调器的拉杆上，可左右滑动。控制杆中部的圆销孔与制动缸前杠杆上加钻的圆销孔用连接杆 2 连接。控制杠杆中部连接连接杆的圆销孔到端部连接调整螺杆夹口的圆销孔的距离，与制动缸前杠杆连接连接杆的圆销孔到端部连接制动缸活塞杆头部之间的距离都应为 $a+c$。

制动缸活塞行程的大小与控制杆头的位置有关，在正常缓解状态下，闸瓦间隙正常时，控制杆头与闸调器后盖之间有一适当距离，这个距离称为控制距离“A”。A 值越大，制动缸活塞行程越长；A 值越小，制动缸活塞行程越短。由于控制方式不同，A 值也不同。一般用“$A_推$”表示推杆式控制机构的控制距离，用“$A_杠$”表示杠杆式控制机构的控制距离。理论计算公式如下：

$$A_{推}=\delta \cdot 2\beta_1 \cdot \frac{a}{b}\ \text{(mm)}$$

$$A_{杠}=\delta \cdot 2\beta_1 \cdot \frac{b-c}{a+c}\ \text{(mm)}$$

式中　δ——闸瓦与齿轮间的平均间隙；

β_1——一个转向架的制动倍率；

a——制动缸前杠杆主动臂长（mm）；

b——制动缸前杠杆从动臂长（mm）；

c——杠杆式控制机构的连接杆与制动缸前杠杆连接点到制动缸前杠杆连接连接拉杆支点的距离（mm）。

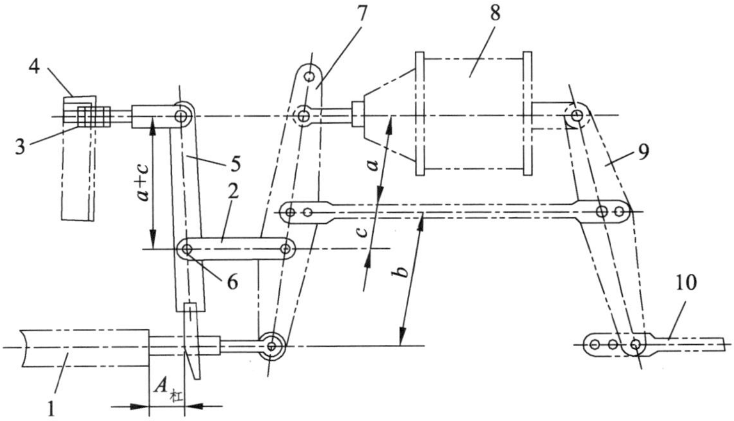

1—闸调器；2—连接杆；3—调整螺母；4—支座；5—控制杠杆；6—圆销；7—制动缸前杠杆；8—制动缸；9—制动缸后杠杆；10—二位上拉杆。

图 3-26　杠杆式控制机构

因为在缓解状态下制动缸杠杆处于自由状态，A 值不易测量准确，为此在制动时测量制动缸活塞行程，再推算 A 值较为准确，而且容易调整。A 值推算的经验公式如下：

$$A_{推}=(S_{标}-S_{弹})\cdot\frac{a}{b}-(\delta_2+\delta_3)\ \text{(mm)}$$

$$A_{杠}=(S_{标}-S_{弹})\cdot\frac{b-c}{a+c}-(\delta_2+\delta_3)\ \text{(mm)}$$

式中　$S_{标}$——制动缸活塞标准行程，（125±10）mm；

$S_{弹}$——制动时，杠杆系统的弹性变形及圆销孔间隙使制动缸活塞行程增大的值，空车取 15 ~ 20 mm；

δ_2、δ_3——闸调器内离合器的间隙，分别取 3 mm 和 2 mm；

a、b、c——制动杠杆臂长，参看图 3-25、图 3-26。

推杆式控制方式具有结构简单，安装调整方便，当闸瓦有较大磨耗时，可在一次制动和缓解后将制动缸活塞行程调整到规定范围值等优点。但如因闸瓦丢失原因，使闸瓦和车轮间隙过大时，制动缸活塞行程一次性变长超过 145 mm 时，闸调器的主弹簧就会被全部压缩成刚体，易出现控制杆弯曲和闸调器内的挡圈、主弹簧损坏，造成闸调器失去作用的后果，另外由于制动时，主弹簧压缩量较大，在一定程度上降低了制动效率，不适用于制动缸杠杆传动

比 b/a 大于 1 的车辆。

杠杆式控制方式的结构比推杆式控制方式复杂一些，而且闸瓦有较大磨耗时，需进行 4~5 次制动和缓解之后将制动缸活塞行程调整到规定范围值内。正因为如此，它不会发生将闸调器主弹簧压缩成刚体的现象，闸调器内的挡圈、主弹簧也不致损坏，而能保证闸调器的正常作用。制动时闸调器的最大压缩量不超过 138 mm，制动效率比推杆式控制要高一些，适用于制动缸杠杆传动比 b/a 大于 1 的货车和其他车辆。

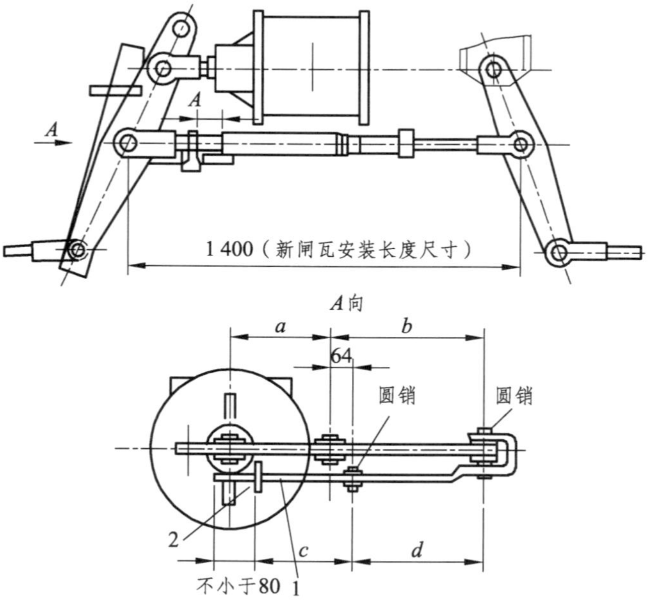

1—控制杠杆；2—控制杠杆支点。

图 3-27　ST_2-250 型闸调器的控制机构

（3）ST_2-250 型闸调器安装在货车基础制动装置的连接拉杆处，其控制机构如图 3-27 和图 3-28 所示。

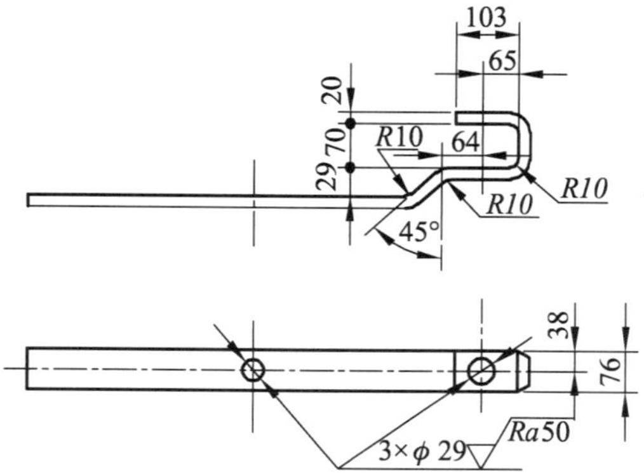

图 3-28　ST_2-250 型闸调器的控制杠杆

控制机构的控制杠杆组装在制动缸前杠杆与一位上拉杆的连接圆销孔处，中部孔与控制杆用圆销连接，另一端用支点架与底架的杠杆托或其他固定部位焊固。

ST_2-250 型闸调器安装在连接拉杆处，控制距离 A 值的大小应等于制动缸活塞行程的规定值除以闸调器安装处的制动倍率，即

$$A = S / [(a+b)/b] = Sb/(a+b) \quad (\text{mm})$$

式中　a，b——制动缸前杠杆的孔距尺寸（mm）；

S——制动缸活塞行程的规定尺寸。

为使控制距离 A 值达到上述要求，控制杠杆的尺寸与制动缸前杠杆的尺寸应保持 $a:b=c:d$。

2. 闸调器的连接部分

ST_1-600 型闸调器的连接部分由上拉杆接杆、连接螺母、安全托架和拉杆叉头等组成，如图 3-25 和图 3-29 所示。螺杆通过连接螺母与上拉杆连接，螺杆工作长度最大可达 600 mm。为防止闸调器因自重而引起螺杆下垂，在螺杆下部设有安全托架。安全托 1 焊固在中梁上，托架的位置要求螺杆在全工作长度范围内不得与护管端头和连接螺母相碰。托架上安装有可以转动的橡胶辊轮，螺杆可以在辊轮上前后移动，既保证安全又减轻振动冲击。

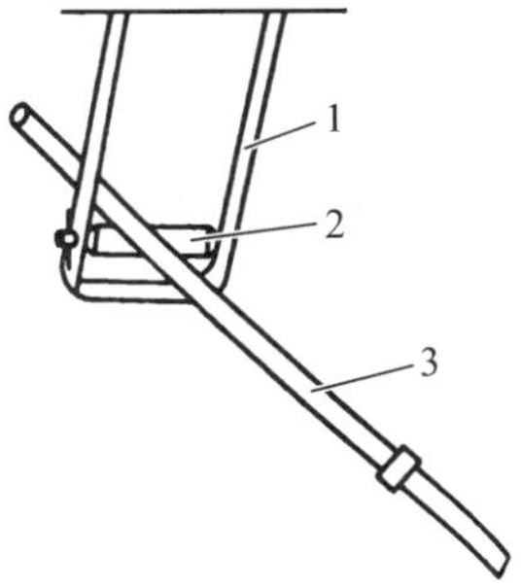

1—安全托；2—橡胶辊轮；3—螺杆。

图 3-29　安全托架

3. 闸调器本体部分

ST_1-600 型闸调器本体结构如图 3-30 和图 3-32 所示。ST_2-250 型闸调器的本体结构如图 3-31 所示。两种闸调器的结构基本一致，只有部分零部件和外形尺寸略有不同。

闸调器由外体 33 的右端压装着后盖 36，其孔内装有两个尼龙密封圈 37，以防止脏物进入闸调器内。外体的左端装有前盖 8，用螺纹与外体连接并用螺钉 12 和垫圈 13 与外体固定。

前盖左端有护管 4，用挡圈 5、垫圈 6 及橡胶密封圈 7 固定在前盖的孔内，橡胶密封圈兼有密封和减振的作用。护管左端的护管头 3 内，也装有两个尼龙密封圈 2，防止脏物进入闸调器体内。前盖内孔右端装有挡圈 14，左端有 60 个内锥齿，引导螺母 16 左端的 60 个外锥齿可以与其啮合或脱开，形成离合器 a。引导螺母凸台右端面装有止推轴承 9 与弹簧盒 10 相接，弹簧盒内装有引导螺母弹簧 17，弹簧盒中节 11 右端和弹簧盒座 15 左端各以卷边的形式扣搭，当引导螺母弹簧压缩时，弹簧盒座的卷边能向左移动，与中节的卷边脱离，形成一个空开的距离。

外体内的中部有套筒体 18，套筒体内装有活动套 24、活动套壁上靠近左端部有一个导向槽，使套筒体上固定着的导向螺钉 20 连同套筒体只能沿着活动套的导向槽做左右移动，而不能绕活动套旋转。活动套内装有拉杆端头 25，拉杆端头右端拧入拉杆 34，并用弹性圆柱销 28 紧固。套筒内左端有调整螺母 19，调整螺母凸台左右两侧边缘均做成锥面，左锥面与套筒体的内锥面可结合或脱开，形成离合器 b，右锥面与活动套的左端面可结合或脱开，形成离合器 c。调整螺母凸台右侧装有止推轴承 22、小弹簧座 21 和小弹簧 23。小弹簧右端套在拉杆端头左面的台阶上。套筒体右端拧入套筒盖 27，并用弹性圆柱销 28 固定。套筒盖右端面做成锥孔型

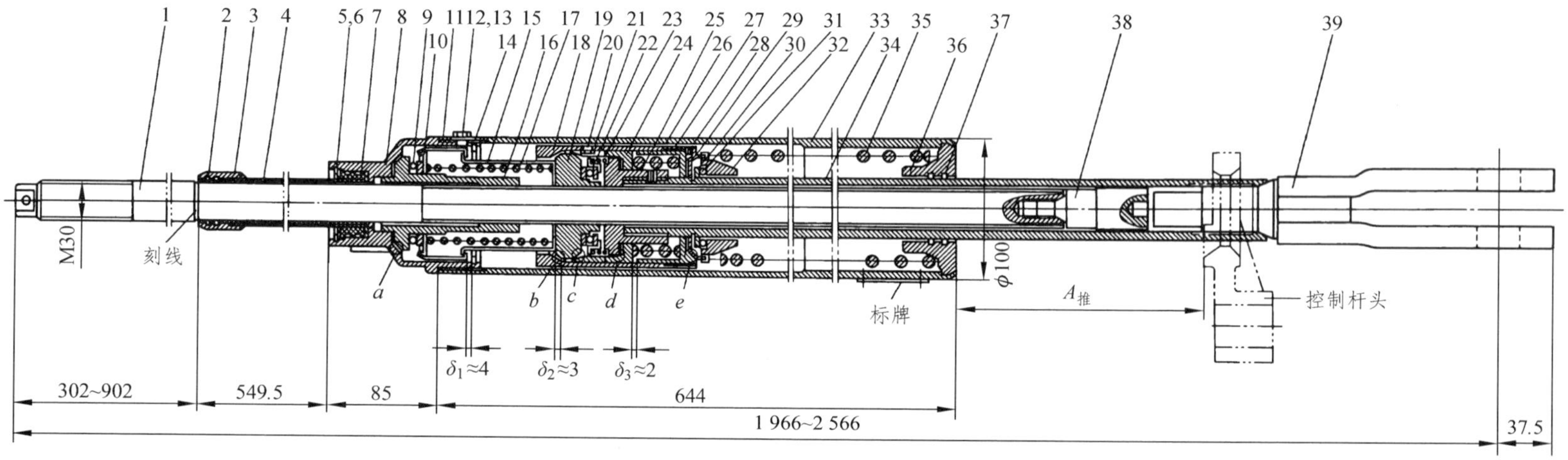

1—螺杆；2—密封圈；3—护管头；4—护管；5—孔用弹性挡圈；6—垫圈；7—橡胶密封圈；8—前盖；9—轴承；10—弹簧盒盖；11—弹簧盒中节；12—螺钉；13—弹性挡圈；14—孔用弹性挡圈；15—弹簧盒圈；16—引导弹簧；17—引导螺母弹簧；18—套筒体；19—调整螺母；20—导向螺钉；21—小弹簧座；22—轴承；23—小弹簧；24—活动套；25—拉杆端头；26—压紧弹簧；27—套筒盖；28—弹性圆柱销；29—离合片；30—轴用弹性挡圈；31—轴承；32—主弹簧座；33—外体；34—拉杆；35—主弹簧；36—后盖；37—密封圈；38—防脱螺钉；39—拉杆头。

图 3-30　ST_1-600 型闸调器本体部分结构

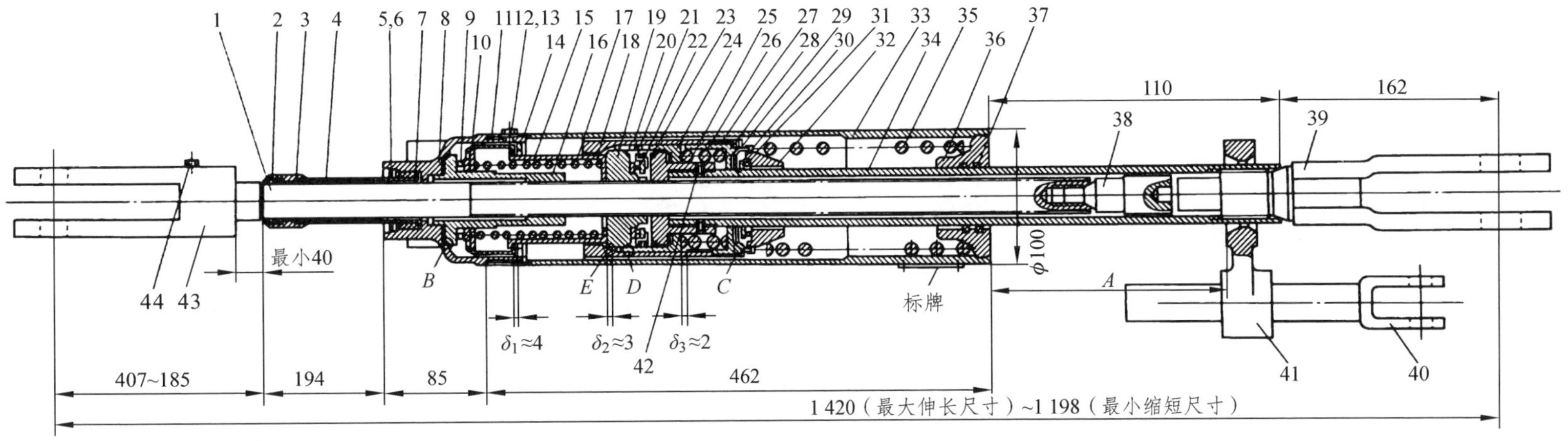

图 3-31　ST_2-250 型闸调器本体部分结构（图注同 3-30）

凹坑，其锥面与离合片 29 左端锥面相结合组成离合器 e，离合片右侧装有拉杆上的挡圈 30。套筒内有压紧弹簧 26，此压紧弹簧的预紧力是闸调器内四个弹簧中最大的，它始终把活动套内锥面与拉杆端头凸台右角边缘保持结合，组成离合器 d。因为拉杆装在车辆制动缸前杠杆上不能转动，所以离合器 d 的结合力，使套筒体、套筒盖也始终不能旋转（手工转动外体时例外）。

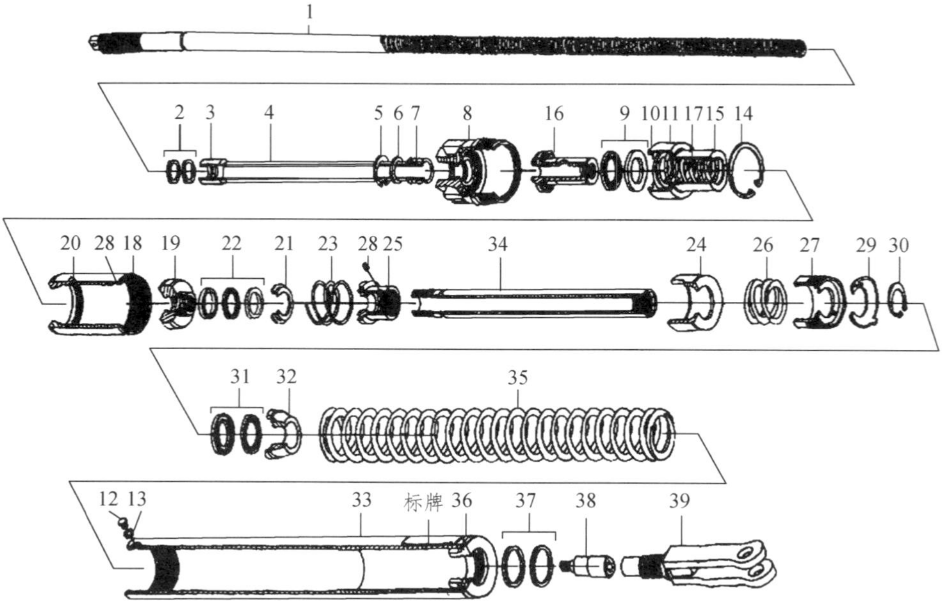

图 3-32　ST_1-600 型闸调器本体部分零件图（标注同图 3-30）

在拉杆挡圈的右侧，装有轴承 31 以及主弹簧座 32。主弹簧座凸台圆周上有两个槽，离合片上的两个凸耳伸进主弹簧座的槽内，使离合片与主弹簧座之间不能有相对的旋转运动，而只能有 2 mm 左右的轴向滑动。

外体内右部有主弹簧 35，主弹簧左端紧套在弹簧座的锥面上，右端紧套在后盖的锥面上，在主弹簧预紧力的作用下，主弹簧将轴承 31 压靠在挡圈 30 上。拉杆右端伸出在后盖右端的外面，拉杆头 39 左端拧在拉杆右端的螺纹孔内。

螺杆 1 右端是四头特种梯形螺纹，外径为 30 mm，导程为 28 mm，是属于非自锁螺纹。螺杆左端是圆柱形光杆，上面有一圈刻线，是螺纹工作长度的标志线。螺杆左端 M30 的螺纹，供安装时与连接螺母连接。螺杆从护管伸进去，通过前盖先旋入引导螺母，再旋入调整螺母，一直旋到螺杆上的一圈刻线与护管端面靠齐为止。然后从螺杆右端孔内（在装拉杆之前）把防脱螺钉 38 拧入拉杆右端面的螺纹孔内。防脱螺钉是为了在螺杆向左伸出时防止螺杆脱离调整螺母。

后盖右端为平面，在闸调器运动过程中与控制杆头相接触，如其受力大时也能使旋转的外体停止旋转，起到离合器的作用。因此，也把闸调器后盖右侧平面与控制杆头称为离合器 f。

ST 型闸调器本体各主要部件尺寸的差别如表 3-6 所示。

表 3-6　ST 型闸调器本体各主要部件尺寸　　单位：mm

序号	零部件名称	ST_1-600 型闸调器	ST_2-250 型闸调器
1	外体长度	644	462
2	主弹簧自由高	595	350

续表

序号	零部件名称	ST_1-600 型闸调器	ST_2-250 型闸调器
3	螺杆长度	1 660	710
4	拉杆长度	725	431
5	护管长度	556	200
6	防脱螺钉长度（不包括螺纹部分）	60	113

（三）闸调器的基本作用

ST 型闸调器有三个基本作用：

（1）当闸瓦与车轮间隙正常时，闸调器处于间隙正常状态，闸瓦与车轮接触时，控制杆头和外体移动距离之和等于 A 值，即两者正好相接触，螺杆工作长度不变化，即闸调器螺杆连接的上拉杆接杆组成的连接拉杆或上拉杆的长度未发生变化，即闸瓦间隙不调整。

（2）当闸瓦与车轮间隙大于正常时，闸瓦与车轮接触时，控制杆头和外体移动距离之和大于 A 值，闸瓦未压住车轮，控制杆与闸调器外体相接触后，继续推动外体使螺杆缩进护管内，螺杆工作长度变短，闸调器总长缩短，即闸调器螺杆连接的上拉杆接杆组成的连接拉杆或上拉杆的长度缩短，闸瓦间隙调整缩小到符合 A 值的范围。

（3）当更换新闸瓦，即闸瓦与车轮间隙小于正常时，闸瓦与车轮接触时，控制杆头和外体移动距离之和小于 A 值，闸瓦未压住车轮，控制杆与闸调器外体开始接触不上，后来闸调器外体在主弹簧的作用下，就旋转移动与控制杆头接触，螺杆从护管中伸出而增长了工作长度，即闸调器螺杆连接的上拉杆接杆组成的连接拉杆或上拉杆的长度伸长，闸瓦间隙调整增大到符合 A 值的范围。

（四）检修闸调器的检修

闸调器的检修分为大修、一般检修和列车检修。大修时对闸调器进行全面分解检修和试验，一般检修和列车检修只对闸调器进行外观检查和现车试验。闸调器大修周期为 6 年，一般检修与车辆的段修、站修时同步进行。

1. 闸调器的大修

车辆在进行厂修时，对所装的闸调器要进行大修；铁路局施行锻修时如闸调器达到大修期的也应进行大修。闸调器的大修应在车辆修理厂或国铁集团认定的定点厂（段）进行。

（1）闸调器分解检修须符合以下要求：

① 闸调器分解检修应在专门的修理工作间内进行，分解、清洗、检测、修理、组装等工作场地须相互分开。修理场地、工作台及工装设备应保持清洁。闸调器大修的主要设备须符合规定。

② 待修和修理后的闸调器应分别存放；报废的零件须分区存放，及时处理。

③ 闸调器分解检修工艺流程如图 3-33 所示。

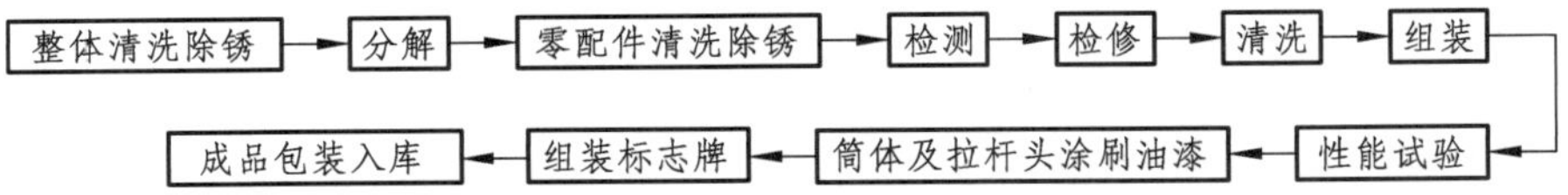

图 3-33　闸调器分解检修工艺流程

（2）闸调器的分解。

闸调器分解检修需要几种专用工具，如顶镐、压帽、孔用弹性挡圈钳子、轴用弹性挡圈钳子、拆卸套筒盖用的扳手等。

① 拉杆头和控制杆头：虎钳夹紧筒体靠前拉杆头的一端 150 mm 范围内，再用管钳夹住拉杆，用圆棒插入拉杆头孔内，轻轻打击，拧开拉杆头，从拉杆中取出控制挡铁。虎钳及管钳钳口须垫铜垫等进行防护。

② 防脱螺钉及螺杆：在虎钳上把螺杆拧进筒体内，缩至最短，再用圆棒插入拉杆头孔内并固定，用专用的内六角扳手伸入拉杆孔内，旋下防脱螺钉。从护管端取出螺杆。

③ 护管及前盖组成：用孔用弹性挡圈钳取出挡圈，从前盖中取出护管、垫圈、橡胶密封圈。用顶镐拧入拉杆的螺纹孔内后，将拉杆拉出筒体延长距离 30 mm 以上，卸下螺钉和垫圈，转动前盖并连同弹簧盒一起取下。

④ 前盖内的零件：用孔用弹性挡圈钳卸下前盖内的挡圈，分别取出弹簧盒引导螺母和轴承。弹簧盒不分解。

⑤ 套筒体组成。使用工装将拉杆缩入筒体内，使主弹簧松开，从筒体内取出套筒体组成。取下套在拉杆上的主弹簧、主弹簧座、轴承。套筒体组成卡在筒体内时，须将前盖旋上，以防止零件弹出伤人，再用木槌敲击筒体，使主弹簧放松。

⑥ 拆卸离合片：在虎钳上夹紧顶镐，端部接上压帽，转动顶镐手把，压紧压紧簧，解除挡圈所受压力，用专用钳取下挡圈并卸下离合片。反向转动顶镐手柄后，取出筒体组成。

⑦ 分解筒体内零件：将套筒体组成垂直夹在虎钳上，先用冲子将套筒体上的弹性圆柱销取出，再用套筒盖专用扳手拧出套筒盖，提起拉杆，将活动套、压紧弹簧、套筒盖等零件一起取出，再从套筒体内取出小弹簧、小弹簧座、轴承、调整螺母。分解套筒体上的导向螺钉。拉杆状态良好时可不分解。

（3）闸调器的清洗除锈。

闸调器整体清洗和配件清洗须分开进行。零件须除锈并用软刷、带滤网的油盘和清洗剂清洗或用冲洗机冲洗，清洗或冲洗后干燥，表面不得有明显的油污。

（4）零件检修。

① 闸调器零件各部尺寸的检修限度须符合规定。

② 零件无螺纹部分和拉杆须进行表面镀锌处理。ST_2-250 型闸调器螺杆与后拉杆头连接状态良好时可不分解。

③ 筒体变形时调修或更换。筒体腐蚀深度超过 1 mm 时更换。

④ 闸调器前盖裂纹、破损或磨耗超限时更换。

⑤ 轴承滚珠表面锈蚀、镀层脱落、变色或保持架变形时更换。

⑥ 小弹簧座、主弹簧座、筒体、护管组成、拉杆头缺损、裂纹、有毛刺、严重变形、腐蚀时更换新品。

⑦ 密封圈、离合片、垫圈、弹性圆柱销须更换新品。

⑧ 零件表面须光滑，有毛刺、锈斑时用细锉或砂纸清除。

⑨ 各弹簧须按规定进行荷载试验。

（5）组装。

① 组装前各零件须清洁、干燥，不得有油垢、水迹、灰尘、纤维物等。

② 筒体内各零件应涂Ⅱ号低温润滑脂，总量为 0.4 kg。

③ 防脱螺钉的组装、前拉杆头的组装拧紧力矩均不小于 100 N · m。

④ 组装后的闸调器须在试验台上按要求进行试验。

（6）油漆与标记。

① 闸调器性能试验合格后，护管组成、前盖、筒体等零件外表面须均匀涂刷防锈底漆和黑色油漆，或涂刷黑色底面合一漆，油漆干膜厚度不小于 60 μm。

② 用 1 mm 厚的铝板做标志牌，刻打大修标记并铆装在闸调器筒体铭牌左侧。A 栏、B 栏、C 栏按大修顺序刻打检修编号；字号为 8 号。检修标记无空余栏刻打时，更换检修铭牌（见图 3-34）。

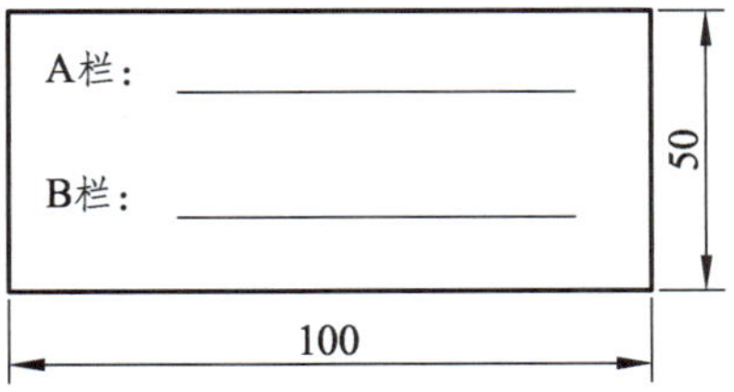

图 3-34　标志牌

③ ST_1-600 型闸调器螺杆在无螺纹端的刻线外 20 mm、上次大修标记下方 5 mm 处，ST_2-250 型闸调器的后拉杆头上刻打大修标记，内容包括大修时间（年、月）和检修单位代号，数字之间的间隔 2 mm，采用 5 号数字。

（7）成品检验合格后，填写合格证。

（8）包装、储存及运输。

① 闸调器检修后应在干燥、通风、避光、避热的室内分类储存。

② 闸调器检修完成后，储存期超过 3 个月不足 6 个月时，须经试验台试验合格后装车使用；储存期超过 6 个月时，须分解检修，经试验台试验合格后装车使用。

③ 运输过程中应避免磕碰，长距离运输时应有整体包装和能承受压力的外包装。

2. 一般检修和列车检修

（1）外观检查。

检查调整器各连接部分是否松动，各连接零件是否有裂纹、损伤。检查托架是否牢固，闸调器体有无下垂。检查螺杆和拉杆的露出部分及闸调器外体有无严重腐蚀、损伤。检查控制杠杆和基础制动装置有无抗托现象。

（2）技术检查。

装有 ST 型闸调器的车辆进行制动性能单车试验。具体见项目七的单车制动性能试验内容。

（3）列检作业注意事项。

① 装有 ST 型闸调器的车辆，进行列车制动性能安定试验时，闸调器外体在制动、缓解作用时须有转动动作，否则为技术状态不良。

② 车辆制动缸活塞行程过长或过短，不符合规定尺寸时，如确认闸调器在制动及缓解过程中没有转动动作，不得随意调整 A 值，不得用调整拉杆圆销孔位置的方法调整制动缸活塞行程。可在闸调器上做出明显标记后，按制动关门车处理或卸空后送站修处理。

③ 更换闸瓦时，如发现闸瓦与车轮的间隙不足，可手工转动闸调器外体，使螺杆伸长增

大闸瓦间隙。一般地，换一块闸瓦时，不需人工转动闸调器外体；换两块闸瓦时，转动闸调器外体不超过两圈；换三块闸瓦时，转动闸调器外体不超过 4 圈。转动闸调器外体圈数太多时，更换闸瓦后，应反向转动回来。

④ 列检作业时严禁敲击闸调器。

（4）闸调器常见故障原因及处理方法见表 3-7。

表 3-7　闸调器常见故障原因及处理方法

序号	闸调器型号	故障现象	原因	处理方法
1	ST_1-600 型推杆式	控制杆弯曲	闸瓦丢失或更换闸瓦时，手动调闸调器外体圈数过多，以致闸瓦与车轮间隙过大，制动缸活塞行程过长，当第一次制动时控制杆弯曲变形	卸下控制杆调直
2	ST_1-600 型杠杆式	调整螺杆支座弯曲、变形、螺杆松动	支座受外力变形或支座强度不够，变形后“*A*”值增大，制动缸活塞行程超长	调整支座，强度不够的可将 L 形断面加固成口形
3	ST_1-600 型	制动缸活塞行程超长	中拉杆销子放错孔，使控制杆头与闸调器外体距离“*A*”值调错	将销子调到正位（新车两端均为外孔，旧车一内一外）
4	ST_1-600 型及 ST_2-250 型	闸调器拉杆在制动后伸长不能复原	制动时制动缸活塞行程过长，缓解时调整螺母不灵活，不能及时跟着动作	单车试验时，进行加垫试验，不良者更换闸调器
5	ST_1-600 型及 ST_2-250 型	螺杆能缩短不能伸长	闸调器内部零件不良	更换闸调器
6	ST_1-600 型及 ST_2-250 型	单车制动及缓解时外体均不转动（ST_1-600 型闸调器在制动安定及缓解试验时，外体不转）	1．拉杆上的轴用弹性挡圈折断，离合器 d 处于锁紧状态； 2．主弹簧折断； 3．闸调器防尘密封不良、污物淤泥或冬季冻结； 4．螺杆、螺母拉伤； 5．轴承损坏或油污黏着	车辆段、站修在一般检修时更换闸调器，大修时更换不良零件，清除污物，给油
7	ST_1-600 型及 ST_2-250 型	制动缸后杠杆抗托或碰制动缸后盖	全部闸瓦到限时制动缸杠杆向 1 位方向倾斜，而将 2 位上拉杆销子放错孔位引起	2 位上拉杆销调到正常位置
8	ST_1-600 型及 ST_2-250 型	螺杆长度“*L*”值超过规定	下拉杆销孔调错或控制杆弯曲、丢失	下拉杆销孔调到正位及修换控制杆
9	ST1-600 型及 ST2-250 型	制动缸活塞行程达不到标准	“*A*”值调得不准确	重新调整“*A*”值
10	ST1-600 型及 ST2-250 型	手动调整闸调器外体时过紧或过松	闸调器内的压紧弹簧弹力过强或折断	分解闸调器，更换压紧弹簧

（五）闸调器的性能试验

根据 ST 系列闸调器技术条件的规定，闸调器的性能试验按下列办法进行：

1. 试验准备

ST_1-600 型闸调器在性能试验时，将试验台的制动缸压力调整到 300 kPa，调整 A 值使制动缸活塞行程为[（100 ~ 120）±5]mm，调整垫片厚度使闸调器螺杆工作长度在 0 ~ 50 mm。

ST_2-250 型闸调器在性能试验时，在试验台拉杆处安装一节活动拉杆，再将 ST_2-250 型闸调器连接在试验台上。将试验台的制动缸压力调整到 400 kPa，调整 A 值使制动缸活塞行程为 150 ~ 180 mm，调整垫片厚度使闸调器螺杆工作长度在 25 ~ 35 mm 范围内。

2. 试验内容及步骤

ST_1-600 型闸调器的性能试验内容和步骤见表 3-8。

表 3-8　ST1-600 型闸调器性能试验内容及要求

序号	试验项目	试验方法	制动或缓解次数	技术指标
1	正常间隙试验		2 次	（1）制动缸活塞行程为 S； （2）螺杆工作长度不变
2	螺杆全行程伸长试验	（1）移去控制杆； （2）每次加厚度 120 mm 垫片，共加 5 次	每加 1 次垫片制动、缓解 4 次，共 20 次	（1）每次制动时闸调器体均旋转； （2）每次螺杆伸长 30^{+3}_{-2} mm，伸至全行程为止
3	螺杆全行程缩短试验	（1）装上控制杆； （2）撤去全部垫片	5 次	（1）前三次制动缓解时，每次螺杆工作长度缩短量不小于 135 mm； （2）第五次制动缓解时，螺杆工作长度应恢复到（l_0±3）mm
4	间隙减少试验	加厚度 40 mm 的垫片	3 次	（1）第一次制动时，制动缸活塞行程均缩短，并且闸调器筒体旋转，缓解后测量螺杆工作长度伸长（30±2）mm； （2）第三次制动时，制动缸活塞行程恢复到（S±5）mm，缓解后螺杆工作长度伸长（40±2）mm
5	间隙增大试验	加厚度 40 mm 的垫片	2 次	（1）第一次制动时，制动缸活塞行程伸长，缓解后螺杆工作长度恢复到（40l_0±2）mm； （2）第二次制动时，制动缸活塞行程恢复到（S±5）mm，缓解后螺杆工作长度不变
6	灵敏度试验	（1）加垫片 2 次，每次厚度 10 mm； （2）减垫片 2 次，每次厚度 10 mm；	2 次 2 次	（1）螺杆每次相应伸长（10±1）mm； （2）螺杆每次相应缩短（10±1）mm
7	手动调整试验	手动左右旋转闸调器筒体	1 ~ 2 圈	（1）双向旋转螺杆伸长、缩短； （2）旋转扭矩不大于 30 N · m

ST_2-250 型闸调器的性能试验和步骤按表 3-9 进行试验。

表 3-9　ST_2-600 型闸调器性能试验内容及要求

序号	试验项目	试验方法	制动或缓解次数	技术指标
1	正常间隙试验		2 次	（1）制动缸活塞行程为（S±5）； （2）螺杆工作长度不变
2	螺杆全行程伸长试验	（1）移去控制杆； （2）每次加厚度 60 mm 垫片，共加 4 次	每加 1 次垫片制动、缓解 2 次，共 8 次	（1）每次制动时闸调器体均旋转； （2）每次螺杆伸长（30±3）mm，伸至全行程为止
3	螺杆全行程缩短试验	（1）装上控制杆； （2）撤去全部垫片	5 次	（1）前三次制动缓解时，每次螺杆工作长度缩短量不小于 50 mm； （2）第五次制动缓解时，螺杆工作长度应恢复到（l_0±3）mm
4	间隙减少试验	加厚度 40 mm 的垫片	3 次	（1）第一次制动时，制动缸活塞行程均缩短，并且闸调器筒体旋转，缓解后测量螺杆工作长度伸长（30±2）mm； （2）第二次制动缓解均不测量； （3）第三次制动时，制动缸活塞行程恢复到（S±5）mm，缓解后螺杆工作长度伸长（40±2）mm
5	间隙增大试验	加厚度 40 mm 的垫片	2 次	（1）第一次制动时，制动缸活塞行程伸长，缓解后螺杆工作长度恢复到（l_0±3）mm； （2）第二次制动时，制动缸活塞行程恢复到（S±5）mm，缓解后螺杆工作长度不变
6	灵敏度试验	（1）加垫片 2 次，每次厚度 10 mm； （2）减垫片 2 次，每次厚度 10 mm	2 次 2 次	（1）螺杆每次相应伸长（10±1）mm； （2）螺杆每次相应缩短（10±1）mm
7	手动调整试验	手动左右旋转闸调器筒体	1～2 圈	（1）双向旋转螺杆伸长、缩短； （2）旋转扭矩不大于 30 N·m

拓展知识

闸调器的作用过程

（一）闸调器的原始状态

原始状态是指闸瓦间隙自动调整器装车后，在正常缓解状态的情况下，其控制距离已按照闸瓦与车轮之间的平均间隙 δ（正常间隙）调整合适时。此时闸调器各零件所处的位置如图 3-35 所示。

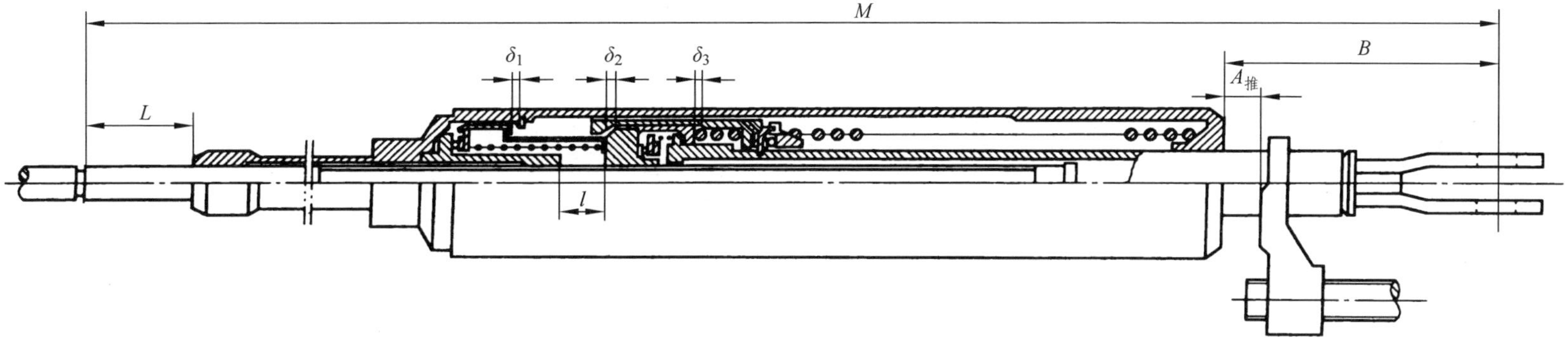

图 3-35　闸调器在未制动时的原始状态（正常缓解状态下）

在制动机缓解状态下，闸调器没有受外力作用，各零件是根据闸调器内四个弹簧的预紧力的作用保持各自的位置，此时离合器 a、c、d、e 均处于结合状态，而离合器 b、f 脱开。弹簧盒中节 11 与挡圈 14 之间存在间隙 δ_1，套筒体 18 左端内侧锥形离合器与调整螺母 19 左侧锥形离合面存在周向间隙 δ_2，活动套 24 右端与套筒盖 27 之间存在间隙 δ_3，弹簧盒座 15 与调整螺母 19 相接触。

四个弹簧的预紧力是：压紧弹簧的预紧力（2 363 N）大于主弹簧的预紧力（1 637 N，ST_2-250 型闸调器的预紧力为 1 789 N），主弹簧的预紧力大于引导螺母弹簧的预紧力（539 N），引导螺母弹簧的预紧力大于小弹簧的预紧力（239 N）。控制杆头端面与闸调器外体 33 端面的距离为控制距离 A 值。

（二）正常间隙时闸调器的动作（见图 3-36）

制动初始阶段，制动缸活塞杆逐渐向左伸出，制动缸活塞推力克服各制动杠杆及连接圆销的阻力，使制动缸前杠杆带动闸调器向右移动，同时制动缸后杠杆带动控制杆及控制杆头向左移动。制动力的传递过程是由拉杆头 39 通过拉杆 34→挡圈 30→轴承 31→主弹簧座 32→主弹簧 35→后盖 36→外体 33→前盖 8→引导螺母 16→螺杆 1。这时由于制动缸活塞传过来的拉力逐渐增大，当超过主弹簧的预紧力时，主弹簧被压缩，此时，闸调器外体 33 在主弹簧的作用下，随引导螺母沿螺杆旋转并向右做轴向移动，在闸调器向右移动的过程中，1 位转向架的闸瓦逐渐向车轮靠近。同时，在控制杆头向左移动的过程中，2 位转向架的闸瓦也逐渐向车轮靠近。当闸调器外体 33 的右端与控制杆头左侧面接触时，控制距离 A 消失，此时 1、2 位转向架的闸瓦正好都与车轮接触，如图 3-36（a）所示。

此后，制动作用继续进行，闸调器传递的制动拉力逐渐增大，由于闸瓦已靠紧车轮，控制杆头和闸调器的外体不能移动，但闸调器体内的主弹簧仍受到由拉杆传递来的继续增大的制动拉力，当制动拉力达到并超过主弹簧的预紧力时，主弹簧被压缩，拉杆通过拉杆端头 25 带动活动套 24，压紧弹簧 26、套筒盖 27 及套筒体 18 向右移动，使离合器 b 结合，离合器 c 脱开，主弹簧被压缩 δ_2 的距离，拉杆头与闸调器外体右端的距离增大了 δ_2 的距离。此时制动拉力的传递是由拉杆头 39 通过拉杆 34→拉杆端头 25→活动套 24→压紧弹簧 26（未被压缩）→套筒盖 27→套筒体 18→调整螺母 19→螺杆 1。

随着制动缸压力的继续增加，制动拉力也随之增大，当制动拉力增大到超过压紧弹簧的预紧力时，压紧弹簧也被压缩，活动套 24 右端与套筒盖 27 的左端相接触，离合器 d 脱开，主弹簧又被压缩 δ_3 的距离，且离合器 e 脱开。这时制动拉力的传递过程是拉杆头 39→拉杆 34→拉杆端头 25→活动套 24→套筒盖 27→套筒体 18→调整螺母 19→螺杆 1。此状态下闸调器各零件的位置如图 3-36（b）所示。

在以上动作中，闸调器外体在控制杆头的阻挡下不能右移。但以后由于制动拉力增大很大，基础制动杠杆的传动杠杆系统产生弹性变形，使 1 位上拉杆向右移动一个距离 t_1，2 位上拉杆向左移动一个距离 t_2。t_1、t_2 相当于 1、2 位转向架的基础制动装置的弹性变形量。因此，拉杆通过套筒体和调整螺母，将螺杆拉动向右移动了 t_1，而控制杆头将闸调器外体推动向左移动了 t_2。在因弹性变形而产生的动作过程中，弹簧盒中节已被挡圈 14 挡住，消失了间隙 δ_1，离合器 a 脱开，并且在螺杆向右移动时，引导螺母在原地顺时针方向旋转。外体向右移动，引导螺母也被挡圈推着顺时针方向旋转向左移动。其结果是螺杆工作长度缩短了（t_1+t_2），弹簧盒座与调整螺母之间拉开了（$t_1+t_2-\delta_1$），引导螺母和调整螺母之间的距离也增大了（$t_1+t_2-\delta_1$），主弹簧又被压缩（t_1+t_2）。这样闸调器总长共比原始状态时增长了（$\delta_2+\delta_3$），制动到此结束。此状态下闸调器各零件的位置如图 3-36（c）所示。

制动机缓解开始后，制动拉力逐渐降低，基础制动制动杠杆系统的弹性变形逐渐消失。由于 2 位转向架杠杆的弹性变形消失，控制杆头向右移动，主弹簧伸长，使闸调器外体右移，前盖内锥齿与引导螺母啮合，即离合器 a 结合，弹簧盒中节与挡圈 14 之间的距离 δ_1 恢复。与此同时，由于一位转向架杠杆弹性变形的消失，也使主弹簧伸长及控制杆头右移，套筒体、调整螺母和螺杆也左移。在螺杆向左移动和控制杆头右移的过程中，引导螺母连通闸调器外体做逆时针方向旋转，直到外体向右移动了 t_2，螺杆向左移动了 t_1，弹簧盒座与调整螺母接触，弹性变形完全消失。然后制动拉力继续下降到压紧弹簧的预紧力，压紧弹簧松开，拉杆同时向左移动 δ_3，活动套也向左移动了 δ_3，离合器 e 结合，主弹簧伸长 δ_3。随着制动拉力的继续下降，主弹簧又向左伸长 δ_2 的距离，套筒体也向左伸长 δ_2 的距离，离合器 b 脱开，离合器 c 锁紧，到此闸调器总长已恢复到原始长度，螺杆工作长度也与原始状态相同。最后，随着缓解的完全结束，控制杆头与闸调器外体右端的距离可以恢复为 A 值。各零件恢复到如图 3-37（a）所示的位置。但由于制动缸前杠杆处在自由状态下，实际上仍需要外力推动制动缸前杠杆，使活塞杆全部缩回后，才能完全达到原始位置。

在正常间隙下，整个动作的过程中，调整螺母在螺杆上的位置没有发生移动，所以螺杆的长度不会变化。显然，由于传动杠杆系统的弹性变形，引导螺母来回旋转移动，但这是无效运动，没有对调整螺母起到引导调整的作用。

（三）大于正常间隙时闸调器的动作（见图 3-37）

当车轮与闸瓦间的间隙大于正常间隙时，闸调器的原始状态和正常间隙时相同。制动开始后，也和正常间隙时一样，制动杠杆带动闸调器边旋转边轴向向右移动，而控制杆头向左移动，两者相遇接触，但因闸瓦与车轮的平均间隙比正常间隙大，此时闸瓦还没有靠到车轮。制动拉力增大到超过主弹簧预紧力后，拉杆通过拉杆端头、活动套、压紧弹簧、套筒盖，将套筒体拉动向右移 δ_2 的距离，主弹簧压缩 δ_2 的距离，离合器 b 结合，离合器 c 脱开。随之制动拉力继续增大，拉杆通过套筒体、调整螺母，将螺杆拉动向右移 ΔM_1 的距离，此时 1 位转向架的闸瓦都接触到车轮，主弹簧压缩了 ΔM_1 的距离，2 位转向架的闸瓦都接触到车轮，主弹簧又压缩了 ΔM_2 的距离。ΔM_1、ΔM_2 是因闸瓦间隙增大反映到 1、2 位转向架的拉杆上而增加的移动量。在移动 ΔM_1 及 ΔM_2 的过程中，不仅使引导螺母的外锥齿与前盖的内锥齿脱开，即离合器 a 脱开，弹簧盒中节与挡圈贴紧。间隙 δ_1 消失，并且使引导螺母在螺杆上顺时针方向旋转向左移动。结果，使弹簧盒座与调整螺母之间拉开了（$\Delta M_1+\Delta M_2-\delta_1$）的距离，螺杆的工作长度减少了（$\Delta M_1+\Delta M_2$），拉杆头与调整器外体右端的距离比原始状态增大了（$\Delta M_1+\Delta M_2+\delta_2$）。此状态下闸调器各零部件的位置如图 3-37（b）所示。

当拉力继续增加，压紧弹簧压缩 δ_3 距离，活动套右端与套筒盖接触，离合器 e 脱开，主弹簧压缩 δ_3 的距离。制动拉力再增大后，转向架的传动系统产生弹性变形，使拉杆带动活动套、套筒体、调整螺母、螺杆等向右移动 t_1 的距离，同时控制杆头推动闸调器外体向左移动 t_2 的距离，主弹簧压缩（t_1+t_2）的距离。在弹性变形过程中，引导螺母做顺时针方向旋转，并向左移动，结果使弹簧盒与调整螺母的距离又增加了（t_1+t_2），引导螺母与调整螺母的距离也增加了（t_1+t_2）。到此，制动过程全部结束，螺杆工作长度减少了（$\Delta M_1+\Delta M_2+t_1+t_2$），拉杆头与闸调器外体右端的距离比原始状态增加了（$\delta_2+\delta_3+\Delta M_1+\Delta M_2+t_1+t_2$），闸调器的总长度增加了（$\delta_2+\delta_3$）。此状态下闸调器各零部件的位置如图 3-37（c）所示。

缓解时，制动拉力降低，首先消除了转向架传动杠杆系统的弹性变形。开始时，控制杆头向右移动，主弹簧伸长 δ_1 的距离，离合器 a 结合，弹簧盒中节与挡圈之间形成间隙 δ_1。随着控制杆头继续右移，主弹簧继续伸长，使引导螺母及闸调器外体做逆时针方向旋转而右移。同时拉杆左移，活动套、套筒盖、套筒体、调整螺母、螺杆等也一起左移，弹簧盒与调整螺母之间的距离逐渐靠近，直到转向架传动系统的弹性变形完全消失，控制杆头不再右移为止。这时，螺杆工作长度比原始状态缩短了（$\Delta M_1+\Delta M_2$），弹簧盒和调整螺母之间还有空开距离（$\Delta M_1+\Delta M_2$），主弹簧还存在压缩量（$\delta_2+\delta_3+\Delta M_1+\Delta M_2$），拉杆头和闸调器外体右端距离比原始状态增大（$\delta_2+\delta_3+\Delta M_1+\Delta M_2$）。

随着拉力的继续降低，拉杆左移，压紧弹簧伸长，离合器 e 结合。因闸调器外体不能右移，主弹簧向左伸长 δ_3 的距离。然后拉杆继续左移，主弹簧继续伸长，在主弹簧的推动下，套筒体与调整螺母左侧锥面的结合解除，即离合器 b 脱开，离合器 c 还尚未锁紧，在主弹簧向左伸长（$\Delta M_1+\Delta M_2$）的过程中，拉杆左移，小弹簧推动调整螺母与弹簧盒座接触而停止，调整螺母在螺杆上左移了（$\Delta M_1+\Delta M_2$）的距离。主弹簧继续伸长，使离合器 c 完全锁紧。至此，调整工作已结束，螺杆工作长度缩短了（$\Delta M_1+\Delta M_2$），闸调器总长也比原始状态缩短了（$\Delta M_1+\Delta M_2$）。最后，缓解完全结束，闸调器左移，控制杆头右移，闸调器外体右端至控制杆头之间的距离恢复到控制距离 A 值。缓解终了的状态，闸调器各零部件的位置如图 3-37（d）所示。

（四）小于正常间隙时闸调器的动作（见图 3-38）

更换新闸瓦后，或由于其他原因，引起闸瓦与车轮之间的间隙小于正常间隙时，闸调器须经两次制动循环以后，才能使其总长伸长，保证闸瓦间隙恢复到正常间隙，如图 3-38（a）所示。

1. 第一次制动循环

制动开始后，制动缸杠杆带动闸调器边旋转边轴向右移，直到 1 位转向架的闸瓦全部贴靠车轮而停止。同时控制杆头向左移动，直到 2 位转向架的闸瓦全部贴靠车轮而停止。这时，闸调器外体右端面没有和控制杆头左侧面相接触，而留下一段距离（$\Delta N_1+\Delta N_2$）值，如图 3-38（b）所示。这个出现于拉杆时的（$\Delta N_1+\Delta N_2$）值，相当于两个转向架上闸瓦间隙小于正常间隙的减少值之和。

随着制动拉力的增加，拉杆头继续往右移，主弹簧被压缩，套筒体左端内侧锥面与调整螺母左侧锥面相接触，即离合器 b 结合，离合器 c 脱开，主弹簧压缩 δ_2 的距离，拉杆头与外体右端的距离增长 δ_2。制动拉力继续增大，拉杆继续右移，压紧弹簧被压缩，离合器 e 脱开，主弹簧又压缩 δ_3，拉杆头与外体右端的距离又增长了 δ_3，主弹簧压力大于引导螺母弹簧压力，使主弹簧伸长，外体通过前盖带动引导螺母在螺杆上做逆时针方向旋转并向右移动，而调整螺母被离合器 b 锁紧，在螺杆上不能旋转及移动。所以外体转动过程中，引导螺母弹簧被压缩。外体旋转并向右移动直到外体右端面碰到控制杆头左侧才停止。这时引导螺母右端与调整螺母左侧的距离比原始状态缩短了（$\Delta N_1+\Delta N_2$），弹簧中节卷边左侧与弹簧盒座卷边右侧之间形成（$\Delta N_1+\Delta N_2$）距离，主弹簧共伸长（$\Delta N_1+\Delta N_2-\delta_2-\delta_3$）的距离。

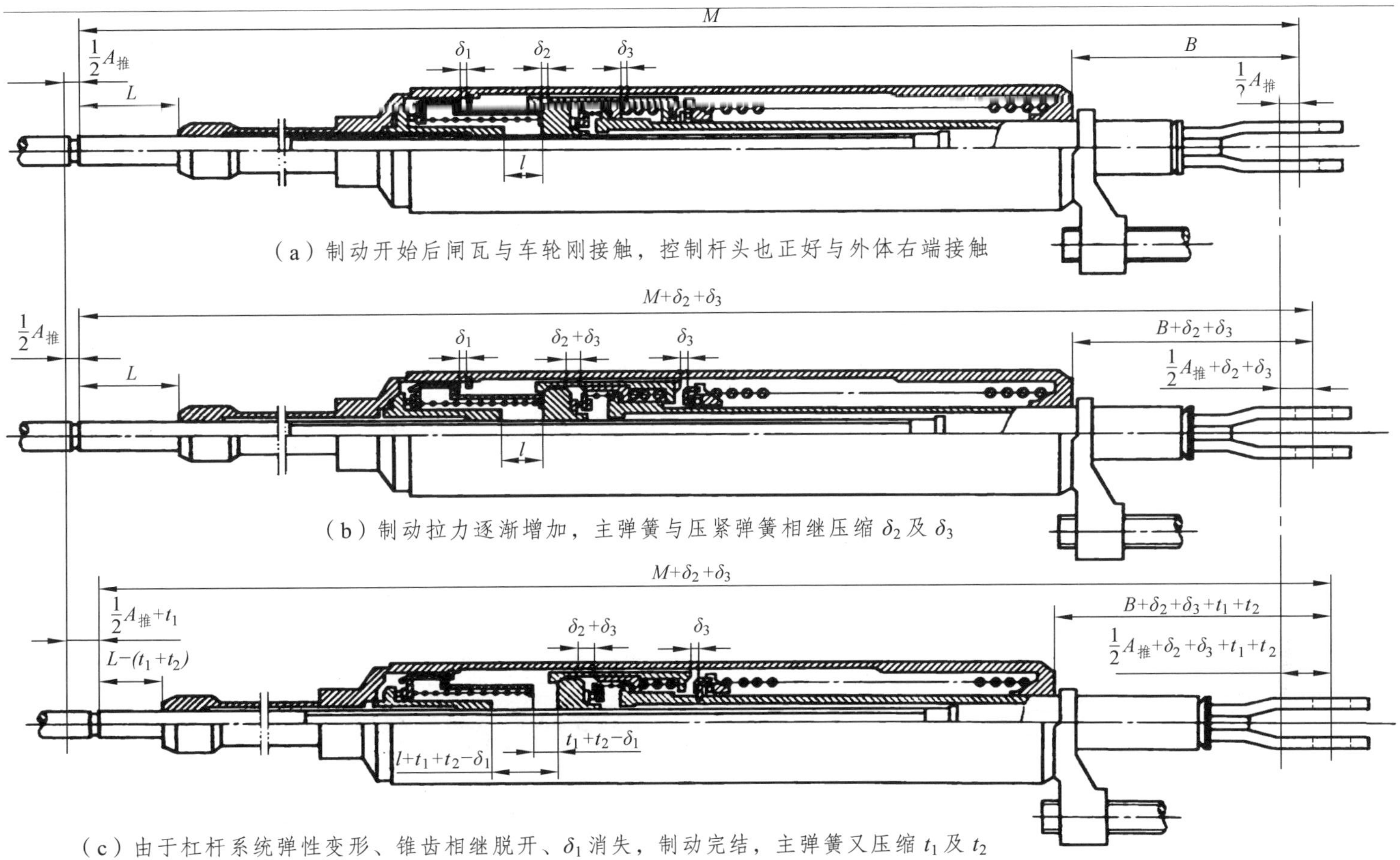

（a）制动开始后闸瓦与车轮刚接触，控制杆头也正好与外体右端接触

（b）制动拉力逐渐增加，主弹簧与压紧弹簧相继压缩 δ_2 及 δ_3

（c）由于杠杆系统弹性变形、锥齿相继脱开、δ_1 消失，制动完结，主弹簧又压缩 t_1 及 t_2

图 3-36　闸瓦间隙正常时，闸调器动作

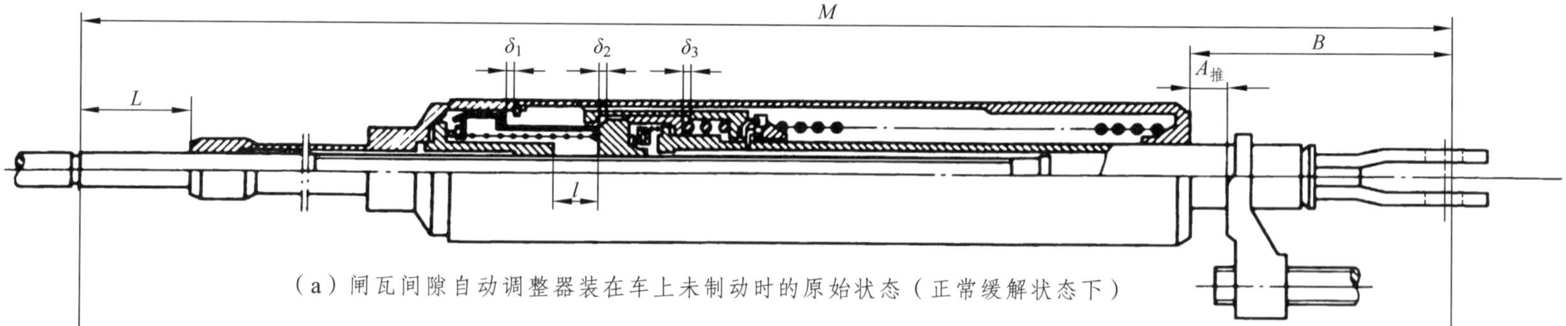

（a）闸瓦间隙自动调整器装在车上未制动时的原始状态（正常缓解状态下）

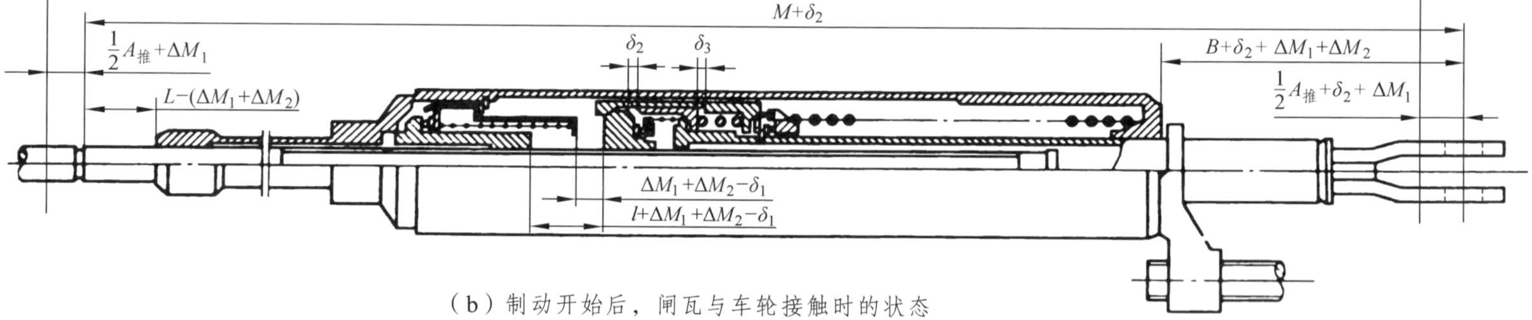

（b）制动开始后，闸瓦与车轮接触时的状态

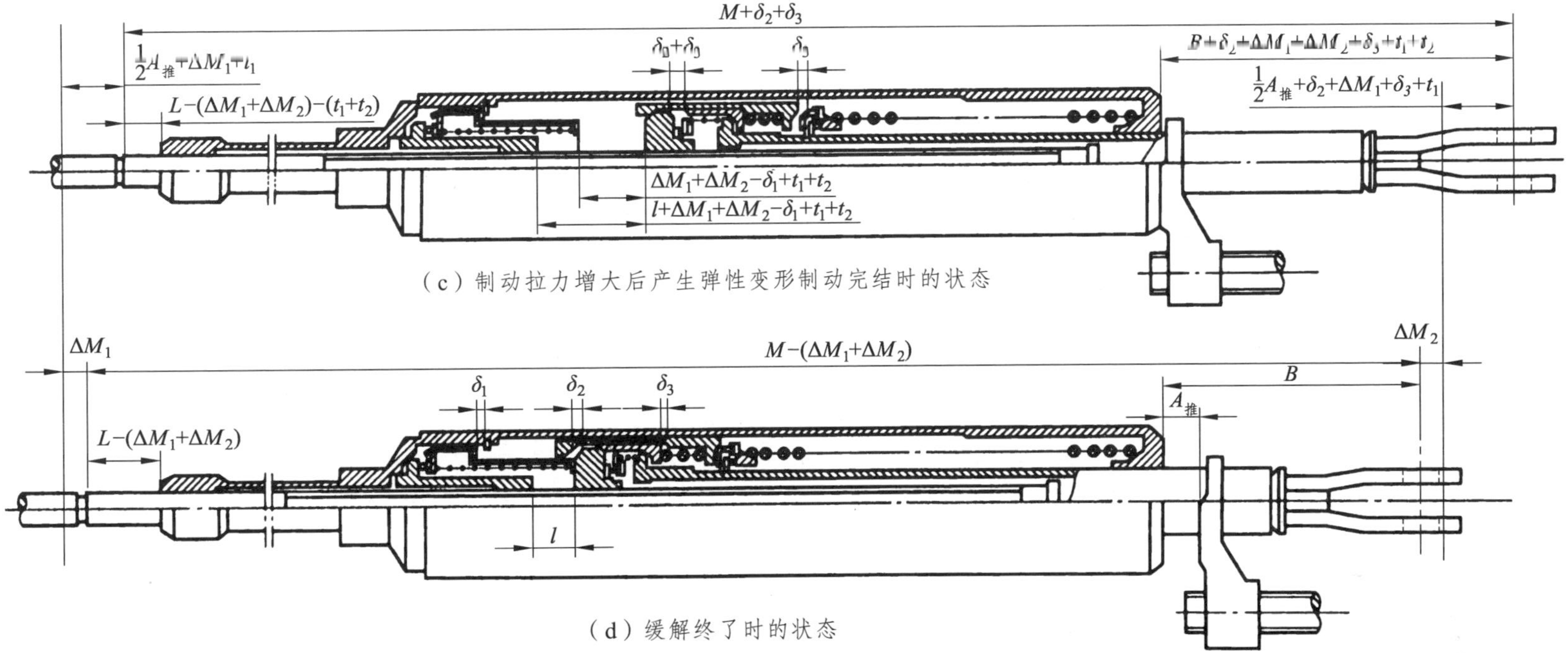

（c）制动拉力增大后产生弹性变形制动完结时的状态

（d）缓解终了时的状态

图 3-37　闸瓦间隙大于正常间隙时，闸调器的动作

制动拉力再增大时，产生了传动杠杆系统的弹性变形，使拉杆通过套筒体带动调整螺母和螺杆向右移动 t_1，同时控制杆头推动外体左移 t_2。在这一弹性变形的移动过程中，各零部件之间位置的变化如下：

（1）引导螺母外锥齿与前盖内锥齿脱开，即离合器 a 脱开，弹簧盒中节与挡圈之间的间隙 δ_1 消失，引导螺母右端与调整螺母左侧之间的距离比原始状态增加了（$t_1+t_2-\delta_1-\Delta N_1-\Delta N_2$）。

（2）调整螺母左侧与弹簧盒右侧之间的距离为（$t_1+t_2-\delta_1-\Delta N_1-\Delta N_2$）。

（3）引导螺母沿螺杆左移的距离为（$t_1+t_2-\delta_1-\Delta N_1-\Delta N_2$）。

（4）离合器 b 结合，离合器 c 脱开，间隙为（$\delta_2+\delta_3$）。

（5）主弹簧比原始状态压缩（$\delta_2+\delta_3+t_1+t_2-\delta_1-\Delta N_1-\Delta N_2$）。

（6）拉杆头与外体右端的距离比原始状态增长（$\delta_2+\delta_3+t_1+t_2-\delta_1-\Delta N_1-\Delta N_2$）。

（7）闸调器总长比原始状态增长（$\delta_2+\delta_3$）。

第一次制动结束后缓解，首先是消除弹性变形的运动。然后继续缓解，压紧弹簧伸长，主弹簧向左伸长 δ_3 的距离。最后主弹簧再向左伸长 δ_2 的距离，使离合器 b 脱开，离合器 c 锁紧。第一次缓解结束后，与原始状态比较，在弹簧中节卷边左侧与弹簧盒座卷边右侧之间形成（$\Delta N_1+\Delta N_2$）距离，螺杆工作长度增加（$\Delta N_1+\Delta N_2$）距离，而拉杆头与外体右端面的长度缩短（$\Delta N_1+\Delta N_2$）距离，主弹簧伸长了（$\Delta N_1+\Delta N_2$）的距离。缓解终了的状态，闸调器各零部件的位置如图 3-38（d）所示。

2. 第二次制动循环

第二次制动开始时，因为缓解后拉杆头与外体右端的距离比正常时缩短（$\Delta N_1+\Delta N_2$），控制杆头与外体右端距离也短（$\Delta N_1+\Delta N_2$），故制动时闸调器旋转并向右移动，而控制杆头向左移动，闸瓦接触车轮时，外体右端与控制杆头也正好接触。以后制动力增加，主弹簧压缩，拉杆将套筒体拉向右移，离合器 c 脱开，而离合器 b 尚未结合，已被压缩的引导螺母弹簧压力大于小弹簧，故引导螺母弹簧逐渐伸长，推动调整螺母逆时针方向旋转，在螺杆上向右移动（螺杆本身因闸瓦已接触车轮，不能向右移动）。因为主弹簧随着拉杆右移而压缩，套筒体也同步右移。所以，引导螺母弹簧虽然继续把调整螺母推动旋转并向右移动，但调整螺母还是保持在离合器 b 和离合器 c 之间的自由位置下继续向右移动。这种状况一直到引导螺母弹簧伸长（$\Delta N_1+\Delta N_2$）的距离，把第一次制动循环中增加的压缩量消失，调整螺母才停止旋转不再移动。然后拉杆继续向右移动，使离合器 b 结合锁紧，离合器 c 完全脱开。这样的结果，使调整螺母相对于螺杆右移了（$\Delta N_1+\Delta N_2$）的距离，达到螺杆工作长度增加的目的。这时引导螺母和调整螺母之间的距离，以及拉杆头与闸调器外体右端之间的距离，都恢复到正常的状态，所以余下的制动缓解动作也和正常间隙时一样。第二次制动完了和缓解结束时闸调器各零件所处的位置如图 3-38（e）、（f）所示。

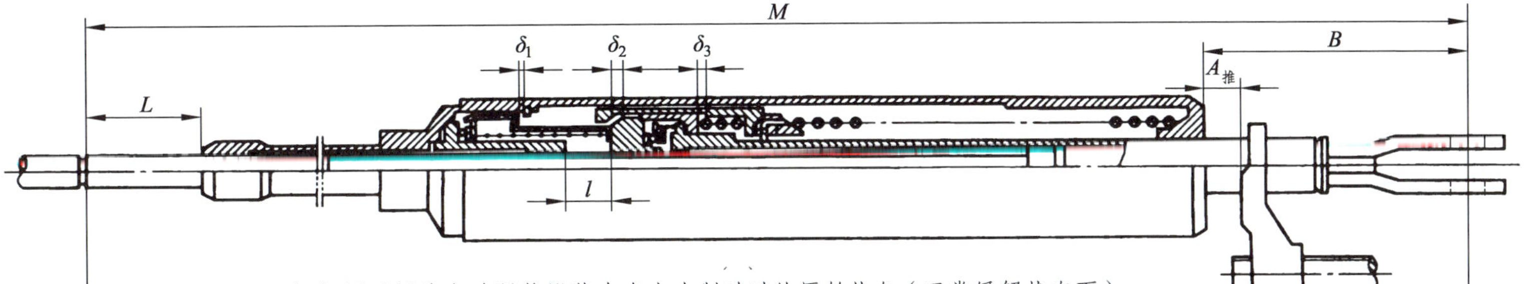

（a）闸瓦间隙自动调整器装在车上未制动时的原始状态（正常缓解状态下）

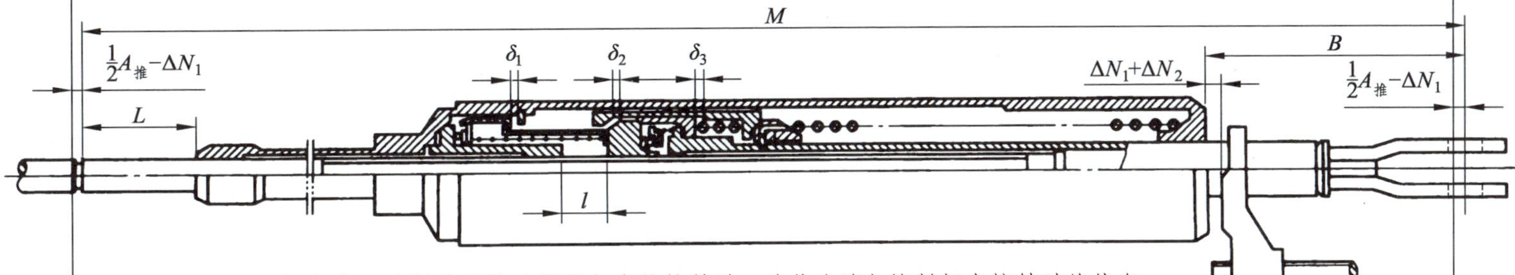

（b）第一次制动开始后闸瓦与车轮接触时，外体右端与控制杆未接触时的状态

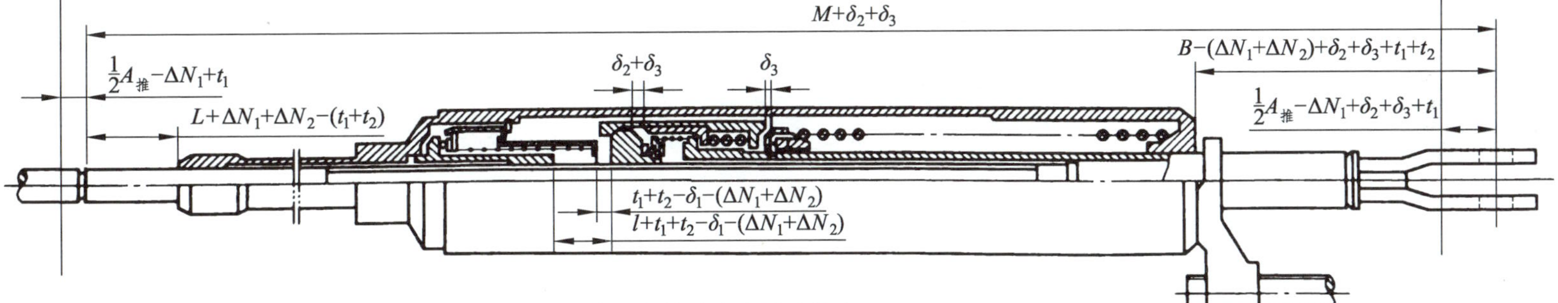

（c）第一次制动完结时的状态

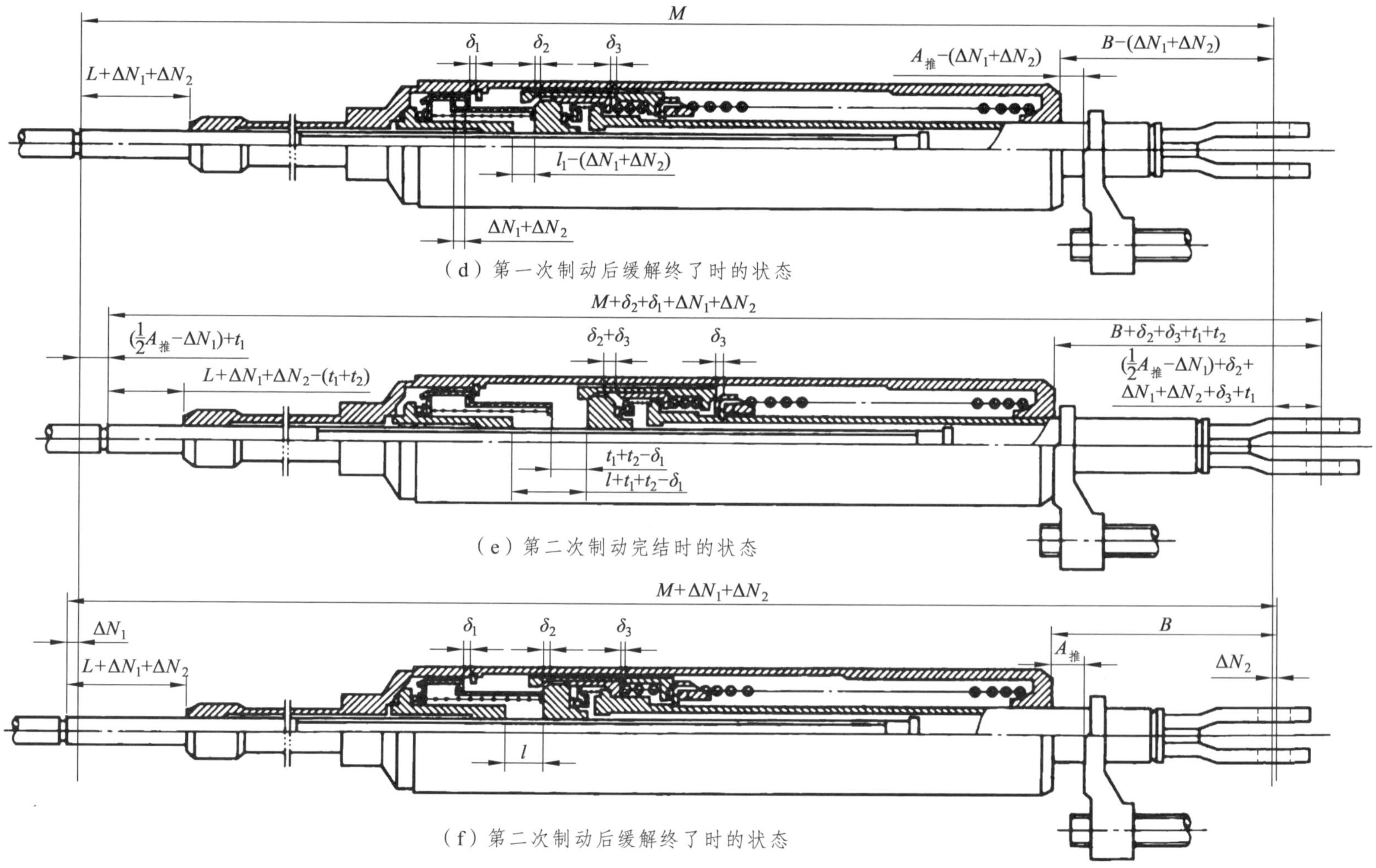

（d）第一次制动后缓解终了时的状态

（e）第二次制动完结时的状态

（f）第二次制动后缓解终了时的状态

图 3-38　闸瓦间隙小于正常时，闸调器动作

思考与练习

一、填空题

1. 制动缸活塞行程，是指制动时（　　　　　　）距离。影响制动缸活塞行程最主要的因素是（　　　　　　）。

2. 人工方法调整制动缸活塞行程时，将上拉杆的安装孔向内调时，活塞行程将（　　　）。

3. ST_1-600 型闸调器安装在基础制动装置的（　　　　　　）处，相当于一根可自动伸缩的（　　　　　　）。

4. 控制距离是指在正常缓解状态下，闸瓦间隙正常时，控制杆头与（　　　　　　）之间有一适当距离，这个距离称为控制距离"A"。A 值越大，制动缸活塞行程（　　　　　　）。

5. ST_1-600 型闸调器有两种控制方式，分别是（　　　　　　）和（　　　　　　）。当制动缸前杠杆的传动比（b/a）大于 1 时，采用（　　　　　　）的控制方式。

二、选择题

1. 闸瓦间隙调整器的直接作用是（　　　）。

A. 调整制动缸活塞行程　　B. 直接调整闸瓦间隙

C. 调整制动倍率　　D. 调整制动率

2. ST_1-600 型闸调器，螺杆一次最大缩短量为（　　　）。

A. 50 mm　　B. 135 mm　　C. 175 mm　　D. 275 mm

3. ST_1-600 型闸调器，在试验台试验时，应将制动缸压力调整到（　　　）。

A. 250 kPa　　B. 300 kPa　　C. 350 kPa　　D. 400 kPa

4. ST 型闸调器中有四个弹簧，其中预紧力最大的弹簧是（　　　）。

A. 主弹簧　　B. 引导螺母弹簧　　C. 压紧弹簧　　D. 小弹簧

5. 当闸瓦间隙大于正常间隙时，经过一次制动缓解后闸调器的总长会（　　）。

A. 伸长　　B. 缩短　　C. 不变　　D. 无法确定

三、问答题

1. 制动缸活塞行程过长或过短有何危害？

2. ST 型双向闸瓦间隙自动调整器有哪三个基本作用？

项目四　120/120-1 型控制阀检修

项目概述

本项目以铁路货车空气制动阀为载体，设计工作情境，让学生组成学习团队，以团队为单位，通过认识货车 120/120-1 型控制阀的各零部件，再通过分解、组装、试验等操作手段熟悉货车 120/120-1 型控制阀检修的工艺流程及要求等。通过计算制动缸压力，掌握简单的计算技能和操作依据。

教学目标

1. 通过阅读工作任务单，明确工作任务要求；
2. 能根据任务要求和实际情况，合理制订工作计划；
3. 能正确认识 120/120-1 型控制阀的各零部件；
4. 能够按任务要求检修 120/120-1 型控制阀；
5. 能够按任务要求进行 120/120-1 型控制阀的性能试验；
6. 能够计算货车制动缸的压力。

任务一　120 型控制阀检修

【任务描述】

本任务实施中，通过分解、组装 120 型控制阀主阀、紧急阀和半自动缓解阀等零部件的练习，掌握 120 型控制阀的结构、各零部件的用途及检修要求，达到掌握制动机控制阀检修技能的目的。

【任务实施】

课件：120 型控制阀的结构

一、120 型控制阀作用原理

120 型控制阀采用二压力控制机构直接作用方式，有三个基本作用原理。作用原理如图 4-1 ~ 图 4-3 所示。

（一）充气缓解作用（见图 4-1）

1. 形成

向制动管充气，制动管压力空气进入作用部主活塞 1 上部，压力增大，当主活塞上部压力大于下部副风缸压力一定值时，主活塞 1 带动截止阀 3、滑阀 2 下移，到达充气缓解位，滑阀连通了副风缸和加速缓解风缸的充气通路，同时连通了制动缸与大气的缓解通路。制动管压缩空气经滑阀 2 上的充气孔进入滑阀室向副风缸充气，滑阀室经节流孔与加速缓解风缸连通；制动缸内压缩空气通过滑阀上的缓解孔槽到加速缓解活塞 5 外侧经缩孔Ⅱ（或限孔）排向大气。

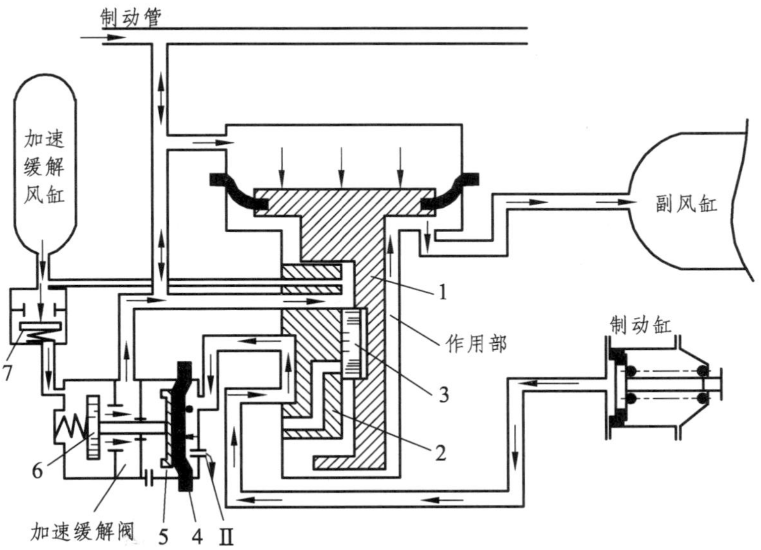

1—主活塞；2—滑阀；3—截止阀；4—加速活塞膜板；5—加速活塞；6—加速缓解阀（夹心阀）；7—止回阀；Ⅱ—制动缸缓解排气缩孔（或限孔）。

图 4-1　120 型空气控制阀充气缓解作用

制动缸压缩空气由于受缩孔Ⅱ（或限孔）小孔的限制，来不及排出而在加速活塞外则形成压力，推加速活塞内移，加速缓解阀 6 被推离阀座，加速缓解风缸的压缩空气经打开的加速缓解阀口进入制动管，加快了制动管的充气速度，使后部车辆制动机的充气缓解作用加快实现，提高了列车的缓解波速。当加速缓解风缸压力与制动管压力平衡后，止回阀 7 切断了加速缓解风缸与制动管的通路，加速缓解作用结束。

制动缸压缩空气最终全部经加速缓解活塞外侧室再经缩孔Ⅱ（或限孔）排向大气，实现缓解作用。

制动管压缩空气经滑阀室向副风缸、加速缓解风缸充气，直至均达到定压。副风缸充至定压，为下次制动作用储备压缩空气源，加速缓解风缸充至定压，为下次制动后缓解时的加速缓解作用储备空气源。

2. 通路

（1）充气通路：

① 制动管→滑阀充气孔→副风缸。

② 制动管→滑阀充气孔→滑阀室→节流孔→加速缓解风缸。

（2）缓解通路：

① 制动缸→滑阀上的缓解孔槽→加速缓解活塞外侧室→缩孔Ⅱ→大气，使制动机缓解。由于缩孔Ⅱ的限制，制动缸压力空气推开加速缓解阀。

② 加速缓解风缸的气体→加速缓解阀→制动管，产生加速缓解作用。当加速缓解风缸压力和制动管压力平衡时，止回阀切断加速缓解风缸和制动管之间的气路，加速缓解作用结束。

（二）减压制动作用（见图 4-2）

1. 形成

制动管减压，副风缸压缩空气推动主活塞 1 带动截止阀 3、滑阀 2 上移，到达制动位，副风缸压缩空气经滑阀、滑阀座上的制动通路进入制动缸，产生制动作用。同时由于滑阀上移切断副风缸与加速缓解风缸向制动管逆流的通路。加速缓解风缸不参与制动作用，其压力仍保持在充气缓解作用结束时的制动管定压。

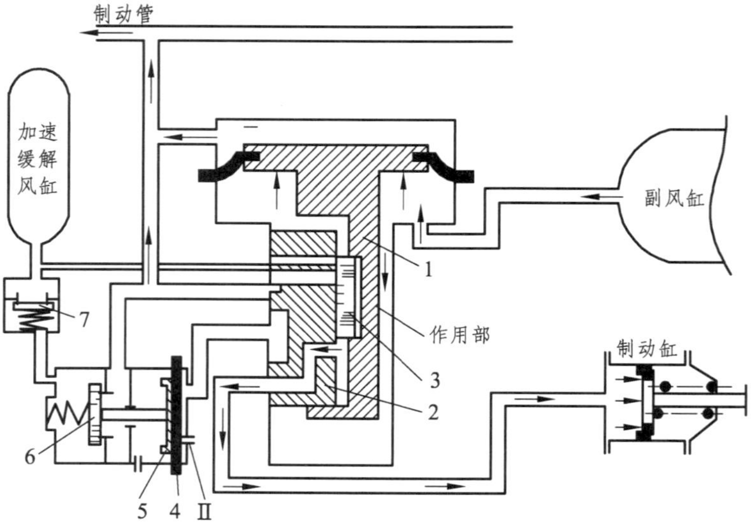

图 4-2　120 型空气控制阀减压制动作用（图注同图 4-1）

2. 通路

副风缸→滑阀制动孔→滑阀座孔→制动缸。

（三）制动保压作用（见图 4-3）

当制动管减压量达到要求值后，转保压位，制动管停止减压，由于作用部仍处在制动位，副风缸继续向制动缸充气使其压力下降，当滑阀室（通副风缸）压力与制动管压力接近平衡时，在主活塞 1 自重及稳定弹簧弹力作用下，主活塞 1 带动截止阀 3 下移（滑阀 2 不动）至活塞杆上肩接触滑阀为止，截止阀 3 遮住了滑阀背面向制动缸充气的通路，副风缸停止向制动缸充气，副风缸压力停止下降，制动缸压力停止上升，就形成了制动保压作用。

同时截止阀 3 露出了滑阀背面的眼泪孔，滑阀连通了制动管与副风缸，平衡主活塞两侧的压力差以适应机车的压力保持操纵的需要。无论制动管漏泄或是副风缸漏泄均可避免主活塞两侧产生压力差引起再制动或自然缓解。

二、120 型控制阀的结构特点

（1）120/120-1 型控制阀采用二压力机构。

微课：120 型控制阀的结构

主活塞上方通制动管压力空气，主活塞下方通副风缸压力空气，其主活塞是在制动管和副风缸两种压力空气的压力差控制下动作，即依靠制动管压力空气的压力变化引起与副风缸的压力差产生相应的动作，控制制动机形成充气缓解、常用制动、制动保压及紧急制动等各种不同的作用位置。

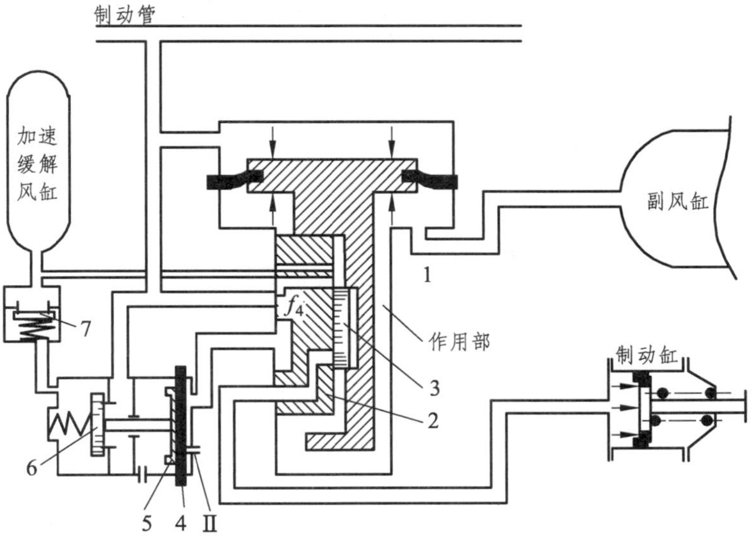

图 4-3　120 型空气控制阀制动保压作用（图注同图 4-1）

我国货车空气制动机均属于二压力机构阀控制，为使 120/120-1 型控制阀与现有的货车制动阀很好地混编，获得较好的混编性能，所以 120/120-1 型控制阀仍采用二压力机构。

（2）120/120-1 型控制阀采用直接作用方式。

直接方式是指制动管的压力变化通过作用部直接控制制动缸的压力变化。

103 型分配阀由于采用间接作用方式，不仅增加了作为间接作用的压力源（压力风缸、容积室）和中继阀（均衡部、充气部），使结构复杂，而且由于间接作用需通过中继阀使动作相对迟缓，在一定程度上影响到制动波速和缓解波速；间接作用所需的副风缸容积大也影响充气时间；特别是在间接作用方式中，作为二压力机构中一个控制压力的压力风缸容积较小，制动保压时若产生漏泄容易造成自然缓解，会危及行车安全。

原来认为直接作用方式存在的一些问题，由于这些年采用了一些新技术以及使用条件的变化，已部分得到解决，如：

① 间接作用适用于不同直径的制动缸。我国货车制动缸直径已基本定型，与高摩合成闸瓦配套时采用 356 mm 直径的制动缸，与通用铸铁闸瓦配套时采用 254 mm 直径的制动缸，120 型控制阀在适应 356 mm 直径制动缸使用的基础上，当配用 254 mm 直径的制动缸时，在充气、缓解、紧急二段跃升气路上加装适当的缩孔堵（或集成转换缩孔堵），便可适应其使用要求。

② 间接作用方式具有制动力不衰减性能。闸瓦间隙自动调整器的推广应用，解决了由于闸瓦磨耗导致制动缸活塞行程增大而带来的制动力衰减问题；密封式制动缸的使用，密封技术的提高，使制动缸及管系的漏泄所造成的制动力衰减问题得到解决。

③ 间接作用方式便于设置空重车调整装置。可以在直接作用方式的控制阀以外设置空重车调整装置，而不需要在具有间接作用方式的阀内固定设置。目前 KZW-A 型、TWG-1 系列空重车调整装置的使用，解决了空重车对制动缸压力需求不同的问题。

所以，120/120-1 型空气控制阀采用了直接作用方式。

（3）120/120-1 型控制阀主控机构仍采用橡胶膜板和金属滑阀结构。

120/120-1 型控制阀中的主活塞采用膜板滑阀结构，可以保证密封性，结构简单、工作阻力小和检修方便，并且可在一定程度上延长检修期。金属滑阀对二压力机构来讲，它具有以下优点：

① 良好的作用连续性；

② 在恶劣的运用条件下，有较长的寿命；

③ 有自动防止异物侵入特性，对空气质量的要求可稍予以降低。在加工、检修方面有一定的基础。

（4）在 120/120-1 型控制阀的主阀内增设加速缓解阀，与增加的加速缓解风缸相配合，当车辆缓解时，利用即将排入空气的制动缸压力空气作为推动加速缓解阀动作的信息压力源，促使加速缓解阀动作，开通了加速缓解风缸压力空气向制动管逆流的通路，从而达到加速制动管充气和提高缓解波速的目的。

（5）120/120-1 型控制阀仍设有紧急阀、局减室和局减阀，采用常用制动和紧急制动分部作用的方式以及完善的两阶段局减作用；设有紧急二段阀，紧急制动时制动缸压力分先快后慢的两段上升方式，以缓和列车的纵向动力作用。

（6）120/120-1 型控制阀在紧急放风阀中设有先导阀结构。当施行紧急制动时，制动管一开始紧急减压时，紧急活塞杆首先打开先导阀，消除紧急放风阀的背压，紧接着再顶开放风阀，消除了紧急活塞杆顶到放风阀时停留的时间，提高了紧急制动波速。

（7）适应压力保持操纵。120/120-1 型空气控制阀在主阀作用部的滑阀上设了一个 $\phi 0.2$ mm 的眼泪孔（或叫呼吸孔），使控制阀在常用制动后的保压位时，沟通制动管和副风缸，这样可在长大坡道上配合机车一把闸操纵以及在制动保压位时机车对制动管漏泄有自动补风（压力保持）功能。

（8）设置半自动缓解阀。使用时人工拉动缓解阀手柄 3 ~ 5 s，当听到制动缸排气声后松开手柄，制动缸压力空气就会自动排完，节省人力和压力空气的消耗量。

（9）120-1 型控制阀在滑阀上增加了 ju_3 孔，能实现常用加速制动作用，适应长大列车和减小常用制动纵向冲击力，改善运行品质。

（10）120-1 型控制阀在滑阀上增加了 f_7 孔，在常用制动和过量减压制动时，防止制动管压力波动时造成车辆的意外缓解。

（11）零件的通用性和互换性较强，并能与多种制动新技术配套使用。

120/120-1 型控制阀采用与 103 型分配阀基本相似的紧急二段阀和局减阀结构，与 103 型分配阀通用件占 54%左右，橡胶易损件 80%与 103 型分配阀通用。主阀和紧急阀的安装现状和尺寸以及气路的位置与 103 型分配阀完全相同；120/120-1 型控制阀可在微机控制试验台上进行技能试验，也可在 705 试验台上进行技能试验。

（12）120/120-1 型控制阀能与高摩合成闸瓦、闸瓦间隙自动调整器、空重车自动调整器、球芯塞门、法兰接头和密封式制动缸等新技术配套成货车新型制动系统，管路施行磷化除锈处理，各管路上设有滤尘装置，可提高空气清洁度，延长使用时间和检修期限。

（13）120/120-1 型控制阀在结构上考虑了防盗问题，采用专用工具才能拆卸。

三、120 型控制阀的构造和作用性能

（一）120 型控制阀的构造

120 型控制阀由中间体、主阀、紧急阀和半自动缓解阀四部分组成，如图 4-4 所示。

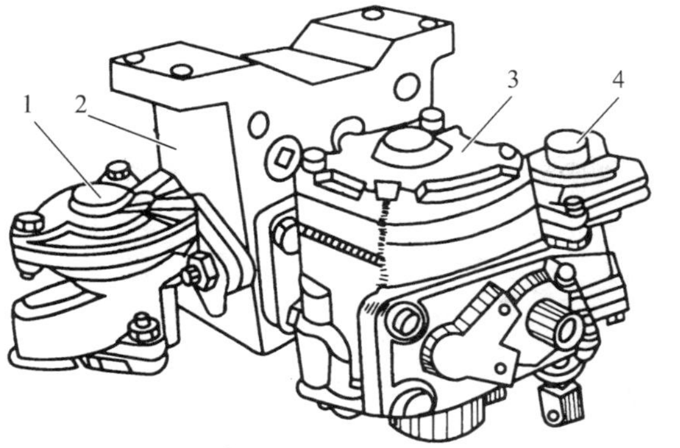

1—紧急阀；2—中间体；3—主阀；4—半自动缓解阀。

图 4-4　120 型空气控制阀的外貌图

1. 中间体

中间体用来安装主阀和紧急阀，并通过 4 个凸耳上的 ϕ22 mm 孔，用螺栓和螺母将整个阀直接吊装在车辆底架上，还起到连通制动主管、副风缸、制动缸、加速缓解风缸与主阀和紧急阀的各个气路的作用。中间体只有在厂修和必须更换时才卸下。

中间体用铸铁铸成长方形（见图 4-5 和图 4-6），靠车体的外侧的立面为紧急阀安装座，与紧急阀安装座相邻的右侧立面为主阀安装座，分别用两套或四套螺栓和螺母加装紧急阀垫和主阀垫来紧固。与紧急阀安装座相邻的左侧立面上方为加速缓解风缸管座（ϕ19 mm），下方为制动管管座（ϕ25 mm），与主阀安装面相邻的立面上方为副风缸管座（ϕ19 mm），下方为制动缸管座（ϕ19 mm），各管与座的连接均采用螺柱和螺母加垫圈的法兰接头方式连接。检修主阀、紧急阀或管路时，可将它们单独从中间体上卸下。

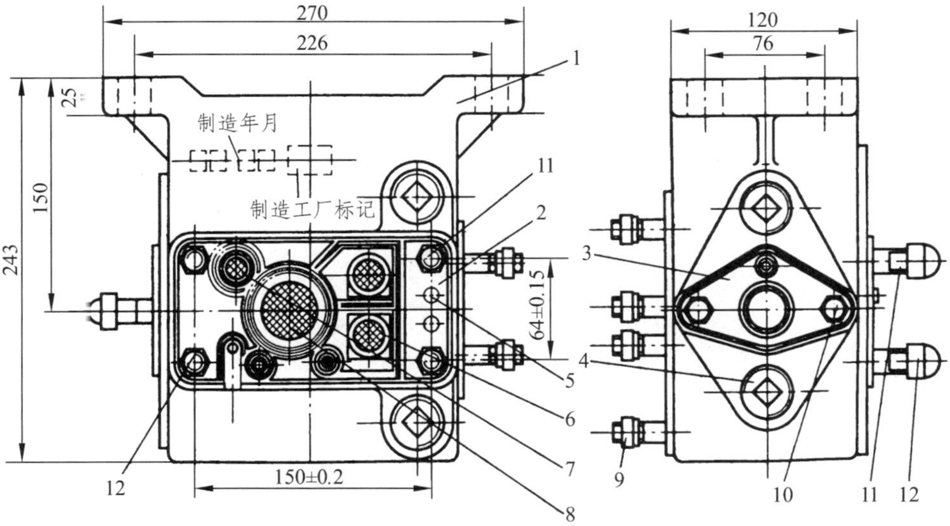

1—中间体；2—主阀垫；3—紧急阀垫；4—螺堵；5—防误装销钉；6—ϕ28 mm 滤尘网；7—ϕ20 mm 滤尘网；8—滤尘器；9—风管法兰接头螺柱（M12×35）和螺母；10—紧急阀安装螺柱（AM16×32）和螺母两套；11—主阀安装螺柱（AM16×38）和螺母三套；12—主阀安装螺柱（AM12×38）和螺母一套。

图 4-5　中间体组成

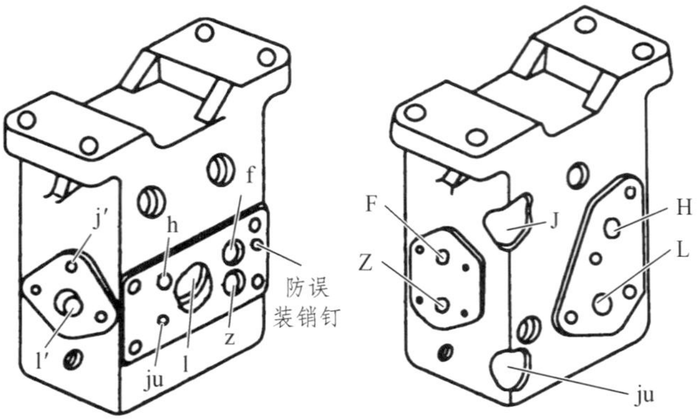

图 4-6　中间体外貌

中间体内部有两个独立的空腔，靠紧急阀安装座侧的上部为容积 1.5 L 的紧急室 J，下部为容积 0.6 L 的局减室 Ju。这两空腔室相互隔开，紧急室与紧急阀安装座上紧急室孔 j′孔相通，局减室与主阀安装座上局减室孔 ju 相通。

120 型控制阀通路代号一般采用所通主容器名称的第一个汉语拼音字母来表示，大写字母表示主容器，主阀通主容器的孔路用小写字母加注脚区别表示，紧急阀通主容器的孔路用小写字母加注脚和注撇区别表示，见表 4-1。

表 4-1　120 阀各缸（腔、室）空气通路的代号

名称	代号	名称	代号
制动管	L 或 l	紧（Jin）急室	J 或 j
加速（Huan）解风缸	H 或 h	局（Ju）减室	Ju 或 ju
副（Fu）风缸	F 或 f	大（Da）气	D 或 d
制（Zhi）动缸	Z 或 z		

在主阀安装座的制动管孔内装有杯形滤尘器，如图 4-7 所示，是由滤尘器座 1、O 形密封圈 2、过滤杯 3 组成。过滤杯是由青铜粉末冶金过滤材料烧结而成的空气滤尘元件，具有过滤精度高、孔隙分布均匀、孔隙率高、过滤性能稳定、机械强度高等优点。

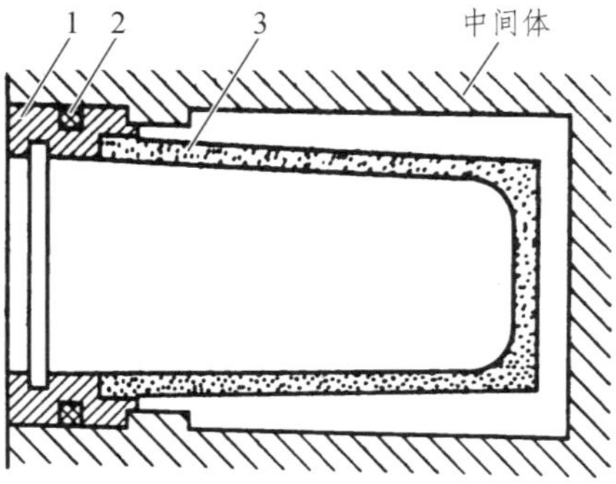

1—滤尘器座；2—O 形密封圈；3—过滤杯。

图 4-7　杯形滤尘器

在主阀安装座的副风缸孔、制动缸孔（f 和 z）内，装有 ϕ28 mm 滤尘网，在加速缓解风缸（h）孔装有 ϕ20 mm 滤尘网，用以进一步过滤进入主阀的压力空气，防止空气中的尘垢杂

质进入。滤尘网用 60 目丝网制成，如图 4-8 所示。中间体的 4 个垂直壁上有 8 个清沙孔，用螺堵拧紧不得漏泄。

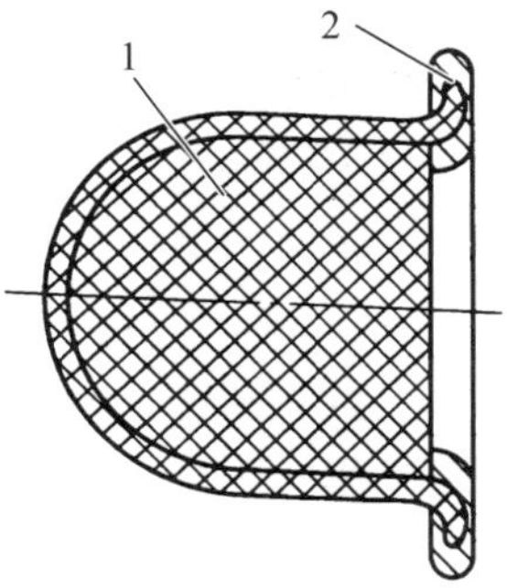

1—丝网；2—压圈。

图 4-8　滤尘网

微课：120 型控制阀主阀各部分结构组成及用途

微课：120 型控制阀主阀作用部

2. 主阀

主阀是控制阀的心脏部分，它根据制动管不同的压力变化，控制制动机实现充气、缓解、制动、保压等作用。

主阀由作用部、减速部、局减阀、加速缓解阀和紧急二段阀五部分组成。

（1）作用部。

主阀是分配阀的心脏部件，作用部是主阀的核心。其用途是根据制动管压力空气与副风缸空气压力之间产生的不同压力差，推动主活塞带动滑阀、截止阀移动到不同的作用位置，实现制动机的充气、缓解、制动、保压等作用。

作用部的构造如图 4-9 和图 4-10 所示，它由主活塞 12、截止阀弹簧 24、截止阀 23、滑阀弹簧 21、滑阀 10、滑阀销 25、滑阀座 20（即滑阀套）、稳定装置等零部件组成。

主活塞是一个组合件，将主活塞 12、O 形密封圈 19、主活塞膜板（ϕ126 mm S 形橡胶膜板）、主活塞压板 13 等零件套在主活塞杆 11 的上端，并在端头的外螺纹上拧紧主活塞压板螺母 18，将上述零件压紧。

主阀组装时，主活塞膜板 14 被主阀上盖 17 压紧在作用部阀体 1 的上部凹槽内，这样在主活塞上、下两侧形成互相密封的两个空腔。主活塞上侧通制动管气体，下侧滑阀室通副风缸气体，作用部就是利用主活塞上、下即制动管与副风缸的压力差，使主活塞带动截止阀和滑阀上下移动，形成各个不同的作用位置。

微课：120 型控制阀主阀的检修

截止阀是一个气路开关，嵌装在主活塞杆上的截止阀槽内，由截止阀弹簧将其压紧在滑阀背面（截止阀座），截止阀随主活塞一起移动，分别连通或切断截止阀座（滑阀背面）上的各相关通路，配合滑阀和滑阀座所连通的相关气路实现控制阀的不同作用性能。

滑阀也是一个气路开关，嵌装在主活塞杆的上、下两肩之间，沿主活塞杆的轴向与主活塞杆的两肩之间有 6 mm 间隙（滑阀游间），滑阀与主活塞可相对移动 6 mm。滑阀弹簧用销子与滑阀固定在一起，将滑阀压紧在滑阀座上。

滑阀座实际上是滑阀套里面呈平面形状的一部分，滑阀套上部内圆面设有导向槽，以防止主活塞转动。当主活塞带动滑阀在滑阀座上移动到不同位置时，滑阀分别连通或切断滑阀座上相关气路，与截止阀配合，实现控制阀不同性能。

稳定装置由稳定杆 26、稳定弹簧 27、弹簧座 30 及挡圈 31 等部件组成，它们依次安装在主活塞杆尾部筒形套筒内。在稳定弹簧的作用下，稳定杆头部与滑阀下端面相接触，由于稳定弹簧有一定的预压力，主活塞在上下移动时，必须克服稳定弹簧的阻力，稳定部在一定程度上阻碍了主活塞的上移，使作用部有一定的稳定性，防止了列车运行时由于制动管的压力波动或轻微漏泄引起主活塞动作而产生意外自然制动。

主活塞杆上端的 M10 内螺纹，便于检修时拧入螺纹头起子将主活塞从主阀体内拔出。

滑阀、滑阀座、截止阀上的孔路如图 4-11 所示，各孔路、代号及作用如下：

① 滑阀座：

l_1——制动管充气用孔，通 L。

l_2——制动管局减用孔，通 L。

z_1——制动缸孔，通制动缸 Z。

ju_2——局减室孔，通局减室 ju。

l_8——局减阀孔，通局减阀套径向孔 L_8。

h_1——加速缓解风缸孔，通加速缓解风缸 H。

z_3——缓解孔，通加速缓解活塞外侧室 Z_3，并经缩孔Ⅱ通主阀排气口 D_1。

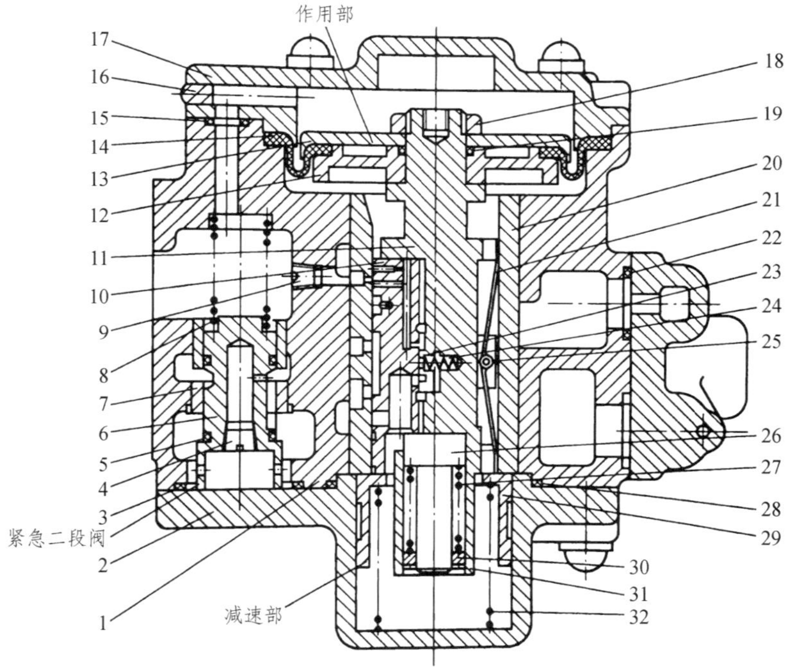

1—主阀体；2—主阀下盖；3，5，19，22，28—O 形密封圈；4，9—缩孔堵Ⅶ（254 直径制动缸配套的阀）；6—紧急二段阀杆；7—紧急二段阀杆套；8—紧急二段阀杆弹簧；10—滑阀；11—主活塞杆；12—主活塞；13—主活塞压板；14—主活塞膜板；15—密封圈；16—塞堵；17—主阀上盖；18—主活塞压板螺母；20—主阀套；21—滑阀弹簧；23—截止阀；24—截止阀弹簧；25—滑阀销；26—稳定杆；27—稳定弹簧；29—减速弹簧套；30—稳定弹簧座；31—挡圈；32—减速弹簧。

图 4-9　作用部、减速部和紧急二段阀

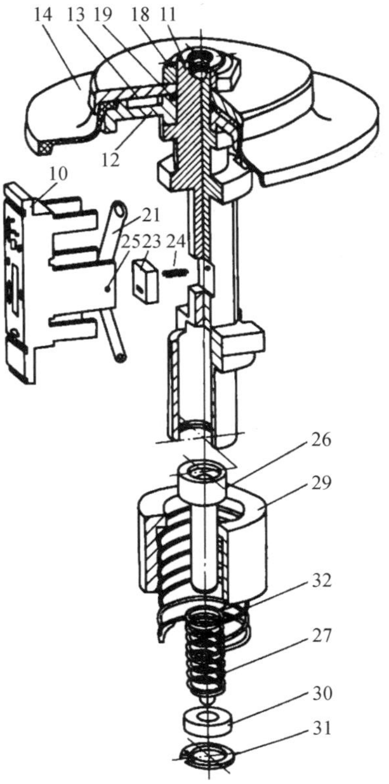

26—稳定杆；27—稳定弹簧；30—稳定弹簧座；31—挡圈；29—减速弹簧套；32—减速弹簧。

图 4-10　作用部、减速部外形及组装图

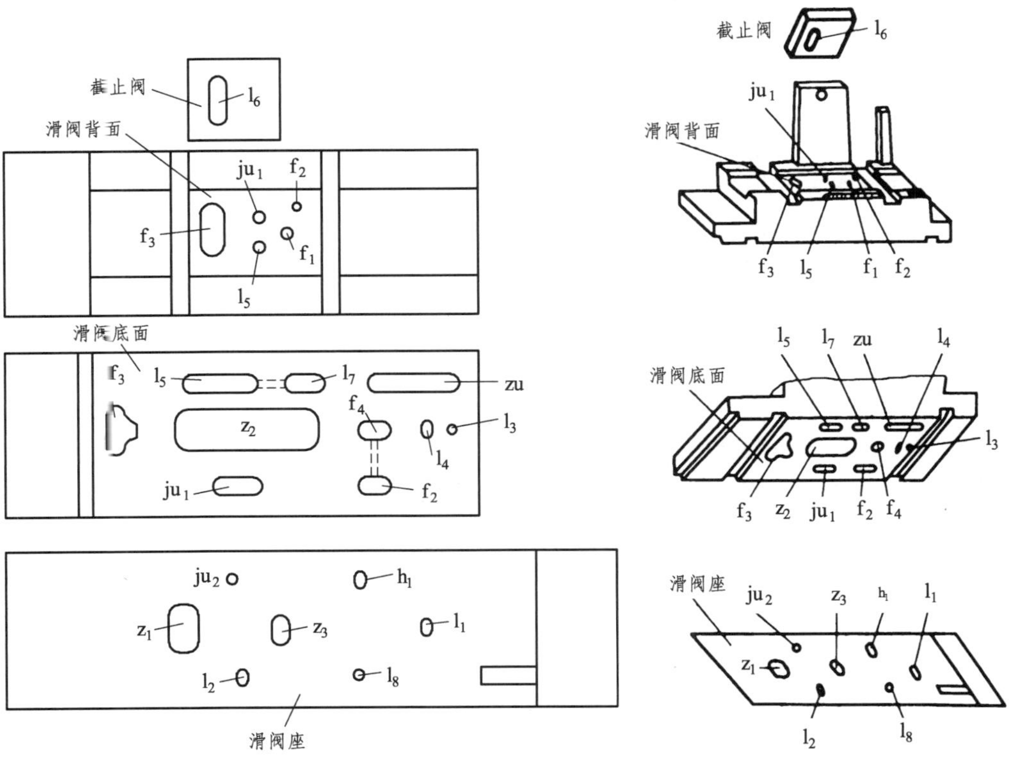

图 4-11　截止阀、滑阀和滑阀座上的孔路布置

② 截止阀：

l_6——局减联络槽，制动作用开始时，连通第一阶段局减通路，将制动管的压力空气送入局减室，产生低一阶段局减。

③滑阀：

l_4（$\phi 2.0$）——充气孔，与滑阀背面的副风缸充气孔 f_1 连通，充气时连通滑阀座上的制动管充气孔 l_1，制动管向副风缸充气。

l_3（$\phi 1.9$）——减速充气孔，与滑阀背面的副风缸充气孔 f_1 连通，减速充气时连通滑阀座上的制动管充气孔 l_1，制动管向副风缸充气。

f_1——滑阀背面的副风缸充气孔。

l_5——局减孔，上下贯通，一段局减和二段局减时，与滑阀座上的制动管局减孔 l_2 连通，将制动管压力空气引入局减室或局减阀，形成第一阶段和第二阶段局减通路。

f_2（$\phi 0.9$）——加速缓解风缸充气孔，上下贯通，充气时连通滑阀座上的加速缓解风缸充气孔，副风缸向加速缓解风缸充气。通过滑阀内的通路与滑阀底面的 f_4 槽相通。

l_7——局减阀入孔，与 l_5 暗通。二段局减时，与滑阀座上的 l_8 连通，将制动管压缩空气引向局减阀，并经缓解阀、紧急二段阀送向制动缸，以产生第二阶段局减。

f_3——制动孔，上下贯通，制动时，与滑阀座上的 z_1 孔连通，将副风缸压缩空气经缓解阀、紧急二段阀送向制动缸，产生制动作用。

z_2——缓解联络槽，缓解时连通滑阀座上制动缸孔 z_1 与滑阀座上缓解孔 z_3，将制动缸压缩空气送到加速缓解活塞外侧，并经缩孔Ⅱ排向大气，产生缓解作用。

zu——阻力调整槽。

f_4（$\phi 0.2$）——眼泪孔，滑阀底面空槽与 f_2 孔相通，为适应机车压力保持操纵而设，制动保压时副风缸压力空气经此小孔与滑阀座上的制动管充气孔 l_1 相连通。

（2）减速部。

减速部的用途是根据前后部车辆制动管增压速度的不同，控制主活塞下移的行程，产生不同的充气速度。其目的是列车前后部车辆的充气速度趋于一致。

减速部设在作用部下面，位于主阀下盖内，由减速弹簧 32、减速弹簧套 29 组成，如图 4-9 所示。主阀下盖的减速部凸缘根部套有 O 形密封圈，防止副风缸压力空气漏入大气。

制动管充气增压时，长大列车前部车辆先充入压力空气，增压迅速，主活塞两侧形成的压力差较大，主活塞带动滑阀下移，尾部接触减速弹簧套后，继续下移，压缩减速弹簧而移到最下面的位置（主活塞下端面接触到主阀体），此时滑阀与滑阀座连通了充气的小气路，使前部车辆副风缸的充气减慢，即形成了减速充气作用。

列车后部车辆因充气较慢，在主活塞上下两侧形成的压力差较小时，主活塞带动滑阀、截止阀下移至接触减速弹簧即停止，此时滑阀底面的充气孔 l_4（$\phi 2.0$）和滑阀座上的充气孔 l_1 相对，使后部车辆副风缸的充气较快，即形成了全充气作用。

（3）局减阀。

局减阀的用途是在制动位产生第二阶段局减作用时，将制动管的压力空气送入制动缸，加快制动管的减压速度，同时使制动缸获得跃升的初压力，并控制第二阶段局部减压量。

局减阀（见图 4-12）由局减阀套 57、局减阀杆 56、局减活塞 58、局减膜板 69、局减活塞压板 60、局减活塞螺母 62、局减阀弹簧 54、局减阀弹簧垫 64、毛毡 63、局减阀盖 73 等组成。

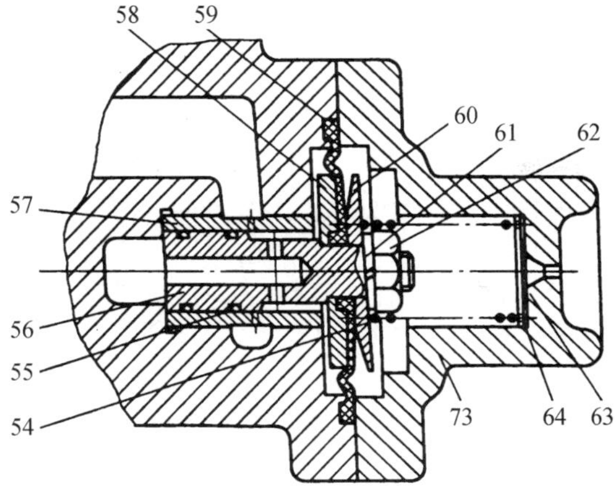

54—局减阀弹簧；55—密封圈；56—局减阀杆；57—局减阀套；58—局减活塞；
59—局减膜板；60—局减活塞压板；61—弹性垫圈；62—局减活塞螺母；
63—毛毡；64—局减弹簧垫；73—局减阀盖。

图 4-12　局减阀

局减阀套嵌装在主阀体内，中部沿圆周有 8 个 ϕ1 mm 径向小孔，这些小孔经外围空腔与滑阀座上 l_8 孔相通。

将局减活塞、局减膜板和局减活塞压板用局减活塞螺母紧固在局减阀螺纹端，形成局减活塞组件，局减膜板的边缘嵌装在主阀体和主阀前盖的接合凹槽中，局减活塞左侧局减阀杆缩颈上的两个 ϕ3 mm 径向孔与轴向孔通制动缸，右侧经主阀前盖上的 ϕ3 mm 小孔通大气。前盖内有毛毡压紧在阀盖轴心孔内，防止尘土侵入。

平时局减活塞在其右侧局减阀弹簧的作用下，局减阀处于左侧（开放位）位置，局减阀缩颈开放局减阀套上的 8 个小孔，两个 ϕ3 mm 的径向孔和轴向孔连通了滑阀座局减阀孔 l_8 到制动缸的二段局减通路。制动时，滑阀上移连通滑阀座 l_2 孔与滑阀 l_5 孔、滑阀 l_7 孔与滑阀座 l_8 孔、制动管的部分压缩空气便经此局减通路进入制动缸，产生第二阶段局部减压。当制动缸压力达到 50 ~ 70 kPa 时，局减阀被推向外移，完全压缩局减阀弹簧，局减阀外移，局减阀上的两个 O 形密封圈挡住了局减阀套上的 8 个径向小孔，即切断了制动管向制动缸充气的局部减压通路，局减阀处于关闭位置。第二阶段局减作用结束。这样制动管少量减压时，尾部车辆的制动缸至少也有 50 ~ 70 kPa 的压力。

主阀前盖（局减阀处）外端具有向内凹入的空窝，可以使 ϕ3 mm 通气小孔不露出在外表面，以防止小孔冰冻堵塞，而使局减活塞外腔可能产生背压。

（4）加速缓解阀。

加速缓解阀的用途是在本车制动缸缓解作用开始后，将加速缓解风缸的压缩空气送入制动管，即产生制动管的“局部增压作用”，以加快制动管的增压速度，使制动管增压作用沿列车由前向后的传播速度加快，后部车辆迅速产生充气缓解作用，提高列车制动机的缓解波速，减小列车低速充气缓解时的纵向冲击。

加速缓解阀（见图 4-13 和图 4-14）由加速缓解阀套 42、加速缓解阀弹簧 38、夹心阀 39、加速缓解阀弹簧座 37、挡圈 36、活塞紧固螺钉 44、加速活塞膜板 45、加速活塞 46、加速活塞压板 47、螺母 48、垫圈 49、挡圈 50、缩孔堵Ⅱ65、顶杆 41、止回阀弹簧 33、阀座 34、止回阀 35 等组成。

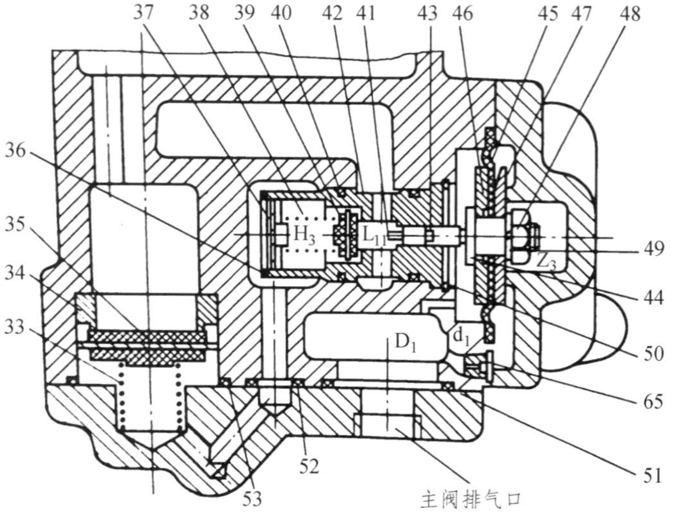

33—止回阀弹簧；34—阀座；35—止回阀；36—挡圈；37—加速缓解阀弹簧座；38—加速缓解阀弹簧；
39—夹芯阀；40—密封圈；41—顶杆；42—加速缓解阀套；43—密封圈；44—活塞紧固螺钉；
45—加速活塞膜板；46—加速活塞；47—加速活塞压板；48—螺母；49—垫圈；
50—挡圈；51，52，53—O 形密封圈。

图 4-13　加速缓解阀

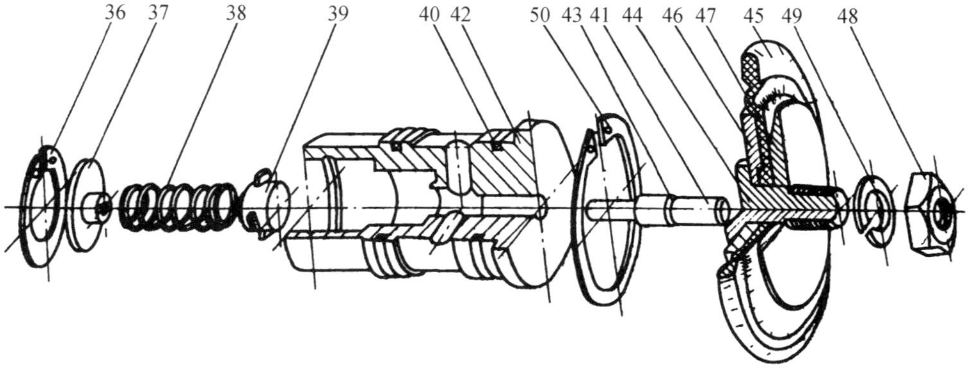

图 4-14　加速缓解阀的零件外形及组装图（图注同图 4-13）

将加速活塞 46、加速活塞膜板 45、与加速活塞压板 47 用活塞紧固螺钉 44 及螺母 48 紧固成一个加速活塞，加速活塞膜板的边缘被主阀前盖压紧在主阀体的凹槽内。加速活塞左腔永远通大气，加速活塞右腔与滑阀座 z_3 孔相通，并经主阀前盖凹穴中的缩孔堵（或限孔）Ⅱ通主阀排气口（制动缸排气口）。

120 阀与 254 mm 直径制动缸配套，缩孔堵孔径为 ϕ2.8 mm；与 356 mm 直径制动缸配套，此处为限孔（不设缩孔堵），孔径为 ϕ3.6 mm。

加速缓解阀套的左侧呈套筒形状，套筒内装有夹心阀、加速缓解阀弹簧、弹簧座，然后用挡圈卡入套筒左侧内圆面的凹槽内。在加速缓解弹簧作用下加速缓解阀夹心阀与套筒内的阀座密贴，控制加速缓解风缸到制动管的通路。顶杆上嵌装一 O 形密封圈装入加速缓解阀套的右部轴向孔，动作时将加速缓解阀夹心阀顶离阀座。组装后，在加速缓解阀套上嵌装两个 O 形密封圈，一同压入主阀体内，用挡圈将其固定，加速缓解阀夹心阀右侧空腔，经加速缓解阀套中部的两个 ϕ5 mm 径向孔及主阀体内通路与制动管相通。

止回阀部用来防止制动管压力大于加速缓解风缸压力时，制动管经加速缓解阀直接向加速缓解风缸充气。

止回阀被它下面的止回阀弹簧压紧在止回阀座上。止回阀的上方经主阀体内的通路直接与加速缓解风缸相通；下方经主阀下盖与主阀体内的暗道与加速缓解阀夹心阀左侧空腔相通，所以加速缓解阀弹簧室充满着加速缓解风缸的压力空气。

平时，加速缓解活塞两侧均通大气，活塞两侧不产生压力差，在加速缓解阀弹簧弹力的作用下，夹心阀与阀座密贴，呈关闭状态，加速缓解阀处于右位，加速缓解阀不发生作用。

当制动管充气增压时，由于主活塞下移到充气缓解位，制动缸压缩空气经滑阀底面的缓解联络槽进入滑阀座的缓解孔，经阀体内的暗道进入加速活塞右侧，通过缩孔（或限孔）Ⅱ及排气孔排入大气，制动机缓解。进入加速缓解活塞右侧制动缸的压缩空气受缩孔（或限孔）Ⅱ的节流限制，在加速活塞右侧形成压力，推加速活塞左移，顶杆顶开夹心阀，于是夹心阀左侧空腔内的加速缓解风缸压缩空气通过开启的夹心阀进入右腔，充入制动管，实现制动管局部增压作用，达到了提高缓解波速的目的。

制动缸的压缩空气最后全部经缩孔（或限孔）Ⅱ排入大气，制动缸完全缓解，加速缓解阀复位，当制动管压力高于加速缓解风缸压力时，由于止回阀被其下面的止回阀弹簧压紧在阀座上，制动管不能直接与加速缓解风缸相通。

（5）紧急二段阀。

紧急二段阀的用途是在紧急制动时，控制制动缸的压力分先快后慢两个阶段上升，即控制制动缸的变速充气，以减轻长大货物列车在紧急制动时的纵向冲击力。

紧急二段阀（见图 4-15 和图 4-16）由紧急二段阀杆、紧急二段阀弹簧、紧急二段阀套等零部件组成。

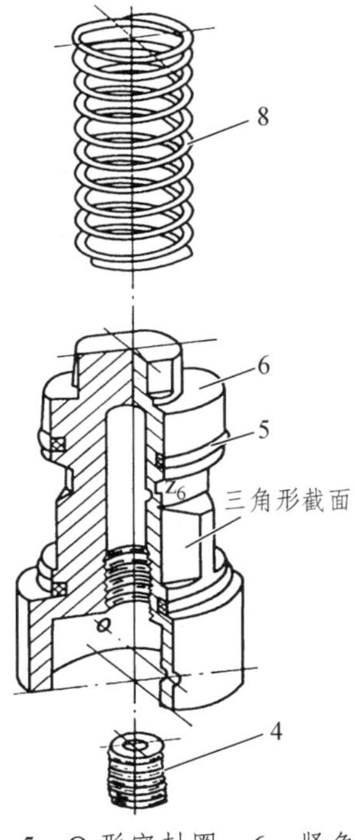

4—缩孔堵Ⅷ；5—O 形密封圈；6—紧急二段阀杆密。

图 4-15　紧急二段阀的外形及组装图

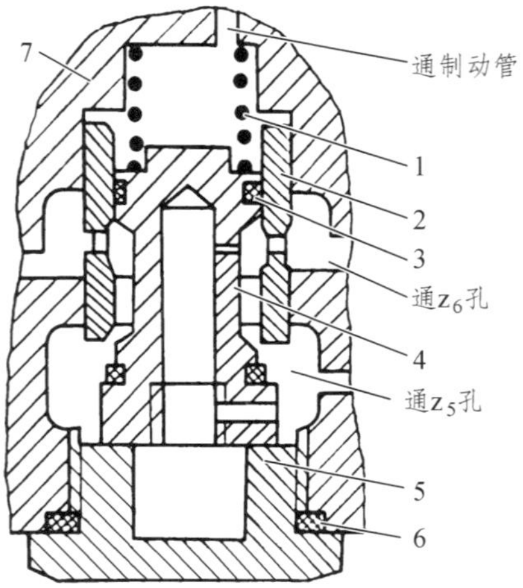

1—紧急二段阀弹簧；2—紧急二段阀套；3—密封圈（ϕ24 mm）；5—二段阀盖；
6—密封圈（ϕ40 mm）；7—主阀体。

图 4-16　紧急二段阀

紧急二段阀套由上套和下套组成，上、下套之间有 3 ~ 5 mm 的距离，此环形间隙经主阀体内的通路与制动缸相通。

紧急二段阀杆的轴向孔下部有两个ϕ3 mm 径向孔，上部有一个ϕ3 mm 径向孔，紧急二段阀下部与套间隙是副风缸向制动缸送风的大通路。与 254 mm 直径的制动缸配套时，紧急二段阀的轴向孔螺纹部分拧上一个孔径为ϕ2.2 mm 缩孔堵（Ⅷ），为制动缸充气限孔，紧急制动时控制制动缸压力第二段上升速度。

紧急二段阀上腔弹簧室通制动管，上部的密封圈用来防止制动管压力空气漏入制动缸；下部的密封圈确保紧急制动时，紧急二段阀上移后，密封紧急二段阀下部与套的间隙。

平时，紧急二段阀在制动管空气压力及二段阀弹簧的作用下，紧急二段阀杆处于下部开放位置，制动时，由局减阀来的制动管压力空气（局减）或由滑阀座来的副风缸压力空气，经半自动缓解阀内的通路到紧急二段阀下部外围空腔，再经紧急二段阀与套之间的大通路及紧急二段阀下部两个ϕ3 mm 径向孔、轴向孔、上部ϕ3 mm 径向孔流向制动缸，所以制动缸压力上升较快。紧急制动时，制动管急剧减压，当制动管压力下降到低于跃升的制动缸压力（为 120 ~ 160 kPa）时，在紧急二段阀上下两侧形成的空气压力差克服紧急二段阀自重、二段阀弹簧的弹力及移动阻力时，紧急二段阀压缩二段阀弹簧上移。紧急二段阀下方密封圈与二段阀套接触密封了副风缸向制动缸充气的大通路。副风缸气体经二段阀下部轴向孔（使用 254 mm 直径制动缸的还要通过一个孔径ϕ2.2 mm 的缩孔堵Ⅷ）、上部ϕ3.0 mm 径向孔等充入制动缸。使制动缸压力缓慢上升，这样制动缸压力分为先快后慢两个阶段上升，减小长大货物列车在紧急制动时的纵向冲击。

主阀下盖的紧急二段阀盖处设有密封圈，防止制动缸压缩空气漏泄入大气。

（6）主阀体。

主阀体（见图 4-17）用铸铁铸造而成，内部设有安装作用部（包括减速部）、局减阀、加速缓解阀、紧急二段阀等零部件的空腔，空腔内压装有与各部件相配的铜套，内部铸造或加工各部相应的通路。

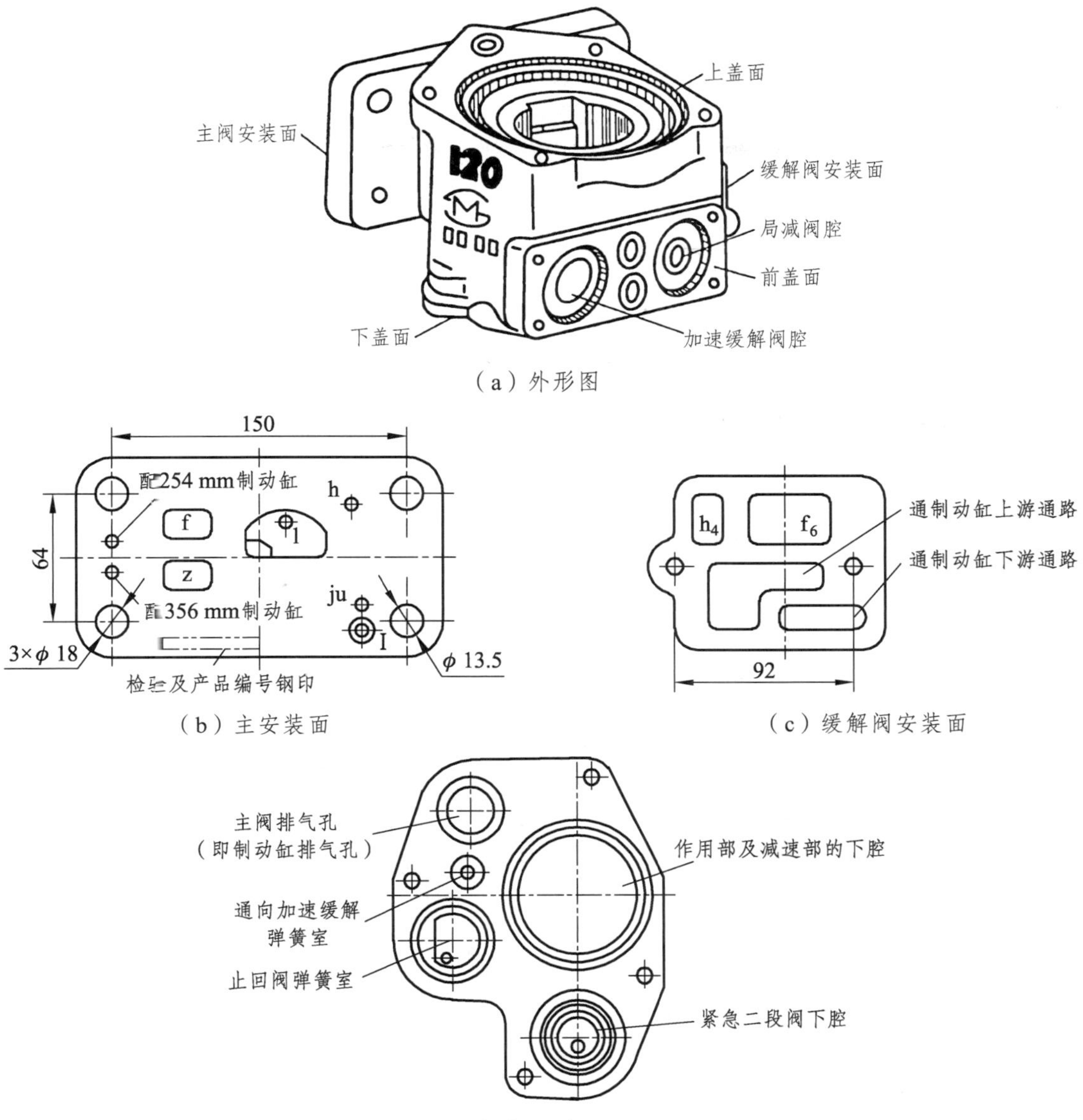

（a）外形图

（b）主安装面

（c）缓解阀安装面

（d）下盖面

图 4-17 主阀体

主阀体的三个面分别为安装面、上盖面、前盖面、下盖面及缓解阀安装面，各面分别有相对应的孔路，如图 4-17 所示。安装面上的缩孔Ⅰ（ϕ0.8 mm）为局减室排气限孔，限制局减室的排气速度。与 254 mm 直径的制动缸配套时，安装面的制动管孔 1 内安装一个孔径 ϕ1.8 mm 的缩孔堵（缩孔Ⅶ），为充气限制缩孔堵，限制制动管向副风缸充气的速度。

主阀安装面的尺寸与 103 型主阀相同，为防止误装，主阀安装面的右下角的孔改小为 ϕ13.5 mm，其余三个孔仍为 ϕ18 mm。另外，为了防止用于 254 mm 和 356 mm 两种不同直径制动缸的主阀误装，在主阀安装面的左侧的上下两个安装孔之间，设有一个防误装销钉孔，在中间体的主阀安装面的对应位置上设有销钉孔相配的防误装销钉。

主阀体外廓呈方形，外形美观，便于夹装，有利于自动化生产。

3. 半自动缓解阀

半自动缓解阀的用途是利用人工拉动缓解阀手柄，主阀排气口开始排气或缓解阀排气口开始排气，只要制动缸空气一开始排气，就可松开拉手，制动缸压力空气会自动排完，使制动机缓解。也可以一致拉着缓解阀拉手，将整个制动系统（包括制动缸、副风缸、缓解风缸、制动管等）压力空气全部排完。

微课：120 型控制阀半自动缓解阀的结构

微课：120 型控制阀半自动缓解阀的检修

缓解阀由手柄部和活塞部两部分组成，如图 4-18 和图 4-19 所示，分别设在缓解阀体 1 的两个并列的空腔内，缓解阀上盖 10 和下盖 31 各用 4 颗 M10×25 螺钉 9 紧固在缓解阀体上。

手柄部由手柄 32、手柄座 34、手柄座套 33、顶杆座 2、手柄弹簧 3、顶杆 4（两套）、阀座 5（两套）、止回阀 6（ϕ16 mm 夹心阀）（两套）、止回阀弹簧 7（两套）等组成。

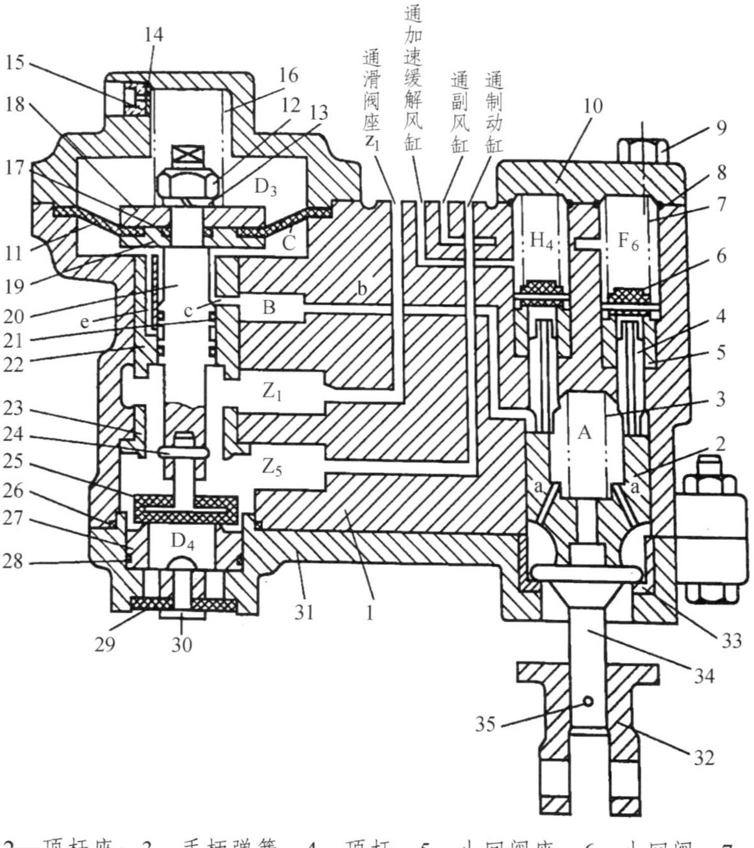

1—缓解阀体；2—顶杆座；3—手柄弹簧；4—顶杆；5—止回阀座；6—止回阀；7—止回阀弹簧；8，17，21，26，28—O 形密封圈；9—螺钉；10—缓解阀上盖；11—缓解活塞膜板；12—螺母；13—挡圈；14—滤尘网；15—缩孔堵；16—缓解阀弹簧；18—缓解活塞压板；19—缓解活塞；20—缓解活塞杆；22—缓解活塞杆套；23—上阀座；24—销轴；25—排气阀；27—下阀座；29—排气口垫；30—排气口销；31—缓解阀下盖；32—手柄；33—手柄座套；34—手柄座；35—销。

图 4-18　半自动缓解阀

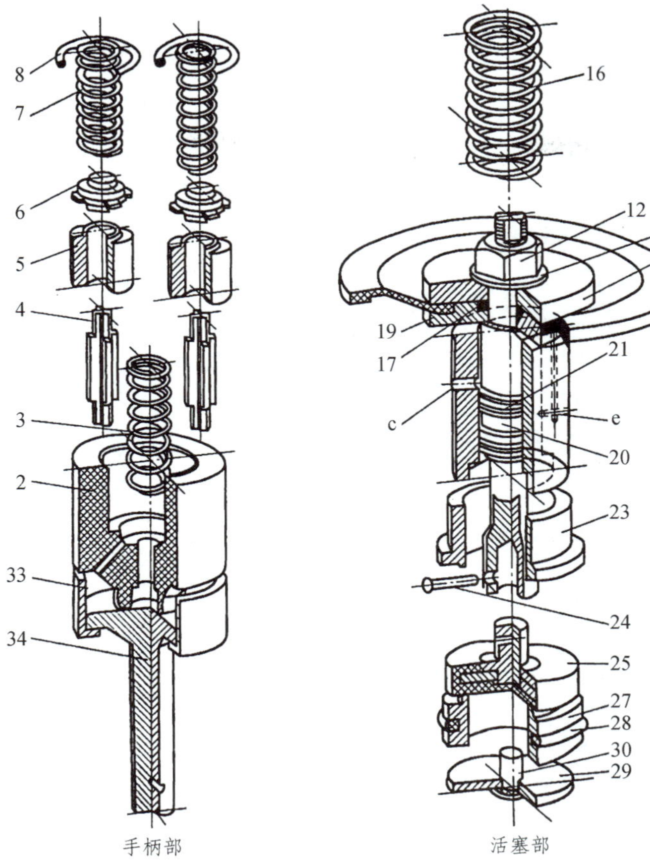

图 4-19　半自动缓解阀的零件外形及组装图（图注同图 4-18）

两套顶杆、阀座、止回阀、止回阀弹簧分别安装在左、右侧两个止回阀弹簧室，它们经暗道与加速缓解风缸和副风缸沟通。平时，两个止回阀弹簧的弹力及弹簧室的空气压力将两个止回阀压紧在各自的阀座上。副风缸排气止回阀的位置略低，拉动手柄后，副风缸排气止回阀先被顶开。

顶杆的截面呈十字形或 Y 形，沿顶杆轴向便具有足够通量的空气流动通路。顶杆座不仅是顶杆的下支座，上部孔槽也是手柄弹簧的下支座，该孔槽为手柄弹簧室 A 腔，手柄弹簧室 A 腔经缓解阀体内通路与活塞部的 B 腔相通。下部中心孔 $\phi 5$ mm 及两侧的 $\phi 2$ mm 斜向孔是手柄部的排气孔。

手柄座的上部呈盘状，手柄部的下部呈杆状，用销钉 35 与手柄连接。

活塞部由缓解活塞膜板 11、缓解活塞压板 18、缓解活塞杆 20、缓解活塞弹簧 16、O 形密封圈 21（D16×2.4）和 17（D14×2.25）、缓解活塞杆套 22、排气阀 25、上阀座 23、下阀座 27 等组成。

将缓解活塞膜板 11、缓解活塞压板 18、缓解活塞用螺母 12 紧固在活塞杆上，组成“缓解活塞”。缓解活塞膜板被缓解阀上盖 10 压紧在缓解阀体 1 的凹槽内，缓解活塞上方经缩孔堵 15（$\phi 2$ mm）永远通大气。为防止大气中尘埃侵入，在缩孔堵内设有滤尘网。

缓解活塞杆套 22 压装在阀体内，中部径向小孔 c 与缓解阀套外空腔 B 相通；两个径向孔 e（图上只能显示一个）通过各自的轴向小孔与缓解活塞下腔 C 相通。

活塞部 Z_1 腔经缓解阀体与主阀体内通路与滑阀座上的 z_1 孔相通；活塞部 Z_5 腔经缓解阀体、紧急二段阀通向制动缸。

活塞杆装在缓解活塞杆套内，下端通过销轴 24 与排气阀销接。活塞杆随缓解活塞移动，当处于上下不同位置时，活塞杆上的两个密封圈 21 分别密封缓解活塞杆套 22 上的 c 孔和 e 孔。

排气阀 25 是一个双面阀，缓解活塞处于上下不同位置时，分别与上下阀座密贴，连通制动缸与大气或制动缸与滑阀座通路。

平时，缓解活塞上腔 D_3 经缩孔堵永远通大气，下腔 C 经活塞杆与套间隙、缓解活塞杆套中部径向小孔 c、外围空腔 B、缓解阀体内通路 b、手柄弹簧室 A、顶杆座的通路 a、手柄座与套之间的间隙与大气相通。缓解活塞在缓解阀弹簧弹力与其自重的作用下处于下方位置，排气阀与下阀座密贴，滑阀座 z_1 孔经缓解阀及紧急二段阀通向制动缸，Z_5 腔与通大气的 D_4 腔不通。

扳动手柄缓解车辆时，副风缸压缩空气或加速缓解风缸压缩空气一起，经手柄弹簧室 A 进入缓解活塞下腔 C，推缓解活塞压缩缓解阀弹簧上移，排气阀随缓解活塞上移，打开下阀座，制动缸压缩空气经下阀座排入大气。

4. 紧急阀

紧急阀的作用是紧急制动时加快制动管的排气速度（紧急局减作用），使紧急制动的作用可靠，提高紧急制动的灵敏度，从而提高紧急制动波速。

微课：120 型控制阀紧急阀的结构

微课：120 型控制阀紧急阀的检修

紧急阀如图 4-20 和图 4-21 所示，由紧急活塞组成、安定弹簧 28、放风阀部、先导阀部以及紧急阀上盖 1、紧急阀下盖 18 和紧急阀体 10 等零部件组成。

紧急活塞部由紧急活塞 6、O 形密封圈 5（D20×2.4）、紧急活塞膜板 8（ϕ100 mm S 形橡胶膜板）、紧急活塞压板 7、防松垫圈 11、压板螺母 12（M16×1.5）、紧急活塞杆 4、滤尘套 3、异形密封圈 2（ϕ16 mm）等零件组成。

组装后，紧急活塞膜板外边缘被紧急阀上盖压紧在紧急阀体上，紧急活塞的上腔经暗道及安装面上的通孔与中间体内的紧急室相通，紧急活塞的下腔（安定弹簧室）通制动管。紧急阀就是利用紧急活塞上、下两侧即紧急室与制动管的压力差，控制先导阀、放风阀动作，产生紧急局减作用。

紧急活塞杆顶面的异形密封圈稍凸出于顶面。平时，在安定弹簧弹力的作用下，紧急活塞处于上部极端位置，此密封圈与紧急阀盖密贴，紧急活塞杆的轴向孔与上腔被切断，防止紧急室过充引起意外紧急制动。当制动管减压，紧急活塞两侧产生压力差，克服安定弹簧的弹力而下移时，紧急活塞杆顶面的轴向孔开放。

空心的紧急活塞杆上部设一个径向限孔Ⅳ（ϕ0.5），中部轴向设一限孔Ⅲ（ϕ2.5），下部设一限孔Ⅴ（ϕ1.1）。

限孔Ⅲ（ϕ2.5 mm）为安定孔，在紧急活塞杆的轴向中心孔内，控制紧急室压力空气向制动管逆流的速度，以保证紧急制动时在紧急活塞两侧形成足够压力差来推动紧急活塞下移，打开先导阀、放风阀，产生紧急局减作用；常用制动时，使紧急活塞两侧形成不了打开先导阀的压力。因此，限孔Ⅲ的孔径过大会降低紧急制动的灵敏度，甚至不产生紧急排气作用，过小则会影响常用制动的安定性。

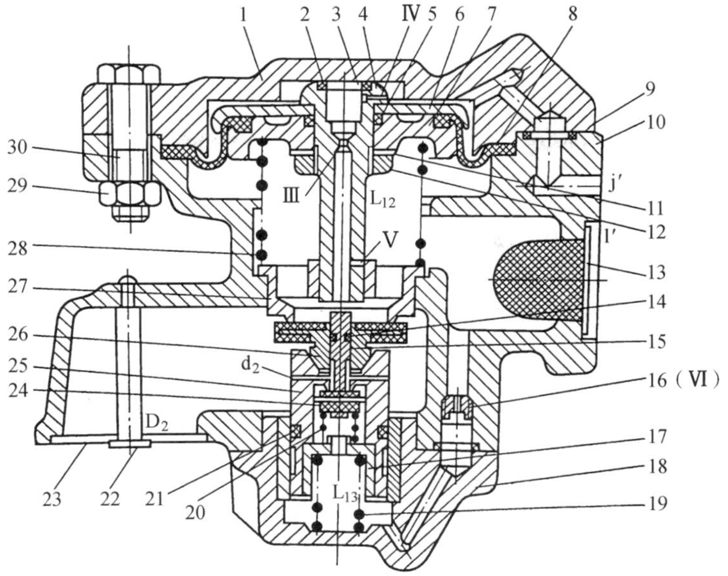

1—紧急阀上盖；2—密封圈；3—滤尘套；4—紧急活塞杆；5，9，14，21—O 形密封圈；6—紧急活塞；7—紧急活塞压板；8—紧急活塞膜板；10—紧急阀体；11—放松垫圈；12—压板螺母；13—滤尘网；15—先导阀顶杆；16—缩孔堵Ⅵ（ϕ1.0 mm）；17—先导阀弹簧座；18—紧急阀下盖；19—防风阀弹簧；20—先导阀弹簧；22—排气垫铆钉；23—排放阀罩垫；24—先导阀；25—防风阀导向杆；26—防风阀组成；27—防风阀座；28—安定弹簧；29—螺母；30—螺栓。

图 4-20　紧急阀

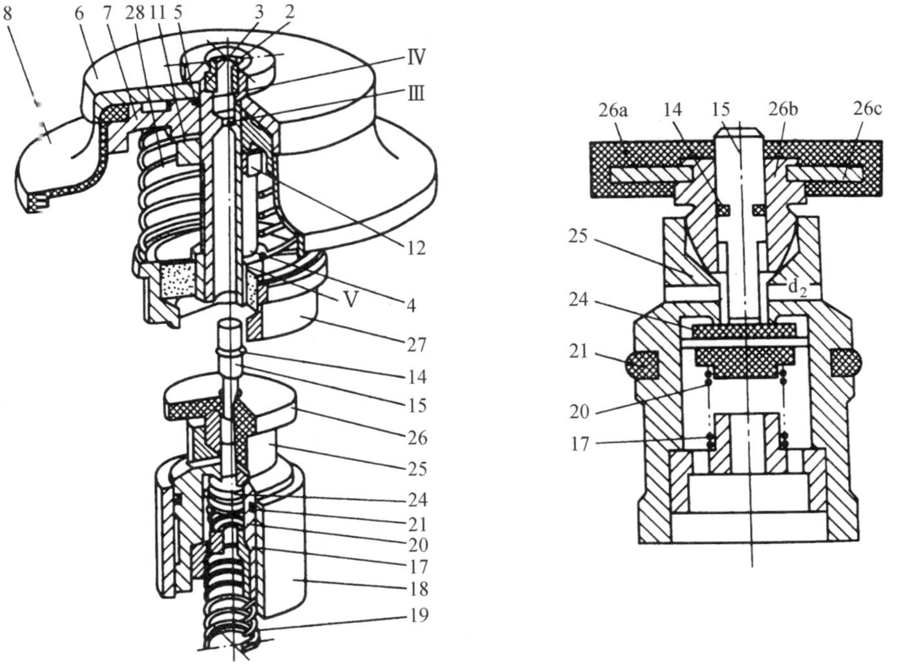

（a）放风阀及组装图　　　　　　　　（b）先导阀结构组装图

26a—放风阀；26b—心轴；26c—心板。

图 4-21　紧急阀的零件外形及组装图（图注同图 4-20）

限孔Ⅳ（ϕ0.5 mm）为充气限孔，控制制动管向紧急室的充气速度，防止紧急室充气过快，而引起意外的紧急制动。

限孔Ⅴ（ϕ1.1 mm）为排气限孔，在紧急活塞的下部，距下端 13 mm 处的径向小孔，紧急制动后，控制紧急室压力空气排入大气的速度，使处于下部位置的紧急活塞在间隔一定时间后才向上移动，保证实行紧急制动后的列车停车后，方可向制动管充气，使列车缓解。

放风阀部由放风阀组成 26、放风阀座 27、放风阀导向杆 25、放风阀弹簧 19、O 形密封圈 21（D28×3.1）等零部件组成。

先导阀由先导阀顶杆、先导阀、先导阀弹簧、先导阀弹簧座等零件组成。

放风阀组成 26 由橡胶阀面、心板和心轴等 3 个零件组成。先导阀顶杆嵌装在放风阀中心孔中。心轴下面的球形外圆面与放风阀导向杆上腔的圆锥形内孔呈铰式连接，保证放风阀与放风阀座密贴。

放风阀导向杆是一个套筒，下部外圆柱面作为上下移动的导向杆；中空部分形成上、下两个空腔，两个空腔之间是先导阀座，先导阀座上方有 4 个ϕ2 mm 径向孔经紧急阀排气口通大气。下腔内装先导阀、先导阀弹簧，平时在先导阀弹簧作用下，先导阀与座密贴。当先导阀被其顶杆顶开时，放风阀导向杆下腔内的制动管压力空气经这些小孔排向大气。

放风阀导向杆下腔（包括先导阀弹簧室和放风阀室）经紧急阀与制动管连通的暗道中装设ϕ1.0 mm 缩孔堵 16（缩孔堵Ⅵ），当放风阀杆下腔的制动管压力空气经 4 个径向孔排入大气消除放风阀背压后，限制制动管压力空气由于压力差而充入放风阀杆下腔的速度，使放风阀下腔不能形成新的背压，使紧急活塞比较容易地继续下移打开放风阀，实现紧急局减作用，提高紧急制动的灵敏度。

紧急活塞在上部极端位置时，紧急活塞杆的底面距先导阀顶杆有 3 mm 的间隙。因此，当紧急活塞下移 3 mm 时，活塞杆碰到先导阀顶杆，再下移就打开先导阀；如先导阀顶杆被紧急活塞所压，其继续下移量超过 1 mm 时，放风阀便被打开。

紧急阀体用铸铁铸成，紧急阀安装面上的小圆孔通紧急室，大圆孔通制动管，在制动管通路上装有一个 30 目的滤尘网 13，用以清除进入紧急室的压力空气中的尘埃等不洁物质。在排气口（通常称为“喇叭口”），用排气口销 22 装设一个罩垫 23，防止外界尘埃侵入。

（二）120 型空气控制阀的作用性能

120 型控制阀具有充气缓解位、减速充气缓解位、常用制动位、保压位和紧急制动位等五个作用位置。按列车运行过程中操纵制动机的通常作业顺序来叙述 120 型控制阀的各个作用位置的通路及主要性能要求如下：

课件：120 型控制阀作用

1. 充气缓解位［图 4-22（见附录彩图）和图 4-23］

充气缓解位发生于长大列车后部车辆制动机所处位置。

货物列车编挂的车辆较多，制动管的长度和弯曲部分也相应增加，制动管增压时，在管内由前向后流动的压缩空气阻力也越来越大，形成压力梯度。列车前部车辆的制动机先充气缓解，列车后部车辆的制动机形成充气缓解作用的时间要比前部车辆晚，

微课：120 型控制阀充气缓解作用

造成车辆的纵向冲动。列车编组辆数越多，前后部车辆的制动机形成充气缓解的时间差越大。为了使长大货物列车前后部车辆的充气缓解动作尽可能一致，长大列车后部车辆 120 型控制阀处于充气缓解位。

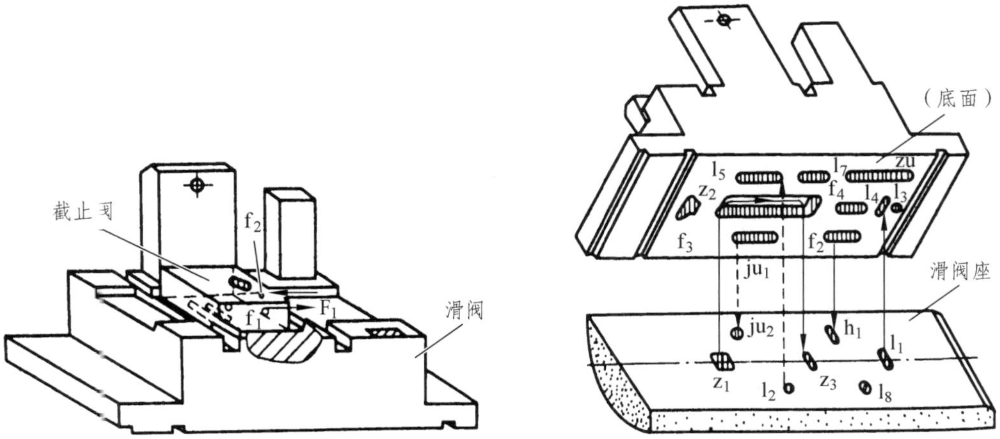

图 4-23 充气缓解位时滑阀和滑阀座的通路图

当制动管充气时，压缩空气进入中间体，一路经滤尘器、主阀安装面 l 进入主阀，另一路经紧急阀安装面 l' 孔，滤尘网进入紧急室。

进入主阀的制动管压缩空气经主阀体内通路分别到达主活塞上腔 L_9、紧急二段阀上腔 L_{10}、滑阀座的 l_1 和 l_2 孔及加速缓解阀夹心阀座右侧空腔 L_{11}。

制动管增压，主活塞上腔 L_9 压力上升，当主活塞两侧的压力差与主活塞重力之和克服了滑阀与滑阀座之间的摩擦阻力时，主活塞带动滑阀、截止阀下移。由于列车后部制动管增压速度慢，主活塞两侧形成的压力差小，滑阀被推到下端面接触到减速弹簧套，而不能压缩减速弹簧，这时，主活塞连同截止阀、滑阀处于充气缓解位。截止阀开放了滑阀背面的 f_1 孔、f_2 孔，滑阀连通了滑阀底面上的 l_4 孔与滑阀座上的 l_1 孔、滑阀底面上的 f_2 孔与滑阀座上的 h_1 孔、滑阀底面上的 l_5 孔与滑阀座上的 l_2 孔、滑阀底面上的 ju_1 孔与滑阀座上的 ju_2 孔，滑阀底面上的 z_2 槽连通了滑阀座上的 z_1 孔与滑阀座上的 z_3 孔。制动管压缩空气经过下列通路分别充入副风缸、加速缓解风缸、紧急室等，使各风缸、室及空腔充到定压。制动缸排气（缓解），制动机处于缓解状态。加速缓解阀动作，制动管局部增压。

（1）副风缸充气。

制动管压缩空气→主阀→紧急二段阀上腔 L_{10}→缩孔堵Ⅶ（与 254 mm 直径制动缸配套的 120 阀加装该缩孔堵，孔径为 $\phi 1.8$ mm）→滑阀座 l_1→l_4 孔→f_1 孔→滑阀室 F_1→副风缸。主活塞下腔的滑阀室经主阀体内的通路 f、主阀安装面 f 孔及中间体通路永远与副风缸相通，因而副风缸获得充气。在向副风缸充气的同时，也经通路 f_6 充入缓解阀缓解阀手柄部的副风缸止回阀上腔 F_6。

（2）加速缓解风缸充气。

滑阀室 F_1 的副风缸压力空气→f_2→加速缓解风缸 h_1 孔→主阀体内的通路→主阀安装面 h 孔→中间体内的通路→加速缓解风缸。由于副风缸压缩空气来自制动管，所以充入加速缓解风缸的压缩空气实际上也来自制动管。在向加速缓解风缸充气的同时，也经通路 h_2 到加速缓解阀处，顶开止回阀，经通路 h_3 充入加速缓解阀弹簧室 H_3；另一路经 h_4 充入缓解阀的止回阀上腔 H_4。

充气缓解初始，加速缓解风缸压力大于副风缸、制动管压力，加速缓解风缸经加速缓解阀对制动管施行局部增压。当制动管压力高于加速缓解风缸压力时，制动管经滑阀室 F_1 向加速缓解风缸充气。

（3）紧急室充气。

制动管压力空气→紧急阀安装面 l′孔→滤尘网→紧急活塞下腔 L_{12}→紧急活塞杆下端面孔口→轴向中心孔的限孔Ⅲ→紧急活塞杆上部径向孔Ⅳ→紧急活塞上腔 J_1→紧急阀盖及紧急阀体内通路 j_1→紧急阀安装面 j′→紧急室。

（4）放风阀弹簧室充气。

制动管压力空气→紧急活塞下腔 L_{12}→缩孔堵Ⅵ→放风阀盖内的通路 l_{13}→放风阀杆下侧，也即放风阀弹簧室及先导阀弹簧室 L_{13}，形成放风阀的背压，以抵消作用在放风阀上侧的空气压力，并与放风阀弹簧一起使放风阀处于关闭状态，与先导阀弹簧一起使先导阀处于关闭状态。

（5）制动管压力空气→主阀→紧急二段阀上腔 L_{10}，与紧急二段阀弹簧一起使二段阀处于下部开放状态。

（6）紧急二段阀上腔 L_{10}→主阀体内通路 l_{11}→加速缓解阀的 L_{11} 腔。

（7）制动管压缩空气→主阀→紧急二段阀上腔 L_{10}→滑阀座上的 l_2 孔→滑阀上的 l_5 孔，这样，制动管压缩空气进入滑阀的 l_5 孔，滑阀上的 ju_1 孔与滑阀座上的 ju_2 孔对准，为制动时做好局部减压准备工作。

（8）制动缸缓解。

制动缸压缩空气→中间体内通路→主阀安装面 z 孔→主阀体内通路 z_6→紧急二段阀套外围的环形空腔 Z_6 孔→紧急二段阀杆与套之间的大通路→紧急二段阀下腔 Z_5→主阀体和缓解阀体内通路 z_5→缓解阀活塞部下阀座上方空腔 Z_5→开启的缓解阀上阀口→上阀座上方空腔 Z_1→缓解阀体和主阀体内通路 z_1→滑阀座 z_1 孔→滑阀底面 z_2 槽→滑阀座 z_3 孔→主阀体内通路 z_3→加速缓解阀加速活塞外侧 Z_3 腔→缩孔Ⅱ→通路 d_1→主阀排气口 D_1→大气。

（9）加速缓解作用。

进入加速活塞外侧 Z_3 的制动缸压缩空气受缩孔Ⅱ的限制，使 Z_3 腔的压力上升，推动加速活塞左移，加速活塞推顶杆顶开加速缓解夹心阀。在充气刚开始时，加速缓解风缸压力比制动管压力高，加速缓解风缸的空气→中间体内通路→主阀安装面 h 孔→主阀体内通路 h_2→加速缓解阀处被吹开的止回阀→主阀体内通路 h_3→加速缓解阀弹簧室 H_3→被顶开的加速缓解阀夹心阀阀口→加速缓解夹心阀座右侧空腔 L_{11}→主阀体内通路 l_{11}→紧急二段阀上腔 L_{10}→制动管，加速缓解风缸压缩空气对制动管施行局部增压作用。

当制动缸压缩空气逐渐排入大气，加速活塞外侧 Z_3 腔压力逐渐降低，加速缓解阀弹簧的弹力使加速缓解阀夹心阀关闭，加速活塞也回到原来的位置；当制动管压力高于加速缓解风缸压力时，止回阀关闭，制动管经副风缸（滑阀室）向加速缓解风缸充气，最后制动管、副风缸、加速缓解风缸均充到定压。

局部增压作用是制动管除了由机车供气系统实施增压外，控制阀将本车加速缓解风缸的压缩空气送入制动管进行充气增压的作用。这样提高了制动管的升压速度，使后部车辆的制动管增压迅速，促使全列车迅速缓解，提高了缓解波速，缓和列车缓解时的纵向冲击。

初充气时，制动缸与大气之间的通路连通，制动缸没有压缩空气，排气口 D_1 处无气排出，当然也无压缩空气通向 Z_3 腔推加速活塞左移，加速缓解风缸无压缩空气，制动管局增作用也就不存在。

列车运行时，120 阀处于充气缓解状态。

2. 减速充气缓解作用［图 4-24（见附录彩图）和图 4-25］

减速充气缓解作用发生于长大列车前部或短小列车车辆制动机所处位置。

微课：120 型控制阀减速充气缓解作用

当制动管充气时，压缩空气进入中间体，一路经滤尘器、主阀安装面 l 进入主阀，另一路经紧急阀安装面 l′孔滤尘网进入紧急室。

进入主阀的制动管压缩空气同充气缓解位一样，经主阀体内通路分别到达主活塞上腔 L_9、紧急二段阀上腔 L_{10}、滑阀座的 l_1 和 l_2 孔及加速缓解阀夹心阀座右侧空腔 L_{11}。

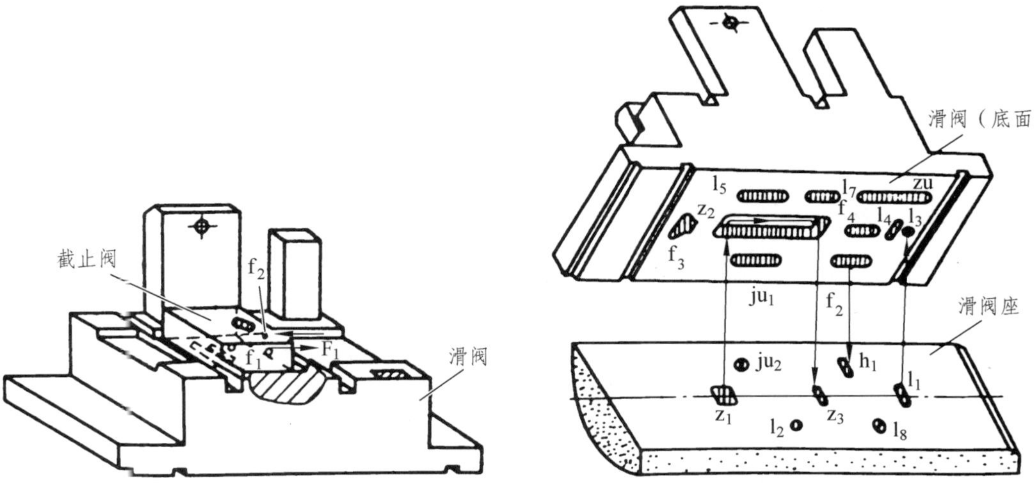

图 4-25　减速充气缓解位时滑阀和滑阀座的通路图

制动管增压，主活塞上腔 L_9 压力上升，当主活塞两侧的压力差与主活塞重力之和克服了滑阀与滑阀座之间的摩擦阻力时，主活塞带动截止阀、滑阀下移。由于列车前部制动管增压速度较快，主活塞两侧形成的压力差大，滑阀被推到下极端位，下端面不仅接触到减速弹簧套，而且压缩减速弹簧一直下移到主活塞底面碰到主阀体停止。这时，主活塞连同截止阀、滑阀处于减速充气缓解位。截止阀开放了滑阀背面的 f_1 孔、f_2 孔，滑阀连通了滑阀底面上的 l_3 孔与滑阀座上的 l_1 孔、滑阀底面上的 f_2 孔与滑阀座上的 h_1 孔，滑阀底面上的 z_2 槽连通了滑阀座上的 z_1 孔与滑阀座上的 z_3 孔。滑阀底面上的 ju_1 孔与滑阀座上的 ju_2 孔连通。制动管压缩空气分别充入副风缸、加速缓解风缸、紧急室等，使各风缸、室及空腔充到定压。制动缸排气（缓解），制动机处于缓解状态。加速缓解阀动作，制动管局部增压。

（1）副风缸减速充气。

制动缸压缩空气→主阀→紧急二段阀上腔 L_{10}→缩孔堵Ⅶ（与 254 mm 直径制动缸配套的 120 阀加装该缩孔堵，孔径为 ϕ1.8 mm）→滑阀座 l_1→l_3→f_1→滑阀室 F_1→副风缸。列车前部的副风缸经减速充气孔 l_3（ϕ1.9 mm）充气，压力上升稍慢些。主活塞下腔的滑阀室经主阀体内的通路 f、主阀安装面 f 孔及中间体通路永远与副风缸相通，因而副风缸获得充气。在向副风缸充气的同时，也经通路 f_6 充入缓解阀缓解阀手柄部的副风缸止回阀上腔 F_6。

前部车辆的副风缸经减速充气孔 l_3（ϕ1.9 mm）充气，压力上升稍慢些。

（2）加速缓解风缸充气。

充气通路与充气缓解位相同。由于副风缸充气较慢，加速缓解风缸充到定压的时间延长。这样，列车前部每一车辆少“吃”一些制动管的“风”，而让更多的制动管压缩空气送往列车后部车辆，让列车后部车辆的制动管早一点获得增压，从而使列车前后部车辆的缓解时间差缩短。

（3）制动缸缓解和加速缓解作用。

在减速充气缓解位，滑阀底面的 z_2 槽仍连通滑阀座的 z_1 孔和 z_3 孔，所以制动缸压缩空气向大气排出（制动缸缓解）的过程，以及利用制动缸压缩空气作为加速缓解阀的“动作触发源”，加速缓解风缸通过加速缓解阀向制动管局部增压的过程，均与充气缓解位时相同。

（4）减速充气缓解位时，主阀和紧急阀的其余通路（包括紧急室充气）与充气缓解位相同。

当副风缸与制动管压力接近时，在减速弹簧的作用下，主活塞带动截止阀、滑阀上移到充气缓解位，减速充气缓解位只是充气缓解位的过渡位。

3. 制动机的稳定性

制动机的稳定性是当制动管缓慢减压时（轻微漏泄时），制动机不发生制动作用的性能。

制动机要获得良好的稳定性，只要在制动管缓慢减压时，不让控制阀中的主活塞上移，即可达到稳定性目的。在 120 型控制阀中，稳定性通过下列两个措施来保证的。

（1）副风缸压力空气向制动管的逆流。

此时作用部处于充气缓解位，在制动管缓慢减压（轻微漏泄）时，因滑阀室 F_1 内的副风缸压缩空气经滑阀背面的 f_1 孔、滑阀底面的 l_4 孔和滑阀座的 l_1 孔逆流到制动管，故副风缸压力空气压力随制动管的漏泄也缓慢下降，主活塞两侧形成不了足以使主活塞上移的压力差，所以主活塞不会上移。

（2）主活塞杆尾部所设的稳定弹簧以及主活塞、截止阀和滑阀阻力的作用。

由于滑阀背面受到滑阀室副风缸压力的作用，使它与滑阀座之间的摩擦力较大，所以主活塞一开始要上移时，暂时带不动滑阀。由于滑阀不动，与滑阀端面接触的稳定杆也不动，这样一来，主活塞要上移，主活塞杆尾部将通过弹性挡圈、稳定弹簧座去压缩稳定弹簧。但是，要压缩稳定弹簧，还要克服主活塞、截止阀的移动阻力以及主活塞重力等，这些因素均对主活塞上移产生阻碍作用。主活塞两侧必须具有一定的压力差才能上移，而制动管的漏泄再加上副风缸压力空气逆流的补偿以后，主活塞两侧形成不了足以压缩稳定弹簧的压力差，所以主活塞不会上移。

微课：120 型控制阀
常用制动作用

120 型制动机稳定性标准规定：单车试验时，当制动管压力达到定压后，制动管每分钟减压 40 kPa 速度下，制动机不应发生制动作用。稳定性的压力大小可通过稳定弹簧来调整。

4. 常用制动位[图 4-26（见附录彩图）、图 4-27 和图 4-28]

列车运行中减速或准备进站停车时，司机施行常用制动减压，制动管减压速度远远大于副风缸压缩空气通过滑阀的 f_1、l_4 孔和滑阀座的 l_1 孔向制动管逆流的速度，副风缸压力空气来不及向制动管逆流，主活塞两侧形成了一定的压力差，此压力差能克服主活塞、截止阀自重及移动阻力、稳定弹簧的阻力时，主活塞先带动截止阀上移，然后再带动滑阀上移，先后产生第一、第二阶段局减和常用制动作用。常用制动作用各部分的动作、通路和作用如下：

（1）第一阶段局部减压。

当主活塞两侧形成的压力差克服主活塞、截止阀自重及截止阀摩擦阻力、稳定弹簧的阻力时，主活塞首先压缩稳定弹簧上移 6 mm（滑阀游间），至主活塞下肩与滑阀接触时止，由于滑阀与滑阀座之间的静摩擦力大于压缩稳定弹簧所需的力，故滑阀暂时未动。截止阀沿滑阀背面向上移动后连通和关闭如下通路（见图 4-27）：

① 截止阀关闭滑阀背面的 f_1 和 f_2 孔，副风缸压缩空气停止向制动管逆流，切断了副风缸和加速缓解风缸的充气通路。

② 截止阀开放了滑阀背面的 f_3 孔，滑阀室 F_1 的副风缸压缩空气充入该孔，做好了副风缸向制动缸充气的准备。

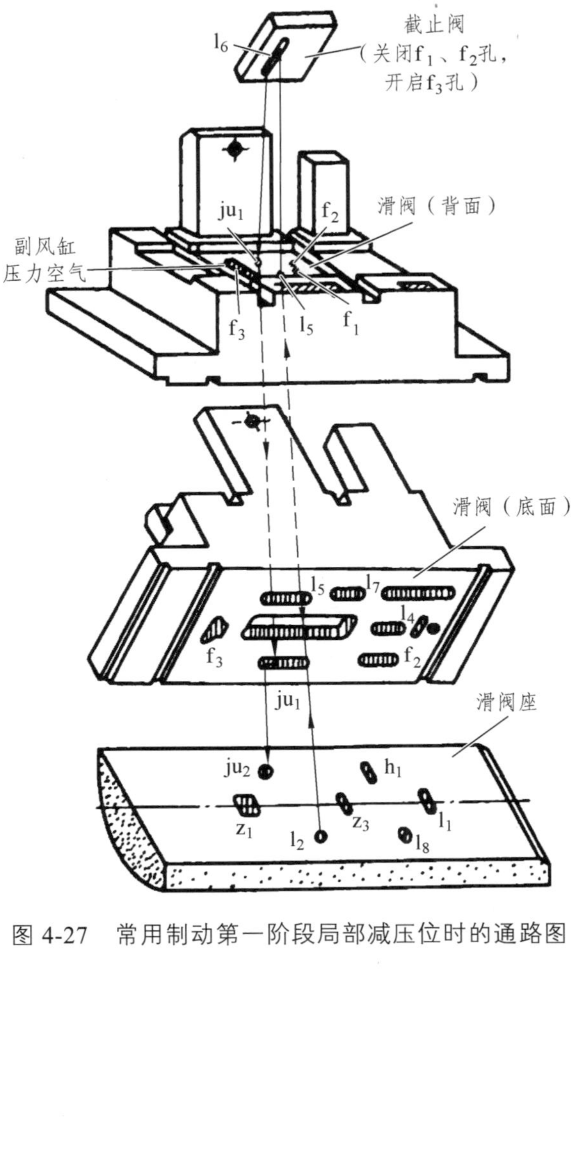

图 4-27　常用制动第一阶段局部减压位时的通路图

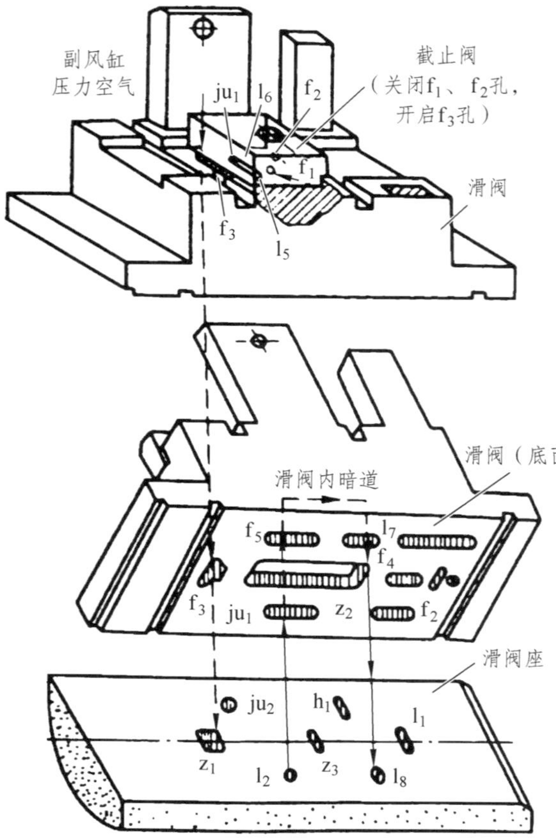

图 4-28　常用制动及第二阶段局部减压位时的通路图

③ 截止阀底面的局减联络槽 l_6 连通了滑阀背面的 l_5 和 ju_1 孔，使在充气缓解位已经局部连通的 l_2 和 l_5、ju_1 和 ju_2 两条通路经局减联络槽 l_6 连通起来。制动管压缩空→滑阀座 l_2 孔→滑阀上的 l_5 孔→截止阀局减联络槽 l_6→滑阀上的 ju_1 孔→滑阀座 ju_2 孔→主阀体内通路→主阀安装面 ju 孔→局减室→缩孔Ⅰ→大气，形成第一阶段局部减压作用，使主活塞两侧的压力进一步增大。局减室压缩空气最终经缩孔Ⅰ排入大气。

（2）第二阶段局部减压及制动。

第一阶段局部减压后，主活塞两侧压力差骤增，主活塞克服滑阀和滑阀座的移动阻力，上移到制动位。第一阶段局部减压通路被滑阀切断，一段局部减压作用结束。同时，滑阀仍连通滑阀底面的 l_5 孔和滑阀座的 l_2 孔、滑阀底面的 l_7 孔和滑阀座的 l_8 孔、滑阀底面的 f_3 孔和滑阀座的 z_1 孔也连通，形成第二阶段局减作用和制动作用（见图 4-28）。

① 第二阶段局部减压气路。

制动管压缩空气→滑阀座 l_2→滑阀底面 l_5 孔→滑阀体内纵向暗道→滑阀底面的 l_7 槽→滑阀座 l_8 孔→主阀体内通路 l_8→局减阀套外围空腔 L_8→局减阀套上 8 个径向小孔→局减阀杆上的 2 个径向孔→局减阀杆轴向中心孔→主阀体内通路 z_4→缓解阀体和主阀体内通路 z_1→缓解阀活塞部上阀座上方空腔 Z_1→开启的缓解阀上阀口→缓解阀活塞部下阀座上方空腔 Z_5→主阀体和缓解阀体内通路 z_5→紧急二段阀下腔 Z_5→紧急二段阀杆与套之间的大通路→紧急二段阀套外围的环形空腔 Z_6 孔→主阀体内通路 z_6→主阀安装面 z 孔→中间体内通路→制动缸，形成第二阶段局部减压作用。

当制动缸压力达到 50 ~ 70 kPa 时，局减活塞压缩局减阀弹簧右移，局减阀关闭了 L_8 腔通向 z_4 通路的局减阀套上的 8 个径向小孔，局减阀处于关闭状态。

第二阶段局减作用保证了列车尾部的车辆制动缸即使在制动管小减压量时也有一个初跃升的压力。

第一、第二阶段局部减压作用，不仅加快了本车的制动作用，而且大大促进了制动管减压作用由前向后的传播，提高了列车的制动波速，减少了制动时列车的纵向冲击。

微课：120 型控制阀制动保压作用

② 制动缸充气。

副风缸压缩空气→滑阀室 F_1→滑阀 f_3 孔→滑阀座 z_1 孔→主阀体和缓解阀体内通路 z_1→缓解阀活塞部上阀座上方空腔 Z_1→开启的缓解阀上阀口→缓解阀活塞部下阀座上方空腔 Z_5→主阀体和缓解阀体内通路 z_5→紧急二段阀下腔 Z_5→紧急二段阀杆与套之间的大通路→紧急二段阀套外围的环形空腔 Z_6 孔→主阀体内通路 z_6→主阀安装面 z 孔→中间体内通路→制动缸，产生制动作用。

制动缸最初的 50 ~ 70 kPa 的初跃升压力是来自制动管和副风缸两方面的压缩空气，当制动缸压力达到这个值后，局减阀关闭，制动管停止向制动缸充气，而副风缸仍向制动缸充气，制动缸的最终压力取决于制动管的减压量。

常用制动时，紧急二段阀上腔 L_{10} 的制动管剩余压力与紧急二段阀弹簧弹力之和仍大于紧急二段阀下腔的制动缸压力，紧急二段阀仍处在下方开放位置。

此时，缓解阀体内通路 z_1、z_5 及空腔 Z_1、Z_5，是副风缸向制动缸充气的通路；如需缓解单辆车时，使缓解阀动作，通路 z_5、空腔 Z_5 是制动缸排气气路。

制动位时，眼泪孔 f_4 与滑阀座的制动孔 l_1 连通，为制动保压位时，副风缸经滑阀室 F_1、f_2 孔、l_1 孔通制动管，为改善制动保压性能做好准备。

（3）安定性。

安定性是指常用制动时不发生紧急制动作用的性能。

制动管常用制动减压时，紧急活塞下腔 L_{12} 的制动管压力下降，紧急活塞上腔 J_1 的紧急室压力空气经紧急活塞杆上部限孔Ⅳ、中部限孔Ⅲ和紧急活塞下端面孔口向制动管逆流，如减压速度较快，在紧急活塞两侧形成较小的压力差，紧急活塞稍下移，紧急活塞顶面的密封圈脱离紧急阀上盖，紧急室压力空气经紧急活塞杆的轴向孔上口、限孔Ⅲ向制动管逆流。限孔Ⅲ（ϕ2.5 mm）的逆流速度可保证在常用制动最大减压速度时，紧急活塞两侧不能形成足以压缩安定弹簧的压力差。紧急活塞下端面与先导阀顶杆之间有 3 mm 的间隙，紧急活塞杆的下端面不能接触先导阀顶杆而在紧急活塞两侧形成更大的压力差，先导阀与放风阀仍处于关闭状态，紧急阀不产生紧急排气作用，即保证了制动机的安定性。

5. 制动保压位[图 4-29（见附录彩图）和图 4-30]

（1）制动保压作用。

司机施行制动管常用制动减压，当制动管减压量未达到最大有效减压量时（定压 600 kPa 时，最大有效减压量为 170 kPa），将自动制动阀手把置于保压位，使制动管停止减压而保压。制动管刚停止减压时，作用部主活塞、截止阀和滑阀仍处于制动位，副风缸继续向制动缸充气使副风缸压力下降。当主活塞两侧压力接近平衡时，在主活塞及截止阀的自重和稳定弹簧弹力作用下，主活塞带动截止阀下移 6 mm（滑阀不动），主活塞杆上肩部与滑阀上端面接触而停止，截止阀开放了滑阀背面的 f_1、f_2孔，盖住了滑阀背面的 f_3孔，形成了制动保压作用。

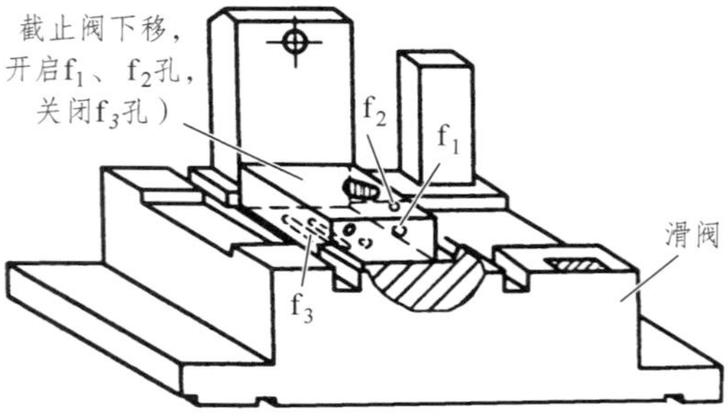

图 4-30　制动保压位时截止阀与滑阀顶面的相互位置

（2）适应机车压力保持操纵。

截止阀开放了滑阀背面的 f_1、f_2孔。f_1孔与滑阀底面的 l_3、l_4上下贯通孔，l_3、l_4孔在滑阀座上是封住的，节制开启的 f_1孔没有意义。

f_2孔在滑阀内与滑阀底面的眼泪孔 f_4相通，在制动位时，眼泪孔 f_4与滑阀座的制动管孔 l_1连通，这样就形成了：副风缸→滑阀室 F_1→f_2孔→f_4→l_1孔→制动管，即在制动保压位时，副风缸通过眼泪孔 f_4与制动管相通。于是，当制动管轻微漏泄时，副风缸压缩空气通过 f_4孔向制动管逆流，防止制动保压位制动机产生再制动作用；当副风缸及其管系轻微漏泄时，制动管压力空气通过 f_4向副风缸补风，保证制动机在制动保压位不发生自然缓解。这样在制动保压位时，无论制动管或副风缸有轻微的压力波动，它们互相产生压力互补作用，主活塞两侧不能形成动作压力差，确保了制动机处于制动保压位。

当机车制动机使用压力保持操纵功能时，制动管的漏泄可通过机车制动机补足，因而副风缸的漏泄导致自然缓解的可能性更大，有了 f_4孔后，有效地防止了自然缓解的发生。

（3）阶段制动作用。

在制动管最大有效减压范围内，反复操纵制动管减压、保压，实现制动缸反复的增压、保压的过程为阶段制动。阶段制动便于司机根据需要调整制动力，改善列车的运行品质。

6. 紧急制动位［图 4-31（见附录彩图）］

司机将制动阀手把移到紧急制动位，制动管压缩空气迅速排入大气，主阀各部分的动作，除紧急二段阀外，均与常用制动一样。主活塞上移，先后产生第一阶段、第二阶段局减作用及制动作用，只是局减作用的效果不明显，而且动作更加迅速，制动缸一直充到与副风缸压力相平衡的最高压力。紧急二段阀动作，制动缸压力分两个阶段上升，紧急阀动作，形成紧急放风作用。这里仅介绍与常用制动作用的区别之处。

微课：120 型控制阀紧急制动作用

（1）紧急阀放风作用。

在紧急阀中，紧急室压缩空气首先经紧急活塞上腔 J_1、紧急活塞杆的限孔Ⅳ、Ⅲ向制动管逆流，制动管急剧减压，紧急活塞稍稍压缩安定弹簧下移，紧急活塞杆顶面密封圈离开紧急阀盖，紧急室压缩空气经紧急活塞杆轴向孔顶端孔口及限孔Ⅲ，向紧急活塞下侧的制动管 L_{12} 逆流。该逆流速度因限孔Ⅲ的限制，远远小于制动管的减压速度，紧急活塞两侧迅速形成压力差，紧急活塞压缩安定弹簧下移 3 mm，紧急活塞杆下端面与先导阀顶杆接触，紧急室空气逆流速度更慢，紧急活塞杆下端面孔口被堵，紧急室压力空气通过限孔Ⅲ、Ⅴ（ϕ1.1 mm）向制动管逆流，紧急活塞两侧的压力差迅速增大，紧急活塞进一步下移推先导阀顶杆，克服先导阀弹簧的阻力，顶开先导阀。于是，放风阀导向杆下腔 L_{13} 制动管压缩空气经开启的先导阀口、放风阀杆中部的 4 个径向小孔 d_2、放风阀导向杆外侧空腔、紧急阀排气口（喇叭口 D_2）排入大气。

受缩孔堵 VI 的限制，紧急活塞下腔 L_{12} 的制动管气体不能更多地流向放风阀导向杆下方 L_{13}，放风阀的背压急剧下降。紧急活塞迅速下移（1 mm）压缩放风阀弹簧顶开放风阀，制动管气体→开启的放风阀口→紧急阀排气口 D_2 排入大气，形成紧急制动放风作用，确保紧急制动产生，提高紧急制动波速，缓和列车纵向冲击。

由于先导阀的作用，放风阀被打开的时间提前，紧急制动放风作用加快，120 型控制阀的紧急制动波速得以提高。

放风阀被打开后，紧急室的气体只能经限孔 V 排入大气。由于限孔 V 的限制，紧急室压力空气需 15 s 左右才能排完。在紧急室压力空气未排尽时，放风阀一直处于开启状态，若此时向制动管充气，制动机不能缓解。只有等到紧急室压力空气排尽，安定弹簧推紧急活塞上移，放风阀弹簧推放风阀上移与座密贴，先导阀弹簧推先导阀与座密贴，这时向制动管充气才有效。

排气时间设计为 15 s 左右，是为了使列车发生紧急制动后，必须在列车停车后才可以进行充气缓解作用，防止列车产生剧烈纵向冲动，甚至造成断钩事故。

（2）紧急二段阀的作用。

紧急制动时，制动管迅速减压，制动刚开始，由滑阀室来的副风缸压力空气，经紧急二段阀与套之间的大通路及紧急二段阀下部的两个 ϕ3 mm 的径向孔、轴向孔、上部 ϕ3 mm 的径向孔流向制动缸，制动缸压力上升较快。

制动缸压力跃升到 120 ~ 160 kPa（试验台上制动缸定压 600 kPa 时跃升压力规定）时，制动缸气体推紧急二段阀克服二段阀弹簧弹力、制动管剩余压力以及二段阀自重，压缩二段阀弹簧上移到关闭位，切断二段阀与套之间的大通路，副风缸气体只能经二段阀轴向孔或缩孔Ⅷ（配用 254 mm 直径制动缸）、上部 ϕ3 mm 径向孔流到紧急二段阀外围空腔 Z_6，充入制动缸，限制了制动缸的充气速度，使制动缸压力上升变慢。制动缸压力先快后慢，分两个阶段上升（见图 4-32），减小长大货物列车在紧急制动时的纵向冲击。

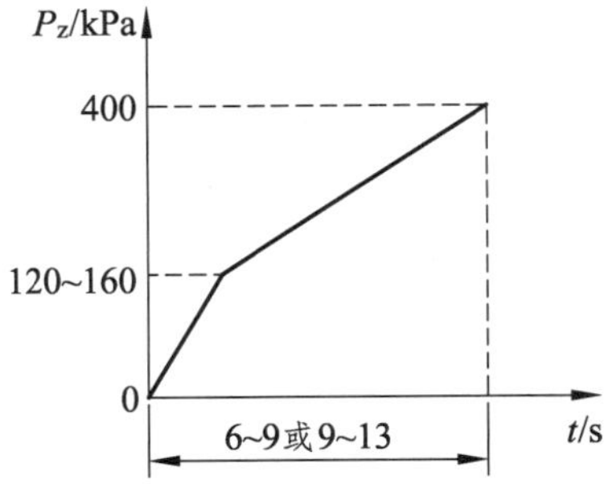

图 4-32　紧急制动位时制动缸压力二段上升曲线

（3）常用制动转紧急制动作用。

在施行常用制动过程中，遇有意外情况需立即停车时，对制动管转施紧急制动减压，使列车紧急停车，此作用称为常用制动作用转紧急制动作用。

120 型控制阀专门设有紧急阀，在常用制动转紧急制动时，仍能通过每辆车的紧急阀把制动管的压缩空气直接排入大气，使制动波速加快，使全列车在短时间内发挥出最大制动力，缩短制动距离。但是，常用制动作用转紧急制动作用的时机应掌握好，当全列车车钩缓冲装置未完全压缩时转紧急减压效果较好。否则因紧急二段阀作用，转紧急制动作用后，制动缸压力上升时间延长，影响列车制动效果，而且浪费制动管压力空气，延长再充气的时间。

7. 半自动缓解阀的作用原理[图 4-33（见附录彩图）]

（1）半自动缓解阀的非工作状态。

在不拉动缓解阀手柄时，缓解阀处于非工作状态（或称初始位）。手柄部上方两个止回阀在止回阀弹簧弹力和空气压力的作用下与座密贴关闭。缓解活塞上腔 D_3 经缩孔堵永远通大气；下腔 C 经活塞杆与套间隙、缓解活塞杆套中部径向孔 c、活塞杆外围空腔 B、缓解阀体内通路 b、手柄弹簧室 A、顶杆座的通孔 a、手柄座与套之间的间隙等与大气相通。缓解活塞上下腔均通大气，在缓解阀弹簧及自重作用下缓解活塞带活塞杆处于下方位置，活塞杆上的两个密封圈关闭缓解活塞杆下部径向孔 e，排气阀与下阀座密贴，关闭下阀口，开启上阀口。活塞部 Z_1 腔经缓解阀体和主阀体内通路与滑阀座的 z_1 孔相通；Z_5 经缓解阀体、紧急二段阀通向制动缸。活塞部 Z_1 和 Z_5 连通了滑阀座 z_1 孔和局减阀 z_4 孔与制动缸的通路，缓解阀只是作为一条通路，不影响制动机的制动、缓解等作用。

（2）半自动缓解阀的单独缓解作用。

在制动以后，需要单独缓解本车的制动时，拉缓解阀手柄，制动机缓解，有下列两种情况：

① 制动管减压量超过最大有效减压量。

当制动管减压量超过最大有效减压量时，副风缸与制动缸压力平衡，且大于制动管压力，主活塞处于制动位，而不是处于制动保压位，副风缸经制动通路与制动缸相连通。

在拉动缓解阀手柄时，手柄座、顶杆、顶杆座上移，顶杆先顶开副风缸压力空气腔 F_6 中的止回阀，如拉足手柄，加速缓解风缸压力空气腔 H_4 中的止回阀也被顶开，于是止回阀上方的 F_6 腔的压力空气通过顶开的止回阀进入手柄弹簧室 A，少量的压力空气通过顶杆座上的轴向孔 a 孔经手柄座四周的间隙流入大气，大部分气体经缓解阀体内通路 b 进入缓解阀外围空腔 B，在经缓解活塞杆套中部径向孔 c 及缓解活塞杆与套间隙到缓解活塞下腔 C，推缓解活塞带活塞杆上移，关闭上阀口，开启下阀口。

制动缸压缩空气→主阀→紧急二段阀通路→缓解阀下阀座上方空腔 Z_5→下阀口→D_4 腔→缓解活塞部下方排气口→大气，制动缸缓解，达到手动缓解的目的。

由于上阀口关闭，切断了 Z_1 和 Z_5 腔之间的通路，也就切断了作用部滑阀座 z_1 孔与制动缸之间的通路。

活塞杆上移后，活塞杆上的两个密封圈关闭活塞杆套中部径向孔 c，切断了活塞下腔 C 与活塞杆外围空腔 B 的通路，开放了活塞杆套下部径向孔 e，并经活塞杆与套的间隙通空腔 Z_1。副风缸压力空气经 Z_1 腔进入缓解活塞下腔 C，使已经上移到缓解位的缓解活塞被副风缸压力空气"锁"在该位置，下阀口一直开启着，让制动缸压力空气经 D_4 排完。所以，拉动缓解阀手柄后，只要听到缓解阀活塞部下面排气口 D_4 处有气体排出，便可松手，让手柄复位，止回阀随即关闭，缓解活塞一直“锁”在缓解位。手柄部来的副风缸压力空气由手柄弹簧室 A 通过顶杆座上的轴向孔和 a 孔经手柄座四周的间隙流入大气。

当制动管再充气时，主活塞下移到充气缓解位，缓解活塞下腔中的气体经主阀缓解通路排入大气，缓解活塞在缓解弹簧弹力及自重作用下回到初始位，缓解活塞杆带着排气阀下移，开启上阀口，关闭下阀口，缓解阀恢复到非工作状态。

如果一直拉着缓解阀手柄，副风缸压力空气经手柄座四周的间隙排入大气，而压力逐渐下降，当副风缸压力下降到低于制动管压力时，主活塞下移到充气缓解位，制动缸压力空气将通过主阀缓解通路排入大气，缓解活塞也会下移到初始位，这样就能保证在任何情况下都不会出现意外再制动。

② 制动缸减压量不超过最大有效减压量。

当制动管减压量不超过最大有效减压量时，副风缸压力基本与制动管压力相等，主活塞处于保压位。在拉动缓解阀手柄时，手柄部 F_6 腔的压力空气（若拉足手柄，则还有 H_4 腔内的加速缓解风缸的压力空气）通过顶开的止回阀进入手柄弹簧室 A，并经手柄部顶杆座上的轴向孔和 a 孔经手柄座四周间隙排入大气。副风缸压力降低，作用部主活塞下移到充气缓解位，制动缸压力空气经 D_1 排入大气。

另一部分进入手柄弹簧室 A 的副风缸气体经缓解阀体内通路 b 进入缓解阀外围空腔 B，再经缓解活塞杆套中部径向孔 c 及缓解活塞杆与套间隙到缓解活塞下腔 C，推缓解活塞带活塞杆上移，关闭上阀口，开启下阀口，制动缸压力空气经 D_4 排气口排入大气。但由于活塞下腔 C 与滑阀座 z_1 孔连通，而 z_1 孔又通大气，故进入缓解阀下腔的副风缸气体也排入大气，在缓解阀弹簧弹力和自重的作用下，缓解活塞又回到初始位，所以缓解活塞不能锁在缓解位。

所以，拉动缓解阀手柄后，只要一听到主阀排气口 D_1 处有压力空气排出的声音，便可松手，让手柄复位，止回阀随即关闭，但由于主活塞已下移到充气缓解位，制动缸压力空气经主阀排气口排出。

③ 半自动缓解阀的排放压缩空气作用。

如果要排完车辆的整个制动系统的压力空气，必须一直拉足缓解阀手柄，直至各风缸压力空气排完为止。如果该车制动管中也有压力空气，由于主活塞处于充气缓解位，故制动管压力空气也随副风缸压力空气一起排出。

综上所述，在使用半自动缓解阀缓解单辆车时，拉动缓解阀手柄后，只要听到主阀排气口或缓解阀排气口有排气声音时，就可松手，制动缸压力空气会自动排尽，缓解阀各部会自动恢复到初始位，所以称为“半自动缓解阀”。

四、120 型控制阀检修

（一）120 型控制阀分解组装

120 型控制阀检修后，并认真填写检修记录单，保证检修质量良好。

（二）实训岗位相关知识要求

具备制动钳工的岗位要求，熟练掌握《铁路货车段修规程》《铁路货车段修工艺规程》《铁路货车段修配件工艺规程》中有关制动部分的内容。

（三）工具、量具和工装设施

风动扳手；组装工作台；250 mm 活口扳手 1 把；150 mm 尖嘴钳 1 把；M16/M17/M19 的套筒头各 1 个；175 mm 轴用直口卡簧钳 1 把、175 mm 孔用直口卡簧钳 1 把；17 ~ 19 mm/22 ~ 24 mm 的呆扳手各 1 把；75×5 mm 的螺丝刀 1 把；175 mm 铜钳子 1 个；0 ~ 150 mm 游标卡尺；M22/M16/M10/M8 扭矩扳手；零件存放盒 1 个；扁油刷；改性甲基硅油、硅脂等。

（四）环境保护要求

（1）本岗位必须做到环境整洁、物品定置良好。

（2）工作过程中产生的含油擦布、废零件等生产垃圾，应定期单独清理收集，统一处理。

（3）零件清洗机中的循环使用清洗液，应定期排放到生产废水管道内。

（五）作业程序及标准

1. 工作前的准备

必须将工作服、手套等劳保用品穿戴整齐，检查风源压力符合 600 ~ 650 kPa 的标准，控制阀研磨机、零件清洗机等状态良好，各种样板、量具齐全，检定不过期。

2. 工作中的控制程序

（1）分解检查：

① 主活塞、局减活塞、加速缓解活塞、半自动缓解活塞、紧急活塞组成需分解，橡胶膜板需更换新品，导向杆上的密封圈需分解并更换新品。

② 阀体各部有裂损时更换，各结合面有碰伤时加修或更换。

③ 各阀口、导向杆、导向套的导向面有伤痕时加修或更换。

④ 滑阀、截止阀与座的滑动面有划伤或接触不严密时研磨。

⑤ 各橡胶夹心阀需更换新品。

⑥ 各弹簧需用微控弹簧检测仪检测，其参数须符合表 4-2 规定，有锈蚀、变形时更换。

表 4-2　120 阀弹簧新制的标准规格　　单位：mm

120 控制阀主阀弹簧尺寸	
弹簧名称	自由高限度标准
缓解阀弹簧	48±1.5
止回阀弹簧Ⅱ	33±1.5
止回阀弹簧Ⅰ	33±1.5
缓解阀手柄弹簧	37±1.5
止回阀弹簧	25±1.0
截止阀弹簧	18±0.7
加速缓解阀弹簧	17.5±1.0
局减阀弹簧	53±1.5
减速弹簧	75+3.0 -1.0
稳定弹簧	34.5±1.0
紧急二段阀弹簧	53±1.5

续表

120 紧急阀弹簧尺寸	
安定弹簧	54±1.5
先导阀弹簧	17.5±1.0
放风阀弹簧	33±1.5

⑦ 各限制孔及缩孔堵塞时须用小于各孔尺寸的钢针疏通，并清洗吹净：

· 紧急活塞杆上紧急室充气限制孔 ϕ0.5 mm。

· 紧急活塞杆上紧急室排气限制孔 ϕ1.1 mm。

· 紧急活塞杆上安定限制孔 ϕ2.5 mm。

· 主阀安装面局减室限制孔 ϕ0.8 mm。

· 滑阀充气限制孔 ϕ2.0 mm。

· 滑阀减速充气限制孔 ϕ1.9 mm。

· 254 mm 制动缸充气限制缩堵孔 ϕ2.8 mm。

· 356 mm 制动缸缓解限制缩堵孔 ϕ3.6 mm。

· 254 mm 制动缸紧急二段阀缩堵孔 ϕ2.2 mm。

· 滑阀加速缓解风缸充气限制孔 ϕ0.9 mm。

· 滑阀逆流孔 ϕ0.2 mm。

⑧ 各活塞、活塞杆碰伤、变形及裂纹时加修或更换。

⑨ 各压装套松动时更换。

⑩ 各部螺纹滑扣及磨损严重时加修或更换。

⑪ 各橡胶件须更换为新品。应使用国铁集团定点厂家生产的合格产品，须有制造厂家代号，材质为天然橡胶产品，不得装用合成橡胶膜板。各橡胶膜板应做拉伸检查。

（2）组装：

① 组装前各零件应保持清洁。

② 各活塞及滑阀、截止阀装入阀体内拉动时，动作须灵活、阻力适当。

③ 各活塞膜板边缘须完全入槽，在装阀盖时各螺栓均匀拧紧，防止偏压。

④ 各阀盖须用橡胶密封圈密封，丝扣不得涂铅粉油。

⑤ 各弹簧不得装错。

⑥ 组装时不得损伤密封圈。

3. 填写质量记录及 HMIS 录入

（1）作业完毕后认真填写相关质量记录。填写时需做到字迹清晰、干净整齐、不涂不改、不错不漏，提倡采用仿宋体填写。

（2）按 HMIS 岗位录入要求，及时登录相关工位模块，录入各项 HMIS 信息，检查无误后签名确认。

4. 工作后的处置

（1）关闭风源，确认各物品摆放符合定置管理要求，打扫场地卫生。

（2）按照空制阀研磨机、零件清洗机操作规程，达到整齐、清洁、安全。

（3）工作过程中产生的含油擦布、废零件等生产垃圾，应定期单独清理收集，统一处理。
（4）零件清洗机中的循环使用清洗液，应定期排放到生产废水管道内。

5. 职业健康安全要求

（1）班前班中严禁饮酒，班前要充分休息。
（2）工作前必须按规定穿戴好防护用品，严禁穿拖鞋、高跟鞋。
（3）工作前必须检查所使用的工具良好。
（4）制动室内禁止烟火，对使用完了的旧油布要集中存放在容器内封严，不准堆放在暖气散热管上。
（5）制动室的清扫，洗涤间要有良好的换气装置，经常保持空气良好，保证室内整洁。
（6）运搬及拆装配件时要稳拿、轻放，对使用的各种工具要做到放置规定地点，摆平放稳，不准随意乱扔。
（7）操纵电动、风动和传动机械设备要注意机械部件是否完整、作用是否良好。特别注意安全装卸装置是否安全有效。
（8）对使用的清洗剂应放在专用的封闭容器内。对未用完的清洗剂必须妥善处理，不许随地乱倒。
（9）往试验台上安装、拆卸制动阀时，要严格执行操作规程，卡牢放稳。

6. 相关记录

填写《120 控制阀检修卡》。

7. 主要设备操作规程

（1）控制阀研磨机技术操作规程。
（2）自检范围按下列要求执行：
① 安全防护装置齐全良好。
② 电气装置齐全良好，电机接地（接零）牢固可靠。
③ 润滑装置齐全良好，润滑点、润滑油路畅通。
④ 各连接紧固件齐全无松动，传动皮带状态良好。
⑤ 各机构动作正常，操纵杆位置正确，定位可靠。
（3）自修范围按下列要求执行：
① 调整传动皮带，紧固松动连接件，紧固件。
② 疏通润滑点、补充润滑油和油脂。

五、120 型控制阀性能试验

新造和组装好的 120/120-1 型控制阀必须通过 120 型试验台的检验，120/120-1 型控制阀的各项性能必须符合《120 型空气控制阀试验规范》的质量要求。

（一）试验台开机

（1）首先确认：一、二、三塞门为开启位。
（2）总风源压力不得低于 650 kPa。

（3）打开电源，将显示仪表预热 15 min。

（4）将试验台的调压阀调整为 600±10 kPa。

（5）每天应进行试验台的机能检测，机能检测合格后方可进行 120 或 120-1 阀性能试验。

（6）由微机控制自动试验（试验台置于自动位）时，各开关均由微机控制自动开闭。手动试验（试验台置于手动位）时，人工开闭各开关。

（二）主阀试验

开通 K_1，将主阀卡紧在主阀安装座上。开通 K_2，将紧急阀座盲板卡紧在紧急阀安装座上。

1. 漏泄试验

漏泄试验准备：

方法 a：依次开通 10、1、2、3、5、9、A、16，待副风缸和加速风缸压力均充至定压，关断 9、16。

方法 b：关断 1，开通 7a，使主阀动作。待制动管管路压力空气排至零后，关断 7a。

方法 c：开通 1、9、16，副风缸和加速风缸压力充至定压。关断 A、9、5，开通 D，制动管压力降到 550 kPa 时，关断 D，待副风缸压力稳定在 550 kPa 后，关断 16、1。开通 7a，制动管管路压力空气排至零后关断 7a，开通 5。

2. 制动位试验

（1）各结合面：

方法：在各结合面处及缓解阀排气口、缓解阀手柄处涂刷防锈检漏剂（以下简称检漏剂）进行检查。

要求：不允许产生漏泄。

（2）局减阀膜板：

方法：在局减阀呼吸孔涂刷检漏剂进行检查。

要求：不允许产生漏泄。

（3）滑阀：

方法：开通 8、23，流量计检查主阀排气口漏泄量，关断 8、23。开通 21、22，流量计检查局减排气口漏泄量。

要求：主阀排气口和局减排气口漏泄流量计示值不得超过 80 mL/min，关断 21、22。

关断 8、23、5。

（4）主活塞膜板及 O 形圈、局减阀杆 O 形圈、加速缓解阀夹心阀及 O 形圈、紧急二段阀杆 O 形圈、缓解活塞杆 O 形圈及排风阀：

方法：关断 2、3、5，观察副风缸、加速缓解风缸压力表压力的变化。

要求：在 10 s 内压力下降不允许超过 5 kPa。开通 2、3、5。

（5）缓解阀膜板及 O 形圈：

方法：开通 24，将缓解阀手柄推至制动缸压力开始下降时，立即关断 24。缓解阀呼吸孔涂刷检漏剂进行检查。

要求：制动缸压力空气排至零。呼吸孔检漏不允许产生漏泄。

（6）缓解阀内副风缸和加速缓解风缸的气路、小止回阀、排风阀。

方法：开通 24，将缓解阀手柄推至全开位，使副风缸压力降到 100 kPa 后，关断 24。

要求：手柄处涂刷检漏剂进行检查，不允许产生漏泄；排气口涂刷检漏剂进行检查，在 10 s 内产生的气泡高度不大于 12 mm。

关断 3，开通 A、1、9 后，再开通 16，待副风缸和加速缓解风缸压力均充到定压后，关断 9、16。

3. 缓解位试验

开始试验时，先确认 10、1、2、5、“A” 已开通，制动管、副风缸和加速缓解风缸均充至 600 kPa。

（1）各结合面：

方法：除主阀前盖及缓解阀下盖外，在各结合面涂刷检漏剂进行检查。

质量要求：不得产生漏泄。

（2）滑阀、加速缓解阀套 O 形圈和顶杆 O 形圈：

方法：开通 8、23。观察主阀排气口的漏泄量。

要求：流量计示值不得超过 80 mL/min。关断 8、23。

（3）滑阀和截止阀：

方法：开通 21、22。观察局减排气口的漏泄量。

要求：流量计示值不得超过 80 mL/min。关断 21、22。

4. 常用制动保压位

开始试验时，先确认 10、1、2、3、5、“A” 已开通，制动管、副风缸和加速缓解风缸均充至 600 kPa。关断 “A”，开通 “D”，使制动管容量风缸压力减 70 kPa 后，关断 “D”。

（1）截止阀和滑阀、加速缓解夹心阀、紧急二段阀杆 O 形圈、局减阀杆 O 形圈：

方法：开通 8、23。流量计检查主阀排气口的漏泄量，关断 8、23。开通 21、22，流量计检查局减排气口漏泄量。关断 21、22。关断 5、开通 19，将加速缓解风缸内的压力空气完全排至零后，开通 6、22，流量计检查加速缓解管排气口的漏泄量。

要求：主阀排气口、局减排气口漏泄流量计显示值均不大于 80 mL/min。加速缓解管排气口的漏泄流量计显示值均不大于 120 mL/min。关断 6、22、19，开通 5。

（2）滑阀：

方法：开通 4 使制动缸压力减到 100 kPa 时关断 4，在缓解排气口涂刷检漏剂进行检查。

要求：不允许产生漏泄。待压力稳定后关断 3、5。制动缸管路压力在 10 s 内的压力变化不允许超过 7 kPa。加速缓解风缸管路压力在 10 s 内的压力变化不允许超过 5 kPa。

开通 3、5、A、9 后，再开通 16，待副风缸和加速缓解风缸均充至定压后，关断 9、16、A。

5. 阀的作用和孔的通量试验

（1）试验准备：先确认 10、1、2、3、5 已开通，制动管、副风缸和加速缓解风缸均充至 600 kPa。

（2）主阀性能试验：

① 制动及缓解通路：

方法：开通“G”，制动缸压力升至 350 kPa 后关断“G”，测制动缸压力上升时间；开通“A”，制动缸压力从 300 kPa 降至 150 kPa，测制动缸压力下降时间。待制动管压力下降至 150 kPa 后，开通 9，再开通 16，待副风缸和加速缓解风缸均充至定压后，关断 9、5、“A”。

要求：制动缸压力表由零上升到 350 kPa 的时间不大于 4 s。制动缸压力从 300 kPa 降至 150 kPa 的时间：配用 254 mm 制动缸为 4 ~ 7 s，配用 356 mm 制动缸为 3 ~ 5.5 s。

② 缓解位阻力：

方法：开通“D”。观察制动管压力减至 550 kPa，关断 D。待制动管压力稳定后，关断 16，开通 D，使制动管减压 50 kPa，关断 D。待制动缸压力稳定后，开通 19、16，再开通 15，待压力稳定后，压差计清零。关断 19、16，开通 B，制动缸压力降到零后，关断 B、15。检查开通 B 到制动缸压力降到零的过程。

③ 局减孔：

方法：开通 9、“A”后，再开通 5、16，待副风缸和加速缓解风缸压力均充到定压后，关断 9、16、A。开通“C”，产生局减作用时，关断 C。

要求：局减室压力表从开始升压到降至 40 kPa 的时间为：120 阀为 3 ~ 9 s；120-1 阀为 3 ~ 12 s。局减作用结束后制动管减压量：120 阀不允许大于 40 kPa；120-1 阀不允许大于 50 kPa。

④ 局减阀的作用：

方法：开通 16、4，当制动缸压力降到 20 kPa 时关断 4，测制动缸管路压力由 30 kPa 上升到 50 kPa 的时间和停止升压压力。再开通 4，当制动缸压力降到 30 kPa 时，关断 4，观察制动缸压力上升情况。关断 16，开通 9、A 后，再开通 16，待副风缸和加速缓解风缸压力均充到定压后，关断 9、16、A。

要求：制动缸管路压力由 30 kPa 升压到 50 kPa 的时间为 1.5 ~ 4 s；并在 50 ~ 70 kPa 时停止升压。关断 4，制动缸管路压力应再升至 50 ~ 70 kPa。

⑤ 保压稳定孔：

方法：开通 D，使制动管压力减压 80 kPa 后关断 D。开通 16、D，将制动管压力减至 450 kPa 后，再关断 D。开通 15、11，确认副风缸漏泄量在流量计上的显示值为（245±5）mL/min。待制动管压力和流量计上的显示值稳定后，压差计清零。关断 2、16，检查稳定后的压差计数值，并且此时主阀不允许缓解。关断 15、11，开通 2、9、A 后，再开通 16，待副风缸和加速缓解风缸压力均充到定压后，关断 9、16、A。

要求：稳定后的压差计数值为 1.5 ~ 6 kPa。

⑥ 加速缓解阀作用：

方法：开通 D，制动管减压 70 kPa 后，关断 D。开通 4，制动缸减压至 100 kPa 后关断 4。开通 16、D，使制动管压力降到比加速缓解风缸压力低 70 kPa 时关断 D、16。待制动管压力稳定后，开通 18，主阀开始缓解时，关断 18。

要求：制动管管路压力，从开通 18 开始，4 s 内制动管最高压力值比开通 18 前的制动管压力上升 10 kPa 以后，然后再下降。

⑦ 副风缸充气孔：

方法：关断 1，开通 7a、18、19，待副风缸和加速缓解风缸压力空气排尽后，关断 18、19、5、4、7a。开通 A，待制动管容量风缸充到定压后开通 1。

要求：副风缸压力由至 50 kPa 上升到 150 kPa 的时间：配用 254 mm 制动缸为 15.5 ~ 19 s；

配用 356 mm 制动缸为 12.5 ~ 16 s。

⑧ 加速缓解风缸充气通路：

方法：开通 16，将副风缸充至 600 kPa 后，开通 5，测加速缓解风缸压力由 100 kPa 上升到 200 kPa 的时间。关断 A，开通 9，待加速缓解风缸充到 550 kPa 后，开通 A。待副风缸和加速缓解风缸充到定压后，关断 9。

要求：加速缓解风缸压力由 100 kPa 上升到 200 kPa 的时间 12 ~ 18 s。

⑨ 紧急二段阀的作用：

方法：关断 A、5，开通 D，制动管压力降到 550 kPa 时，关断 D。待制动管压力稳定在 550 kPa 后，关断 16、1，开通 7a。制动缸容量风缸压力表应由零快速上升到 110 ~ 170 kPa，后缓慢上升至平衡压力。并检测由零上升到 350 kPa 的时间；关断 7a，开通 5，检测加速缓解风缸压力从 550 kPa 降到 500 kPa 的时间。

要求：制动缸容量风缸压力表应由零上升到 350 kPa：配用 254 mm 直径制动缸为 6.5 ~ 9 s。配用 356 mm 直径制动缸为 4.5 ~ 6.5 s；加速缓解风缸压力从 550 kPa 降到 500 kPa 的时间为 1.5 ~ 6 s（仅对 120-1 阀）。

⑩ 120-1 常用加速制动作用：

方法：开通 A、1、4、16、9、17、8，待制动管容量风缸、副风缸、加速缓解风缸和紧急室充到定压后，关断 10、4、16、8、5。同时开通 C、E，使制动管减压 50 kPa，关断 C。等待 20 s 开 21、22。检查 20 s 内流量计的显示值，如果超过 100 mL/min，则关断 22，等待 20 s，开通 22。检查 20 s 内流量计的显示值，流量计的显示值不允许超过 100 mL/min。关 E、21、22。开通 10、4、16、8、5，待制动管容量风缸、副风缸、加速缓解风缸和紧急室充到定压后，关断 10、4、16、8、5。同时开通 C、D，使制动管减压 50 kPa，关断 D。等待 20 s 开通 21、22，20 s 内流量计的显示值大于 100 mL/min。测从开通 21、22 到流量计流量显示值大于 100 mL/min 时，加速缓解风缸管路压力下降量。关断 C、21、22、17。

要求：从开通 21、22 到流量计流量显示值大于 100 mL/min 时，加速缓解风缸管路压力下降不允许大于 20 kPa。

（3）缓解阀：

① 缓解阀锁闭性能：

方法：开通 10、5、16，待制动管容量风缸、副风缸、加速缓解风缸充到 550 kPa 后，关断 9、16、1。开通 7a，待制动缸压力稳定后，关断 7a。开通 24，缓解阀手柄推至制动缸压力开始下降时，关断 24。

要求：从副风缸压力开始下降起，2 s 内制动缸压力应开始缓解制动缸压力从 350 kPa 降到 40 kPa 的时间不允许超过 4 s，并且制动缸压力应能排到零。

② 缓解阀内副风缸和加速缓解风缸通路：

方法：开通 24，使缓解阀手柄推至全开位，使副风缸压力降至 100 kPa 后，关断 24。此时检查加速缓解风缸压力应低于副风缸压力。

要求：副风缸压力从 300 kPa 降至 150 kPa 的时间不得超过 7 s。

③ 缓解阀复位：

方法：关断 3，开通 7a、18、19。

要求：当副风缸压力降至 40 ~ 10 kPa 时，制动缸管路压力应开始上升。

试验完毕，排空各部压力空气，关闭 K_1，卸下主阀，关断全部开关。

（三）紧急阀试验

开通 K_2，将紧急阀卡紧在紧急阀安装座上。开通 K_1，将主阀座盲板卡紧在主阀安装座上。确认关断其他开关。

（1）漏泄试验准备：

依次开通 10、1、A、17，待制动管容量风缸和紧急室压力均充定压后，关断 A、17，开通 G、D，使紧急阀发生紧急放风作用。待紧急室压力排零后，关断 G、D。开通 A、17，制动管和紧急室均充到定压。

（2）各结合面及排气口：

方法：在所有盖及胶垫周围涂刷检漏剂进行检查；在紧急阀排气口涂刷防锈检漏剂进行检查，关断 1。

要求：在所有盖及胶垫周围不得产生漏泄；紧急阀排气口 15 s 内只允许产生一个高度最大为 12 mm 的汽包，制动管管路压力在 20 s 内下降不允许超过 5 kPa。

（3）紧急阀性能：

① 试验准备：

开通 1，待制动管容量风缸和紧急室压力均充定压后，关断 A，开通 C，待制动管容量风缸和紧急室压力均降到 550 kPa 时，关断 C。待压力稳定后，关断 17。

② 紧急灵敏度：

方法：开通“G”。制动管减压 160 kPa 以前应发生紧急放风作用，测从发生紧急放风作用开始到压力降至 40 kPa 的时间。检查紧急室压力，测从制动管发生紧急放风作用开始降至 40 kPa 的时间。开通 17，待列车管和紧急室压力空气排零后关断 17、G。

要求：制动管减压 160 kPa 以前应发生紧急放风作用，发生紧急放风作用开始到压力降至 40 kPa 的时间不允许超过 1.5 s；紧急室压力，测从制动管发生紧急放风作用开始降至 40 kPa 的时间为 12.5 ~ 16.5 s。

③ 紧急室充气孔：

方法：开通 A，测紧急室压力由零上升到 200 kPa 的时间。开通 17，待制动管和紧急室均充至 600 kPa 并稳定后，关断 A。开通 C，待制动管和紧急室均降到 550 kPa 时，关断 C。待压力稳定后，关断 17。

要求：紧急室压力由零上升到 200 kPa 的时间 12.5 ~ 17.5 s。

④ 安定性能试验：

方法：开通 F，列车制动管减压 200 kPa 后关断 F。

要求：制动管压力下降过程中，紧急阀不得发生紧急放风作用。

试验完毕，排空各部压力空气，关闭 K_2，卸下紧急阀，关断全部“按钮开关”。

思考与练习

一、填空题

1. 120 型控制阀的主阀作用部采用橡胶膜板和（　　　　）的结构，具有良好的作用连续性、较长的寿命、自动防止异物侵入。

2. 120 型控制阀是由中间体、主阀、（　　　　）和（　　　　）等四部分组成。

3. 120 型控制阀中的（　　　　）是为减轻长大货物列车在紧急制动时的纵向冲击而设置的。

4. 120 型控制阀为了提高缓解波速，设置了（　　　　）阀。

5. 120 型控制阀采用了常用制动和（　　　　）分部控制的方式。

6. 120 型控制阀的紧急阀设置了（　　　　）阀，以提高紧急制动波速。

7. 120 型控制阀中的（　　　　）是为使长大货物列车前后部车辆在充气缓解时产生不同的充气作用，以减轻低速缓解时的纵向冲击而设置的。

8. 当列车管的减压量未达到最大有效减压量时，拉动 120 型控制阀的半自动缓解阀，制动缸的气体从（　　　　）排出。

9. 当列车管的减压量达到最大有效减压量时（比如紧急制动后），拉动 120 型控制阀的半自动缓解阀，制动缸的气体从（　　　　）排出。

10. 120 型控制阀主阀主活塞上下的压力空气分别是（　　　　）和（　　　　）。

11. 120 型控制阀主阀由主作用部、减速部、（　　　　）、（　　　　）和局减阀等五部分组成。

12. 120 型控制阀紧急阀紧急活塞上下的压力空气分别是（　　　　）和（　　　　）。

13. 120 型控制阀中的半自动缓解阀由（　　　　）和（　　　　）组成。

14. 120 型控制阀在滑阀上增设了一个在制动保压位沟通列车管和副风缸的 ϕ0.2 小孔，称为（　　　　）或“呼吸孔”，平衡主活塞两侧的压力以适应压力保持操纵。

二、选择题

1. 使用 120 型控制阀的半自动缓解阀的目的是排出（　　）内的压力空气。

A. 制动管　　B. 制动缸

C. 副风缸　　D. 加速缓解风缸

2. 120 型控制阀在制动位时，当制动缸压力达到（　　）时，局减阀切断制动管与制动缸的通路，第二阶段局减结束。

A. 50 ~ 70 kPa　　B. 90 ~ 110 kPa

C. 120 ~ 160 kPa　　D. 300 ~ 360 kPa

3. 120 型控制阀在充气缓解位时，主阀排气口漏风不止是因为（　　）。

A. 主活塞膜板穿孔　　B. 加速缓解止回阀漏泄过大

C. 放风阀不良　　D. 紧急二段阀密封圈漏泄

4. 120 型制动机所产生的闸瓦压力大小与（　　）有关。

A. 制动管压力　　B. 局减作用

C. 制动缸活塞行程　　D. 缓解阀位置

5. 120 型制动机的减速充气缓解作用产生在（　　）。

A. 前部车辆　　B. 后部车辆

C. 中部车辆　　D. 全列车

三、判断题

1. 120 型控制阀产生充气缓解作用时，主活塞杆压缩减速弹簧及弹簧套。（　）

2. 为了提高制动波速，120 型控制阀设有常用加速制动功能。（　）

3. 120 阀在紧急阀中设置限孔Ⅳ的目的是限制紧急室的充气速度。（　）

4. 120 型控制阀的紧急二段阀在充气缓解和常用制动时，处于关闭位置。（　）

5. 拉 120 缓解阀的手柄时，从手柄部排出的气体是制动缸内的压力空气。（　）

6. 装有 120 型控制阀的制动机在缓解初期，将加速缓解风缸的气体通向制动管，以提高制动管的增压速度。（　）

7. 120 型控制阀作用部的截止阀在制动、缓解时随主活塞同步移动，两者之间没有相对移动。（　）

8. 120 型控制阀产生制动作用时，加速缓解风缸的压缩空气压力也跟随副风缸的空气压力的下降而下降。（　）

四、名词解释

1. 局部增压作用

2. 阶段制动作用

3. 制动机的稳定性

4. 制动机的安定性

五、问答题

1. 局部增压作用的目的是什么？

2. 紧急二段阀的用途是什么？

3. 加速缓解阀的用途是什么？

任务二　货车制动缸压力的计算

【任务描述】

本任务实施中，通过货车制动缸压力的计算、最小有效减压量和最大有效减压量的计算，掌握操作空气制动机制动时列车管减压量的控制，培养学生的专业计算和操作技能。

【任务实施】

一、制动缸压力的计算

（一）制动缸压力计算的基本知识

1. 气体的基本性质

分子物理理论告诉我们，气体分子时刻在进行着热运动，气体分子就要经常与容器器壁碰撞，这种碰撞的宏观表现就是气体对器壁的压力。所谓气体的压强，就是气体施加于容器器壁的单位面积上的垂直压力。

由于分子的热运动，宏观上表现为气体分子的膨胀扩散，最终要达到气体的状态平衡，即密度均匀、温度均匀、压强均匀。

因此，从气体的宏观表现，可以说气体是一种具有弹性的物质，收缩时总要产生一种反压缩的膨胀趋势，受压缩后的气体就要对所接触的物体作用一种膨胀的推力。

空气制动机的工作过程就是利用空气受压缩后的体积与压力的自动变化来实现的。

2. 等温过程的气体状态方程

车辆制动机工作过程的压缩空气状态变化接近于等温变化过程。一般用等温变化过程进行理论计算，其理由如下：

（1）制动机作用过程中，压缩空气变化引起温度瞬间变化为 1 ~ 2 °C，并且各风缸、管路均暴露在大气中，与大气进行热交换，很短的时间压缩空气的温度恢复到接近大气温度。

（2）各容器不可避免地存在着容积误差，即连接管路容积的忽略和漏泄、逆流的存在，这些将对计算精度产生一定影响。

考虑上述两个因素的存在，在保证机械工程计算精度的前提下，为简化计算，忽略制动机作用过程的温度变化的影响，即按等温变化的过程讨论制动机作用过程的气体状态变化，是可以的。

由等温过程气体状态方程，即波义耳-马略特定律：气体在其质量一定的前提下，压力与体积成反比，即

$$PV=C\text{（常量）}$$

式中 P——气体的绝对压力（Pa 或 kPa）;

V——气体的体积（m^3）。

3. 几个相关的概念

（1）绝对压力：以真空压力为零，由此为起点计算的压力叫绝对压力。气体方程中的压力是用绝对压力来计算的。

（2）标准大气压力：气温为 0 °C，纬度为 45°，海平面大气压力的绝对压力为 1.013×10^5 Pa 或 101.13 kPa，通常为了简化计算，取地球表面大气压力的绝对压力为 100 kPa。

（3）表压力：压力表所指示的空气压力称表压力。

4. 绝对压力与表压力的关系

$$\text{绝对压力}=\text{表压力}+101.13\ \text{kPa}$$

（二）直接作用式制动机的制动缸压力计算

本任务计算所用的代号、意义和单位如下：

P'_L——制动前制动管的绝对压力（kPa）。

P'_{L1}——制动后制动管的绝对压力（kPa）。

P'_F——制动前副风缸的绝对压力（kPa）。

P'_{L1}——制动后副风缸的绝对压力（kPa）。

P'_Z——制动前制动缸的绝对压力（kPa）。

P'_{Z1}——制动后制动缸的绝对压力（kPa）。

P'_J——制动前降压风缸的绝对压力（kPa）。

$P'_{定}$——制动管定压的绝对压力（kPa）。

r——制动管减压量（kPa）。

r_F——副风缸减压量（kPa）。

r_{min}——制动管最小有效减压量（kPa）。

r_{max}——制动管最大有效减压量（kPa）。

P_Z——制动后制动缸的表压力（kPa）。

P_F——制动前副风缸的表压力（kPa）。

$P_{定}$——制动管定压的表压力（kPa）。

V_F——副风缸容积（L）。

V_Z——制动前制动缸容积（L）。

V_{Z1}——制动后制动缸容积（L）。

V_J——降压风缸容积（L）。

1. 副风缸与制动管的压力关系

（1）制动前：

$$P'_F = P'_L = P'_{定}$$

（2）常用制动后：

$$P'_{F1} = P'_{L1}$$

事实上，当制动管减压量达到最大有效减压量时，即 $r = r_{max}$，主活塞不能移到制动保压位，但上述关系仍成立，即 $r_F = r_{max}$，$P'_{F1} = P'_{L1}$。

2. 制动缸压力的计算

忽略了几个影响因素后，必须保证压缩空气在制动前后两种状态时的质量不变。按波义耳-马略特定律列出制动前后压缩空气的状态方程。

（1）120 型（重车位）制动机制动缸压力的计算：

制动后制动缸的表压力 P_Z 为

$$P_Z = \frac{V_F}{V_{Z1}} r - 100\ (\text{kPa}) \tag{4-1}$$

副风缸、制动缸两者等效容积比值取：

$$V_F : V_Z = 3.25 : 1$$

在制动缸活塞行程达规定的最大行程 200 mm（GK 型和 120 型重车位制动缸活塞行程 160 mm）称为标准行程。标准行程时式（4-1）中 $\frac{V_F}{V_{Z1}}$ 取 3.25，则制动缸压力计算表达式为

$$P_Z = 3.25r - 100\ (\text{kPa}) \tag{4-2}$$

【例】一辆 C65 货车质量为 19.3 t，装载货物 35 t，使用 120 型制动机，制动管定压为

500 kPa。当制动管减压量为 100 kPa 时，求制动缸压力为多少？

已知：r=100 kPa，自重+载重=54.3 t，制动机应为重车位。求 P_Z 的值。

解：因未给出制动缸活塞行程，应视为标准行程，按式（4-2）计算：

$$
\begin{aligned}
P_Z &= 3.25r - 100 \\
&= 3.25 \times 100 - 100 \\
&= 225 \text{（kPa）}
\end{aligned}
$$

所以制动缸压力为 225 kPa。

（2）120 型制动机空车位制动缸压力的计算：

利用等温气体状态方程列出 120 型空车位制动前和制动后的压缩空气状态方程式：

$$P'_F V_F + P'_Z V_Z + P'_J V_J = P'_{F1} V_F + P'_{Z1}(V_{Z1} + V_J)$$

所以 $$P_Z = \frac{100V_J + V_F r}{V_{Z1} + V_J} - 100 \text{（kPa）} \qquad (4\text{-}3)$$

空车位制动缸活塞行程运用中最大限度为 135 mm，加上缓解位余隙 20 mm，则制动缸容积：

$$V_{Z1} = \frac{\pi D^2}{4} \times (1.35 + 0.20) \text{（L）}$$

代入 14 in 制动缸，直径 D = 14×0.254 = 3.556 dm。

$$V_{Z1} = \frac{3.14 + 3.556^2}{4} \times (1.35 + 0.20) = 15.4 \text{（L）}$$

将各容器容积代入式（4-3），化简整理得：

$$P_Z = 1.82r - 47.5 \text{（kPa）} \qquad (4\text{-}4)$$

但需注意的是，因为空车位安全阀控制制动缸压力不超过 190 kPa，若计算出结果超出 190 kPa，应考虑制动缸压力实际应为安全阀控制压力 160 ~ 190 kPa。

如果 120 型制动机采用了空重车自动调整装置，空车位制动缸最高压力按比例阀关闭压力应为 160 ~ 170 kPa。

二、制动管的有效减压范围

（一）制动管最小有效减压量 r_{min}

考虑克服制动缸缓解弹簧弹力产生有效制动作用的制动管最小有效减压量，利用式（4-2）可得：

$$P_Z = 3.25r_{min} - 100 > 35$$

$$r_{min} > 41.5 \text{ kPa}$$

此时若要考虑基础制动装置的移动阻力，r_{min} 还应取值更大一些。实际运用中规定：

单车试验时，r_{min} 为 40 kPa，要求减压量 40 kPa 以前产生制动作用；列车试验时，考虑制动管管路长、接头、塞门、软管等连接部分阻力因素，r_{min} 为 50 kPa；编组 60 辆以上的长大列车，r_{min} 为 70 kPa。

但实际运用中，制动管减压量在 40 kPa 左右，即可产生制动作用，原因是：

（1）制动缸压力小时，基础制动装置并未压紧，制动缸容积小于标准容积，即 $V_F/V_Z>3.25$ kPa，制动缸压力比计算压力要高。

（2）制动缸活塞行程小于标准行程，其缓解弹簧弹力小于最大值 35 kPa，阻力比计算值小。

（3）常用司减或 120 型控制阀的第二阶段局部减压将制动管压力空气送入制动缸一部分，制动缸实际压力比计算值略高。

（二）制动管最大有效减压量 r_{max}

正好使制动缸得到最大压力的制动管减压量称为最大有效减压量。制动时，制动管的最大压力即为制动缸与副风缸压力达到平衡时的压力。

当制动管定压 500 kPa 时，则：

$$P_{Zmax}=0.765\times500-23.5=359\text{ kPa}$$

$$r_{max}=0.235\times500+23.5=141\text{ kPa}$$

当制动管定压 600 kPa 时，则：

$$P_{Zmax}=0.765\times600-23.5=435.5\text{ kPa}$$

$$r_{max}=0.235\times600+23.5=164.5\text{ kPa}$$

在实际运用过程中，据制动管定压 500 kPa 和 600 kPa，其制动管最大有效减压量分别规定为 140 kPa 和 170 kPa，这样也使得机车乘务员在常用制动减压时，避免过量的无效减压，造成制动管压缩空气的浪费而延长再充气缓解时间。

三、紧急制动时的制动缸压力计算

120 型制动机紧急制动时的制动缸压力值与常用制动时的最大值相等，即 $P_Z=P_{Fmin}=P_{Zmax}$。具有空重车调整装置时，其最大值由空重车调整装置限制，最大为 170 kPa。

拓展知识

一、120 型控制阀试验台基本功能与参数

120 型试验台是 120/120-1 型控制阀专用试验台，新造和组装好的 120/120-1 型控制阀必须通过 120 型试验台进行技能试验。

课件：120-1 型控制阀

课件：控制阀的性能试验

120 型试验台结构布置如图 4-34 所示。

（1）各开关的功能：

① 10 号开关：储风缸截断；

② A 开关：制动管容量风缸快充；

③ B 开关：制动管容量风缸慢充；

④ C 开关：制动管容量风缸排风；

⑤ D 开关：制动管容量风缸排风；

⑥ E 开关 制动管容量风缸排风；

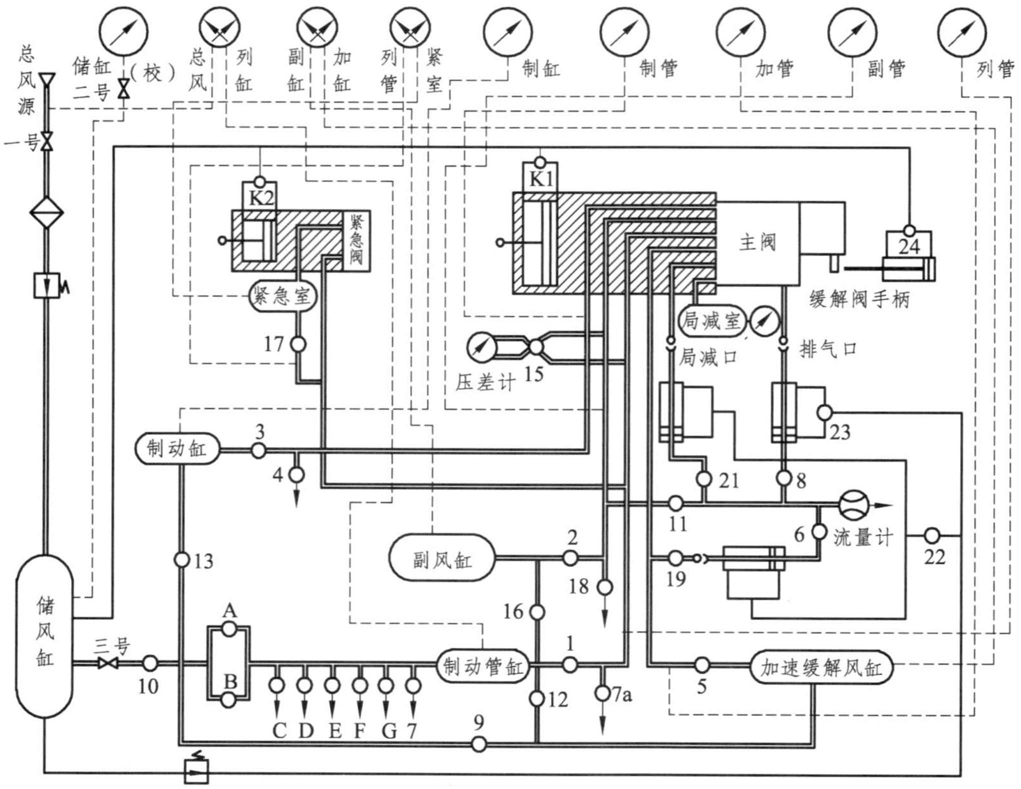

图 4-34　120 试验台结构原理

⑦ F 开关：制动管容量风缸排风；

⑧ G 开关：制动管容量风缸排风；

⑨ 7a 开关：制动管管路排风；

⑩ 开关：制动管容量风缸排风；

⑪ 开关：副风缸管路排风；

⑫ 开关：加速缓解风缸管路排风；

⑬ 开关：制动缸管路排风；

⑭ 开关：副风缸快充风；

⑮ 开关：加速缓解风缸快充风；

⑯ 开关：制动管快充风；

⑰ 17 开关：紧急室快充风；

⑱ 1 号开关：制动管容量风缸与制动管管路间截断；

⑲ 2 号开关：副风缸与副风缸管路间截断；

⑳ 3 号开关：制动缸与制动缸管路间截断；

㉑ 5 号开关：加速缓解风缸与加速缓解风缸管路间截断；

㉒ 15 号开关：制动管、副风缸管路与压差计间截断；

㉓ 12 号开关：制动管容量风缸与加速缓解风缸间截断；

㉔ 11 号开关：副风缸管路与流量计间截断；

㉕ 8 号开关：主阀排气口与流量计间截断；

㉖ 6 号开关：加速缓解风缸管路排气口与流量计间截断；
㉗ 21 号开关：局减排气口与流量计间截断；
㉘ 22 号开关：控制局减排气口和加速缓解风缸排气口的侧漏气缸动作；
㉙ 23 号开关：控制主阀排气口的侧漏气缸动作；
㉚ 24 号开关：推动缓解手柄动作及自动复位；
㉛ K1、K2：夹紧开关；
㉜ 一号塞门：总风源截断塞门；
㉝ 二号塞门：储风缸压力表截断塞门；
㉞ 三号塞门：储风缸截断塞门。

（2）120 型试验台用压力表量程和精度应满足表 4-3 的要求。

表 4-3　压力表要求

测量范围/kPa	精度等级	使用部位
0 ~ 1 000	0.6	储风缸
0 ~ 1 000	1.6 及以上	制动管容量风缸、副风缸、加速缓解风缸、紧急室、制动管管路、加速缓解风缸管路、制动缸管路
0 ~ 600	2.5	局减室

（3）各风缸与管路内径须满足以下要求，风缸与管路总容量误差应在 1%之内。
① 储风缸容积：82.4 L；管路内径：ϕ17 mm。
② 副风缸容积：40.4 L；管路内径：ϕ17 mm。
③ 制动缸容量风缸容积：12 L；管路内径：ϕ17 mm。
④ 加速缓解风缸容积：11.4 L；管路内径：ϕ17 mm。
⑤ 制动管容量风缸容积：15.7 L；管路内径：ϕ17 mm。
⑥ 紧急室容积：1.51 L；管路内径：ϕ4 mm。
⑦ 局减室容积：0.61 L；管路内径：ϕ4 mm。

（4）充/排气孔的压力变化时间应符合表 4-4 规定要求。

表 4-4　各充排气孔压力变化时间

孔名称	升压或降压范围/kPa	时间范围/s
B	50 上升至 150	50 ~ 53
C	500 降至 400	24 ~ 27
D	500 降至 300	8 ~ 9
E	500 降至 470	62 ~ 68
F	500 降至 200	6.6 ~ 7.2
G	500 降至 200	4.7 ~ 5.2
7a	500 降至 200	7 ~ 8
4	500 降至 300	3 ~ 6
18	500 降至 300	6 ~ 10

（5）试验台用的压差显示器与其配套的压差变送器、流量显示器与其配套的流量控制器、

压力传感器应满足表 4-5 的要求。

表 4-5　压差显示器、压差变送器、流量显示器、流量控制器、压力传感器的要求

压差显示器和配套的压差变送器	测量范围	−100 ~ +100 kPa
	精度	±0.5% F・S
流量显示器和配套的流量控制器	流量范围（量程）	0 ~ 500 mL/min（SCCM）
	精度	±0.2% F・S
	耐压	10 MPa
压力传感器	测量范围	0 ~ 1000 kPa
	精度	±0.2% F・S

（6）试验台应满足对风缸及管路进行充气和排气的要求，电磁阀应满足表 4-6 的要求。

表 4-6　电磁阀技术参数

2 位 2 通、2 位 3 通电磁阀	换向时间/s	≤0.04
	工作压力/MPa	0 ~ 0.8
	通径/mm	15
2 位 5 通电磁阀	换向时间/s	≤0.08
	工作压力/MPa	0 ~ 0.8
	通径/mm	8
直通电磁阀	工作压力/MPa	0 ~ 1.0
	通径/mm	3.5

二、120-1 型控制阀的概述

120-1 型控制阀是在 120 型控制阀的基础上改进而成的新型重载列车制动阀，增设了常用加速制动功能。

（一）试验概况

120-1 室内单车试验：制动管减压时间比 120 阀减少 17%。

120-1 阀室内列车试验：

（1）150 辆编组的 120-1 阀列车比同样编组的 120 阀编组列车，常用全制动排气时间缩短了 30% ~ 35%。

（2）120-1 型控制阀常用加速制动性能达到预期效果。

（3）120-1 型控制阀既能适应在压力保持下应用，又能在没有压力保持条件下与 GK 阀、120 阀混编使用。

（4）120-1 型控制阀在增加常用加速制动性能后，其常用制动波速与缓解波速、紧急制动波速与 120 阀基本相同。

（5）120-1 型控制阀的紧急灵敏度与 120 阀的紧急灵敏度相同。

（二）120-1 型控制阀的构造

120-1 型控制阀的构造（比较 120 型控制阀改进部分），仍由中间体、主阀、紧急阀和半

自动缓解阀四部分组成。其中的中间体和半自动缓解阀与 120 阀相同。

主阀：控制制动机的充气、缓解、制动、保压等作用，是控制阀中最主要的部分，由作用部、减速部、局减阀、加速缓解阀和紧急二段阀等组成。

为了实现常用加速制动作用，对其主阀作用部进行了重新设计，主要包括以下内容：

1. 对作用部的改进

（1）对截止阀进行了重新设计。

（2）对滑阀进行了重新设计，增加新的气路并对原有气路进行了调整及优化。120-1 的常用加速制动作用有滑阀、截止阀各孔在不同作用位时开、闭实现的。因此，滑阀上各孔位置及尺寸调整较多，并增加了 f_7 和 ju_3 两个小孔，如图 4-35 所示。

（3）为保证性能，提高了滑阀、截止阀的加工精度。

（4）对适应重载列车的需要，对稳定杆进行了重新设计。

（5）主活塞和滑阀的工作行程增加了 2 mm。

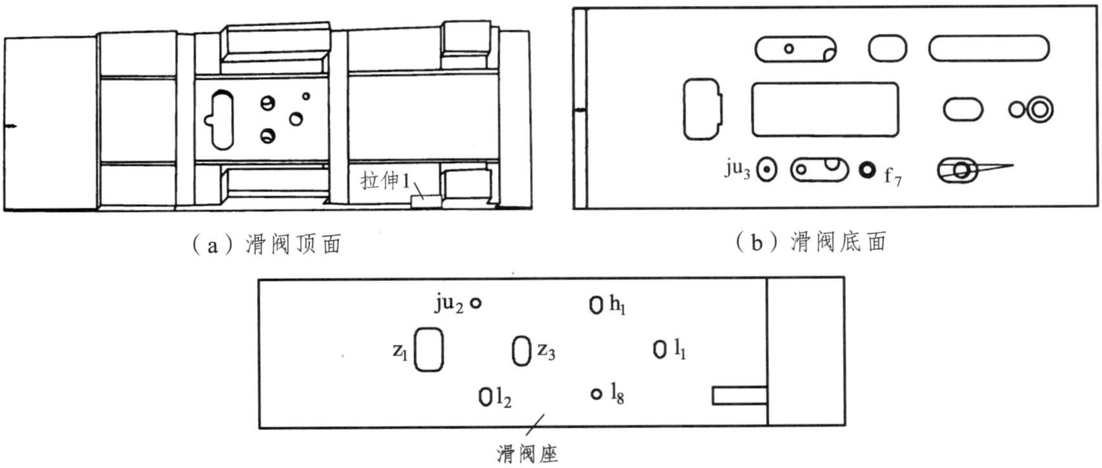

图 4-35　滑阀改进

2. 局减阀的改进

（1）将局减阀的阀杆与上活塞合为一体。

（2）主阀前盖保持 1999 年改图的要求，增加 C4 倒角，如图 4-36 所示。

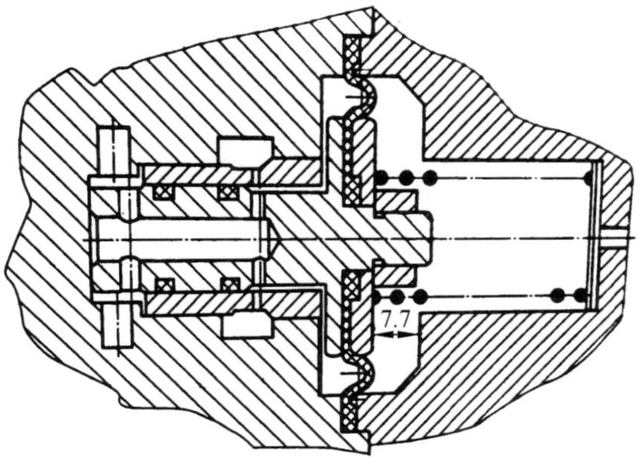

图 4-36　局减阀改进

（3）取消 M8 弹性垫圈。

（4）将普通六角螺母 M8 改为全金属六角锁紧螺母 M8。

（5）将局减活塞（加速缓解活塞）的粗糙度由原来的 *Ra*12.5 μm 改为 *Ra*6.3 μm。

3. 主阀上盖的改进

主阀上盖和前盖改用合金铝材料，为防止变形，增加了不少加强筋。从而增加了盖的刚度、强度，防止漏泄、变形。同时也可以作为 120-1 阀的识别标记，除此以外，又增加了“TK”或“MC”工厂徽记和 120-1 铸字以便识别。特别是上盖活塞运动内孔深度由原来的 22 mm 改为 24 mm。其余减速部、加速缓解部与 120 阀相同，如图 4-37 和图 4-38 所示。

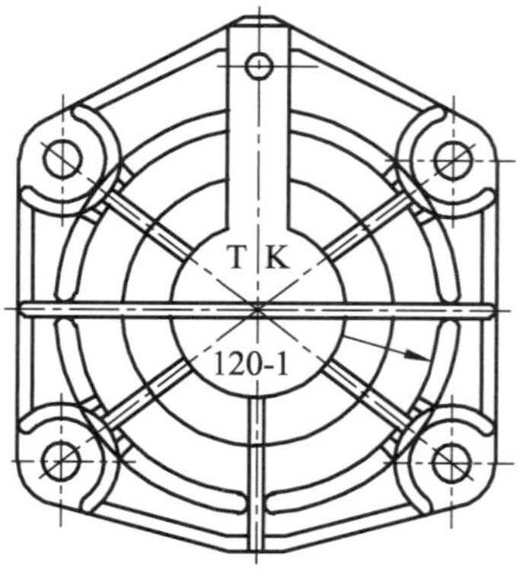

图 4-37　主阀上盖

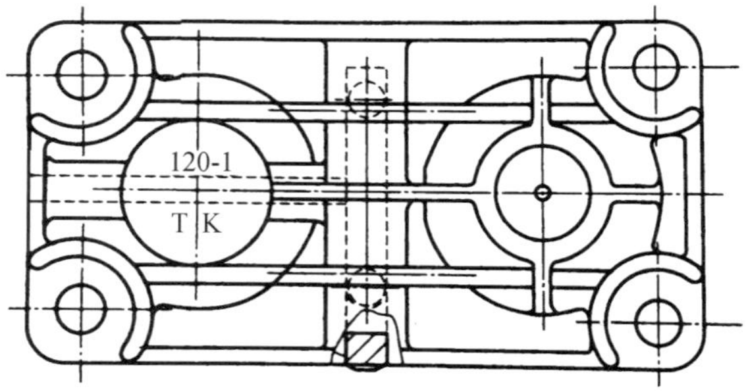

图 4-38　主阀前盖

4. 紧急阀的改进

（1）紧急阀上盖改用合金铝材料，此外增加一些加强筋以增加刚度，同时增加“TK”或“MC”工厂徽记和 120-1 铸字，如图 4-39 所示。

（2）为防止试验台试验中紧急膜板吸在盖上影响试验结果的准确性，在紧急阀内侧增加小孔一个。其余与 120 阀相同。

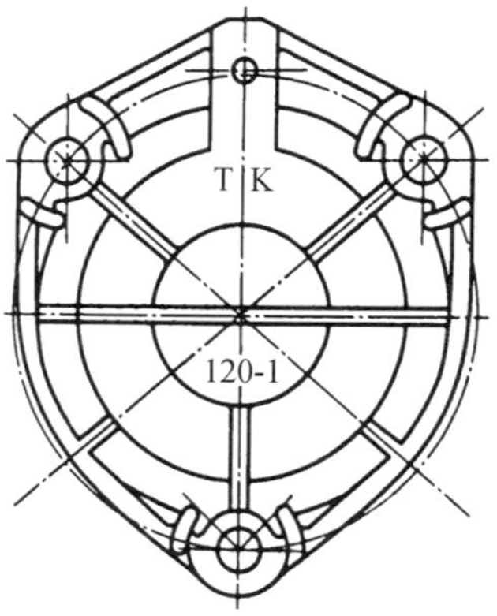

图 4-39　紧急阀上盖结构

（三）120-1 阀的作用原理

120-1 阀也有充气及缓解位、减速充气及缓解位、常用制动位、保压位和紧急制动位。其中充气及缓解位、减速充气及缓解位和紧急制动位及稳定性、安定性等与 120 阀原理相同。其半自动缓解阀的结构原理同 120 阀。

1. 120-1 常用制动位

第一阶段、第二阶段局减的产生过程、作用与功能同 120 型控制阀。在第二阶段产生局减的同时产生进一步常用加速制动作用。

在第二阶段产生局减的同时。制动管的压力空气→滑阀座 l_2 孔→滑阀底面的 l_5 孔→滑阀背面的 l_5 孔→截止阀 l_6 槽→滑阀背面的 ju_1 孔→滑阀底面的 ju_3 孔→滑阀座的 ju_2 孔→局减室→缩孔 I→大气，进一步加快制动管减压速度，这就形成了常用加速制动作用，如图 4-40 所示。

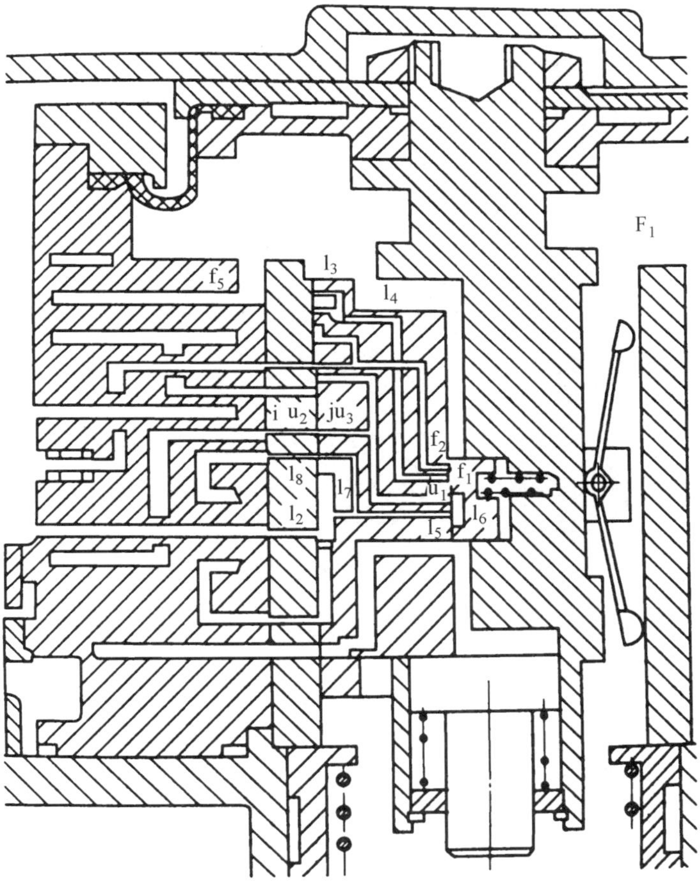

图 4-40 加速制动作用

制动缸充气过程同 120 阀。

2. 120-1 型控制阀常用制动保压位

120-1 阀制动保压位作用原理同 120 型控制阀基本相同，要强调的是当截止阀下移到保压位时，切断了滑阀背面的 l_5 和 ju_1 孔的联络，使得常用加速制动作用停止。

3. 120-1 型控制阀常用全制动位

由于 120-1 型控制阀主活塞最大行程增加了 2 mm，在常用全制动减压或过量减压时，主活塞带动滑阀移动到主活塞上端位置，滑阀座的 ju_2 孔和滑阀的 ju_3 孔相错开。因此，常用全制动时常用加速制动作用停止。与此同时，滑阀的 l_7 孔与滑阀座的 h_1 孔相沟通，此时副风缸与加速缓解风缸相沟通，以保证副风缸压力稍高于制动管压力，从而防止制动管压力波动时而造成车辆的意外缓解，与此同时在常用全制动缓解时加速缓解作用也将停止，如图 4-41 所示。

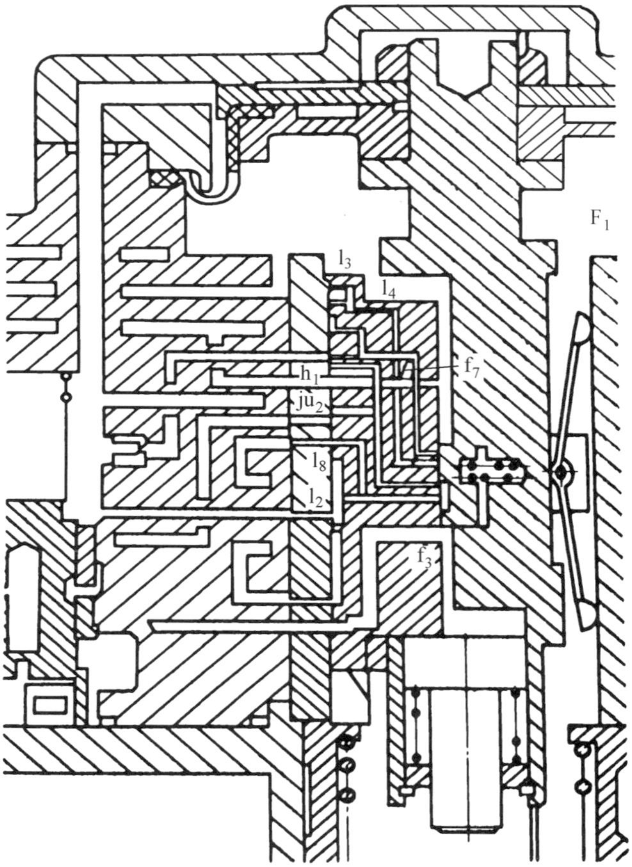

图 4-41　加速缓解风缸连通副风缸

思考与练习

一、填空题

1. 120-1 型控制阀比 120 型控制阀多了一个（　　　　）功能。
2. 120-1 型控制阀中常用全制动或紧急制动时制动缸压力具有一个（　　　　）作用。
3. 120-1 型控制阀的半自动缓解阀与 120 型控制阀（　　　　）。
4. 表压力比绝对压力（　　　　）100 kPa。
5. 直接作用式制动机的制动缸压力主要与（　　　）有关。

二、名词解释

1. 制动管最小有效减压量
2. 制动管最大有效减压量

项目五　货车空重车调整装置检修

项目概述

本项目以铁路货车空重车调整装置为载体，设计工作情境，让学生组成学习团队，以团队为单位通过绘制设有空重车调整装置的货车制动系统的组成示意图，再通过分解、组装空重车调整装置中的各零部件，掌握铁路货车空重车调整装置的安装、调整、检修工艺流程及要求等。

课件：货车空重车调整装置

教学目标

1. 通过阅读工作任务单，明确工作任务要求；
2. 能根据任务要求和实际情况，合理制订工作计划；
3. 能正确绘制设有空重车调整装置的货车空气制动装置组成示意图；
4. 能正确安装货车空重车自动调整装置，调整空重车自动调整装置零部件和其他零件的相互位置及尺寸等；
5. 能检修 120 型空气制动机上设置的各型空重车调整装置。

任务一　货车手动空重车调整装置检修

【任务描述】

本任务中，通过分解、组装手动空重车调整装置的安全阀、空重车转换塞门等零部件，掌握手动空重车调整装置构造、用途及检修要求，达到掌握货车手动空重车调整装置检修和使用的技能。

【任务实施】

手动空重车调整的原理是通过改变制动缸的容积大小来实现的；而自动空重车调整装置，是根据随车辆载重变化的枕簧高度变化作为控制信号，控制设在空气制动机与制动缸之间的一个中继阀，再由中继阀来控制制动缸空气压力的大小，从而使车辆在不同载重量的状况下获得相应的制动力。

微课：KZW-A 型空重车调整装置的结构

一、空重车调整装置的组成

货车手动空重车调整装置由降压气室、转换塞门、安全阀、拉杆及手把等组成，如图 5-1 所示。空重车转换塞门的结构同锥芯截断塞门相同。

二、安全阀

安全阀是手动空重车调整装置中一个用来保证制动力不致过高的部件，安装在制动缸通往降压气室的连接管路上或降压气室端部，结构如图 5-2 和图 5-3 所示。

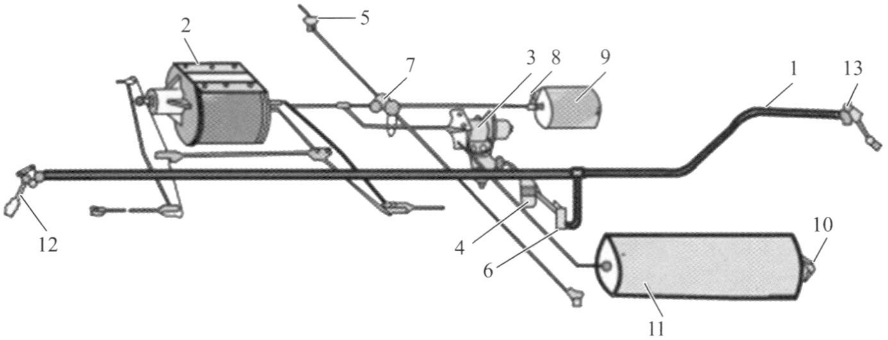

2—制动缸；3—三通阀；5—空重车指示牌及调整手把；7—空重车转换塞门；
8—安全阀；9—降压气室；11—副风缸。

图 5-1　GK 型空气制动机组成（带手动空重车调整装置）

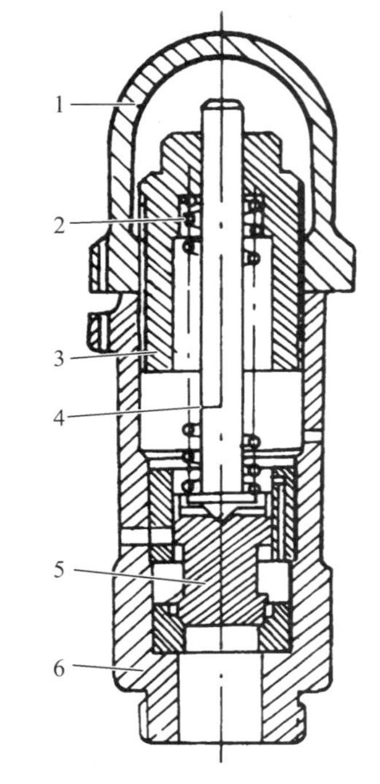

1—盖形螺母；2—弹簧；3—调整螺母；4—阀杆；5—阀；6—体。

图 5-2　安全阀的构造

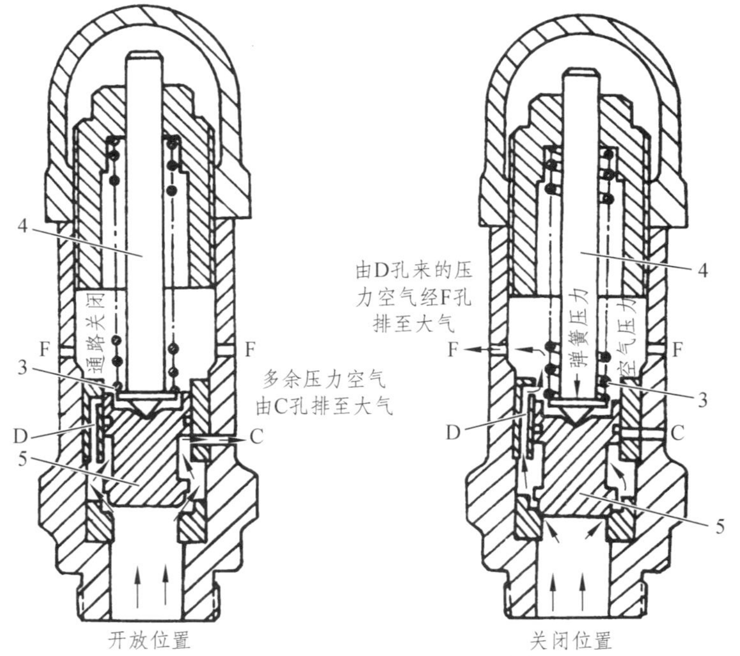

图 5-3　安全阀的作用

安全阀由阀 5、阀杆 4、弹簧 2、调整螺母 3、体 6、盖形螺母 1 等组成。上部阀杆利用弹簧弹力，使阀与阀座密贴，而阀则依靠制动缸压力的大小在阀体内上下移动。阀的四周叫阀室，阀的上部为弹簧室，两室的壁上都设有排气孔与大气相通。阀体内壁有两条垂直孔，可连通阀室与弹簧室。安全阀可旋转调整螺套，以便将弹簧压力调整到适当的强度。在空车位制动时，制动缸压缩空气经制动缸至降压气室的连通管路或降压气室进到安全阀下方。如制动缸的压缩空气超过规定压力，则将阀顶起，推动阀杆压缩弹簧，先遮住阀体内壁的垂直孔 D，打开阀室排气孔 C，制动缸压缩空气经阀与阀座间隙从排气孔 C 向大气排出。待制动缸压力下降到一定压力时，依靠弹簧的弹力将阀压下，阀尚未关闭时开放垂直孔 D，连通阀室与弹簧室的气路，阀室的压缩空气经垂直孔 D 到弹簧室内，这部分压缩空气在瞬时内协助弹簧迫使阀密贴在阀座上，停止排气。最后弹簧室的气体经排气孔 F 排向大气。它的调整压力为 190 kPa，如果空车位制动缸压力达 190 kPa 时，开始排气，将多余的气体都从安全阀排气口排出，当制动缸压力降到 160 kPa 前即自动关闭。

三、空重车调整装置的方法及原理

微课：KZW-A 型空重车调整装置的作用原理

空重车调整装置的调整方法：当车辆每轴平均载重未满 60 kN 时，将空重车调整手把置于空车位；当车辆每轴平均载重在 60 kN 以上时，将空重车调整手把置于重车位。

空重车的制动力不同是通过改变制动缸容积来实现的。空车位时，开放空重车转换塞门，使制动缸与降压气室连通，扩大制动缸容积。制动时，副风缸压缩空气经三通阀进入制动缸，同时经空重车转换塞门进入降压气室，所以制动缸压力由于其容积扩大而降低，如图 5-4 所示。为了使空车位时制动缸压力控制在 190 kPa 以下，在制动缸与降压气室的连通管上设有安全阀。重车位时，关闭空重车转换塞门。此时制动时，副风缸压缩空气经三通阀只进入制动缸，不进入降压气室，所以制动缸压力不降低，如图 5-5 所示。制动缸压力最高可达 380 kPa。

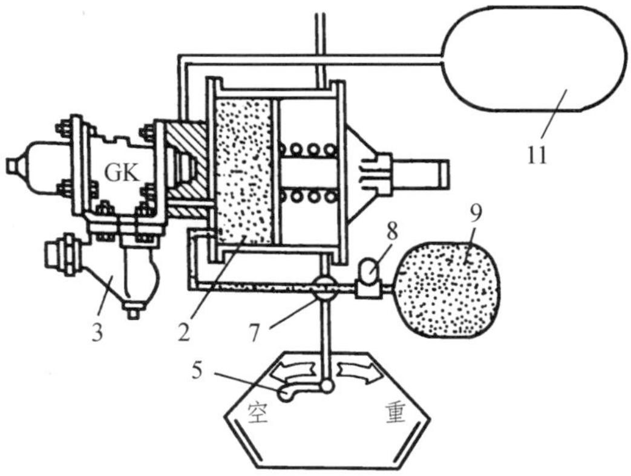

图 5-4　GK 型空气制动机空车位作用（标注同图 5-1）

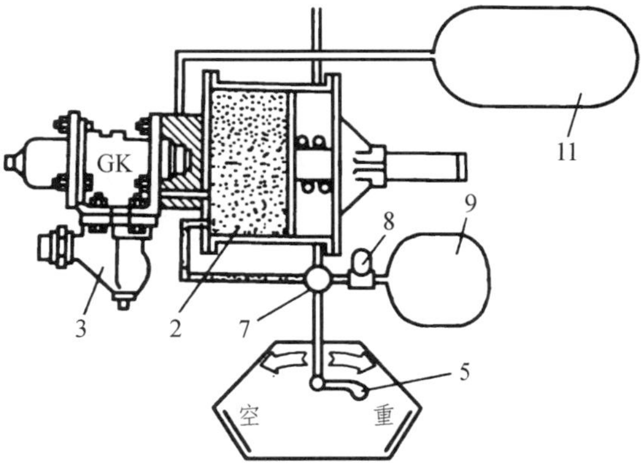

图 5-5　GK 型空气制动机重车位作用（标注同图 5-1）

思考与练习

一、填空题

1. 手动二级空重车调整装置调整制动力，是通过改变（　　　　）的容积来实现的。
2. 手动二级空重车调整装置手柄置于重车位时，制动缸通向（　　　　）的通路被关闭。
3. 空重车转换塞门安装在制动缸通往（　　　　）管路上。
4. 当车辆每轴平均载重（　　　　）时，将空重车调整手把置于空车位。

二、选择题

1. 手动二级空重车调整装置在的空车位时，将（　　）的塞门开通。

A. 副风缸到降压气室　　B. 降压风缸到制动缸

C. 制动管到副风缸　　D. 制动管到降压气室

2. 手动空重车调整装置在空车位时，制动缸压力不会超过（　　）。

A. 160 kPa　　B. 180 kPa　　C. 190 kPa　　D. 200 kPa

三、问答题

手动空重车调整装置由哪些部件组成?

任务二　KZW-A 型空重车自动调整装置检修

【任务描述】

本任务中，通过分解、组装 KZW-A 型空重车自动调整装置的测重机构、传感阀、调整阀等零部件，掌握其构造、用途及检修要求，达到熟练掌握货车 KZW-A 型空重车制动调整装置检修的技能。

【任务实施】

手动空重车调整装置在我国已应用了近半个世纪，这类二级人工空重车调整装置已不适应铁路货车的要求。无论在空车或不同载重量的重车，列车中各车辆在相同的制动工况下，车辆均要求具有相同或相近的制动率，即车辆制动力应随车辆载重变化自动调整而得到相应的制动力。KZW-4G 系列空重车调整装置和 TWG-1 系列的空重车自动调整装置在这种形势下研制完成。

KZW-4G 系列空重车调整装置和 TWG-1 系列的空重车自动调整装置能根据车辆载重情况自动调整制动缸压力。自动调整既可以节省人力，又能得到及时准确的调整，防止漏调、错调等情况的发生。

KZW-A 空重车自动调整装置是在 KZW-4G 系列空重车调整装置的基础上改进定型的，是 KZW-4G 系列空重车调整装置和 TWG-1 系列的空重车自动调整装置的替代产品。

空重车自动调整装置，是根据车辆载重变化时枕簧高度的变化作为控制信号，控制设在空气制动机与制动缸之间的一个中继阀，由中继阀来控制制动缸空气压力的大小，省去人工扳动空重车调整手柄的繁重劳动；避免因人为错调、漏调空重车调整装置造成的重车制动力不足或空车制动力过大，从而减少擦伤车轮的事故，减轻车轮踏面磨耗及车辆维修工作量。从而使车辆在不同载重的状况下获得相适应的制动力。即使在列车速度较高时，处于不同载重状况下的车辆既不会因制动力太大而擦伤车轮，也不会因制动力不足而不能保证在规定的制动距离内停车，尽可能使其制动率趋于一致，减小制动时车辆间的纵向冲击。KZW-A 空重车自动调整装置能够保证行车安全、提高运输效率、降低运输成本，具有显著的社会效益和经济效益。

一、KZW-A 型空重车自动调整装置的应用特点

1. 适用范围

KZW-A 空重车自动调整装置适用于目前我国轴重 210 kN、230 kN、250 kN 采用转 K2、K4、K5、K6 型转向架的货车，并适用于 1 300 kN 以下的货车。

2. 性能参数

KZW-A 型空重车自动调整装置的性能参数见表 5-1。它能根据车辆载重（空、重车之间转向架弹簧挠度的变化），在一定的范围内自动无级地调整制动缸压力（见图 5-6 和图 5-7），从而有效地改善车辆的制动性能，使车辆从空车至重车的不同载重状态下的制动率变化范围大大缩小，各车辆的制动率比较均匀。

表 5-1　KZW-A 型空重车自动调整装置的主要性能参数

参数		空车/kPa	半重/kPa	重车/kPa
制动缸压力	定压 500 kPa	140	230	360
	定压 600 kPa	160		420
传感阀行程		转 K2 型转向架 21 mm		
		转 K4、K5、K6 型转向架 27 mm		

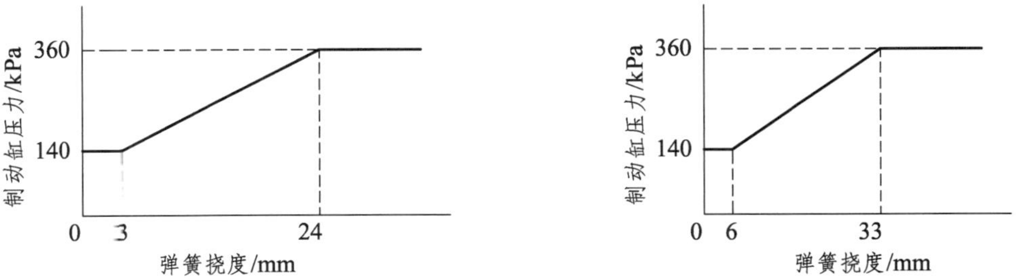

（a）转 K2 型转向架　（b）转 K4、K5、K6 型转向架

图 5-6　制动缸压力随转向架挠度的变化（挠度 0 为空车状态）

（a）转 K2 型转向架　（b）转 K4、K5、K6 型转向架

图 5-7　制动缸压力随车辆载质量的变化

二、KZW-A 型空重车自动调整装置的构造

KZW-A 型空重车自动调整装置制动系统由横跨梁、测重机构（支架、C-A 型传感阀、抑制盘、触头、复位弹簧）、限压阀总成（X-A 型限压阀、管座）、17 L 的减压气室以及相应的连接管路等组成，如图 5-8 所示。

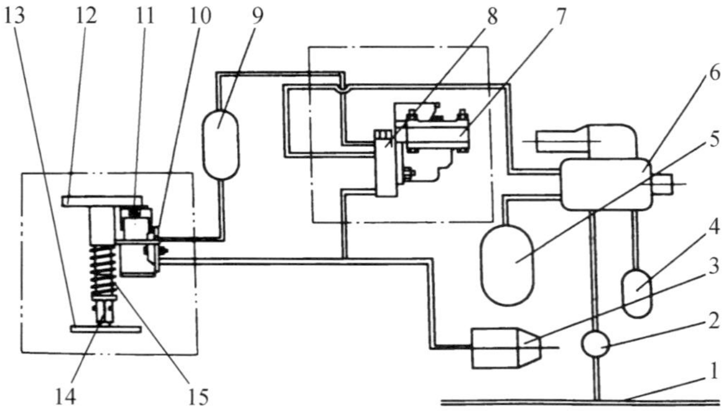

1—制动管；2—集成器与截断塞门组合体；3—制动缸；4—加速缓解风缸；5—副风缸；6—120/120-1 阀；7—X-A 型限压阀；8—阀管座；9—降压气室；10—支架；11—C-A 型传感阀；12—抑制盘组成；13—横跨梁；14—触头；15—复位弹簧。

图 5-8　KZW-A 型空重车自动调整装置制动系统图

（一）横跨梁组成

空重车自动调整装置主要依据车辆载重量的变化来调整制动力，在制动时需要对车辆的载重情况进行测量。车辆在载重发生变化后，其枕簧以上部分相对于轨面将产生垂向位移，而枕簧以下部分相对于轨面的位置保持不变，因此在簧下部分安装一横跨梁，通过测量车体与横跨梁之间的相对位移，即可知道车辆的载重情况。

横跨梁用方形钢压制而成，安装在两侧架间与摇枕平行的位置。横跨梁两端支撑在转向架侧加上焊接的两个横跨梁托上，并用螺栓螺母连接在一起。横跨梁和横跨梁托间装有调整垫板和含油尼龙磨耗垫板，便于调整横跨梁高度和减小横跨梁磨耗。耐磨垫和横跨梁托是长形孔而横跨梁端头为圆形孔，用螺栓定位，定位螺栓的槽形螺母并不紧固，留有 3 ~ 5 mm 的间隙，用开口销锁定，因此横跨梁支撑在侧架上可左右移动。在横跨梁与摇枕间装有两个安全链，以防止横跨梁损坏后掉落轨道上，提高运行安全性，如图 5-9 和图 5-10 所示。

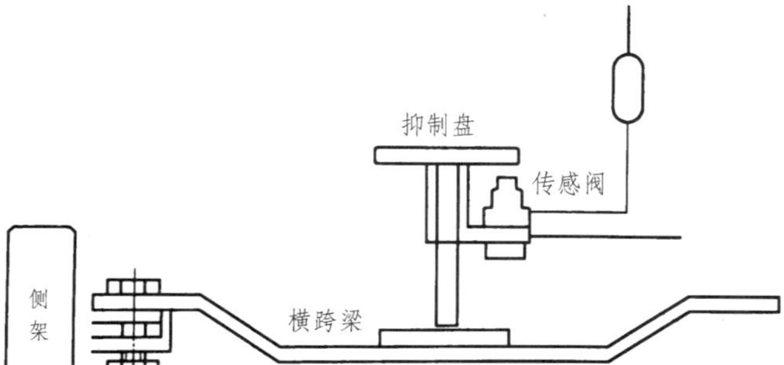

图 5-9　横跨梁安装示意图

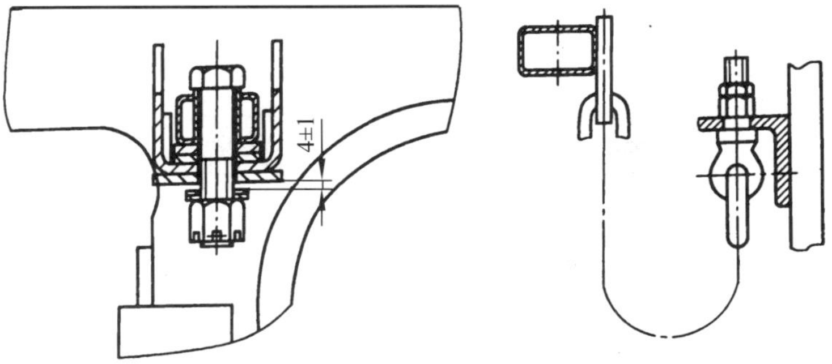

图 5-10　横跨梁的安装方式

横跨梁外形尺寸和安装位置会根据转向架型号不同而有所区别。目前可分为转 8G 和转 8AG 用、转 K2 用、转 K4 用三种。

（二）测重机构

KZW-A 型空重车自动调整装置测重机构由 C-A 型传感阀、支架、抑制盘、复位弹簧、触头等组成。传感阀安装在支架上，触杆向上，正对抑制盘的下盘面，如图 5-11 所示。

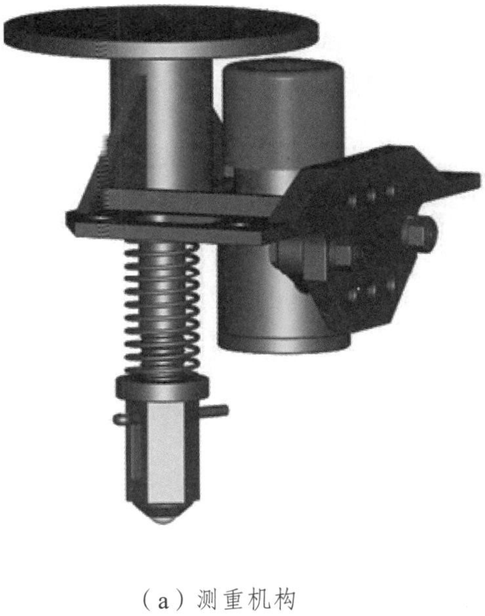

（a）测重机构

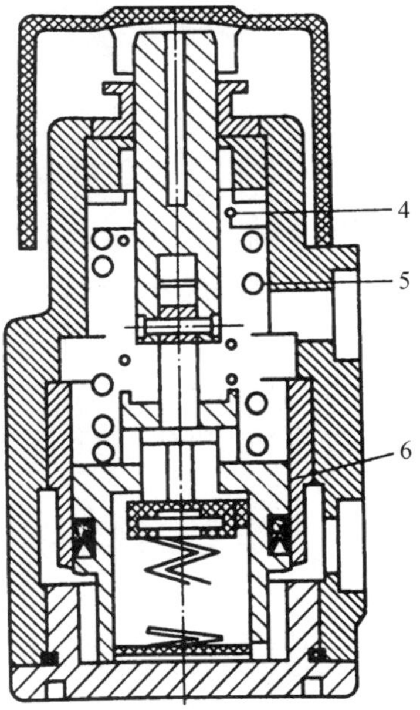

4—复原弹簧；5—调压弹簧；6—活塞组成。

（b）传感阀组成

图 5-11　测重机构及传感阀组成

1. C-A 型传感阀

C-A 型传感阀安装在支架上，触感向上，正对抑制盘的下盘面，其作用是在车辆制动时，用来测量车辆的载重并通过进入降压气室的压力空气去驱动调整阀，从而控制进入制动缸的空气压力。

C-A 型传感阀由阀体、阀盖、活塞组成、复原弹簧、调压弹簧、卡簧及密封胶圈等组成。

活塞置于阀体空腔内，阀体与活塞和触杆接触部分镶有铜套，并有 Y 形密封胶圈将阀体分为上下两个腔，下腔与制动缸相通，上腔与降压气室相通。复原弹簧和调压弹簧套于触杆上，触杆伸出阀体外，一端有 ϕ17 mm 凹槽，用卡簧卡住以防止触杆缩回阀体。活塞在初始状态下受复原弹簧的弹簧力作用，处于阀体末端，可在压力空气的作用下向上运动，同时压迫复原弹簧和调压弹簧，带动触杆伸出。为防止灰尘通过外露触杆侵入阀体内，触杆外露端有一防尘套。

活塞组成由触杆、活塞、连接杆、夹心阀、夹心阀弹簧、压盖、卡簧、Y 形密封圈等组成，如图 5-12 所示。

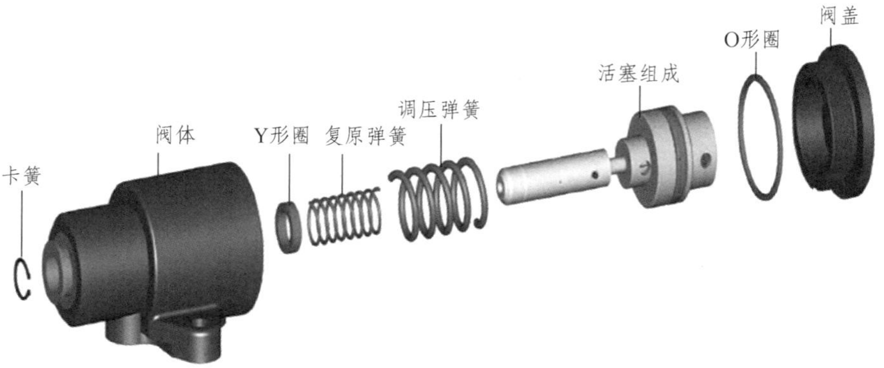

图 5-12　传感阀组成爆炸图

活塞中空，内有刃型阀口将活塞上下连通。连接杆由阀口端穿入活塞，其有 ϕ3 孔露出，与触杆末端 ϕ3 径向孔用 ϕ3 圆销铆接固定。触杆顶端有 ϕ4 轴向孔与均布的 4 个 ϕ1.2 的径向孔相通，用来在缓解末端排空降压气室余气。橡胶夹心阀与活塞刃型阀口密贴，将活塞分为上下两腔。当触杆受压时，可通过连接杆将夹心阀顶离阀口，使活塞上下两腔连通。压盖由薄钢板冲压型草帽形，其凹面为夹芯阀弹簧的支承座，用卡簧固定在活塞 ϕ30 mm 的凹槽内。橡胶密封圈为 Y 形结构，将其唇口与触杆反向置于活塞 ϕ37 mm 的凹槽内，如图 5-11 和图 5-12 所示。

2. 支架与抑制盘（见图 5-13）

（1）支架。

支架用精密铸钢件加工而成，与安装在横跨梁上方车体中梁内的两个安装座用四只螺栓紧固，其 ϕ25 mm 孔用以安放抑制盘并为抑制盘导向。支架中央空腔用来安放传感阀，用两支柱螺栓将两者紧固。连接管路的法兰均安装在传感阀相反一侧。

（2）抑制盘。

车辆空车时，抑制圆盘坐落在支架的导管顶端，作为空车时传感阀称重的基准。当车辆载重使得抑制盘触头与横跨梁接触后，抑制盘与横跨梁的相对高度不变，又作为载重时传感阀称重的基准。

复位弹簧安放在抑制盘上，用于抑制盘与支架导管移动时减少或缓解车辆运行振动带来的影响。

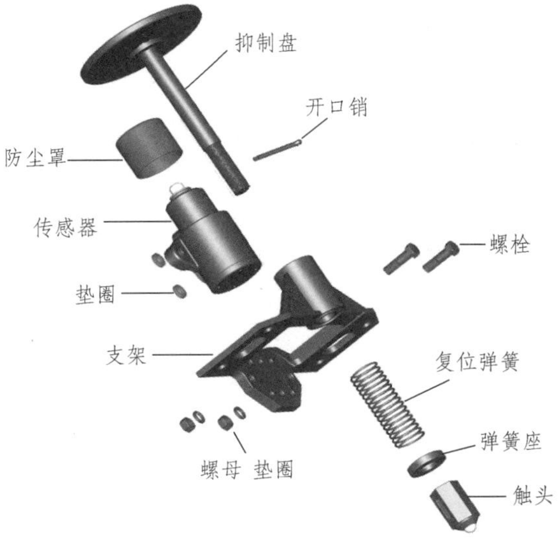

图 5-13　支架与抑制盘组成爆炸图

（三）X-A 型限压阀总成

X-A 型限压阀总成由 X-A 型限压阀、管座等组成，如图 5-14 所示。制动时，它受来自 120 阀空气制动机制动孔的压力空气、来自传感阀降压气室的压力空气、进入制动缸的压力空气及压力弹簧的弹簧力的共同作用来控制制动缸的空气压力。在规定调整范围内，当制动孔压力一定时，使制动缸的空气压力随车辆载重增加而增加。

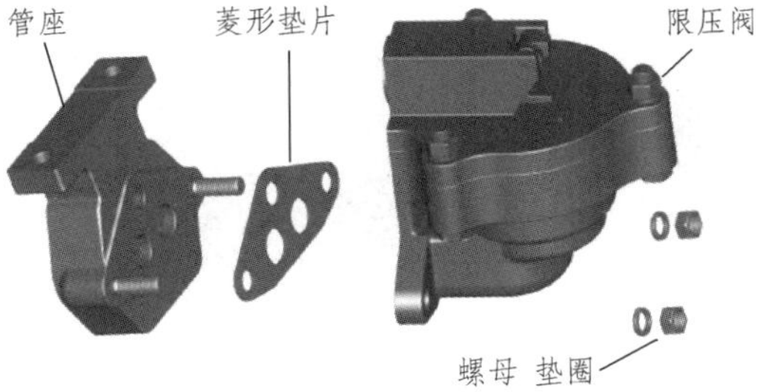

图 5-14　X-A 型限压阀组成

X-A 型限压阀由阀体、阀盖、中间体、作用推杆组成、膜板、限压阀活塞组成、限压夹心阀、压力弹簧、显示牌、显示活塞、显示弹簧、后盖及密封垫及密封圈等组成。它与管座通过螺栓紧固，并用一菱形橡胶垫保持密封，如图 5-15 和图 5-16 所示。

1. 阀体

X-A 型限压阀阀体中央为刃型阀口，阀口下有铸造空腔使阀口与制动缸相通，阀口旁有铸造孔，该孔与 120 阀相通。调整活塞置于阀体中央并由调压弹簧支撑在刃型阀口上方，活塞与阀体铜套间有 $\phi 56$ mm 的 Y 形橡胶圈密封。限压阀活塞内有橡胶夹心阀，当活塞受压时，夹心阀平面与阀口密贴，将阀口关闭，从而将 120 阀与制动缸隔断。限压阀活塞上下两侧形成互相密封的两个空腔。膜板上侧通制动缸，下侧通大气。

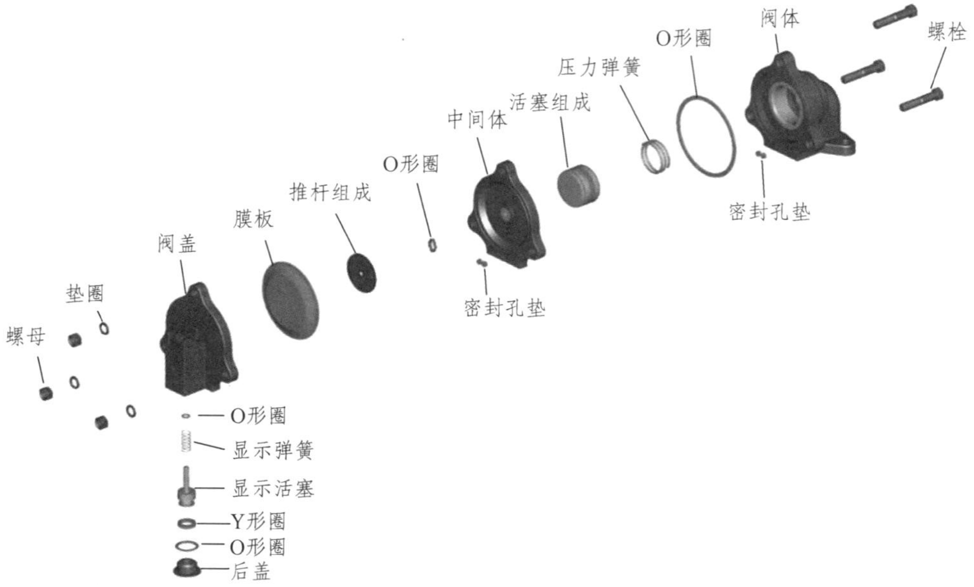

图 5-15　X-A 型限压阀的组成爆炸图

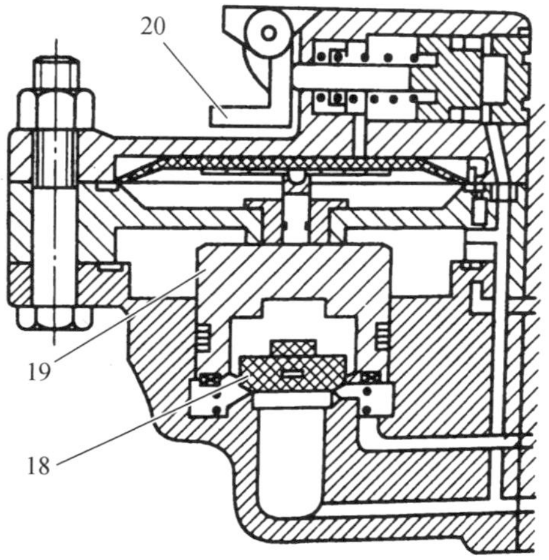

18—限压阀夹心阀；19—限压阀活塞；20—显示牌。

图 5-16　X-A 型限压阀结构

2. 中间体

中间体与阀盖间安放有橡胶膜板，橡胶膜板的两侧也形成互相密封的两个空腔，上侧通降压气室，下侧通大气。推杆组成安放在中间体中央通孔内，由圆片和短轴通过卡簧连接在一起，并通过推杆组成将力传递给限压阀活塞。

3. 阀盖

阀盖内有显示弹簧、显示活塞将阀盖分为前后两个空腔，前腔通降压气室，后腔通制动缸。当制动缸与降压气室形成压力差时，显示活塞的活塞杆将伸出阀盖，并推动显示牌翻转以显示制动缸的压力。

三、KZW-A 型空重车调整装置的作用原理

车辆空车时，调整抑制盘下端的触头，使抑制盘坐落在支架的圆柱形导管的顶端，而触头与横跨梁间保持 h_0 间隙（转 8AG、转 8G、K2 型为 h_0=3 mm，转 K4 为 h_0=8 mm），并用开口销锁定，这时传感阀触杆与抑制盘的距离约为 6 mm。横跨梁支撑在转向架侧架上与轨面的高度不变，与载重大小无关。车辆载重后，枕簧受压变形，支架和装在上面的传感阀将随车体下移，当抑制盘与横跨梁接触后，抑制盘的高度位置不再变化，传感阀触杆与抑制盘的距离将随载重的增加而增加。

在与 120 阀配套使用时，当 120 阀处于完全缓解状态时，KZW-A 型空重车调整装置和制动缸处于无压力空气状态。这时 X-A 型限压阀的活塞、作用杆和橡胶膜板在调压弹簧的作用下处于最上方位置，活塞内的夹心阀离开阀口，阀口处于开启状态。制动缸及与之连通的空间经开启的限压阀和 120 阀的缓解排气通道与大气相通。限压阀盖上的空重位压力显示器的活塞杆在显示弹簧的作用下处于缩进位置，显示牌处于最下方位置。传感阀的活塞和触杆在复原弹簧的作用下处于最下端位置，触杆与抑制盘保持一定距离，活塞内的夹心阀在夹心阀弹簧的作用下使阀口处于关闭状态，将传感阀体内分为上下两个腔，下腔通制动缸及限压阀活塞上方，上腔通降压气室及限压阀的橡胶膜板上方，并通过传感阀触杆内的小孔通向大气。图 5-17 所示为缓解状态。

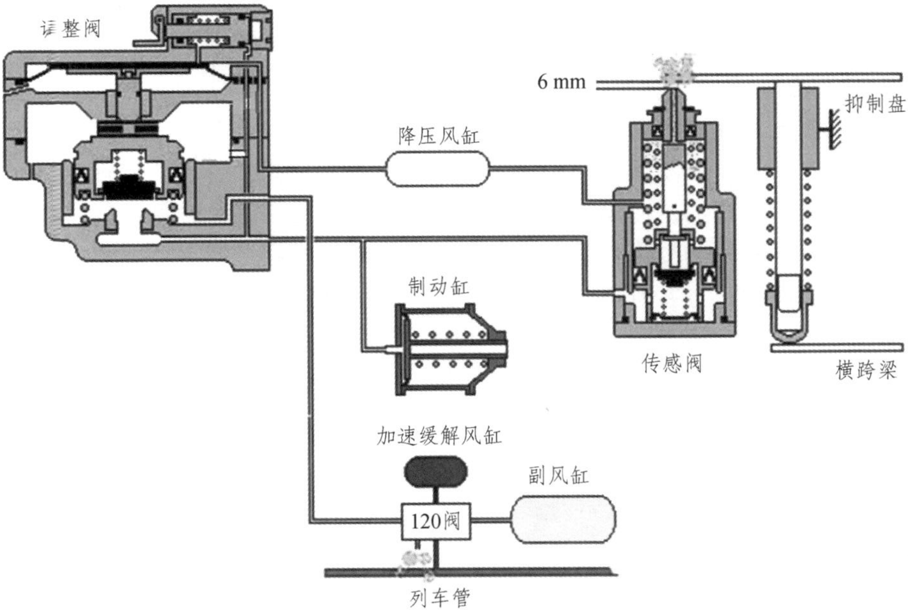

图 5-17　KZW-A 型空重车调整装置处于缓解状态

当制动管减压制动时，120 阀动作，副风缸压力空气经 120 阀和开启的限压阀向制动缸及限压阀活塞上方充气。随着制动缸压力的增加，传感阀的活塞在下腔空气压力（制动缸空气压力）的作用下向上移动，压缩复原弹簧和调压弹簧并推动触杆一起上移，当触杆上移碰到抑制盘时停止不动，而活塞随制动缸空气压力的增加继续上移，这时活塞内的夹心阀被触杆顶开，活塞下腔的气体立即向上腔及降压气室等充气。当降压气室即限压阀橡胶膜板上方的空气压力上升到一定时，与限压阀活塞上方制动缸压力共同作用，克服活塞下腔空气压力与

调压弹簧的作用力，驱使限压阀内的活塞下移关闭阀口，副风缸停止向制动缸充气。传感阀活塞上下作用力达到平衡后，活塞内的夹心阀自动将阀口重新关闭，维持制动缸与降压气室的压力不变。图 5-18 所示为空车位时制动作用。

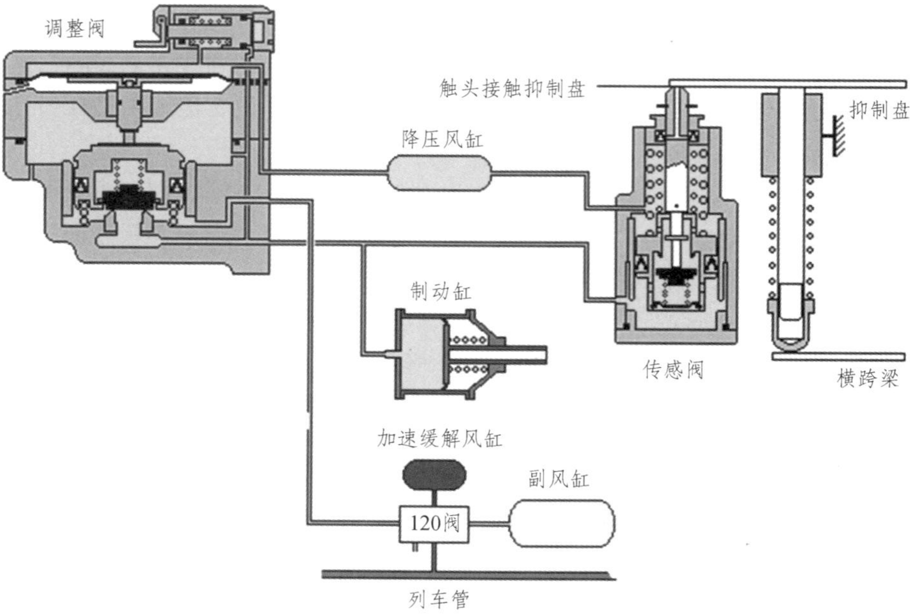

图 5-18　KZW-A 型空重车调整装置空车位制动状态

随着车辆载重的增加，枕簧挠度增大，车体下沉越多，固定在支架上的传感阀在触头接触横跨梁不能移动之后，随车体下沉越多，传感阀压缩复位弹簧越多，传感阀位置越低，传感阀触杆与抑制盘距离越大。制动时传感阀活塞和触杆上移使触杆接触抑制盘走行距离就越大，压缩传感阀调压弹簧和复原弹簧长度也就越多，触杆接触抑制盘后继续顶起传感阀活塞（压缩已具有较大的反弹力的调压弹簧和复原弹簧），使触杆顶开传感阀活塞内的夹心阀使制动缸压力空气进入降压气室和限压阀膜板上方气体协助关闭限压阀（停止向制动缸充气）的制动缸压力就越高，这就是根据不同载重实现自动调整制动缸压力的原理。图 5-19 所示为重车位制动作用。

限压阀盖上的显示器在制动缸、降压气室的空气压力和显示弹簧的共同作用下推动活塞杆伸出驱使显示牌翻转。全重车位制动缸压力时，显示牌翻转 90°，从空车位到重车位制动缸压力范围内显示牌翻转是连续的。

当制动管充气缓解时，120 阀动作，制动孔转换到通大气，限压阀通 120 阀口的压力空气迅速降低，其内的夹心阀被制动缸的压力空气顶开，制动缸压力空气穿过限压阀夹心阀口经 120 阀排向大气。传感阀的活塞在下腔空气压力随制动缸空气压力的下降而下降，其活塞和触杆一起下移，当活塞下腔的气体压力低于上腔空气压力时，上腔空气压力顶开夹心阀，降压气室的空气压力通过夹心阀口与制动缸的压力空气一起经限压阀和 120 阀排向大气。图 5-20 所示为初缓解状态。与此同时，在传感阀触杆回到最下端位置时，降压气室的压力空气还通过传感阀触杆内的小孔直接排向大气直至排尽为止。在排气过程中，当限压阀活塞上方及橡胶膜板上方的空气压力降到一定时，其调压弹簧又逐渐将活塞、作用杆和橡胶膜板推到最上端位置，夹心阀阀口完全打开处于常开位置。而传感阀活塞内的夹心阀在上腔压力接近下腔的空气压力时靠夹心阀弹簧又将夹心阀阀口关闭，最后恢复到完全缓解的无压力状态。缓解过程中，限压阀盖上的显示牌也随制动缸压力下降而自动落下。图 5-21 所示为缓解作用。

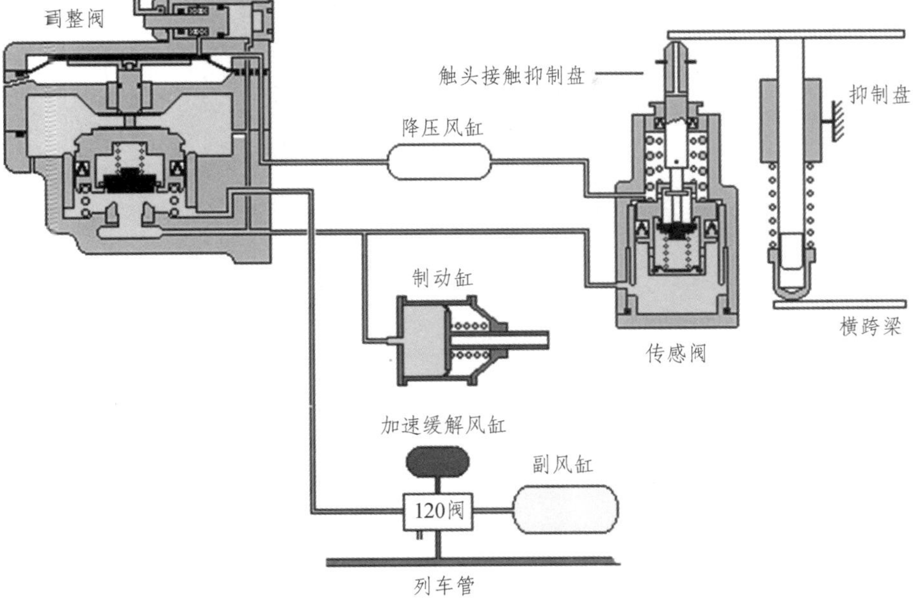

图 5-19　KZW-A 型空重车调整装置重车位制动状态

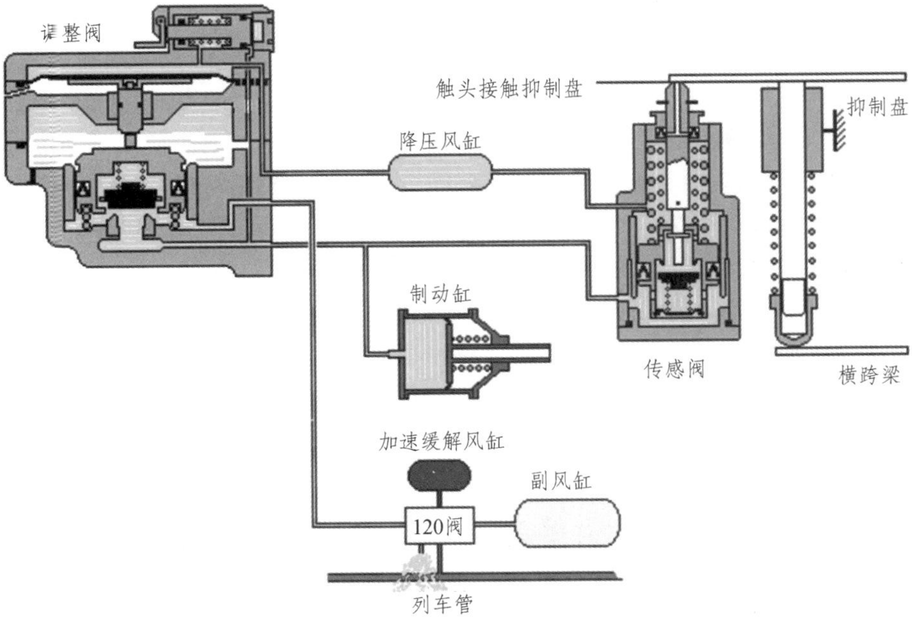

图 5-20　KZW-A 型空重车调整装置空车位初缓解状态

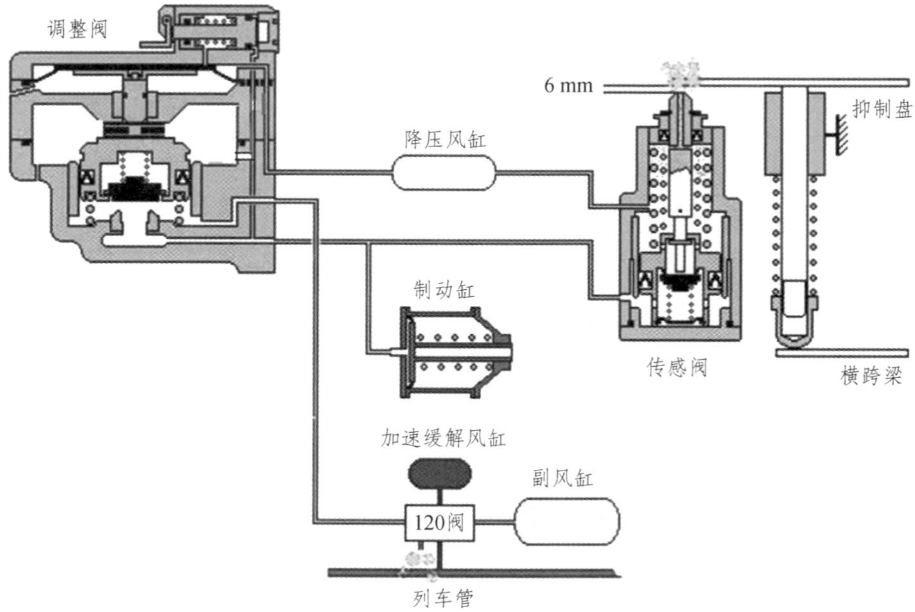

图 5-21　KZW-A 型空重车调整装置空车位缓解状态

四、KZW-A 型空重车自动调整装置的安装

1. 横跨梁安装

横跨梁托焊装在转向架侧架上，转向架组装后，两侧架上相对托的上平面平行度不大于 2 mm，横跨梁两端连接螺栓的轴向间隙为 3 ~ 5 mm。可增减横跨梁垫板厚度或在车钩高度允许的范围内调整心盘垫的厚度，使在车体总装落成后横跨梁与转向架移动杠杆及上拉杆的距离不小于 6 mm，横跨梁与车体枕梁下盖板的距离不小于 65 mm。

2. X-A 型限压阀总成的安装

限压阀总成（包括限压阀、管座）安装在车体边梁。管座通过焊接在车体边梁上的吊座与车体连接，限压阀安装在管座上朝向车体外侧，之间用橡胶垫密封。另一侧通过管路分别与 120 阀、制动缸、降压气室连接，其连接均为法兰连接。

限压阀盖上的空重车显示牌在翻起显示重车位表面涂白色油漆。

3. 测重机构的安装

支架托板焊装在车体中梁上，左右两托板上平面的平行度不大于 2 mm。测重机构组成螺栓安装在支架托板上，弹簧挡圈须良好，螺栓须紧固并露出 1 ~ 3 扣螺纹。

支架、抑制盘、复位弹簧、弹簧座、触头及传感阀组成测重机构前各部位应除去灰尘和污垢。抑制盘倒置，在支架导管内涂上少许制动缸润滑脂后，支架导管套入抑制盘轴上，支架的导管应能在轴上自由移动，无任何卡滞现象，其顶端应与盘面接触。将复位弹簧套入抑制盘轴，然后将弹簧座套入抑制盘的螺杆上，再将触头拧到抑制盘的螺杆上，使复位弹簧定位。

在传感阀的进出气孔处放上密封胶圈，将传感阀触杆朝上，将抑制盘圆盘安装到支架内，用两只 M12 的螺栓紧固，检查触杆与圆盘之间的间隙应为（6±1）mm。

五、KZW-A 型空重车自动调整装置的检修

KZW-A 型货车空重车调整装置是根据车辆载重情况，全自动实现调整所需制动缸压力的。其性能状态直接影响着车辆制动机的性能，进而影响列车制动机制动效果，以至于危及行车安全。因此，掌握 KZW-A 型货车空重车调整装置的结构原理和特点，加强对其运用保养，熟悉其常见故障分析处理方法，提高检修质量，确保其具有良好的性能状态就显得十分重要。KZW-A 型货车空重车调整装置的检修分为日常维护和定期检修两种形式。

（一）日常维护

日常维护主要是在车辆作为非检修车时，车辆检修人员对运用车在列检所、站修所以及非运用车在备用线等的日常检查、检修，确保其良好状态。

对 KZW-A 型空重车自动调整装置主要进行外观检查，检查范围主要是各部位连接螺栓不得松动；空气管路不得泄漏；传感阀触杆应伸缩灵活；调整阀显示牌应翻转灵活；抑制盘应不卡滞。要求有配件丢失或作用不良时，应及时填补或更换相应配件。

（二）定期检修

按车辆运用周期应定期对 KZW-A 型空重车自动调整装置进行检修。定期检修随车辆进行段修或厂修时进行。

KZW-A 型空重车自动调整装置定期检修范围和限度要求：

1. 支架、抑制盘

（1）传感阀触头裂纹、磨耗大于 3 mm 时须更换新品。

（2）支架、抑制盘裂纹、磨损时更换；抑制盘螺纹损坏时更换。

（3）支架 ϕ25 mm 内孔磨耗大于 ϕ26 mm 时更换。

（4）抑制盘 ϕ25 mm 柱面磨好后小于 ϕ24 mm 时更换。

（5）抑制盘润滑脂腔内注入适量 GP-9 润滑脂。

2. C-A 型传感阀

（1）C-A 型传感阀的检修要求：

① 解体、清洗、去除油污。

② 各零件裂纹或锈蚀时更换；触杆 ϕ18 mm 的柱面拉伤时更换。零件尺寸符合表 5-2 要求。

表 5-2　传感阀检修限度

序号	名称	限度	适用型别
1	活塞直径	$\phi46_{-0.20}^{-0.08}$	各型
2	活塞套直径	$\phi46_{0}^{0.08}$	各型
3	触杆直径	$\phi18_{-0.4}^{-0.2}$	KZW 系列
4	触杆外套直径	$\phi18_{-0.032}^{+0.15}$	各型

③ 活塞阀口损伤允许修理。

④ 更换橡胶密封件。

⑤ 各弹簧检修时须做压力试验：以 1.3 ~ 1.5 倍的工作负荷试压三次不得产生永久变形；更换时各有关参数须符合要求。

（2）C-A 型传感阀组装要求：

① 组装前各零件保持清洁。

② 组装前各橡胶件应擦拭干净，不得用油类（汽油、煤油）、香蕉水、碱、酸液体清洗。

③ 活塞、触杆、连接杆各滑动面及各活动密封圈须涂以适量 GP-9 润滑脂（不得用其他油脂代替）。

④ 活塞组成装入阀体内推动时，动作须灵活、阻力适当。组装完成后在 KZW 系列空重车试验台上进行试验，试验合格才能安装到车辆上。

3. X-A 型限压阀

（1）X-A 型限压阀的检修要求：

① 解体、清洗、去除油污。

② 各零件裂纹及锈蚀时更换；阀盖组件中的活塞（杆）$\phi 8$ mm 柱面及中间体组成中的铜套内孔面拉伤时更换；其他部位拉伤时修理或更换。零件尺寸符合表 5-3 要求。

③ 阀体上的阀口损伤修理或更换。

④ 更换橡胶密封件。

⑤ 各弹簧检修时须做压力试验：以 1.3 ~ 1.5 倍的工作负荷试压三次不得产生永久变形；更换时各有关参数须符合要求。

表 5-3　限压阀检修限度

序号	名称	限度		
		KZW－4GAB（CD）	KZW－A	KZW－4G、KZW－4
1	活塞直径	$\phi 56_{-0.28}^{-0.1}$		
2	活塞套直径	$\phi 56_{0}^{+0.08}$		
3	推杆组成的短轴直径		$\phi 8_{-0.10}^{+0.04}$	$\phi 14_{-0.1}^{-0.05}$
4	中间体组成的铜套直径		$\phi 8_{0}^{+0.18}$	$\phi 14_{0}^{+0.18}$
5	显示活塞直径	$\phi 25_{-0.20}^{-0.065}$		$\phi 20_{-0.20}^{-0.065}$
6	显示活塞杆直径	$\phi 8_{-0.10}^{-0.04}$		$\phi 8_{-0.10}^{-0.04}$
7	阀盖孔直径	$\phi 25_{0}^{+0.1}$		$\phi 20_{0}^{+0.1}$
8	阀盖铜套孔直径	$\phi 8_{0}^{+0.18}$		$\phi 8_{0}^{+0.18}$

（2）X-A 型限压阀组装要求：

① 组装前各零件保持清洁。

② 组装前各橡胶件应擦拭干净，不得用油类（汽油、煤油）、香蕉水、碱、酸液体清洗。

③ 各活塞（轴）滑动面、各活动密封圈须涂以适量 GP-9 润滑脂（标准用其他油脂代替）。

④ 各活塞（轴）装入相应内推动时，动作须灵活、阻力适当。组装完成后在 KZW 系列

空重车试验台上进行试验，试验合格才能安装到车辆上。具体试验见本项目的“拓展知识”。

（三）现车组装

车辆落成后，横跨梁和转向架移动杠杆及上拉杆的距离不小于 6 mm；在空车状态下，横跨梁与车体枕梁下盖板的距离不小于 60 mm；转 8AG、转 8G 型转向架不小于 68 mm；触头与磨耗板的间隙须符合表的要求，不符合时须调整横跨梁垫板厚度，在车钩高度范围内调整心盘垫板厚度或横跨梁磨耗板上焊装一块磨耗板。横跨梁垫板总厚度不大于 25 mm，且不超过 3 块。焊装的磨耗板规格为 175 mm×95 mm×（5 ~ 12）mm，且四周满焊。横跨梁垫板与横跨梁托调整垫板的间隙不大于 1 mm。横跨梁组装螺栓垂直移动量为 3 ~ 5 mm（P65 等型号的车为 1 ~ 3 mm），须安装开口销。支架与抑制盘触头支架组成用螺栓安装在支架托板上，并按照弹簧垫圈 螺栓须紧固并露出 1 ~ 3 扣螺纹。限压阀管座须清扫干净。限压阀及管座间须安装橡胶密封垫。各连接管法兰间须安装密封圈。各部件的面漆颜色须与车体一致；传感阀的触杆、抑制盘的圆柱轴及触头螺纹等活动部位不得涂漆；限压阀盖上的空重车显示牌翻起显示重车位时，表面为白色；落下显示空车位。

单车试验合格后，须将限压阀安装螺栓两边点焊固。

思考与练习

一、填空题

1. KZW-A 型空重车调整装置的测重机构包括传感阀、触头、（　　　　）、（　　　　）及复原弹簧等。

2. KZW-A 型货车空重车调整装置在制动时传感阀活塞下侧通（　　　　）的气体，上侧通（　　　　）气体。

3. KZW-A 型货车空重车调整装置在制动时限压阀活塞下侧通（　　　　）的气体，上侧通（　　　　）的气体。

4. KZW-A 型货车空重车调整装置在制动时限压阀中间体膜板上侧（　　　　）的气体，下侧通（　　　　）的气体。

5. KZW-A 型货车空重车调整装置在制动时显示活塞后部通（　　　　）气体，显示活塞前部通（　　　　）气体。

二、选择题

1. KZW-A 型货车空重车自动调整装置中，限压阀安装在（　　）上。

A. 抑制盘支架　　　　B. 车体底架

C. 转向架侧架　　　　D. 摇枕心盘上

2. KZW-A 型空重车调整装置的横跨梁装在（　　）。

A. 车体底架上　　　　B. 转向架侧架上

C. 摇枕上　　　　D. 车体侧梁上

3. KAW-A 型货车空重车调整装置装车后，调整抑制盘与传感阀触头的间隙为（　　）。

A.（3±1）mm　　B.（4±1）mm　　C.（5±1）mm　　D.（6±1）mm

4. KZW-A 型货车空重车调整装置的抑制盘下端触头，在（　　）情况下，无论制动与否始终与横跨梁接触。

A. 载重一定　　B. 全空车　　C. 半空车　　D. 以上都不对

5. KZW-A 型空重车调整装置的测重系统中的传感阀只在（　　）时才与抑制盘接触，传感阀受车辆运动影响小，其作用稳定可靠。

A. 制动　　B. 缓解　　C. 感度　　D. 充风

三、判断题

1. 车辆越重，C-A 型传感阀触头与抑制盘之间的距离就越大，降压风缸分流的气体越多。（　）

2. KZW-A 型空重车调整装置的所有部件都安装在车辆底架上。（　）

3. KZW-A 型空重车调整装置的优点是可以根据车辆载重情况自动地进行空重车位的转换，避免了漏调和误调。（　）

4. KZW-A 型货车空重车调整装置在全空车状态时，抑制盘触头在无论是否制动始终与横跨梁接触。（　）

5. KZW-A 型空重车自动调整装置只有抑制盘一个测量基准。（　）

6. 车体重量达到一定值后，当抑制盘下端触头接触到横跨梁后，抑制盘的高度不会随车体载重变化。（　）

四、问答题

1. KZW-A 型空重车调整装置的限压阀的作用是什么？

2. KZW-A 型空重车调整装置的传感阀的作用是什么？

任务三　TWG-1 系列空重车自动调整装置检修

【任务描述】

本任务中，通过分解、组装 TWG-1 系列空重车自动调整装置传感阀、调整阀等零部件，掌握其构造、用途及检修要求，达到熟练掌握货车 TWG-1 系列空重车自动调整装置检修技能。

【任务实施】

一、TWG-1 系列空重车自动调整装置的结构和特点

微课：TWG-1 型空重车调整装置的结构

（一）TWG-1 系列空重车自动调整装置的结构

TWG-1 系列空重车自动调整装置由 T-1 系列调整阀和 WG-1 系列传感阀两部分组成。设有 TWG-1 型空重车自动调整装置的空气制动系统管路组成如图 5-22 所示。除了调整阀和传感阀之外，其余的控制阀、副风缸、降

压气室及制动缸等均与原制动机一样，无须变动。

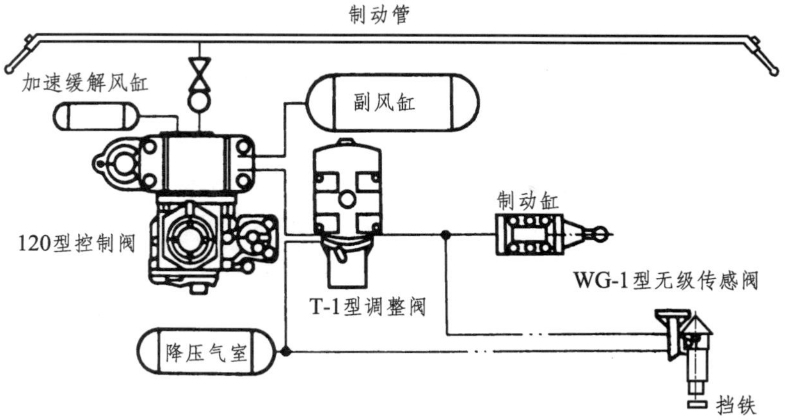

图 5-22　TWG-1 型空重车调整装置管系示意图

（二）TWG-1 系列空重车调整装置的特点

（1）具有简单可靠的新型称重机构。从空车位到制动位，传感阀触头行程变化与车辆载重变化时枕簧挠度变化的方向一致，因而无须采用抑制盘等改变位移方向的机构，同时传感阀活塞质量很小，故对车辆振动的跟随性很好，消除了因振动而引起的误调现象。此外，传感阀仅在制动时才伸出触头以感知枕簧挠度情况。在缓解状态时则顶杆缩回，触头完全不与横跨梁接触，因而在车辆运行时没有常年接触磨耗的部件，大大延长了传感阀及横跨梁的使用寿命。

（2）具有很强的通用性和适应能力。由于采用了独创的双膜板结构原理，因而其重车位与空车位压力均可根据车辆不同配置的需要而在较大范围内变化设定，而且只要改变少量零部件即可改变输出/输入压力比，可适应各种车型及闸瓦种类，而无须改变车辆其他制动部件，具有很强的适应能力。

（3）该装置能与 120 型及 GK 型等货车主型制动机相适配，使之具有无级空重车自动调整功能，原型制动机的性能基本不变。

（4）与一般的自动调整装置不同，该装置的重车位及空车位的制动缸最高压力都可根据车辆不同吨位、速度及配用高摩闸瓦的摩擦性能在相当大的范围内设定。它能与 356 mm、254 mm 制动缸相适配，因而适用性强。

（5）能适应制动管定压为 500 kPa 和 600 kPa。

（6）无论在任何空重车位，该装置均具有明显而稳定的制动缸压力初跃升作用。

（7）为了提高可靠性和方便使用，在自调装置设计中采用了许多技术含量较高的新结构、新材料和新工艺。

①“密封圈过槽”结构取代“密封圈过孔”及止阀结构，能加大通量，延长寿命，简化结构，防止密封圈被孔边“咬伤”而失效。

② 传感阀顶杆触头端部镶以特种高分子减摩耐磨材料制成的减磨垫，以减少触头与横跨梁的横向力及磨损。

③ 顶杆与触头螺纹连接处采用新型国际防松自锁螺母结构，调整方便可靠。

④ 调整阀安装座与调整室融为一体，取消调整室吊及通往调整室的管路等，可简化结构

和管路，并防止漏泄，安装检修十分方便。

二、TWG-1 系列空重车自动调整装置的型号和配置

为适应不同车辆的需要，TWG-1 系列空重车自动调整装置目前有四种型号：

（1）TWG-1A 型：由 T-1A 型调整阀及 WG-1A 型传感阀组成。

（2）TWG-1B 型：由 T-1B 型调整阀及 WG-1B 型传感阀组成。

（3）TWG-1C 型：由 T-1A 型调整阀及 WG-1C 型传感阀组成。

（4）TWG-1D 型：由 T-1B 型调整阀及 WG-1D 型传感阀组成。

TWG-1A 型和 TWG-1C 型、TWG-1B 型和 TWG-1D 型其性能完全相同，仅仅是其传感阀的活塞行程及调整行程不同，以适应不同枕簧挠度的转向架。

TWG-1A 型和 TWG-1C 型其全重车位制动缸输出与输入的压力比为 100%，适用于装有 254 mm 制动缸配高摩合成闸瓦或 356 mm 制动缸配高磷闸瓦的新造或改造提速货车及快运货车。

TWG-1B 型和 TWG-1D 型其全重车位制动缸输出与输入的压力比为 60%，适用于装有 356 mm 制动缸的普通货车配高摩合成闸瓦时的提速改造货车。

TWG-1 系列空重车自动调整装置能同时适应下列工况：

在工况Ⅰ条件下：各主型货车，无论新造或改造，凡配置转 8AG、转 8G 及转 K2 型转向架均可配用 TWG-1A 型空重车自动调整装置；配置摆动式转向架则配用 TWG-1C 型空重车自动调整装置。上述各种货车均用 356 mm 制动缸、高磷闸瓦，并采用与现有货车相同的制动倍率，按普通货车运用。

在工况Ⅱa 条件下：当新造车直接采用高摩合成闸瓦时，采用ϕ254 mm 制动缸。此时配用 TWG-1A 型（摆动式转向架采用 TWG-1C 型）空重车自动调整装置。制动倍率按新车设计，按提速货车运用。

在工况Ⅱb 条件下：上述各型货车在改用高摩合成闸瓦时（即工况Ⅰ改为工况Ⅱb 时），只要更换自调装置内部少量零件，同时铲改阀体型号铸字，即可将压力比为 100%的 A 型或 C 型变为压力比为 60%的 B 型或 D 型。除制动梁外，所有制动部件、制动管路、制动倍率及基础制动装置等均无须改变，即可按提速货车运用，见表 5-4。

表 5-4　TWG-1 型空重车自动调整装置的配置参数及适应情况

制动部件配置	在工况Ⅰ新造或改造车	工况Ⅱ	
		b 改造车	a 新造车
控制阀	120 或 GK	120 或 GK	120 或 GK
制动缸	ϕ356 mm	ϕ356 mm	ϕ254 mm
副风缸	60 L	60 L	40 L
降压气室	17 L	17 L	17 L
调整阀	T-1A	T-1B	T-1A
更换零件		上下活塞	
压力比	100%	60%	100%
调整气室	6.5 L	6.5 L	0

续表

制动部件配置		在工况 I 新造或改造车	工况 II	
			b 改造车	a 新造车
传感阀	转 8AG、转 8G 及 K2 型转向架	WG-1A	WG-1B	WG-1A
		活塞行程，45 mm	活塞行程，45 mm	活塞行程，45 mm
		调整行程，21 mm	调整行程，21 mm	调整行程，21 mm
	摆式转向架	WG-1C	WG-1D	WG-1C
		活塞行程，56 mm	活塞行程，56 mm	活塞行程，56 mm
		调整行程，29 mm	调整行程，29 mm	调整行程，29 mm
更换零件			顶杆簧	
制动缸压力	全重位	360 kPa	220 kPa	360 kPa
	全空位	160 kPa	100 kPa	160 kPa
制动倍率		与现有普通车相同	与现有普通车相同	按新造提速货车设计
闸瓦材质		高磷闸瓦	提高 23%～25%的高摩合成闸瓦	
运用条件		与现有普通车相同	符合提速 90 km/h 货车<800 m 的要求	

三、TWG-1 系列空重车自动调整装置的构造

TWG-1 系列空重车自动调整装置由 T-1 型调整阀和 WG-1 型传感阀两部分组成。T-1 型调整阀串接在 120 阀通向制动缸的管路中，而 WG-1 型传感阀则安装在转向架摇枕上或转向架附近的车体上，其横跨梁则设在转向架侧架上。

（一）T-1 型调整阀

T-1 型调整阀根据其全重位时输出输入压力比的不同，又可分为 T-1A 型和 T-1B 型两种。调整阀由调整阀本身和调整室两部分组成，如图 5-23 所示。调整阀的外形及安装尺寸如图 5-24 所示。

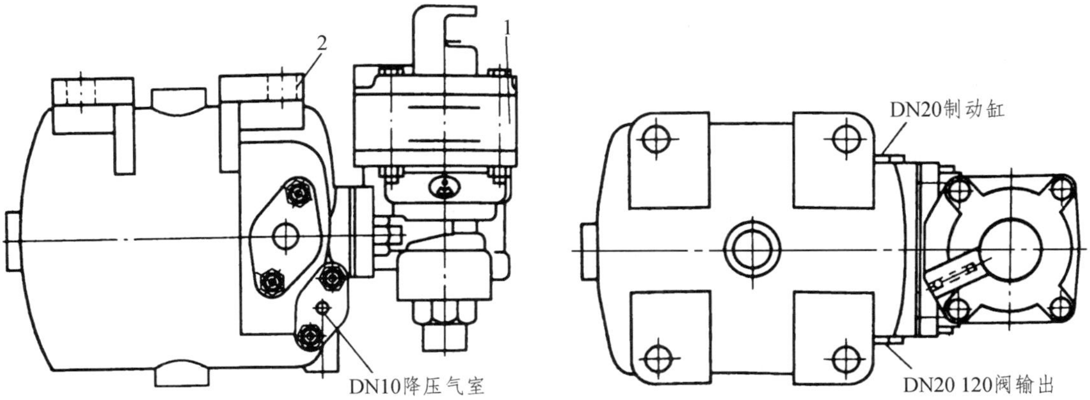

图 5-23　T-1 型调整阀和调整室

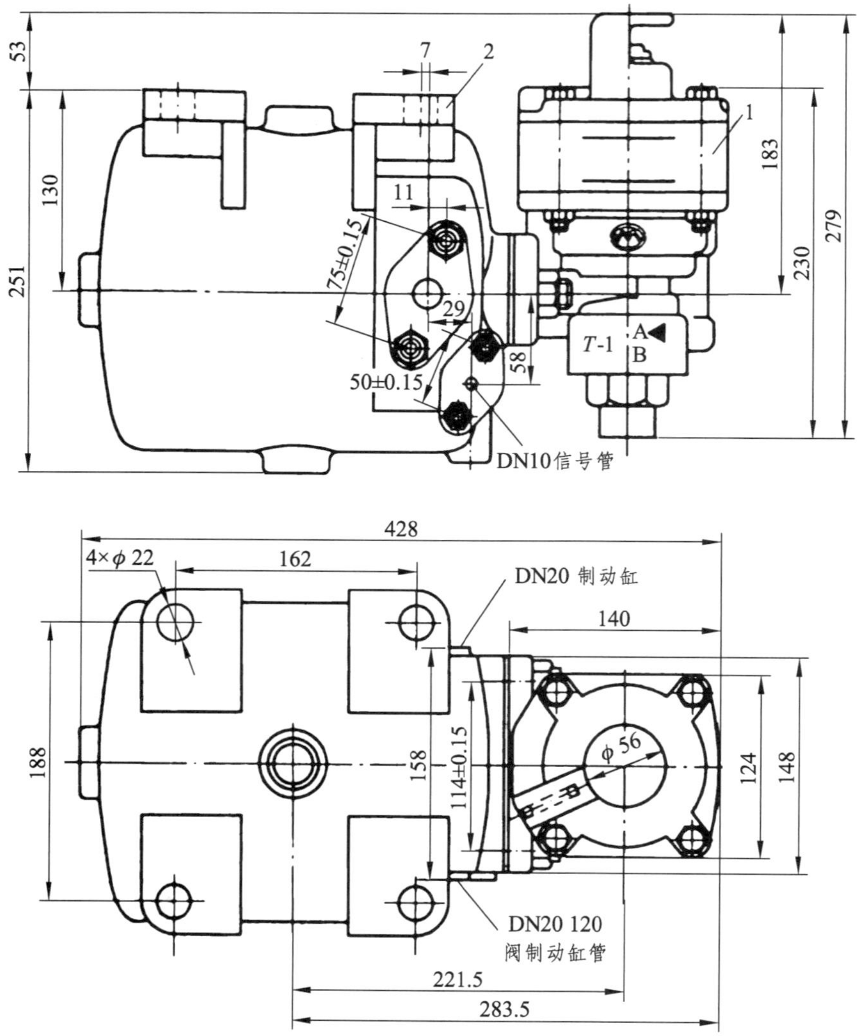

图 5-24　T-1 型调整阀和调整室的外形及安装尺寸

1. 调整阀本身

调整阀本身由显示部、比例控制部及跃升部三大部分组成，如图 5-25 和图 5-26 所示。调整阀采用双膜板控制原理。其下膜板受制动缸压力的作用控制重车位制动缸压力，而上膜板受降压气室压力的作用与下膜板共同控制空车位制动缸压力。调整阀内设有跃升活塞和显示器，分别用以控制制动缸压力初跃升和空重车状态的显示。

（1）显示部。

显示部由上盖组成 1、显示器弹簧 2、O 形圈 3、显示器 4 等组成。来自降压气室的压力空气作用在显示器下方，空气压力不同时，显示器杆向上伸出的长度不同，据此可大致显示出车辆的全空、全重及半空半重等载重状态。当由全重位向全空位变化时，降压气室的压力将由零逐渐升高到等同于制动缸压力，显示器在不同的降压气室压力作用下其显示杆露出的长度也不同。全重位时显示杆不露出，半重位时露出较细的一端，全空位时显示杆粗细两段将同时露出。据此可大致判断空重位的情况。显示器的上方设有防护罩，防止搬运及使用过程中显示器被砸伤。

（2）比例控制部。

比例控制部由上体组成 8、体组成 15、上活塞 6（因 A 型阀活塞下加垫与 B 型阀的有效面积不同）、上下膜板 5、压杆 7、O 形圈 9、下活塞 11（因 A 型阀活塞下加垫与 B 型阀的有效面积不同、结构也不同）、O 形圈 14、止回阀 13、上、下衬圈 24、25（用于调整活塞的有效面积，仅 A 型阀有，B 型阀没有）等组成。该部分是 T-1 型调整阀的主控部件，其作用是车辆在不同载重情况下，根据传感阀反馈到降压气室压力的大小，将来自控制阀的压力调控到适合当前车辆载重的压力输送给制动缸。

（3）跃升部。

跃升部由跃升活塞 20、跃升弹簧 19、O 形密封圈 17、顶杆 16、下盖 21 等组成。该部用于控制制动缸的初跃升压力。无论是空车或重车状态，在缓解状态及制动初期，跃升活塞始终顶开止回阀，允许来自 120 阀的空气直接进入制动缸，直到制动缸压力超过跃升弹簧的弹力时跃升活塞下移，止回阀关闭，开始按比例控制制动缸压力。因而无论空车还是重车位都能使制动缸获得稳定可靠的初跃升作用，加快了制动进程。

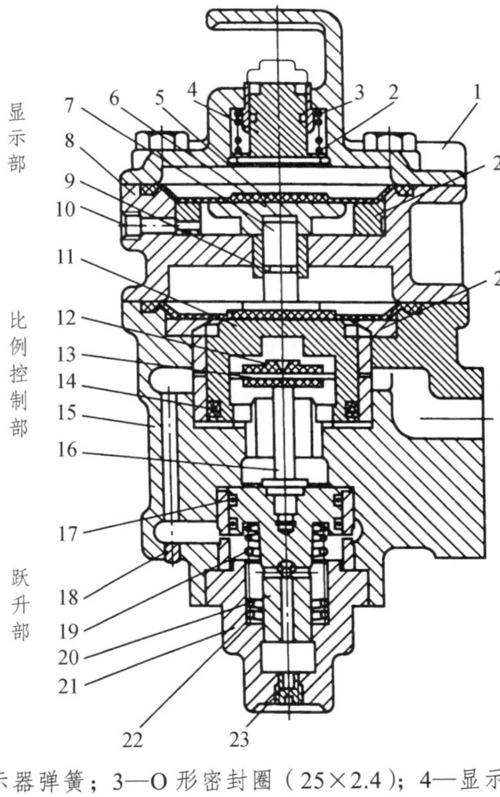

1—上盖组戎；2—显示器弹簧；3—O 形密封圈（25×2.4）；4—显示器；5—膜板（ϕ108）；6—上活塞；7—压杆；8—上体组成；9—O 形密封圈（14×2.25）；10—排气塞；11—下活塞；12—弹簧；13—止回阀；14—O 形密封圈（50×5.3）；15—体组成；16—顶杆；17—O 形密封圈（45×2.1）；18—塞堵；19—跃升弹簧；20—跃升活塞；21—下盖；22—调整垫；23—滤尘缩堵；24—上衬圈；25—下衬圈。

图 5-25　T-1A 型调整阀

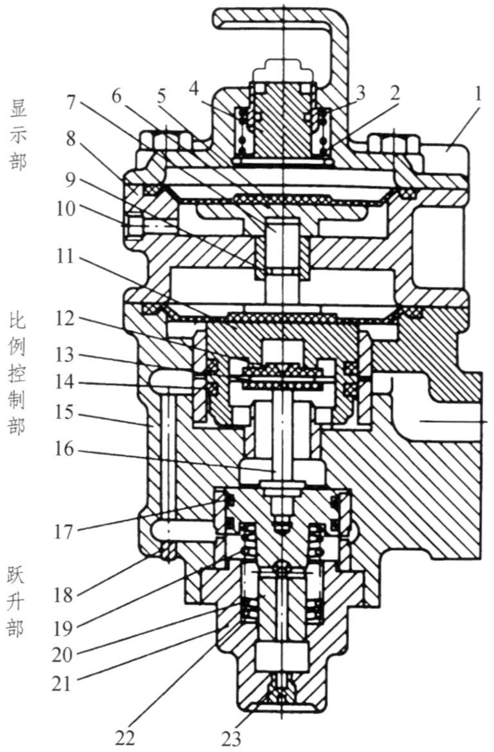

图 5-26　T-1B 型调整阀（标注同图 5-25）

2. 调整室采用调整室与安装座合二为一的新型结构

这样不但可用于安装调整阀，同时具有调整室及管座的作用。在用于安置调整阀的法兰上对应于调整阀的输入与输出孔处设有滤尘网。另外还设有三个用于管路连接的法兰。一侧的 DN20 法兰与控制阀的输出管连接；另一侧有两个法兰，DN20 法兰与制动缸连接，DN10 法兰与来自传感阀的降压风缸管连接，极大地方便了安装及减少了连接管路。调整室的容积为 6.5 L，如图 5-27 所示。

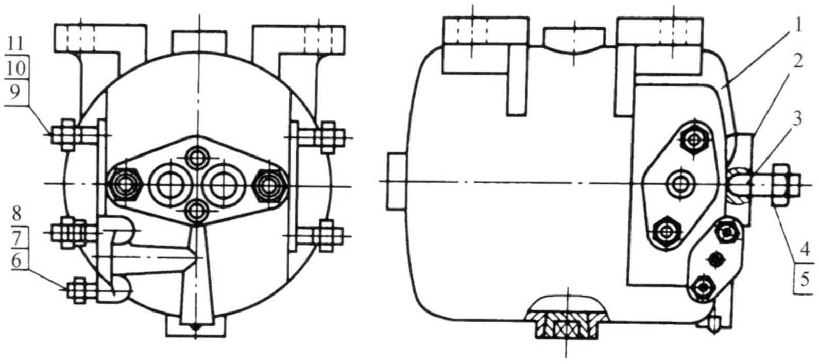

1—调整室；2—阀垫；3—滤网（20）；4—螺栓 AM16×50；5—螺母 AM16；6—双头螺柱 AM10×30；7—螺母 M10；8—垫圈；9—双头螺柱 AM12×35；10—螺母 M12；11—垫圈。

图 5-27　调整室

3. 如何将 T-1A 型调整阀改变为 T-1B 型

对于 T-1A 型调整阀，目前阶段，由于仍需使用高磷闸瓦，故重车压力不需要调整，即输出/输入压力比为 100%。故此阶段调整阀出厂时均为 T-1A 型。无论调整阀的下活塞处于什么位置，其套上的调整室气路始终不会打开，此时调整室是为将来上高摩合成闸瓦预留的。

当车辆换用高摩合成闸瓦时，需要降低空重车位制动缸压力，重车位时制动缸压力为输入压力的 60%；预留的 6.5 L 调整室此时将发挥其分流作用。

将 T-1A 调整阀改变为 T-1B 型的操作过程（见图 5-25 和图 5-26）：

（1）从车辆上取下调整阀在制动室内松开 4 颗 M10 螺栓将调整比例阀控制部分解。

（2）取出 T-1A 的上、下活塞，以及上、下衬圈。

（3）取出 A 型阀下活塞内的止回阀、弹簧及 O 形圈。

（4）在 B 型下活塞内装入从 A 型下活塞内取出的弹簧及止回阀，再套上两个 O 形圈，并在下活塞外圆涂以适量的硅脂。

（5）将 B 型阀上、下活塞装入，并按原来的顺序重新组装，然后拧紧 4 颗螺栓（注：为了便于区分 A 型和 B 型，在上、下活塞顶面均打有“A”或“B”的钢印字，请注意区别）。

4. T-1A 型调整阀型号标记识别

A 型阀出厂时阀体上铸字 A、B 字样且两者中间有一个指向 A 的三角箭头，表示为 A 型。当改用高摩合成闸瓦时将调整阀改为 B 型，将“A”及箭头铲去，只剩一个“B”字，即表示为 B 型。

（二）WG-1 型传感阀

WG-1 型传感阀的作用：① 通过顶杆触头的伸出量来感知枕簧挠度的变化，从而感知车辆载重的变化，并根据车辆载重来调整制动缸压力；② 将车辆载重信息传递到 T-1 型调整阀。

传感阀按比例和行程的不同可分为 WG-1A 型、WG-1B 型、WG-1C 型和 WG-1D 型四种，以适配高磷铸铁闸瓦和提高摩擦系数 23% ~ 25%的高摩合成闸瓦以及不同形式的转向架。其中 A 和 C 型适用于全重车位制动缸输出/输入压力比为 100%的空重车自动调整装置，B 型和 D 型适用于压力比为 60%的空重车自动调整装置。

A 型和 B 型调整行程相同，C 型和 D 型调整行程相同。

WG-1 型无级传感阀由安装座及传感阀两部分组成，如图 5-28 所示。其详细的外形及安装尺寸如图 5-29 和图 5-30 所示。

1. 安装座

安装座主要由安装座 1、阀垫 2、滤尘网 3 组成，如图 5-31 所示。

安装座有两个垂直面，其正面作为传感阀的安装面，其背面连接管路，设有两个孔 Z 和 J，分别以来连接通往制动缸和降压风缸的管子。每个管孔的两侧还设有 AM10×30 双头螺柱（连接螺母和垫圈），便于安装法兰接头。

其正面在阀垫的内侧各装有一个 ϕ20 mm 滤尘网，防止空气中的杂质污垢进入传感阀。

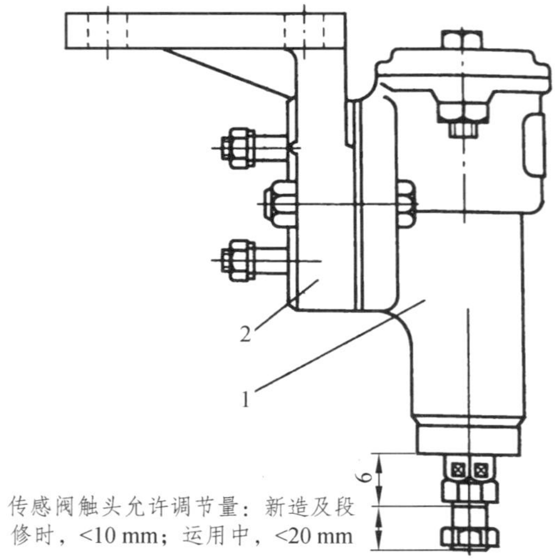

1—WC-1 型传感阀组成；2—安装座组成。

图 5-28　WG-1 型传感阀

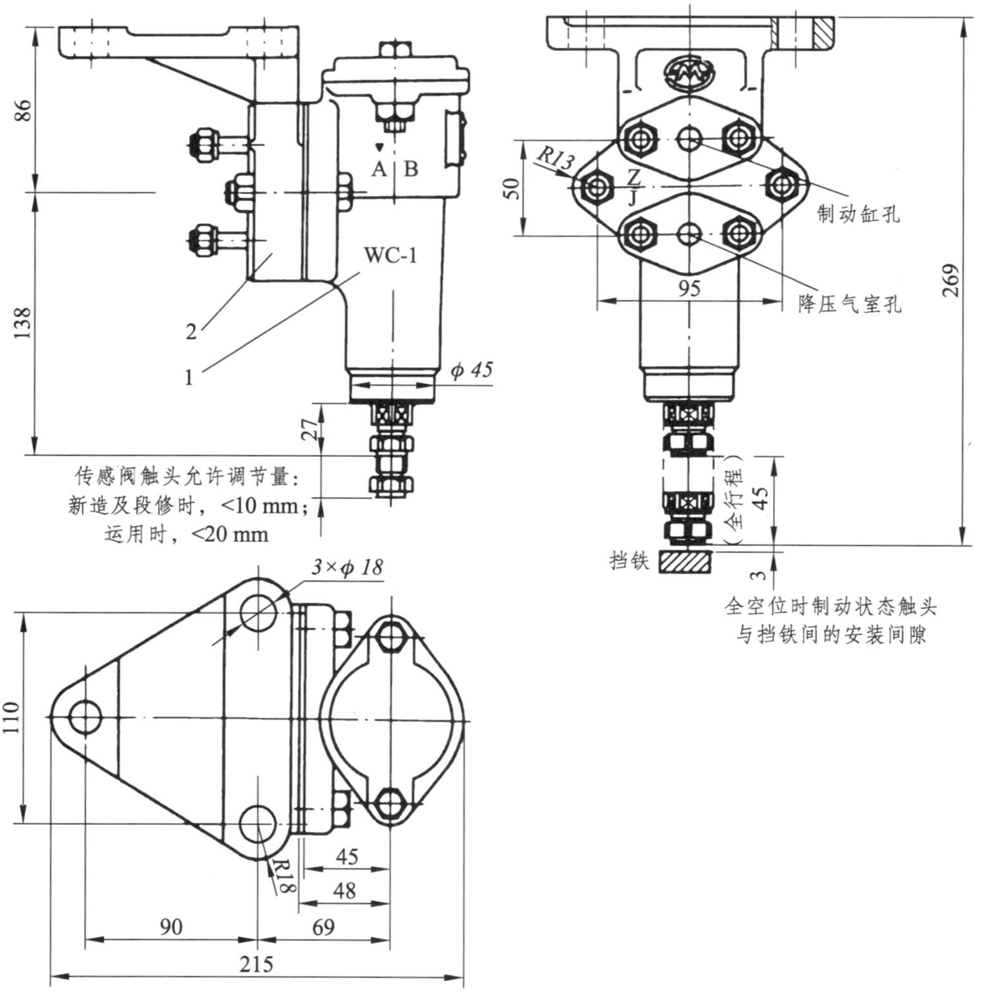

图 5-29　WG-1A 型传感阀外形及安装尺寸

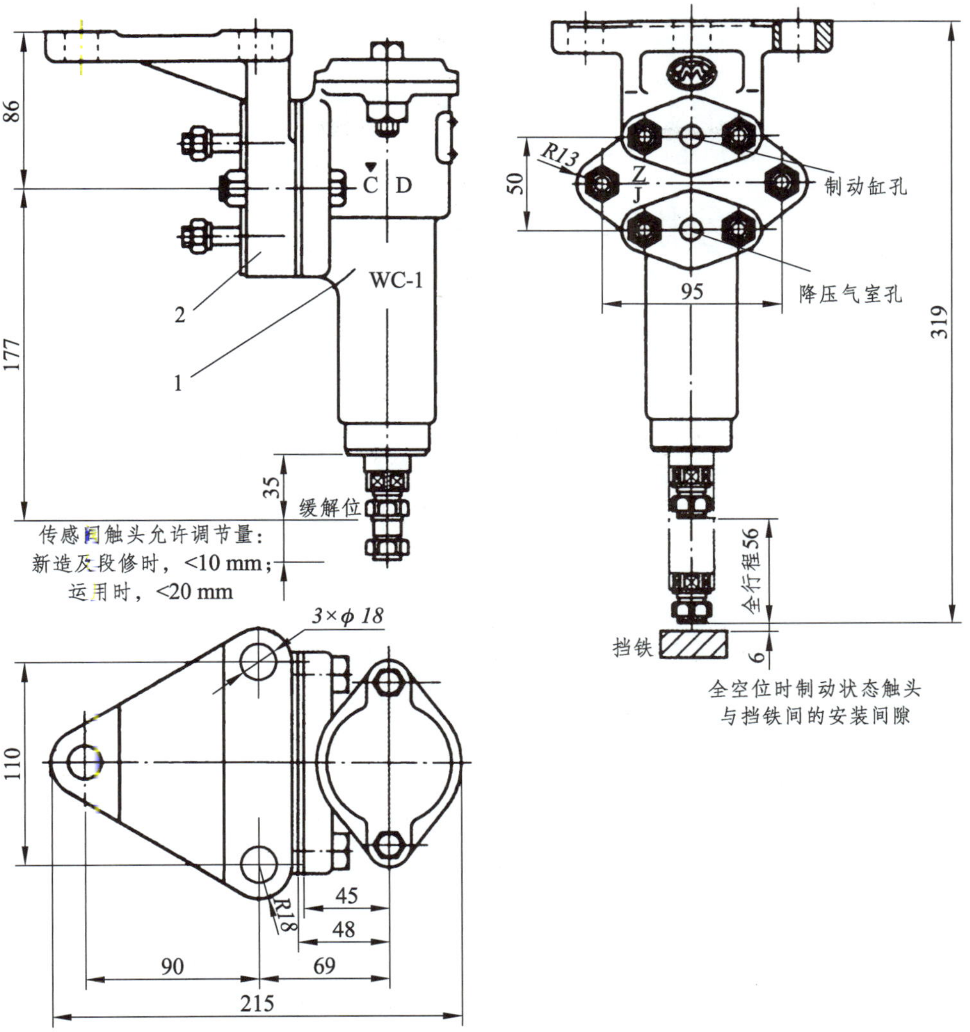

图 5-30　WG-1C 型传感阀外形及安装尺寸

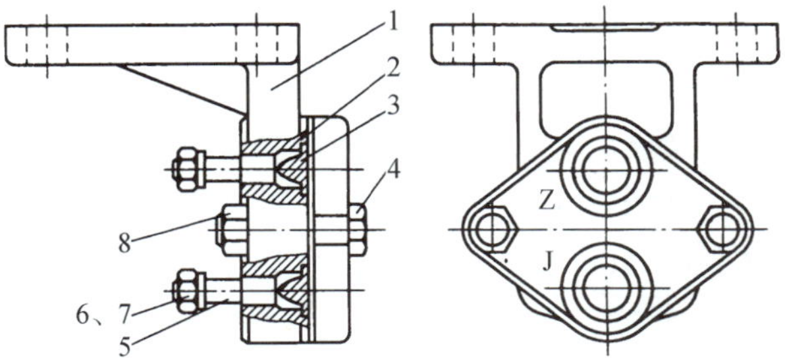

1—安装座；2—阀垫；3—滤尘网（ϕ20 mm）；4—安装螺栓 M12×60；5—双头螺柱 AM10×30；6—弹性垫圈；7—螺母 M10；8—螺母 M12。

图 5-31　WG-1 型传感阀安装座

2. 传感阀

（1）传感阀的构造。

传感阀主要由活塞 5、顶杆组成 15、触头组成 12 及顶杆弹簧 16、复原弹簧 6、上盖 1 和阀体 8 等组成，如图 5-32 所示。

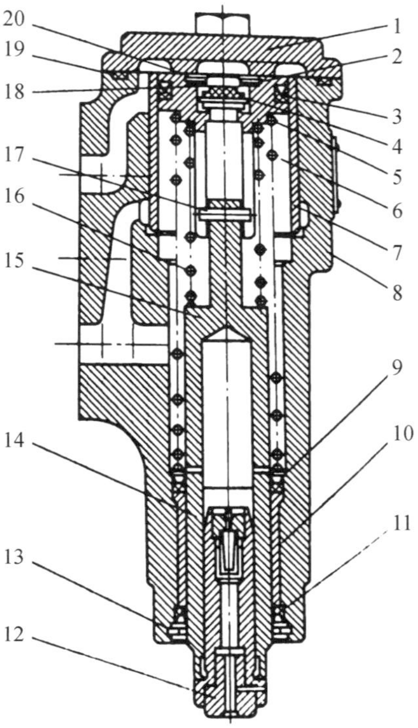

1—上盖；2—弹簧座；3—Y 形密封圈（40×32）；4—止回阀（ϕ16 mm）；5—活塞；6—复原弹簧；7—活塞套；8—阀体；9—弹簧垫；10—顶杆套；11—Y 形密封圈（33×25）；12—触头组成；13—挡圈；14—滤尘缩堵；15—顶杆组成；16—顶杆弹簧；17—弹性销；18—止回阀弹簧；19—O 形密封圈（63×2.65）；20—挡圈。

图 5-32 WG-1 型传感阀

套有 Y 形密封圈的活塞将阀体分隔为上、下两个腔，上腔通制动缸，下腔通降压气室。活塞内设有止回阀 4 及止回阀弹簧 18，止回阀只有在缓解时，降压气室有压力空气才能被顶离阀座，其他任何时间均为关闭。活塞与顶杆组成以弹性销 17 连接，两者之间设有顶杆簧。活塞杆上有长槽，当活塞上下有一定压力差时，活塞可沿长槽与顶杆组成做相对运动。顶杆上套有两个同样大小的密封圈 11，上面一道起密封作用，不使降压气室与大气相通。下面一道起防尘防水作用。触头组成螺纹拧入顶杆组成内。顶杆下端部封入自锁圈，能防止触头螺纹松动。顶杆中间设有 3 个排气小孔，触头内设有滤尘缩堵，在缓解时，当活塞与顶杆回到最上端时顶杆中间的排气小孔露出 Y 形密封圈外可帮助降压气室排出余风，并防止尘土和水分侵入传感阀。

触头端部压入以特种高分子材料制成的减磨垫，以提高耐磨性能。制动时，制动缸压力将活塞及顶杆及触头等推出，探测枕簧挠度变化。缓解时，复原簧将活塞及顶杆推到最上端位置，顶杆与触头等缩回。

（2）如何将 WG-1A 型（或 C 型）传感阀改变为 B 型（或 D 型）。

目前阶段，由于仍需使用高磷闸瓦，重车压力不需要调整，即输出/输入压力之比为 100%，需配用 T-1A 型调整阀与 WG-1A 型传感阀组合成 TWG-1A 型空重车调整装置，故此阶段出厂的均为 WG-1A 型传感阀。

对于配用摆式转向架时则为 WG-1C 型。当车辆换用高摩合成闸瓦时，需将 WG-1A 型（WG-1C 型）更改为 WG-1B 型（WG-1D 型），此时只需更换 WG-1A 型（WG-1C 型）阀中的顶杆簧即可，其他不做任何更改。其操作过程如下：

① 从车辆上取下传感阀，松开两颗 M10 螺栓，取下上盖，取出活塞、顶杆等一套零件，平放在合适的带孔平板上，用冲子冲出弹性销，取下 WG-1A 型（WG-1C）顶杆弹簧（表面：镀锌，颜色：黄色）。

② 更换 WG-1B 型（WG-1D 型）顶杆弹簧（表面：氧化处理，颜色：黑色），再将弹性销打入活塞及顶杆内。

③ 在活塞及顶杆周围内涂以适量的硅脂，重新组装，拧紧螺栓。

（3）型号标记识别。

WG-1A 型和 WG-1C 型传感阀出厂时阀体铸有 A、B 或 C、D，还有一个指向 A 或 C 的三角箭头，分别表示 WG-1A 型和 WG-1C 型。

将来使用高摩闸瓦时将传感阀改为 WG-1B 型或 WG-1D 型时，将铸字“A”或“C”及其箭头铲去，只剩一个“B”或“D”字即可。

（4）横跨梁或挡铁。

目前传感阀一般安装在车体上，为了感知载重变化时的枕簧挠度变化，需要在转向架侧架上安装横跨梁或挡铁，以提供基准点。若传感阀安装在车体中央，则挡铁采用横跨梁形式。横跨梁支撑在转向架侧架上可左右移动，因此不会影响转向架的运行性能。由于 WG-1 型传感阀触头行程变化方向与车轮载重变化时转向架挠度变化方向一致，因而无须采用抑制盘等装置进行变向。这样在运行中横跨梁不再常年支撑抑制盘，避免由抑制盘带来的对动态称重的不良影响，以及高频振动对传感阀零部件的磨耗从而影响称重精度。另外，传感阀与横跨梁是不常接触的，仅在制动时传感阀触头才伸出，也可以减少横跨梁的磨耗，提高寿命。

四、TWG-1 系列空重车自动调整装置的作用原理

TWG-1 型传感阀有 A、B、C、D 四种类型，但 A 和 C 型，B 和 D，其作用与性能是分别完全一样的，只是传感阀行程大小不同而已。因此，为了简明起见，只叙述 A（或 C）和 B（或 D）两种自动调整装置的作用原理。

微课：TWG-1 型空重车调整装置的作用原理

（一）制动初跃升位（见图 5-33）

制动初期，自调装置内部均处于缓解状态。从 120 阀输出管送来的压力空气经通路 f 进入调整阀下活塞下方，经被跃升活塞顶开的止回阀直接进入跃升活塞上方的 z 腔后分为三路：

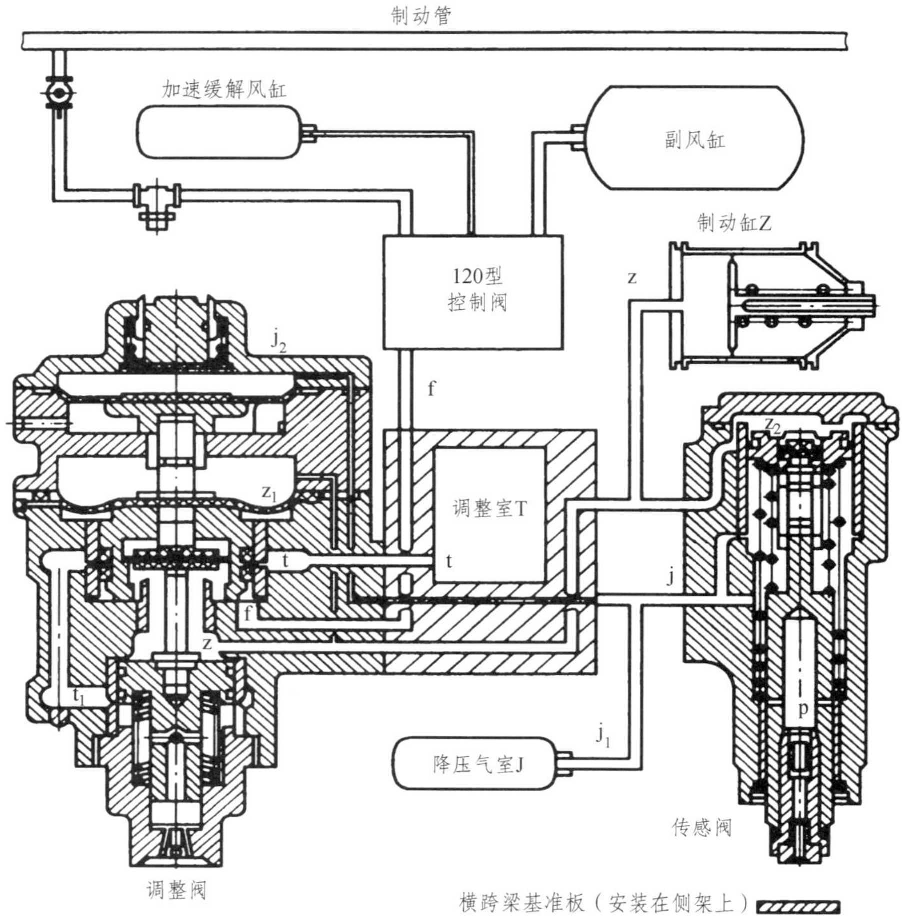

图 5-33 制动初跃升位

（1）经调整阀体内部通路 z_1 至活塞上方，将下活塞压住。

（2）经制动缸管 z 至制动缸，使制动缸活塞迅速推出，产生初制动力。

（3）经制动缸管 z 上的三通经通路 z_2 至传感活塞上腔，克服复原弹簧的力，推动活塞及顶杆触头等下移，开始探测车辆载重状态。

在初跃升阶段，由于调整阀内止回阀始终开放，120 阀输出管 f 直通制动缸而且不向调整室及降压气室分流。故无论空重车位如何，制动缸压力将按重车位升压，直到作用于在跃升活塞上的制动缸压力上升到 50 ~ 70 kPa，跃升活塞克服跃升弹簧力而下移，一方面关闭跃升活塞套上侧壁上的调整室排气通路 t_1，同时关闭止回阀，关断 120 阀输出管 f 与制动缸的连通，初跃升停止。

（二）全重车位

1. A 型和 C 型空重车自动调整装置全重车位制动位（见图 5-34）

当初跃升结束，止回阀关闭后，120 阀输出管 f 停止向制缸供风。作用在下活塞 f 腔内的压力迅速上升，下活塞上移。提起止回阀，120/120-1 阀输出管压力重新经开放的止回阀进入制动缸继续升压，同时也经 z_1 通往下活塞上方。

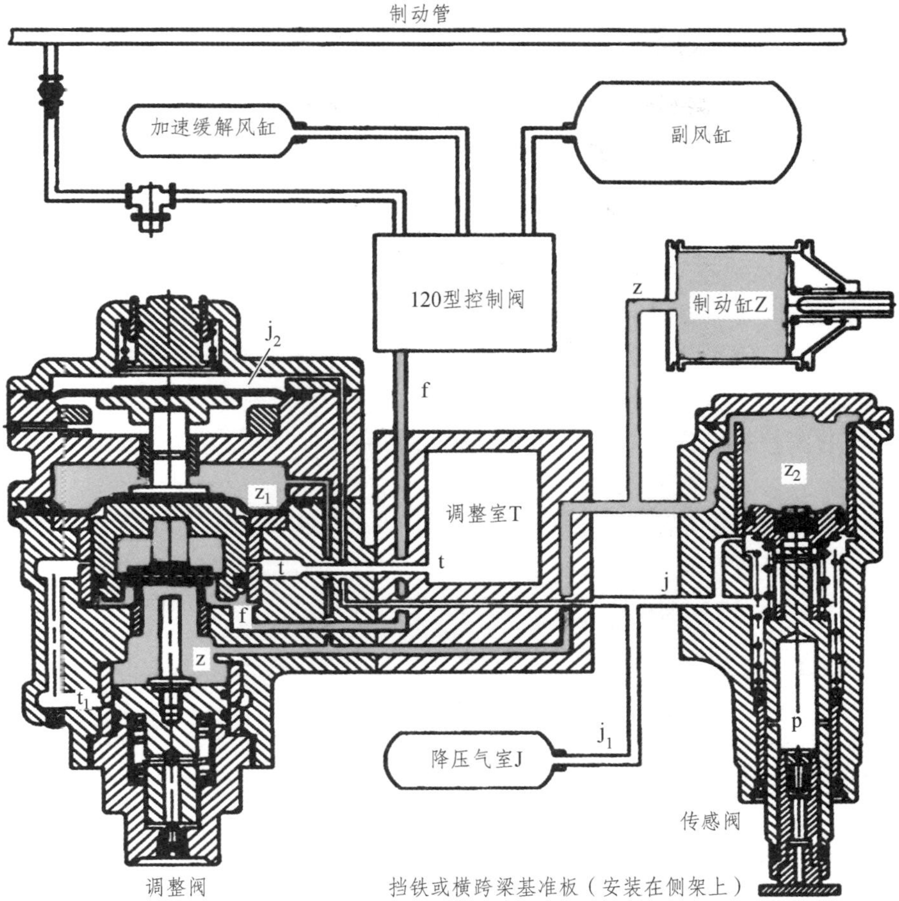

图 5-34　全重车制动作用（A 型和 C 型）

由于 A 型阀下活塞上的 O 形密封圈位置偏下，在任何情况下，当下活塞上移时也不会露出下活塞套壁上通调整室的孔 t，因此调整室不起分流作用。

进入制动缸的空气，进一步推动传感阀活塞下移，使顶杆触头与横跨梁接触，当车辆满载时，枕簧挠度最大，车体下沉最多，因此传感阀触头与横跨梁之间的间距最小，传感阀活塞行程最短，此时顶杆停止下移。当制动缸压力继续上升，活塞克服顶杆弹簧的力沿活塞杆上的长槽继续下移，走完活塞调整行程直到活塞端部与顶杆台阶面紧贴为止。由于当车辆满载时，枕簧挠度最大，此时即使活塞下移到紧贴顶杆时活塞上的 Y 形圈也不会露出阀体侧壁上的通往降压气室的气槽 j，因此制动缸不向降压气室分流（传感阀活塞下移到与顶杆台台阶面紧贴时，活塞内的止回阀也不能被顶杆顶开）。调整阀上活塞上方的降压气室压力为零，上活塞也不起作用。因而全重车位时，从 120 阀输出的压力空气不向外分流，也不受比例控制部的调控，全部进入制动缸，故制动缸压力与 120 阀输出压力相等（输入/输出比为 100%）为全重位。

全重位时由于降压气室压力为零，调整阀顶部的显示器下方没有压力，故显示器在显示弹簧作用下完全缩回，看不见显示杆，表示为全重位。

2. B 型和 D 型空重车自动调整装置全重车制动位（见图 5-35）

TWG-B 型与 A 型的主要区别在于其调整比例的控制部分不同。A 型调整阀其下活塞上只有一道 O 形密封圈而且位置偏下。而 B 型阀的下活塞上有两道 O 形密封圈。其下面的 O 形密封圈离下活塞套壁上通往调整室槽（t）孔较近。

当初跃升结束，止回阀关闭后，120 阀输出管 f 停止向制动缸供风，作用于在活塞下方 f 腔内的压力继续上升，下活塞上移时，其下侧的 O 形密封圈首先越过套壁上的槽 t。f 腔内的 120/120-1 阀输出管压力空气进入调整室进行分流。输出管空气经止回阀口进入 z 腔后一路进入制动缸，另一路进入传感阀活塞上部，还有一路经 z_1，进入调整阀下活塞上方。由于 B 型阀活塞底部面积约为顶部面积的 60%，因此初跃升结束后制动缸压力始终被调控在 120/120-1 阀输出压力的 60%。

全重位时 B 型传感阀的作用与 A 型传感阀完全相同。制动缸压力不能经过传感阀进入降压气室，调整阀的上活塞不起作用。

由于调整阀的调控及分流作用B型空重车调整装置始终控制制动缸压力为 120/120-1 阀输入压力的 60%。当制动管定压 500 kPa 时，装用 B 型空重车调整装置的 120/120-1 型制动机全重位其制动缸压力约为 220 kPa。

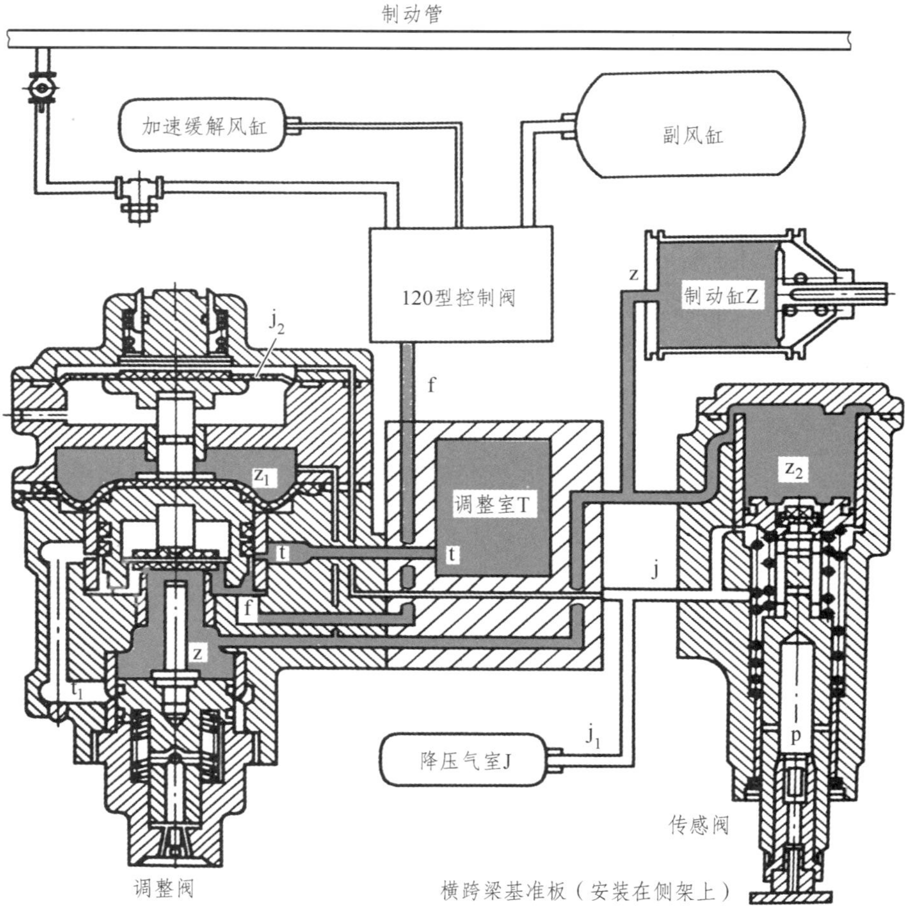

图 5-35　全重车制动作用（B 型和 D 型）

（三）全空车位

1. A 和 C 型空重车自动调整装置全空车制动位（见图 5-36）

当车辆处于空车状态时，传感阀顶杆触头与横跨梁距离最大，制动时传感阀顶杆触头碰不到横跨梁，传感阀活塞只压缩复原弹簧而不压缩顶杆弹簧便能开放套侧面的槽 j，制动缸空气经通路 j_1、j_2 分别进入降压气室和调整阀上活塞上方的 j_2 腔，此时降压气室的压力与制动缸压力几乎相等。因制动缸一部分压力空气经传感阀进入降压气室，相当于扩大了制动缸容积，降低了制动缸压力。

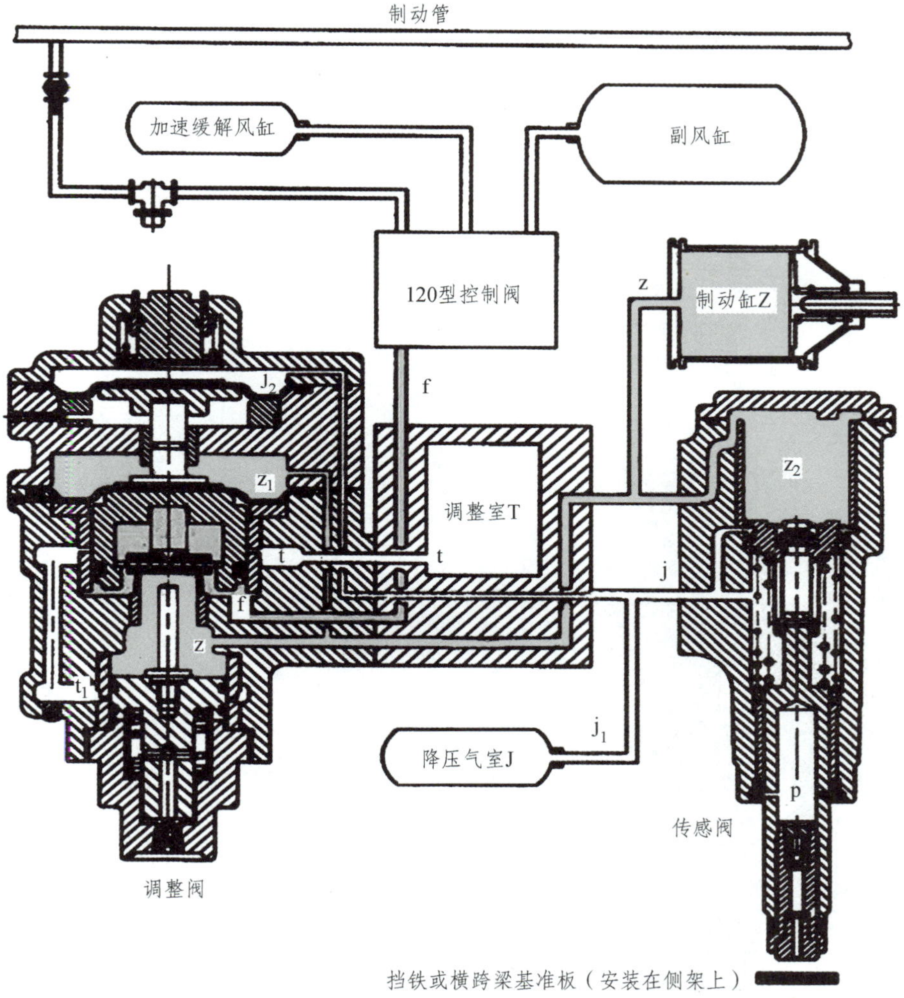

图 5-36　全空车制动作用（A 型和 C 型）

当作用在下活塞上方的制动缸压力产生的向下推力，加上作用在上活塞上方的降压气室的压力产生的向下推力超过作用在下活塞下方的 120/120-1 阀输出压力产生的向上推力时，止回阀下移关闭阀口停止向制动缸充气。

由于降压气室的分流及调整阀上活塞加入平衡后的调控，在制动管定压 500 kPa 时全空车位 A 型空重车自动调整装置输出的制动缸最高压力约为 160 kPa。

全空车位时分流到降压气室的空气最多，降压气室压力克服显示弹簧的力，将显示器推到最上端，显示器杆上粗细两端都露出套外，显示为全空车位。

2. B 和 D 型空重车自动调整装置全空车制动位（见图 5-37）

全空车位时 B 型传感阀和 A 型传感阀的动作一样，当跃升结束时，调整阀的止回阀关闭后，120/120-1 型阀输出管 f 停止向制动缸送风，调整阀下活塞上移时，其下侧的 O 形密封圈首先越过下活塞套内壁上的槽 t，120/120-1 型阀输出管空气进入调整室进行分流，当下活塞继续上升时，提起止回阀，120/120-1 型阀输出管空气经 z 腔一路进入制动缸，另一路进入传感阀，还有一路经 z_1 进入调整阀下活塞上方。传感阀活塞及顶杆下移，传感阀顶杆触头碰不到横跨梁，传感阀活塞只压缩复原弹簧而不压缩顶杆弹簧便能开放套侧面的槽 j，制动缸空气经通路 j_1、j_2 分别进入降压气室和调整阀上活塞上方的 j_2 腔。此时降压气室的压力与制动缸压力几乎相等。因制动缸一部分压力空气经传感阀进入降压气室，相当于扩大了制动缸容积，降低了制动缸压力。

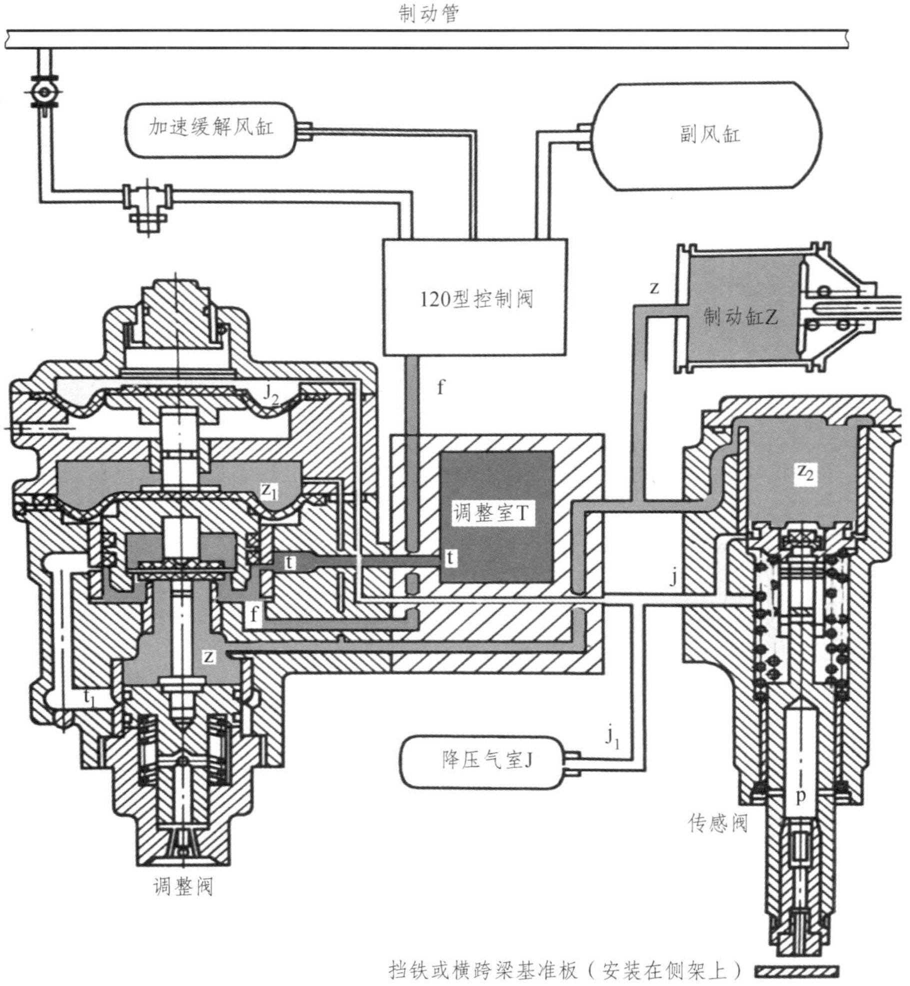

图 5-37　全空车位制动作用（B 型和 D 型）

由于 B 阀下活塞底部面积约为其顶部面积的 60%，再加上作用在上活塞上的降压气室压力加入调整阀的平衡。因而将制动缸压力限制得更低些。也就减少了制动缸耗风量。同时向降压气室和调整室的双重分流，加大了制动缸空气的分流量，因而使制动缸压力降到全空车位。

当制动管定压 500 kPa，空车位 B 型自调装置输出的制动缸最高压力约为 100 kPa。

（四）中间位

无论何种型号的 TWG-1 型自调装置，当车辆载重由全空车位逐渐加大时，枕簧挠度也逐渐加大，横跨梁到传感阀触头之间的距离则逐渐减小。制动时，传感阀活塞行程逐渐减少，此时活塞必须压缩顶杆弹簧才能下移到露出套侧面的槽 j，让制动缸压力空气进入降压气室，载重量越大，露出套侧面的槽 j 孔活塞下移距离越大，压缩顶杆弹簧越多，也就需制动缸压力越大，制动缸压力空气进入降压气室后在进入调整阀上膜板上方，才能协助调整阀下膜板上方的制动缸压力空气关闭止回阀，这样制动缸就随着不同载重得到不同的压力。

因此，随着载重增大，降压气室与制动缸的压力差将逐渐增大。降压气室的压力逐渐减少，也就是说，一方面向降压气室的分流量随着载重增加而逐渐减少。另一方面，由于作用在调整阀上活塞上的降压气室压力的减少，改变了调整阀的比例关系，使调整阀对制动缸压力的控制值随车辆载重的增加而逐渐提高。

当车辆达到满载时，传感阀不再向降压气室分流，调整阀上活塞也最后失去作用。制动缸压力达到全重车位最大压力（120/120-1 阀输送的可能的最大压力），从而实现空重车的无级调整。

随着车辆载重的增加，作用在显示器的降压气室的压力逐渐减小，因而显示器杆露出套外的长度逐渐减少，从全空位时粗细两段都露在外面，逐渐变为半空半重时只露出较细的一段，再逐渐到全重位时粗细两段全不露出套外。使用者可据此判断目前空重车自动调整装置大致的作用位。

中间位时各型自调装置内的作用及通路情况基本与全空车位一致，仅仅是传感阀活塞及顶杆位置处于全重至全空车位之间。

（五）制动后的缓解

1. A 型和 C 型空重车自动调整装置（见图 5-38）

（1）全空位及中间位缓解。

全空位制动后，120/120-1 阀缓解时，120 阀输出管 f 内的压力空气经 120/120-1 阀排气口排出。调整阀下方的 f 腔内的空气压力下降。上下活塞被制动缸及降压气室压力压下，关闭止回阀，但制动缸及与之相连的各部压力空气仍然可以顶开止回阀，从 120/120-1 阀排气口排出。当制动缸压力较低时，跃升弹簧将跃升活塞推向上方，顶杆将止回阀顶开。制动缸压力空气将不受阻碍地完全排尽。随着制动缸压力的降低，传感阀活塞被其下方的降压气室压力及复原弹簧的力推向最上端。此时降压气室压力空气主要靠顶杆活塞内的止回阀，经制动缸缓解通路排向大气。同时因活塞带动顶杆回到最上端时顶杆上的径向排气小孔 p 露出，降压气室的空气也经排气小孔 p、滤尘缩堵从顶杆触头下方排入大气。当降压气室压力较低不能顶开止回阀时，降压气室残余的空气经排气小孔 p 排入大气，不会留存。

当降压气室压力降低时，显示器在其弹簧的作用下降至原位。

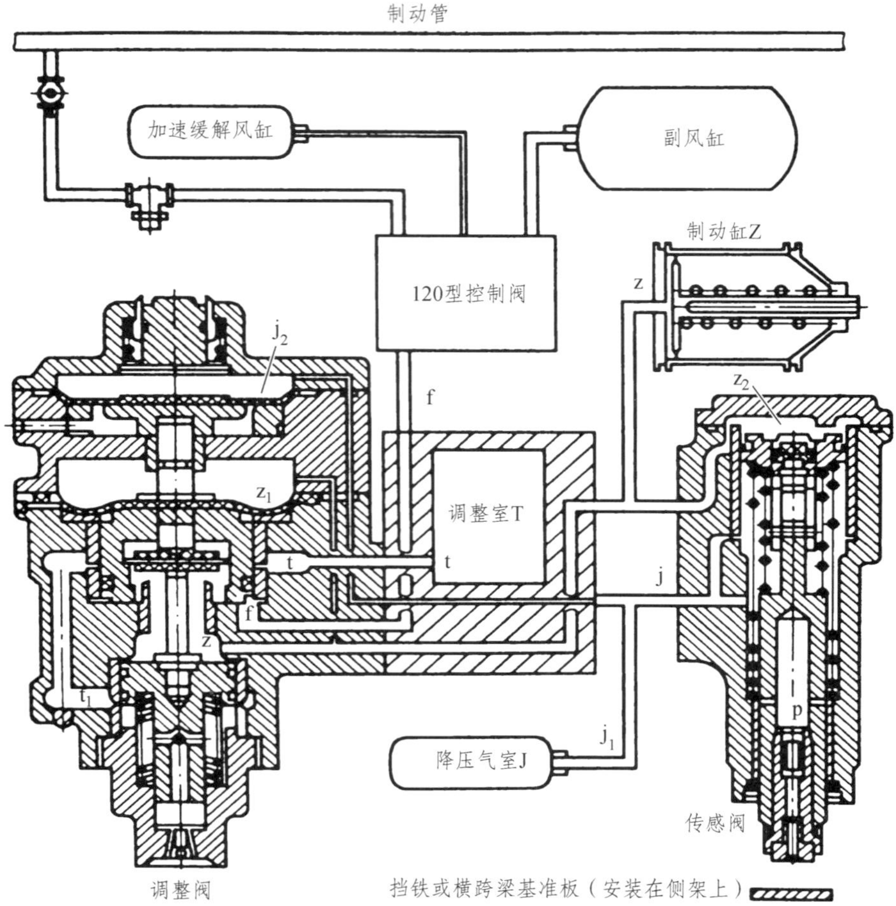

图 5-38　全空车位及中间位的缓解作用（A 型和 C 型）

（2）全重位缓解。

全重位缓解与全空位及中间位缓解基本一样。不同之处在于，全重位时降压气室没有压力，因此没有空气经传感阀活塞内的止回阀及顶杆上的排气小孔 p 排出。

2. B 型和 D 型空重车自动调整装置（见图 5-39）

与 A 型相比 B 型空重车自动调整装置不同之处在于：无论空车还是重车位时，调整室总要与 120 阀输出管 f 腔相通，当缓解时下腔内空气首先经 120/120-1 阀排向大气。下活塞下移时，下活塞上的 O 形密封圈越过套侧壁上的槽 t，切断了调整室与输出管 f 的连通。待制动缸压力缓解到较低时，跃升弹簧将跃升活塞上推，顶开止回阀。同时跃升活塞上的下 O 形密封圈越过套壁上的 t_1 槽，调整室压力空气经通道 t 槽 t_1 槽，跃升活塞杆内的通路，经滤尘缩堵排入大气。

其余缓解过程与 A 型和 C 型完全一样，不再重复。

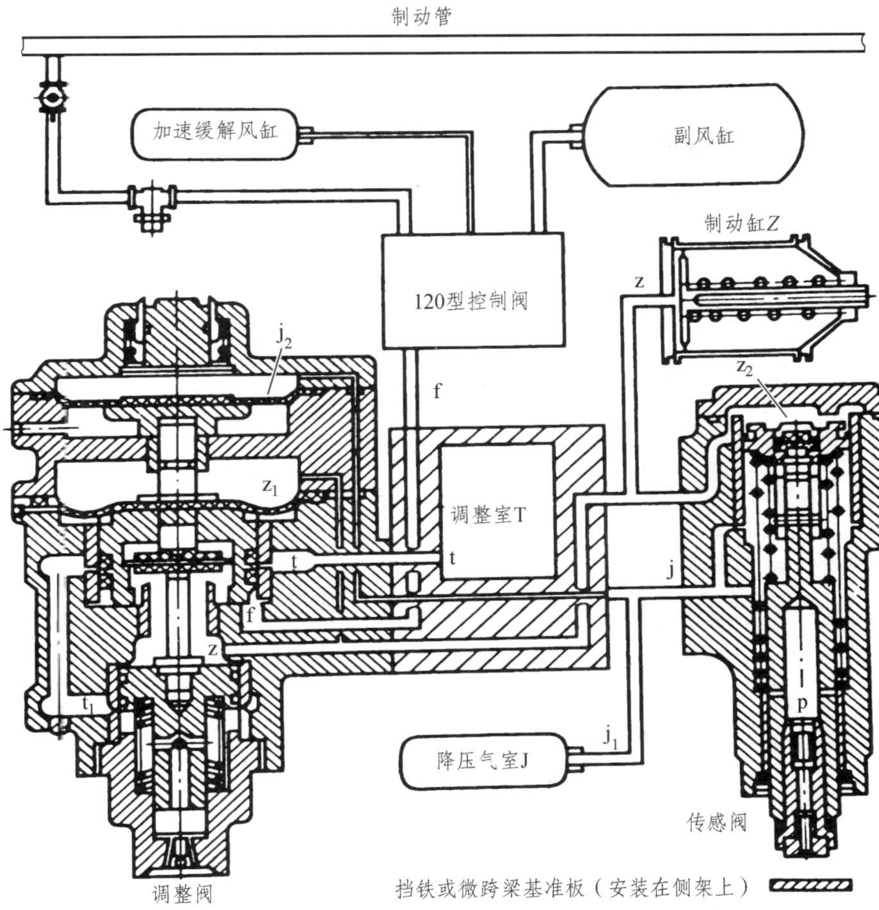

图 5-39　全空车位及中间位的缓解作用（B 型和 D 型）

五、TWG-1 型空重车自动调整装置的安装及使用

（一）TWG-1 型空重车自动调整装置的安装

TWG-1 型空重车自动调整装置的安装按 TWG-1 型空重车自动调整装置安装技术条件进行。安装前调整阀座和传感阀座应吹扫干净，各连接管路应吹扫干净，保持管路系统畅通。调整阀和传感阀往车辆上安装时，应将各保护堵板、塞堵及各通气口上的保护胶带清除完毕，以免作用不正常。

1. TWG-1 型空重车自动调整装置安装技术条件

《铁路货车段修作业基本规范》（制动装置）规定了 TWG-1 型空重车自动调整装置装车的技术要求。

该规范适用于 TWG-1 型空重车自动调整装置在新造或改造货车上的安装、检查和验收。

（1）装车前的准备。

装车用的 T-1 型调整阀和 WG-1 型传感阀以及横跨梁应为出厂检验合格品。TWG-1 型空重车自动调整装置的管路示意图见图 5-22。

（2）横跨梁的安装。

横跨梁托按图纸要求焊装在转向架侧架上，转向架组装后，两侧架上相对托的上平面平行度不得大于 2 mm。横跨梁在车体总装落成后的高度差应符合下述要求：① 横跨梁与转向架移动杠杆及上拉杆的距离不得小于 6 mm；② 空车状态下，横跨梁与车体枕梁下盖板的距离应符合图纸要求；③ 为满足上述两项要求，可增减横跨梁垫板厚度或在车钩高度允许范围内调整心盘垫厚度；④ 横跨梁两端连接螺栓的轴向间隙为 3 ~ 5 mm。

（3）调整阀及传感阀的安装。

安装时，调整阀的正面应面向车体的一个侧面，以便观察调整阀顶部的显示器。传感阀及调整阀吊架按图纸要求在车体上焊接牢固。传感阀及调整阀的安装座应吹扫干净后在吊架上安装牢固。传感阀安装座的安装位置应保证传感阀的顶杆中心与横跨梁触板中心偏移量符合图纸要求。传感阀、调整阀及其安装座在安装前应将出厂时的塑料保护纸、板及堵去除（特别注意调整阀上体通气口、调整阀体通气口及跃升活塞杆端部通气口的塑料保护纸），检查安装座的橡胶垫及其后面的滤尘网，并将各管路吹扫干净后，将阀在安装座上安装牢固。传感阀与横跨梁触板之间的距离按《装用 TWG-1 型空重车自动调整装置的货车单车试验办法》的规定调整。对于厂修和段修的调整应在常规修程完毕，钩高和旁承垫调整完毕后举行，如按要求调整传感阀触头及横跨梁调整垫仍达不到要求时，则在传感阀安装座和调整阀吊架之间加入调整垫，其推荐外形尺寸如图 5-40 所示，其厚度原则上应与心盘垫厚度基本一致。对于新造货车，不允许在传感阀安装座和调整阀吊架之间加入调整垫。按图纸要求安装调整阀防盗装置。

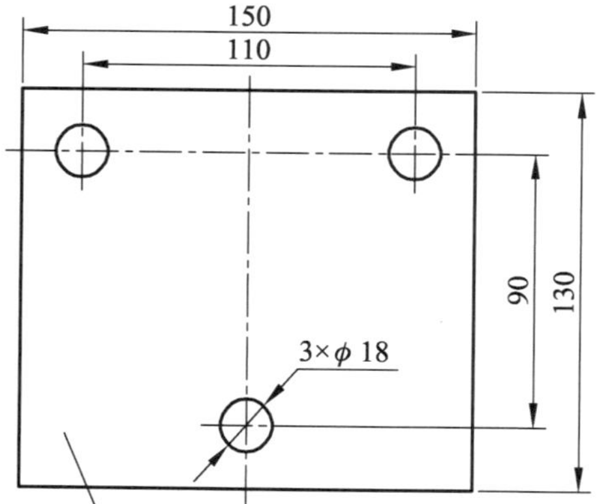

图 5-40　WG-1 型传感阀安装座调整垫外形图

（4）管路安装。

各阀安装座及制动缸之间的连接管路在连接前应吹扫干净。管路系统畅通。各连接管法兰加胶垫后安装牢固。

（5）系统油漆。

系统的油漆尽可能在安装完毕，单车试验前（传感阀和调整阀各部的保护物除去之前进行）。若需要在单车试验前进行油漆，应将调整阀顶部显示窗口及传感阀顶杆、触头等部位用出厂时带来的保护物覆盖，并在调整阀上体通气口、调整阀体通气口及跃升活塞杆端部排气口等部位妥善覆盖保护，防止油漆进入阀体，影响作用。喷涂油漆完毕后将上述各部的覆盖保护物完全除净，并擦拭多余的油漆。

2. T-1 调整阀的安装

T-1 调整阀串接在 120/120-1 阀通往制动缸的管路中。安装时调整阀的正面应面向车体的外则面，即调整阀上盖铸有一护罩，安装时护罩的开口应面向外侧，以便观察调整阀顶部的显示器伸出的情况，大致判断车辆载重状态。调整阀外面应有防盗罩，除防盗外还能防止散装货物、液态货物及雨水损害、冻结调整阀。

3. WC-1 型传感阀的安装

WC-1 型传感阀安装在转向架摇枕上或转向架附近的车体上，其横跨梁安装在转向架侧架上。当使用横跨梁时，传感阀座的位置须保证传感阀顶杆中心与横跨梁基准板中心重合，以防车体发生侧滚、横摆时对传感阀测重精度的影响。

4. 横跨梁的安装

横跨梁安装在转向架内侧制动梁上方靠近摇枕并与其平行的位置。横跨梁两端支承在转向架侧架上的横跨梁托上、其间设有耐磨垫，耐磨垫与横跨梁是长形孔而横跨梁端头为圆形孔，用螺栓定位，定位螺栓的槽形螺母并不紧固，留有 3 ~ 5 mm 的间隙，用开口销固定，因此横跨梁支承在侧架上可左右移动，不会影响转向架的运行性能。另外，横跨梁还设有安全吊链，防止横跨梁脱落而影响行车安全。

（二）TWG-1 型空重车调整装置的调整

TWG-1 型空重车调整装置按 TWG-1 型空重车调整装置安装技术条件的要求安装完毕后，应对该装置进行调整，主要调整 WG-1 型传感阀顶杆触头与横跨梁基准板的间距。车辆落成并调整好心盘与钩高后应按要求调整传感阀顶杆触头与横跨梁基准面的间距。在制动状态时，全空车位基准板与传感阀顶杆触头的间距：WG-1A 型 WG-1B 型应为（3±1）mm，WG-1C 型 WG-1D 型应为（6±1）mm。若间距过小或大于规定值，可用一个扳手固定住顶杆，另一个扳手拧触头以调整间距（注意：切勿用一个扳手拧，此时触头与顶杆及活塞将一起旋转）。如传感阀顶杆拧出顶杆的长度超过 10 mm 时，应在横跨梁基准板上加焊垫板。

（三）TWG-1 型空重车调整装置的检修

1. TWG-1 型空重车调整装置的检修修程

（1）日常维护。

对自动调整装置进行外观检查。各部连接螺栓不得松动，各空气管路不得漏泄，调整阀显示器活塞应伸缩灵活，传感阀顶杆伸缩灵活不得发生卡滞现象，传感阀顶杆触头不得松动。传感阀触头与横跨梁之间的间距应符合要求。各配件丢失或作用不良时，应补充或更换相应配件。

（2）定期检修。

按车辆运用的厂、段、辅修期对自调装置进行检修。

① 辅修要求：

a. 对 TWG-1 型空重车调整装置进行外观检查，各配件齐全，状态良好时，可不分解。

b. 进行单车性能试验，如作用良好，各位置制动缸压力符合要求时，自动调整装置可不进行分解检修。

c. 当 TWG-1 型空重车调整装置作用不良时需分解检查，并更换相应配件。

② 段修要求：

a. T-1 型调整阀、WG-1 型传感阀须分解检修。

b. 调整阀、传感阀安装座滤尘器进行清洗检查，变形破损时更换。调整室、安装座有裂纹、破损时更换。

c. 调整阀垫和传感阀垫老化、变质、变形时更换。组装螺栓裂纹、腐蚀时更换。

d. 安装良好的调整阀、传感阀，按规定进行单车试验。

e. 车辆落成并调整好心盘与钩高后按要求调整传感阀顶杆触头与横跨梁基准板的间距。

③ 厂修要求：

T-1 型调整阀及调整室、WG-1 型传感阀及安装座须从车上拆下并分解检修。分解检修后的 T-1 型调整阀、WG-1 型传感阀在微控空重车调整装置试验台上进行试验，合格后方可装车。

车辆落成后按安装技术要求安装调整阀和传感阀，并进行单车性能试验。

2. TWG-1 型空重车调整装置的分解检查

（1）T-1 型传感阀。

① 拆下上盖、上体。用孔用弹性挡圈钳取下挡圈、拆下显示盖、显示器弹簧，取下 O 形橡胶密封圈 25×2.5。

② 从上体中取出膜板、上衬圈，拧下紧固上活塞的螺钉，卸下上活塞，冲出压杆。从阀体中取出膜板、下衬圈，拔出下活塞等组件时须使用 2 颗 M5 的螺钉，不得采用尖嘴钳。从下活塞中取出止回阀、弹簧，取下 O 形橡胶密封圈 60×5.3。拧下下盖。拧下下盖上的滤尘螺堵，取出跃升弹簧、调整垫。从阀体中抽出跃升活塞及顶杆，取下 2 个 O 形橡胶密封圈 45×3.1。

（2）WG-1A/C 型传感阀。

① 拧松上盖的两个螺母，先取下其中一个，压住上盖向一侧旋转直至活塞等组件露出，在活塞完全露出前遮挡，防止零件弹出取下上盖、取出弹簧垫及 Y 形橡胶密封圈 33×25。

② 用专用工具将弹性圆柱销压住，分解活塞与顶杆组成，取下顶杆弹性销、活塞上的 Y 形橡胶密封圈 40×32。

③ 用孔用弹性挡圈钳取下活塞上的弹性挡圈，取下弹簧座、止回阀弹簧、止回阀 $\phi 16$。

④ 将触头组成从顶杆上拧下，将滤尘缩堵从触头上拧下。

⑤ 用孔用弹性挡圈钳取下阀体上的弹性挡圈，取下弹簧垫及 Y 形橡胶密封圈 33×25。

（3）零件的检修。

① 橡胶件按要求更换新品。

② 传感阀顶杆、触头上的通气孔和调整阀的排气塞堵塞须通针疏通。传感阀触头、调整阀下盖上的滤尘缩堵堵塞时须用直径小于 $\phi 2$ mm 的通针疏通，并清洗干净。

③ 触头组成减摩垫剩余高度小于 1 mm 时更换新品。

④ 传感阀弹性圆柱销更换新品。

⑤ 顶杆组成出现下列情况之一时更换新品：

锁圈松动或脱落。触头旋进、旋出顶杆组成，有效力矩小于 3 N·m。顶杆 ϕ25 mm 的外圆部分在全长范围内弯曲变形大于 0.5 mm。

⑥ 传感阀活塞杆上的两长槽下边缘距活塞下端部的距离小于 5 mm 时更换。

⑦ 弹簧须在数控弹簧测力计上进行试验，性能符合要求。

⑧ 传感阀活塞内的阀口、调整阀体内的阀口损伤时修理或更换。

⑨ 零件检修限度符合要求。

（4）组装及试验。

① 传感阀的弹性圆柱销开口须向上，且弹性圆柱销两端不得露出传感阀活塞杆外壁。

② 触头旋入顶杆后，触头上面与顶杆下端面须有 5 mm 以上的间隙。

③ 检修的传感阀、调整阀须在微控空重车自动调整装置试验台上试验合格后装车使用。

（5）油漆与标记。

面漆喷涂后，须用白油漆在传感阀和调整阀阀体外表面喷涂检修单位简称和检修年月，字号为 15 号字。

3. 横跨梁及附件检修

（1）矩形管横跨梁全长范围内弯曲不大于 10 mm，超过时调修，纵向裂纹小于 100 mm 时焊修，横向裂纹、破损或纵向裂纹超限时更换。槽钢横跨梁裂纹、缺损时更换。

（2）横跨梁垫板孔径磨耗大于 3 mm 更换，垫板工作面须平整。

（3）触板磨耗大于 2 mm 时焊修后机械加工平整，触板上加焊的磨耗板磨耗大于 2 mm 时更换，工作面须光洁，不得有焊渣等异物。

（4）摆动式转向架装有的横跨梁弧形垫板原型厚度为 9 mm，剩余厚度小于 6 mm 时更换。

（5）横跨梁安全吊链座剩余厚度小于 5 mm 或链孔上边缘宽度小于 8 mm 时更换。安全吊链环裂纹或磨耗深度大于 2 mm 时更换。

（6）调整垫孔径磨耗大于 2 mm 时更换。

（7）检修合格的横跨梁须喷底漆、面漆，漆膜干膜厚度不小于 60 μm，触板上面和安装面下面不涂漆。

思考与练习

一、填空题

1. TWG-1 型货车空重车调整装置由（　　　　　）和（　　　　　）组成。

2. TWG-1 型货车空重车调整装置的调整阀由（　　　　　）、（　　　　　）和（　　　　　）三部分组成。

3. TWG-1 型货车空重车调整装置制动时传感阀触头（　　　　　　　）与车辆载重变化时的枕簧挠度变化的方向（　　　　　）。

4. TWG-1 型货车空重车调整装置制动时传感阀不同型号之间应更换（　　　　）零件。

5. TWG-1 型货车空重车调整装置的调整阀跃升活塞上侧通（　　　　　）气体，下侧通（　　　　）气体。

二、选择题

1. TWG-1B 型货车空重车调整装置在制动时，不论空车还是重车状态进入制动缸的压力空气均向（　　）分流气体。

A. 调整室　　B. 降压风缸　　C. 副风缸　　D. 压力风缸

2. TWG-1 型货车空重车调整装置的显示活塞下方通（　　）气体。

A. 制动缸　　B. 副风缸　　C. 降压风缸　　D. 压力风缸

3. TWG-1 型货车空重车调整装置在制动时，制动缸压力达到（　　）时跃升作用结束。

A. 80 ~ 100 kPa　　B. 50 ~ 70 kPa　　C. 20 ~ 40 kPa　　D. 30 ~ 50 kPa

4. 在车辆空载时 TWG-1 型货车空重车调整装置的传感阀触头与横跨梁之间的间距（　　）。

A. 不变，因为与载重无关　　B. 最大

C. 最小　　D. 无法判断

5. 在车辆空载时，TWG-1A 型货车空重车调整装置，由于传感阀的控制，制动缸压力空气向（　　）分流。

A. 调整室　　B. 降压气室　　C. 制动缸　　D. 副风缸

6. TWG-1 型空重车调整装置 A 型调整阀改为 B 型调整阀时需更换（　　）。

A. 限压阀活塞　　B. 调整活塞、上下活塞衬圈

C. 上下活塞衬圈　　D. 调整活塞内的夹心阀

7. TWG-1 型空重车调整装置调整阀的显示杆粗细两端均露出，标示该车为（　　）。

A. 全空车　　B. 全重车　　C. 半空车　　D. 无法判断

8. TWG-1C 型空重车调整装置是由（　　）组成。

A. A 型调整阀和 B 型传感阀　　B. B 型调整阀和 C 型传感阀

C. B 型调整阀和 B 型传感阀　　D. A 型调整阀和 C 型传感阀

9. TWG-1D 型空重车调整装置的调整阀阀外体铸有字母“B”，则此时该空重车调整装置的传感阀应为（　　）。

A. A 型传感阀　　B. B 型传感阀　　C. C 型传感阀　　D. D 型传感阀

三、判断题

1. TWG-1 型货车空重车调整装置没有制动缸压力的初跃升作用。（　　）

2. TWG-1 型货车空重车调整装置的测重部没有抑制盘。（　　）

3. TWG-1 型货车空重车调整装置的调整阀有 A、B、C、D 四种型号。（　　）

4. TWG-1 型货车空重车调整装置的传感阀只有在制动时才与横跨梁接触。（　　）

5. TWG-1 系列空重车调整装置的 A 型和 C 型空重车调整装置调整原理一样。（　　）

四、问答题

1. TWG-1 型空重车调整装置传感阀的作用是什么？

2. TWG-1A 型空重车调整装置的制动配置是怎样的？

3. TWG-1 型空重车调整装置跃升部的作用是什么？

拓展知识

一、KZW-A 型限压阀的性能试验

操作要求或技术标准：

（1）卸下盲板，安装限压阀。用呆扳手检查螺母 19 mm，检查确认阀盖紧固良好。

（2）点击显示器桌面“试验程序”图标，进入试验界面。点击“空重车阀自动试验台—空重车阀 1”（以下简称“程序”）导航栏的“准”，待程序右下角显示“准备完毕”（见图 5-41）。根据阀型点击导航栏内按钮，弹出“输入阀号”对话框。在对话框内点击与阀体铸造相一致的制造商，在“请输入限压阀阀号”对应栏内输入该阀检修编号，在“类型”栏内选择“检修”，点击“确认”开始充风试验（见图 5-42）。

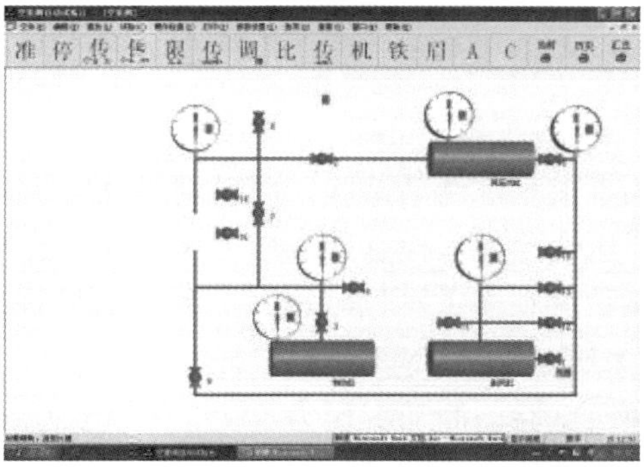

图 5-41　试验台准备完成

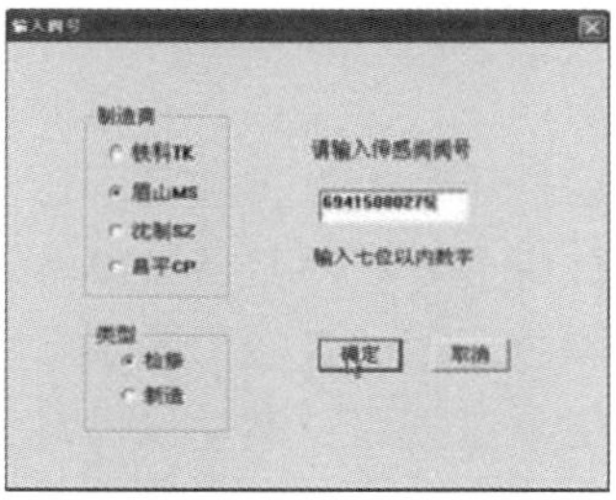

图 5-42　录入信息

（3）空车位试验：

制动试验：副风缸向制动缸充风，制动缸压力上升，随后降压风缸压力上升至压力稳定。检查确认压力表Ⅳ或试验程序中的制动缸压力表压力符合 140±15 kPa，空重车显示牌在空车位。程序右侧空车制动试验结果显示绿色“制动缸压力数值”，系统自动进入保压试验。

保压漏泄试验：制动试验结束，程序进入保压试验，制动缸压力未变，系统保压 1 min，系统自动弹出“人工检漏”界面后（见图 5-43），用防锈检漏剂涂抹限压阀与座结合部、空重车显示部后盖结合部、阀盖中间体结合部、中间体、阀体结合部、空重车显示牌后的活塞杆孔处，阀体、限压阀中间体排大气孔处。检查各结合部、阀体 20 s 内不出现鼓泡，中间体排大气孔处 15s 内鼓泡直径不大于 10 mm，压力表Ⅳ或试验程序中的制动缸压力表压力下降不大于 5 kPa 时，点击“人工检漏”界面中的“不漏泄”，程序右侧空车保压试验结果显示绿色“制动缸漏泄压力数值”，系统自动进入缓解试验。

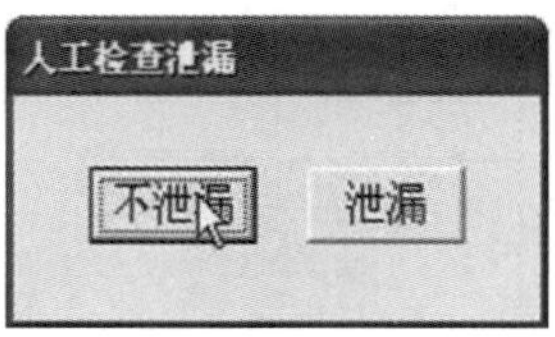

图 5-43　人工检查界面

缓解试验：保压试验结束，程序进入缓解试验，制动缸与降压风缸压力开始下降。确认

制动缸压力在 20 s 内排到 0 kPa，降压风缸压力降至 0 kPa。程序左侧空车位试验结果显示绿色“制动缸压力降至 0 kPa 所需时间”，系统自动进入半重车制动试验（见图 5-44）。

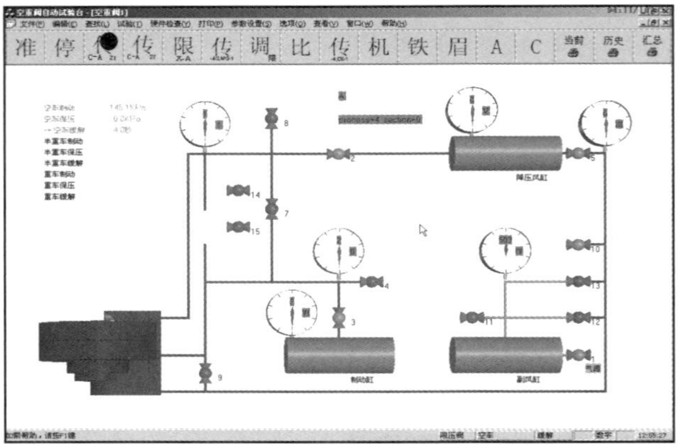

图 5-44　空车位试验合格

（4）半重车位试验：

制动试验：空车位各项试验结束，程序进入半重车位制动试验，此时副风缸向制动缸充气，制动缸压力上升，随后降压风缸压力上升至压力稳定。检查确认压力表Ⅳ或试验程序中的制动缸压力表压力符合 230±40 kPa，空重车显示牌在半重车位。程序左侧空车制动试验结果显示绿色“制动缸压力数值”，系统自动进入保压试验。

保压漏泄试验：制动试验结束，程序进入保压试验，制动缸压力不变，系统保压 1 min，系统弹出“人工检漏”界面后，用防锈检漏剂均匀涂抹限压阀与座结合部、空重车显示部后盖结合部、阀盖中间体结合部、中间体、阀体结合部、空重车显示牌后的活塞杆孔处，阀体、限压阀中间体排大气孔处。检查各结合部、阀体 20 s 内不出现鼓泡。中间体排大气孔处 15 s 内鼓泡直径不大于 10 mm。目视确认压力表Ⅳ或试验程序中的制动缸压力表压力下降不大于 5 kPa 时，点击“人工检漏”界面中的“不漏泄”，程序左侧空车保压试验结果显示绿色“制动缸漏泄压力数值”，系统自动进入缓解试验。

缓解试验：保压试验结束，程序进入缓解试验，制动缸与降压风缸压力开始下降。检查确认制动缸压力在 20 s 内排到 0 kPa，降压风缸压力降至 0 kPa。程序左侧半重车位试验结果显示绿色“制动缸压力降至 0 kpa 所需时间”，半重车位试验完毕（见图 5-45）。

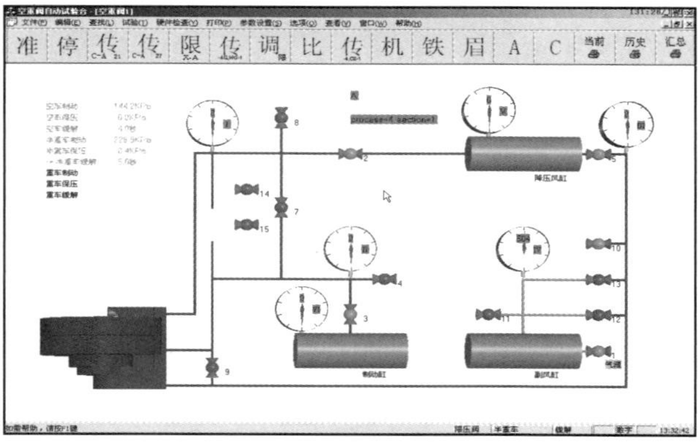

图 5-45　半重车位试验合格

（5）重车位试验：

制动试验：半重车位试验完毕，程序进入重车位试验，副风缸向制动缸充气，制动缸压力上升，随后降压风缸压力上升至压力稳定。检查确认压力表Ⅳ或试验程序中的制动缸压力表压力符合 360±10 kPa，空重车显示牌在重车位。程序左侧空车制动试验结果显示绿色“制动缸压力数值”，系统自动进入保压试验。

保压漏泄试验：制动位试验结束，程序进入保压试验，制动缸压力不变，系统保压 1 min，系统弹出“人工检漏”界面后，用防锈检漏剂检查限压阀与座结合部、空重车显示部后盖结合部、阀盖中间体结合部、中间体、阀体结合部、空重车显示牌后的活塞杆孔处，阀体、限压阀中间体排大气孔处。检查各结合部、阀体 20 s 内不出现鼓泡，中间体排大气孔处 15 s 内鼓泡直径不大于 10 mm，压力表Ⅳ或试验程序中的制动缸压力表压力下降不大于 5 kPa 时，点击“人工检漏”界面中的“不漏泄”，程序左侧空车保压试验结果显示绿色“制动缸漏泄压力数值”，系统自动进入缓解试验。

缓解试验：保压试验结束，程序进入缓解试验，制动缸与降压风缸压力开始下降。试验员检查确认制动缸压力在 20 s 内排到 0 kPa，降压风缸压力降至 0 kPa。程序右侧重车位试验结果显示绿色“制动缸压力降至 0 kPa 所需时间”，试验完毕。

（6）检查确认制动缸压力为零时，握紧阀体，取下限压阀。试验结束后点击“保存”和“打印”。

二、传感阀性能试验

操作要求或技术标准：

（1）卸下盲板，安装传感阀。用 U 形扳手（或管钳）检查确认阀盖紧固良好。

（2）点击显示器桌面“试验程序”图标，进入试验界面。点击“程序”导航栏的“准”，再点击导航栏内“传 C-A（21）”或“C-A（27）”，弹出“输入阀号”对话框，选择与阀体铸造信息一致的制造商，在“请输入传感阀阀号”对应栏内输入该阀检修编号，在“类型”栏选择“检修”，点击“确认”开始充风试验。

（3）小减压量试验：开始试验后系统自动将试验台挡块调整到与传感阀触杆 6 mm 距离位置，检查确认传感阀触杆与挡块是否接触，如果“是”，则继续试验，如果“否”，则卸下返修（见图 5-46）。

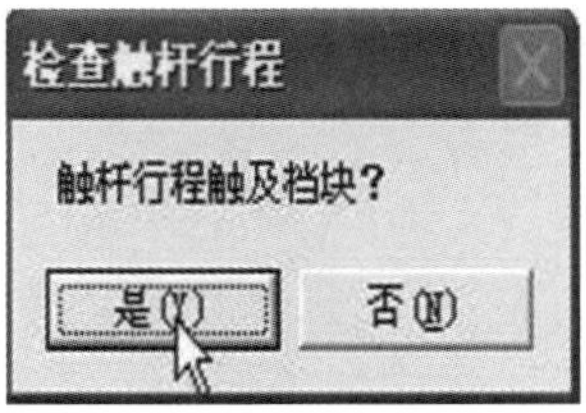

图 5-46　试验台确认接触界面

（4）空车位试验：

制动试验：检查确认压力表或试验程序中的制动缸压力表压力符合 140±15 kPa 要求。

保压漏泄试验：程序进入保压试验后，制动缸压力不变，系统自动保压 1 min。用防锈检漏剂检查阀盖结合部、触杆与阀体铜套结合部及触杆顶部排气孔是否漏泄（见图 4-47）。检查

30 s 内是否鼓泡，在对话框中点击“不漏泄”（见图 5-47），确认压力表Ⅳ或试验程序中的制动缸压力表压力下降不大于 5 kPa。

缓解试验：传感阀触杆自动缩回，触杆顶部排气孔排气。听到排气声则确认触杆上的排气孔畅通。同时确认降压风缸压力与制动缸压力是否 30 s 内降到 0 kPa。

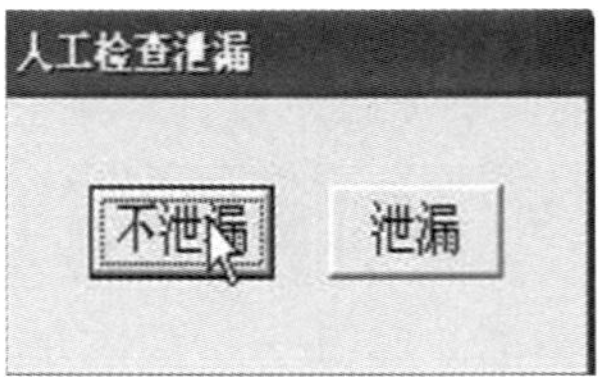

图 5-47　试验台确认漏泄界面

（5）半重车位试验：

制动试验：半重车位试验时，触杆与挡块距离 C-A（21）型为 15 mm，C-A（27）型为 19 mm，触杆触及挡块后通过传感阀向降压风缸充气。试验员检查确认压力表Ⅳ或试验程序中的制动缸压力表压力是否符合 230±40 kPa 要求。

保压漏泄试验：制动试验结束，程序自动保压试验后，制动缸压力不变，系统自动保压 1 min，用防锈检漏剂检查阀盖结合部、触杆与阀体结合部及触杆顶部排气孔 30 s 内不出现鼓泡，压力表Ⅳ或试验程序中的制动缸压力表压力下降不大于 5 kPa。

缓解试验：保压试验结束，程序进入缓解试验，制动缸压力与降压风缸开始排压，传感阀触杆自动缩回，触杆端部排气孔排气。试验员确认触杆上的排气孔是否畅通。同时确认降压风缸压力与制动缸压力在 30 s 内排到 0 kPa。

（6）重车位试验：

制动试验：进入重车位制动试验，触杆不接触挡块，检查确认压力表Ⅳ或试验程序中的制动缸压力表压力符合 360±10 kPa 要求。

保压漏泄试验：制动试验结束，程序进入保压试验，制动缸压力不变，系统自动保压 1 min。用防锈检漏剂检查阀盖结合部、触杆与阀体结合部及触杆顶部排气孔 30 s 内是否鼓泡。压力表Ⅳ或试验程序中的制动缸压力表压力下降是否大于 5 kPa。

缓解试验：保压试验结束，程序进入缓解试验，传感阀触杆自动缩回，确认降压风缸压力与制动缸压力在 30 s 内排到 0 kPa。

（7）检查确认制动缸压力为零时，握稳阀体，取下传感阀。试验结束后点击“保存”和“打印”。

项目六　货车脱轨自动制动装置检修

项目概述

本项目以铁路货车脱轨自动制动装置为载体，设计工作情境，让学生组成学习团队，以团队为单位通过绘制设有脱轨自动制动装置的货车制动系统的组成示意图，再通过分解、组装脱轨制动阀以及将脱轨自动制动装置的安装，掌握铁路货车脱轨自动制动装置的安装、检修工艺流程及要求等。

教学目标

1. 通过阅读工作任务单，明确工作任务要求；
2. 能根据任务要求和实际情况，合理制订工作计划；
3. 能正确绘制设有脱轨自动制动装置的货车空气制动装置组成示意图；
4. 能正确安装货车脱轨自动制动装置，调整拉环与车轴的相互位置及尺寸等；
5. 能检修脱轨自动制动装置的各零部件。

课件：货车脱轨自动制动装置的结构及原理

任务一　认识货车脱轨自动制动装置

【任务描述】

本任务中，通过认识脱轨自动制动装置各零部件，掌握其构造和用途等，达到掌握货车脱轨自动制动装置检修技能的目的。

【任务实施】

一、货车脱轨自动制动装置的总体结构

铁路货车脱轨自动制动装置是在车辆原有的制动系统主管上增加一个支管，它与原制动系统的安装关系如图 6-1 所示。

货车脱轨自动制动装置由脱轨自动制动阀（简称脱轨制动阀）、主管三通、球阀、支管三通、支管等组成，如图 6-2 所示。

微课：货车脱轨自动制动装置的构造

二、脱轨制动装置的构造

脱轨制动阀是脱轨自动制动装置的核心部件，每根车轴处安装一套，其在车辆脱轨时通过制动阀杆被打断将制动主管与大气连通，致列车发生紧急制动。在主风管与脱轨制动阀的连接管路中安装了一个不锈钢球阀，

用于在车辆脱轨停车后或制动阀发生故障时手动截断脱轨制动装置支路，如图 6-2 所示。

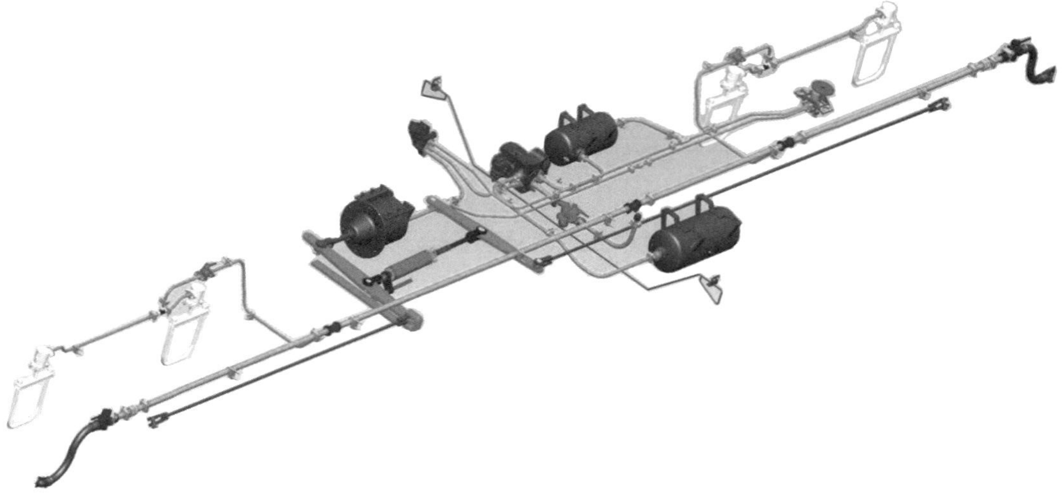

图 6-1　设有脱轨自动制动装置的制动系统示意图

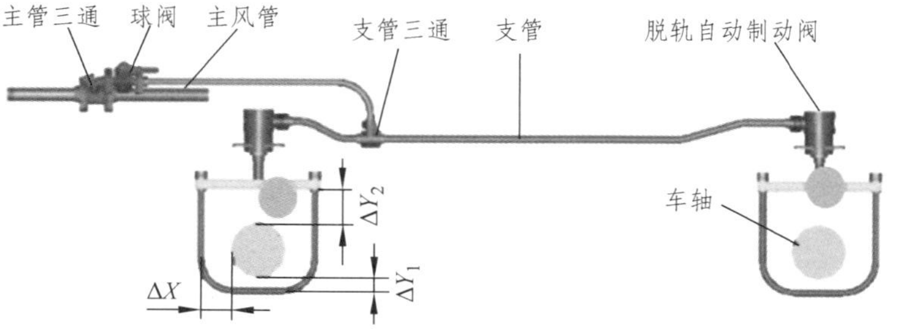

图 6-2　脱轨自动制动装置配置

三、脱轨制动阀的构造

脱轨制动阀由拉环、顶梁、调节杆、作用杆、锁紧螺母、弹片、制动阀杆（见图 6-3）和阀体等组成。拉环和顶梁通过圆销连接，顶梁和调节杆采用焊接，调节杆和作用杆采用销接，制动阀杆端头穿入作用杆孔中，作用杆由上、下对称放置两个弹片支撑在阀体上并通过锁紧螺母预紧，脱轨制动阀构造如图 6-4 所示。图中 ΔX 为安装时车轴与拉环两侧横向距离、ΔY_1 为安装时车轴与拉环下侧垂向距离、ΔY_2 为安装时车轴与拉环顶梁垂向距离。

微课：脱轨制动阀的结构及分解组装

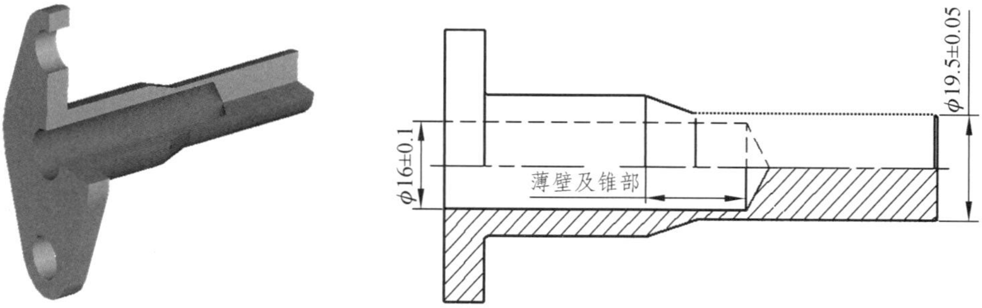

图 6-3　制动阀杆结构

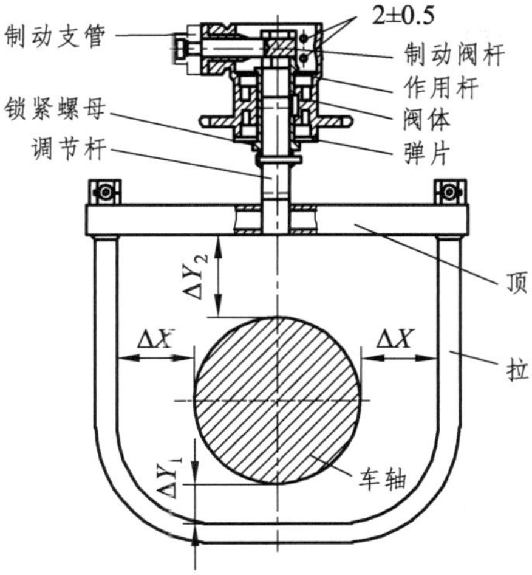

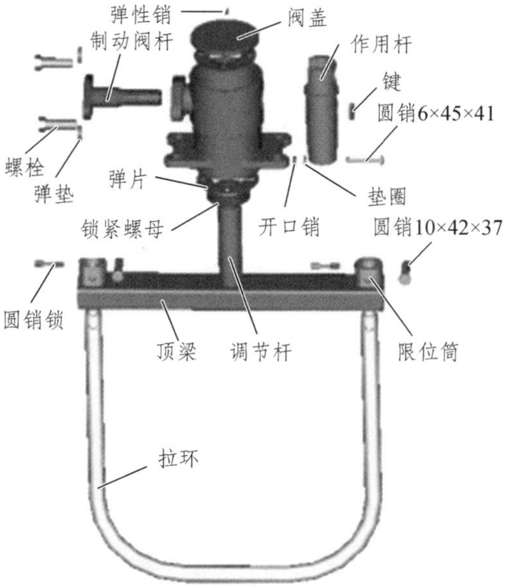

图 6-4　制动阀结构图

四、脱轨制动装置的作用原理

以 C64 型敞车空车为例参看图 6-5，车辆定距为 8 700 mm，当 1 位轮对脱轨时，1 位轮对下降 139 mm，1 位转向架在垂直面内转动 4.56º，1 位转向架心盘下降 70 mm，从而引起车体在垂直面内转动 0.46º。此时在 1 位轮对处，车体下降 77 mm，在 2 位轮对处车体下降 63 mm。因此，在 1 位轮对处，车轴相对于车体多下降 139−77=62（mm），在 2 位轮对处车体相对于车轴多下降 63 mm。此处车轴未降，参看图 6-6。

当 2 位轮对脱轨时，2 位轮对处车轴相对于车体多下降 139−63=76（mm），在 1 位轮对处车体相对于车轴多下降 77 mm，参看图 6-7。

微课：货车脱轨制动装置的原理

ΔX 、ΔY_1 、ΔY_2 的取值范围见表 6-1。

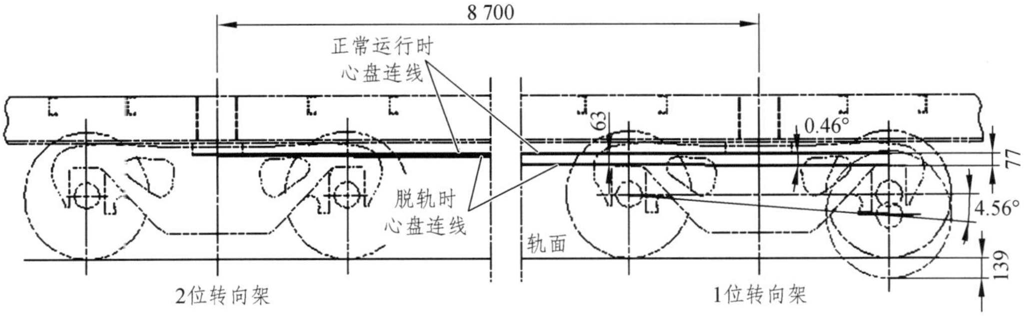

图 6-5　车轴与心盘位置

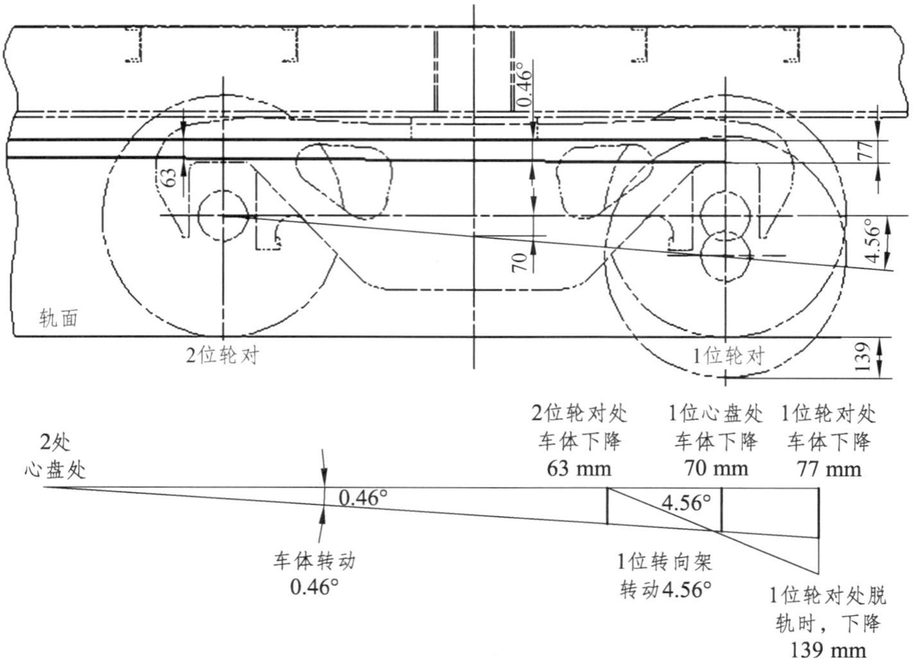

图 6-6　1 位轮对脱轨时与车轴的相对位置

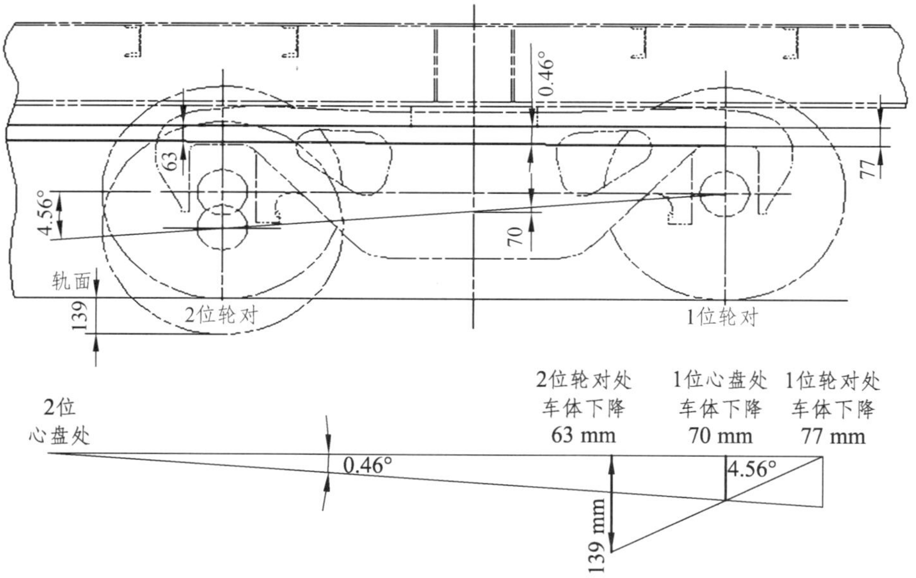

图 6-7　2 位轮对脱轨时与车轴的相对位置

表 6-1　ΔX 、ΔY_1 、ΔY_2 的取值范围　　单位：mm

轴重/kN	210		250
转向架型号	转 8 系列、转 K2	转 K4	转 K5、转 K6
ΔX	80±10	80±10	75±10
ΔY_2	85±2	105±2	100±2
ΔY_1	(40^{+3}_{-5})	(45^{+3}_{-5})	(40^{+3}_{-5})

脱轨自动制动装置利用脱轨时车体与轮对的相对位移，拉或顶调节杆，使调节杆下移或上移拉断或顶断制动阀杆，使制动管紧急排风，实现紧急停车作用。

货车脱轨时，脱轨轮对处的车辆相对于车体下移 62 mm 或 76 mm，而无论 K2、K4、K5、K6、K8 系列转向架的 ΔY_1 值在 35 ~ 48 mm，因此脱轨瞬间车轴突然下降撞击拉环下水平杆，通过顶梁拉调节杆，调节杆下移拉断制动阀杆，使制动管排气产生紧急制动而停车。

重车脱轨瞬间，先脱轨的轮对一侧虽下移，但由于重车，车体压缩枕簧下移，车轴与拉环下水平杆之间距离 ΔY_1 值已大于车体相对于车轴的下移量（最大为 77 mm），因此车轴不能撞击拉环下水平杆，制动阀不能拉断。而重车脱轨瞬间，车体在瞬间仍处于水平平衡态，脱轨转向架中未脱轨轮对的车轴上翘，顶梁顶调节杆，调节杆上移顶断制动阀杆，制动阀杆的结构见图 6-3，使制动管压缩空气迅速排向大气，列车产生紧急制动而停车。

思考与练习

一、填空题

1.（　　　　　　）是脱轨自动制动装置的核心部件。

2. 脱轨制动阀的作用是在车辆脱轨时（　　　　　）被打断，使制动管与（　　　　　）连通，致使车辆产生（　　　　　　）而停车。

二、选择题

1. 货车车辆的（　　）装有脱轨自动制动装置。

A. 某一根车轴　　　　B. 某两根车轴

C. 某三根车轴　　　　D. 所有车轴

2. 脱轨自动制动装置的作用是（　　）。

A. 完全防止车辆脱轨　　　　B. 一旦车辆脱轨就产生紧急制动

C. 完全不能防止任何形式的脱轨　　　　D. 以上都不对

3. 重车脱轨瞬间，车体瞬间仍处于水平平衡态，（　　）上翘，顶梁顶调节杆，调节杆上移顶断制动阀杆，使列车管排气产生紧急停车。

A. 脱轨轮对车轴　　　　B. 脱轨转向架中未脱轨轮对车轴

C. 某一转向架某一车轴　　　　D. 所有车轴

4. 空车脱轨时，脱轨轮对的车轴相对于车体的下移量大于拉环下水平杆与车轴的正常距离ΔY_1。因此，脱轨瞬间（　　）突然下降撞击拉环下水平杆，通过顶梁拉调节杆，调节杆下移拉断制动阀杆，使列车管排气产生紧急停车。

A. 脱轨轮对车轴　　　　B. 脱轨转向架中未脱轨轮对车轴

C. 某一转向架某一车轮　　　　D. 所有车轴

任务二　货车脱轨自动制动装置检修

【任务描述】

本任务中，通过认识脱轨自动制动装置各零部件，掌握其构造和用途等，达到掌握货车脱轨自动制动装置检修技能的目的。

【任务实施】

课件：货车脱轨自动制动装置的安装与检修

一、脱轨制动装置的组装及分解程序

（一）组装程序

（1）在弹片表面、作用杆表面、阀体内与作用杆接触的表面（包括键槽）均涂以适量二甲基硅油。

（2）将一弹片沿箭头方向套到作用杆上，并使之贴靠作用杆凸肩，如图 6-8 和图 6-9 所示。

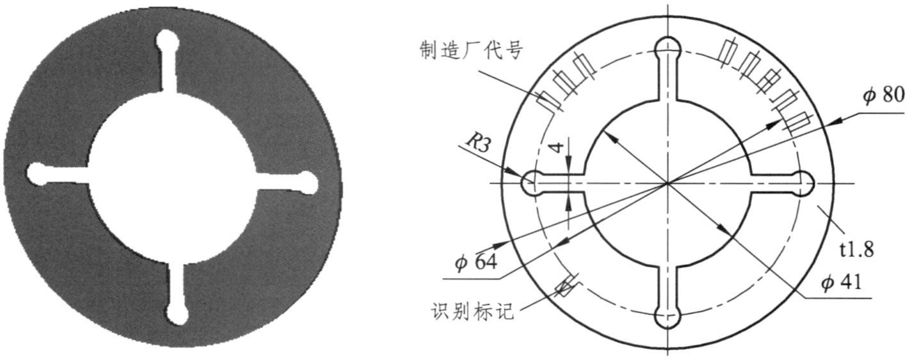

图 6-8　弹片的结构

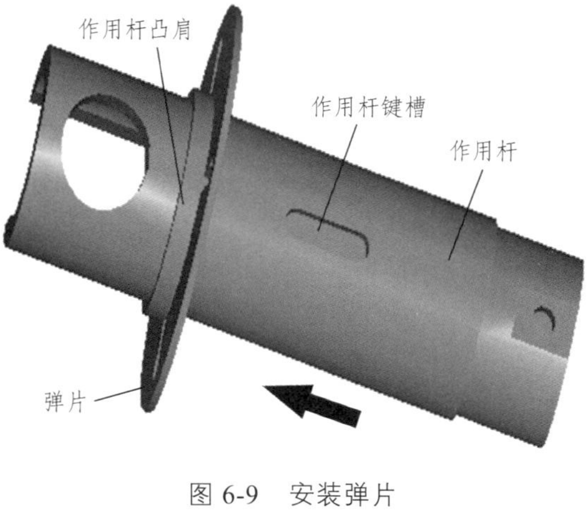

图 6-9　安装弹片

（3）将键嵌入作用杆的键槽内，如图 6-10 所示。

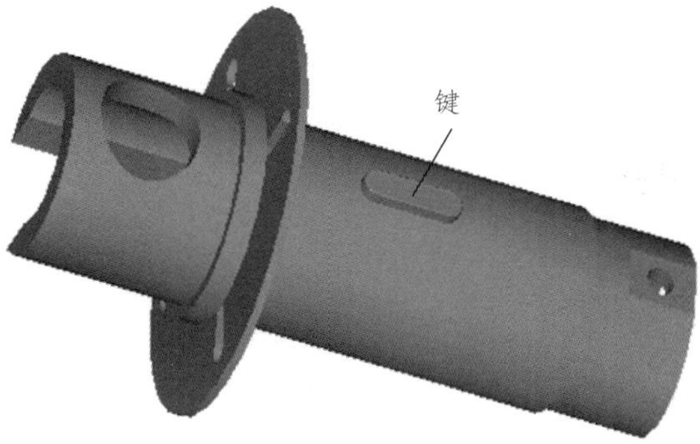

图 6-10　安装键

（4）再将组合好的作用杆从阀体上方沿箭头方向放入阀体，使弹片贴靠阀体上承台，要求作用杆能沿垂直方向在阀体内自由移动，无卡滞现象，如图 6-11 所示。

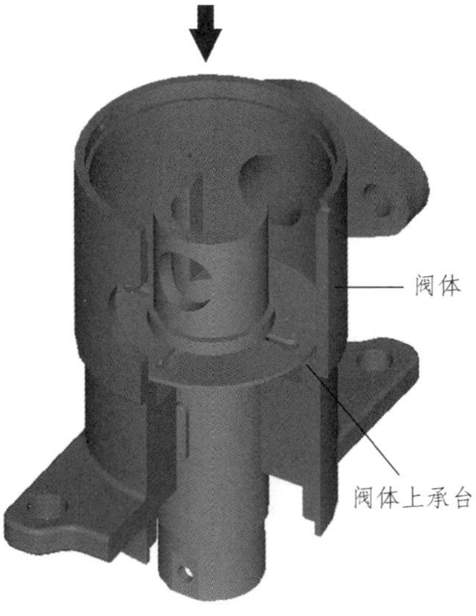

图 6-11　安装作用杆

（5）再将一弹片沿箭头方向套到作用杆上，并使之贴靠阀体下承台，如图 6-12 所示。

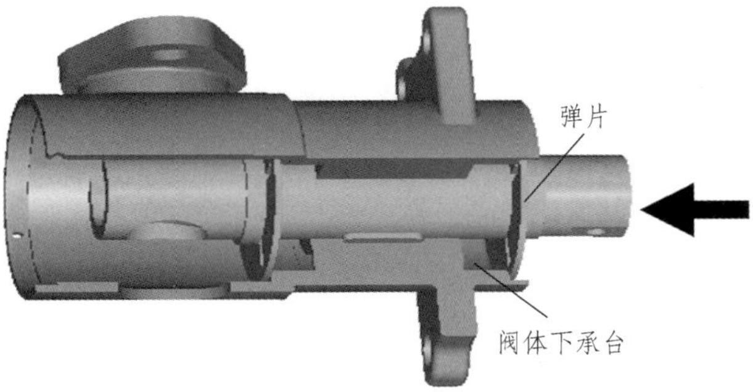

图 6-12　安装下弹片

（6）将锁紧螺母沿箭头方向旋套到作用杆上，并轻轻带紧，如图 6-13 所示。

（7）将制动阀杆沿箭头方向放入阀体内，并使制动阀杆贴靠阀体凸台面，再用两颗 M12×40 螺母及两个 12 的弹性垫片带紧，如图 6-14 所示。

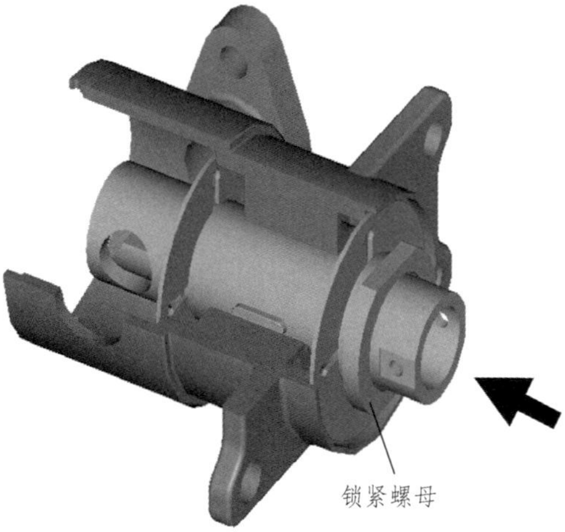

图 6-13　安装锁紧螺母

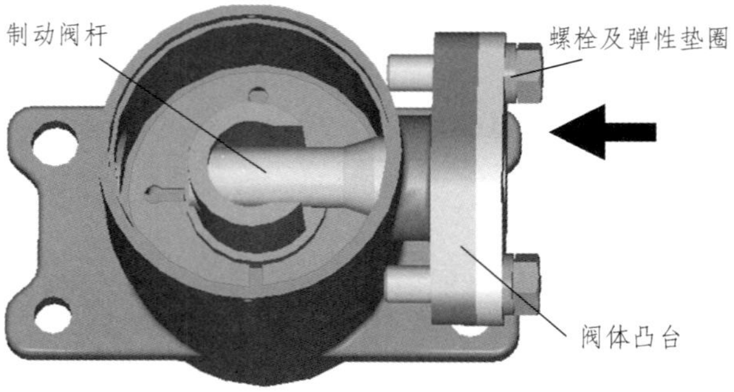

图 6-14　安装制动阀杆

（8）将组装好的阀体在组装台位上夹紧，用力矩扳手拧紧锁紧螺母，要求拧紧力矩为（5±1）N・m。拧紧锁紧螺母后，应检查制动阀杆与作用杆孔的间隙尺寸（2±0.5）mm，若尺寸超差，可在规定范围内调整拧力矩值，从而保证（2±0.5）mm 的尺寸值，如图 6-15 所示。

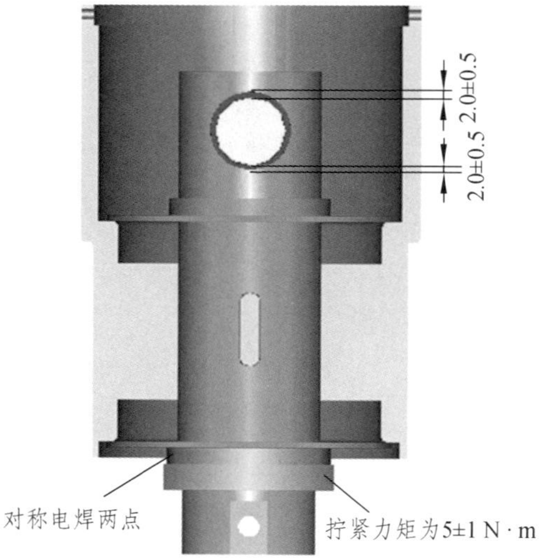

图 6-15　制动阀杆与作用杆孔组装配合要求

（9）当规定锁紧螺母的拧紧力矩及制动阀杆与作用杆孔的间隙尺寸均满足要求后，将锁紧螺母对称点焊两点，使其与作用杆固接，如图 6-15 所示。

（10）将阀盖放入阀体上部止口，以阀体止口定位阀盖，并将阀体与阀盖夹紧在一起，再沿阀体上已有的两孔配钻阀盖上 2× ϕ3mm 的孔，孔深 6 mm，然后将两个弹性柱销分别打入两孔中，要求弹性柱销露出阀体部分为 4 ~ 6 mm，如图 6-16 所示。

（11）将上述组装好的部分安装到车体的安装座上，并用四颗螺栓紧固，如图 6-17 所示。

（12）在整车落成之前将顶梁组成旋入作用杆，待调整好车钩高及旁承间隙后再调整顶梁下平面与车轴上边缘的距离 ΔY_2 至规定的距离，再用圆销、垫圈和开口销将顶梁组成与作用杆销接在一起，如图 6-18 所示。

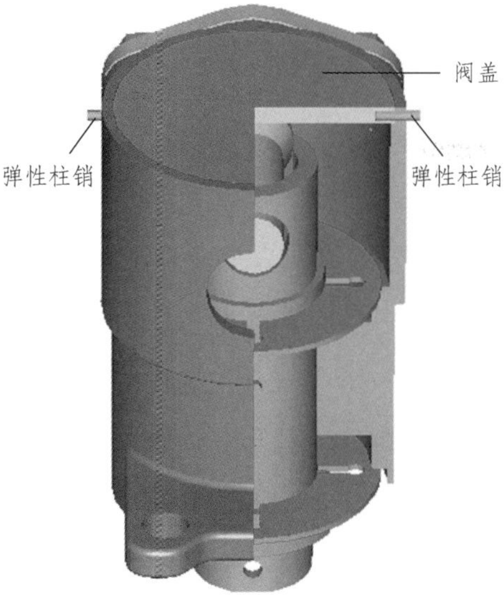

图 6-16　安装弹性柱销

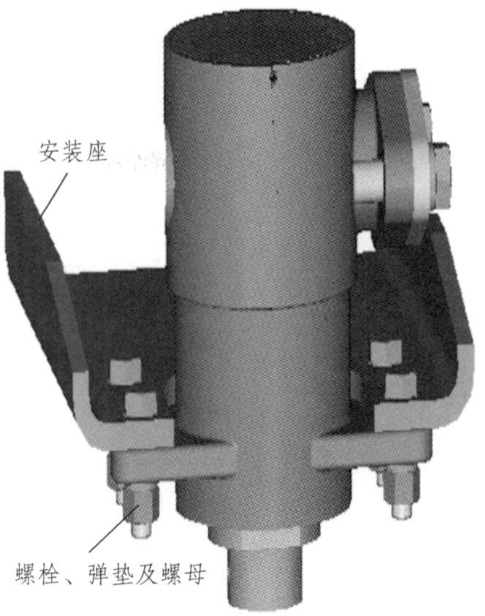

图 6-17　安装于车体安装座

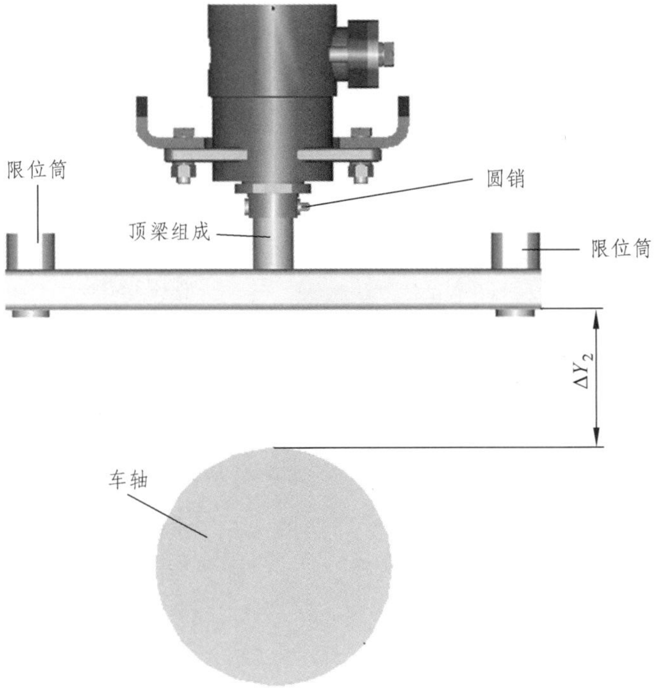

图 6-18　调节顶梁下平面与车轴上边缘的距离 ΔY_2 值

（13）将拉环两端头分别插入顶梁组成的两个限位筒内，再用圆销、垫圈和开口销将拉环与顶梁组成销接在一起。检查车轴下边缘至拉环的距离 ΔY_1 及车轴左右边缘与拉环的距离 ΔX，不符合时调整。当确定 ΔY_1、ΔY_2 及 ΔX 均满足取值范围（见表 6-1）要求后，最后将脱轨制动阀上的各开口销打开并在开叉部位点焊，同时将安装座上的螺栓和螺母点焊牢固。至此，脱轨制动阀安装完成，如图 6-19 所示。

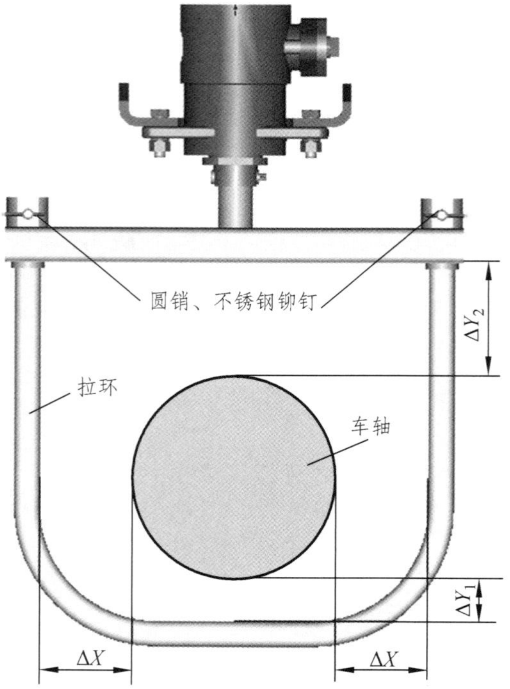

图 6-19　调节 ΔY_1、ΔY_2 及 ΔX 值

（二）分解程序

（1）拆掉连接拉环与顶梁组成的两个开口销、垫圈和圆销（采用圆销连接时，剪断圆销锁的锁头），取下拉环，如图 6-20 所示。

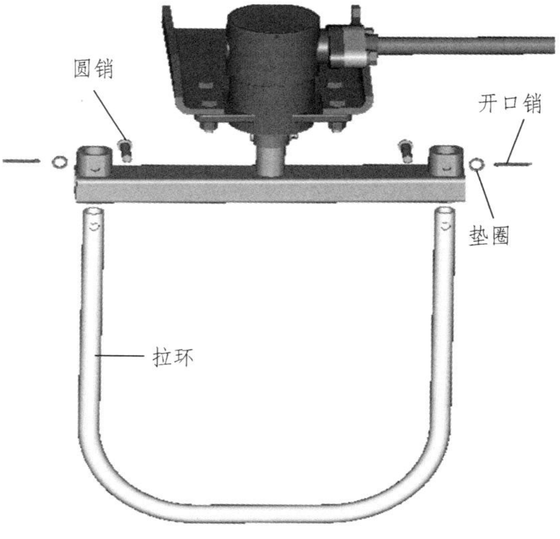

图 6-20　分解拉环

（2）拆掉连接脱轨制动阀与制动支管的两颗螺母和螺栓，并拆掉连接脱轨制动阀与安装座的四个螺母、垫圈和四颗螺栓，把脱轨制动阀从车体上拆下，如图 6-21 所示。

（3）取出制动阀杆时，应避免磕碰，如图 6-22 所示。

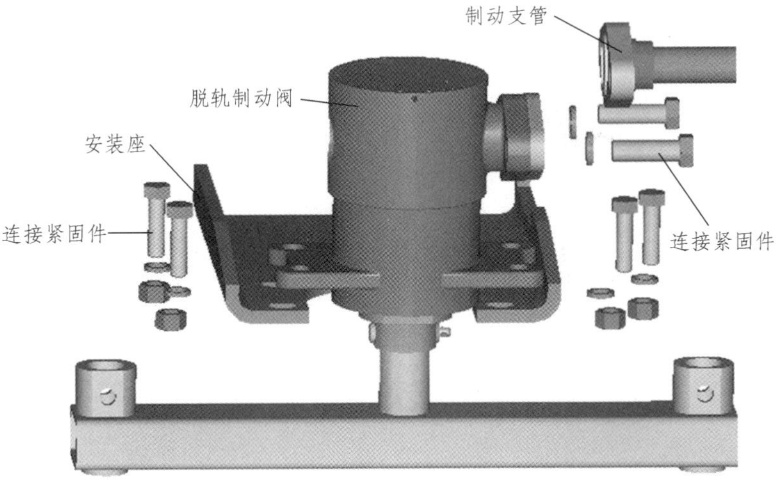

图 6-21　拆下制动阀

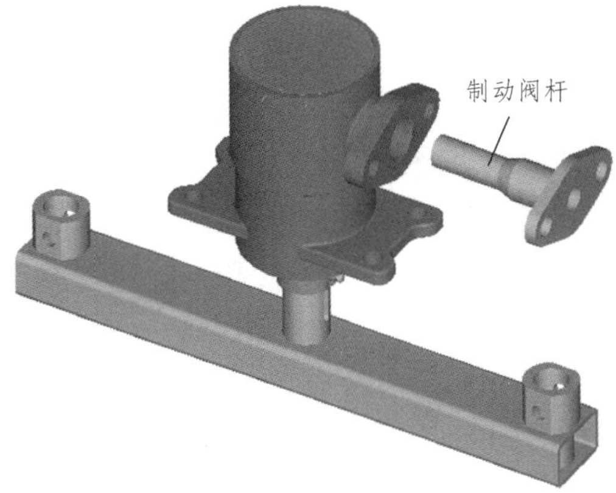

图 6-22　拆下制动阀杆

（4）拆掉连接顶梁组成与作用杆的开口销、垫圈和圆销，旋下顶梁组成，如图 6-23 所示。

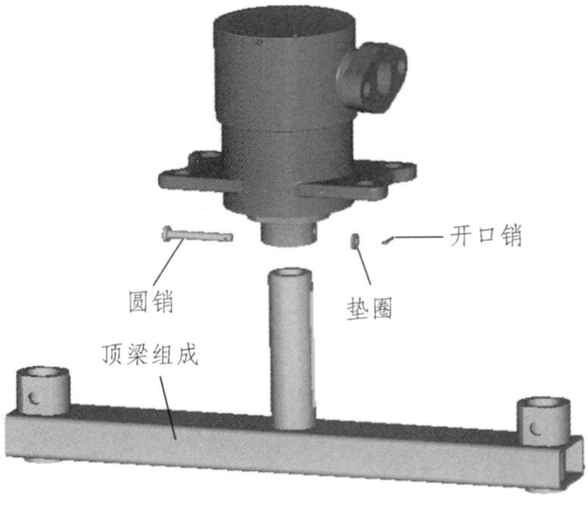

图 6-23　拆下顶梁组成

（5）用砂轮机磨掉锁紧螺母上的两个焊点，旋下锁紧螺母，然后取出阀体下承台上的弹片，如图 6-24 所示。

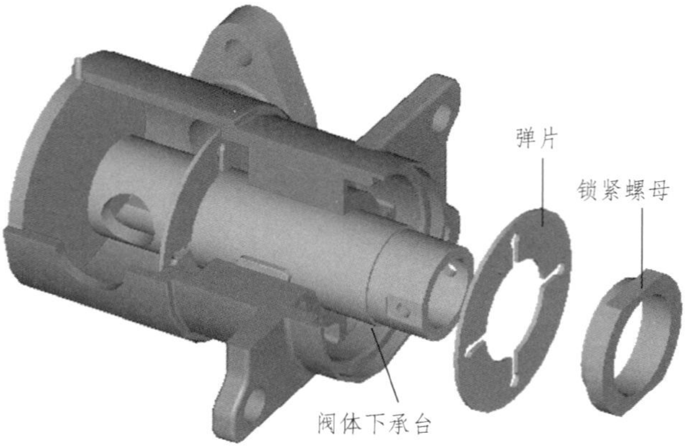

图 6-24　拆下下弹片

（6）拔出销接阀盖和阀体的两个弹性柱销，用作用杆顶出阀盖，并顺时沿箭头方向取出带有弹片及键的作用杆，如图 6-25 所示。

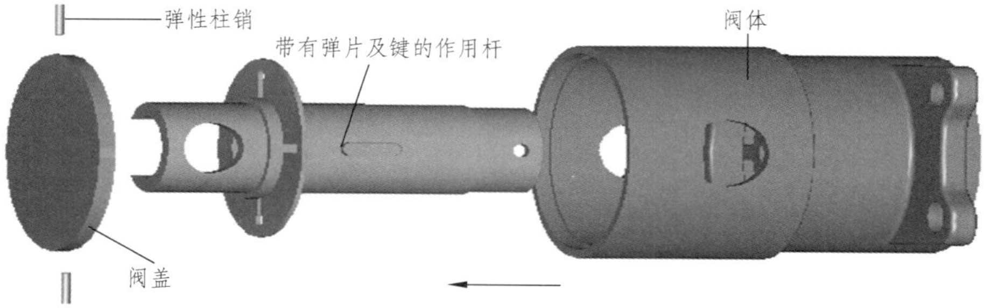

图 6-25　拆下作用杆

（7）将作用杆键槽内的键取出，然后将套在作用杆上的弹片沿箭头方向退出，至此，脱轨制动阀的分解完成，如图 6-26 所示。

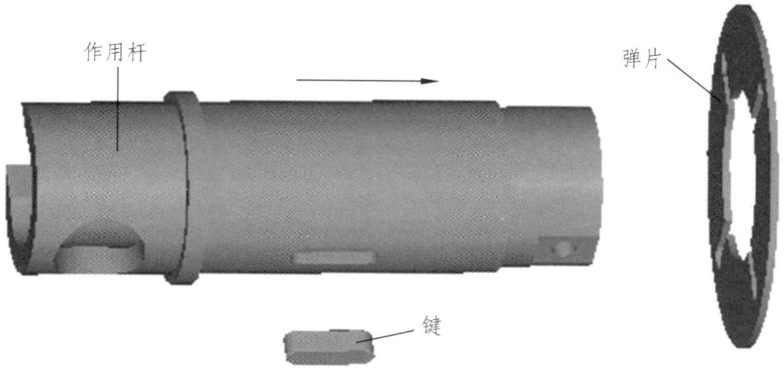

图 6-26　拆下上弹片

二、安装使用及维护要求

（一）安装使用要求

1. 安装步骤及要求

（1）车辆落车前，将脱轨制动阀中除拉杆之外的部分用安装螺栓紧固在安装座上，同时将顶梁组成向上旋至不能旋转为止，以防落车时撞坏制动阀杆。

（2）落成后（空车状态）调整好旁承间隙及车钩中心距轨面高度。

（3）调节车轴上边缘与顶梁下平面的距离 ΔY_2 至规定值后锁紧，ΔX、ΔY_1、ΔY_2 的取值范围见表 6-1。

（4）将拉环两端插入顶梁限位孔内，并用圆销固定。根据 ΔX、ΔY_1、ΔY_2 的取值，通用货车装用的脱轨制动阀及拉环有两种规格，并以油漆颜色来区分，见表 6-2。

表 6-2 脱轨制动阀与拉环的类型及适用范围

脱轨制动阀类型	拉环类型	拉环颜色	通用转向架	备注
（Ⅰ）	（Ⅰ）	黑色	转 8 系列、转 K2	通用货车
（Ⅱ）	（Ⅱ）	黄色	转 K4、转 K5、转 K6	通用货车

（5）检查车轴下边缘与拉环的距离 ΔY_1。如 ΔY_1 比规定值大，取下拉环，逆时针方向转动顶梁将顶梁上移；如 ΔY_1 比规定值小，则顺时针方向转动顶梁将顶梁下移。顶梁转动一周，向上（或向下）移动 3.5 mm。

2. 安装使用注意事项

（1）调整拉环、顶梁与车轴的间隙值须在平直道上进行。

（2）重新调整旁承间隙或车钩高度后必须重新检查并调整拉环、顶梁及车轴的位置尺寸。

（3）单车试验时，必须将球阀手把置于开放位（手把与支管平行），然后按 TB/T 1492—2017《铁道车辆制动机单车试验》进行。单车缓解感度试验的操作方法仅决定于主风管长度，与是否安装脱轨制动阀无关。

（4）检验 ΔX、ΔY_1、ΔY_2 都符合规定值后，将开口销双向劈开不小于 60，并将圆销锁的锁头插入簧座，同时将脱轨制动阀的安装螺栓点焊固定。

（5）安装脱轨自动制动装置的车辆在进行起吊车体及顶梁操作前应先拆除拉环。若未拆除拉环就起吊或顶车使拉环与车轴接触，必须检查脱轨制动阀是否正常。若弹片损坏、制动阀杆断裂或制动阀杆端头与作用杆孔上、下间隙值（2±0.5）mm 超标，应更换脱轨制动阀。

（6）安装脱轨自动制动装置的车辆禁止用天车（或吊车）抬起车辆一端来移动车辆及禁止锤击拉环和顶梁。若发生这种误操作，应按上述 2 中的（4）的要求进行检查和处理。

（7）安装脱轨自动制动装置的车辆出厂投入运用前，应将球阀手把涂白色油漆，并将其置于开放位。

（8）当车辆脱轨打断制动阀杆后，可先关闭球阀手把，再将脱轨车辆起复后拉到附近站修所检修，这样可缩短线路恢复运行时间。

（二）维护检修要求

脱轨自动制动装置的维护与检修按下列规定执行：

1. 日常维护

现车脱轨自动制动装置外观检查及检测：

（1）脱轨制动阀体裂纹时更换。脱轨制动阀调节杆变形时调修或更换，裂损时更换。

（2）脱轨制动阀杆漏泄、破损时更换，球阀漏泄时更换。

（3）制动阀杆端头与作用杆孔上、下间隙单边不小于 1 mm。
（4）脱轨制动阀调节杆与作用杆螺纹损坏更换。阀盖丢失时补装。
（5）脱轨制动阀安装螺栓松动时紧固，丢失时补装。
（6）用游标卡尺检测脱轨装置顶梁体剩余厚度，小于原型 1.5 mm 时更换。

2. 临修

（1）紧固件松动时紧固；
（2）配件丢失时应补上，损坏时更换；
（3）管路漏泄时应排除；
（4）拉环和顶梁遭受意外撞击而变形时调整，并按《铁路货车脱轨自动制动阀装车技术条件》调整拉环、顶梁和车轴的位置尺寸并进行单车试验，最后将开口销、安装螺栓点焊固。

3. 定期检修

按车辆检修周期应定期对车辆脱轨自动制动装置进行检修。
主要配件检修限度见表 6-3。

表 6-3　脱轨自动制动装置检修限度

序号	名称	检修标准	检测周期
1	铁路货车脱轨自动制动装置	制动阀杆端头下边缘与作用阀杆孔下部间隙小于 1.0 mm 时更换弹片； 调节杆与作用杆螺纹腐蚀或损坏而无法调整时； 拉环、顶梁与车轴的位置尺寸 ΔX、ΔY_1、ΔY_2 不符时调整	2 年
2	拉环	有损伤时更换； 腐蚀深度大于壁厚的 50%时更换	2 年
3	顶梁组成	有损伤时更换； 腐蚀深度大于壁厚的 50%时更换	2 年
4	制动阀杆	有裂纹时更换	2 年
5	阀体	无裂纹，铸造缺陷不超限	8 年

（1）段修应符合下列要求：
① 各部位紧固件松动时紧固；
② 配件丢失时应补上；
③ 管路漏泄时应消除；
④ 连接管路及三通、接头须符合国铁集团相关规程的要求；
⑤ 拉环、顶梁组成有裂纹时更换；
⑥ 调节杆与作用杆螺纹腐蚀或损坏而无法调整时更换；
⑦ 弹片变形使制动阀杆端头下边缘与作用杆孔下部间隙小于 1.0 mm 时，更换弹片；
⑧ 拉环、顶梁腐蚀深度大于壁厚的 50%时更换；
⑨ 按 KMP01ZT《铁路货车脱轨自动制动阀装车技术条件》调整拉环、顶梁和车轴的位置尺寸不符时调整；
⑩ 换轮对、承载鞍、弹簧或脱轨制动阀及心盘加垫后应在空车状态下按 KMP01ZT《铁路

货车脱轨自动制动阀装车技术条件》调整拉环、顶梁和车轴的位置尺寸并进行单车试验，最后将开口销、安装螺栓点焊固。

（2）厂修应符合下列要求：

厂修应将脱轨制动阀分解检修。除了按上述段修要求以外，还增加以下要求：

① 拉环、顶梁组成及阀体内外需清除锈垢和杂质；

② 更换制动阀杆；

③ 弹片腐蚀至厚度小于 1.3 mm 时更换。

④ 脱轨制动装置常见故障及处理方法见表 6-4。

表 6-4　常见故障及处理方法

序号	故障	处理方法
1	空气管路漏泄	排除漏泄
2	拉环、顶梁组成变形	调修或更换
3	顶梁组成裂纹	更换
4	调节杆与作用杆螺纹损坏	更换
5	制动阀杆端头与作用杆孔上、下间隙小于 1.0 mm	更换弹片

思考与练习

一、选择题

1. 脱轨装置组装后，制动阀杆与作用杆孔的间隙尺寸应为（　　）mm，若尺寸超差，可在规定范围内调整拧紧力矩值，从而保证要求的尺寸值。

A. 3±0.5　　B. 2±0.3　　C. 2±0.5　　D. 5±0.2

2. 车辆一旦脱轨，脱轨自动制动装置中的（　　）被打断，车辆产生紧急制动而停车。

A. 作用杆　　B. 制动阀杆　　C. 顶杆　　D. 拉环

二、判断题

1. 安装脱轨自动制动装置的车辆可以用天车（或吊车）抬起车辆一端来移动车辆。（　）

2. 调整拉环、顶梁与车轴的间隙值必须在平直道上进行。（　）

3. 单车制动试验时，必须将通向脱轨制动阀的球阀手把置于开放位。（　）

项目七　货车制动机性能试验

项目概述

本项目以铁路货车单车制动性能试验和列车制动性能试验为载体，设计工作情境，让学生组成学习团队，以团队为单位通过进行单车制动性能试验、列车制动性能试验，掌握铁路货车制动机性能试验的方法、步骤及要求等。

教学目标

1. 通过阅读工作任务单，明确工作任务要求；
2. 能根据任务要求和实际情况，合理制订工作计划；
3. 能正确操作货车单车制动性能试验；
4. 能正确操作货物列车制动性能试验。

课件：货车制动试验

任务一　货车单车制动性能试验

【任务描述】

本任务中，通过单车试验掌握货车单车试验器的结构、性能检验，以及单车试验的方法、步骤及技术要求等。

【任务实施】

新造的货车车辆或货车制动机经过检修（包括车辆定期检修或处理制动故障）后，须进行单车制动性能试验（简称单车试验），检验其制动装置的检修质量是否符合要求。货车用货车单车试验器进行试验。

单车制动性能试验应采用能自动打印的微机控制单车试验器或集中控制单车试验器进行。本教材为了介绍试验原理，只介绍人工操作单车制动性能试验。单车试验器分为客车用单车试验器和货车试验器两种。

车辆临修进行单车试验时，可不对空重车自动调整装置进行全部性能试验，空重车阀无漏泄，制动缸漏泄量符合要求，根据车载情况，检查常用制动时制动缸活塞行程应符合表 7-1 的要求。

微课：货车制动试验

一、单车试验器的构造和作用

货车用单车试验器与客车单车试验器的构造作用均相同，操作方法也基本相似，只是客车用单车试验器的单车制动阀通路比货车的稍大。单车试验器由连接风管、给风阀 3、风笛 2、放风塞门 6、双针压力表 4、单车制动阀 5 和远心集尘器 1 等主要部件组成，如图 7-1 和图 7-2 所示。

表 7-1　制动缸活塞行程（临修）　　单位：mm

制动缸规格	装有闸调器		未装有闸调器	
	空车	重车	空车	重车
356×254	115～135	125～160	85～135	110～160
305×254	145～165	145～195		
254×254	145～165	145～195		
203×254	115～135	125～160		

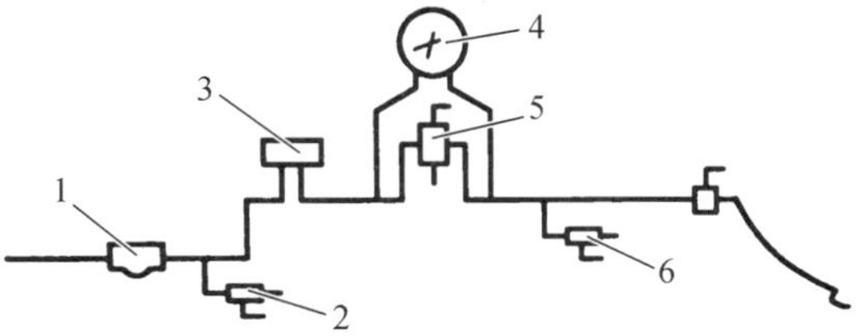

1—远心集尘器；2—风笛；3—给风阀；4—双针压力表；5—单车制动阀；6—放风塞门。

图 7-1　单车试验器组成示意图

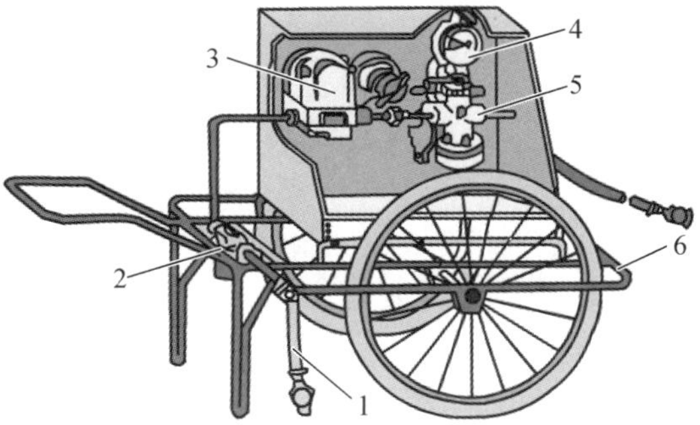

1—制动软管连接器；2—远心集尘器；3—给风阀；4—双针压力表；5—单车制动阀；6—构架。

图 7-2　单车试验器

双针压力表有红黑两针：红针指示给风阀来的压力（即经调整后的风源压力）；黑针指示制动管的压力。

（一）702 型供给阀

1. 702 型供给阀的构造

702 型给风阀由调整部和供给部两部分组成，如图 7-3 所示。

调整部由调整手轮 22、调整弹簧 19、调整弹簧盒 17、膜片 14、调整弹簧座 16、调整阀 12、调整阀套 13、调整阀弹簧 11、调整阀盖 10 等组成。

供给部由供给活塞 5、供给弹簧 7、活塞套 4、供给阀座 2 以及供给阀外盖 8 等配件组成。在供给活塞外侧装有两道密封圈，以防漏泄。供给活塞端部的燕尾槽内装有阀口垫圈，可与供给阀座密贴。供给活塞上部的两个小孔与下部的缩孔堵是相通的，供给活塞上方的压缩空气可以通过这些孔流到下方来，不过要受缩孔堵的限制。

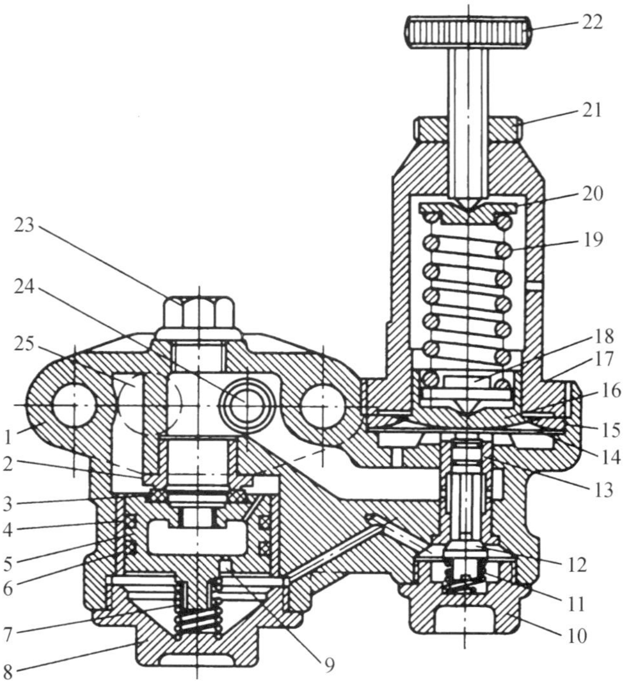

1—给风阀体；2—供给阀座；3—阀口垫圈；4—活塞套；5—供给活塞；6—O 形密封圈；7—供给弹簧；8—供给阀外盖；9—缩孔堵；10—调整阀盖；11—调整阀弹簧；12—调整阀；13—调整阀套；14—膜片；15—膜片压圈；16—调整弹簧座；17—调整弹簧盒；18—弹簧顶头；19—调整弹簧；20—调整弹簧压座；21—锁紧螺母；22—调整手轮；23—盖；24—制动管口；25—风源通口。

图 7-3　702 型给风阀结构构造

2. 供给阀的作用

首先将调整手轮调整到所需要的压力后，用锁紧螺母固定。

当膜片下侧制动管压力稍低于调整压力时，调整弹簧及调整弹簧座推动膜片向调整阀侧凸起，顶开调整阀。由于调整阀的开放。供给活塞下侧的压缩空气则经调整阀迅速流入制动管，而供给活塞上侧的总风缸压缩空气由于受缩孔堵的限制，不能很快地流到活塞下侧，造成供给活塞上下的压力失去平衡，供给活塞在两侧压差作用下向下移动，打开供给阀口，于是总风缸的压缩空气通过风源接口及供给阀向制动管供给压缩空气，如图 7-4 所示。

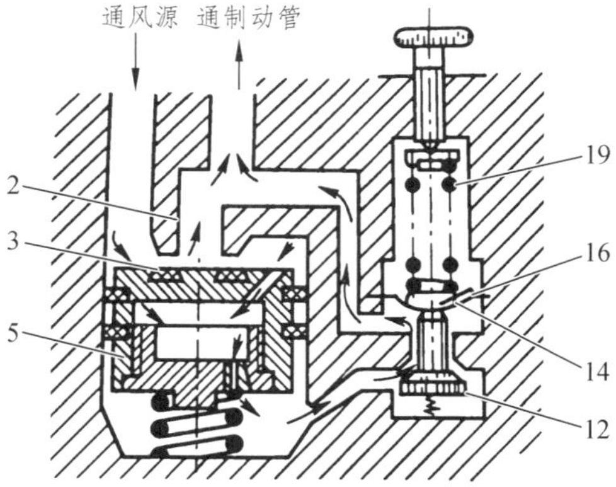

图 7-4　702 型给风阀供给位（注同 7-3）

当制动管风压达到或稍高于调整压力时，膜片即恢复平直，而调整阀在调整弹簧的作用下关闭。此时由缩孔堵 9 来到供给活塞下方的压缩空气已无去处，加之活塞下方的空腔很小，所以很快使活塞上下压力平衡，从而在供给弹簧作用下，供给活塞上移关闭供给阀口，停止向制动管供给压缩空气，如图 7-5 所示。

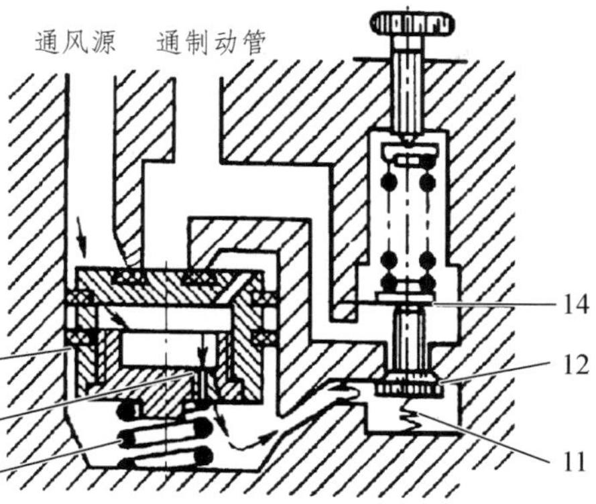

图 7-5　702 型给风阀停止供给位（注同 7-3）

（二）单车制动阀的构造和作用

单车制动阀的用途是将给风阀送来的压缩空气送到车辆制动管使之增压；或将车辆制动管的压缩空气排向大气使之减压；或关闭给风阀通向车辆制动管和制动管通向大气的通路，从而使车辆制动机分别产生充气缓解、制动、保压作用。

单车制动阀的外形如图 7-6 所示。阀内有回转阀 1、回转阀座 4、心轴 3、回转阀弹簧 2 及手把等组成，如图 7-7 所示。弹簧装在心轴 3 下面的孔内，心轴下面的键则装在回转阀 1 的键槽内，回转阀则放在回转阀座上，心轴上端套装着手把。转动手把，则回转阀在座上转动，于是开闭相应的通路。

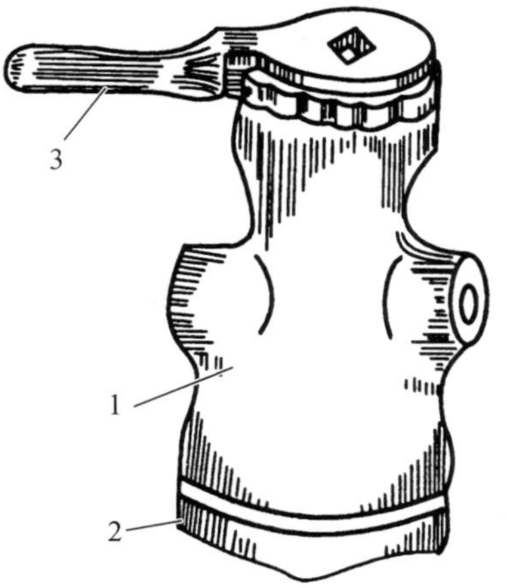

1—阀体；2—回转阀座；3—手把。

图 7-6　单车制动阀外形

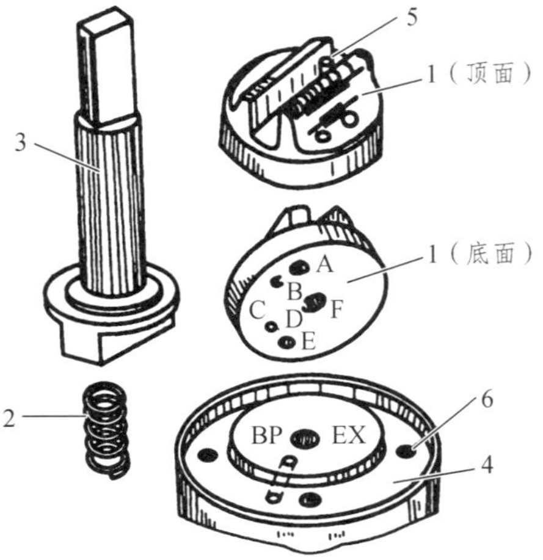

1—回转阀；2—回转阀弹簧；3—心轴；4—回转阀座；5—销子；3—螺孔。

图 7-7　单车制动阀零件

回转阀及回转阀座如图 7-8 所示。回转阀座上除了四个螺钉孔外，中间是排气孔（EX），旁边的制动管孔（BP）通制动管。回转阀上有两个上下贯通的孔 A 和 B，四个暗通孔 C、D、E、F。各孔直径如下：A 孔为 6.4 mm；B 孔为 0.6 mm；C 孔为 0.9 mm；D 孔为 2.0 mm；E 孔为 3.7 mm，C、D、E、F 又分别与 F 孔暗通。

单车制动阀有 6 个作用位置，参照图 7-8，手把放Ⅰ位时，A 孔与 BP 孔相对；手把放Ⅱ位时，B 与 BP 孔相对；手把放Ⅲ位时，各孔都不相通；手把放Ⅳ位时，C 与 BP 孔相对；手把放Ⅴ位时，D 孔与 BP 孔相对；手把放Ⅵ位时，E 孔与 BP 孔相对。因为孔的通向处所不同，孔径有大有小，所以 6 个位置就发生 6 个不同的作用。

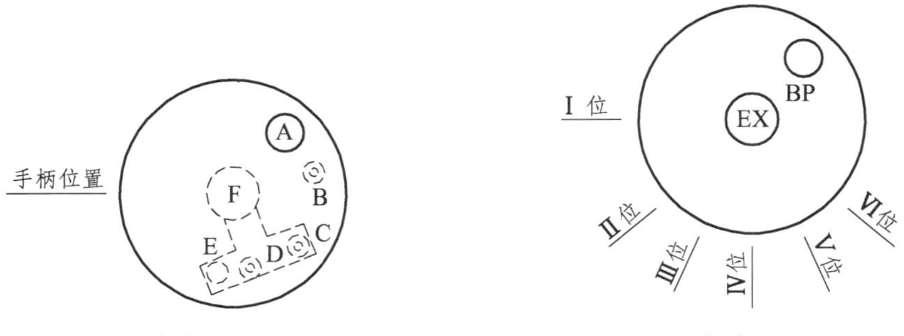

图 7-8　单车制动阀回转阀和回转阀座

第Ⅰ位：快充气位。

单车制动阀手把放在第Ⅰ位时，给风阀来的压缩空气进入回转阀上方后即经 A 孔和 BP 孔向制动管充气，因 A 孔较大，向制动管充气也快。当需要向制动管快速充气时，即用此位。

第Ⅱ位：慢充气位。

给风阀来的压缩空气经 B 孔和 BP 孔向制动管充气，B 孔较小，所以充气较慢。由于第Ⅱ位能够使制动管缓慢增压，因此可用此位来检查制动机缓解的灵敏度，故又称缓解灵敏度试验位。

第Ⅲ位：保压位。

手把在此位各通路都遮断。向制动管充气到一定压力后再移放此位，即可停止制动管的增压；同样，当制动管减压后，再移放此位，即可停止制动管的减压，故称保压位。

第Ⅳ位：慢排气位。

手把在此位时，C孔和BP孔相对，所以制动管的压缩空气经BP、C、F、EX孔排向大气。C孔很小，制动管排气缓慢，故可用此位检查制动机的制动灵敏度。第Ⅳ位也可叫制动灵敏度试验位。

第Ⅴ位：快排气位。

手把在此位时，D孔和BP孔相对，所以制动管的压缩空气经BP、D、F、EX孔排向大气。由于D孔较大，制动管排气较快，故可用此位检查制动机的常用制动安定性，如不发生紧急制动，说明安定性良好。第五位也可叫制动安定性试验位。

第Ⅵ位：紧急排气位。

手把在此位时，E孔和BP孔相对，所以制动管的压缩空气经BP、E、F、EX孔排向大气。E孔最大，制动管排气迅速，故可用此位检查制动机紧急制动作用的确实性。第Ⅵ位也可叫紧急制动试验位。

手动检查单车试验器充风和排风时间应符合表7-2的规定。

表7-2　手动检查单车试验器充风和排风时间

操纵阀手把		Ⅰ	Ⅱ	Ⅳ	Ⅴ	Ⅵ
充气或排气起至压力/kPa			30→150	500→400	500→300	500→200
客车	孔径参考尺寸/mm	6.4	1.0	1.2	2.4	4.8
	时间/s		19～20	10～11.5	6～7.5	3～3.5
货车	孔径参考尺寸/mm	6.4	0.6	0.9	2.0	3.7
	时间/s		50～52	15～16.5	8～9	3.5～5

二、单车试验方法

（一）试验准备

（1）试验前应确认单车试验器检修不过期及性能良好。

（2）单车试验器的试验风压调整到规定压力500 kPa。

（3）试验103型制动机或装有旧型空重车调整装置的120型制动机，应将空重车调整装置调至空车位，脱轨自动制动装置的球阀须处于开放位。

（4）装用空重车自动调整装置的车辆试验垫板厚度须符合表7-3的要求。

表7-3　空重车自动调整装置试验垫板厚度　　单位：mm

试验垫板厚度	KZW-A型		TWG-1系列	
	测重行程21	测重行程27	TWG-1A	TWG-1C
空车位	3	6	3	6
半重车位	13	19	12	18
重车位	25	35	30	40

（5）在空车状态下，检查和调整抑制盘触头与横跨梁磨耗板的间隙。

（6）准备材质为尼龙，$\phi 25.4_{0}^{+0.05}$ mm 的实心球，实心尼龙球网状回收器，其网孔直径≤3 mm 且无破损。

（7）单车试验器与制动软管连接装置连接用的胶管内径为 25 mm，长度为 1.5 ~ 2 m。

（8）制动缸后盖安装 1.5 级空气压力表。

（9）安装控制阀前，需用压缩空气对车辆制动管进行吹扫干净，再装控制阀。单车试验前需用压缩空气对制动机各风缸内的水分及污垢吹净。

（10）试验装有闸调器的车辆需准备 16 mm×60 mm×340 mm、*R*420 mm 的弧形垫板，并用现车的闸调器的螺杆调整到以下尺寸（螺杆上的刻线至护管端头的距离）：ST_1-600 型：500 ~ 570 mm；ST_2-250 型：200 ~ 300 mm。

（二）试验步骤与要求

1. 过球试验

目的：检查制动主管是否畅通。

方法：

（1）开放车辆制动主管两端折角塞门，关闭截断塞门。将网状回收器安装于远离单车试验器一端的制动软管连接器上，将实心尼龙球放在车辆另一端的连接器中，然后将单车试验器与之连接。

（2）操作：单车试验器置Ⅰ位充风，实心尼龙球须通过制动主管进入网状回收器中。

（3）试毕，单车试验器置Ⅲ位，将网状回收器及实心尼龙球取下后安装软管堵。

要求：尼龙球应顺畅无损地进入网状回收器，不得出现残缺及制动管内遗留残物。

2. 制动管漏泄试验

目的：检查车辆软管连接器、车辆制动主管至截断塞门前段的制动支管及各结合部的漏泄情况。

方法：

（1）管漏一：将单车试验器与车辆一段制动软管相连接，关闭该端的折角塞门，单车试验器手把置一位，制动管充至定压后，移置保压位保压。

（2）管漏二：另一端软管加软管堵，开放两端的折角塞门，截断塞门处于关闭位，单车试验器手把置一位，制动管充至定压后，移置保压位保压，用防锈检漏剂进行检查管系各接头。

（3）管漏三：关闭另一端的折角塞门，卸下软管堵，保压 1 min。

要求：

（1）管漏一：保压位保压 1 min 不得漏泄。

（2）管漏二：保压位保压 1 min，管系及各接头不得漏泄，制动管漏泄量不大于 5 kPa。

（3）管漏三：保压位保压 1 min，制动管漏泄量不大于 5 kPa。

3. 全车漏泄试验

目的：检查车辆制动截断塞门后段的制动支管、控制阀（或分配阀）、副风缸、压力风缸（或加速缓解风缸）及各连接风管结合部的漏泄情况。

方法：开放制动支管上的截断塞门，单阀手把放Ⅰ位充气，待车辆制动管达到定压并稳定后，将手把移至Ⅲ位保压，用防锈检漏剂进行检查制动主支管及副风缸管系接头。

要求：制动主支管及副风缸管系接头不得漏泄，保压 1 min，漏泄量不得超过 5 kPa。若漏泄超过规定量，则应在各结合部涂防锈检漏剂，查找漏泄处。经处理合格后方可进行下一步试验操作。

4. 制动及缓解灵敏度试验

目的：检查控制阀（或分配阀）主活塞的移动阻力、充气孔状态及作用部的动作灵敏度。

（1）制动感度试验。

方法：单阀手把置Ⅰ位充气，待副风缸达到定压并稳定后，将手把移至Ⅳ位减压。当车辆制动管减压 40 kPa 时，手把立即移至Ⅲ位保压。

要求：

① 制动机须在车辆制动管减压 40 kPa 以前发生制动作用，其局减量为 120/120-1、103 型制动机不大于 40 kPa，GK 型不大于 50 kPa。

② 局部减压作用结束后，保压 1 min，车辆制动机不得发生自然缓解。

（2）缓解感度试验。

方法：

① 制动管长度小于 16 mm 时，制动灵敏度试验合格后，将单阀手把移置Ⅱ位缓慢充气。

② 制动管长度小于 16 ~ 24 mm 时，在制动灵敏度试验后，将单阀手把置感度试验位，使制动管继续减压 30 kPa，然后置保压位，待压力稳定后再置Ⅱ位缓慢充气。

要求：

① 120/120-1 型制动机制动管长度小于 16 mm 时，制动机应在 45 s 内发生缓解到 30 kPa 以下。

② 120/120-1 型制动机制动管长度为 16 ~ 24 mm 时，制动缸压力 45 s 内缓解到 30 kPa 以下。

③ GK、103 型制动机应在 45 s 内缓解完毕。

5. 制动安定试验

目的：检查车辆制动机的安定性、制动缸的漏泄和制动缸活塞行程情况。

方法：单阀手把放Ⅰ位充气，待副风缸达到定压并稳定后，将手把移至Ⅴ位 120/120-1 型制动机减压 200 kPa；GK、103 型制动机减压 140 kPa。将单车手把移至Ⅲ位保压。

要求：

① 制动机不得发生紧急制动作用。

② 检查制动缸活塞行程应符合表 7-4 规定。

③ 保压 1 min 制动缸漏泄不得超过 5 kPa。

表 7-4　制动缸活塞行程表制动缸活塞行程表（辅修）　　单位：mm

制动缸规格	装有闸调器	未装有闸调器
356×254	115 ~ 135	85 ~ 115
305×254	145 ~ 165	
254×254	145 ~ 165	
203×254	115 ~ 135	

6. 紧急制动试验

目的：检查车辆制动机紧急制动的确实性、灵敏度和制动缸压力。

方法：单阀手把放Ⅰ位充气，待副风缸达到定压并稳定后，将手把移至Ⅵ位减压，施行紧急制动。

要求：

① 各型制动机发生紧急制动作用的制动管减压量和制动缸压力应符合表 7-5 的规定。

② 103、120/120-1 型制动机紧急制动试验后，等待 15 s，再将单车手把放置Ⅰ位充气，制动机缓解作用良好。

表 7-5　各型制动机在紧急制动时制动管减压量和制动缸压力

阀型	发生紧急制动时的制动管减压量/kPa	紧急制动时的制动缸压力/kPa
GK	不大于 140	空车位 160～190，重车位 370～400
120	不大于 100	空车位 160～170，重车位 360 左右

7. 加速缓解作用试验（120/120-1 型制动机）

目的：检查 120/120-1 型制动机的加速缓解性能。

方法：单阀手把放Ⅰ位充气，待制动管达到定压并稳定后，将手把移至Ⅵ位减压 100 kPa，然后手把移至Ⅲ位保压，待制动缸压力稳定后手把移至Ⅱ位。

要求：在制动缸缓解时，车辆制动管的压力应有明显跃升。

8. 半自动缓解阀试验（120/120-1 型制动机）

目的：检查（120/120-1 型制动机）型制动机半自动缓解阀的作用性能。

（1）主阀缓解试验。

方法：单阀手把放Ⅰ位充气，待制动管充至定压并稳定后，将手把移至Ⅳ位减压 50 kPa，然后手把移至Ⅲ位保压，拉半自动缓解阀手柄 3～5 s。确认制动缸压缩空气排完，再将手把移至Ⅴ，继续减压约 50 kPa。

要求：制动机应能产生制动作用。

（2）制动缸缓解试验。

方法：单阀手把放Ⅰ位充气，待制动管充至定压并稳定后，将手把移至Ⅵ位施行紧急制动，待制动缸压缩空气排尽后，拉半自动缓解阀手柄 3～5 s 后松开。

要求：制动缸应能完全缓解，制动缸压力将为 0。

9. 闸调器性能试验

（1）闸瓦间隙减小试验。

目的：检查闸瓦间隙减小时，闸调器调整制动缸活塞行程的性能。

方法：单阀手把放Ⅰ位充气，待副风缸达到定压并稳定后，车辆制动机处于缓解状态，此时将垫板放入任一闸瓦与车轮之间。将单车手把移至Ⅴ位，制动管减压 140 kPa（120 型制动机减压 200 kPa）时，移至Ⅲ位保压，制动缸活塞行程应变短。然后重复上述操纵，缓解、制动 4 次以上，手把置Ⅲ位保压。测量制动缸活塞行程。

要求：制动缸活塞行程与初始制动缸活塞行程（未加垫板时的活塞行程）差不大于 10 mm。

（2）闸瓦间隙增大试验。

目的：检查闸瓦间隙增大时，闸调器调整制动缸活塞行程的性能。

方法：制动机缓解后，撤去闸瓦与车轮之间的垫板。单阀手把放Ⅰ位充气，待副风缸达到定压并稳定后，将手把移至Ⅴ位，制动管减压 140 kPa 时，手把移至Ⅲ位保压，制动缸活塞行程应变长。然后重复上述操纵，缓解、制动 4 次以上（采用推杆式控制机构，重复制动、缓解 2 次以上），手把置Ⅲ位保压。测量制动缸活塞行程。

要求：制动缸活塞行程与初始制动缸活塞行程（未加垫板时的活塞行程）差不大于 10 mm（采用推杆式控制机构，制动缸活塞行程之差应不大于 5 mm）。

10. 空重车自动调整装置性能试验

目的：检查空重车自动调整装置性能和作用。

（1）KZW-A 型空重车自动调整装置性能试验。

制动机处于缓解状态时，KZW-A 型空重车调整装置抑制盘下平面应坐落在支架导管的顶端，抑制盘触头与横跨梁触板的间隙应符合表 7-6 的规定，触头与抑制盘杆须用开口销锁定。

表 7-6　触头与抑制盘触板的间隙　单位：mm

KZW-A 型传感阀		TWG-1 系列传感阀	
测量行程 21 mm	测量行程 27 mm	TWG-1A	TWG-1C
3±1	6±1	3±1	6±1

① 空车位试验。

方法：将单阀手把放Ⅰ位充气，待副风缸充到定压并稳定后，将手把移转Ⅴ位减压 160 kPa，再转Ⅲ位保压 1 min。

要求：制动缸压力须符合表 7-7 的规定。保压 1 min，制动缸压力下降不大于 5 kPa。此时空重车指示牌不应翻起。然后转Ⅰ位充气缓解，制动缸压力须降至零。

表 7-7　KZW-A 型空重车自动调整装置单车制动试验压力值　单位：kPa

工况	制动缸压力		
	KZW-A		
	自重<280 kN	280 kN<自重<330 kN	自重>330 kN
空车位	140±20	180±20	220±20
半重车位	230±40	—	—
重车位	不要求		

② 半重车位试验。

方法：将抑制盘上移，在触头与磨耗板之间安装符合表 7-2 规定的半重车位试验垫板。单车制动阀手把放Ⅰ位充气，待副风缸达到定压并稳定后，手把移转Ⅴ位减压 160 kPa，再转Ⅲ位保压 1 min。

要求：制动缸压力须符合表 7-6 规定要求；保压 1 min，制动缸压力下降不大于 5 kPa。

手把置Ⅰ位缓解时，制动缸压力应降至零，显示牌落下。

试毕，取下垫板。

③ 重车位试验。

方法：将抑制盘上移，在触头与磨耗板之间安装符合表 7-2 规定的重车位试验垫板。单车制动阀手把放Ⅰ位充气，待副风缸达到定压并稳定后，将手把移转Ⅴ位减压 160 kPa，再转Ⅲ位保压 1 min 制动。

要求：此时空重车指示牌应翻起。保压 1 min，制动缸压力下降不大于 5 kPa。手把置Ⅰ位缓解时，制动缸压力应降至零，空重车显示牌应落下。

试毕，取下垫板。

（2）TWG-1 系列空重车自动调整装置性能试验。

制动机处于常用制动状态时，检查传感阀触头与横跨梁触板间隙应符合表 7-5 的规定。调整传感阀触头与横跨梁触板间隙时，可调整触头伸长量，触头在顶杆上的拧出长度应小于 20 mm，或在传感阀安装座与传感阀吊座之间加入调整垫。调整触头伸长量时，须用两个扳手，一个扳手固定住顶杆，另一个扳手旋转触头以调整间隙。调整垫材质为钢质，厚度根据实际情况确定，原则上应与心盘垫总厚度基本一致。

① 空车位试验。

方法：单阀手把放Ⅰ位充气，待副风缸充到定压并稳定后，将手把移转Ⅴ位减压 160 kPa，再转Ⅲ位保压 1 min。

要求：待压力稳定后，制动缸压力应为 140 ~ 180 kPa，此时空车位显示器应完全伸出。保压 1 min，制动缸压力下降不大于 5 kPa。然后转Ⅰ位充气缓解，制动缸压力须降至零。显示器应完全缩回。

② 半重车位试验。

方法：在触头和垫板之间插入表 7-2 规定的半重车位试验垫板。单车制动阀手把放Ⅰ位充气，待副风缸达到定压并稳定后，手把移转Ⅴ位减压 160 kPa，再转Ⅲ位保压 1 min。

要求：待压力稳定后，制动缸压力应为 220 ~ 280 kPa，此时空车位显示器应伸出一半。保压 1 min，制动缸压力下降不大于 5 kPa。手把置Ⅰ位缓解时，制动缸压力须降至零，显示器完全缩回。

试毕，取下垫板。

③ 重车位试验。

方法：在触头和垫板之间插入表 7-2 规定的重车位试验垫板。单车制动阀手把放Ⅰ位充气，待副风缸达到定压并稳定后，将手把移转Ⅴ位减压 160 kPa，再转Ⅲ位保压 1 min。

要求：待压力稳定后，空重车显示器不得伸出。保压 1 min，制动缸压力下降不大于 5 kPa。手把置Ⅰ位缓解时，制动缸压力应降至零。

试毕，取下垫板。

11. 紧急制动性能试验（特种货车安装者）

单阀手把置Ⅰ位，待副风缸达到定压并稳定后，扳动紧急制动阀手把至全开位置，车辆需发生紧急制动作用。合格后，用带车辆段代号的封印串以棉线将紧急制动阀进行铅封。

12. 人力制动机性能试验

目的：检查人力制动机的性能和作用灵活性。

方法：单阀手把置Ⅰ位充气，待制动管充至定压并稳定后，手把置Ⅲ位保压，使空气制动机处于缓解状态。拧紧人力制动机手轮或踏板，使车辆产生制动作用；拧松制动机手轮或提起缓解杆时，使车辆缓解。固定链式手制动机作用灵活，轴链卷入量为 0.5 ~ 2 圈。脚踏式制动机具有制动保压、加速缓解、阶段制动功能，卷入量为 0.5 ~ 1 圈。FSW 型手制动机具有制动、阶段缓解、快速缓解功能；NSW 型手制动机具有制动、缓解、调力制动及锁闭功能。

要求：用人力制动机制动时，全车的闸瓦必须抱紧车轮。缓解时，全车的闸瓦必须离开车轮。

13. 其他要求

（1）一辆车装设两个及以上制动阀时，每个制动阀须按上述要求分别进行试验。

（2）调整制动缸活塞行程时，两转向架制动力须均衡，其两根下拉杆（或中拉杆）圆销组装后的销孔相差不超过 1 孔（装用两个制动缸且在车辆两端布置的车辆不做要求）。

（3）制动时闸瓦须贴靠车轮，制动缸前、后杠杆与杠杆托的游动间隙不大于 50 mm。转 K2、转 K5、转 K6 转向架的移动杠杆不得倒向摇枕一侧；转 8A、转 8AG、转 8G、转 8AB、转 8B、转 K4 转向架的移动杠杆不得倒向车轴一侧。未装用闸调器的车辆上拉杆圆销须安装在最外孔，固定杠杆支点须留有调整余量，3 孔者留 1 孔，其他须留有 2 孔及以上。

（4）车辆处于制动状态时，各杠杆、拉杆不得与相邻件或其托、吊有非正常接触。

（5）手动空重车调整装置的转换手把作用须灵活，空重车转换塞门开闭位置准确，缓解阀开闭作用须良好。

（6）每辆车须在缓解状态以人力推动前制动杠杆，制动缸推杆应复位。

（7）单车制动试验结果须打印保存。

（8）关闭单车试验器端折角塞门，排出软管内压缩空气后，摘下单车试验器。

三、单车试验时注意事项

（1）接风管前应将风管内的尘土、积水吹扫干净。

（2）撩闸前应确认车下无人。

（3）摘下单车前，应先关闭车辆折角塞门，单车手把放Ⅲ位；摘风源风管时，应先关闭风源风管塞门。

四、单车试验器的技能检查

单车试验器每月应按下列要求进行一次技能检查。

（1）单车试验器进行技能检查时，选按图 7-9 所示方向与一个容积为 15.5 L 的制动管容积风缸相连。

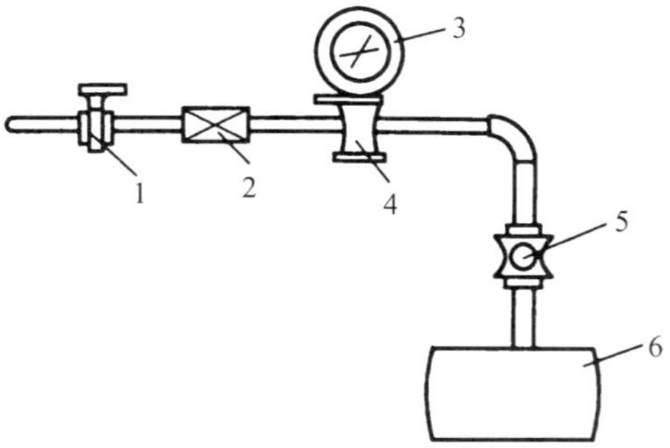

1—1 号塞门；2—给风阀；3—双针压力表；4—单车制动阀；5—2 号塞门；6—制动管容量风缸。

图 7-9 单车制动试验器技能检查配管

（2）往复移动单车制动手把，其动作应轻便灵活。

（3）将给风阀调整到 500 kPa，置单车手把于 I 位，待制动管容量风缸压力充至 500 kPa，用肥皂水检查各连接处。不应出现漏泄现象；在单车制动阀排气口上涂肥皂水，5 min 内肥皂水不应破裂；5 min 内肥皂泡直径不许大于 20 mm。

（4）各位置充气和排气时间应符合表 7-1 的规定。

（5）单车试验器须装有风笛，风笛作用须良好。

思考与练习

一、填空题

1. 制动性能试验分为试验台试验、(　　　　　　　)、列车试验。

2. 对（　　　　）和检修车必须进行制动机单车试验，合格后才能编组参加运输。

3. 手动单车试验器的双针压力表的红针指示（　　　　　）来的压力，黑针指示（　　　　）的压力。

4. 单车试验制动管泄漏试验时要求保压 1 min，泄漏量不得超过（　　　）kPa。

5. 单车试验制动灵敏度试验中要求制动机须在车辆制动管减压（　　）kPa 前发生制动作用，而且保压 1 min，车辆制动机不得自然缓解。

6. 单车试验缓解灵敏度试验中要求车辆制动机须在（　　　）s 内缓解至 30 kPa 以下。

二、选择题

1. 制动机单车试验器单阀有六个作用位置，其第一位为（　　　）。

A. 快充气位　　　B. 慢充气位

C. 保压位　　　D. 感度试验位

2. 制动机单车试验做“制动安定试验”时，手柄应移至（　　　）进行减压。

A. 二位　　　B. 三位

C. 四位　　　D. 五位

3. 制动机单车试验器手柄第二个位置是（　　　）。

A. 缓解感度试验位　　　B. 制动感度试验位

C. 紧急制动感度试验位　　　D. 保压位

4. 制动机单车试验器时，制动管最少减压（　　）时，必须产生制动作用。

A. 20 kPa　　B. 30 kPa　　C. 40 kPa　　D. 50 kPa

5. 车辆空气制动做单车保压试验的时间为（　　）。

A. 30 s　　B. 45 s　　C. 1 min　　D. 2 min

三、问答题

1. 单车试验器给风阀的用途是什么?
2. 单车制动阀手把有几个作用位置？各有何作用?
3. 单车试验器主要由哪些零部件组成?

任务二　货车列车制动性能试验

【任务描述】

本任务中，通过列车试验掌握货车列车制动试验器的结构、性能检验，以及列车制动性能试验的时机、方法、技术要求等。

微课：列车制动试验

【任务实施】

列车制动性能试验，简称列车试验，又叫列车试风，用于事先发现制动机故障，及时进行处理。

一、列车试验器的基本构造和作用

（一）货车 GD 型列车试验器

货车 GD 型列车试验器总体结构如图 7-10 和图 7-11 所示。列车试验器由自动制动阀 3、给风阀 2、总风缸（图中未画出）、均衡风缸 4、双针压力表 5、远心集尘器 1 和配管等组成。双针压力表的红针指示均衡风缸的空气压力，黑针指示风源的空气压力。

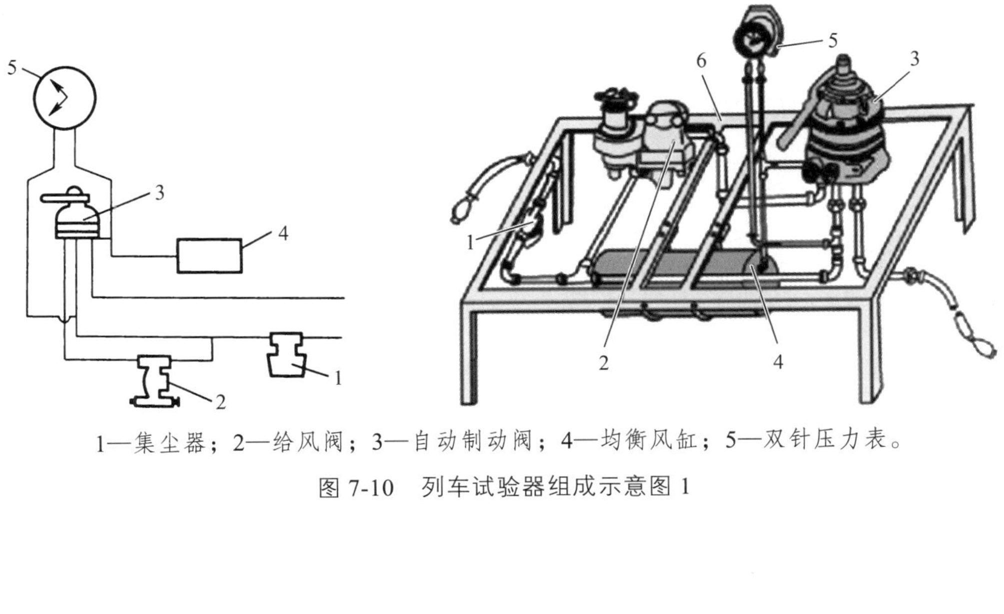

1—集尘器；2—给风阀；3—自动制动阀；4—均衡风缸；5—双针压力表。

图 7-10　列车试验器组成示意图 1

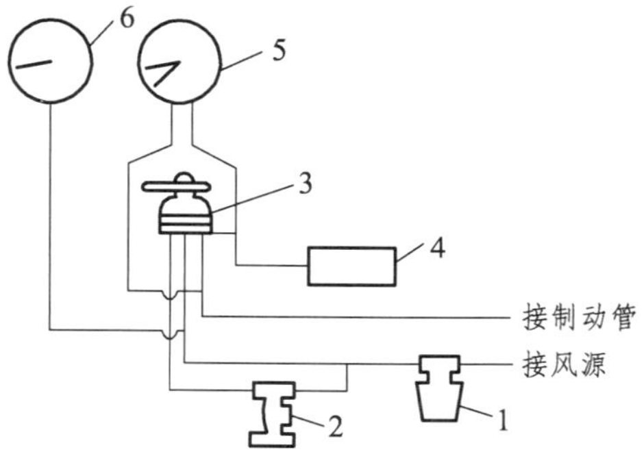

1—集尘器；2—给风阀；3—自动制动阀；4—均衡风缸；5—双针压力表；6—单针压力表。

图 7-11　列车试验器组成示意图 2

1. 均衡风缸

均衡风缸的用途是在操纵自动制动阀使制动管减压时，用以控制制动管的压力，使之不受制动管长度的影响而达到正确的减压量。其原理如图 7-12 所示。

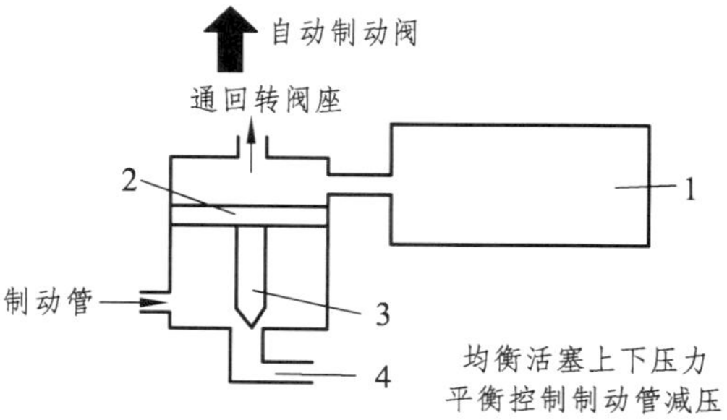

1—均衡风缸；2—均衡活塞；3—针阀；4—排气口。

图 7-12　均衡风缸作用示意图

在自动制动阀内设有一个均衡活塞，均衡活塞下方装有针阀。均衡活塞上方通均衡风缸，下方通制动管。均衡风缸的容积比较小（15 L），平衡它和制动管都保持相等的压力。当操纵自动制动阀实施常用制动减压时，首先是排除均衡风缸的压缩空气，使之达到减压量的要求。此时由于均衡风缸上下产生压差，均衡活塞就上升将针阀打开，于是制动管的压缩空气就由下方排气口排除而减压。当制动管压力降低到与均衡风缸压力相等时，均衡活塞便下移，针阀关闭，制动管就停止排气。这样，制动管就保持与均衡风缸有相等的减压量。由于均衡风缸的容积是不变的，所以不论制动管长度如何变化，都能按照要求正确地掌握其减压量。

2. H-6 型自动制动阀

H-6 型自动制动阀由阀上体 10、阀座 11、阀中体 12 和管座 13 四部分组成，如图 7-13 所示。

阀上体内有回转阀、回转阀的顶面有键槽以便与心轴的键相配合。在露出阀上体的心轴上安装有手柄。阀座上有许多孔道，在其侧面有一排气口，称侧方排气口。阀中体内有均衡活塞，它的上侧通均衡风缸，下侧通列车制动管。阀中体下侧有排气口，称下方排气口，阀中体也有许多孔道。管座下面装有总风管、给风阀管、均衡风缸管、制动管、作用管、缓解管和低压头管。列车试验只用前四根管，后三根管子拆除，并用丝堵堵住。回转阀和回转阀座是自动制动阀的主要部分，因为各种作用都是通过回转阀在座上的回转，从而开通或关闭通路来实现的。自动制动阀内部组成如图 7-14 所示。回转阀上的孔路如图 7-15（a）所示，a、 s、j 是三个上下贯通孔；k、n 是两个空槽、两槽暗通；x、t、h 是三个空槽，均通中心大圆槽 o；f 为独立空槽。回转阀座上的孔路如图 7-15（b）所示，b、c 是两个暗通的制动管孔；g 和 e 是两个通均衡风缸的孔；r 为警告孔，通中间圆孔 EX（侧方排气口）；d 通给风阀管。u、l、p 分别为作用筒管孔、缓解管孔和低压头管孔，此三个孔列车试验时不用。自动制动阀各作用是通过回转阀在座上的回转，开通或关闭不同气路来实现的。

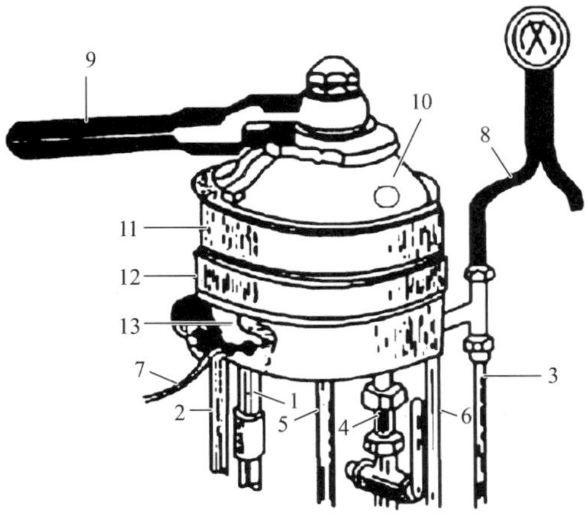

1—总风缸管；2—给风阀管；3—均衡风缸管；4—制动管；5—作用筒管；6—缓解管；7—低压头管；8—压力表管；9—手把；10—阀上体；11—回转阀座；12—阀中体；13—管座。

图 7-13　H-6 型自动制动阀

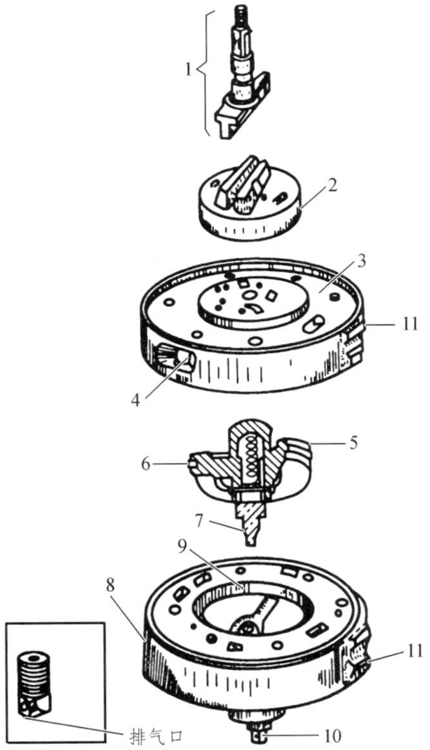

1—心轴；2—回转阀；3—阀体；4—侧方排气口；5—均衡活塞；6—均衡活塞杆；7—针阀；8—阀中体；9—旁通沟；10—下方排气口；11—对正凸起部。

图 7-14　H-6 型自动制动阀零件

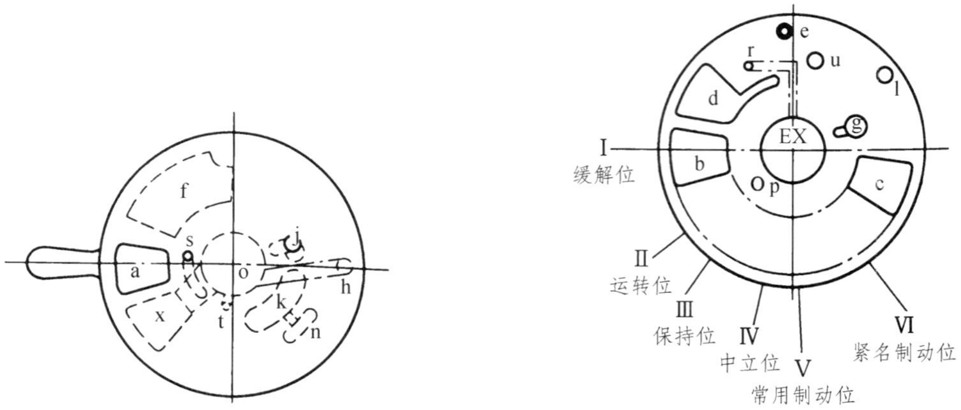

（a）回转阀　　（b）回转阀座

图 7-15　H-6 型自动制动阀的回转阀和回转阀座

自动制动阀有六个基本作用位置：

（1）第Ⅰ位：缓解位（见图 7-16）。

缓解位总风缸的压缩空气直接送入制动管，能在短时间内迅速向制动管补给压缩空气，空气通路如下：

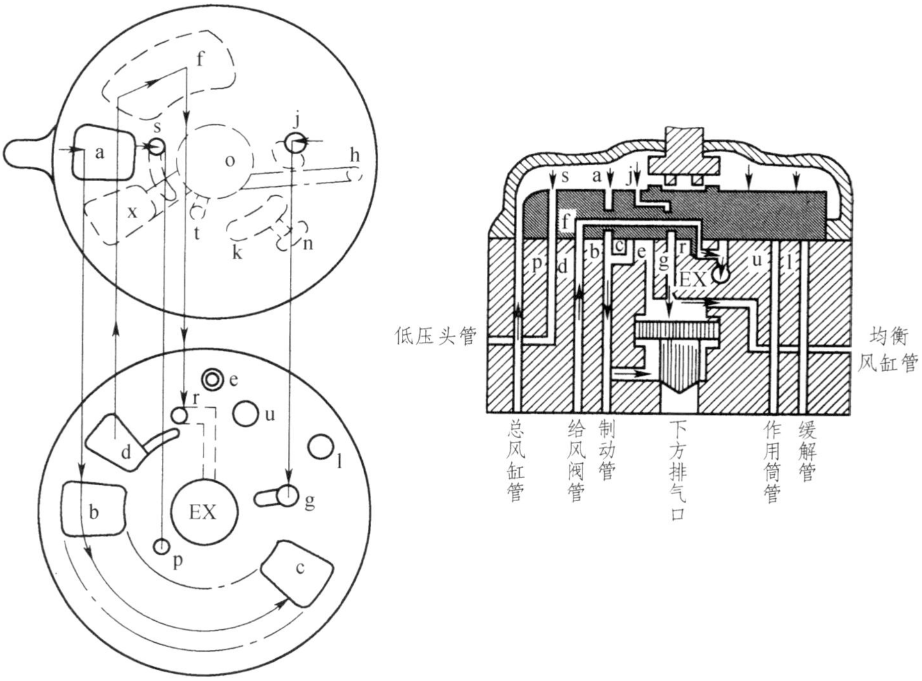

图 7-16　缓解位

① 总风缸→制动管（a→b），中途有一分路通均衡活塞下方。

② 总风缸→均衡风缸（均衡活塞上方）（j→g）。

由此可知，均衡活塞上下均通总风缸，针阀不会开放下方的排风口，总风缸的压缩空气经此较大的ε、b孔直接送入制动管，制动管能较快地充气，所以列车制动性能试验时多用此位加速充气。

③ 给风阀→警告孔（d→f→r→EX→大气）。

该位置，给风阀来的压缩空气，由侧方排气口排出，会发出声响，用于提醒操作者注意制动管的空气压力，手把不要在此位置久放，以免出现制动管过充。

（2）第Ⅱ位：运转位（见图 7-17）。

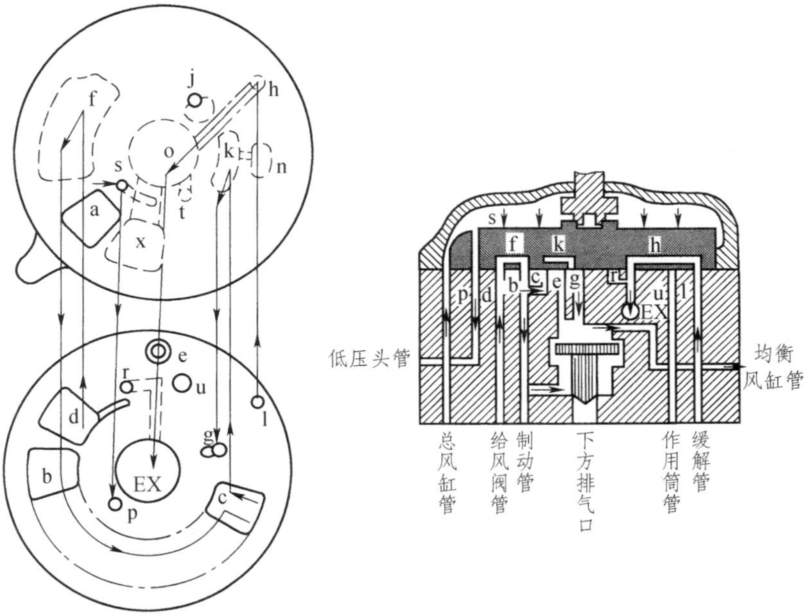

图 7-17　运转位

手把在此位置时，总风缸来的压缩空气经给风阀调整为定压后进入自动制动阀，其通路有：

① 给风阀→制动管（a→f→b），中途有一分路通均衡活塞下方。

② 给风阀→均衡风缸（均衡活塞上方）（d→f→b→c→k→g）。

由此可知，作用活塞上下均通给风阀来的压缩空气，故针阀关闭，给风阀的定压空气通制动管，可使制动管得到规定的压力，通常在此位缓解列车制动，并且和第一位缓解交叉使用，即可使制动管充得快又可避免过充。

总风缸来的压缩空气经给风阀调整为定压后进入自动制动阀送入制动管。

（3）第Ⅲ位：保持位（见图 7-18）。

此位置与上述运转位通路基本相同，所不同的是：① 空槽 f 连通给风阀孔较小，所以向列车管充气比运转位慢；② 缓解管至排气口的通路被切断。当自阀装在机车上时可以保持机车的制动，而缓解车辆的制动，故称为保持位。此位置列车试验不用。

（4）第Ⅳ位：中立位（见图 7-19 所示）。

中立位又称保压位，手把放在此位置时，除总风缸通给风阀但不起作用外，其余各通路均被切断。

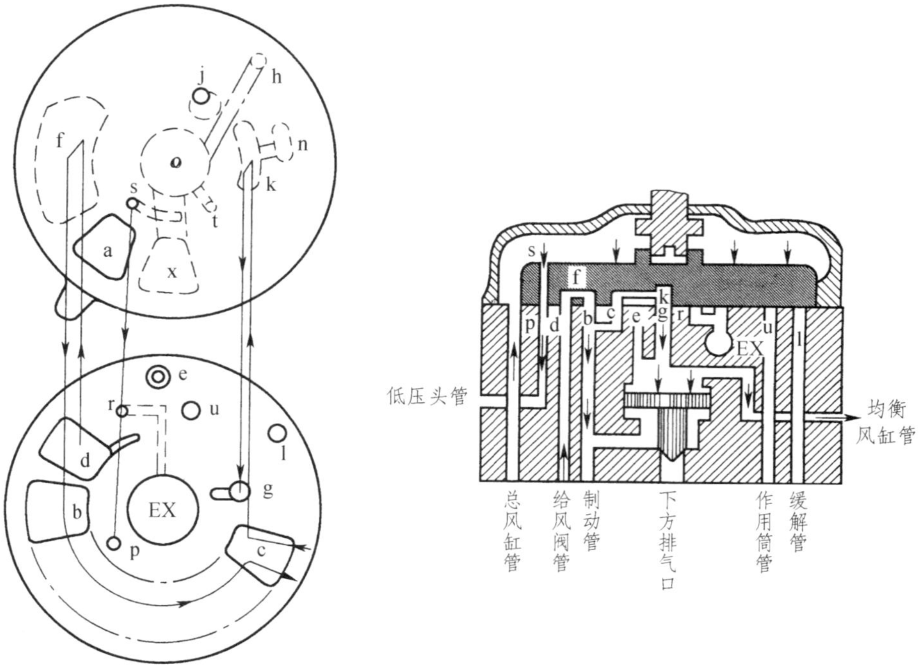

图 7-18　保持位

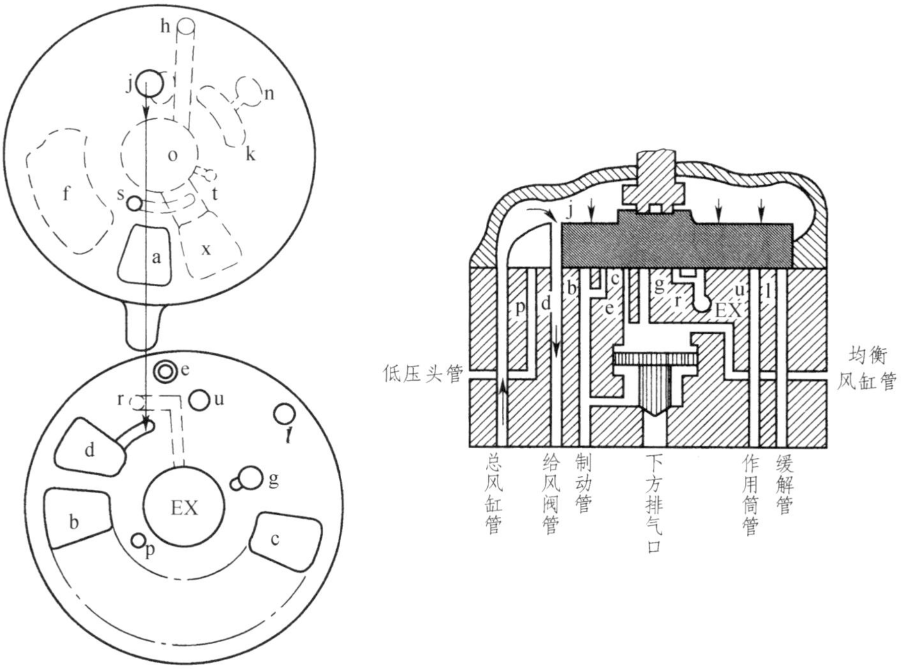

图 7-19　中立位

（5）第Ⅴ位：常用制动位（见图 7-20）。

此位置是用于对制动管实行常用制动减压，空气通路有：

① 均衡风缸→侧方排风口（e→h→EX），使均衡风缸压力降低。

由于均衡风缸压力的降低，均衡活塞则受其下方制动管压力推动而上升，故开放下方排风口，因此有：

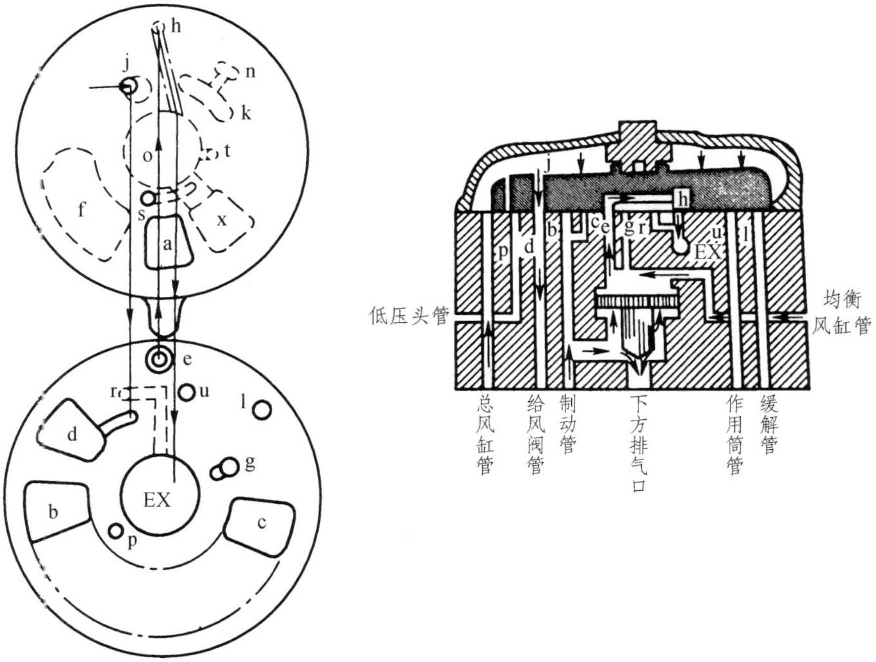

图 7-20　常用制动位

② 制动管→下方排风口，使制动管减压，待制动管压力下降到均衡风缸剩余压力时，均衡活塞则下移而关闭下方排风口。

③ 总风缸→给风阀，此通路没有作用。

（6）第Ⅵ位：紧急制动位（见图 7-21）。

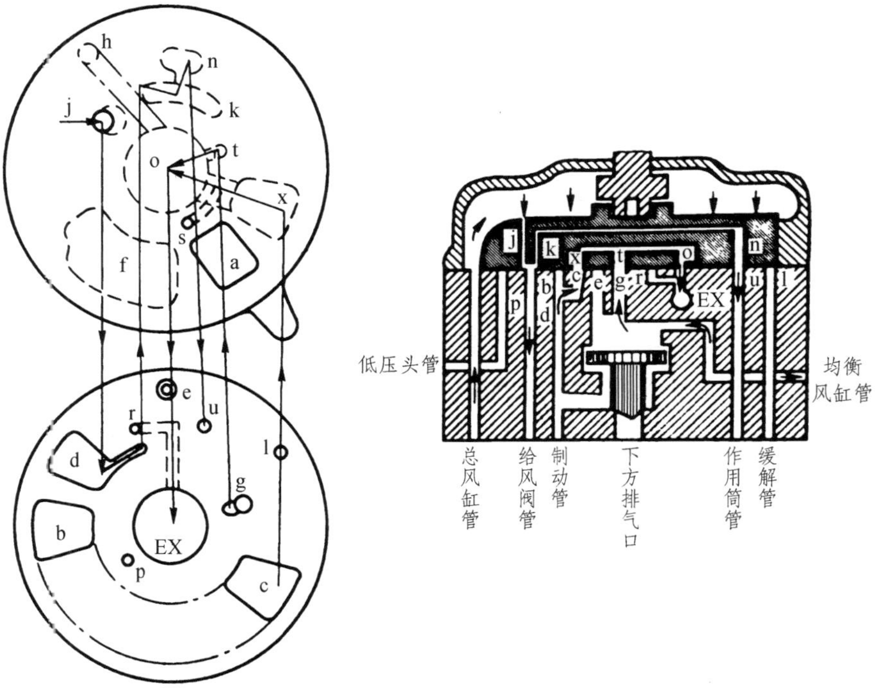

图 7-21　紧急制动位

对制动管施行紧急制动时，则用此位置使制动管迅速减压，空气通路有：

① 制动管→侧方排风口（c→x→EX），使制动管的压缩空气经较大的孔道由侧方排气口排入大气，所以减压速度比常用制动要快得多。

② 均衡风缸→侧方排风口（g→t→o→EX），使均衡风缸压力空气经较小的孔道排出，以便平衡均衡活塞上下的压力，以免压坏针阀。

③ 总风缸→给风阀，此通路没有作用。

（二）货车无线遥控微机控制列车制动试验器

1. 用途

能完成列车制动全部项目的试验，能进行无线遥控、微机控制和手动操作；具有数据存储功能，并能实时打印出试验过程曲线，便于分析列车试验故障情况。

2. 系统组成

微机控制列车制动机试验系统由值班室装置、执行器、尾压装置、无线遥控装置、通信电缆、动力电缆、风管路等组成。

值班室装置由监控计算机、打印机、通信配电箱、语音控制器、手持机、监控软件等组成。

尾压装置由电子风表、矮柱尾压中转站或尾压中心站和尾压中转站等组成。

值班室监控装置安装在值班室，执行器安装在发车端的股道间，距脱轨器 15 m，通信柜安装在发车端股道外侧。计算机与通信柜之间通过光缆通信。通信柜通过串口服务器、通信电缆与执行器进行有线通信。通信柜通过串口服务器、通信电缆与矮柱尾压中转站进行有线通信。电子风表与矮柱尾压中转站之间为无线通信。

试风手持器通过无线方式与值班室语音控制箱通信。语音控制箱与计算机采用串行口有线通信。

二、列车试验方法

（一）列车试验项目及时机

列车制动性能试验有全部试验、简略试验和持续一定时间的全部试验。《技规》第 274 条规定：列车自动空气制动机应按下列规定进行试验。

列车制动机试验分为：到达全部试验、始发全部试验、持续一定时间的全部试验及简略试验。组合的重载列车的制动机试验办法由铁路局集团有限公司制定。

列检作业场须使用微控制动机地面试验装置和列车车辆制动试验检测装置进行列车制动机试验，试验检测数据须全部分析保存，检测结果作为列车制动机试验过程、作业质量判别的依据。列车制动机试验时应使用列车前部的试验执行器。因微控制动机地面试验装置检修、停电及故障等不能使用时，可利用本务机车进行列车制动机试验。有现场人工技术检查作用或安排技检作用时间的列车，其列尾装置软管与车辆制动软管的连接，由列检现场检车员负责。到达列车所在站须在列车制动机试验结束后，再进行排风作业。

1. 全部试验

（1）主要列检所对解体列车到达后，编组列车发车前，无调车作业的中转列车，可施行一次全部试验。

（2）对无调车作业的（只限特级作业场及 500 km 左右列检安全保证距离位置上的一级列检作业场），施行始发全部试验；对有调车作业的，到达后首先施行到达全部试验，发车前只施行始发全部试验中的漏泄试验。

（3）无列检作业场的车站始发列车，在途经第一个列检作业场无调中转技术检查作业时施行始发全部试验。

（4）列检所对运行途中自动制动机发生故障的到达列车。

（5）旅客列车在客技站检修作业。

（6）动车组出段前或在返回地点停留后。

（7）在有客列检作业的车站折返的旅客列车。

站内设有试风装置时，应使用列车试验器试验，连挂机车后只做简略试验。对有空气弹簧等装置的旅客列车应同时检查辅助用风系统的漏泄。

2. 简略试验

（1）客列检作业后，客运列车始发前。

（2）货物列车对始发列车，中转作业列车连挂机车后。

（3）更换机车或更换乘务组时。

（4）无列检作业的始发列车发车前。

（5）列车制动软管有分离情况时。

（6）列车停留超过 20 min 时。

（7）列车摘挂补机或第一机车的自动制动机损坏交由第二机车操纵时。

（8）机车改变司机室操纵时。

（9）单车附挂车辆时。

有列检作业的由列检人员负责，无列检作业的由运转车长负责，无运转车长的由车辆乘务员负责，无车辆乘务员的由车站人员负责。挂有列尾装置的列车由司机负责（旅客列车始发前，摘挂作业开车前及途中换挂机车站、客列检作业站，有列检作业的由列检人员负责，无列检作业的由车辆乘务负责）。

3. 持续一定时间的全部试验

列检作业场发出的货物列车运行前方途径长大坡道区间的，在始发作业、中转作业时，施行持续一定时间的全部试验，并填写《制动效能证明书》交司机乘务员。列检应填写《制动性能证明书》交给司机。具体试验和凉闸的地点、办法由铁路局集团有限公司规定，报国铁集团备案。

长大坡道为：线路坡度超过 6‰，长度为 8 km 及其以上；线路坡度超过 12‰，长度为 5 km 及其以上；线路坡度超过 20‰，长度为 2 km 及其以上。

（二）试验方法及技术要求

试验准备：

（1）将列车试验器的给风阀调整到试验的规定压力：货物列车 500 kPa；旅客列车及重载列车 600 kPa。

（2）将列车试验器与列车前部制动软管连接好，并在列车尾部制动软管上安装试验校对压力表，打开列车所有的折角塞门。

（3）自动制动阀手把放Ⅰ位充气，待制动管压力接近定压时，再将手把移Ⅱ位继续充气，确认最后一辆车的制动管压力达到定压，列车试验器压力表与校对压力表的压力差不得超过±20 kPa。

1. 到达全部试验

在列车最后一辆车尾部制动软管上安装无线风压检测仪，并确认制动主管压力达到规定压力，与无线风压检测仪的压力差不大于 20 kPa。

（1）感度试验。

目的：检查列车制动及缓解的灵敏度。

① 制动感度试验。

方法：自动制动阀手把放Ⅱ位充气，确认列车尾部风压达到规定压力并稳定后，手把放Ⅴ位减压 50 kPa（编组 60 辆以上减压 70 kPa），再将手把移至保压位保压 1 min。

要求：全列车的车辆需全部产生制动作用，保压 1 min 不得发生自然缓解。

② 缓解感度试验。

方法：自动制动阀手把放Ⅱ位充气。

要求：全列车的制动机在 1 min 内缓解完毕。

（2）安定保压试验。

目的：检查列车制动机的常用制动安定性及保压性能。

方法：自动制动阀手把放运转位充气，确认列车制动主管压力达到定压并稳定后，手把放常用制动位减压 140 kPa（列车制动主管压力为 600 kPa 时减压 170 kPa），再将手把移至保压位。

要求：全列车制动机不得发生紧急制动作用。同时检查制动缸活塞行程符合规定。同时保压，1 min 内无线风压检测仪显示的制动主管压力下降不大于 20 kPa。

2. 始发全部试验

在列车最后一辆车尾部制动软管上安装无线风压检测仪，并确认主管压力达到规定压力，与无线风压检测仪的压力差不大于 20 kPa。

（1）漏泄试验。

目的：检查列车制动主管、制动支管、副风缸、控制阀（或分配阀）及各结合部位的漏泄情况。

方法：关闭第一辆车前端的折角塞门，制动管系保压 1 min。

要求：无线风压检测仪显示的列车主管压力下降不大于 20 kPa。

实验完毕开启折角塞门。

（2）感度试验。

目的：检查列车制动及缓解灵敏度。

① 制动感度试验。

方法：自动制动阀手把放运转位充气，确认列车尾部风压达到定压并稳定后，手把放常用制动位减压 50 kPa（编组 60 辆以上减压 70 kPa），再将手把移至保压位保压 1 min。

要求：全列车的车辆需全部产生制动作用，保压 1 min 不得发生自然缓解。

② 缓解感试验。

方法：自动制动阀手把移至运转位充气。

要求：全列车的制动机在 1 min 内缓解完毕。

（3）安定保压试验。

目的：检查列车制动机的常用制动安定性及保压性能。

方法：自动制动阀手把放运转位充气，确认列车尾部风压达到定压并稳定后，手把置常用制动位减压 140 kPa（制动管定压为 600 kPa 时减压 170 kPa），再将手把移至保压位。

要求：全列车制动机不得发生紧急制动作用。同时检查制动缸活塞行程符合规定。同时保压，1 min 内无线风压检测仪显示的制动主管压力下降不大于 20 kPa。

3. 简略试验

有列检参加的简略试验中，在列车最后一辆车尾部制动软管上安装无线风压检测仪。

目的：检查列车制动主管是否畅通（有无关闭的折角塞门或制动软管未接通现象），并检查制动机系统是否发生操纵失灵现象。

方法：机车自动制动阀手把放运转位充气，确认列车制动主管风压达到定压后，手把移置常用制动位减压 100 kPa，列车后部现场检车员（无检车员时由运转车长）确认最后一辆车发生制动作用后，向机车乘务员显示缓解信号，自动制动阀手把置运转位充气。

要求：

（1）制动主管减压 100 kPa，由尾部检车员（无检车员时由运转车长）确认最后一辆车发生制动作用。

（2）自动制动机手把置运转位充气缓解后，确认全列车必须缓解作用良好。

4. 持续一定时间的全部试验

在列车最后一辆车尾部制动软管上安装无线风压检测仪，并确认制动主管压力达到规定压力，与无线风压检测仪的压力差不大于 20 kPa。

（1）全部试验（同前述始发列车全部试验）。

（2）持续一定时间的制动保压试验。

目的：检查列车制动机的制动保压性能，以适应在长大下坡道长时间制动的运行需要。

方法：自动制动阀手把放Ⅰ位、Ⅱ位交替充气，确认列车制动主管充气达到定压并稳定后，手把放Ⅴ位减压 100 kPa，再将手把移至Ⅳ位保压 3 min（各铁路局集团有限公司可根据具体线路的坡度情况规定制动保压时间的长短）。

要求：在规定的制动保压时间内，全列车制动机不得发生自然缓解作用。试验合格后，列检填写制动效能证明书（车统-45）交当乘司机。

列车制动性能试验完毕后，切断风源。关闭试验器及车列前端的折角塞门，摘下制动软管连接器；关闭列车尾部的折角塞门，摘校对压力表或无线风压检测仪，装上防尘堵或列尾装置（装列尾装置开折角塞门）。

思考与练习

一、填空题

1. 列车试验的项目有（　　　　　）、简略试验和（　　　　　）试验。

2. 列车试验器中的均衡风缸用于制动时控制（　　　　　）的减压量，使之达到正确的减压量。

3. 列车试验中的简略试验的目的是检查（　　　　　），以及检查制动机系统是否发生（　　　　　）。

4. 列车制动机做安定试验时大闸手柄应放在第（　　　　　）位，制动管定压为 600 kPa 时制动管应减压（　　　　　）kPa 后移至保压位。

二、判断题

1. 列车试验器的大闸用于控制制动管压力的变化。（　　）

2. 货车 GD 型列车试验器的双针压力表的红针指示均衡风缸的压力，黑针指示风源压力或制动管的压力。（　　）

三、选择题

1. 在列车进行“全部漏泄试验”时，要求制动管系的漏泄量每分钟不得超过（　　）。

A. 10 kPa　　B. 20 kPa　　C. 30 kPa　　D. 40 kPa

2. 列车试验不包括（　　）。

A. 到达全部试验　　B. 持续一定时间的全部试验

C. 简略试验　　D. 紧急制动试验

3. 列车试验器大闸手柄第二个位置是（　　）。

A. 缓解位　　B. 运转位　　C. 保持位　　D. 中立位

4. 列车试验器大闸手柄有（　　）作用位。

A. 4 个　　B. 5 个　　C. 6 个　　D. 7 个

5. 列车到达全部试验不做的试验是（　　）。

A. 漏泄试验　　B. 制动感度试验

C. 缓解感度试验　　D. 制动安定试验

四、问答题

1. 列车试验器均衡风缸的用途是什么？

2. 试述列车“持续一定时间的全部试验”的试验时机。

3. 简述手动控制列车试验器的结构组成。

第二部分

客车车辆制动装置检修

项目八　客车空气制动机检修

项目概述

本项目以铁路客车制动系统为载体，设计工作情境，让学生组成学习团队，以团队为单位通过认识客车空气制动机各零部件及绘制客车空气制动装置组成示意图等任务，熟悉铁路客车空气制动装置的组成部件及连接关系。

教学目标

1. 通过阅读工作任务单，明确工作任务要求；
2. 能根据任务要求和实际情况，合理制订工作计划；
3. 能正确识别铁路客车空气制动机的各零部件；
4. 能正确绘制 104 型客车空气制动机的结构组成示意图。

课件：认识客车制动装置

任务一　认识铁路客车空气制动机

【任务描述】

本任务实施中，将任务化繁为简，先认识客车空气制动机的组成零部件，以及各部件的功用，然后通过正确绘制客车 104 型空气制动机的组成示意图，熟悉铁路客车空气制动装置的零部件组成及工作原理。

【任务实施】

一、104 型空气制动机

104 型空气制动机由软管连接器、制动主管、制动支管、截断塞门、远心集尘器、104 型分配阀、副风缸、制动缸、压力风缸等组成，如图 8-1 所示。

104 型分配阀由中间体、主阀、紧急阀三部分组成，中间体分别与副风缸、压力风缸、制动缸、制动管相连接。分配阀内的活塞采用了橡胶膜板结构，减少了移动阻力，减少了漏泄现象。

制动缸排气塞门的用途：列车在运行中发生自然制动故障时，可在车厢内关闭此塞门，切断制动缸与分配阀的连通管，并排出制动缸内的压缩空气而使之缓解。

二、104 型电空制动机

近年来，随着旅客列车运行速度的不断提高，对铁路运营的安全及旅客在列车运行中的舒适性也有了更高的要求，旅客列车电空制动机的使用，不仅对列车运行的安全性提供了一定的保障，而且使列车的制动和缓解性能得以提高，减少了旅客列车在运行中调速和停车时的纵向冲击，提高了旅客列车运行的平稳性，尽可能满足旅客乘车时的舒适性。

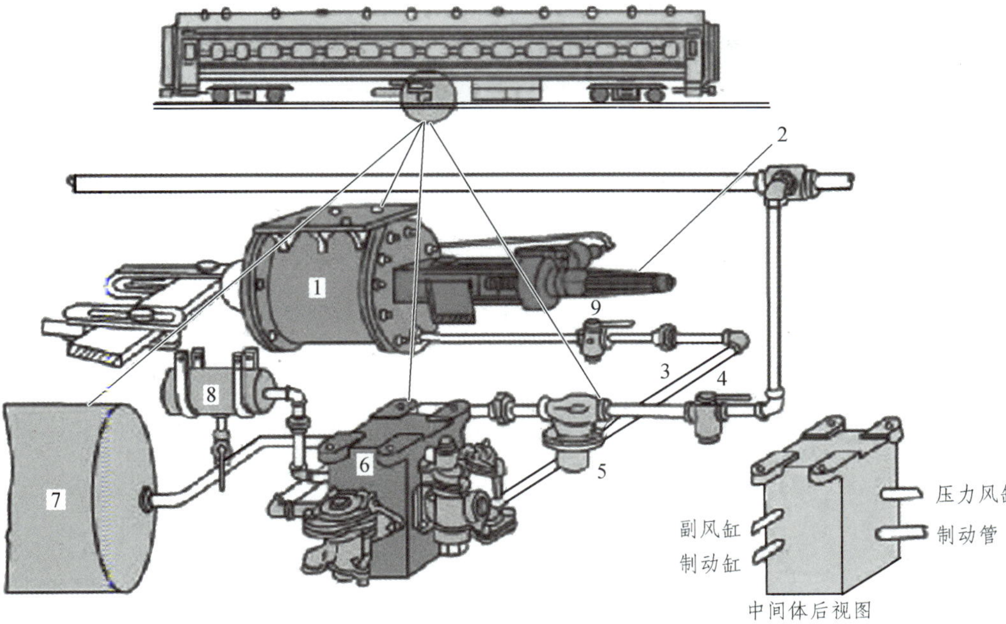

1—制动缸；2—闸瓦间隙调整器；3—制动缸管；4—截断塞门；5—远心集尘器；6—104 分配阀；7—副风缸；8—压力风缸；9—制动缸排气塞门。

图 8-1　104 型空气制动机

104 型电空制动机是在 104 型空气制动机的基础上设计而成的，主要增设了电磁阀安装座，并将其安装在主阀和中间体之间，原主阀和中间体之间的气路依旧相同。104 型电空制动机还增设了一个容积为 40 L 的缓解风缸，用来加快制动管的增压速度，使各车辆迅速处于缓解状态。104 型电空制动机主要由制动管、软管连接器、远心集尘器、截断塞门、104 型分配阀、电磁阀安装座、压力风缸、副风缸、缓解风缸、制动缸、缓解显示器等组成，如图 8-2 所示。

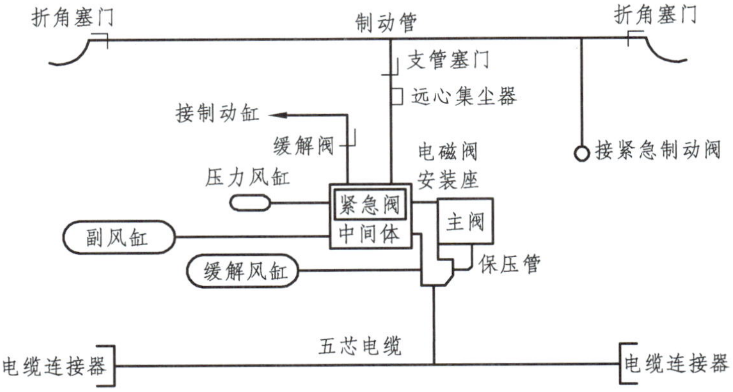

图 8-2　104 型电空制动机组成示意图

三、F8 型电空制动机

F8 型电空制动机包括空气制动和电空制动两部分，由制动管 1、截断塞门 2、远心集尘器 3、副风缸 4、压力风缸 5、F8 型分配阀 6、缓解塞门 7、制动缸 8、电空制动截断塞门 9（4 个）和电控阀箱 10 等组成，如图 8-3 所示。F8 型分配阀由中间体、主阀和辅助阀三部分组成，中间体分别与制动管、副风缸、制动缸和压力风缸相连接。F8 型电空制动机在电控阀箱内装有缓解电磁阀、常用制动电磁阀和紧急制动电磁阀，实现了快速列车中各车辆同时制动同时缓解的性能，避免了列车的纵向冲击。同时，该电空制动机也加速了制动和缓解作用的发生。

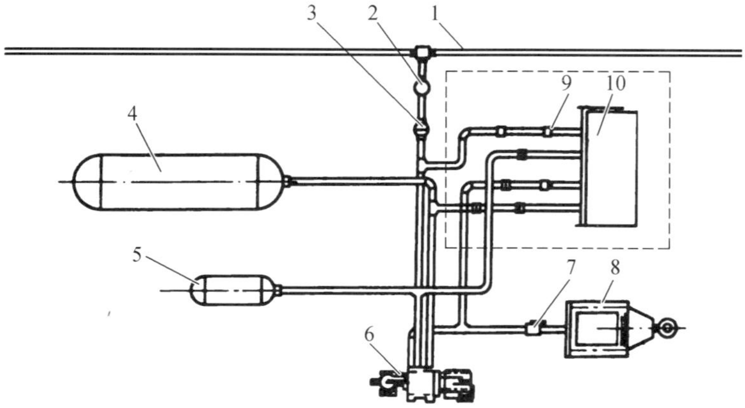

1—制动管；2—截断阀门；3—远心集尘器；4—副风缸；5—压力风缸；6—F8 型分配阀；7—缓解塞门；8—制动缸；9—截断塞门；10—电控阀箱。

图 8-3　F8 型电空制动机组成示意图

F8 型电空制动机采用自动式电空制动方式。电空制动部分只控制制动管的充气和减压，制动机的制动、保压、缓解等作用还通过 F8 型分配阀来控制实现。实际上空气制动部分就是独立的 F8 型空气制动机，具有客车制动机的制动、保压、缓解等基本功能。因此，当电空制动部分发生故障时，可关闭电空制动截断塞门，切断电空制动作用，称为独立的空气制动作用系统。同样，F8 型电空制动机也可以与一般的客车制动机混编运行。

拓展知识

一、轨道电磁制动机

用导电后起磁感应的电磁铁，制动时将它放下压紧钢轨，使它与钢轨发生摩擦而产生制动作用，在高速旅客列车上与空气制动机并用，组成如图 8-4 所示。其优点是：制动力不受轮轨间的黏着系数限制，不易使车轮滑行，但重量较大，增加了车辆的自重并加速了钢轨的磨损。

二、线性涡流制动机

每个转向架上设有可起落的电磁铁，司机操纵制动时，将悬挂在转向架上的电磁铁放下距离轨面上方几毫米处，利用它和钢轨的相对运动使钢轨表面感应出涡流，从而产生阻力并使钢轨发热，变列车动能为热能，由钢轨和电磁铁将热量逸散于大气中，从而产生制动。

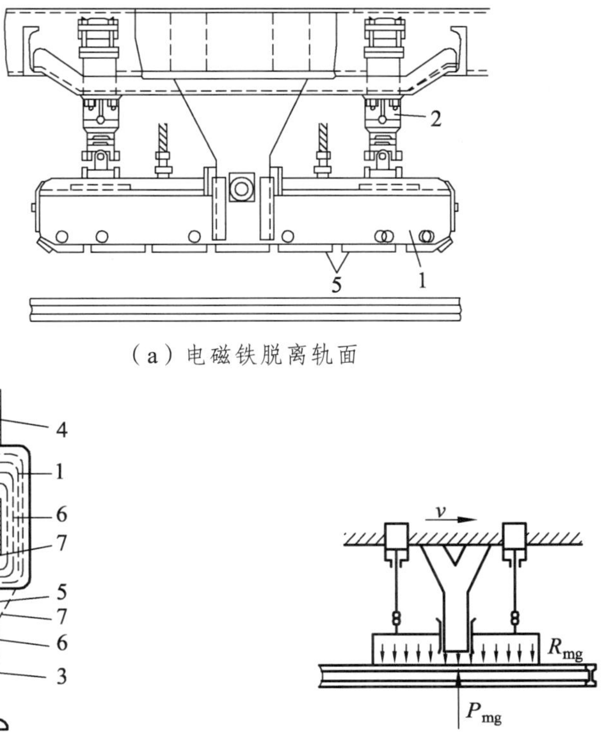

（a）电磁铁脱离轨面

（b）电磁铁压在轨面上　　　　（c）制动时电磁铁与轨面产生摩擦力

1—电磁铁　2—升压风缸；3—钢轨；4—激磁线圈；5—磨耗板；6—工作磁通；7—漏磁通。

图 8-4　轨道电磁制动组成示意图

三、再生制动机

制动时，使电力机车或用电力牵引的摩托车组的牵引电动机转变为发电机，将列车的动能转变为电能反馈到电网（供电网内的其他列车牵引使用），是将列车的动能转变为可利用电能的制动方式。

四、电阻制动机

制动时，变牵引电机为发电机，将列车的动能转变为电能消耗于电阻，用于控制速度。其优点是效率高，不会发生长时间抱死车轮的现象，高速时制动力大，但低速时其效率就降低。平时均与空气制动机同时配合使用。

思考与练习

一、填空题

1. 我国客车现有的空气制动机分配阀主要是（　　　　　　　　）型。

2. 以电路来操纵制动作用，而闸瓦压力的能源是压力空气的制动装置，称为（　　　　）。

3. 制动时，将电磁铁落下与轨面保持一定间隙，靠电磁铁与钢轨间的相对速度而产生电涡流作用形成的制动力，这种制动方式称为（　　　　　　　）。

4. 制动时，将电磁铁靴产生磁力，吸引钢轨，靠电磁铁靴与钢轨之间的摩擦转移能量，这种制动方式称为（　　　　　）。

5. 利用直流电机的可逆原理，使牵引电动机变为发电机运行，以此产生制动力，这种制动方式称为（　　　　　）。

6. 制动时，使牵引电机变为发电机，把发生的电能反馈到输电网去，同时产生制动力，这种制动方式称为（　　　　　）。

二、选择题

1. 104 型分配阀用于（　　）。

A. 货车　　B. 客车　　C. 机车　　D. 地铁

2. 120 型控制阀用于（　　　）。

A. 货车　　B. 客车　　C. 摩托车组　　D. 地铁

3. F_8 型分配阀用于（　　）。

A. 内燃机车　　B. 电力机车　　C. 电空制动车辆　　D. 地铁

任务二　客车空气制动机主要附件检修

【任务描述】

本任务实施中，首先复习客货车共有的制动附件，如制动管、制动软管、折角塞门、截断塞门、远心集尘器、风缸、压力表等的构造及作用（这部分内容见货车部分）。然后，以客车上专用的盘形制动单元缸、紧急制动阀、缓解阀、缓解显示器等为载体，通过分解、组装客车制动单元缸、紧急制动阀、缓解阀等，掌握客车主要附件的检修及作用原理。

【任务实施】

客车空气制动机的附件有制动管、软管连接器、折角塞门、截断塞门、远心集尘器、制动缸（单元制动缸）、副风缸、缓解阀、紧急制动阀、气路控制箱、电子防滑装置、制动缓解显示器等。其中的制动管、软管连接器、折角塞门、截断塞门、远心集尘器的结构、作用等与货车用的相同，见货车制动部分，这里不再赘述。

一、缓解阀

（一）构造

课件：客车空气制动机主要附件检修

缓解阀是用于排出副风缸或压力风缸内的气体，使车辆制动机产生单独缓解作用的部件。缓解阀一般安装在副风缸或压力风缸上（104 型制动机安装在压力风缸上，见图 8-1），其构造如图 8-5 所示，它由阀上体 2、阀下体 1、阀 5、弹簧 4、缓解杆 3、阀垫 6 等组成。安装的缓解阀上装有链条，通过链条与拉杆相连，并将拉杆伸到车体内部。无论车上还是车下都能拉动的缓解阀拉杆，可使阀离开阀座，使压力风缸的压缩空气经缓解阀排气口排气；由压力风缸排气减压引起分配阀缓解，实现该车制动机单独缓解的目的。当松开拉杆时，阀在弹簧弹力作用下关闭阀口停止排气。

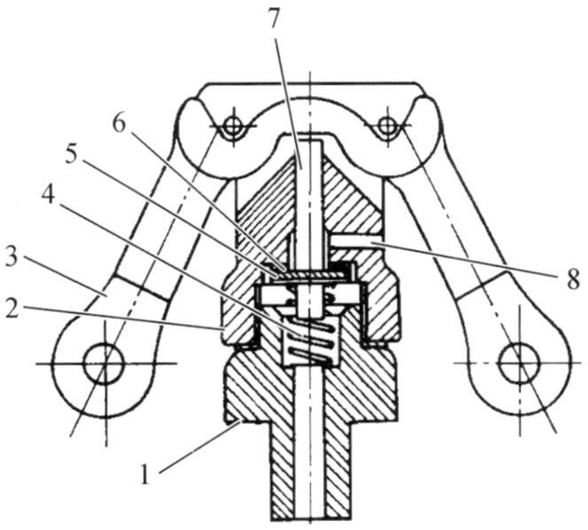

1—阀下体；2—阀上体；3 缓解杆；4—弹簧；5—阀；6—阀体；7—阀杆；8—排风孔。

图 8-5　缓解阀

（二）检修

缓解阀有时由于阀与阀座有夹杂物或胶垫破损、弹簧衰弱、折损等原因，造成漏气；也有时由于排气孔堵塞、缓解杆折损以及阀杆顶部磨损等原因而造成不排气的故障。发现上述故障应及时修换。

二、SP_2 型盘形制动单元

盘形制动单元现大量使用在准高速客车上，每辆车装 8 个盘形制动单元，该型单元制动缸是采用橡胶膜板代替活塞，内部装有闸片间隙自动调整器，能自动调整闸片和制动盘之间的间隙。

盘形制动装置每个车轮还配设一套 SP_4 型盘形制动单元踏面清扫器。主要作用是对车轮踏面的污垢及杂物进行适时的清扫作用，改善车轮与踏面的黏着状态。踏面清扫器的另一功能是通过闸瓦的磨削来消除车轮踏面与钢轨接触产生的滚动疲劳。另外，也承担部分的制动力，现已取消。

微课：SP 盘形制动单元的构造

（一）SP_2 型盘形制动单元的构造

SP_2 型盘形制动单元由两部分组成，一部分是直径为 254 mm 的膜板制动缸，另一部分是闸片间隙自动调整器，如图 8-6 所示。

膜板制动缸由膜板 1、活塞 2、复原弹簧 6、缸体 18 和缸盖 19 等组成。闸片间隙调整器由引导弹簧 3、引导螺母 4、引导挡铁 5、调整螺母 7、调整弹簧 8、导向螺栓 9、调整挡铁 10、丝杠 11 和轴承 15 等组成。另外，还有手动调整丝杠时用回程机构，其零部件包括活塞杆鼻子 13、回程铁 12、回程铁内有 O 形密封圈、弹簧、垫圈、轴用弹性挡圈等，如图 8-7 ~ 图 8-9 所示，用螺栓、垫圈和丝杠相连接，回程机构用于手动调整闸片与制动盘的间隙，用手转动回程铁时，弹簧受到压缩，活塞杆鼻子与丝杠的啮合脱开，转动回程铁使丝杠缩回缸体，而活塞杆鼻子不转，起到调整闸片间隙的作用。活塞杆鼻子与缸体上的两翼耳吊是用于安装悬挂制动缸体的。缸体外还有吊销、压板、紧固用的螺栓等。

护管的作用是保护伸出缸体外的丝杠。

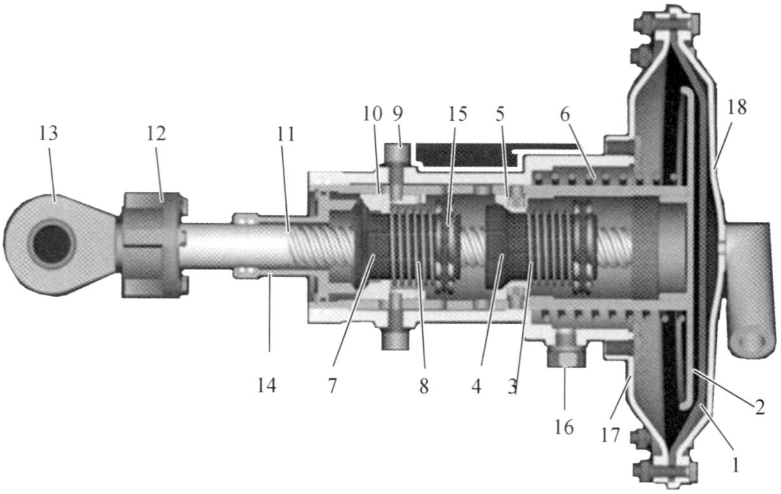

1—膜板；2—活塞；3—引导弹簧；4—引导螺母；5—引导挡铁；6—复原弹簧；7—调整螺母；8—调整弹簧；9—导向螺栓；10—调整挡铁；11—丝杠；12—回程铁；13—活塞杆鼻子；14—护管；15—轴承；16—螺堵；17—缸体；18—缸盖。

图 8-6 盘形制动单元

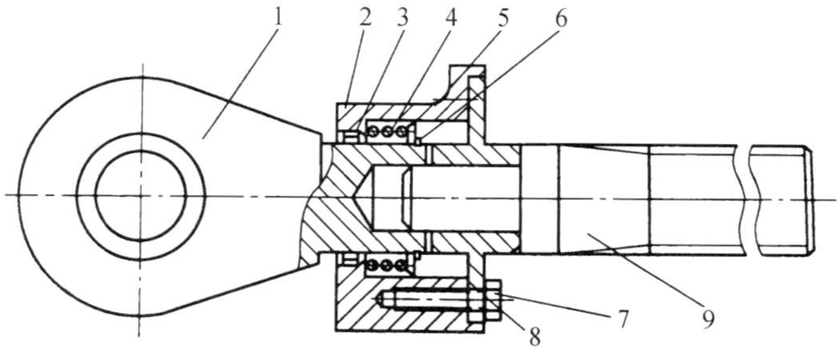

1—活塞杆鼻；2—回程铁；3—O 形密封圈；4—弹簧；5—垫圈；6—轴用弹性挡圈；7—螺栓；8—垫圈；9—丝杠。

图 8-7 啮合式丝杠回程机构

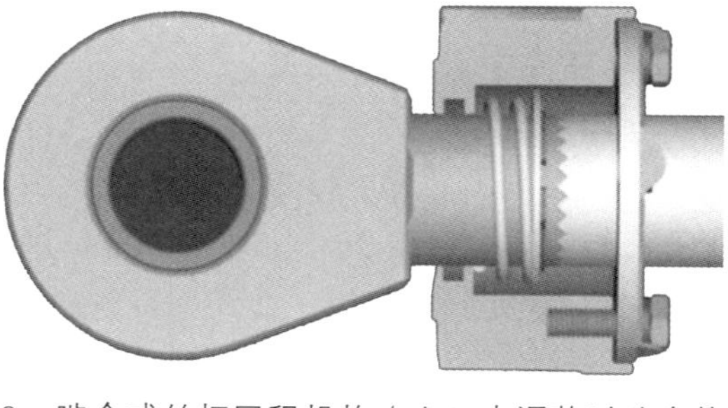

图 8-8 啮合式丝杠回程机构（人工未调整时啮合状态）

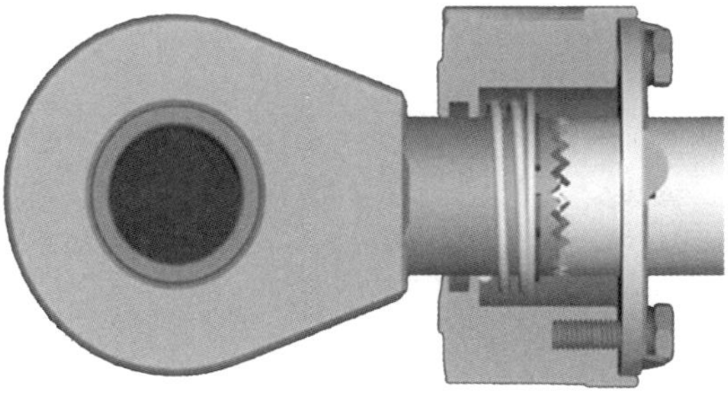

图 8-9　啮合式丝杠回程机构（人工调整时未啮合状态）

（二）SP_2 型盘形制动单元的作用原理

其工作状态分为：正常间隙制动位、正常间隙缓解位、过大间隙制动位、过大间隙缓解位。其中过大间隙缓解位又有第一阶段状况和第二阶段状况。

微课：SP 盘形制动单元的作用

1. 合成闸片与制动盘正常间隙时的作用

制动机制动时，压缩空气进入膜板右侧，推动膜板及活塞向左移动，压缩复原弹簧，同时也带动引导挡铁、引导螺母、调整螺母和丝杠一起向左移动，此时调整挡铁也在调整螺母的推动下移动一个距离 A。这时闸片正好与制动盘接触，即完成了制动作用，如图 8-10 所示。

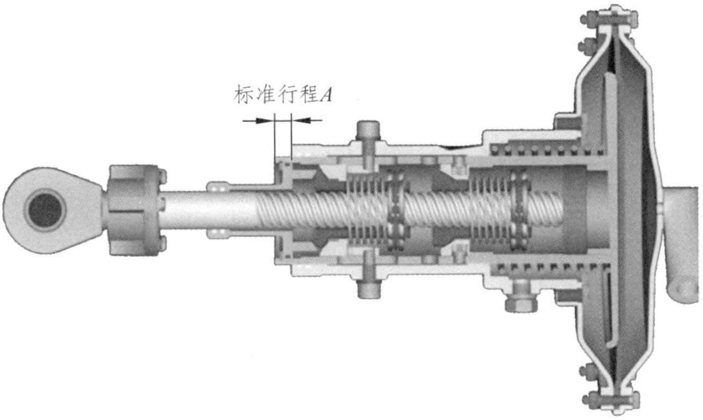

图 8-10　合成闸片与制动盘正常间隙时的制动作用结束状态

当制动机缓解时，压缩空气从膜板右侧排出，活塞在复原弹簧的作用下，恢复到缓解位。引导挡铁随着活塞退回到原位。这样调整挡铁也退回原位，移动距离正好是标准间隙 A，闸片间隙没有进行调整，如图 8-11 所示。

2. 合成闸片与制动盘正常间隙过大时的作用

制动机制动时，压缩空气进入膜板右侧，推动膜板及活塞向左移动，压缩复原弹簧，同时也带动引导挡铁、引导螺母、调整螺母和丝杠一起向左移动。因为间隙过大，制动缸活塞所移动的距离超过了标准间隙 A。增加的移动距离假设为 f，即丝杠向左移动了 $A+f$ 的距离。而此过程中，调整挡铁被导向螺栓挡住，仅移动了 A，不能继续移动，调整螺母与调整挡铁的啮合脱开，在调整弹簧的作用下，推动轴承向右移动的同时，带动调整螺母在丝杠上旋转，很快调整螺母与调整挡铁重新啮合。此时，调整螺母与护管间形成间隙 f，如图 8-12 所示。

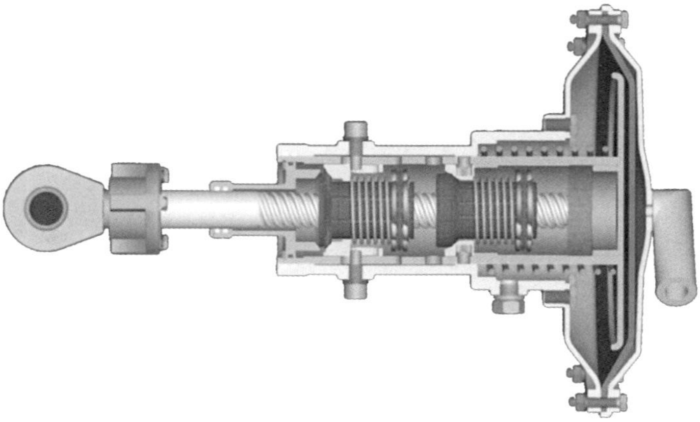

图 8-11　合成闸片与制动盘正常间隙时的缓解作用结束状态

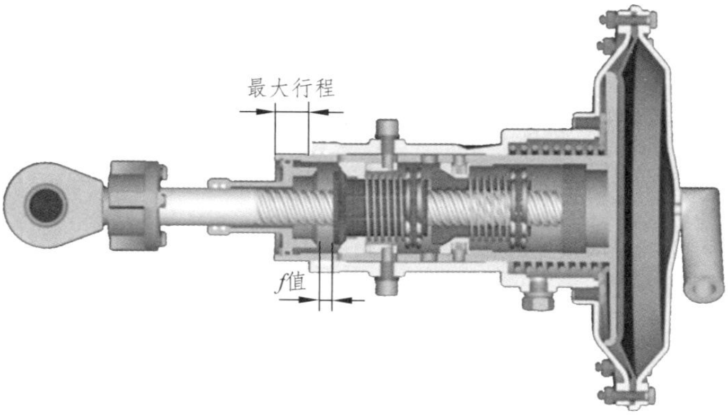

图 8-12　合成闸片与制动盘间隙大于正常值时的制动作用结束状态

当制动机缓解时，调整器动作分两步。第一阶段，压缩空气从膜板右侧排出，活塞在复原弹簧的作用下向右移动。在此过程中，引导挡铁和调整挡铁等随着活塞一起向右移动。所移动距离正好是标准间隙 A，如图 8-13 所示。之后调整挡铁被导向螺栓阻挡，所以调整螺母和调整挡铁啮合不再右移，丝杠也不再右移。

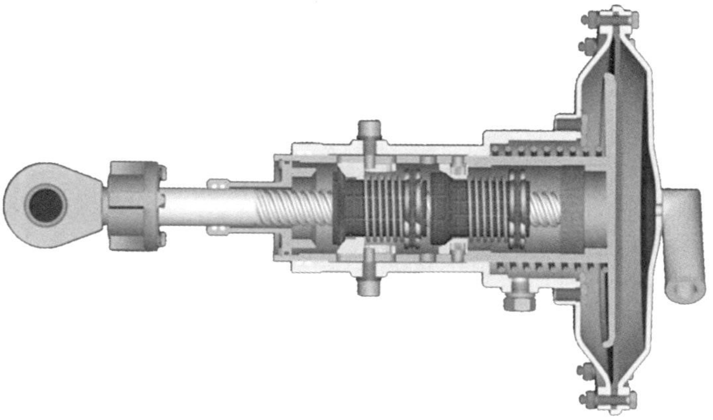

图 8-13　合成闸片与制动盘间隙大于正常值时的第一阶段缓解作用结束状态

第二阶段，膜板右侧的空气继续排出，制动缸活塞在复原弹簧的作用下继续向右移动。引导挡铁和引导螺母脱开，在引导弹簧的作用下，推动轴承向右移动的同时，带动引导螺母在丝杠上旋转右移，很快引导螺母与引导挡铁重新啮合。在这一阶段丝杠没有移动，消除了增加的间隙 f，即丝杠伸出了 f 的距离，如图 8-14 所示。

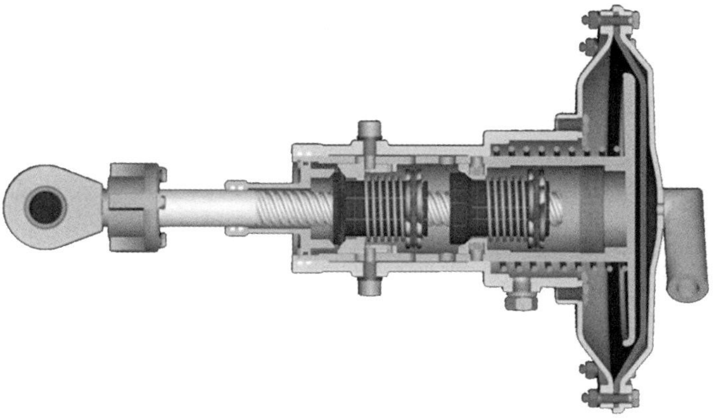

图 8-14　合成闸片与制动盘间隙大于正常值时的第二阶段缓解作用结束状态

（三）SP_2 型盘形制动单元的性能试验

SP_2 型盘形制动单元在检修后和装车前必须进行性能试验，试验合格后才能使用，性能试验方法如下：

1. 试验准备

将 SP_2 型盘形制动单元置于试验台架上，连接风管。开放风源塞门。

2. 漏泄试验

将容积风缸压缩空气的压力调整到 450 kPa。将操纵手把置于快充位，制动缸压力上升到最大值时，用肥皂水检查膜板周围和螺栓等处的漏泄情况，要求各处均不得有肥皂泡出现。

3. 耐压试验

将容积风缸压缩空气的压力调整到 500 kPa。将操纵手把置于快充位，制动缸压力上升到最大值后，保压 5 min。要求盘形制动单元各处均不得有破损、漏泄等现象出现。

4. 丝杠拉伸试验

在缓解状态下用手拉动丝杠，至制动缸活塞杆达到最大行程为止。要求丝杠不得自动伸出，松开手后应能恢复到原位。

5. 丝杠调整量试验

将容积风缸压缩空气的压力调整到 400 kPa，把丝杠调至最短。将操纵手把置于快充位，制动缸压力上升到最大值时，测量制动缸活塞行程。然后把操纵阀手把移至排气位，制动缸活塞杆应该顺利恢复到原位，此时测量丝杠输出量应为 8 ~ 14 mm。按同样方法进行多次充气、排气，并测量每次丝杠的调整量，直至丝杠的输出量达到最大值为止。

丝杠调整量试验检查标准见表 8-1。

表 8-1　丝杠调整量试验检查标准

项　目	试验要求	项　目	试验要求
制动缸活塞行程/mm	28～30	测量范围/mm	95～100
闸片标准间隙 A/mm	14～15	一次最大丝杠调整量/mm	8～14

（四）SP_2 型盘形制动单元的运用和检修

1. SP_2 型盘形制动单元的安装

SP_2 型盘形制动单元在车辆上的安装方式如图 8-15 所示。制动缸的活塞杆鼻子和制动缸体的两翼吊耳是悬挂安装用的，分别用圆销固定在夹钳的两端。安装时应注意的事项如下：

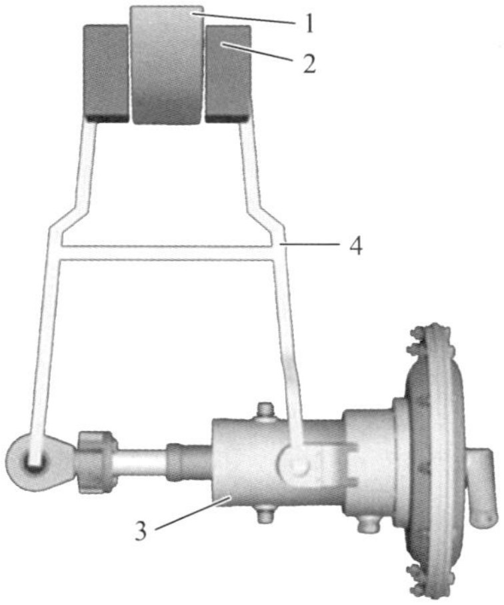

1—H300 型制动盘；2—合成闸片；3—SP_2 型盘形制动单元；4—制动夹钳。

图 8-15　盘形制动单元的安装方式

（1）安装过程中需要调整时，只需用扳手拧回程铁上的 4 个翼筋，便可以根据需要进行调整。

（2）在安装过程中，不得用较大的外力撬打、磕碰盘形制动单元的制动缸外体，以避免造成外体变形，发生缓解不良的现象或造成其他零部件的损坏。

2. SP_2 型盘形制动单元的调整

用扳手拧活塞杆鼻子上回程铁的 4 个翼耳。

3. SP_2 型盘形制动单元的运用

列检人员对运用车辆的 SP_2 型盘形制动单元进行检查的内容和注意事项如下：

（1）列车发出前进行制动性能试验时，注意观察车辆的制动和缓解状态。认真查看每辆车的 SP_2 型盘形制动单元的制动和缓解状态，如有制动缸压力表，应观察其压力显示值。

（2）在客车技术整备站进行列车制动性能试验时，必须在有地沟的停车线上进行。应仔细观察制动状态下的制动缸活塞杆行程。

（3）在进行车辆走行部检查时，应特别注意缓解状态下制动缸的活塞杆是否回到原位。如果没能回到原位，主要有两种原因：一种可能是制动缸活塞杆已经生锈，造成卡死现象；另一种可能是制动杠杆夹钳的阻抗太大，复原弹簧的弹力不足以克服其阻力。

（4）检查合成闸片与制动盘之间的间隙值（正常值应为 2 ~ 5 mm），如果间隙太小，可能是缓解不良，应检查制动缸活塞杆是否回到原位，活塞杆是否生锈和制动杠杆的夹钳的阻抗是否太大；如果间隙过大，检查制动缸是否有故障，可能是 SP_2 型盘形制动单元已经无法进行间隙调整。

（5）为了减少制动缸杠杆夹钳的阻抗，阻止圆销锈蚀，应定期给各活动圆销涂润滑油脂。

4. SP_2 型盘形制动单元的检修

（1）一般性检修。

① 将 SP_2 型盘形制动单元从转向架上拆卸下来，首先进行除锈清理，但不得用酸、碱等溶剂清洗或高温煮洗。

② 将 SP_2 型盘形制动单元进行外观检查。检查有无零部件丢失及损坏，外部各零部件的连接情况是否良好，活塞杆鼻子和丝杠配合是否良好可靠。

③ 检查吊销和销套的磨耗不超限度（推荐 1 mm）。

④ 将丝杠旋转伸出缸体外，涂上润滑脂（推荐 2 号低温脂）。

⑤ 性能试验。

⑥ 故障制动缸进行分解检修。

（2）分解检修。

分解制动缸应在制动室内进行，将各零件逐个拆卸下来，先用煤油清洗干净，再用压力空气吹干。检查每个零件，磨损及破损的零件必须更换。

① 分解丝杠装配。

a. 将丝杠装配旋出制动缸；

b. 压平锁片的挡边，松开螺栓，卸下丝杠组成、支承和 O 形密封圈；

c. 卸下轴用弹性挡圈，依次卸下垫圈、弹簧、回程铁和 O 形密封圈。

② 分解加强环、外侧缸盖和膜片。

松开六角螺母，卸下六角头螺栓，依次卸下加强环、外侧缸盖和膜片。

③ 分解止动铁。

卸下孔用弹性挡圈、卸下止动铁。

④ 分解缸体。

a. 松开定位螺栓，注意安全，缸体会在弹簧的作用下和活塞分离；

b. 分离缸体和弹簧，取出尼龙圈；

c. 松开六角头螺栓，卸下压板；

d. 卸下排气堵（分解排气堵：卸下孔用弹性挡圈，取出垫圈和钢丝网）。

⑤ 分解调整螺母装配。

a. 倒置活塞杆即可取出调整螺母装配；

b. 卸下轴用弹性挡圈，依次卸下轴承、弹簧和调整挡铁。

⑥ 分解引导螺母装配。

a. 将弹簧销套压入活塞杆内部，倒置活塞杆，并以此轻击软质工作台（注意安全：保护活塞杆的两个孔 $\phi 14$，避免弹簧销套和弹簧弹出造成伤害），使引导螺母装配滑出活塞杆；

b. 卸下轴用弹性挡圈，依次卸下轴承、弹簧和引导挡铁。

（3）安装。

① 各零件不允许沾有金属屑等杂物。丝杠、螺母、轴承、弹簧、活塞杆和外体内腔等主要零件均需涂油脂（推荐 2 号低温脂）。

② 橡胶膜片不允许接触润滑油脂。

③ 组装正好与分解相反的程序即可。

对检修完备的盘形制动单元，外体先喷涂防锈漆，然后再喷涂面漆。

三、副风缸

客车用副风缸容积较大，是用钢板焊接制成的。两端各设一螺孔，以备从任意端和分配阀连通。中央部下方也设有一个螺孔，用来安装排水塞门。使用排水塞门可排除副风缸内的凝结水，也可兼作缓解阀用。排水塞门与截断塞门的组成基本相同，如图 8-17 所示。仅外形较小，其手把的开闭位置与截断塞门相反，即手把与管路平行时关闭，垂直时为开通位。

104 型制动机所使用的副风缸，其形状与货车用 GK 型副风缸相似，如图 8-16 所示。其容积有 120 L 和 180 L 两种，分别为 356 mm 和 406 mm 制动缸相配。

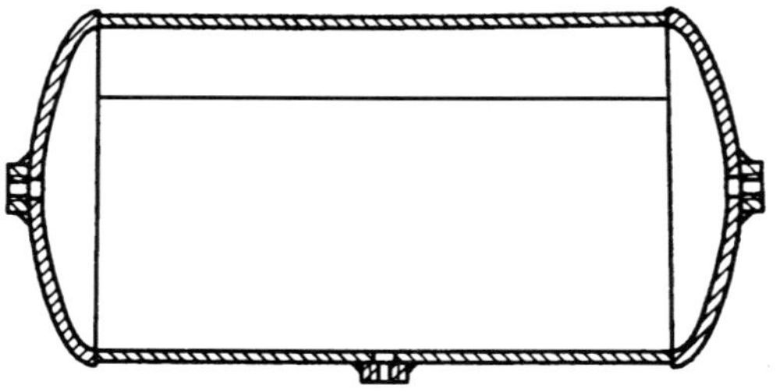

图 8-16　客车用副风缸

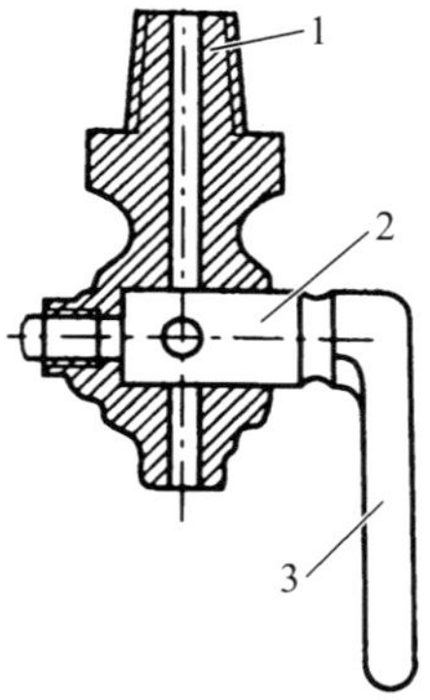

1—体；2—塞门轴；3—手把。

图 8-17　排水塞门

四、紧急制动阀（车长阀）

其用途是当列车在运行中遇有危及行车安全或货物装载等原因等紧急情况时，有运转车长或有关乘务人员拉动此阀，使列车产生紧急制动作用，迅速停车，以保证行车安全。

（一）紧急制动阀的构造及作用

紧急制动阀由阀体 1、手把 2、偏心轴 3、阀杆 4、阀 5、阀座 7 等组成，如图 8-18 所示。

其手把有直形和弯形两种，阀座下端与制动支管相连接。平时手把处于上端位置，偏心轴在下方位置，阀与阀座密贴遮断排气通路。使用时，拉动手把，偏心轴向上移动，带动阀上移，使之离开阀座，制动管内的压缩空气便经过阀与阀座间隙排向大气，使列车制动机发生紧急制动作用，如图 8-19 所示。如将手把推向上移恢复原位，则偏心轴向下方移动，恢复关闭位置，停止排气，如图 8-20 所示。

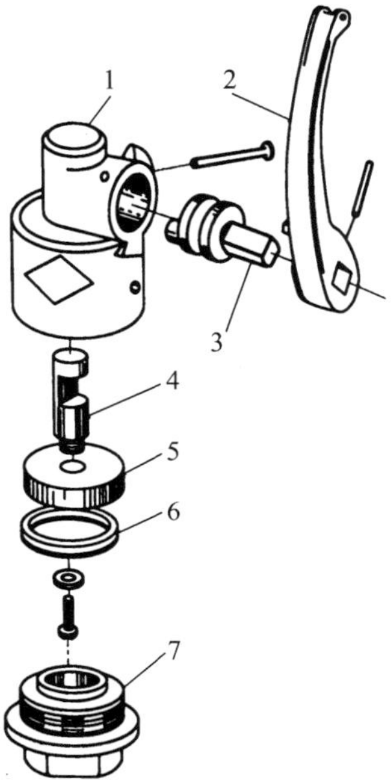

1—阀体；2—手把；3—偏心轴；4—阀杆；5—阀；6—阀垫；7—阀座。

图 8-18　紧急制动阀的构造

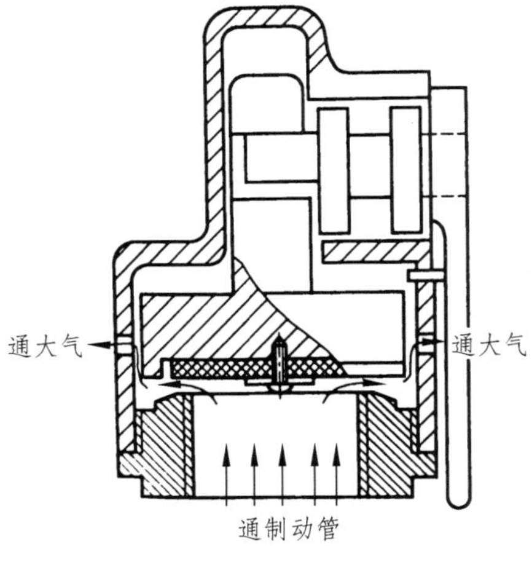

图 8-19　紧急制动阀的排气位

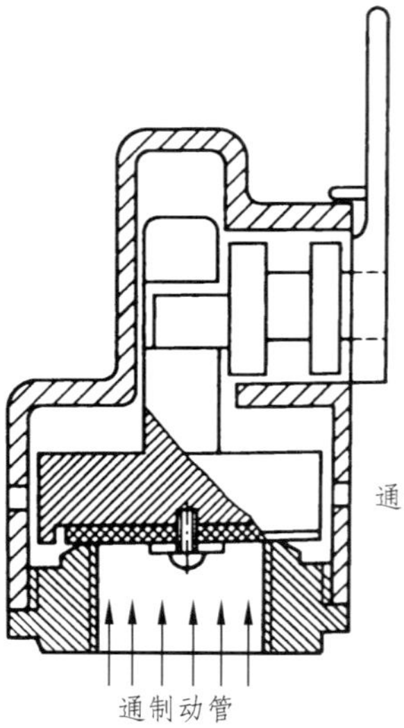

图 8-20　紧急制动阀的停止排气位

（二）紧急制动阀的使用时机

《技规》规定，在列车运行中，发现下列危及行车安全和人身安全情形时，车辆乘务人员、客运乘务组列车乘务人员应使用紧急制动阀停车。

（1）车辆燃轴或重要部件损坏时；

（2）列车发生火灾时；

（3）有人从列车上坠落或线路上有人死伤时。

动车组列车遇上述情况时，随车机械师、客运乘务组等列车乘务人员应立即报告司机采取停车措施；来不及报告时，应使用客室紧急制动装置停车。

使用车辆紧急制动阀时，不必先行破封，立即将手把向全开位置拉动，直到全开为止，不得停顿或关闭。若为弹簧手把时，列车停车前，不得松手。在长大下坡道上，必须先看压力表，如压力表指针已由定压下降 100 kPa，不得再行使用制动阀。

乘务人员应将使用紧急制动阀（紧急制动装置）的情况报告司机。

列车发生紧急制动停车后，联系司机，检查车辆技术状态，可继续运行时通知司机开车。

五、制动缓解显示器

装有盘形制动的客车，在其空气制动机制动时，因其单元制动缸活塞杆最大伸出量（行程）仅 15 mm 左右，加之单元制动缸的位置也不便于检查，为此一般在客车的底架的侧梁中央部分两侧附近下方各安设有制动缓解指示器。

制动缓解指示器由安装座、护罩、下体、护罩玻璃、膜板、弹簧、标志座等组成，如图 8-21 所示。

显示活塞下方通制动缸，上方通大气，且有一弹簧。制动时制动缸气体推活塞上移，显示窗口显示红色“制动”字样；缓解时，随着制动缸气体的排出，缓解活塞在弹簧的作用下向下移动，显示窗口显示绿色“缓解”字样。

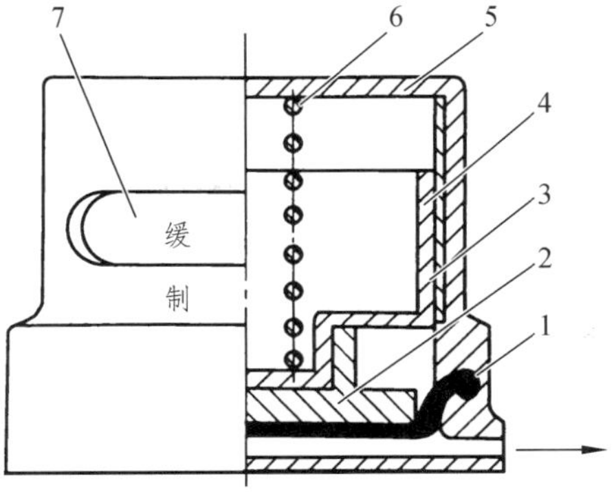

1—膜板；2—活塞；3—护罩玻璃；4—指示标志座；5—护罩；6—弹簧；7—窗口。

图 8-21　制动缓解指示器

六、气路控制箱

104 型电空制动机大多采用双管制供风系统，一为制动管，另一为制动总风管，制动主管与总风管的直径均为 25 mm。在正常运用中空气弹簧、气动冲水便器、污物箱等设备用风由总风管供风，车辆制动系统用风由制动管供风。气路控制箱是将双管供风系统的车下管路上的各种阀类安装在一个气路板上，其特点是结构简单、安装方便、维修简单。气路控制箱分为 25G 型、25K 型和 25T 型气路控制箱，25G 型的气路控制箱有节门式和集成式两种，25K 型和 25T 型气路控制箱主要形式为集成式。下面以 25G 型为例，当双管供风时，制动管通过 104 分配阀将压力空气送至副风缸，此时总风管内有压力空气，总风缸的压力空气由总风管提供，所以副风缸通向总风缸的阀门是关闭的，即阀门 3 关闭，制动管通总风缸的阀门即阀门 1 也是关闭的。唯一开通的就是总风管通向总风缸的阀门即阀门 2，如图 8-22 和图 8-23 所示。

单管供风时，总风管无压力空气，但为了保证总风用风设备的正常使用，总风缸的压力空气通过副风缸提供，此时副风缸通总风缸的阀门即阀门 3 打开，总风管通总风缸的阀门即阀门 2 关闭，制动管通总风缸的阀门即阀门 1 仍然是关闭的，如图 8-24 和图 8-25 所示。

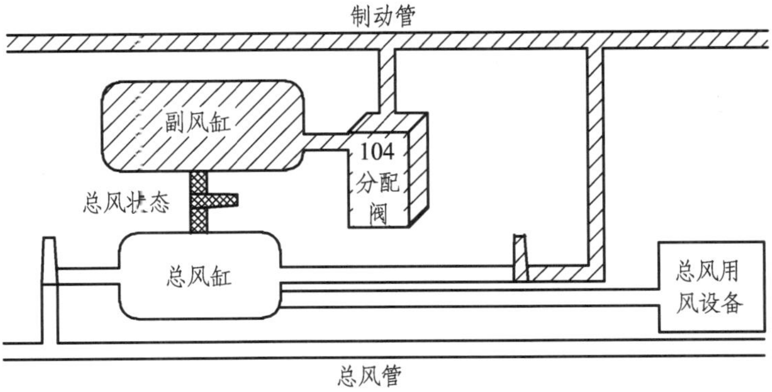

图 8-22　双管供风原理

微课：制动、总风供风原理

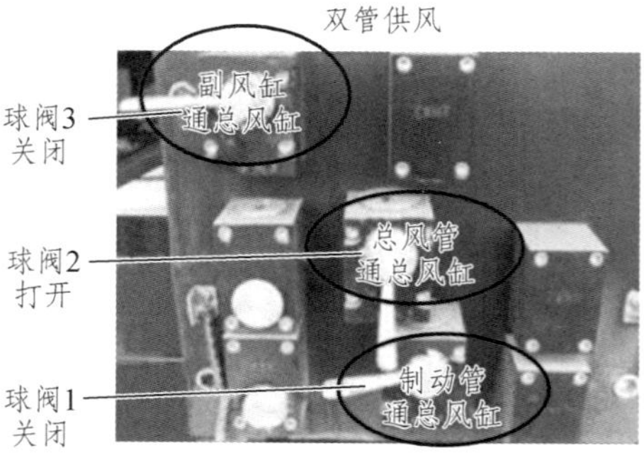

图 8-23　双管供风时阀门的状态

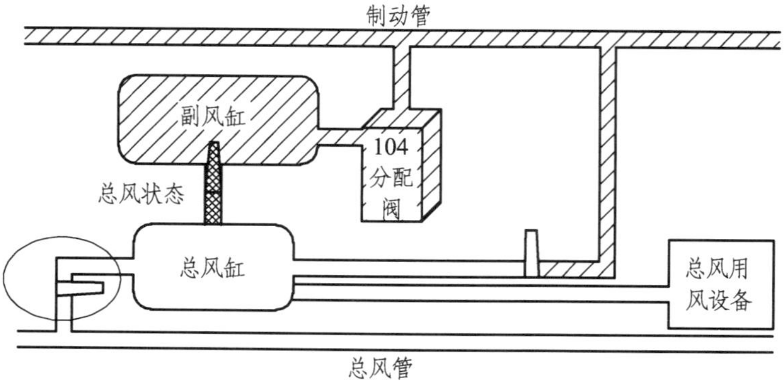

图 8-24　单管供风原理

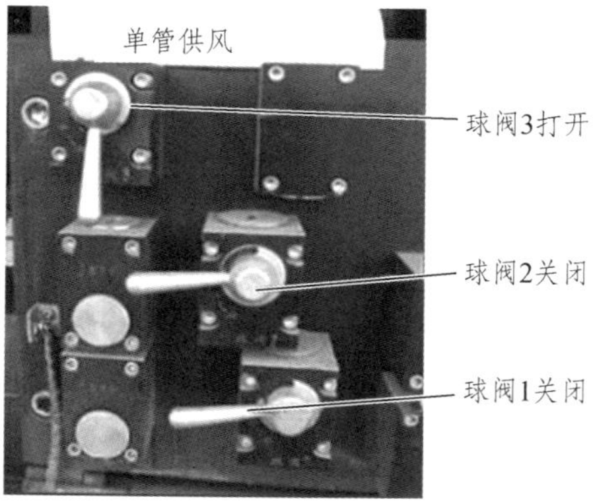

图 8-25　单管供风时阀门状态

单管制动关门车总风供风时，此时总风管无压力空气，副风缸由于关门车也无压力空气，所以总风管通向总风缸的阀门即阀门 2 关闭，副风缸通总风缸的阀门即阀门 3 关闭。但总风用风设备需要用风，所有只有此时打开列车管通总风缸的阀门即阀门 1 打开，由列车管向总风缸供风，如图 8-26 和图 8-27 所示。

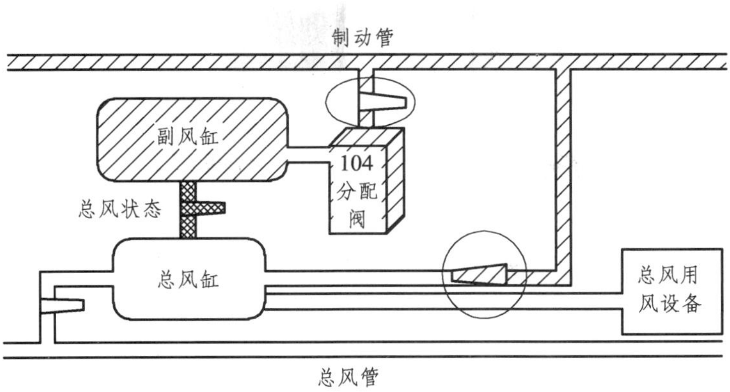

图 8-26　单管制动关门时总风供风原理

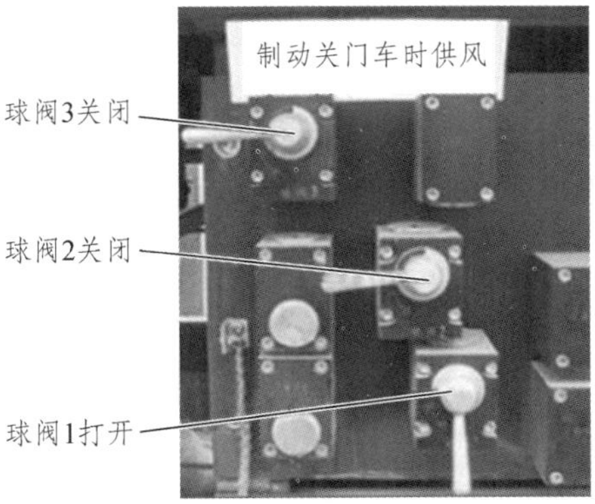

图 8-27　单管制动关门时总风供风阀门状态

七、电子防滑装置简介

微课：电子防滑器排风阀的构造

微课：电子防滑器排风阀的原理

它主要用于盘形制动或其他单元制动机系统中，也可用于机车制动机作为防空转和防滑装置。

制动防滑器的主要功能是：

（1）制动时能有效地防止车辆轮对因滑行而造成的踏面擦伤。

（2）制动时能根据轮轨间黏着状况的变化调节制动缸压力，实现调节制动力，充分利用轮轨间的黏着系数，得到较短的制动距离。

我国新型铁路客车上使用的制动防滑器型号有 SWKPAS20C 型、MGS 型和 TXF_1 型等，作用原理基本相似。现以 SF_{25Z} 型准高速客车上采用的 MGS 微机电子防滑装置为例，说明如下：

MGS 微机电子防滑装置是从德国科诺尔（KNNOR）公司引进的微处理机控制防滑装置，装于 25K 型和 25Z 型准高速客车上。MGS 防滑系统操作简便作用可靠，广泛应用于欧洲的高速列车上，其系统图如图 8-28 所示。

该装置由电子防滑单元、防滑阀、速度传感器、齿轮及压力开关等组成。其防滑过程简述如下：电子防滑单元接收来自速度传感器的信号，通过微机一系列软件处理，向防滑阀发出指令，控制制动缸压力，最终达到车辆制动时防滑的目的。

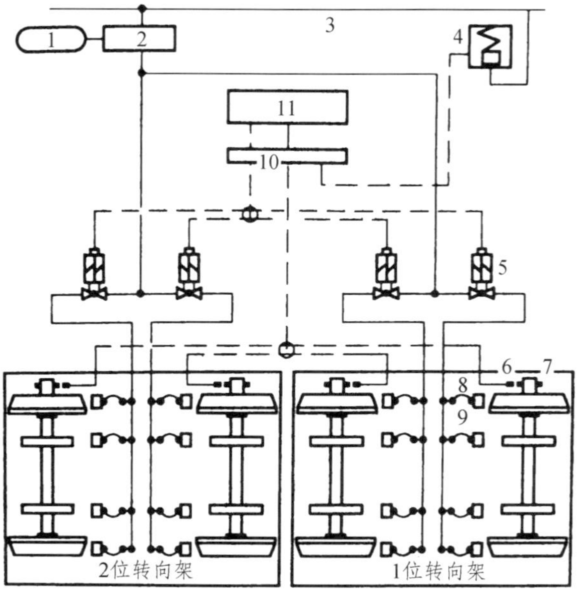

1—副风缸；2—104 型分配阀；3—制动主管；4—压力开关；5—防滑阀；6—速度传感器；7—齿轮；8，9—单元制动缸；10—接线板；11—电子防滑单元。

图 8-28　MGS 防滑系统

（一）作用原理

1. 信号的获得

齿轮安装于每个转向架 2 位侧的轴端上，每个齿轮有 80 个齿，车辆运行时，齿轮随轮对一起旋转。速度传感器安装于 2 位侧的轴箱盖上，如图 8-29 所示。速度传感器上的脉冲发生器与车轮齿顶留有 0.4 ~ 1.4 mm 的间隙。脉冲发生器不断地向齿轮齿和齿槽之间扫描。车轮每旋转一周，相对于齿轮向速度传感器发生 80 个脉冲信号并转换为该轮对的速度信号。

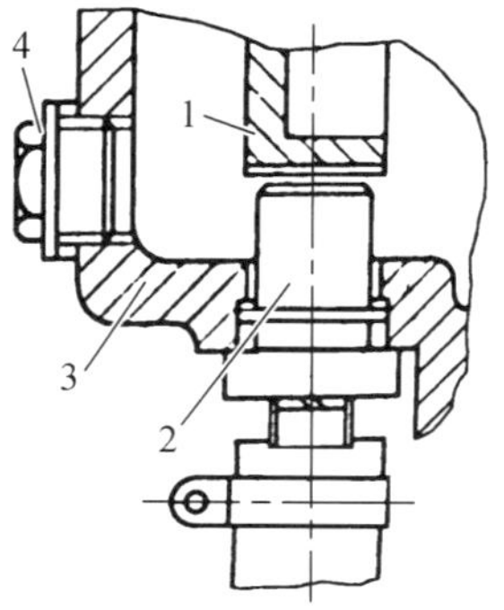

1—齿轮；2—脉冲发生器；3—轴箱盖；4—观察孔螺堵。

图 8-29　传感器安装图

2. 信号处理

电子防滑单元接收来自 4 个轮对的速度信号形成该车辆的参考速度，同时，对速度进行微分获得各轮对的加速度。电子防滑单元通过对速度、加速度的综合分析，判断各轮对所处的黏着和滑行状态，并适时地向各防滑阀发出控制信号，使系统在车辆制动时最有效地利用轮轨黏着。

防滑阀即排风阀安装在转向架上，一辆车的 4 个防滑阀分别独立控制 4 个轮对上的制动缸空气压力。防滑阀安装在电子防滑器中，排风阀是防滑器的执行部件，当电子防滑单元判断出制动缸压力过高，有可能将发生滑行时，给排风阀下达排风指令，排风阀排出制动缸内多余的气体，以避免车辆的滑行。该部件内有充风膜片、排风膜片、充风电磁阀、排风电磁阀、排风阀口及滤尘器、O 形密封圈、中间体、两侧板、一个底板等零部件组成，如图 8-30 所示，防滑器主机通过控制排风阀中的两个电磁阀的得、失电来控制两个动铁心的位置，每个动铁心处有三个空气通路，动铁心得、失电状态不同沟通的气路不同来控制充、排气。其中橡胶件多，易变形老化，车辆检修时通常要进行分解检修。防滑阀对制动缸的控制有排气、充气和保压三种作用形式。

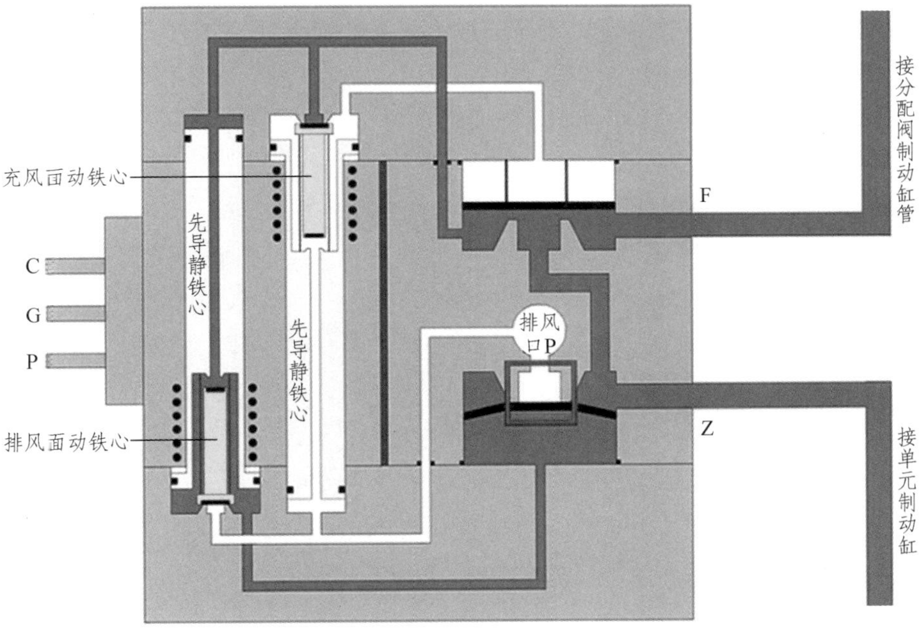

图 8-30 防滑阀充气状态

（1）两个电磁阀均失电时，充风膜片上侧通过充风电磁阀与排风阀口 P 连通，而分配阀来的副风缸气体经排风电磁阀到排风膜片下方，推排风膜片上移，关闭了单元缸排气的气路，这样经分配阀来的副风缸气体经排风膜片向单元制动缸充气，如图 8-32 所示。所以两个电磁阀均失电时，副风缸经分配阀向单元制动缸充气，如图 8-30 所示。

（2）两个电磁阀均得电时，经分配阀来的副风缸气体通向充风膜片上侧，充风膜片下移，关闭了分配阀向单元制动缸充气气路。而排风膜片下侧气体经排风电磁阀通向排气口 P 排气，排风膜片下移，单元制动缸气体经排气阀口排出，单元制动缸内气体压力下降，防止造成滑行。如图 8-31 所示。所以两个电磁阀均得电时，单元制动缸排气。

（3）充风电磁阀得电，而排风电磁阀失电时，经分配阀来的副风缸气体通向充风膜片上侧，充风膜片下移，关闭了分配阀向单元制动缸充气气路。排风电磁阀由于失电，分配阀来的副风缸气体经排风电磁阀到排风膜片下方，推排风膜片上移，关闭了单元缸排气的气路。单元制动缸内气体不能排出而保压，如图 8-32 所示。所以充风电磁阀得电，而排风电磁阀失电时，单元制动缸保压。

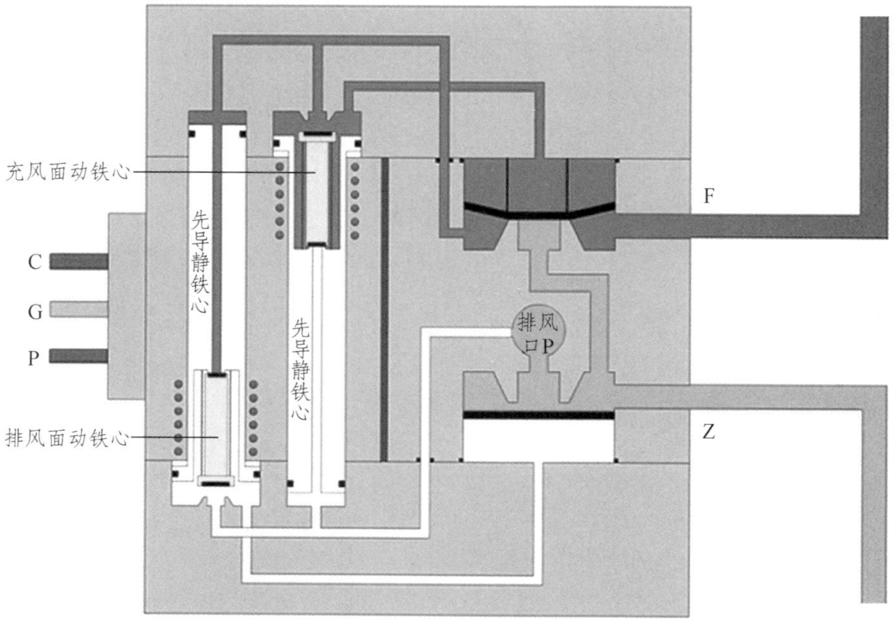

图 8-31　防滑阀排气状态

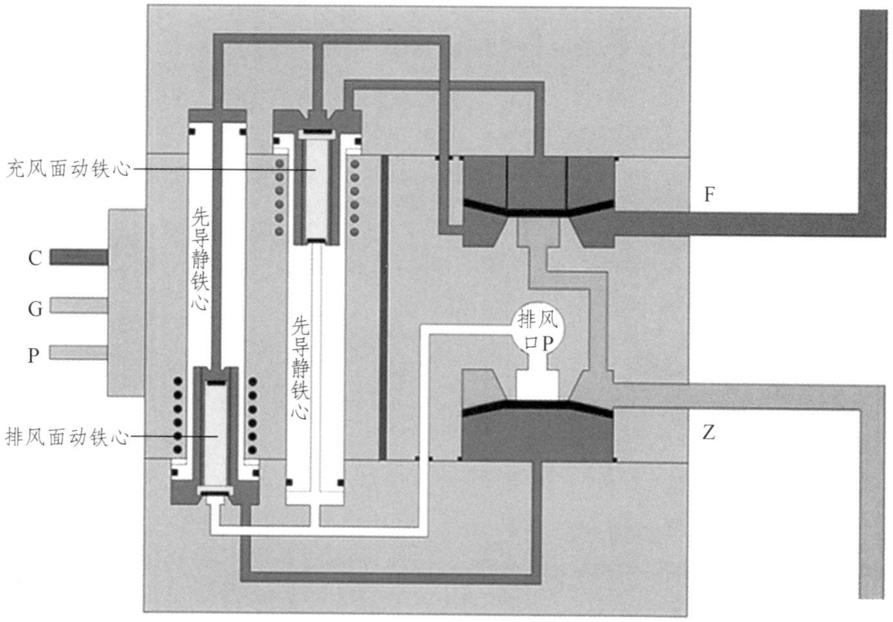

图 8-32　防滑阀保压状态

（4）充气电磁阀失电，排气电磁阀得电，经分配阀来的副风缸排气，如图 8-33 所示。所以这种情况不允许发生。

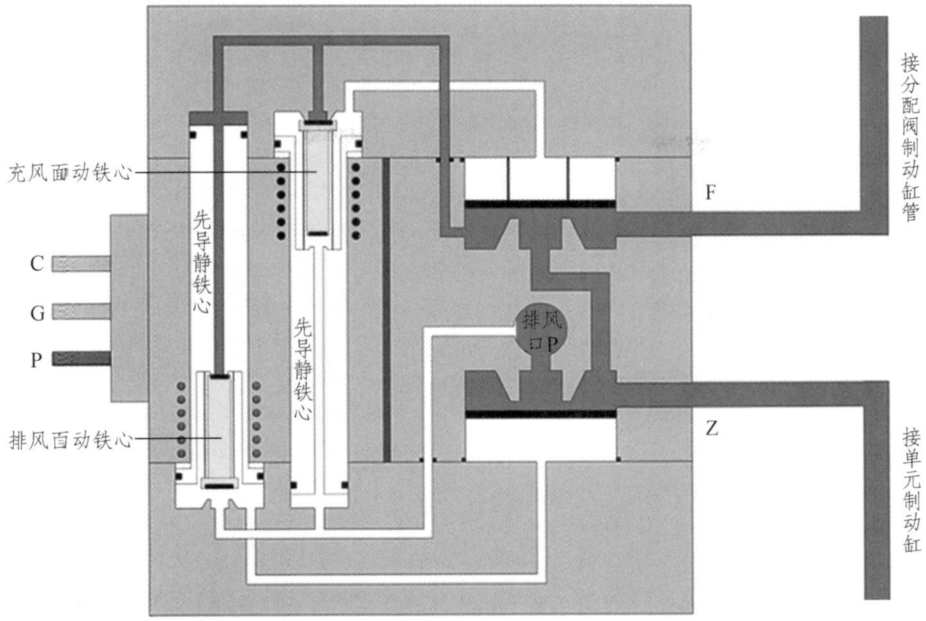

图 8-33　防滑阀的充风电磁阀失电、排风电磁阀得电状态

压力开关安装在车厢内，它根据制动主管压力的大小，自动关闭和接通防滑系统的电源，以达到节电的目的。

3. 监督功能

（1）电子防滑单元中装有对各部件进行监督的软件，其中包括对速度传感器及其产生的信号进行监督，对防滑器及进排气作用进行监督。一旦出现故障，这些监督软件将采取相应措施，避免应防滑系统的错误对制动系统产生影响。

（2）电子防滑单元还设有独立的监控器，它能识别电子防滑单元和上述监督软件非正常工作。发现问题，及时发出相应指令。

（二）运用中发现的问题

车辆制动时，如轮对滑行，则防滑阀立即动作，排掉制动缸的一部分气体，使制动缸压力下降。轮对正常运转后，防滑阀又关闭排气口，副风缸压力又补充到制动缸。这一过程中，副风缸的压力有所降低。

因此，在选择副风缸容积时，除要考虑到制动缸一次制动副风缸压力下降外，还要考虑防滑阀的影响。

思考与练习

一、填空题

1. 单元制动缸是采用橡胶膜板代替活塞，内部有闸片（　　　　），当闸片间隙增大时，能（　　　　）闸片与制动盘之间的间隙到规定范围。

2. 客车车辆单元制动缸采用闸片间隙自动调整器的目的是控制制动缸活塞行程，提高

(　　　)的稳定性。

3. 电子防滑阀的两个电磁阀均失电时，经分配阀来的副风缸气体向制动单元缸(　　　)。

二、选择题

1. 高速转向架中采用防滑器的主要目的是(　　)。

A. 降低轮轨间的黏着系数　　B. 提高并保持轮轨黏着系数的稳定性

C. 防止车轮在高速运行中打滑　　D. 保持车轮踏面和钢轨面的清洁度

2. 制动防滑器是在制动力(　　　)时降低制动力，使车轮继续处于滚动状态，避免车轮滑行。

A. 等于黏着力　　B. 小于黏着力

C. 大于黏着力　　D. 即将超过黏着力

3. 气路控制箱处于双管供风状态时，控制箱中(　　　)通向总风缸的阀门是打开的，其余两个阀门是关闭的。

A. 副风缸　　B. 总风管

C. 截断塞门　　D. 制动管通总风缸的塞门

三、判断题

1. 盘形制动单元检修后和装车前无须进行性能试验，直接装车使用。(　　)

2. 盘形制动单元缸只能自动调小闸片间隙，如需调大闸片间隙须手动调整。(　　)

3. 紧急制动阀是用来直接排出制动管的压力空气，使列车发生紧急制动作用的装置。(　　)

4. 客车空气制动装置安装车轮防滑器的主要目的，是提高车轮闸瓦和车轮踏面间的摩擦系数。(　　)

5. 缓解阀排的是制动缸的压力空气。(　　)

项目九　客车手制动机检修

项目概述

本项目以铁路客车手制动为载体，设计工作情境，让学生组成学习团队，以团队为单位通过操作客车手制动机、分解组装手制动机等方式，认识各零部件并能检修手制动机，熟悉铁路客车手制动装置的组成部件及作用原理等。

课件：客车手制动机检修

教学目标

1. 通过阅读工作任务单，明确工作任务要求；
2. 能根据任务要求和实际情况，合理制订工作计划；
3. 能正确识别铁路客车手制动机的各零部件；
4. 能正确检修手制动机。

任务　客车手制动机检修

【任务描述】

本任务实施中，首先通过分解、组装客车手制动机，掌握客车涡轮蜗杆式手制动机的结构组成、用途及作用原理。

【任务实施】

微课：客车人力制动机

一、涡轮蜗杆式手制动机

现在客车上大量使用的蜗轮蜗杆式手制动机，其结构简单，使用轻便灵活，制动力较大，如图 9-1 所示。

摇把 1 的转轴是一根蜗杆，顺时针方向转动摇把即带动蜗轮 3、主轴 4、锥形链轮 5 转动，把制动链 6 卷绕在锥形链轮上，拉动手制动拉杆，带动基础制动装置动作，发生制动作用。停止转动摇把时，依靠蜗轮蜗杆的自锁作用，使手制动机保持制动而不会自然缓解。反向转动摇把时，锥形链轮也反向转动，使制动链松开，并在转向架缓解弹簧作用下，使基础制动装置缓解。

主轴底下的链轮做成锥形，在开始制动时链条绕较大的圆周转动，可以缩短制动时间；制动后期链条绕较小的圆周运动，可以提高制动力。

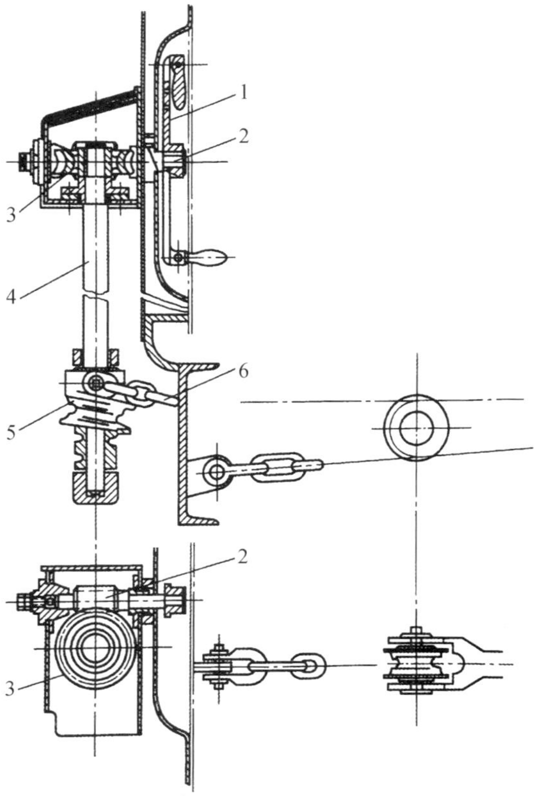

1—摇把；2—蜗杆；3—蜗轮；4—主轴；5—锥形链轮；6—制动链。

图 9-1　蜗轮蜗杆式手制动机

二、客车人力制动机检修

车辆施行定期检修时以及在日常保养中应加强对人力制动机的检修，使之经常保持良好的技术状态。不良时须检查判明发生故障的原因，并及时进行修理或更换出现故障的部件。发车前须确认手制动机在缓解状态。

手制动机的运用维修有：

（1）手制动机链施行焊修后，须对焊点打磨处理，并对手制动机进行转动试验，不得发生卡滞现象。

（2）每月结合转向架深度检查，使用钢丝绳清除手制动机链、钢丝绳（盘形制动时用）锈垢及杂物，链环无裂纹，钢丝绳腐蚀、断丝超过总数的 10%、断股、松股、套环松动等状态时更新。检查后在钢丝绳表面涂抹润滑油。

（3）库内检车员日常检查时，在车辆缓解状态下，须目视检查手制动机转轴复位情况，使用检点锤勾动检查手制动机锁链及钢丝绳处于松弛状态。

（4）辅修（A1）时，加强对手制动机分解检查，按要求做好手制动机试验，质检员做好验收，确保手制动机作用良好。

（5）对过长或过短的手制动机钢丝绳进行整治，标准为缓解状态下钢丝绳有 90 ~ 120 mm 的松余量。

（6）以后凡借用车辆挂运前，必须对手制动机反向紧固情况进行检查，对能够反向紧固起制动作用的车辆，做好记载，通知到乘务部门并将车号传质管运用科，便于及时通知客运部门。

（7）日常检查手制动机制动标识不得缺失，不清的重新更换。检查手制动机手柄施封状态，不良或缺失时，重新按有关要求施封。

（8）列车在途中或折返站等停留地点使用手制动机时，车辆乘务员要在开车前下车确认手制动机缓解状态，并记入《乘务日志》。

思考与练习

一、选择题

1. 手制动装置一般安装在（　　）。

   A. 二位车端　　B. 一位车端

   C. 中部　　D. 一、二位车端中部均可

2. 我国客车用的人力制动机主要是（　　）手制动机。

   A. 蜗轮蜗杆式　　B. 链条式

   C. 螺旋拉杆式　　D. 棘轮式

二、问答题

蜗轮蜗杆式手制动机有何优点？

项目十　客车基础制动装置检修

项目概述

本项目以铁路客车基础制动为载体，设计工作情境，让学生组成学习团队，以团队为单位，通过认识客车基础制动装置的零部件、分解组装基础制动装置等方式，认识各零部件并能检修基础制动装置，熟悉铁路客车基础制动装置的组成部件及作用过程等。

教学目标

1. 通过阅读工作任务单，明确工作任务要求；
2. 能根据任务要求和实际情况，合理制订工作计划；
3. 能正确识别铁路客车基础制动装置的各零部件；
4. 能正确检修客车基础制动装置。

课件：客车基础制动装置检修

任务一　客车双闸瓦式基础制动装置检修

【任务描述】

本任务实施中，首先通过分解、组装客车双闸瓦式基础制动装置，掌握客车闸瓦式基础制动装置的结构组成、用途及检修等。

【任务实施】

客车基础制动装置主要有两种形式：双闸瓦式和盘形制动基础制动装置。目前主要用盘形制动装置。

一、双侧闸瓦式基础制动装置的组成

双侧闸瓦式基础制动装置，简称双侧闸瓦式，也称双侧制动，即车轮两侧均有闸瓦的制动方式，如图 10-1 所示。旧型客车和特种货车的基础制动装置大多采用这种形式。

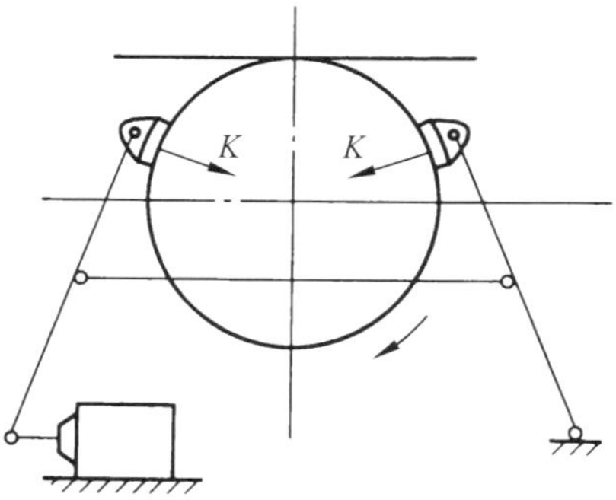

图 10-1　双闸瓦式制动示意图

双侧制动装置，在车轮的两侧都安装有闸瓦，所以闸瓦的摩擦面积比单闸瓦式增加一倍，闸瓦单位面积承受的压力较小，这不但能提高闸瓦的摩擦系数，而且散热面积大，可降低闸瓦与车轮踏面的温度，延长车轮的使用寿命，减少闸瓦的磨耗量，并可得到较大的制动力（指同一尺寸的制动缸和同一闸瓦压力的情况下）。同时，由于每轴的车轮两侧都有闸瓦，制动时两侧的闸瓦同时压紧车轮，可以克服单闸瓦式车轮一侧受力而引起的各种弊病。

二、客车双闸瓦式基础制动装置的构造和作用

一般客车双闸瓦式基础制动装置的构造如图 10-2 所示。

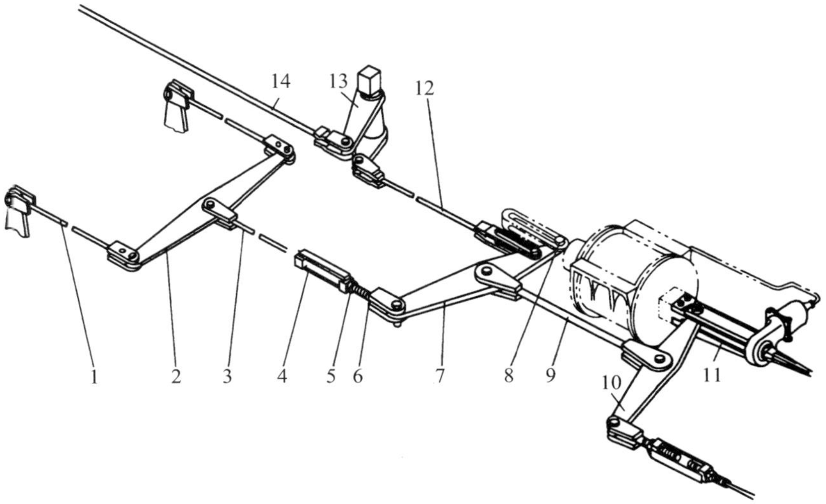

（a）客车车体基础制动装置

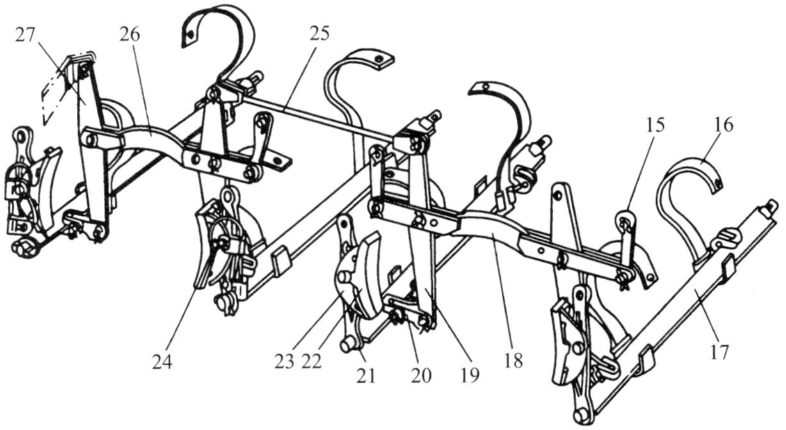

（b）客车转向架基础制动装置（202 型）

1—均衡拉杆；2—均衡杠杆；3—均衡杠杆拉杆；4—调整丝套；5—锁紧螺母；6—制动缸前拉杆；7—制动缸前杠杆；8—销；9—连接拉杆；10—制动缸后杠杆；11—闸瓦间隙自动调整器；12—手制动下拉杆；13—手制动转筒；14—手制动上拉杆；15—移动杠杆拉杆吊；16—制动梁缓解弹簧；17—制动梁；18—移动杠杆拉杆；19—移动杠杆；20—拉环；21—闸瓦托吊；22—闸瓦；23—闸瓦托；24—闸瓦托弹簧；25—移动杠杆上拉杆；26—移动杠杆拉杆；27—固定杠杆。

图 10-2　客车双闸瓦式基础制动装置布置图

制动缸前杠杆 7 连接在制动缸活塞杆槽孔十字头圆销上，另一端与制动缸前拉杆 6 连接。制动缸后杠杆 10 一端连在闸瓦间隙自动调整器 11 的十字头上（新造客车用 ST_1-600 型闸瓦间隙自动调整器时，此端圆销连接在制动缸后杠杆支点托上），另一端与制动缸后拉杆相连接。前后两根制动缸杠杆用连接拉杆 9 连接。制动缸前、后拉杆是通过调整丝套 4 与均衡杠杆拉杆 3 连接，该拉杆又经圆销与均衡杠杆 2 中部相连接。均衡杠杆两端，分别与两根均衡拉杆 1 与转向架内侧的两根移动杠杆 19 的上端相连接。移动杠杆的下部用拉环 20 连接制动梁 17，中部用移动杠杆拉杆 18 与另一个移动杠杆相连接。靠近摇枕两侧移动杠杆的上端用移动杠杆上拉杆 25 连接。固定杠杆 27 上端连接在转向架的固定支点上，中部用移动杠杆拉杆 26 与相邻的移动杠杆相连接。移动杠杆拉杆 18 两端通过移动杠杆拉杆吊 15 及座销接固定在构架上。

制动梁 17 两端安装着闸瓦托吊 21，托吊的上端固定在转向架的吊架上，中部设有闸瓦托 23，闸瓦托吊为三孔结构，闸瓦制动为间接作用式。即制动时制动拉力不是由制动梁 17 直接传给闸瓦 22，而是经由制动梁 17 作用于闸瓦托吊 21 的下端，并通过闸瓦托吊的杠杆作用，将力传到闸瓦 22 上，这种作用方式称为间接作用式。因为采用间接作用式，所以更换闸瓦时，不需要动制动梁。

制动梁缓解弹簧 16 不仅在缓解时使基础制动装置起恢复原位的作用，而且也起到制动梁安全托的作用。这种基础制动装置，因在制动拉杆两端有两根拉杆吊挂在构架上，使基础制动装置的重量由拉杆吊承担，所以可减少各部件的磨耗和保证机构作用良好。另外，各杠杆与拉杆及闸瓦托吊与吊架的连接都是用圆销结合的，可以保证其转动灵活。

我国现有装用 202 型转向架的客车基础制动装置均采用上述结构。206、209 型转向架的基础制动装置也大体与之相似，但采用双片吊挂直接作用式杠杆传动，如图 10-3 所示。闸瓦安装在闸瓦托吊的下端，移动杠杆和拉杆吊为焊接一体的双片结构，吊挂在构架上，其闸瓦托吊为二孔结构，制动时制动拉力直接由制动梁传给闸瓦托。

客车双闸瓦式基础制动装置的作用如图 10-4 所示（图中箭头表示制动时各杠杆的移动方向）。

制动时制动缸活塞推力使制动缸前杠杆绕连接杠杆拉杆圆销转动，使杠杆的另一端拉动 1 位均衡杠杆拉杆向内移动。与此同时，制动缸前杠杆又以 1 位均衡杠杆拉杆圆销为支点转动，带动连接拉杆向右移动，从而牵动制动缸后杠杆中部，使其以闸瓦间隙调整器十字头圆销（或制动缸后杠杆支点圆销）为支点转动，拉动 2 位均衡杠杆拉杆也向内移动。以 1 位为例分析，均衡杠杆拉杆带动均衡杠杆，均衡杠杆又牵动其两端的均衡拉杆，均衡拉杆再拉动第一根移动杠杆的顶端，使该杠杆以中部圆销为支点转动，牵动拉环把第 4 位制动梁移向车轮。闸瓦托吊的下部套在制动梁的端轴上，上部套在闸瓦托吊座的圆销上。制动梁向轮对方向移动时，它带动闸瓦托吊、闸瓦托、闸瓦移向轮对，直到闸瓦贴靠车轮踏面。当继续拉动第一根移动杠杆的上部时，该杠杆以下端圆销为支点转动，它的中部圆销拉动移动杠杆拉杆和第二根移动杠杆的中部圆销，使第二根移动杠杆绕它的上部圆销转动，使第 3 位制动梁向车轮移动，最后使车轮另一侧的闸瓦也抱轮。

此后，第二根移动杠杆以下端圆销为支点转动，牵动移动杠杆上拉杆和第三根移动杠杆的顶端，直到转向架外侧轮对两侧的闸瓦贴靠车轮。最后一根垂直的杠杆称为固定杠杆，其上端用圆销固定在转向架的固定支柱上。

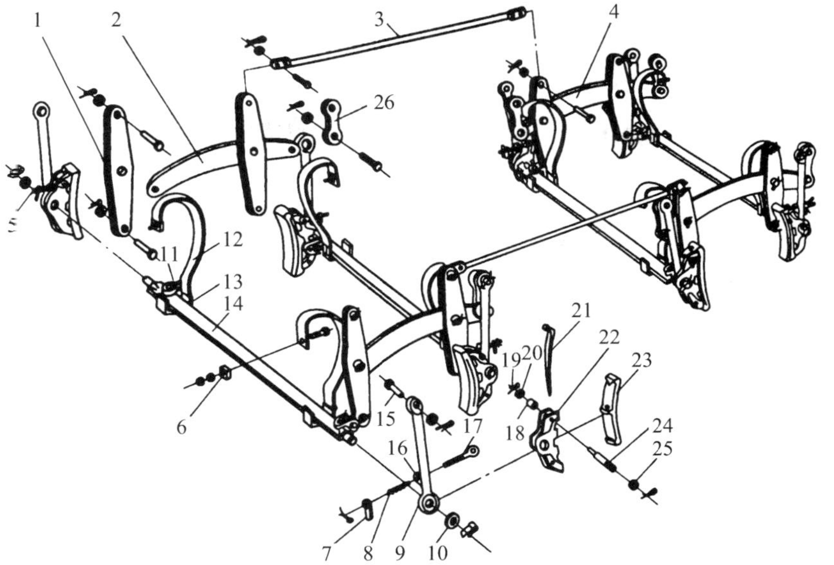

1—固定拉杆；2—固定杠杆拉杆；3—移动杠杆上拉杆；4—移动杠杆拉杆；5—闸瓦间隙调整器；
6—缓解弹簧压板；7—调整螺母；8—调整弹簧；9—闸瓦托吊；10—制动梁垫圈；11—拉环；
12—制动梁缓解弹簧；13—缓解弹簧磨耗板；14—制动梁；15—制动圆销；16—挡块；
17—调整螺杆；18—隔环；19—开口销；20—垫圈；21—闸瓦插销；22—闸瓦托；
23—闸瓦；24—调整杆；25—螺母；26—移动杠杆拉杆吊。

图 10-3　206 型转向架基础制动装置

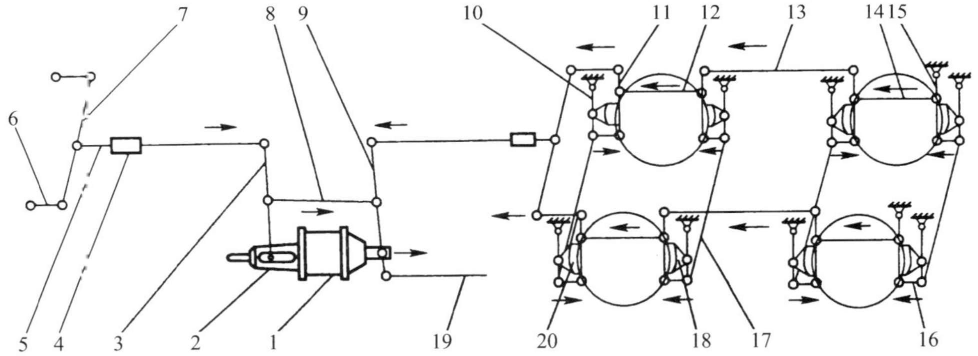

1—制动缸；2—闸瓦间隙自动调整器；3—制动缸后杠杆；4—调整丝套；5—均衡杠杆拉杆；
6—均衡拉杆；7—均衡杠杆；8—连接拉杆；9—制动缸前杠杆；10—闸瓦托吊；
11—移动杠杆；12—移动杠杆拉杆；13—移动杠杆上拉杆；14—固定杠杆拉杆；
15—固定杠杆；16—拉环；17—制动梁；18—闸瓦托；
19—手制动拉杆；20—闸瓦。

图 10-4　一般客车双闸瓦式基础制动装置作用示意图

在上面的叙述中，为了分析的方便，人为地把杠杆的动作分为先绕中间圆销转动，等到闸瓦贴靠车轮后，再绕下部圆销转动，但实际情况比较复杂。

当转向架的 8 块闸瓦全部贴靠在车轮踏面上时，制动缸活塞推力开始传给闸瓦和车轮，发生有效的制动作用。2 位的动作相同，不再赘述。

缓解时，制动缸活塞缩回原位，这时各杠杆、拉杆失去外力作用，各制动梁、闸瓦托吊、闸瓦托和闸瓦依靠自身的重力和制动梁缓解弹簧的反拨移动，使闸瓦离开车轮，达到缓解目的。

三、客车基础制动装置部件

（一）活塞杆

客车用活塞杆是实心的，一端固定在制动缸活塞座上，另一端铆接一个十字头导框，当使用空气制动时，活塞杆顶着安装制动缸杠杆的圆销往外伸，从而推动制动缸杠杆起制动作用。当使用手制动时，由于手制动拉杆链直接拉动制动缸杠杆，使制动缸杠杆圆销在十字头导框内滑动，所以虽然没有推杆，使用人力制动机也不会带动活塞一起移动，起到减少阻力的作用，如图 10-5 所示。

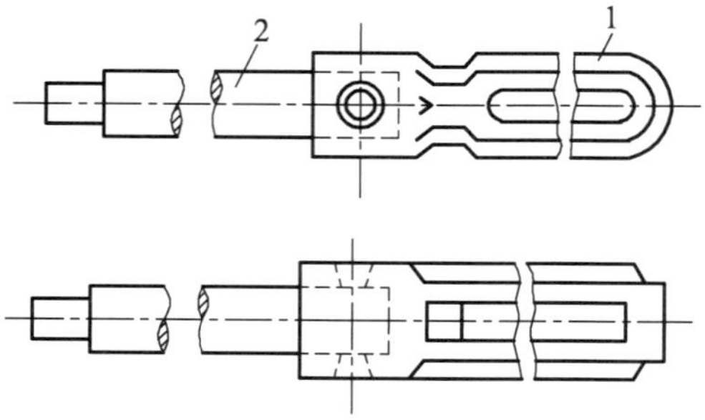

1—十字头导框；2—活塞杆。

图 10-5　客车制动缸活塞杆

（二）杠杆

见货车制动部分。

（三）制动梁

我国客车转向架（202 型、206 型及 209 型）所采用的制动梁如图 10-6 所示。它由梁体（20 mm×100 mm 的扁钢）、制动梁轴和拉环等阻焊而成。

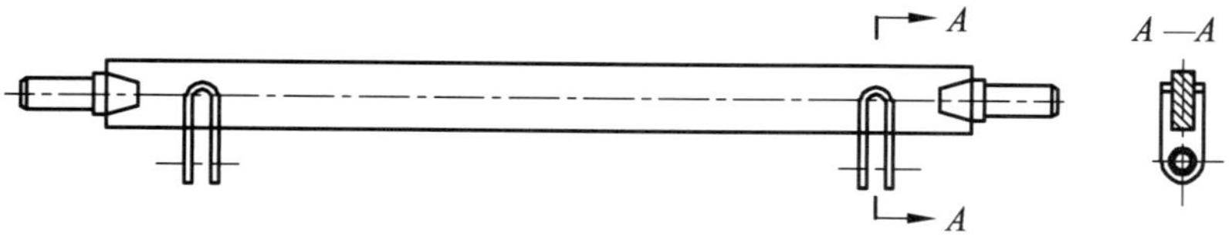

图 10-6　客车制动梁（菱板型）

（四）闸瓦托吊

客车用闸瓦托吊有两种形式：一种为三孔结构，如图 10-7 所示，多用于 202 型转向架；另一种为两孔结构，如图 10-8 所示，多用于 206 型、209 型转向架。三孔结构的闸瓦托吊设有闸瓦托弹簧和调整板，能调整闸瓦的上下间隙，保证闸瓦托和闸瓦始终居于正位。两孔结构的闸瓦托吊只起悬挂制动梁的作用，不起杠杆作用。

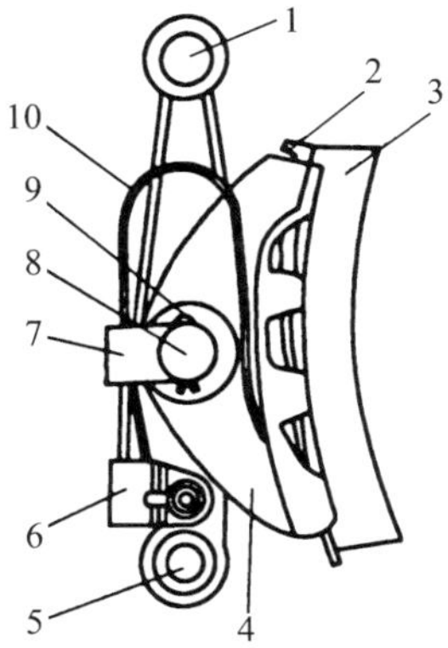

1—闸瓦托吊；2—闸瓦插销；3—闸瓦；4—闸瓦托；5—制动梁端轴；6—调整板；
7—卡板；8—圆销；9—开口销；10—闸瓦托弹簧。

图 10-7　三孔式闸瓦托吊组装图

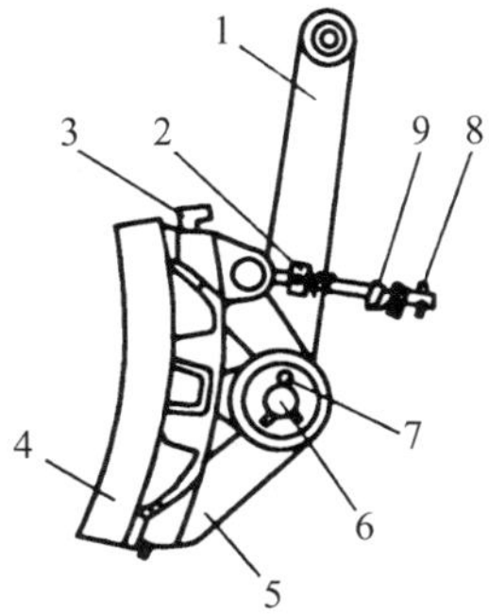

1—闸瓦托吊；2—弹簧座；3—闸瓦插销；4—闸瓦；5—闸瓦托；
6—制动梁端轴；7，8—开口销；9—弹簧。

图 10-8　两孔式闸瓦托吊组装图

思考与练习

一、填空题

1. 旧型客车基础制动装置通常采用（　　　　　）式。

2. 旧型客车用制动缸活塞杆是（　　　　　），一端铆接一个十字头导框，当使用手制动时，使制动缸杠杆圆销在十字头导框内滑动，不会带动（　　　）一起移动，起到减少阻力的作用。

二、判断题

1. 双闸瓦式基础制动装置的制动效率较单闸瓦式基础制动装置的高。（　）

2. 双闸瓦式基础制动装置结构简单。（　）

3. 双闸瓦式基础制动装置的制动力较单闸瓦式基础制动装置的大。（　）

三、问答题

双闸瓦式基础制动装置与单闸瓦式基础制动装置相比，其优缺点有哪些？

任务二　客车盘形制动装置检修

【任务描述】

本任务实施中，首先通过分解、组装客车盘形制动装置，掌握客车盘形制动装置的结构组成及检修等。

微课：盘形制动装置

【任务实施】

一、盘形制动装置的组成

盘形制动装置是指制动时闸片压紧制动盘而产生制动作用的制动方式。盘形制动的基础制动装置有两种类型：制动盘安装在车轴上的叫轴盘式，制动盘安装在车轮辐板上的叫轮盘式。盘形制动装置结构比较简单、紧凑，能够承受巨大的制动压力，副风缸和制动缸的容积可以缩小，节省压缩空气；各种杠杆可以小型化，直接安装在转向架上，能减轻车辆自重；不用闸瓦直接磨耗车轮踏面，可延长车轮使用寿命；制动性能比较稳定，可减少车辆纵向冲动；同时制动缸安装在转向架上，制动时动作迅速，可提高制动效率；采用高摩擦系数的合成闸片，可增大制动力，缩短制动距离，并可延长闸片的使用寿命。在我国的快速客车（速度在 120 km/h 以上）上得到广泛使用。盘形制动基本结构如图 10-9 所示。具体结构如图 10-10 所示，它由单元制动缸 13、钳形杠杆 2、闸片 9、闸片托 10、闸片托吊 6、连杆组成 12、闸片托销 4 等部件组成。

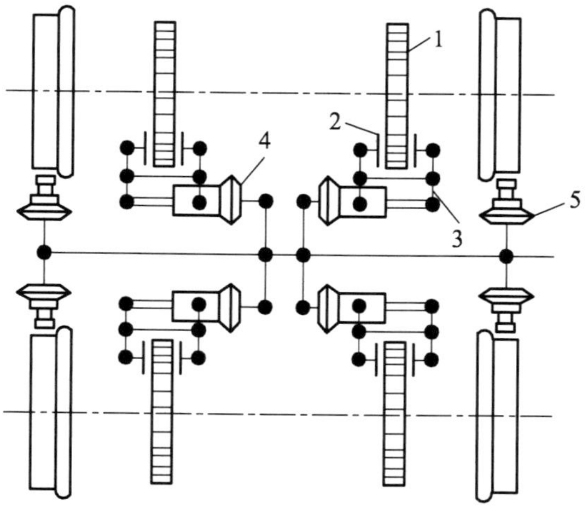

1—制动盘；2—闸片；3—钳形杠杆；4—盘形制动单元缸；5—踏面清扫器。

图 10-9　25 型客车盘形制动装置示意图

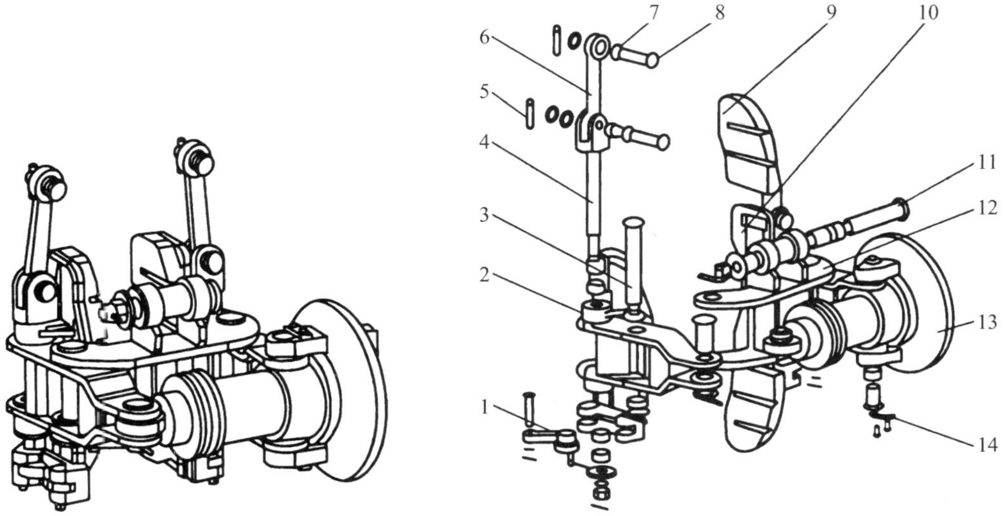

1—锁铁；2—夹钳杠杆；3—圆销；4—闸片托销；5—扁开口销；6—闸片托吊；7—钢衬套；8—扁孔圆销；9—闸片；10—闸片托；11—螺头圆销；12—连杆组成；13—单元制动缸；14—锁紧压板。

图 10-10　盘形制动单元

每根车轴上装有两个制动盘，每个制动盘有一个盘形制动单元，以三点悬挂式悬挂在构架横梁上的制动缸吊座上，中间悬挂点基本上是整个制动单元的重心处，承受全部重量，两个闸片吊承受两块闸片切向力并将此力传递到转向架构架上，中间悬挂点有带梯形的螺杆，安装时转动螺杆移动制动单元，可使两边的间隙比较均匀。每个转向架有 4 个膜板制动缸和 4 个踏面清扫器制动缸（现在安装了防滑装置的车上取消了踏面清扫制动缸），并有管系和制动缸连接。

盘形制动基础制动装置的作用示意图如图 10-11 所示（图中箭头表示制动时各杠杆的移动方向）。

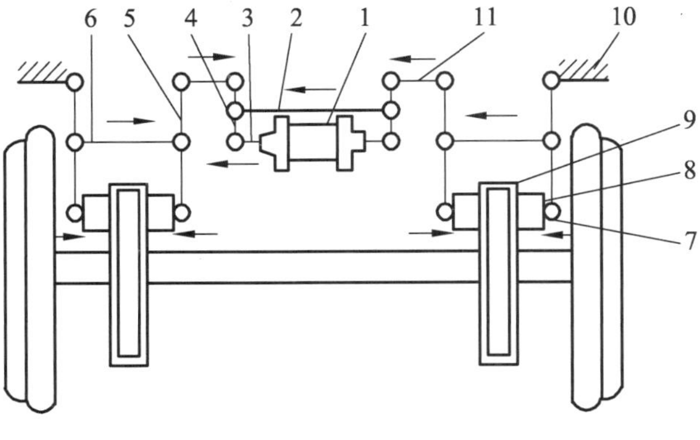

1—制动缸；2—连接拉杆；3—制动缸活塞杆；4—制动缸杠杆；5—钳形杠杆；6—钳形杠杆拉杆；7—闸片；8—闸片托；9—制动盘；10—固定支点；11—拉杆。

图 10-11　盘形制动（轴盘式）基础制动装置作用示意图

制动时，制动缸活塞受到压力空气的作用推出活塞杆 3，以制动缸杠杆 4 中部连接圆销为支点，拉杆拉动 11 向内侧移动，带动钳形杠杆 5，使闸片 8 压紧制动盘。同时，带动了钳形杠杆 6 也向内侧移动，牵动制动盘外侧的钳形杠杆，使外侧闸片压紧制动盘。制动缸活塞杆推出时，同时带动连接拉杆 2，也按箭头指示的方向移动，通过后杠杆的作用，使钳形杠杆下端往制动盘方向移动，使闸片压紧制动盘，又由于带动钳形杠杆拉杆也向内侧（靠近制动缸）移动，于是带动制动盘外侧的钳形杠杆，使外侧闸片也压紧制动盘。这样就使整个制动装置全部达到制动的目的。

缓解时，由于缓解弹簧的作用，各杠杆和拉杆恢复原位，闸片离开制动盘。

二、制动盘与合成闸片

制动盘按照安装方式不同分为轴盘式和轮盘式两种。轴盘式的制动盘压装在车轴内侧，通常构造速度在 160 km/h 以下的客车每条轮对装有两个制动盘；构造速度高于 160 km/h 的客车每条轴安装 3 个或 4 个制动盘。轮盘式制动盘根据车辆的空间安装在车轮辐板的两侧或一侧。动车和机车的轮对车轴上装有牵引电机和齿轮箱，制动盘一般只能安装在车轮上。目前 206KP 型、209PK 型、209HS 型、CW-2 型等转向架安装的制动盘都是 H300 型轴盘式，每条轮对对称装有两个制动盘。

盘形制动装置由 H300 型制动盘、SP_2 型盘形制动单元、高摩擦系数合成闸片、杠杆夹钳等构成。闸片托上设有锁铁，闸片托为铸钢制成，分为左右件。闸片托装上闸片后将锁铁锁紧，即可防止闸片脱落。制动装置中使用的圆销为 Q275 材质制成的光圆销，圆销衬套采用自润滑的氟塑料金属耐磨材料，在运用中不需另加润滑油。

（一）H300 型轴盘式制动盘

H300 型轴盘式制动盘由摩擦环、盘箍和连接装置组成，如图 10-12 所示。摩擦环是由低合金特征铸铁制成的，由两个半环组成，组装时用两颗螺栓紧固在一起。这两颗螺栓的作用是连接两个半环式摩擦环，并将其定位，使两个半环部分不会错动。

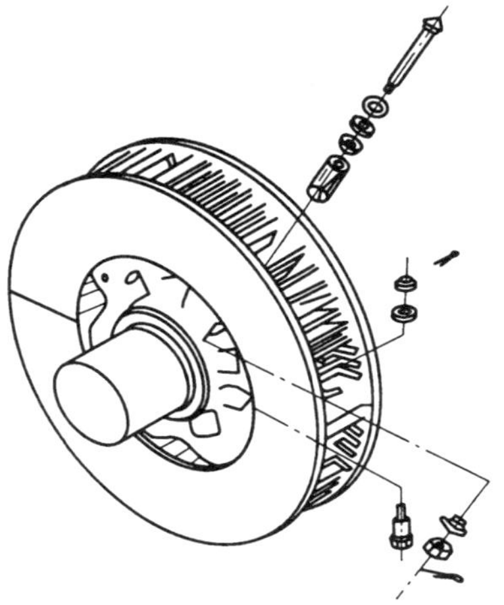

图 10-12　H300 型轴盘式制动盘的结构

盘箍用铸铁制成。摩擦环和盘箍之间通过 8 个径向排列的弹性销套相连接。弹性销套中装有螺栓，两端装有锥形垫圈，并用弹簧垫圈和槽型锁紧螺母锁紧螺栓。摩擦环和盘箍之间的力是靠弹性销套来传递的。弹性销套的另一作用是使摩擦环与盘箍之间既连接良好又不固定死，当摩擦环受热产生膨胀时，能沿 8 个径向弹性销套自由膨胀，这样可以减轻摩擦环的热应力和避免热裂。此外，这种弹性销套连接方式的热阻大，能够防止摩擦环的热量向盘箍传递，以避免盘箍在车轴上产生松弛现象。

摩擦环制成对半分开式，是为了在摩擦环磨耗到限时可以方便更换，而不需要退轮（因为无须更换盘毂，仅仅是更换摩擦环）。但也有整体式的制动盘。

（二）合成闸片

H300 型制动盘匹配的合成闸片（见图 10-13）是用腰果壳改性酚醛树脂和丁苯橡胶掺和型作为黏结剂的高摩擦系数有机合成闸片。合成闸片的摩擦面上有 5 条凹槽，这样既可以很好地与摩擦环接触，又能使磨耗下来的粉末通过凹槽排除，同时还防止膨胀后的变形，使闸片与摩擦环这对摩擦副保持良好接触。

图 10-13　合成闸片外形

在合成闸片的背面有 1.2 mm 钢板冲压成型并带有燕尾槽的钢背。使用钢背的目的是增加合成闸片的强度，同时钢背又是闸片与闸片托的连接件。通过钢背上的孔，经特殊处理后，使合成闸片与钢背牢靠地黏结在一起。

合成闸片的原型厚度为 28 mm，允许磨耗至 5 mm，磨耗到限时左、右两块闸片应同时更换。

（三）制动盘与合成闸片的运用与检修

制动盘和合成闸片的运用维修时应按下列要求进行：

（1）制动盘在使用中应检查盘箍是否有松弛现象，摩擦环表面有无热裂纹。如有细小的热裂纹但在限度范围内可以继续使用；若超过限度，必须更换新的摩擦环。

（2）检查对开式摩擦环的连接螺栓是否松动和开口销是否丢失或折损，对 8 个弹性销套的连接螺栓也应及时检查，注意螺栓是否松动，开口销是否丢失或折损。

（3）摩擦环的原型厚度为 110 mm，在摩擦环外径端部两侧有两条刻线，该线是允许磨耗限度。磨耗到限时应及时更换摩擦环。

（4）新合成闸片的原型厚度为 28 mm，允许磨耗到 5 ~ 7 mm。

（5）检查杠杆夹钳机构是否有损伤和缺件现象，杠杆悬吊装置是否有断裂迹象，检查各开口销是否丢失或损伤，各圆销和销套磨耗是否到限。

（6）缓解状态时，各闸片不应对制动盘有作用力，并与制动盘应保持正常间隙，见表 10-1。

表 10-1　合成闸片与制动环的运用限度

名称	原型/mm	运用限度/mm
合成闸片	28	5～7
摩擦环	110	96
合成闸片与制动盘间隙（两者间隙之和）	3～5	自动调整

（7）合成闸片的更换与安装。

在更换合成闸片时，松开闸片锁铁销，转动锁铁，将合成闸片从燕尾槽中取出。

安装新合成闸片时，用扳手顺时针转动 SP_2 型制动单元丝杠前回程铁上的四翼筋，使合成闸片与制动盘的间隙增大，然后将新的合成闸片装入闸片托的燕尾槽，锁紧锁铁，装好锁铁销。合成闸片与制动盘的间隙无须人工调整，经过几次制动、缓解循环作用后，就会自动调整到标准值。

（8）更换摩擦环的方法。

拆去连接摩擦环与盘毂的 8 个弹性销套上的开口销、螺母、螺栓和锥形垫圈，然后用专用工具冲击并抽出弹性销套，拆下两块半摩擦环，按上述相反的顺序将新的摩擦环安装上。

车辆段在段修时，可不必拆卸制动盘，但必须仔细检查摩擦环有无损伤，各连接螺栓有无松动及开口销有无丢失，应对零部件按以下几个方面的问题进行处理和维护：

① 当制动盘摩擦面有损伤、裂纹超过规定或磨耗到限时，应及时更换新的摩擦环。

② 当制动盘磨耗出现台阶（往往在摩擦环内侧，即合成闸片没有接触的部分会出现台阶），台阶出现 3 mm 时，允许卸下摩擦环，整个摩擦环在机床上加工平整，有条件时可不拆卸摩擦环，整条轮对进行加工。

③ 检查合成闸片有无偏磨现象。偏磨有两种：一种是制动盘两侧合成闸片磨耗不一致，一侧闸片磨耗较多，另一侧闸片磨耗较少，这可能是闸片托的安装位置偏移，可以调整闸片吊的位置；另一种偏磨是闸片内侧和外侧磨耗相差悬殊，这是由于杠杆夹钳不灵活造成的，可以适当修正杠杆。

思考与练习

一、填空题

1. 由闸片夹紧制动盘而产生制动力的基础制动装置称（　　　　　　）。

2. 盘形制动装置根据制动盘安装位置分为两种类型：分别是（　　　　）、（　　　　）。

二、判断题

1. 盘形制动具有结构紧凑、制动效率高的特点。（　　）

2. 盘形制动属于黏着制动。（　　）

3. 盘形制动单元所用膜板制动缸的优点之一是活塞与缸体间无磨耗。(　　)

4. 单元制动缸经分解、检修、组装后，在装车前应在试验台做性能试验。(　　)

三、问答题

盘形制动有哪些优点？

项目十一　客车空气制动阀检修

项目概述

本项目以铁路客车 104 型和 F8 型分配阀为载体，设计工作情境，让学生组成学习团队，以团队为单位，通过分解、组装 104 型和 F8 型分配阀的练习，认识 104 型和 F8 型分配阀的各零部件并能检修 104 型和 F8 型分配阀，掌握铁路客车空气制动阀的检修及性能试验方法。

教学目标

1. 通过阅读工作任务单，明确工作任务要求；
2. 能根据任务要求和实际情况，合理制订工作计划；
3. 能正确分解、组装 104 型和 F8 型分配阀；
4. 能正确进行 104 型和 F8 型分配阀的性能试验。

课件：认识 104 型分配阀

任务一　客车 104 型分配阀检修

【任务描述】

本任务实施中，首先通过分解、组装客车 104 型分配阀，掌握客车 104 型分配阀的结构组成、各部件用途及检修工序、检修要求等。

【任务实施】

微课：104 型分配阀的基本原理

一、104 型分配阀的作用原理和结构特点

（一）104 型分配阀的作用原理

104 型分配阀采用两种压力间接控制方式。制动管压力的变化通过控制作用部动作，引起压力风缸、容积室压力的变化；容积室压力的变化通过控制均衡部来实现制动缸压力的同步控制；压力风缸通过控制充气部动作实现对副风缸充气作用的控制，作用原理如图 11-1 所示。

1. 充气缓解作用[见图 11-1（a）]

（1）形成。

制动管增压，制动管压缩空气进入作用部主活塞上部，推动主活塞 1 带动截止阀 3、滑阀 2 下移，到达充气缓解位，形成充气缓解通路。制动管压力空气经滑阀 2 的充气孔向压力风缸充气；同时进入充气膜板下方，推动充气膜板 6 和充气活塞 7 上移，充气活塞上的顶杆推开充气阀 8，使制动管压力空气经过充气部向副风缸充气；同时，容积室压力空气经过滑阀与大气相通，容积室空气压力下降后，作用活塞 5 被制动缸压力推动向下移动，露出作用活塞杆上轴向孔及径向中心孔，制动缸压力空气经过作用活塞杆上轴向孔及径向中心孔排入大气，

使制动机缓解。综上所述，副风缸充气速度由压力风缸的充气速度通过充气部动作来控制；制动缸压力的缓解作用由容积室的缓解作用通过均衡部动作来控制实现的。

（2）通路。

① 充气通路。

a. 制动管→滑阀充气孔→压力风缸。

压力风缸空气进入充气膜板下方，推动充气膜板和充气活塞上移打开充气阀。

b. 制动管→顶开充气止回阀→充气阀→副风缸。

② 缓解通路。

a. 容积室→滑阀、滑阀座孔路→大气。

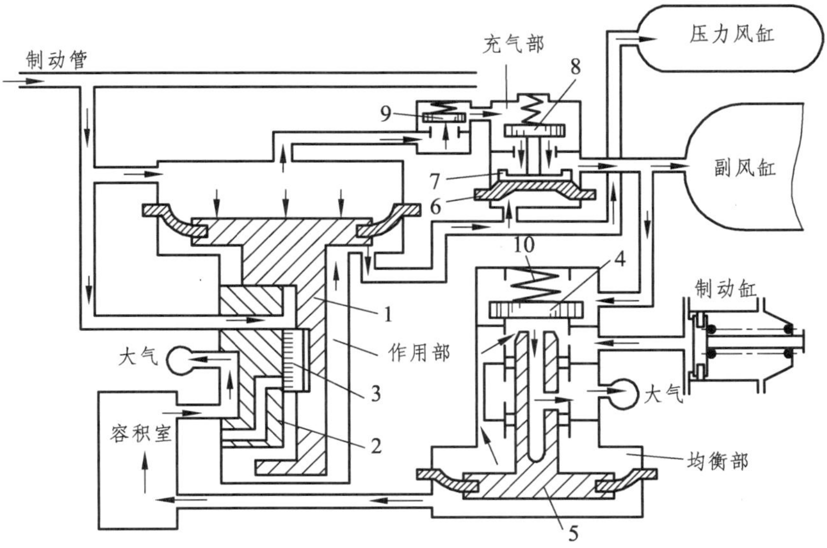

（a）充气缓解

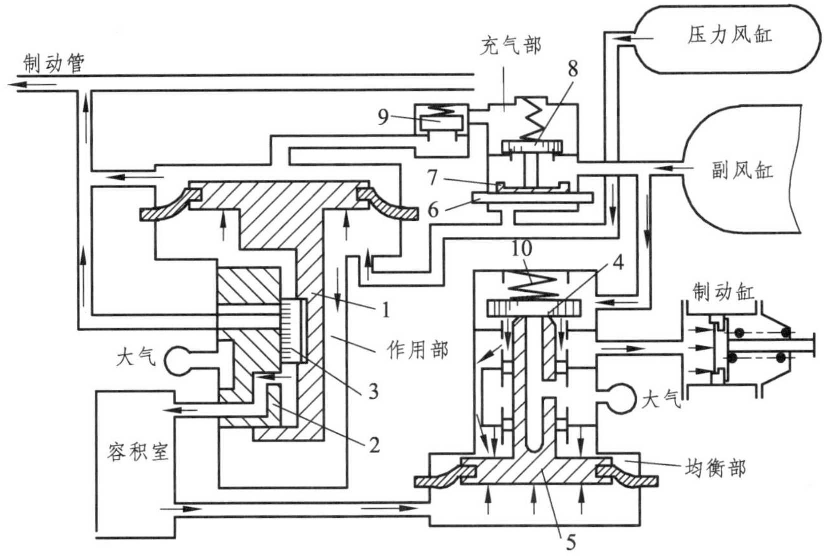

（b）减压制动

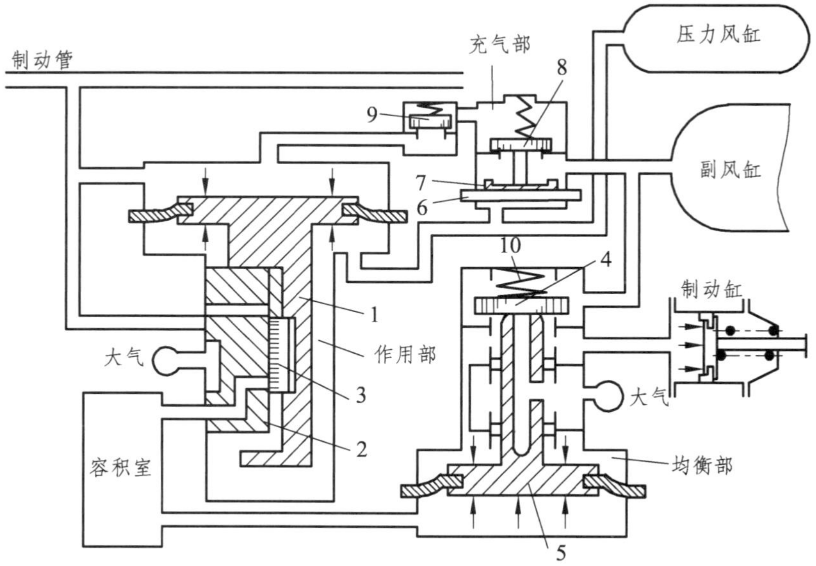

（c）制动保压

1—主活塞；2—滑阀；3—截止阀；4—作用阀；5—作用活塞；6—充气膜板；7—充气活塞；8—充气阀；9—充气止回阀；10—作用阀弹簧。

图 11-1　104 型空气分配阀的作用原理

容积室压力下降后，作用活塞被制动缸压力推动向下移动，露出作用活塞杆上的轴向及径向中心孔。

b. 制动缸→作用活塞杆上的轴向和径向中心孔→大气，使制动机缓解。

2. 减压制动作用

（1）形成。

制动时，制动管减压，压力风缸压缩空气推动主活塞 1 带动截止阀 3、滑阀 2 上移，到达制动位，形成制动通路。压力风缸压缩空气经滑阀的制动孔和滑阀座上的容积室孔进入容积室；同时容积室压缩空气进入作用活塞下部，推动作用活塞 5 上移，作用活塞杆推开作用阀 4，使副风缸压缩空气进入制动缸，产生制动作用。综上所述，制动缸的增压制动是由容积室增压制动通过均衡部来控制实现制动作用的。

（2）通路。

a. 压力风缸→滑阀制动孔→滑阀座容积室孔→容积室。

容积室的压力空气推动作用活塞上移，推开作用阀。

b. 副风缸→作用阀与座的间隙→制动缸，形成制动作用。

3. 制动保压作用

作用位置的形成分两步：

第一步：作用部到达保压位。

常用制动减压，当制动管减压量未达到最大有效减压量之前，转保压位，停止制动管减压，由于作用部仍处在制动位，压力风缸继续向容积室充气，当滑阀室（通压力风缸）压力与制动管压力接近平衡时，在主活塞 1 自重及稳定弹簧弹力作用下，主活塞 1 带动截止阀下移（滑阀 2 不动）活塞杆上肩接触滑阀为止。这样，截止阀 3 切断了压力风缸向容积室充气的通路，容积室保压，作用部到达制动保压位。

第二步：均衡部到达制动保压位。

容积室保压而副风缸继续向制动缸充气，反映在作用活塞上部的制动缸压力与作用活塞下部的容积室压力接近平衡时，作用阀弹簧 10 压作用阀 4，推作用活塞杆下移，使作用阀与作用阀座及作用活塞杆顶端密贴，关闭了副风缸向制动缸充气的通路，制动缸实现了制动保压作用。均衡部到达制动保压位。

制动保压作用位置形成后，无空气通路，制动管、容积室、压力风缸、副风缸、制动缸都处于保压位。综上所述：制动缸的制动保压作用是由容积室的制动保压作用通过均衡部动作来控制实现的。

（二）104 型分配阀的结构特点

1. 采用二压力机构

二压力机构就是主活塞在两种压力控制下动作。104 型分配阀主活塞是在制动管与压力风缸两种压力控制下动作，即依靠制动管空气压力的变化引起与压力风缸的压力差来产生相对的动作，控制制动机形成充气缓解、常用制动、制动保压、紧急制动等各种不同的作用位置。

2. 采用间接作用方式

直接方式是指制动管的压力变化通过作用部直接控制制动缸的压力变化。间接作用方式是指制动管的压力变化通过中继部间接控制制动缸的压力变化。

104 型分配阀采用间接作用，可以实现自动补风作用，即在制动保压位当制动缸压力空气漏泄时，能从副风缸自动得到补风，实现了制动力的不衰减性；同时 104 型分配阀还可以适用于不同直径的制动缸。但是，间接作用增加了中继部，制动、缓解波速在传播的过程中，由于中间多了一个转换环节，降低了制动机制动波、缓解波传播的速度，而制动机的制动波速是评定制动机性能的主要指标。另外，使阀的结构、作用原理变得复杂。

3. 采用分部作用方式

104 型分配阀设计紧急制动与常用制动分开控制，专设紧急阀控制紧急制动。当紧急制动时，紧急阀能使制动管直通大气以确保全列迅速、有效地产生紧急制动作用，提高紧急制动波速，改善紧急制动性能。

分配阀为了保证各种性能的良好性，并便于区分故障部分的检修、试验，除专设紧急阀、充气部外还设有保证局减作用的局减室和局减阀结构来提高制动作用的灵敏度，以适应长大列车的需要；在 104 型分配阀中设有紧急增压阀，在紧急制动时提高制动缸的压力，以进一步缩短制动距离，更好地适应高速旅客列车的要求。

4. 采用膜板滑阀结构

104 型分配阀中的主活塞采用膜板滑阀结构，代替了三通阀的金属活塞环，提高动作的灵敏度，并消除了漏泄不稳定而产生的故障，减少了运动阻力，并有利于检修。

5. 采用新材料和新结构

（1）大量采用橡胶件代替金属件。

（2）增设滤尘器，以加强防止油垢、尘埃进入阀内，有利于延长检修期。

（3）采用新品种的润滑油、润滑脂等润滑材料，可以适应不同地区运用条件的限制。

（4）103 和 104 型分配阀各相同零件尽量做到规格统一，可以互换，通用件多，减少了零件的规格，使制造和检修都方便。

微课：104 型分配阀的构造

二、104 型分配阀的构造和作用性能

（一）104 型分配阀的构造

104 型分配阀由中间体、主阀和紧急阀三部分组成，如图 11-2 和图 11-3 所示。

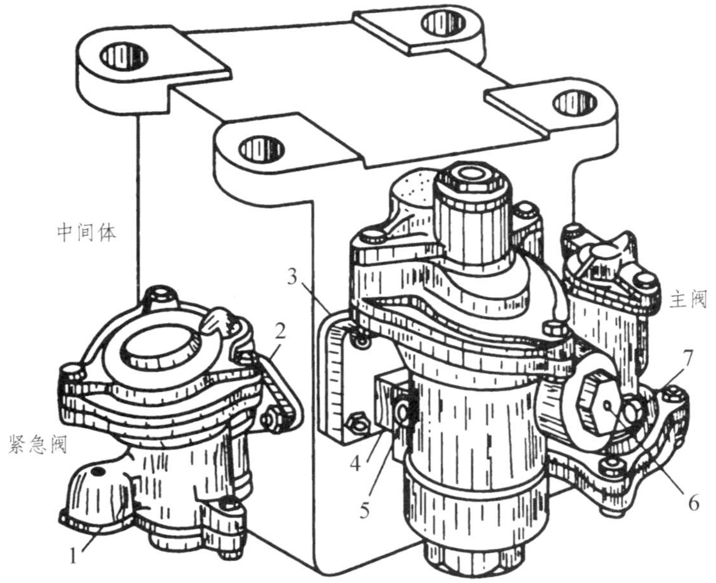

1—紧急阀排气口；2—紧急阀垫；3—主阀垫；4—局减室排气口；5—作用部排气口；6—局减阀大气口；7—均衡部排气口。

图 11-2　104 型空气分配阀结构外形

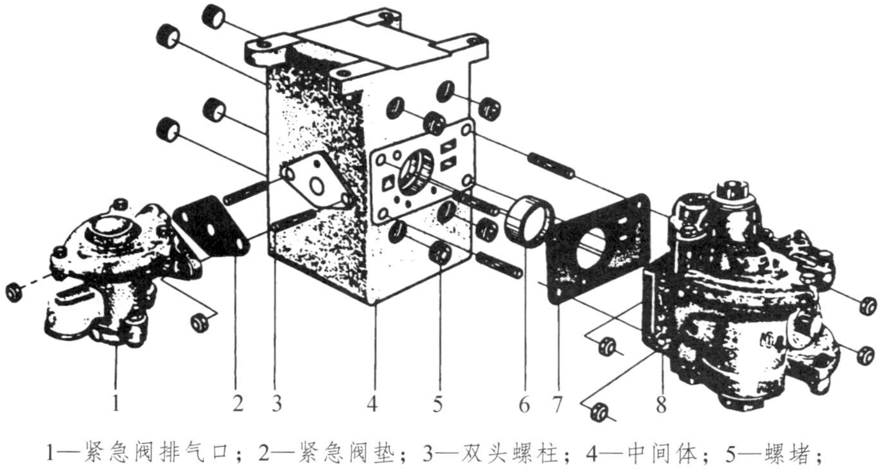

1—紧急阀排气口；2—紧急阀垫；3—双头螺柱；4—中间体；5—螺堵；6—滤尘器；7—主阀垫；8—主阀。

图 11-3　104 型空气分配阀组成

1. 中间体

中间体用铸铁铸成，外观呈长方体。中间体上面有 4 个吊耳用于与车体底架连接，外部 4 个立面分别作为主阀、紧急阀的安装座和制动管、压力风缸管、副风缸管、制动缸管的管座。内部有三个独立的空腔经过通路与主阀、紧急阀相关孔连通，如图 11-4 所示。

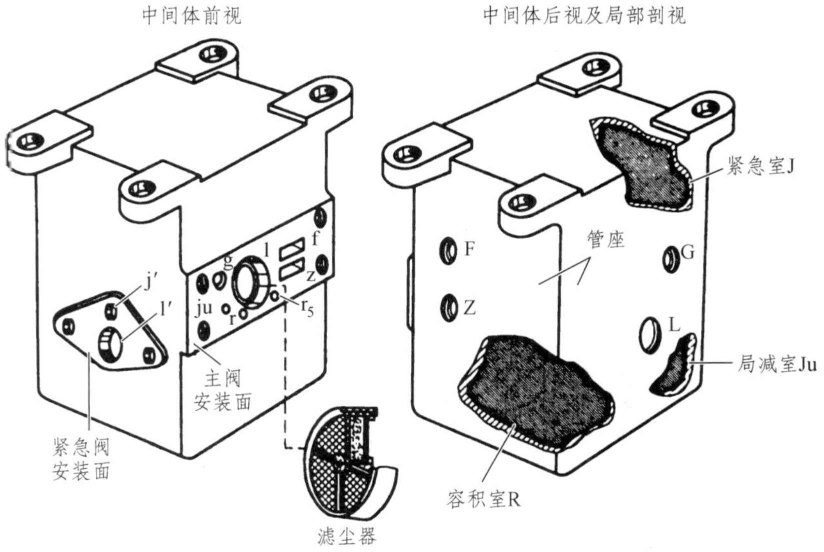

图 11-4　中间体

中间体上紧急阀安装座在靠车体的外侧面，与紧急阀安装座相邻的右侧面为主阀安装座，与紧急阀相邻的左侧面上方管座为压力风缸连接管座（ϕ19 mm），下方为制动管连接管座（ϕ25 mm），另一侧面上方为副风缸连接管座（ϕ19 mm），下方为制动缸连接管座（ϕ19 mm）。

中间体内部有三个独立的空腔，紧急室、局减室和容积室，如图 11-4 所示，靠紧急阀安装座侧上角部为紧急室（容积 1.5 L，简称 J 室），下角为局减室（容积 0.6 L，简称 Ju 室），另外占中间体最大空间的为容积室（容积 3.8 L，简称 R 室）。这三室相互隔开，紧急室与紧急阀安装座上紧急室孔 j′孔相通，局减室与主阀安装座上局减室孔 ju 相通，容积室有两条通路分别通向主阀安装座上容积室孔 r 和 r_5。

中间体主阀安装面的制动管通路 L 上设有一直径 50 mm 的圆孔，内装杯形滤尘器，该滤尘器是采用青铜粉末冶金制成的金属滤尘器，便于卸下清洗；在紧急阀安装面的制动管通路 l′内装有滤尘网。安装滤尘器、滤尘网的目的都是过滤压力空气的水分、灰尘、锈垢等杂物。

中间体在相对两个立面上分别有四个清沙孔，用螺堵拧紧，不得有漏泄。

104 型分配阀通路代号一般采用所通主容器名称的第一个汉语拼音字母来表示，大写字母表示主容器，主阀通主容器的孔路用小写字母加注脚区别表示，紧急阀通主容器的孔路用小写字母加注脚和注撇区别表示。分配阀各作用通路采用的汉语拼音字母代号的意义如下：

L（l）—制动管；F（f）—副（Fu）风缸；R（r）—容（Rong）积室；Z（z）—制动（Zhi）缸；J（j）—紧（Jin）急室；Ju（ju）—局（Ju）减室；D（d）—大（Da）气，G（g）—压力风缸。

中间体各孔路（如图 11-4）及代号如下：

管座：L—制动管；F—副风缸；G—压力风缸；Z—制动缸。

主阀安装座：l—制动管孔；f—副风缸孔；g—压力风缸孔；z—制动缸孔；ju—局减室孔；r、r_5—容积室孔。

紧急阀安装座：j′—紧急室孔；l′—制动管孔。

2. 主阀

主阀是分配阀的心脏部件，根据制动管不同的压力变化，控制制动机实现充气、缓解、制动、保压等作用。

主阀由作用部、充气部、均衡部、局减阀、紧急增压阀五部分组成，如图 11-5 所示。

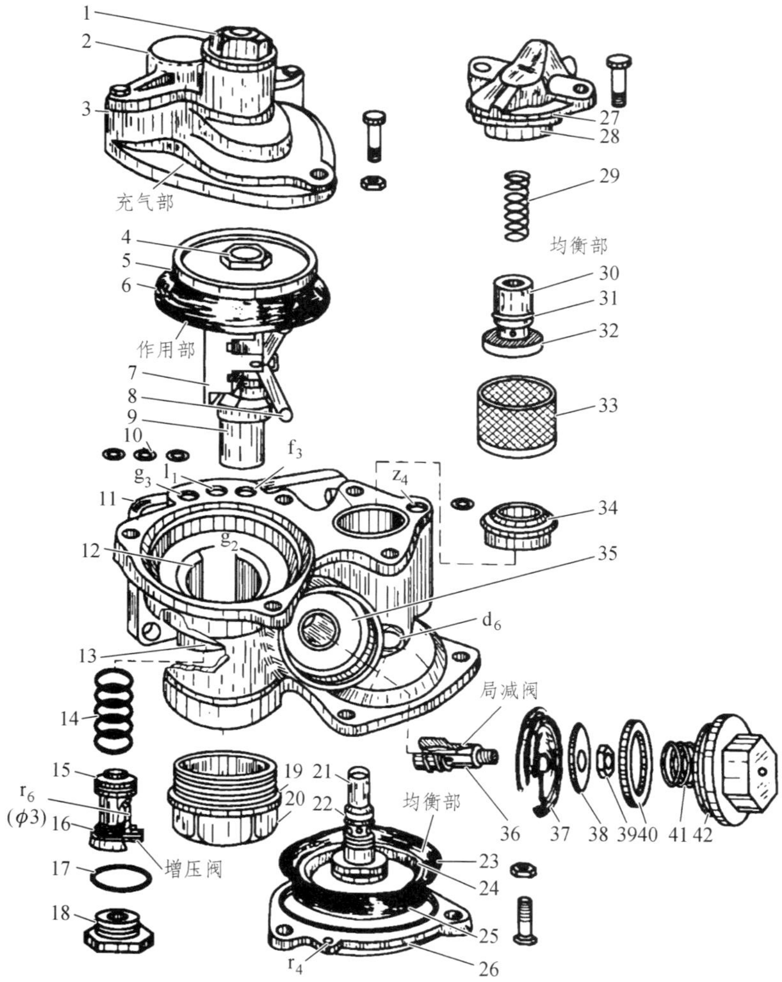

1—止回阀盖；2—充气阀体；3—主阀上盖；4—主活塞压板螺母；5—主活塞压板；6—主活塞膜板；7—滑阀；8—滑阀弹簧；9—主活塞杆；10—ϕ16 密封圈；11—主阀体；12—滑阀套；13—增压阀套；14—增压阀弹簧；15—增压阀；16—ϕ24 密封圈；17—ϕ40 密封圈；18—增压阀盖；19—ϕ75 密封圈；20—主阀下盖；21—作用活塞杆；22—ϕ15 密封圈；23—作用活塞膜板；24—作用活塞；25—作用活塞压板；26—作用阀下盖；27—作用阀上盖；28—作用阀杆套；29—作用阀弹簧；30—作用阀杆；31—ϕ19 密封圈；32—作用阀；33—滤尘套；34—作用阀座；35—局减阀套；36—局减阀；37—局减膜板；38—局减活塞；39—局减活塞螺母；40—压板；41—局减阀弹簧；42—局减阀盖。

图 11-5　104 型分配阀主要零部件外形及组装图

（1）作用部。

主阀是分配阀的心脏部件，作用部是主阀的核心。其用途是根据制动管压力空气与压力风缸压力空气之间产生的不同压力差，推动主活塞带动滑阀、截止阀移动到不同的作用位置，实现制动机的充气、缓解、制动、保压等作用。

微课：104 型分配阀主阀作用部

作用部构造如图 11-6 所示，由主活塞压板螺母 1、主活塞压板 2、主活塞膜板 3（ϕ126 mm）、密封圈 4（ϕ24 mm）、主活塞 5、主活塞杆 6、滑阀 10、滑阀弹簧及滑阀弹簧销 7、截止阀 9、截止阀弹簧 8、稳定杆 12、稳定弹簧 13、弹簧座 14 及挡圈 15、滑阀座 11、主阀下盖等组成。

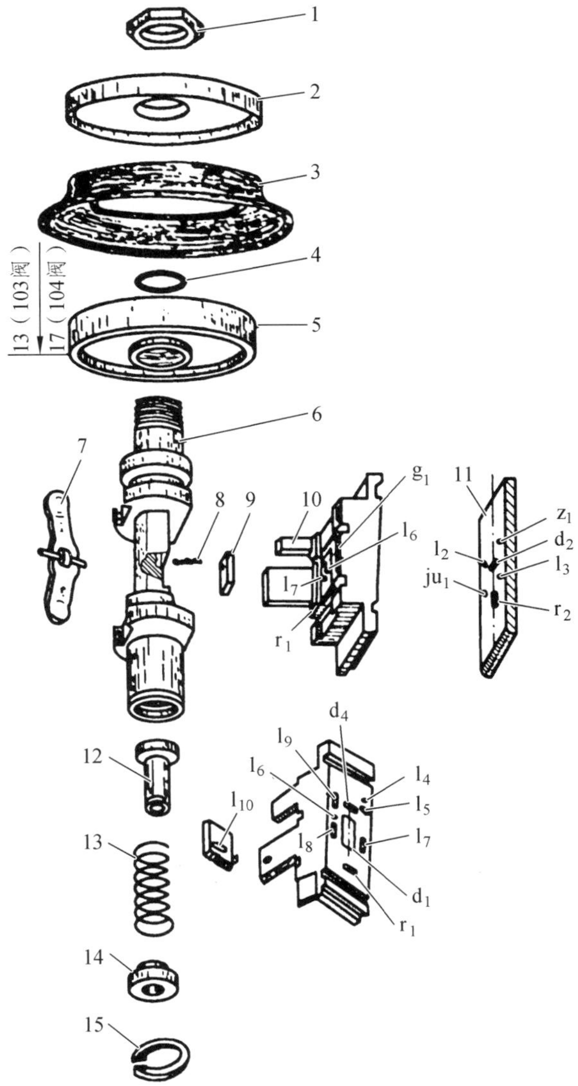

1—主活塞压板螺母；2—主活塞压板；3—主活塞膜板（ϕ126 mm）；4—密封圈（ϕ24 mm）；5—主活塞；6—主活塞杆；7—滑阀弹簧及弹簧销；8—截止阀弹簧；9—截止阀；10—滑阀；11—滑阀座；12—稳定杆；13—稳定弹簧；14—稳定弹簧座；15—挡圈。

图 11-6　作用部零部件外形及组装图

由主活塞压板螺母 1、主活塞压板 2、主活塞膜板 3（ϕ126 mm）、密封圈 4（ϕ24 mm）、主活塞 5、主活塞杆 6 组成一个复合活塞，简称主活塞组件或复合的主活塞。组装后主活塞上侧通制动管，下侧滑阀室通压力风缸，由主活塞膜板和密封圈保证主活塞上、下的气密性。主活塞膜板组装后被主活塞上盖压紧在作用部阀体上部凸缘上。

截止阀嵌在主活塞杆上的截止阀槽内，由截止阀弹簧将其压紧在滑阀背面的截止阀座上，截止阀随主活塞同步移动，分别连通或切断截止阀座（滑阀背面）上的各相关通路，配合滑阀所处的位置和连通的相关气路实现分配阀的不同作用性能。

滑阀和滑阀弹簧压紧在滑阀座上，并嵌在主活塞杆上、下肩之间，滑阀与主活塞两肩之间有 4 mm 间隙，滑阀与主活塞单向行程相差 4 mm。当主活塞两侧（制动管与压力风缸）的压力差发生变化时，主活塞带动滑阀在滑阀座上移动，分配阀连通或切断滑阀座上的相关通路，配合截止阀的位置和连通的相关气路，从而实现分配阀的充气、缓解、局部减压和制动等作用。

稳定杆、稳定弹簧靠稳定弹簧座和挡圈装于主活塞杆的尾部，称为稳定装置。组装后，稳定杆的顶部依靠稳定弹簧的作用与滑阀下端面相接触，并且稳定弹簧有一定的预压力。这样使得作用部具有一定的稳定性，防止列车运行时由于制动管的压力波动或轻微漏泄引起主活塞动作而产生自然制动。

滑阀、滑阀座、截止阀上的孔路如图 11-7 所示。

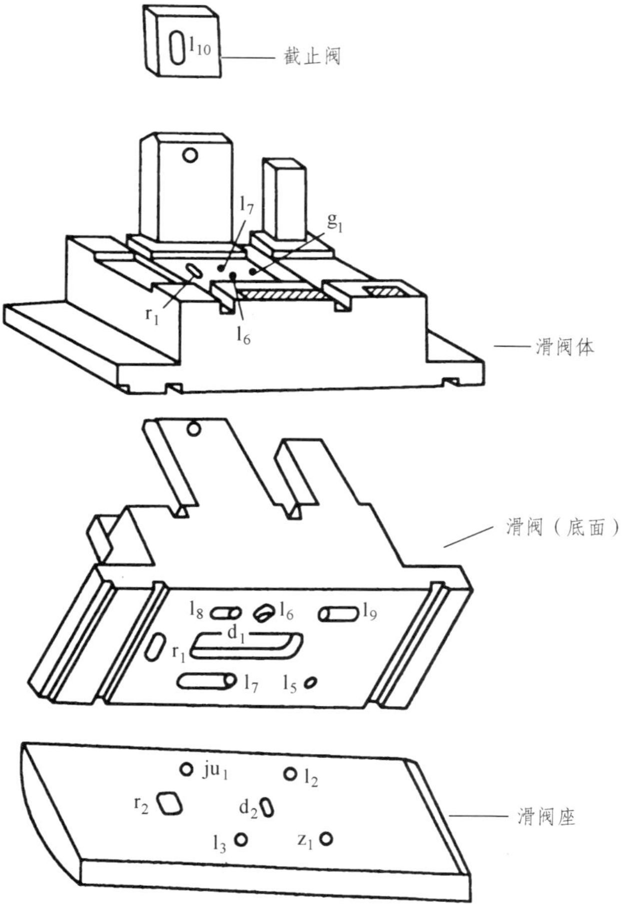

图 11-7　104 型分配阀滑阀、滑阀座、截止阀上的孔

l_2——制动管充气用孔，通制动管 L。

l_3——制动管局减用孔，通制动管 L。

r_2——容积室孔，经紧急二段阀通向容积室 R。

ju_1——局减室孔，通局减室 Ju。

z_1——滑阀座上的局减阀孔，通局减阀套径向孔，制动管二段局部减压时压力空气经局减阀通制动缸 Z。

d_2——缓解孔，经主阀作用部排气口通大气。

截止阀：

l_{10}——局减联络槽，制动作用开始时，连通第一阶段局部减压通路，将制动管的压力空气送入局减室，产生第一阶段局减。

滑阀：

g_1（$\phi 1.2$）——充气限制孔，位于滑阀背面。

L_5——充气孔，与 g_1 暗通，充气时 l_5 对上 l_2 孔，形成 $L \to l_2 \to l_5 \to g_1 \to$ 滑阀室 $g_2 \to G$，向压力风缸充气。

l_6——局减孔，上下贯通，一段局减时对上滑阀座上的制动管局减用孔 l_3。

l_7——局减室入孔，上下贯通，一段局减时对上滑阀座上的 ju_1 孔。此时，l_{10} 局减联络槽同时对上 l_6 和 l_7，形成气路：$L \to l_3 \to l_6 \to l_{10} \to l_7 \to ju_1 \to ju \to Ju$，然后经缩孔Ⅰ（$\phi 0.8$）$\to D$，产生第一阶段局减作用。

l_8——局减阀孔，二段局部减压时对上滑阀座上的制动管局减用孔 l_3 孔。

l_9——滑阀上局减阀入孔，与 l_8 暗通，二段局部减压时对上滑阀座上的局减阀孔 z_1 孔，形成气路：$L \to l_3 \to l_8 \to l_9 \to z_1 \to$ 局减阀 $\to Z$，产生制动管第二阶段局部减压作用。

微课：104 型分配阀主阀充气部

r_1——制动孔，上下贯通，制动时，与滑阀座上的容积室孔 r_2 相对，截止阀同时露出 r_1 孔，形成气路：$G \to$ 滑阀室 $g_2 \to r_1 \to r_2 \to R$，使容积室增压制动。

d_1——缓解联络槽，缓解时同时对上滑阀座上的容积室孔 r_2 孔和缓解孔 d_2，形成气路：$R \to r_2 \to d_1 \to d_2 \to D$，使容积室缓解。

（2）充气部。

充气部的用途是充气时根据作用部控制的压力风缸的充气速度控制制动管向副风缸的充气速度，即协调副风缸与作用部控制的压力风缸充气速度的一致性。

充气部由充气阀部和充气止回阀部两部分组成，如图 11-8 所示。

① 充气阀部。

充气阀部由充气阀弹簧 2、充气阀 3（$\phi 25$ mm 橡胶夹心阀）、充气阀座 4、充气活塞 7、充气膜板 8（$\phi 58$ mm）、膜板垫 9、充气阀体 1、主阀上盖 11 等组成。

充气阀座外侧套以 $\phi 35$ mm 密封圈，螺纹拧入充气阀体内，充气阀体用两颗 M12 的螺栓安装在主阀上盖上。

充气膜板下方通压力风缸，上方通副风缸，当压力风缸压力高于副风缸压力时，充气膜板被顶开，充气活塞上移，充气活塞顶杆顶开充气阀，于是从止回阀来的制动管压力空气经开启的充气阀充入副风缸。当副风缸压力与压力风缸压力接近相同时，在充气活塞、充气阀的自重以及充气阀弹簧作用下，充气阀下移关闭阀口，停止了向副风缸充气，这样就协调了副风缸与压力风缸充气速度的一致性。

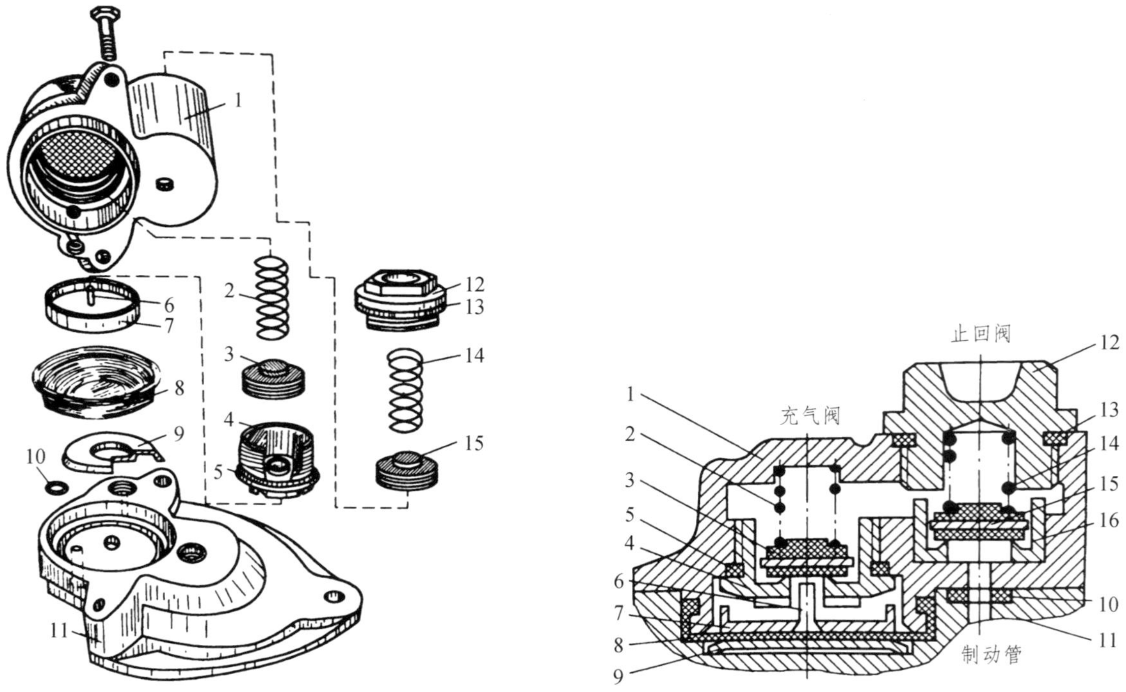

（a）充气部零部件外形及组装图　　（b）构造示意图

1—充气阀体；2—充气阀弹簧；3—充气阀（ϕ25 mm 橡胶夹心阀）；4—充气阀座；5—ϕ35 mm 密封圈；6—充气活塞顶杆；7—充气活塞；8—充气膜板（ϕ58 mm）；9—膜板垫；10—ϕ16 mm 密封圈；11—主阀上盖；12—充气止回阀盖；13—ϕ40 mm 密封圈；14—充气止回阀弹簧；15—充气止回阀（ϕ25 mm 橡胶夹心阀）；16—充气止回阀座。

图 11-8　104 型分配充气部

② 充气止回阀部。

充气止回阀 15（ϕ25 mm 橡胶夹心阀）、充气止回阀弹簧 14、充气活止回阀座 16（压入阀体内）、充气止回阀盖 12（套以ϕ40 mm 密封圈螺纹拧紧在充气阀体）等组成。

充气阀与充气止回阀、充气阀弹簧与充气止回阀弹簧可互换通用。

充气止回阀上部通充气阀室，充气止回下部通主活塞上部即与制动管相通。

微课：104 型分配阀
主阀均衡部

充气止回阀在当其下方制动管压力高于上方压力时被顶起离开止回阀座，制动管压缩空气流入止回阀上部，当充气阀开启时，随即向副风缸充气。当制动管压力低于止回阀上方压力时，则止回阀在副风缸空气压力和止回阀弹簧作用下关闭，防止副风缸压力空气逆流入制动管，造成局部增压，影响制动作用甚至造成自然缓解。

（3）均衡部。

均衡部的用途是根据容积室的增压、减压和保压情况控制均衡部动作实现制动缸相应的增压、减压或呆压作用，也即协调制动缸与容积室的压力同步变化。

均衡部的构造如图 11-9 所示，由上、下两部分组成。

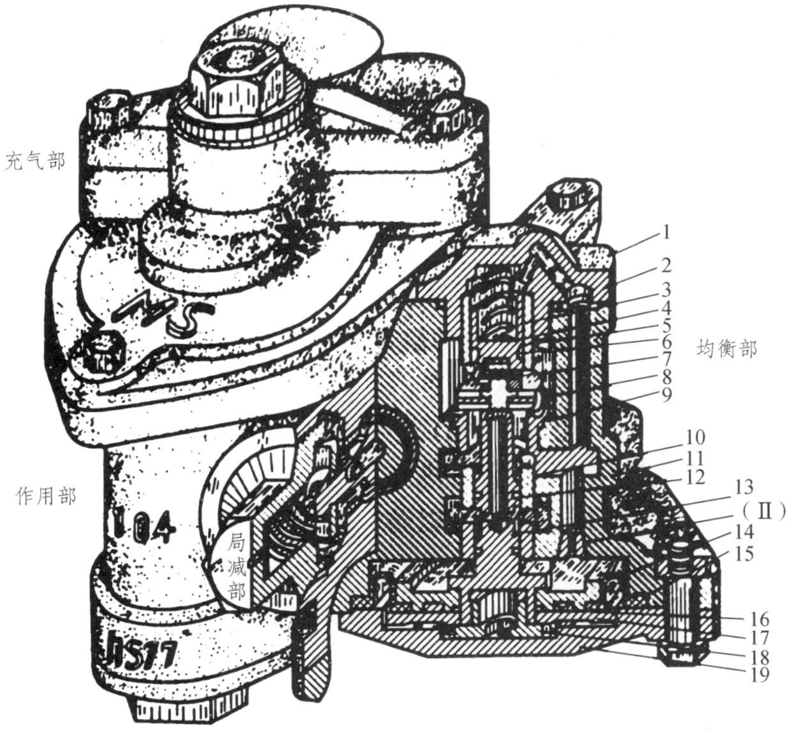

（a）剖视图

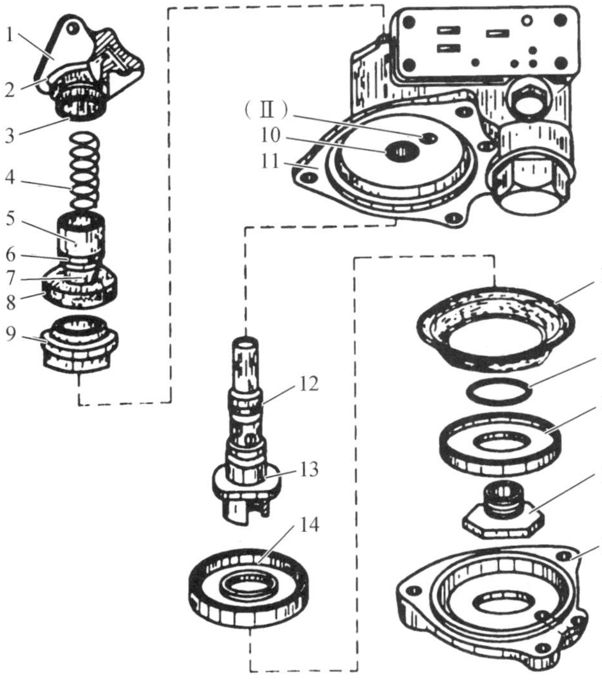

（b）零部件外形及组装图

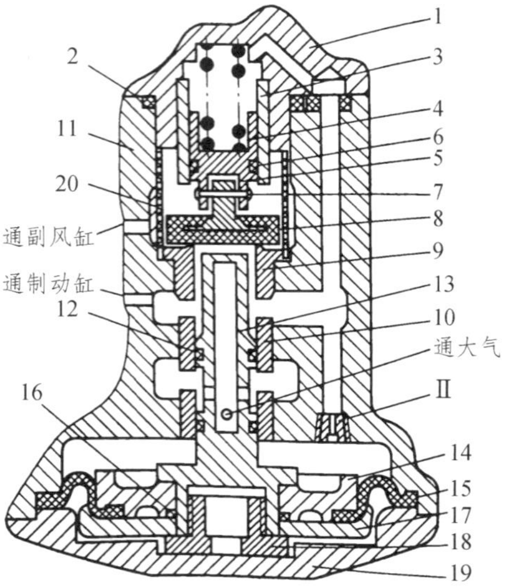

（c）构造示意图

1—作用阀上盖；2—密封圈（ϕ45 mm）；3—作用阀杆套；4—作用阀弹簧；5—作用阀杆；6—密封圈（ϕ19 mm）；7—销；8—作用阀；9—作用阀座；10—作用活塞杆套；11—主阀体；12—密封圈（ϕ15 mm）；13—作用活塞杆；14—作用活塞；15—作用活塞膜板（ϕ116 mm）；16—密封圈（ϕ35 mm）；17—作用活塞压板；18—活塞压板螺栓；19—作用阀下盖；20—滤尘套；Ⅱ—缩孔堵（ϕ0.8 mm）。

图 11-9　104 型分配阀均衡部

均衡部上部由作用阀（通常也称均衡阀）上盖 1、密封圈 2（ϕ45 mm）、作用阀杆套 3、作用阀弹簧 4、作用阀杆 5、作用阀 8、密封圈 6（ϕ19 mm）、作用阀座 9、滤尘套 20 等组成。

均衡部下部由复合作用活塞（也叫作用活塞组件或均衡活塞组件）、作用活塞杆套 10、缩孔堵Ⅱ（ϕ0.8 mm）、作用阀下盖 19 等组成。其中复合作用活塞由活塞压板螺栓 18、作用活塞压板 17、作用活塞膜板 15（ϕ116 mm）、密封圈 16（ϕ35 mm）、作用活塞 14、作用活塞杆 13 及其上的两个密封圈（ϕ15 mm）组装而成。

作用阀与作用阀杆用销子连接，而非固定连接，作用阀在作用阀杆上有一定的自由度，是为了克服加工或组装时作用阀与作用阀座的不同轴度而造成关闭不严密引起漏泄。

作用阀室滤尘套 20 的作用是，制动时过滤副风缸进入主阀体的压缩空气。

作用阀弹簧室（z_4）通制动缸，作用阀杆上的密封圈，用来防止副风缸压缩空气漏入制动缸，进而排入大气。

作用活塞杆上半部设有轴向孔（ϕ8 mm）、中部 4 个径向孔（ϕ5.5 mm）经阀体通道通向排气口，在径向孔上、下设两道密封圈（ϕ15 mm）以防制动缸压缩空气漏入大气。

作用活塞下部通向容积室，即作用活塞下部反映容积室的压力。

铜制缩孔堵Ⅱ，以螺纹形式拧在阀体作用活塞上部通向制动缸的通路上，将作用活塞上部与制动缸相通，即作用活塞上部反映制动缸的压力，并控制制动缸压力与容积室压力同步（稳定地）变化。

作用活塞膜板组装后，被作用阀的下盖将其外缘压紧在均衡部下缘上。它与作用活塞杆下部的密封圈将作用活塞上、下部密封，保证作用活塞上、下部的密封性。

当主作用部控制的容积室压力上升时，反映在作用活塞下部的压力上升，当作用活塞下部的容积室压力高于上部制动缸压力时，作用活塞克服移动阻力上移，作用活塞杆顶开作用阀离开阀座，副风缸压缩空气经作用阀室、作用阀口向制动缸充气，使制动缸增压，产生制动作用。当容积室保压后，副风缸继续向制动缸充气，制动缸压力与容积室压力接近平衡时，反映在作用活塞上下的压力差被消除，在作用阀弹簧的弹力作用下，将作用阀压下与作用阀座密贴，停止了副风缸向制动缸的充气，此时，作用活塞顶杆仍与作用阀密贴，制动缸也不能经作用阀杆轴向孔向大气排气，即制动缸形成制动保压作用。当容积室排气缓解时，反映在作用活塞上部的制动缸压力高于下部容积室压力时，作用活塞被推向下移，作用活塞杆离开作用阀，上部轴向孔露出，则制动缸压缩空气经作用活塞杆上的轴向孔、径向孔排气，形成了制动缸的缓解作用。

（4）局减阀。

局减阀的用途是在制动位产生第二阶段局减作用时，将制动管的压力空气送入制动缸，使制动管产生局部减压，确保后部车辆迅速产生制动作用，以提高制动波速，缓和列车纵向冲击，改善制动性能，缩短制动距离。

微课：104 型分配阀主阀局减阀

局减阀位于作用部与均衡部之间，见图 11-5。

局减阀构造如图 11-10 所示：由局减阀套 3、局减阀 1、密封圈 2（ϕ24 mm）、局减膜板 4、局减活塞 6、压圈 5、局减活塞螺母 8、局减阀弹簧 7、局减阀弹簧垫 11、毛毡 10、局减阀盖 9 等组成。

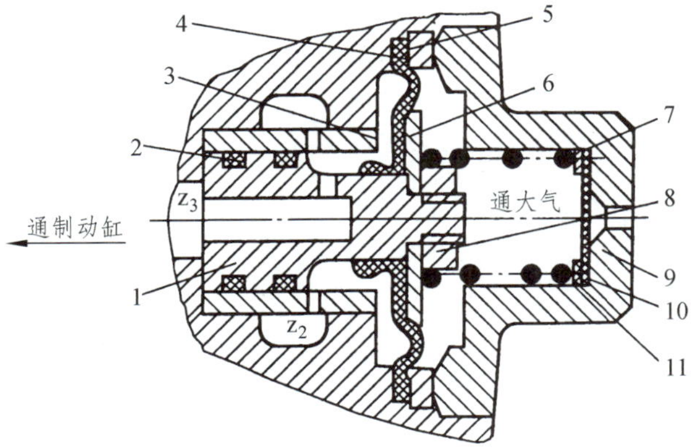

1—局减阀；2—密封圈（ϕ24 mm）；3—局减阀套；4—局减膜板；5—压圈；6—局减活塞；7—局减阀弹簧；8—局减活塞螺母；9—局减阀盖；10—毛毡；11—局减阀弹簧垫。

图 11-10　104 型分配阀局减阀部

局减阀盖上有一个ϕ3 mm 轴向孔使局减活塞外侧室通大气，在第二阶段局减结束，局减活塞外移时消除空气背压，提高局减阀关闭的灵敏度。局减阀盖利用螺纹将压圈和局减膜板紧固于主阀体上，局减阀弹簧垫将毛毡压紧在阀盖轴心孔内，防止尘土侵入。

局减阀套上有 8 个ϕ1 mm 的径向孔（z_2），经阀体暗道通滑阀座上的局减阀孔（z_1）。

局减阀杆缩颈部分有 2 个ϕ3 mm 的径向孔，经轴向孔通作用阀阀座下部（z_3）即制动缸。局减阀杆的两个ϕ24 mm 的密封圈，平时在局减阀弹簧作用下，局减活塞处于内侧开放位置，局减阀套上有 8 个径向孔（z_2）处于两个密封圈之外，即开通滑阀座局减阀孔 z_1 到制动缸的

第二阶段局部减压通路，这样在制动作用刚开始时，制动管压缩空气经滑阀座上的局减阀孔 z_1、局减阀套径向孔 z_2，进入局减阀充入制动缸，产生第二阶段局部减压。当制动缸压力达到 50 ~ 70 kPa 时，局减阀被推向外移，完全压缩局减阀弹簧，局减阀套上的径向孔 z_2 处在两个密封圈之间，即切断了制动管向制动缸充气的局部减压通路。第二阶段局减结束。

（5）紧急增压阀。

紧急增压阀的用途是在紧急制动时使制动缸产生紧急增压作用，即紧急制动时，将副风缸与压力风缸的气体一起送入容积室，提高容积室压力，通过均衡部提高制动缸压力，以获得更大的制动力，缩短制动距离，确保旅客列车安全。

微课：104 型分配阀主阀紧急增压阀

紧急增压阀的构造如图 11-11 所示，由紧急增压阀套 2、紧急增压阀弹簧 1、紧急增压阀 4、两个密封圈 3（ϕ24 mm）、密封圈 5（ϕ40 mm）、紧急增压阀盖等组成。

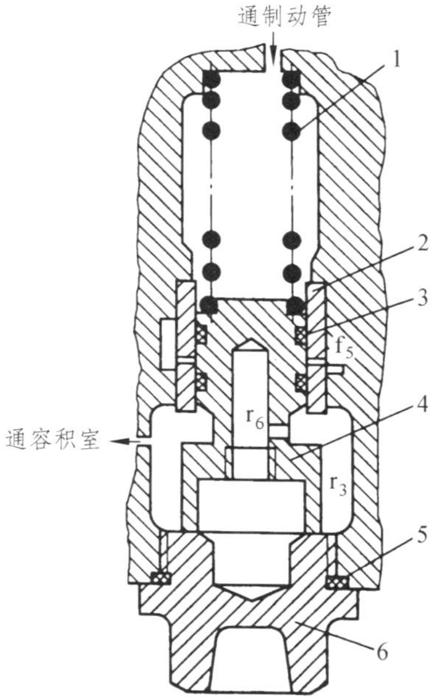

1—紧急增压阀弹簧；2—增压阀套；3—密封圈（ϕ24 mm）；4—增压阀；
5—密封圈（ϕ40 mm）；6—增压阀盖。

图 11-11　104 型分配阀紧急增压阀

增压阀套压入主阀体内，有 8 个 ϕ1 mm 的径向孔（f_5）经阀体通道通副风缸。

紧急增压阀上部通制动管，下部空腔 r_3 通容积室和滑阀座上的容积室孔 r_2，增压阀轴向中心孔下部 M12 螺纹部分是为了拧入螺纹头起子，以便取出增压阀而设，中部有两个 ϕ3 径向孔和轴向孔相通。在增压阀上套装的两个 ϕ24 密封圈，以防止副风缸、制动管及容积室之间的漏泄窜气。

如果混编列车中，紧急制动时，制动力相差过大，容易增大列车的纵向冲击、车轮擦伤，因此在紧急增压阀部加装增压阀挡圈，如图 11-12 所示，限制增压阀上移，停止紧急增压作用。需要恢复增压作用时，取下增压阀挡圈即可。

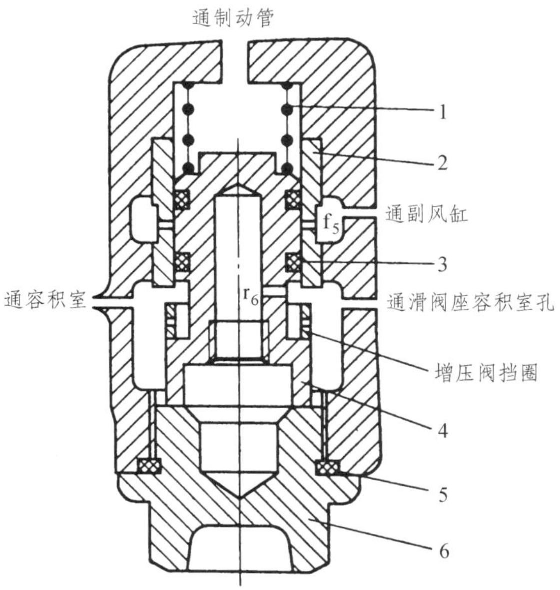

图 11-12　104 型分配阀紧急增压阀挡圈示意图

通常增压阀处于下方关闭位置。该位置，增压阀上的 8 个 $\phi 1$ 的副风缸孔 f_5 处在增压阀上两道密封圈之间，即制动管、副风缸和容积室不相通。在紧急制动减压时，增压阀上部的制动管压力急剧下降，而下部容积室压力急剧上升，增压阀上移，使增压阀下部密封圈露出作用阀杆上的 8 个副风缸孔 f_5（开放位置），使副风缸与容积室经 f_5 相连通，除压力风缸向容积室送压力空气外，副风缸也参与向容积室送压缩空气，容积室实现增压作用，则由容积室通过控制均衡部控制制动缸同样实现增压作用。实际上，紧急制动时压力风缸、副风缸、容积室和制动缸在实现增压作用时已相互连通，最终制动缸压力达到最大值也即 4 个容器的压力达到相互平衡。

3. 紧急阀

紧急阀是专为改善列车紧急制动性能而独立设置的，紧急阀的动作和作用不受主阀的牵制和影响。

紧急阀的用途是紧急制动减压时，产生强烈的制动管紧急局减，加快制动管的排气速度，提高紧急制动的灵敏度、可靠性和紧急制动波速，改善紧急制动性能。

微课：104 型紧急阀

紧急阀的结构如图 11-13 所示，可分为上、下两部分。

紧急阀上部由紧急阀上盖 1、密封圈 2（ϕ16 mm）、复合紧急活塞（即紧急活塞组件）、安定弹簧 9 组成，复合紧急活塞（即紧急活塞组件）由压板螺母 8、紧急活塞压板 7、紧急活塞膜板 6（ϕ100 mm）、密封圈 5（ϕ19 mm）、紧急活塞 4 和紧急活塞杆 3 组成，通过压板螺母与紧急活塞杆上的螺纹将这些部件组合在一起。

紧急阀下部由紧急阀下盖 18、密封圈 21（ϕ16 mm）、放风阀套 17、密封圈 15（ϕ24 mm）、放风阀导向杆 13、放风阀弹簧 16、放风阀（橡胶夹心阀）12、放风阀座 11、紧急阀体 14、排气保护罩垫 19、排气垫铆钉 20、滤尘网 10 等组成。

紧急阀上盖用三颗螺栓（M10×40）、螺母与紧急阀体连接紧固，并将紧急活塞膜板压紧在紧急阀体上部凸缘上，紧急活塞上方经紧急阀盖、紧急阀安装面上的孔路连通中间体紧急室。紧急活塞下方及放风阀导向杆下方经安装面上的孔与制动管相通。

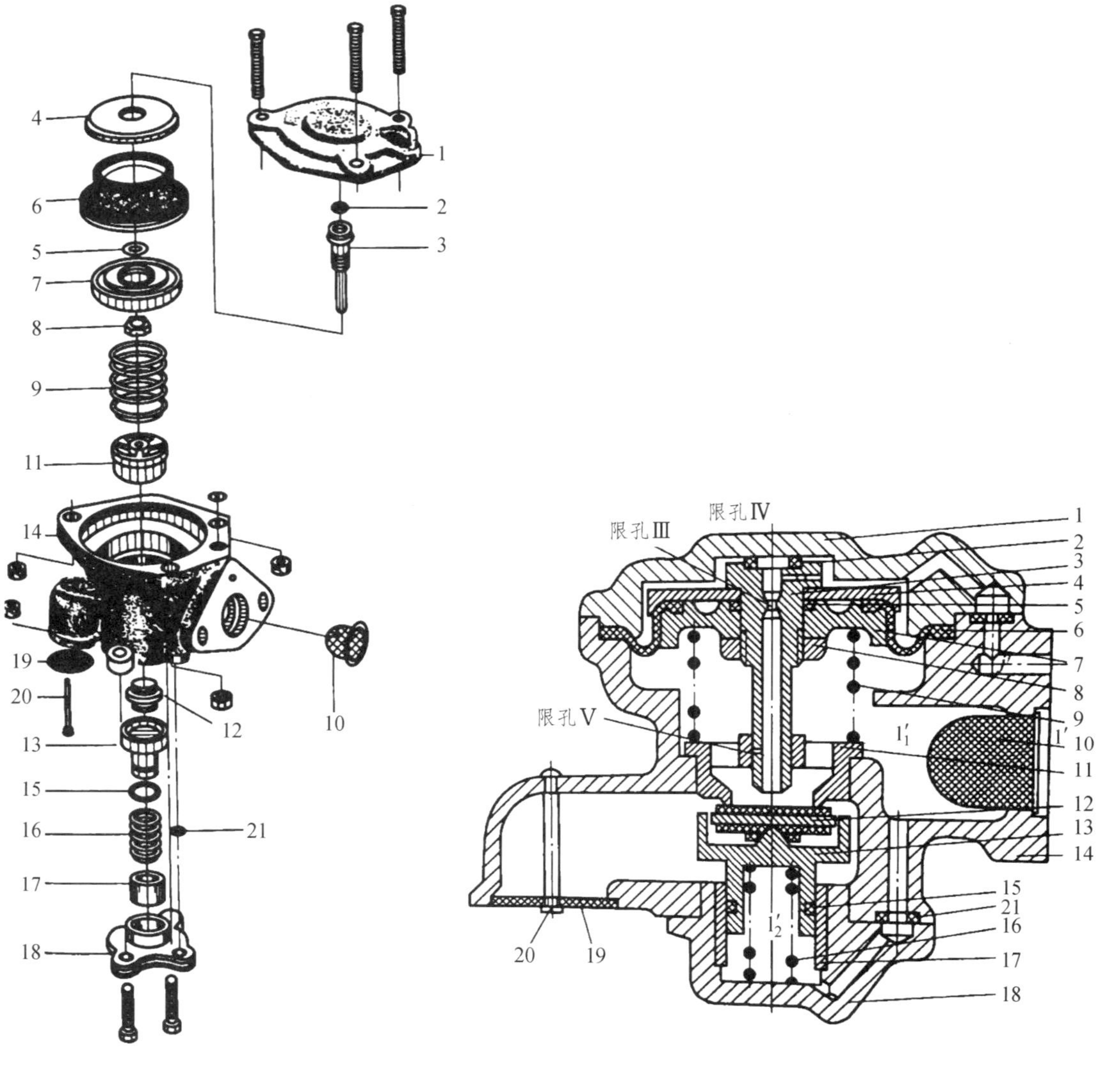

（a）零部件外形及组装图　　　　（b）构造示意图

1—紧急阀上盖；2—密封圈（ϕ16 mm）；3—紧急活塞杆；4—紧急活塞；5—密封圈（ϕ19 mm）；6—紧急活塞膜板（ϕ100 mm）；7—紧急活塞压板；8—压板螺母；9—安定弹簧；10—滤尘网；11—放风阀座；12—放风阀（橡胶夹心阀）；13—放风阀导向杆；14—紧急阀体；15—密封圈（ϕ24 mm）；16—放风阀弹簧；17—放风阀套；18—紧急阀下盖；19—排气保护罩垫；20—排气垫铆钉；21—密封圈（ϕ16 mm）；限孔Ⅲ（ϕ1.6 mm）；限孔Ⅳ（ϕ0.5 mm）；限孔Ⅴ（ϕ1.2 mm）。

图 11-13　104 型分配阀紧急阀部

紧急活塞顶面圆槽中嵌装ϕ16 mm 密封圈稍凸出顶面，在充气缓解时，紧急活塞下侧的制动管压力高于上侧紧急室压力，加之安定弹簧弹力的作用，紧急活塞处于上部极端位置，紧急活塞杆顶部密封圈凸出部分与紧急阀上盖内壁密贴，使制动管压力空气不能通过活塞杆顶部轴向孔通紧急室，只能经径向限孔Ⅳ通紧急室，这样防止了充气时容积较小的紧急室造成过充气，引起意外紧急制动。

空心的紧急活塞杆上部设一个径向限孔Ⅳ（ϕ0.5 mm），中部轴向设一限孔Ⅲ（ϕ1.6 mm），下部设一限孔Ⅴ（ϕ1.2 mm）。

放风阀套嵌于紧急阀下盖内，下盖与阀体用两颗螺栓（M10×40）紧固、放风阀导向杆上的密封圈是为了防止制动管压缩空气向大气漏泄而设的，导向杆下方通制动管是为了克服放风阀关闭状态下制动管压缩空气作用在放风阀面上的压力的，即不论制动管压力如何变化，只要未产生紧急排气作用，放风阀上下受的制动管压力总是相互抵消的，放风阀关闭状态只受放风阀弹簧的弹力作用。

紧急活塞处于上端极端位置时，活塞杆下端距离关闭的放风阀面有 4 mm 的间隙，防止制动管压力波动或常用制动减压时，紧急活塞稍下移即推开放风阀产生意外紧急制动作用。

限孔Ⅲ为控制紧急室压缩空气向制动管逆流而设的，它控制逆流速度相当于制动管常用制动减压时的最高速度，这就保证了制动机的安定性；同时也保证了紧急制动时在紧急活塞上下两侧能形成足够的压力差，压缩安定弹簧推开放风阀产生制动管紧急排气。可见，限孔Ⅲ过大会影响紧急制动的灵敏度，甚至不产生紧急排气作用，过小则会使制动机常用制动不安定。

限孔Ⅳ为限制紧急室的充气速度，防止紧急室过充气，引起意外的紧急制动而设。这是因为在列车初充气时，或紧急制动后再充气时，为了加快全列车的充气速度，缩短充气时间，往往首先利用制动阀（即大闸）的一位进行高压（800 kPa 左右）充气，容积只有 1.5 L 的紧急室（J）很容易造成高于定压即过充，当制动阀转二位进行定压充气时，立即在紧急活塞上下形成一定的压力差，使紧急活塞产生动作而发生意外的紧急排气作用，即引起充气时的意外紧急制动作用。直径 0.5 mm 的限孔Ⅳ，限制了制动阀一位充气时紧急室的充气速度，防止造成紧急室过充，这样也就避免了充气时产生意外紧急制动。

限孔Ⅴ为提高紧急制动灵敏度和限制紧急制动后紧急室的压缩空气排向大气的速度而设。紧急制动减压、紧急活塞下移，下端接触放风阀后，紧急室压缩空气经过通路比限孔Ⅲ更小的限孔Ⅴ向制动管逆流，这样就加速了紧急活塞两侧的压力差的形成，迅速打开放风阀产生紧急排气作用，确保全列车迅速产生紧急制动作用。产生紧急排气作用后，紧急室的压缩空气只能经过限孔Ⅴ排向大气，设计约在 15 s 排完，紧急活塞上下压力差消除，在安定弹簧弹力作用下紧急活塞上移，放风阀在放风阀弹簧弹力作用下上移与阀座密贴关闭，此时充气缓解才有效。否则，制动管增压充气全部从放风阀排向大气，无法实现充气缓解作用。这样设计是在紧急制动后，为了防止列车未停车就要实施充气缓解作用，以避免低速缓解引起更大的列车纵向冲击，造成更大的危害。

4. 分配阀各部分孔路及代号

为了便于学习分配阀的各作用性能，除了要熟悉各部分零部件的结构组成外，还要熟悉分配阀的各部孔路及代号。

一般缸、腔、室用其名称的第一个汉字的汉语拼音的第一个字母，大写字母一般表示主容器，主阀部通主容器的孔路用小写字母加注脚区别表示，紧急阀部通主容器的孔路用小写字母加注脚和注撇区别表示。

分配阀常使用的代号如下：L（l）——制动管；F（f）——副风缸；R（r）——容积室；Z（z）——制动缸；J（j）——紧急室；G（g）——压力风缸；Ju（ju）——局减室；D（d）——大气。

中间体管座[参看图 11-4（见附录彩图）]：L——通制动管；F——通副风缸；G——通压力风缸；Z——通制动缸。

主阀安装（座）面（参看图 11-4 中间体主阀安装座）：f、z、l、g、ju、r、r_5、Ⅰ。

紧急阀安（座）面（参看图 11-4 中间体主阀安装座）：j′、l′。

中间体内空腔（参看图 11-4）：R、J、Ju。

主阀体内：按注脚顺序介绍，滑阀、截止阀、滑阀座上的气路相关位置的作用见前述构造部分。

l_1——主阀体与上盖之间的制动管通路；

l_2——滑阀座上的制动管充气用孔；

l_3——滑阀座上的制动管局部减压用孔；

l_5——滑阀上的充气孔，与 g_1 暗通；

l_6——滑阀上的局减孔，上下贯通；

l_7——滑阀上的局减室入孔，上下贯通；

l_8——滑阀上的局减阀孔；

l_9——滑阀上的局减阀入孔，与 l_8 暗通；

l_{10}——截止阀上的局减联络槽；

l_{11}——主活塞上部通止回阀下部的制动管通道；

l_{12}——紧急增压阀弹簧室；

f_1——充气止回阀室；

f_2——充气阀室；

f_3——充气活塞室及通副风缸通道；

f_4——作用阀室；

f_5——紧急增压阀套上的径向孔；

r_1——滑阀上的制动孔，上下贯通；

r_2——滑阀上的容积室孔；

r_3——紧急增压阀室下部空间；

r_4——作用活塞下部通容积室暗道；

r_5——主阀安装面上的容积室孔，经 r_4 通作用活塞下部；

r_6——紧急增压阀杆中部径向孔；

z_1——滑阀上的局减阀孔；

z_2——局减阀套上的径向孔，通滑阀座上的局减阀孔 z_1；

z_3——作用阀座下部空间，通制动缸 Z；

z_4——作用阀弹簧室，通制动缸 Z；

d_1——滑阀上的缓解联络槽；

d_2——滑阀座上的缓解孔，与作用部排气口 d_3 相通；

d_3——作用部排气口（容积室排气口），通大气 D；

d_5——作用活塞杆轴向孔与中部径向孔；

d_6——均衡部排气口（制动缸排气口），通大气 D；

ju_1——滑阀座上的局减室孔，通局减室 Ju；

g_1——滑阀上的充气限孔（ϕ1.2 mm），与充气孔 l_5 暗通；

g_2——滑阀室，通压力风缸 G；

g_3——充气膜板下方，通压力风缸 G。

紧急阀部气路代号（小写加注脚或注撇）：

j_1'——紧急活塞上部室，通紧急室 J；

l_1'——紧急活塞下部的暗道弹簧室，通制动管 L；

l_2'——放风阀弹簧室，通制动管 L。

分配阀设五个缩孔（限孔）：

限孔Ⅰ（ϕ0.8）——主阀安装面上局减室排气孔，限制局减室排气速度；

限孔Ⅱ（ϕ0.8）——作用活塞上部通制动缸 Z 的缩孔，使制动缸压力正确反映到作用活塞上部；

限孔Ⅲ（ϕ1.6）——常用制动减压时，J→Ⅲ→L 逆流，保证制动机的安定性，紧急减压时，限制 J→Ⅲ→L 逆流速度，保证紧急制动的灵敏度；

限孔Ⅳ（ϕ0.5）——限制紧急室的充气速度，为防止紧急室过充而引起的意外的紧急制动；

限孔Ⅴ（ϕ1.2）——提高紧急制动的灵敏度并限制紧急制动后，紧急室 J→Ⅴ→L 逆流速度，确保停车后才能施行充气缓解。

（二）104 型分配阀的作用

104 型分配阀设有充气缓解、常用制动、制动保压和紧急制动等四个作用位置。

1. 充气缓解位[图 11-14（见附录彩图）]

制动管充气增压时，压缩空气进入中间体后一路经滤尘器进入主阀；另一路经滤尘网进入紧急阀。

进入主阀的压缩空气到主活塞上侧，在主活塞上、下两侧形成压力差，主活塞带动截止阀、推动滑阀下移至主活塞下缘接触主阀体即下方极端位，即到达了作用部的充气缓解位，产生充气缓解作用。

课件：104 型分配阀的作用

微课：104 型分配阀的充气缓解位

充气缓解位置滑阀和滑阀座连通了如下气路（见图 11-15）。

（1）充气通路。

① 压力风缸充气。滑阀座上的制动管充气用孔 l_2 与滑阀座上的充气孔 l_5 相对，开始向压力风缸充气。

② 副风缸充气。压力风缸压力的上升反映在充气膜板下方 g_3，当略高于反映在充气活塞室 f_3 副风缸压力时，充气活塞上移，顶开充气阀，制动管的压缩空气顶开充气止回阀经 l_{11}→止回风口→f_1→f_2→充气阀口→f_3 开始向副风缸充气，这即由压力风缸充气通过充气部间接地控制实现了副风缸的充气。当副风缸压力与压力风缸压力接近平衡

时，在充气阀弹簧的作用下，充气阀下移关闭，也停止了向副风缸的充气。

作用阀室 f_4 与副风缸相通，为制动作用做好了准备。

分配阀的增压阀套径向孔 f_5 与副风缸相通，做好了紧急增压作用的准备。

③ 分配阀的增压阀弹簧室的制动管压力使增压阀均处于下方位置，即增压阀关闭。此外，滑阀上的局减孔 l_6、局减室入孔 l_7 分别与滑阀座上的制动管局部减压用孔 l_3、局减室孔 ju_1 相对，做好了产生第一阶段局减的准备。

④ 紧急室充气。制动管压缩空气进入紧急阀部，将紧急活塞顶到上方极端位置，活塞杆顶部密封圈与紧急阀上盖密贴，制动管压缩空气只能经紧急活塞杆轴向限孔Ⅲ、径向限孔Ⅳ向紧急室充气，限孔Ⅳ通路最小（ϕ0.5 mm），限制了紧急室充气的速度，防止了紧急室过充气。

⑤ 制动管压缩空气同时进入放风阀弹簧室 l_2'，抵消安定弹簧室 l_1' 作用在放风阀上部的制动管压力。放风阀依靠放风阀弹簧作用与放风阀座密贴关闭。

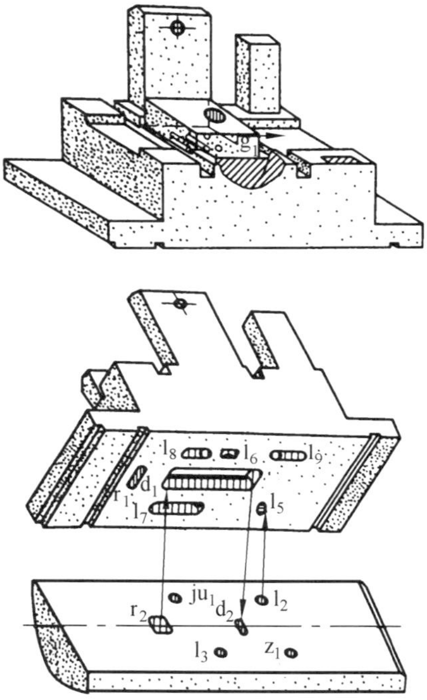

图 11-15　104 型分配阀充气缓解位气路

（2）缓解通路。

① 容积室缓解。滑阀座上的容积室孔 r_2 和缓解孔 d_2 与滑阀上的缓解联络槽 d_1 同时相对，开始了容积室向大气排气，即容积室形成缓解作用。

② 制动缸缓解。容积室缓解，反映在作用活塞下方 r_4 的压力下降，经缩孔Ⅱ反映在作用活塞上部的制动缸压力推动作用活塞下移，使作用活塞杆离开作用阀，制动缸压缩空气经作用活塞杆轴向孔和径向孔 d_5→均衡部排气口 d_6→排向大气，制动缸开始缓解，这即由容积室缓解通过均衡部间接地控制实现了制动缸缓解。

充气缓解气路归纳如下：

充气：$L \to$
- 滤尘器 $\to$
  - (1) $l_2 \to l_5 \to g_1 \to g_2 \to \begin{cases} g_3 \\ g \to G \end{cases}$
  - (2) $l_1 \to l_{11} \to f_1 \to f_2 \to f_3 \to \begin{cases} f_4 \\ f \to F \\ f_5 \end{cases}$
  - (3) $l_3 \to l_6 \to$ 截止阀下部
  - (4) l_{12}(使紧急增压阀关闭)
- $l' \to$ 滤尘网 $\to \begin{cases} l_1' \to \text{III} \to \text{IV} \to j_1' \to J \\ \to l_2' \end{cases}$

缓解：
- (1) $r_4 \to r_5 \to R \to r_3 \to r_2 \to d_1 \to d_2 \to d_3 \to D$
- (2) $\left.\begin{array}{l} Z \to z \to\to\to\to\to \\ z_4 \to\to\to\to\to\to\to\to\to \\ \text{作用活塞上部} \to \text{II} \to\to \end{array}\right\} \to z_3 \to d_5 \to d_6 \to D$

初充气时，上述的缓解气路存在，但因各容器无压缩空气，故排气口均无排气现象。

2. 制动机的稳定性

制动机的稳定性，即指在制动管缓慢减压速度（如制动管漏泄等）下不发生制动作用的性能。

因自动制动机的特点是制动管减压时产生制动作用，当列车分离、制动管路破裂或拉动紧急制动阀时，都可使制动管减压而达到自动制动，以实现停车确保行车安全的目的，但制动管的接头很多，不可避免地有压缩空气的漏泄现象。制动机的稳定性就是保证列车在这些非正常减压的轻微漏泄速度下，制动机不发生制动作用而正常运行的性能。

微课：104 型分配阀的制动作用

分配阀靠下述两项措施来实现其稳定性的：

（1）压力风缸向制动管的逆流。列车正常运行过程，分配阀呈充气缓解位。此时若制动管缓慢减压（如漏泄），则有逆流气路 $G \to g \to g_2 \to g_1 \to l_5 \to l_2 \to l \to L$，使得压力风缸压力与制动管压力同步下降，在主活塞两侧不能形成压力差，主活塞不会上移而产生制动作用。

（2）主活塞尾腔内稳定部的作用。由于组装后，稳定弹簧的预压力通过稳定杆帽作用在滑阀上，滑阀靠滑阀弹簧压紧在滑阀座上，截止阀靠截止阀弹簧压紧在滑阀上。主活塞两侧须具有一定向上的压力差才能克服主活塞、截止阀的自重、截止阀在滑阀上的移动阻力以及稳定弹簧的弹力而压缩稳定弹簧上移到一段局减位进而产生制动作用。由于上述压力风缸向制动管逆流的作用，制动管缓慢减压时，主活塞两侧不能形成克服自重和移动阻力压缩稳定弹簧的压力差而动作，不能上移到一段局部减压位，也就不能产生制动作用，这就保证了制动机的稳定性。

分配阀实现制动机的稳定性的减压速度设计规定为：单车试验中制动管达定压后，在 40 kPa/min 的减压速度下，制动机不得发生制动作用；在试验台进行制动性能试验时要求在 50 kPa/min 的减压速度下，分配阀不得产生局部减压和制动作用。

3. 常用制动位

制动管施行常用制动减压时，压力风缸的压缩空气来不及经 $g_1 \to l_5 \to l_2$ 向制动管逆流，主活塞两侧形成一定的压力差，主活塞首先克服自重及移动阻力，压缩稳定弹簧带动截止阀上移，形成第一阶段局减作用；然后再带动滑阀上移到制动位，产生第二阶段局部减压及制动作用。过程如下：

（1）第一阶段局部减压[图 11-16（见附录彩图）]。

当主活塞两侧形成一定压力差，即能克服主活塞、截止阀自重及截止阀摩擦阻力，压缩稳定弹簧上移 4 mm，主活塞下肩与滑阀接触而停止，形成第一阶段局减作用。此时因滑阀与滑阀座静摩擦阻力大于压缩稳定弹簧所需的力，故滑阀未动。

微课：104 型分配阀第一阶段局部减压

该位置（气路见图 11-17），截止阀遮住了 g_1 孔，停止了压力风缸的逆流。截止阀上的局减联络槽 L_{10} 连通了滑阀顶面局减孔 l_6 和局减室入孔 l_7，使在充气位时已经局部连通的 $l_3 \to l_6$ 和 $l_7 \to ju_1$ 两条通路经局减联络槽 L_{10} 连通，则制动管的压缩空气 L→制动管局减用孔 l_3→滑阀上的局减孔 l_6→截止阀上的局减联络槽 l_{10}→滑阀上的局减室入孔 l_7→滑阀座上的局减室孔 ju_1→主阀安装座上的局减室孔 ju→中间体内的局减室 Ju，再经主阀安装面上的缩孔 I（ϕ0.8 mm）排向大气，使制动管产生第一阶段局部减压作用。同时截止阀露出了滑阀上的制动孔 r_1，为制动作用做好了准备。

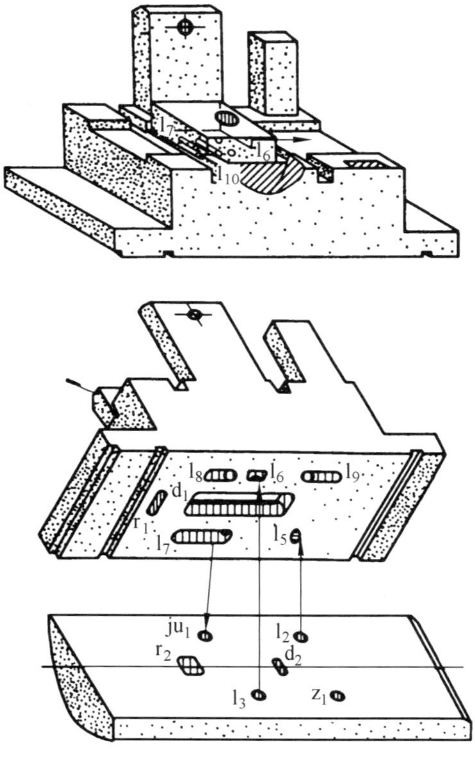

图 11-17　作用部第一阶段局部减压通路

缩孔 I 作为局减室的排气口，其作用是限制局减室的排气速度，一段局部减压送入局减室的压缩空气来不及排出，局减室的压力上升，局部减压速度减慢，当制动管与局减室压力接近平衡时，局部减压通路上的压缩空气流动接近停止，这也就为滑阀向上移动而切断一段局部减压气路减小了阻力。局减室内的压缩空气经缩孔 I 缓慢排入大气。

第一阶段局减作用加快了制动管的减压速度，促使全列车制动作用迅速产生，提高制动波速，缩短制动距离，缓和列车冲击力。

（2）制动及第二阶段局部减压[图 11-18（见附录彩图）]。

第一阶段局部减压的产生，加之 G→L 的逆流气路的切断，使主活塞两侧迅速形成更大的压力差，克服滑阀的移动阻力，主活塞带动截止阀、滑阀上移到极端位即制动位。第一阶段局部减压通路被滑阀切断，一段局部减压作用结束，制动作用和第二阶段局减作用同时产生。

微课：104 型分配阀第二阶段局部减压

① 第二阶段局部减压（见图 11-19）。

制动位，滑阀上的局减阀孔 l_8、局减阀入孔 l_9 分别与滑阀座上的制动管局减用孔 l_3、局减阀孔 z_1 相对，使制动管压缩空气经 $l_3 \to l_8 \to l_9 \to z_1 \to$ 局减阀套径向孔 $z_2 \to$ 作用阀下部 $z_3 \to z \to$ 制动缸，形成了第二阶段局减。由于制动作用也同时产生，该局减作用将制动管压缩空气与副风缸压缩空气一起送入制动缸，当制动缸压力到达 50 ~ 70 kPa 时，局减活塞压缩局减阀弹簧关闭局减阀套上径向孔 z_2，第二阶段局减作用结束，确保制动缸最少也有 50 ~ 70 kPa 的压力，有效地减少了列车制动时的纵向冲动。

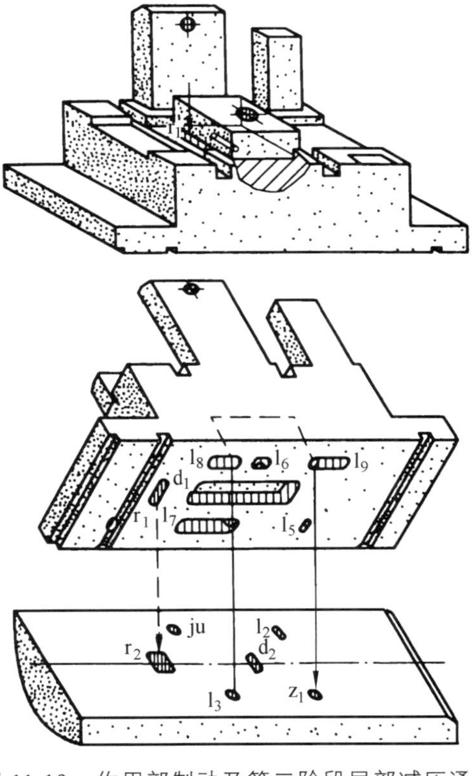

图 11-19　作用部制动及第二阶段局部减压通路

第一阶段局部减压与第二阶段局部减压一起加快了制动管的减压作用由前及后的传播，确保全列车制动作用迅速产生，并使列车前后部车辆产生制动作用的时间差缩短，即提高了制动波速，有效地减轻了列车制动时的纵向冲动。

② 容积室充气。

滑阀上移到制动位，同时使滑阀上的制动孔 r_1 与滑阀座上的容积室孔 r_2 相对，而截止阀在第一阶段局减时已将滑阀顶面的 r_1 孔露出，形成了压力风缸 G→滑阀室 g_2→滑阀制动孔 r_1→滑阀座容积室孔 r_2→增压阀下部 r_3→容积室 R，使容积室压力增加，产生制动。

③ 制动缸充气。

由于容积室与作用活塞下部是连通的，容积室增压制动，其压力空气经主阀安装面上的容积室孔 r_5→作用活塞下部 r_4 推作用阀上移，顶开作用阀，使副风缸压缩空气经作用阀室 f_4→作用阀口→作用阀下部空间 z_3→向制动缸 Z 充气，使制动缸产生增压制动作用。

制动缸压缩空气同时进入作用阀弹簧室 z_4，抵消制动缸压缩空气和容积室压缩空气（通过作用活塞杆）共同作用在作用阀下部的背压。

制动缸压缩空气经缩孔Ⅱ反映到作用活塞上部，使得作用活塞能根据容积室增压情况准确地控制制动缸同步增压。

在常用制动位，制动管减压后反映在 L_{12} 的制动管剩余压力（加之增压阀的自重、弹簧力和移动阻力）不小于容积室反映在 r_3 的压力，故紧急增压阀仍处在下方位置，未产生任何动作和作用。

（3）安定性。

制动机的安定性是指制动机在常用制动减压下不发生紧急制动作用的性能。

制动管常用制动减压时，紧急活塞下侧安定弹簧室 l_1' 压力随之下降，紧急室 J 的压缩空气经限孔Ⅳ→Ⅲ→l_1' 向制动管逆流，当逆流速度小于制动管减压速度时，紧急活塞两侧形成较小的压力差，压紧急活塞稍下移使活塞杆顶端凹穴中的密封圈脱离紧急阀上盖，紧急室压缩空气经密封圈与紧急阀盖的大间隙→Ⅲ→l_1' 向制动管逆流。该逆流速度接近于常用制动减压时制动管的最大减压速度。故紧急活塞两侧不能形成足以压缩安定弹簧下移，使活塞杆下部接触放风阀的压力差。故放风阀仍处于关闭状态，紧急阀不产生紧急排气作用，即保证了制动机的安定性。

常用制动各气路归纳如下：

① 第一阶段局部减压：

$$L \to l \to l_3 \to l_6 \to l_{10} \to l_7 \to ju_1 \to ju \to Ju \to ju \to 缩孔I \to D$$

② 第二阶段局部减压：

$$L \to l \to l_3 \to l_8 \to l_9 \to z_1 \to z_2 \to z_3 \to z \to Z$$

当 Z 的压力达到 50 ~ 70 kPa 时，二段局部减压结束。

③ 容积室充气：

$$G \to g \to g_2 \to r_1 \to r_2 \to 增压阀下部r_3 \to r \to R \to r_5 \to r_4 \to 顶起作用活塞推开作用阀$$

④ 制动缸充气：

$$F \to f \to f_4 \to 作用阀口 \begin{cases} \to\to\to\to z \to Z \\ \to\to\to\to z_3 \to z_4 \\ \to 缩孔II \to 作用活塞上部 \end{cases}$$

⑤ 紧急室逆流：

a. $J \to j' \to j_1' \to \text{IV} \to \text{III} \to l_1' \to l' \to L$ 紧急活塞稍下移形成气路 b。

b. $J \to j' \to j_1' \to$ Ⅳ及紧急活塞杆顶部密封圈与阀盖间隙 $\to \text{III} \to l_1' \to l' \to L$，保证了常用制动的安定性。

c. $l_2' \to l' \to L$。

4．制动保压位[图 11-20（见附录彩图）]

微课：104 型分配阀的制动保压作用

制动管常用制动减压，当制动管减压量未达到最大有效减压量时（定压 600 kPa 时，最大有效减压量为 170 kPa），将自动制动阀手把置于保压位，使制动管停止减压而保压。施行常用制动减压后保压，起初作用部仍处于制动位，压力风缸仍通过滑阀和滑阀座上的制动通路继续向容积室充气，使压力风缸压力继续下降。当主活塞两侧压力接近平衡时，在主活塞及截止阀的自重和稳定弹簧弹力作用下，主活塞带动截止阀下移 4 mm（滑阀不动），主活塞杆上肩部与滑阀上端面接触而停止，形成了作用部的制动保压，如图 11-21 所示。

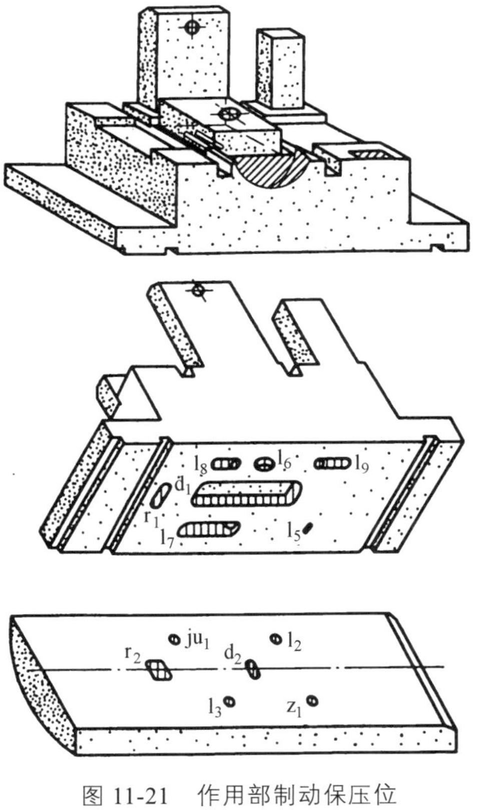

图 11-21　作用部制动保压位

此位置，截止阀盖住了滑阀背面的 r_1 孔，切断了压力风缸向容积室充气的气路。压力风缸停止减压，容积室停止增压，形成容积室的制动保压作用。

容积室形成保压，即作用活塞下侧形成保压。在均衡部，起初，副风缸仍经作用阀口继续向制动缸充气，当经缩孔Ⅱ反映在作用活塞上侧的制动缸压力与容积室压力接近平衡时，在作用阀弹簧的弹力作用下，作用阀推作用活塞杆下移与作用阀座密贴，关闭了副风缸向制动缸充气的气路。此时，作用活塞杆顶部与作用阀仍密贴，制动缸排气气路仍未开通，即形成了均衡部的制动保压位，制动缸停住了增压，形成了制动保压作用。

两种压力控制、间接作用方式的分配阀在制动保压位具有自动保压作用，使制动机具有制动力不衰减的性能。

由于分配阀间接作用方式，制动缸压力受容积室压力通过均衡部间接控制，并且配置较大容积的副风缸储存压缩空气源，因此，长大下坡道运行因制动时间长，闸瓦磨耗引起制动缸活塞行程伸长，使得制动缸容积增大或因制动缸漏泄，均会引起制动缸压力下降，则反映在作用活塞上侧压力下降，作用活塞两侧作用力失去保压位平衡，作用活塞下侧的容积室压力推作用活塞上移，重新顶开作用阀使副风缸向制动缸充气。当制动缸压力恢复到与容积室压力相等时，作用阀再一次关闭，停止副风缸向制动缸充气，这一过程即自动补风作用，保证了制动力不衰减的性能。分配阀这一性能，加之配设较大容积的副风缸，特别适应于长大下坡道运行。

在制动管减压量小于最大有效减压量时，制动保压后，操纵制动管恢复减压，主活塞两侧形成压力差带动截止阀压缩稳定弹簧上移，使截止阀重新露出滑阀顶面的 r_1 孔，由于滑阀在保压位和制动位未动作，滑阀上的制动孔 r_1 与滑阀座上的容积室孔 r_2 孔一直相对齐。当 r_1 孔被截止阀露出时，又恢复了压力风缸向容积室充气，容积室恢复增压制动，由容积室通过均衡部控制制动缸压力，开始恢复增压制动。

在满足常用制动减压和制动管减压量未超过最大有效减压量的前提条件下，反复地操纵制动管减压、保压，通过作用部控制实现容积室反复地增压、保压，再通过均衡部控制实现了制动缸反复地增压、保压的过程，称为阶段制动。阶段制动作用便于机车乘务人员根据需要调整制动力，并确保列车在预定地点准确停车。

5. 紧急制动位[图 11-22（见附录彩图）]

制动管紧急减压，主活塞除紧急增压阀外，均与常用制动相仿，只是由于制动管减压速度快，各部动作迅速，第一阶段和第二阶段局减作用效果不明显，下面只介绍与常用制动作用区别之处。

微课：104 型分配阀的紧急制动作用

（1）紧急制动排气作用。

制动管紧急减压，紧急活塞下方安定弹簧室压力迅速下降，紧急室 J 压缩空气经限孔Ⅳ（ϕ0.5 mm）→Ⅲ→l_1'→向制动管逆流，速度远小于制动管减压速度，紧急活塞稍压缩安定弹簧下移，紧急活塞杆顶部密封圈离开紧急阀上盖，使紧急室 J 压缩空气经密封圈与紧急阀盖的大间隙→Ⅲ（ϕ1.6 mm）→l_1' 向制动管逆流，该逆流量仍远不能补偿制动管减压速度，故在紧急活塞上、下两侧迅速形成压力差，紧急活塞压缩安定弹簧下移，使紧急活塞杆底端面与放风阀接触，此时紧急室压缩空气 J 只能经限孔Ⅲ→Ⅴ（ϕ1.2 mm）→l_1' 向制动管逆流。直径更小的限孔Ⅴ使逆流速度更慢，促使紧急活塞两侧的压力差骤然增加，紧急活塞进一步压缩安定弹簧，克服放风阀弹簧弹力而迅速打开放风阀。制动管压缩空气经放风阀口→排气保护罩垫→大气，形成紧急制动制动管排气（放风）作用，即制动管产生紧急局部减压，确保全列车制动机的紧急制动作用的迅速产生，提高紧急制动波速，缓和列车纵向冲动，缩短紧急制动距离，确保列车运行安全。

紧急排气（放风）作用产生后，紧急室 J 的压缩空气只能经限孔Ⅴ的限制逆流到安定弹

簧室 l_1' 排向大气，约需 15 s 才能排完。在紧急室压缩空气排完之前，放风阀一直呈开启状态，若此时向制动管充气，充入的压缩空气经放风阀口排向大气，制动管不能增压实现充气缓解作用，只有当紧急室的压缩空气排净，安定弹簧使紧急活塞上移，放风阀弹簧推放风阀上移与放风阀座密贴关闭，此时向制动管充气才能实现制动机的充气和缓解作用。设计紧急排气（放风）后紧急室排气 15 s，是为了在施行制动管紧急减压时确保停车后才能施行缓解作用，防止紧急减压后尚未停车就开始充气缓解，造成列车产生剧烈的纵向冲动和可能引起断钩等事故的发生。

（2）紧急增压阀的作用。

紧急制动时，制动管急剧减压，压力风缸向容积室充入压缩空气，当反映在增压阀下侧的容积室压力能克服增压阀上部 l_{12} 急剧减少的制动管剩余压力、增压阀弹簧弹力以及增压阀自重和移动阻力时，增压阀被推向上移，增压阀下部密封圈处于增压阀套径向孔 f_5 上方位置，紧急增压阀呈开放状态。副风缸也开始经增压阀套上的径向孔 f_5 向容积室充气，实现了容积室增压，则由容积室通过均衡部控制的制动缸，实现了紧急制动增压作用。由于副风缸同时也向制动缸充气，故此位置，压力风缸、副风缸、容积室、制动缸 4 个容器相互连通。四个容器最终达到相互平衡，制动缸压力较常用制动时最大压力增压 10% ~ 15%（与副风缸的容积有关）。紧急制动增压作用，保证了旅客列车在紧急制动时具有足够的制动力，缩短制动距离，以确保旅客列车的运行安全。

（3）常用制动转紧急制动作用。

在施行常用制动减压后，遇意外紧急情况需立即停车时，对制动管转施紧急减压，使列车紧急停车，此作用称为常用制动转紧急制动作用。

由于分配阀单独设有紧急阀，常用制动减压后转紧急制动减压，仍能通过每辆车制动机的紧急阀产生制动管的紧急排气作用，使全列车迅速产生紧急制动作用。

事实上，该作用在常用制动减压刚开始（制动管减压量不超过 100 kPa），后部车辆还未产生常用制动时，转紧急制动效果较显著。

因为对于旅客列车，如果全列车已产生了常用制动，转紧急制动，全列车各紧急阀排气（放风）作用已失去了紧急制动的意义。若增压阀没有停止使用，能够实现紧急制动增压作用，提高制动力，在缩短制动距离方面具有较好的效果。如果紧急增压阀停止使用，因各风缸压力和常用制动一样经 $r_1 \rightarrow r_2$ 向容积室充气，实现制动作用，转紧急就没有实际意义。

紧急制动作用气路归纳如下：

① 第一阶段局部减压：

$$L \rightarrow l \rightarrow l_3 \rightarrow l_6 \rightarrow l_{10} \rightarrow l_7 \rightarrow ju_1 \rightarrow ju \rightarrow Ju \rightarrow ju \rightarrow \text{缩孔I} \rightarrow D$$

② 第二阶段局部减压：

$$L \rightarrow l \rightarrow l_3 \rightarrow l_8 \rightarrow l_9 \rightarrow z_1 \rightarrow z_2 \rightarrow z_3 \rightarrow z \rightarrow Z$$

当 Z 的压力达到 50 ~ 70 kPa 时，第二阶段局部减压结束。

③ 容积室充气：

a. $G \rightarrow g \rightarrow g_2 \rightarrow r_1 \rightarrow r_2 \rightarrow$ 增压阀下部 $r_3 \rightarrow r \rightarrow R \rightarrow r_5 \rightarrow r_4$

b. $F \rightarrow f \rightarrow f_5 \rightarrow r_3 \rightarrow r \rightarrow R \rightarrow r_5 \rightarrow r_4$（紧急增压作用）

④ 制动缸充气：

104 型分配阀制动缸压力受容积室压力控制实现紧急增压作用。

$$F \to f \to f_4 \to \text{作用阀口} \to z_3 \begin{cases} \to z \to Z \\ \to z_3 \to z_4 \\ \to \text{缩孔II} \to \text{作用活塞上侧} \end{cases}$$

⑤ 紧急阀作用：

a. 紧急室逆流：

（a）$J \to j' \to j_1' \to IV \to III \to l_1' \to l' \to L$ 紧急活塞稍下移，形成气路 b。

（b）$J \to j' \to j_1' \to III \to l_1' \to l' \to L$ 紧急活塞进一步下移，形成气路 c。

（c）$J \to j' \to j_1' \to III \to V \to l_1' \to l' \to L$ 紧急活塞进一步下移推开放风阀。

b. 紧急排气放风：

$$L \to l' \to l_1' \to \text{放风阀口} \to D$$

c. 放风阀弹簧室逆流：

$$l_2' \to l_1' \to \text{放风阀口} \to D$$

104 型分配阀单车制动性能见表 11-1。

表 11-1　104 型分配阀单车制动性能

阀　型			104 阀	备注
定压/kPa			600	
压力风缸初充气的时间（0 ~ 200 kPa）/s			20 ~ 25	
常用制动稳定性/kPa			>40	
制动保压作用	灵敏度（四位）/kPa		<20	
	制动缸压力初跃升/kPa		50 ~ 70	
	最大有效减压/kPa		170	
	全制动制动缸压力/kPa		410 ~ 430	
	空重车调整		无	
	安定性/kPa		170	
	制动缸自动补风		有	
缓解作用	灵敏度（二位），开始缓解/s		<20	试验台<15
	缓解时间	全缓解/s	5 ~ 7	
		减速缓解	—	
紧急制动作用	灵敏度（六位）/kPa		<80	
	压力上升时间/s		增压 3 ~ 5	
	常用转紧急		有	
	增压		10% ~ 15%	

（三）104 型分配阀的性能及优缺点

1. 主要优点

（1）适用于编入长大列车中运行。

① 灵敏度高。分配阀主控部虽保留滑阀结构，但使用橡胶膜板代替金属主活塞环，橡胶膜板和橡胶密封件的密封性能好且阻力小。当阻力很小的截止阀动作后，立即发生局减作用，不仅促使本辆车的制动作用迅速产生，而且有效地促进了制动管减压作用由前向后的传播，提高了制动波速，使列车中车辆的制动作用确实可靠。

② 稳定性好。设有稳定装置，可防止自然制动。

③ 104 型分配阀设有紧急增压阀，提高紧急制动制动力，确保旅客列车的运行安全。

④ 制动缸压力受容积室压力的控制，与制动缸活塞行程无关，一种阀可以适应于不同直径制动缸，一个阀可以控制使多个制动缸得到同样的压力。

⑤ 具有制动力不衰减的性能，适用于长大下坡道运行。

（2）适应于较高速度运行。

① 常用制动与紧急制动分开，专设紧急阀，紧急制动时有强烈的紧急排气（放风）作用（紧急局部减压作用），确保全列车紧急制动作用的迅速产生。

② 具有常用制动后转紧急制动作用的性能。常用制动转紧急制动，缩短制动距离，确保行车安全。

（3）能与其他类型的制动机混编运行，如能与 F8 型制动机混编。

（4）便于检修和延长检修期。

分配阀大量采用橡胶件，取消金属活塞环，采用分部作用的独立控制，方便了检修工作；采用了新型滤尘器，清洁了空气；采用了性能优越的硅油和硅脂润滑材料，改善了工作条件，可延长检修周期。

2. 主要缺点

（1）间接作用，降低了制动机的制动波速、缓解波速。由于采用间接作用增加了中继部，制动、缓解波速在传播的过程中多了一个转换环节，降低了制动波、缓解波传播的速度，而制动机的制动波速是评定制动机性能的主要指标；缓解速度不能满足长达列车低速缓解的要求，长大列车低速缓解时易发生过大的冲动，易造成车辆间产生巨大的拉伸冲动，造成钩缓装置的损伤。

（2）橡胶膜板、橡胶夹心阀耐油性差，寿命短，橡胶夹心阀易开胶、膜板夹渣最后导致穿孔等均会引起分配阀失去正常作用，运行列车运行安全。

（3）紧急制动波速低，不能满足长大、高速列车的需求。

（4）因间接作用式，配备副风缸容积大，列车初充气时间长，约比旧型制动机初充气时间要长 1/3。

（5）构造复杂，作用性能多，不易推广学习。这在一定程度上造成检修质量低，运用和保养不合理，使分配阀检修周期短。世界发达国家的同类产品检修周期长达 16 年，而我国的分配阀按车辆定检期检修只有 1 年半左右。

三、检修分配阀

（一）检修实训目标

通过实训，会正确地进行 104 型分配阀分解、清扫、测量、给油组装，熟练指出各零部件名称及配合关系，并能准确判断故障、正确提出施修方案。

（二）设备与工具

分配阀分解组装工作台；专用工具；量具；样板；钢板尺；小锤；销冲一个；清扫给油器具；104 型分配阀一个。

（三）操作程序与要求

1. 要求

（1）分解组装 104 型分配阀。

（2）测量 104 型分配阀主要零部件的检修限度及配合间隙。

（3）鉴定零部件受损情况，选配并更换新零部件。

2. 操作程序

（1）准备：外部擦拭除尘，观察外部结构、安装面通路及组成的三大部分结构特征。

（2）分解：拧下主阀及紧急阀紧固螺母，拿下主阀、紧急阀及主阀垫、紧急阀垫，从中间体内取出滤尘器，取下主阀垫和紧急阀垫，观察主阀、紧急阀安装座气路及中间体各管座，并了解中间体内部各空腔容积的作用。

① 主阀。

a. 充气部：拧开止回阀盖，取出止回阀弹簧及止回阀；拧下主阀上盖螺栓，取下主阀上盖，取出充气膜板垫，取下充气膜板及充气活塞，用钥匙形起子拧出充气阀座，取出充气阀及充气阀弹簧。

微课：104 型分配阀主阀的分解组装

b. 作用部：取下上盖面孔路上的 O 形密封圈，用螺纹形起子拔出主活塞组件，拧下主活塞压板螺母，依次取下主活塞压板、主活塞膜板、O 形密封圈、主活塞，冲出滑阀弹簧销，拿出滑阀弹簧，取出滑阀、截止阀、截止阀弹簧，用挡圈钳取出主活塞杆尾部挡圈，依次取出稳定弹簧座、稳定弹簧及稳定杆；104 型分配阀扳手拧下主阀下盖，取出 O 形密封圈。

c. 局减阀：扳手拧下局减阀盖，取出压圈、局减阀弹簧、局减阀弹簧垫、毛毡垫，取出局减活塞组件（套螺母拔出），拧下局减活塞螺母，取下局减活塞、局减膜板。

d. 均衡部：扳手拧下作用阀上盖螺栓，依次取下作用阀上盖、盖面上 O 形密封圈、作用阀杆、作用阀组件（二者不用分解）、作用阀弹簧；从主阀体作用阀室取出滤尘套；扳手拧下阀下盖螺母，取掉下盖，打开压板螺栓，依次取下作用活塞压板、O 形密封圈、作用活塞膜板、作用活塞、作用活塞杆。

e. 紧急增压阀：用扳手拧下紧急增压阀盖，取下 O 形密封圈，用螺纹起子取出紧急增压阀杆、紧急增压阀弹簧。

② 紧急阀。

取出滤尘网，拧下紧急阀上盖螺母，取下紧急阀上盖，从紧急阀上盖安装面取下 O 形密封圈，抽出紧急活塞组件；拧下压板螺母，从紧急活塞杆上取下紧急活塞压板、紧急活塞膜板、O 形密封圈、紧急活塞、紧急活塞杆顶部 O 形密封圈；拧下紧急阀下盖螺母，取下紧急阀下盖；从紧急阀下口取出放风阀；从紧急阀下盖面取下 O 形密封圈，从紧急阀下盖内取出放风阀导向杆和放风阀弹簧。

微课：104 型分配阀紧急阀的分解组装

（3）检查、检修：阀体、各阀盖有裂纹或碰伤及各活塞及杆变形或裂纹时加修或更换；各阀口、导向杆、导向套的导向面有伤痕或磨损时加修或更换；滑阀各孔及各缩孔堵塞时用小于各孔径的钢针疏通；截止阀与座、滑阀与座的滑动面有划伤及接触不严密时研磨；各缩孔须符合以下尺寸：缩孔Ⅰϕ0.8 mm，缩孔Ⅱϕ1.0 mm，缩孔Ⅲϕ41.6 mm，缩孔Ⅳϕ0.5 mm，缩孔Ⅴϕ1.2 mm；各橡胶膜板、密封圈、橡胶夹心阀即毛毡垫更换新品；各弹簧有折断、锈蚀、变形衰弱时更换，自由高尺寸应符合表 11-2 的要求。

表 11-2　分配阀各弹簧限度表

弹簧名称	自由高/mm	压缩高/mm	加压荷重/N
稳定弹簧	35.5 ~ 34	24 ~ 21	20
作用阀弹簧	42.5 ~ 38.5	27 ~ 23	50
跳跃弹簧	65.5 ~ 61.5	全压缩三次恢复自由高	
紧急增压阀弹簧	55.5 ~ 51.5	全压缩三次恢复自由高	
局减阀弹簧	55.5 ~ 51.5	全压缩三次恢复自由高	
止回阀弹簧	26 ~ 24.5	全压缩三次恢复自由高	
充气阀弹簧	26 ~ 24.5	全压缩三次恢复自由高	
截止阀弹簧	15 ~ 13.5	全压缩三次恢复自由高	
放风阀弹簧	50.5 ~ 46.5	全压缩三次恢复自由高	
安定弹簧	52.5 ~ 48.5	25 ~ 21	28

研磨滑阀、截止阀用金刚砂粒度为 100 ~ 120 #；研磨滑阀座用油石或铸铁平条，粗磨时为 150 ~ 180#，细磨时为 240 ~ 320#，精磨时为 400 ~ 600#。

（4）清洗：各零部件（胶垫、螺栓、螺母除外）放入清洗器内用 120#汽油浸泡 10 min 左右进行清洗；阀体内以汽油洗刷后用压力空气吹扫干净，然后用新白布擦拭；用压力空气将零部件表面及内孔吹扫干净；胶垫更换新品，各橡胶件不得沾浸汽油、香蕉水等，以免腐蚀变质。

（5）给油组装：

① 给油。

滑阀、截止阀的滑动面涂以少量硅油；各导向杆、密封圈及各摩擦部分涂少量硅脂；充气膜板的凸缘外周涂以少量硅油或硅脂；各盖丝扣部分不得涂铅粉油；组装后试验其阻力须适当。

② 组装。

a. 紧急阀。

在放风阀下盖孔内依次装入放风阀弹簧、放风阀导向杆、放风阀，安装面装入 O 形密封圈，使放风阀与放风阀导向杆对正，紧急阀下盖与阀体对正穿入螺栓，平均拧紧螺母；紧急活塞杆上依次装上紧急活塞、O 形密封圈、紧急活塞膜板、紧急活塞压板，拧上压板螺母，装上紧急活塞杆顶部 O 形密封圈，然后将紧急活塞组件从紧急阀体上孔装入，紧急阀上盖安装面装上 O 形密封圈，与阀体对正穿入螺栓，平均拧紧螺母；将滤尘器装入紧急阀安装面中部孔内。

b. 主阀。

（a）均衡部：依次将作用阀弹簧、作用阀杆和作用阀组件装入作用阀盖内，将滤尘套装入主阀体作用阀室，在作用阀上盖安装面孔路上装上 O 形密封圈，将作用阀对准作用阀座放入作用阀体内，作用阀上盖与阀体对准孔路和螺栓孔穿入螺栓，扳手平均拧紧螺母；将 O 形密封圈放入作用活塞中心圆形凹槽，依次将作用活塞、作用活塞膜板套到作用活塞杆上，再将压板螺栓拧紧到作用活塞杆上；在作用活塞杆中部两凹槽中放入密封圈，然后将作用活塞杆插入作用活塞杆套内，对准孔路，安装均衡部下盖，穿入螺栓，平均拧紧螺母。

（b）局减阀：依次将局减膜板、局减活塞套在局减阀杆上，拧紧局减活塞螺母；将局减活塞组件推入局减阀套（推拉两次，要灵活），放入压圈；将毡垫、局减阀弹簧垫及局减阀弹簧依次放入局减阀盖孔内；将局减阀弹簧另一端对准局减活塞螺母，将局减阀盖拧紧在阀体上。

（c）作用部：将截止阀弹簧放入主活塞杆弹簧孔内，放上截止阀，在主活塞杆上套上滑阀，对准滑阀、滑阀弹簧销孔，穿入滑阀弹簧销；将稳定杆、稳定弹簧、稳定弹簧座依次放入主活塞杆尾部轴向孔内，将挡圈装入挡圈槽内；将 O 形密封圈放入主活塞中心圆形凹槽内，依次将主活塞、主活塞膜板、主活塞压板套到主活塞杆上，将主活塞压板螺母拧到主活塞杆上；将滑阀弹簧后端压下，连同滑阀及主活塞杆尾部塞入滑阀套内，压入主活塞组件（抽拉两次，须灵活）；将 O 形密封圈套在主阀下盖上，拧紧到主阀体上。

（d）充气部：将止回阀放到止回阀座上，放上止回阀弹簧，拧紧止回阀盖；依次将充气阀、充气阀弹簧放到充气阀座上，用钥匙形起子将充气阀座拧紧到充气阀体内；将充气活塞杆对准充气阀座中心孔放上，将充气膜板套到充气阀体上；将膜板垫放入主阀体圆形槽内，充气膜板对准膜板垫，对准充气阀体与主阀体气路（安装面上的孔路装上相应的 O 形密封圈）、螺栓和螺栓孔，平均拧紧螺母。

（e）紧急增压阀：将紧急增压阀弹簧套在紧急增压阀阀杆端部颈上，将紧急增压阀组件推入紧急增压阀套内（推拉两次，须灵活），拧下螺纹形起子，将 O 形密封圈套在紧急增压阀盖上，拧紧到主阀体上。

（6）总体组装。

将滤尘器装入中间体主阀安装座上大圆孔内，装上主阀垫和紧急阀垫（气密线朝向阀体）；主阀、紧急阀对准垫和安装座气路，螺栓与螺栓孔对准并套上，平均拧紧螺母。

3. 检查

不得有漏装零部件；104 型分配阀及各工具归位。

4. 作业时间

47 min（完成其一）。

四、工作态度与安全

按操作规程文明作业，保证人身安全及设备安全。

五、考核标准

该专项能力成绩评估等级为 1 级。考核时可分为优、良和及格三档。

优：在规定时间内，按工艺要求完成分解、清洗、测量、给油、组装，并准确判断出故障，正确提出施修方案。

良：作业时间超过规定时间不足 24 min，有个别项目在指导下完成作业。

及格：作业时间超过规定时间 24 min 及以上，大部分项目在指导下完成作业。

六、104 型分配阀的性能试验

课件：104 型分配阀性能试验

104 型分配阀性能试验方法和步骤如下：

1. 试验前准备

（1）熟悉 705 试验台（主要部件）的构造和作用。

（2）确认风源压力为 650 kPa，关闭所有控制阀及风门，操纵阀手把置 7 位或 8 位，开风源开关 F。

（3）调压阀压力调整为 600 kPa。

2. 主阀试验

准备：打开控制阀 K_1，将主阀安装面与安装座（加装坐垫）对正，开 K_1 卡紧主阀；开自动风门 1、4、5、6、7、8 号风门。关闭其他风门。

（1）初充气和充气位漏泄试验。

操纵阀手把（以下简称手把）置 1 位，注意观察压力风缸和副风缸压力表的上升。待压力风缸和副风缸充至定压后，用肥皂水检查各结合部，并用漏泄指示器检查各排气口的漏泄。要求如下：

① 压力风缸的压力由 0 充至 500 kPa 的时间应符合以下要求：洗检及修理件 60 ~ 90 s，新件 60 ~ 80 s。

② 整个充气过程中副风缸压力不得低于压力风缸的压力。当压力风缸压力达 580 kPa 时，副风缸压力不低于 560 kPa。

③ 用漏泄指示器测定均衡部排气口及作用部排气口漏泄（以下简称大小排气口），水面由第二格升至第三格的时间不得少于 5 s。

④ 局减室排气口用肥皂水检查，在 5 s 内肥皂泡直径不得大于 25 mm。

（2）紧急制动位漏泄试验。

操纵阀手把（以下简称手把）置 1 位，待压力风缸和副风缸充至定压后，手把在Ⅰ位和Ⅷ间来回移动 2 ~ 3 次。然后置 1 位，待压力风缸和副风缸充至定压后，手把置Ⅲ位，开风门 14。待排尽制动管余风后，用肥皂水检查各结合部，不得漏泄。要求如下：

① 用漏泄指示器测定大小排气口漏泄，水面由第二格升至第三格的时间不得少于 10 s。

② 关风门 14，手把置Ⅱ位，制动管压力升至 40 kPa 后，移至Ⅲ位开风门 10。当副风缸压力达 580 kPa 后，关风门 10，待压力稳定时，关风门 4。在 10 s 内制动管压力上升：洗检及修理件不得超过 20 kPa，新件不得超过 15 kPa。

③ 局减阀盖小孔处涂以肥皂水，不得有漏泄。

试验完毕开风门 4。

（3）制动及缓解灵敏度试验。

操纵阀手把置Ⅰ位，待压力风缸、副风缸充至定压后，手把置Ⅳ位减压 40 kPa，然后至Ⅲ位保压 1 min，再置Ⅱ位缓解。要求如下：

① 制动灵敏度。应在制动管减压 20 kPa 以前发生局减作用，减压 40 kPa 前发生制动作用。

② 从手把移置Ⅲ位起到局减室排气终了的时间，洗检和修理品不得超过 15 s，新品不得超过 10 s。

③ 保压位漏泄试验。a. 保压 1 min 不得发生自然缓解；b. 关风门 7，容积风缸的压力上升应为：洗检和修理品不得超过 20 kPa，新品不得超过 10 kPa。

试验完毕开风门 7。

④ 缓解灵敏度。手把移至Ⅱ位起到小排气口开始排气的时间不得超过 15 s。

（4）局减阀试验。

目的：试验局减阀的工作性能。

操纵阀手把置Ⅰ位，待压力风缸、副风缸充至定压后，关风门 7，堵住大排气口。手把置Ⅳ位，制动管减压，待制动缸压力上升时（产生制动作用），手把移至Ⅲ位，待制动缸压力稳定后关风门 8，待 20 s 后开风门 8 和 18。当制动管压力开始下降时（局减阀开放压力），关风门 18。注意观察制动缸压力表的压力。要求如下：

① 局减阀关闭压力应为 50 ~ 70 kPa。

② 制动缸压力的上升在 20 s 内不得超过 10 kPa。

③ 局减阀开放压力不得小于 20 kPa。

实验完毕手把置Ⅰ位，卸下排气口堵，开风门 7。

（5）稳定性试验。

目的：试验在缓慢减压时，$G \rightarrow g_2 \rightarrow L$ 逆流及稳定部的性能。

方法：操纵阀手把置Ⅰ位，压力风缸、副风缸充至定压；操纵阀手把置Ⅲ位，开风门 14A；制动管减压 50 kPa 时关风门 14A。

要求：制动管减压 50 kPa 以前，不得发生局减和制动作用。

（6）紧急增压阀试验（若已加停止增压垫圈）。

目的：试验停止增压垫圈的工作状态。

方法：操纵阀手把置Ⅰ位，待压力风缸、副风缸充至定压后，操纵阀手把置Ⅴ位，在制动管减压 250 ~ 320 kPa 后，保压 2 min，不得起增压作用。

（7）缓解试验。

关风门 14，开风门 1，手把置Ⅰ位，压力风缸、副风缸充至定压，手把置Ⅴ位，容积风缸压力上升至平衡压力时，手把置Ⅲ位，待压力稳定后，再置Ⅰ位缓解。要求如下：

① 容积风缸压力由 400 kPa 降至 40 kPa 的时间应为：洗检和修理品不得超过 4.5 ~ 8 s，新品不得超过 4.5 ~ 7 s。

② 制动缸压力应尾随容积风缸压力下降，两者压差不得超过 25 kPa。

（8）均衡部灵敏度试验。

方法：操纵阀手把置Ⅰ位，待压力风缸、副风缸充至定压，关风门 1、7、8。手把置Ⅷ位减压，排净制动管余风后，开风门 7A、11 和 18，手把置Ⅱ位。注意观察容积室风缸（单针）压力表的压力，当风门 18 排气口开始排气时，读取容积风缸压力表的指示值。要求为：洗检、修理品和新品均不得超过 15 kPa。

试毕，手把置Ⅷ位，排尽余风后，关风门 7A、11、18。开风门 1、7、8、14、15、16，排尽余风后，关 K_1，卸下主阀。

3. 紧急阀试验

准备：开控制阀 K_2，将紧急阀卡紧在安装座上。开风门 1、2，关其他风门。总风源压力应为 650 kPa，调整调整阀将试验风压调整为 600 kPa。

（1）紧急室充气和紧急放风阀漏泄试验。

方法：操纵阀手把置Ⅰ位，注意观察紧急室压力的上升，充至定压后用肥皂水检查各结合部，不得有漏泄。要求如下：

① 紧急室压力由 0 上升 580 kPa 的时间应符合：洗检和修理品 40 ~ 60 s，新品 40 ~ 55 s。

② 待压力稳定后，关风门 2，在 20 s 内制动管压力不得下降。

（2）紧急制动灵敏度和紧急室排风试验。

开 2 号风门，手把置 1 位，待紧急室充至定压后，开、关风门 14 反复 2 ~ 3 次，使紧急阀发生紧急放风作用 2 ~ 3 次。然后关风门 14，待紧急室充至定压后，手把置Ⅷ位。注意观察制动管和紧急室压力下降情况。要求如下：

① 制动管减压 100 kPa 以前，应发生制动管紧急排风作用。

② 紧急室压力由发生制动管紧急排风开始到降至 40 kPa 的时间应符合：洗检和修理品 12 ~ 20 s，新品 14 ~ 18 s。

（3）安定性试验。

操纵手把置Ⅰ位，待紧急室充至定压后，手把置Ⅵ减压 200 kPa，再移至Ⅲ位。要求紧急室压力应尾随制动管压力下降，不得发生紧急排风作用。

试毕，手把置Ⅷ位，开风门 13，排净制动管和紧急室的余风，关风门 2，关控制阀 K_2，卸下紧急阀。

思考与练习

一、填空题

1. 104 型分配阀是由中间体、主阀和（　　　　　　）等三部分组成。

2. 104 型分配阀采用了常用制动和（　　　　　　）分部控制的方式。

3. 104 型分配阀主阀由作用部、（　　　　　　）、（　　　　　　）、紧急增压阀、局减阀等五部分组成。

4. 104 型分配阀在充气缓解位时，来自制动管的压力空气首先向（　　　　）充气，之后通过充气阀部向（　　　　）充气。

5. 104 型分配阀中的（　　　　）是为增大紧急制动时的制动缸压力而设置的。

二、单选题

1. “局部减压”是三通阀或分配阀在（　　）时引起的制动管压力的下降。

A. 缓解　B. 制动　C. 保压　D. 中立

2. 104 型分配阀属于（　　）。

A. 间接作用式二压力机构　B. 间接作用式三压力机构

C. 直接作用是二压力机构　D. 直接作用式三压力机构

3. 104 型分配阀的紧急阀由紧急活塞、（　　）和安定弹簧等组成。

A. 紧急二段阀　B. 加速缓解阀　C. 放风阀　D. 半自动缓解阀

4. 104 型分配阀常用制动位第二阶段局减时，主活塞继续上移，制动管压力空气经滑阀座孔、局减阀至制动缸实现第二次局减作用，当制动缸压力升到 50 ~ 70 kPa 时局减阀（　　）。

A. 关闭　B. 开放　C. 截断　D. 逆流

5. 104 型分配阀紧急制动时，紧急活塞两侧形成（　　）的压力差，紧急活塞下移顶开放风阀使制动管压力空气迅速排向大气。

A. 小　B. 中等　C. 很大　D. 不一定

6. 104 型分配阀制动时，第一阶段局减室排气口不排气是因为（　　）。

A. 局减弹簧过弱或过强　B. 局减室排气口缩孔堵 Ⅰ 被堵

C. 局减阀盖上的大气孔被堵　D. 局减膜板穿孔

7. 104 型分配阀制动时，制动缸压力失调的原因是（　　）。

A. 主活塞漏泄　B. 均衡部缩孔堵Ⅱ被堵

C. 作用活塞膜板穿孔　D. 作用阀脱胶

8. 104 型分配阀紧急室充气过慢是因为（　　）。

A. 放风阀与阀座不密贴　B. 防风阀导向杆密封圈漏泄

C. 紧急活塞膜板穿孔　D. 紧急活塞杆径向限孔Ⅳ被堵

9. 104 型分配阀在制动位时，滑阀室与（　　）相通。

A. 制动缸　B. 副风缸　C. 容积室　D. 压力风缸

10. 104 型分配阀进行制动感度试验时，制动管减压（　　）前，必须产生制动作用。

A. 20 kPa　B. 30 kPa　C. 40 kPa　D. 50 kPa

11. 104 型分配阀进行紧急制动试验时，制动管减压（　　）前，须产生紧急制动作用。

A. 40 kPa　B. 50 kPa　C. 60 kPa　D. 100 kPa

三、多选题

1. 104 型分配阀的作用性能有（　　）等。

A. 减速充气缓解作用　B. 充气缓解作用　C. 常用制动作用

D. 紧急制动作用　E. 制动保压作用

2. 104 型分配阀主阀的充气阀部由（　　）等组成。

A. 稳定阀部　B. 局减阀　C. 充气阀　D. 止回阀

3. 104 型分配阀的紧急阀内有（　　）等限空。

A. 限空Ⅱ　　B. 限空Ⅲ　　C. 限空Ⅳ　　D. 限空Ⅴ
E. 限空Ⅵ

四、判断题

1. 104 型分配阀是一种无滑阀结构的阀。(　　)
2. 104 型制动机在施行常用制动后可直接转入紧急制动。(　　)
3. 在紧急制动时，104 型分配阀的制动机具有紧急增压作用。(　　)
4. 104 型分配阀制动缸的压力是受容积室压力控制的。(　　)
5. 104 型制动机的车辆实施紧急制动后立即可施行充气缓解作用。(　　)
6. 104 型分配阀具有制动力不衰减的性能，特别适用于长达下坡道运行。(　　)
7. 104 型分配阀的局减作用分两个阶段，在两个阶段中滑阀都会随着主活塞上移。(　　)

五、名词解释

1. 制动机的稳定性
2. 制动机的安定性
3. 局部减压作用
4. 阶段制动作用

六、问答题

1. 104 型分配阀紧急活塞杆上的限空Ⅲ的用途是什么？过大过小有何危害？
2. 104 型分配阀充气阀部的用途是什么？
3. 104 型分配阀充主活塞杆尾部稳定部的用途是什么？
4. 104 型分配阀均衡部的用途是什么？
5. 104 型分配阀主阀的充气止回阀的用途是什么？

任务二　客车制动缸压力的计算

【任务描述】

本任务实施中，掌握客车制动缸的压力的计算方法，以及制动管最小减压量和最大减压量的数值和应用。

【任务实施】

一、104 型分配阀制动缸压力的计算

（一）制动缸压力的计算

104 型分配阀控制的车辆制动机均属于间接作用式制动机。据其作用特点，制动缸压力受容积室压力的控制。制动保压位时，制动缸得到与容积室接近相同的压力，只要计算出容积室的压力值也就求出了制动缸的压力。

制动时，容积室压缩空气来源是工作风缸。而制动前压力风缸的空气压力是充气缓解结束后的制动管定压，制动后压力风缸的减压量与制动管的减压量基本相等，这样便可利用波

义耳-马略特定律等温变化的过程列出压力风缸与容积室在制动前和制动后的气体状态方程式：

$$P'_G V_G + P'_R V_R = P'_{G1} V_G + P'_{R1} V_R$$

式中 P'_G——压力风缸制动前的绝对压力（即为制动管定压的绝对压力）（kPa）;

P'_R——容积室制动前的绝对压力（即为大气压力的绝对压力 100）（kPa）;

P'_{G1}——制动后压力风缸的绝对压力（即为 $P'_{G1} = P'_{G1} - r$，r 为制动管的减压量）（kPa）;

P'_{R1}——制动后的容积室的绝对压力（kPa）;

V_G——压力风缸的容积（L）;

V_R——容积室的容积（L）;

化简得：$P'_G V_G + 100V_R = (P'_G - r)V_G + P'_{R1} V_R$

$$P'_{R1} V_R = 100V_R + V_G r$$

$$P'_{R1} = 100 + V_G r / V_R \text{（kPa）}$$

$$P_{R1} = P'_{R1} - 100$$

$$P_{R1} = \frac{V_G}{V_R} r$$

制动缸压力等于容积室的压力：$P_Z = P_{R1} = \frac{V_G}{V_R} r$（kPa）

压力风缸、容积室与 104 型制动机的副风缸和制动缸的容积见表 11-3 和表 11-4。

表 11-3 104 型制动机容积室与压力风缸容积 单位：L

容积名称	固定容积	管路容积	阀体内容积		总容积	
			制动位	缓解位	制动位	缓解位
容积室	3.9	—	0.26	0.2	4.16	4.1
压力风缸	11	0.28	0.25	0.15	11.53	11.43

表 11-4 104 型制动机制动缸与副风缸容积 单位：L

制动缸直径 /mm	副风缸容积	制动缸容积		制动前制动缸总容积	制动后制动缸总容积
		余隙 20 mm 容积	行程 200 mm 容积		
356	120	1.99	19.85	1.99	21.84
406	180	2.59	25.94	2.59	28.53

考虑到减压开始压力风缸向制动管逆流等因素的影响，并经试验测定，采用压力风缸 V_G 与容积室 V_R 的等效容积比为 2.6，所以，制动缸压力计算公式为

$$P_Z = 2.6r \text{（kPa）}$$

104 型制动机由于其压力风缸与容积室的容积之比是固定不变的，所以只要知道制动管的减压量并代入公式就可知重车位制动缸的实际压力。

（二）制动管的有效减压范围

与直接作用式制动缸压力计算一样，间接作用式制动缸压力计算，也是在一定的制动管减压量范围才适用。换句话说，在制动管最小有效减压量与最大有效减压量范围之内的制动管减压量代入计算公式计算出的制动缸压力才是实际的制动缸压力。

1. 制动管最小有效减压量 r_{min}

104 型制动机其制动缸缓解弹簧弹力按制动缸活塞面积设计，在活塞行程达到最大限度（200 mm）时为 35 kPa。其制动缸压力也应考虑能克服制动缸缓解弹簧弹力才能使制动缸活塞外移，通过基础制动装置使闸瓦压紧车轮产生制动作用，制动缸压力均受容积室压力控制，只有容积室压力达到 35 kPa 才能产生制动作用，如果减压量小，容积室压力小，即使二段局减将制动管压力空气送入制动缸，也会将多余的压缩空气经均衡部排气口排向大气，保持制动缸与容积室压力相等，但如果制动缸压力小于局减阀的关闭压力（50 ~ 70 kPa），二段局减气路一直开通，制动管压力空气经二段局减气路经均衡部排气口排向大气，使制动管继续排气减压，压力风缸便向容积室充气，容积室压力上升，这一过程直至局减阀关闭。这样容积室压力达到 50 ~ 70 kPa，远能克服制动缸缓解弹簧的弹力产生制动作用。

104 型分配阀的作用原理可知，制动管减压，只要产生第一阶段局减，即使停止制动管减压，第二阶段局部减压和制动作用必然产生。因为产生第一阶段局减，将制动管的压缩空气经一段局减气路送入局减室再排向大气，继续使制动管减压（即使自动制动阀已置保压位），而滑阀室向制动管逆流的气路被截止阀隔断。一段局减使制动管不断减压，最终主活塞两侧的压力差积累到克服滑阀自重和移动阻力上移到二段局减位产生制动作用。

根据上述分析，可得出结论：主要主活塞能上移到一段局减位，必然要上移到二段局减位产生制动作用，制动缸得到的最小压力也能达到 50 ~ 70 kPa，足以使闸瓦压紧车轮产生制动作用。

104 型制动机的制动管最小有效减压量可定义为：仅能在主活塞两侧产生压缩稳定弹簧，克服主活塞、截止阀的自重及移动阻力的压力差而使主活塞上移到第一阶段局减位的制动管减压量，为制动管最小有效减压量。

主活塞两侧产生 10 kPa 的压力差就足以使主活塞上移到一段局减位，但考虑主活塞移动前滑阀室的逆流等因素，所以规定 104 型制动机的最小有效减压量为 40 kPa，单车试验时，要求制动管减压量在 40 kPa 以前须产生制动作用。

2. 制动管最大有效减压量 r_{max}

与直接作用式制动机一样，定义制动管最大有效减压量为：正好使制动缸得到最大压力的制动管减压量称为最大有效减压量。

但由于是间接作用式，制动缸压力受容积室压力的控制。只有容积室压力达到最大压力，制动缸才能达到最大压力。

制动时，容积室的压缩空气来源于压力风缸，容积室的最大压力即为制动缸压力风缸达平衡时的压力。

$$P'_{Zmax} = P'_{Rmax} = P'_{Gmax} = P'_{G} - r_{Gmax}$$

由于制动前 $P'_{G} = P'_{L} = P'_{定}$（均为制动管定压），所以 $P'_{Zmax} = P'_{定} - r_{Gmax}$ 而容积室的压力为大气

压力，即 $P'_R = 100\ \text{kPa}$。

由于有效减压量范围 $r_G = r$， $r_{Gmax} = r_{max}$， 所以 $P'_{Zmax} = P'_{定} - r_{Gmax} = P'_{定} - r_{max}$ 表压力 $P_{Zmax} = P_{定} - r_{max}$， $r_{max} = P_{定} - P_{Zmax}$。

根据波义耳-马略特定律等温变化的过程，制动前和制动后压力风缸与容积室的气体状态方程，即

$$P'_G V_G + P'_R V_R = P'_{Rmax}(V_G + V_R)$$

$$P'_G V_G + 100 V_R = P'_{Zmax}(V_G + V_R)$$

$$P'_{Zmax} = \frac{V_G}{V_G + V_R} P'_{定} + \frac{100 V_R}{V_G + V_R}$$

代入等效容积比 V_G/V_R=2.6，得

$$P'_{Zmax} = \frac{2.6}{2.6+1} P'_{定} + \frac{100}{2.6+1} = 0.722 P'_{定} + 27.8$$

表压力 $P_{Zmax} = P'_{Zmax} - 100 = 0.722 P'_{定} + 27.8 - 100$（kPa）

$$P_{Zmax} = 0.722(P_{定} + 100) - 72.2 \text{（kPa）}$$

$$P_{Zmax} = 0.722 P_{定} \text{（kPa）}$$

$$r_{max} = P_{定} - P_{Zmax}$$

$$r_{max} = P_{定} - 0.722 P_{定} = 0.278 P_{定}$$

当制动管定压为 600 kPa 时：

$$P_{Zmax} = 0.722 \times 600 = 433 \text{（kPa）}$$

$$r_{max} = 0.278 P_{定} = 0.278 \times 600 = 167 \text{（kPa）}$$

间接作用式与直接作用式的制动机常用制动时，制动缸的最大压力与制动管最大有效减压量基本一致。从这个角度来讲，直接作用式和间接作用式制动机混编，便于机车乘务员施行制动管常用全制动减压。但从两种方式的制动机的制动缸压力计算公式可以看出存在以下几个不同点：

（1）直接作用式制动缸压力受制动缸活塞行程的影响，活塞行程长，制动缸压力小，活塞行程小，则制动缸压力大。长大坡道制动，随闸瓦磨耗，制动缸活塞行程逐渐伸长，即使不漏泄，制动缸压力也在逐渐减小。

而间接作用式制动缸压力与制动缸容积没关系，只要制动管减压量确定，副风缸有足够的压缩空气，制动缸压力就不会变化。

（2）小减压量时，直接作用式制动缸压力较低，而间接作用式制动缸压力较高。

（三）紧急制动时的制动缸压力计算

104 型制动机紧急增压阀加装停止增压作用的钢质垫圈者，失去紧急增压作用，其制动缸压力与常用全制动时制动缸压力相等。

$$P_Z = 2.6r_{max}\ （kPa）$$

若 104 型制动机紧急增压阀未加装停止增压作用的钢质垫圈者，紧急制动时，实现紧急制动制动缸增压作用。最终压力风缸、容积室、副风缸、制动缸四室压力达平衡状态，制动缸达紧急减压后的最大压力。

根据等温变化列出紧急制动后的压力风缸、容积室、副风缸、制动缸压力空气变化的状态方程

$$P_F'V_F + P_G'V_G + P_R'V_R + P_Z'V_Z = P_{Zmax}'(V_{Z1} + V_F + V_G + V_R)$$

式中　$P_F' = P_G' = P_L' = P_{定}'$——制动管定压的绝对压力（kPa）；

P_R'——大气压力的绝对压力（kPa）；

V_Z——制动前制动缸容积，近似为零。

整理得　$$P_{Zmax}' = \frac{(V_F + V_G)\ P_{定}' + 100V_R}{V_F + V_G + V_R + V_{Z1}}\ （kPa）；$$

表压力　$$P_{Zmax} = \frac{(V_F + V_G)\ P_{定}' + 100V_R}{V_F + V_G + V_R + V_{Z1}} - 100\ （kPa）$$

取值：

使用 406 mm 制动缸时，$V_F = 180L$

使用 356 mm 制动缸时，$V_F = 120L$

压力风缸的容积 $V_G = 11.53L$

容积室容积考虑作用活塞下腔容积取 $V_R = 4.16L$

制动缸活塞行程为 200 mm，并加 20 mm 缓解位间隙计算，得：

ϕ406 mm 制动缸容积，$$V_{Z1} = \frac{\pi D^2}{4}L = \frac{\pi(16\times 0.254)^2}{4}\times(2+0.2) = 28.5\ (L)$$

ϕ356 mm 制动缸容积，$$V_{Z1} = \frac{\pi D^2}{4}L = \frac{\pi(14\times 0.254)^2}{4}\times(2+0.2) = 21.8\ (L)$$

制动管定压通常为 600 kPa，使用 ϕ406 mm 制动缸时，将上述各值 V_{Z1} 取 28.5 L，V_F 取 180 L，代入得

$$P_{Zmax} = \frac{(180+11.53)\times(600+100)+100\times 4.16}{180+11.53+4.16+28.5} - 100 = 500\ （kPa）$$

使用 ϕ356 mm 制动缸时，将上述各值 V_{Z1} 取 21.8 L，V_F 取 120 L，代入得

$$P_{Zmax} = \frac{(120+11.53)\times(600+100)+100\times 4.16}{120+11.53+4.16+21.8} - 100 = 487\ （kPa）$$

104 型制动机产生紧急增压后的制动缸压力比常用制动制动缸最大压力提高 10% ~ 15%。与常用制动区别之处是其制动缸压力与制动缸活塞行程有关。制动缸活塞行程长，制动缸容积大，制动缸压力小；反之，制动缸活塞行程小，制动缸容积小，则制动缸压力大。

思考与练习

一、选择题

1. 我国旅客列车制动管定压为 600 kPa 时，制动管最大有效减压量为（　　）左右。

A. 100 kPa　　B. 140 kPa　　C. 160 kPa　　D. 170 kPa

2. 104 型制动机，制动管减压量 100 kPa 时，制动缸压力应为（　　）。

A. 100 ~ 150 kPa　　B. 150 ~ 200 kPa　　C. 230 ~ 260 kPa　　D. 270 ~ 300 kPa

二、判断题

1. 间接作用式制动机制动缸压力与制动缸活塞行程的长短是没有关系的。（　）

2. 104 型制动机紧急制动时制动缸压力与制动缸活塞行程的长短是没有关系的。（　）

三、名词解释

1. 制动管最大有效减压量

2. 间接作用式制动机的制动管最小有效减压量

任务三　客车 F8 型分配阀检修

【任务描述】

本任务实施中，首先通过分解、组装客车 F8 型分配阀，掌握客车 F8 型分配阀的结构组成、各部件用途及检修工序、检修要求等。其次，通过 F8 型分配阀的性能试验，了解 F8 故障分析和处理。

【任务实施】

课件：F8 型分配阀检修

一、F8 型分配阀的结构特点

（1）采用三压力控制为主，二压力控制为辅的混合控制机构。主阀为三压力（即制动管、压力风缸和制动缸的空气压力）机构的平衡阀；辅助阀为二压力（制动管和辅助室的空气压力）机构的平衡阀。因此，F8 型分配阀具有自动补风作用，即当制动缸有轻微漏泄时，副风缸可自动向制动缸补充压缩空气，使制动缸的压力不衰减，而且制动缸压力与制动缸活塞行程无关。

（2）F8 型分配阀取消了金属滑阀和金属活塞环结构，采用橡胶膜板活塞和柱塞结构。这样消除了金属活塞环及滑阀的漏泄，提高了分配阀的动作灵敏度；也使分配阀的制造和检修更为方便，减少了维修工作量，大大延长了检修周期。同时，分配阀的阻力受润滑状态的影响甚小，因此其稳定性可靠。

微课：F8 型分配阀的特点及中间体

（3）F8 型分配阀具有良好的制动管局部减压作用。采用了第一阶段和第二阶段两个阶段的局部减压作用，提高了制动管的制动波速，使列车制动的一致性更好，减少了列车的纵向冲动，更适合较长编组的旅客列车。

（4）具有良好的阶段缓解性能，提高了列车操纵的灵活性。并有阶段缓解和一次缓解的转换装置，便于与其他类型的制动机混编运行。

（5）仍采用常用制动与紧急制动分部作用方式。在紧急制动时，制动管压缩空气直接从辅助阀排向大气。产生强烈的紧急局部减压作用，提高了列车的紧急制动波速。而在常用制动时又不发生紧急局减作用，既保证了常用制动的安定性，又具有良好的常用制动转紧急制动的性能。

（6）F8 型分配阀可与国内任何型号的客车三通阀、分配阀无条件混编，可以编组至 25 辆，使用阶段缓解性能时，司机操纵更方便、安全，列车运行品质平稳，乘客舒适度更好。

（7）F8 型分配阀是结合我国国情，并吸收国外先进经验而设计制造的，其结构和我国内燃机车制动机——JZ-7 型制动机相近，多数零件可与之互换使用。

二、F8 阀的构造

F8 分配阀作为空气制动装置的主控部件，在车下安装布置如图 11-23 所示，配设有压力风缸、副风缸和制动缸。

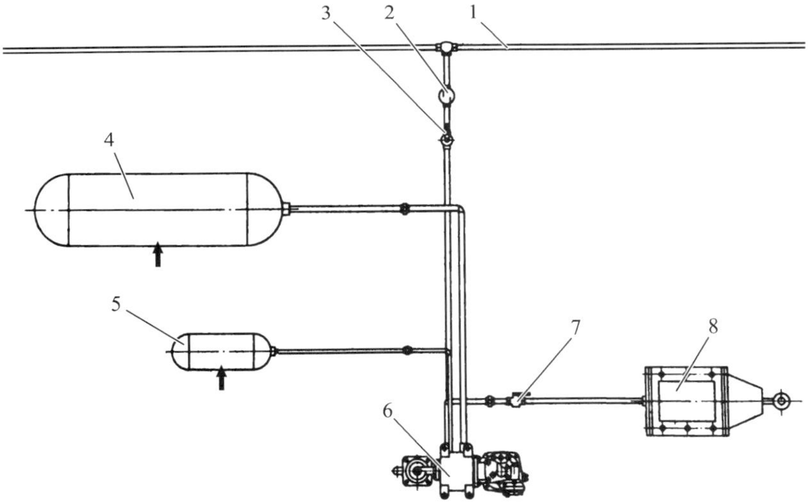

1—制动管；2—集尘器；3—截断塞门；4—副风缸；5—压力风缸；6—F8 型分配阀；7—缓解塞门；8—制动缸。

图 11-23　F8 型分配阀安装布置示意图

F8 分配阀由主阀、辅助阀和中间体（也称管座）等三部分组成，如图 11-24 所示。

（一）中间体

中间体用铸铁制成，既可做主阀、辅助阀及制动管和各风缸连接管路的安装座，又在中间体内设有各种暗道通路和空腔，直接参与 F8 阀的作用，其构造如图 11-25 所示。

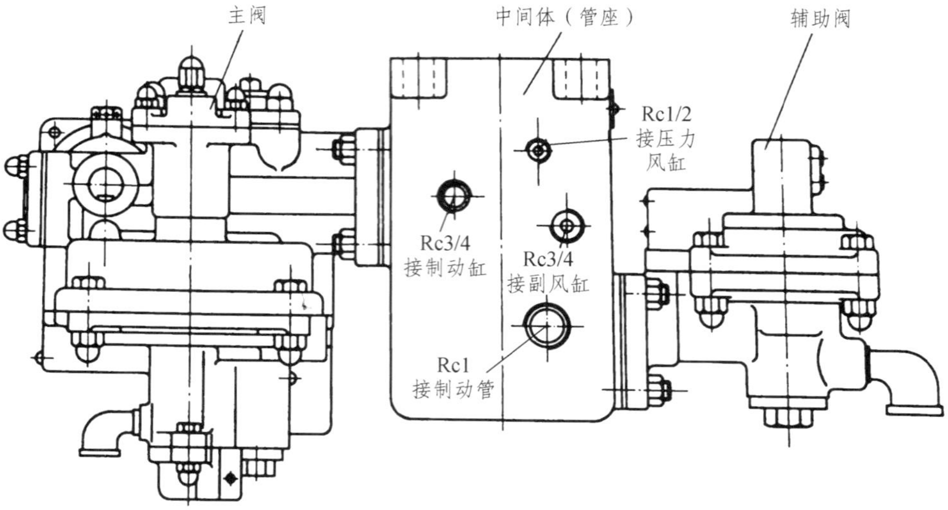

图 11-24　F8 型分配阀总体组成

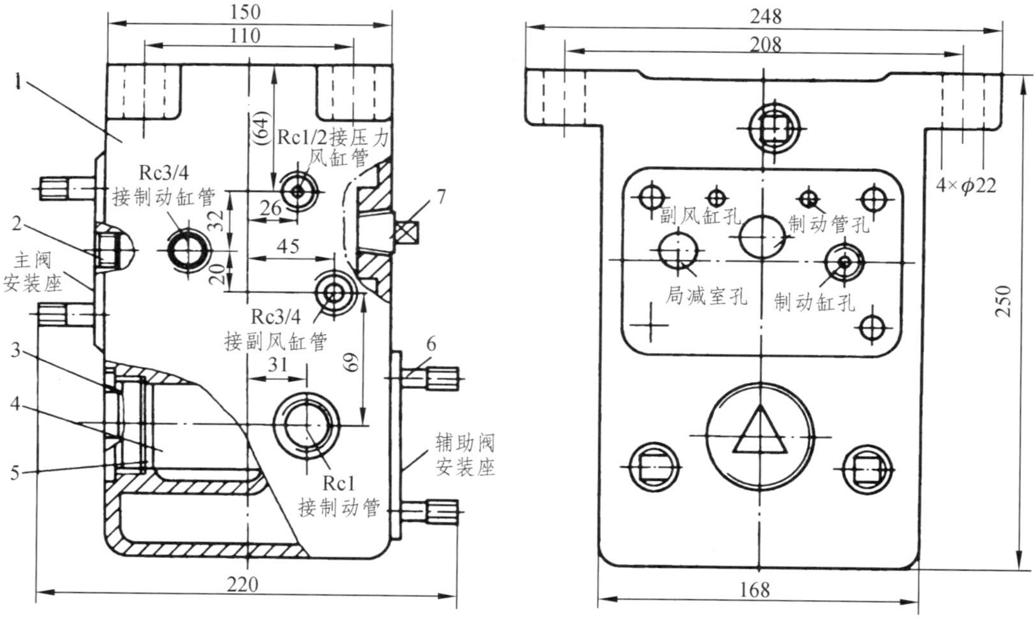

1—中间体；2—螺堵（制动缸压力限制堵）；3—螺盖；4—滤尘器；
5—防尘垫；6—双头螺栓；7—螺堵。

图 11-25　F8 型分配阀的中间体组成

中间体由中间体 1、螺堵 2、螺盖 3、滤尘器 4、防尘垫 5、安装螺柱等组成。

中间体内设有两个空腔，一个为 0.8 L 的局减室，一个是容积为 3 L 的辅助室。另外还有一些内部通路。在制动管的内部通路上加装有一个圆筒形滤尘器，对进入 F8 型分配阀主阀的压缩空气进行过滤。滤尘器外侧安装有螺盖，以便于取出清洗和更换滤尘器。

主阀和辅助阀分别安装在中间体的两个垂直侧面上。中间体的上平面有 4 个吊装孔，用于将中间体吊装在车体下。

在中间体的一个垂直侧面上设有连接制动系统的螺孔，分别连接制动管 Rc1、副风缸 Rc3/4、压力风缸 Rc1/2、制动缸 Rc3/4。

主阀安装面上设有一个制动缸限制螺堵，一般情况下不用，必须将它卸掉，否则会影响制动缸压力上升的时间，影响制动机的正常作用。但是当需要与空重车调整阀等附属装置配套使用时，必须选用合适的带有固定缩孔的螺堵。

（二）主阀部分

F8 型分配阀的主阀部分由主控部、充气阀、限压阀、副风缸充气止回阀、局减阀、转换盖板等组成，如图 11-26 所示。

1. 主控部

主控部主要由平衡阀组成 4、主阀杆 11、小活塞 17、小膜板 18、主活塞 20、大膜板 21、局减阀套 36、缓解柱塞 37、制动弹簧 39、缓解阀 33 等组成。其用途是根据制动管压缩空气压力的变化，通过制动管、压力风缸、制动缸三者压力的平衡产生制动机的制动、缓解、保压等基本作用。

微课：F8 型分配阀主阀主控部的用途

主活塞安装在主控部的主阀体与下阀体之间。先将主活塞 20、大膜板 21、主活塞压板 22 装在一起，用螺钉将主活塞压板拧紧在主活塞上，然后将 O 形密封圈、装好的主活塞套装在缓解柱塞 37 的上部，并用压紧螺母将其固定在缓解柱塞上。缓解柱塞的上部有一个轴向中心孔，上端部装有一个透气的硬心。在缓解柱塞中部装有一个 O 形密封圈，下部装有两个 O 形密封圈，下部的两个 O 形密封圈之间有径向孔与轴向中心孔相通。主活塞与阀下体之间装有制动弹簧 39。

依次将小活塞压板 16、小膜板 18、小活塞 17、O 形密封圈套装在主阀杆的端部，用压帽 14 拧紧。主阀杆上装有一个 O 形密封圈 9。在主阀体内装有主阀杆导向套，小活塞组成装入主阀杆导向套内，然后用螺钉将中体固定在主阀体内，中体把小膜板的外缘压紧在主阀体上。中体的中心压板装有顶杆导向套，顶杆导向套内装有 O 形密封圈。顶杆 13 装入顶杆导向套内。

在主阀体的上部压装有平衡阀座。平衡阀 4、平衡阀导杆 6、平衡阀弹簧 7 安装在与此相对应的主阀盖内。主阀盖内压装有平衡阀导向套。为了防止漏泄，在平衡阀导杆上装有 O 形密封圈 8。为使平衡阀在开放、关闭过程中能保持正位，阀面与阀口保持良好接触，平衡阀与平衡阀导杆采用固定销 5 连接。

主阀下体内装有局减阀套 36、缓解阀座。缓解阀 33、缓解阀导杆 30、保压弹簧 29 等，通过缓解阀盖 32 装在下阀体上。与平衡阀一样缓解阀导杆也装一个 O 形密封圈 31，缓解阀与缓解阀导杆也采用固定销连接。缓解阀盖内压装有缓解阀导杆套。主阀下体上还装有放风弯头 35。

主控部是三压力平衡机构，主活塞上下两侧分别反映制动管与压力风缸压力，小活塞上方反映制动缸压力，下方通大气。通过制动管、压力风缸、制动缸三者压力的平衡产生 F8 型分配阀的制动、缓解、保压等基本作用。

（1）当制动管施行减压时，主活塞上侧的空气压力下降，主活塞上下两侧形成一定的压力差，在压力风缸空气压力作用下，主活塞向上移动，打开平衡阀，使副风缸压缩空气进入制动缸，产生制动作用。

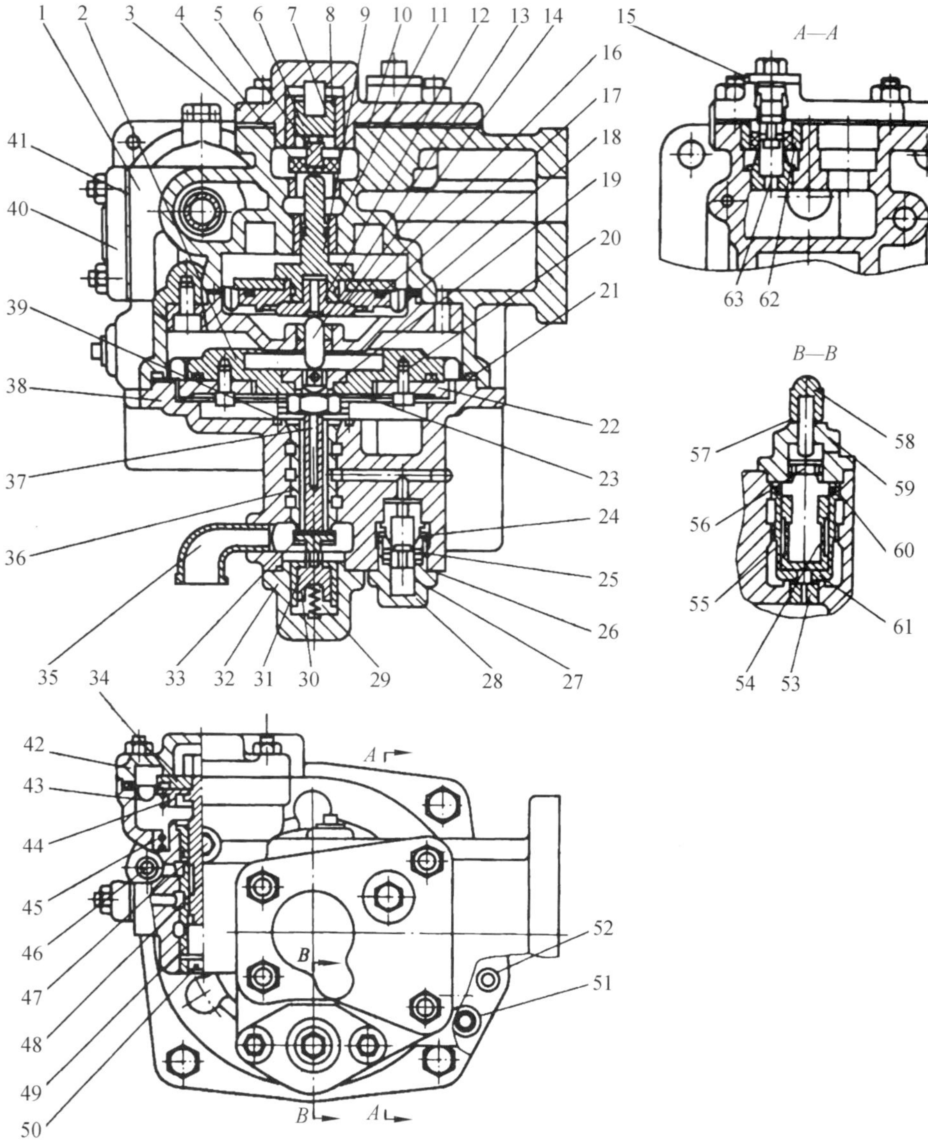

1—主阀体组成；2—中体组成；3—主阀上盖组成；4—平衡阀；5—固定销；6—导杆；7—平衡阀弹簧；8—套用O形密封圈；9—O形密封圈；10—主阀上盖垫；11—主阀杆；12—顶块；13—顶杆；14—压帽；15—螺堵；16—压板；17—小活塞；18—小膜板；19—排放阀O形密封圈；20—主活塞；21—大膜板；22—压板；23—硬心；24—弹簧；25—止回阀橡胶垫；26—止回阀；27—止回阀弹簧；28—螺盖；29—保压弹簧；30—导杆；31—O形密封圈；32—缓解阀盖；33—缓解阀组成；34—膜板托；35—放风弯头；36—局减阀套；37—缓解柱塞；38—主阀下体；39—制动弹簧；40—转换盖板；41—转换盖板垫；42—充气阀盖；43—充气阀膜板；44—压板；45—充气阀弹簧；46—缩堵；47—排气堵；48—充气柱塞；49—充气阀套；50—排气罩；51—大胶垫；52—胶垫；53—大缩堵；54—限压阀弹簧；55—限压阀；56—弹簧托；57—调整螺栓；58—螺母；59—限压阀盖；60—限压阀套O形密封圈；61—限压阀套；62—止回阀套；63—缩堵。

图 11-26　F8型分配阀的主阀部分

（2）制动管停止减压（阶段缓解时为停止增压）时，制动缸压力还在上升（或下降），当压力风缸、制动缸、制动管三者压力平衡时，平衡阀关闭，此时制动缸压力保持不变，F8 分配阀主阀处于保压状态。

（3）当制动管空气压力增压时，制动管和制动缸空气压力的合力大于压力风缸作用在主活塞上的力，使主活塞向下移动，打开缓解阀，使制动缸的压缩空气经缓解阀组成排向大气，主控部处于缓解位。

（4）在制动管压力下降，主活塞刚开始向上移动时缓解柱塞也随之向上移动，打开制动管与局减阀套之间联络通路，制动管的压缩空气经缓解柱塞中间孔、局减阀套，顶开止回阀，进入中间体内的局减室，使制动管产生局部减压作用，从而促使主阀迅速动作产生制动作用，又可促进制动波速的传递。

（5）一次缓解与阶段缓解的转换，转换盖板 40 可以使用“一次性缓解”或“阶段缓解”两个位置安装。安装在“阶段缓解”位时，具有阶段缓解性能。当与无阶段缓解的制动机混编运行时，转换盖板须放置在“一次性缓解”位安装，此时制动机施行缓解，压力风缸的压缩空气经局减阀套、转换盖板上的孔和槽直接进入制动管，达到一次缓解的目的。由于缓解时压力风缸的压缩空气直接迅速进入制动管，既提高了制动管的再充气速度，又加速了主阀的缓解作用，这对于较长编组列车的后部车辆加速缓解是很有意义的。

2. 充气阀

充气阀主要由充气阀盖 42、充气阀膜板托 34、充气阀膜板 43、充气阀膜板压板 44、充气阀弹簧 45、充气柱塞 48、充气阀套 49 等组成。

微课：F8 型分配阀主阀充气阀的用途

充气阀的作用：

在缓解位时，制动管的压缩空气经充气阀套 9、充气阀柱塞 48 向压力风缸充气。

在缓解位时，局减室压缩空气经充气阀套 9、排气罩 50 排入大气。

在制动位时，制动缸的压缩空气压力推充气膜板 43、压缩弹簧 45，推动充气柱塞 48，切断局减室通大气的通路，切断制动管与压力风缸之间的联络通路，以保证主阀的正常作用。

3. 限压阀

限压阀主要由限压阀盖 59、限压阀套 61、限压阀套 O 形密封圈 60、大缩堵 53、限压阀弹簧 54、限压阀 55、调整螺柱 57、螺母 58 等组成。

微课：F8 型分配阀主阀限压阀等的用途

限压阀的作用是：限制常用制动和紧急制动时的制动缸最高压力值，其限压值可由调整螺柱调整，调整后由螺母锁紧。一般常用制动时，限压阀不限制制动缸的压力，而使用常用制动过量减压时，制动缸压力继续上升，直达到紧急制动时最高制动缸压力。

4. 副风缸充气止回阀

副风缸充气止回阀主要由止回阀套 62、缩堵 63、螺堵 15、止回阀弹簧、止回阀等组成。副风缸充气止回阀的作用是：构通制动管与副风缸的充气通路，并防止副风缸气体向制动管逆流，以保证主

微课：F8 型分配阀主阀的分解组装

阀正常工作。

5. 局减阀

局减阀主要由止回阀 26、止回阀弹簧 27、螺盖 28 等组成。

局减阀的作用是：主阀产生局减作用时，制动管通过局减阀向局减室充气，并防止局减室气体向制动管逆流。

（三）辅助阀部分

辅助阀部分主要由辅助阀活塞 8、辅助阀套 10、O 形密封圈 11 和 12、辅助阀杆 5、常用排风堵 13、紧急排风堵 14 及紧急放风阀组成 1 等组成，如图 11-27 所示。

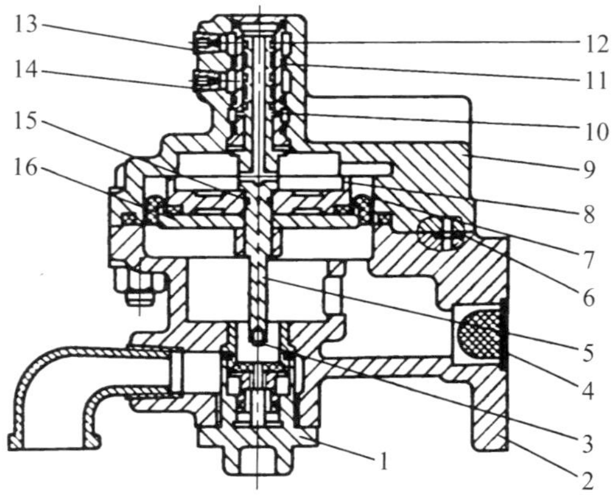

微课：F8 型分配阀辅助阀的分解组装

1—紧急放风阀组成；2—辅助阀组成；3—触头；4—滤尘网；5—辅助阀杆；6—胶垫；7—膜板；8—辅助活塞；9—辅助阀上盖；10—辅助阀套；11—排风阀 O 形密封圈；12—阀杆 O 形密封圈；13—常用排风堵；14—紧急排风堵；15—柱塞 O 形密封圈；16—活塞压板。

图 11-27　F8 型分配阀的辅助阀部分

辅助阀采用二压力控制机构，辅助阀活塞上方为辅助室压缩空气，下方为制动管压缩空气。从主阀来的压力风缸压缩空气经上方通路充入辅助室和膜板 7 的上方，辅助室与制动管压缩空气压力达到平衡。制动时由于制动管减压，辅助阀到达制动位，辅助室气体经常用制动排风堵 13 和紧急制动排风堵 14 排入大气。

辅助阀的作用是：

（1）车辆制动后再充气缓解时，制动管空气压力增大，压力风缸的压缩空气再次经辅助阀套 10、辅助阀杆 5 上的联络槽充入辅助室，压力风缸压力迅速下降从而加速缓解作用。

（2）当制动管以紧急制动减压时，辅助活塞下方的空气压力迅速降低，依靠辅助室空气压力推动辅助阀活塞 8 和辅助阀杆 5 向下移动，打开下方的紧急放风阀，产生制动管紧急放风作用。

三、F8 型分配阀的作用

微课：F8 型分配阀充气缓解作用

F8 型分配阀的作用性能有充气缓解作用及稳定性、常用制动作用及安定性、制动保压作用及自动补风作用、阶段缓解保压作用、紧急制动作用等五个作用位置。

（一）充气缓解作用（见图 11-28）

初充气时，制动管压力空气压力增大，压缩空气经制动管、制动支管、截断塞门和远心集尘器进入 F8 分配阀中间体，一路由滤尘器、主阀安装面孔 a_1 进入主控部；另一路进入辅助阀安装面孔 a'_1、滤尘器进入辅助阀活塞下方 a'_2。

进入主控部的压缩空气，经主阀暗道 a_2 进入主活塞上方空腔 a_3（同时进入 a_4），推动主活塞下移，直到主活塞下缘碰到下阀体，此时主阀处于充气缓解位，制动管向副风缸、压力风缸和辅助室充气。

（1）副风缸充气：制动管的压缩空气→a_1→a_2→副风缸充气止回阀→b_1→b→副风缸。另一路经副风缸充气止回阀后从 b_1 进入主阀平衡阀的空腔 b_2。

由于副风缸充气止回阀弹簧有一定的预紧力，实际上副风缸充不到定压，一般情况下，在制动管定压为 600 kPa 时，副风缸空气压力可充到 500 kPa 以上，而定压为 500 kPa 时，副风缸空气压力可充到 460 kPa 以上。

（2）压力风缸充气：主活塞上方的压力空气→a_5→充气阀杆沟槽 a_6→转换盖板 a_7→a_8→缩堵→下阀体通路 a_9→局减阀套→主活塞下方 c_1→上阀体通路 c_2→中间体通路 c_3→压力风缸。

（3）辅助室充气：由于制动管压力空气经 a'_1 进入辅助阀体内 a'_2（同时进入放风阀下方 a'_3），推动辅助阀活塞向上移动，辅助阀处于充气缓解位。

压力风缸的压缩空气经 c_4→辅助阀暗道 c_5→辅助阀套→辅助阀杆→辅助阀活塞上方 f_1→f_2→f_3→辅助室。

再充气时，即制动机在制动后进行充气缓解，当制动管增压后，使主控部原来的三压力平衡状态被打破，制动管和制动缸的压缩空气压力的作用合力（向下）大于压力风缸向上的作用力，主阀向下移动，到达充气缓解位。此时，压力风缸、副风缸和辅助室的充气通路与初充气时相同。

（4）制动缸缓解：主控部在缓解位时，主活塞带动缓解柱塞向下移动，打开缓解阀。制动缸压缩空气→d→d_1→d_2→d_3→d_4→缓解阀排气口→大气。同时，主阀小活塞上方 d_5 的压缩空气也经限压阀底部的大缩堵→限压阀套→限压阀沟槽→d_6→d_2→d_3→d_4→缓解阀排气口→大气。

使用阶段缓解时（转换盖板在阶段缓解位），由于制动管从增压到增压停止，主阀小活塞上方制动缸压力下降，直到主控部向上的作用力大于向下的作用力，主活塞向上移动，关闭缓解阀口，制动缸停止向大气排气。主控部达到一个新的平衡点，此时制动缸仍保留有一定的空气压力，车辆仍具有一定的制动力。缓解时制动缸压力的大小可通过控制制动管的增压量得到控制。

使用一次性缓解时（转换盖板在一次性缓解位），当制动管增压时，主控部达到缓解位后，制动缸压缩空气排向大气，同时主活塞下方的压力风缸压缩空气经 c_1→缓解柱塞与局减阀套间隙→a_9→a_8→a_7→a_6，流向主活塞上方 a_3，压力风缸压力迅速下降并充入制动管。此时主控部不可能回到缓解保压位，制动缸一次缓解到底，而不能实现阶段缓解作用。

（5）局减室排气：制动缸压力降到 20 kPa 以下时，充气阀活塞在弹簧力的作用下移动，打开充气阀杆尾部气路，局减室压缩空气经 e（e_2）→e_1→e_3→大气。

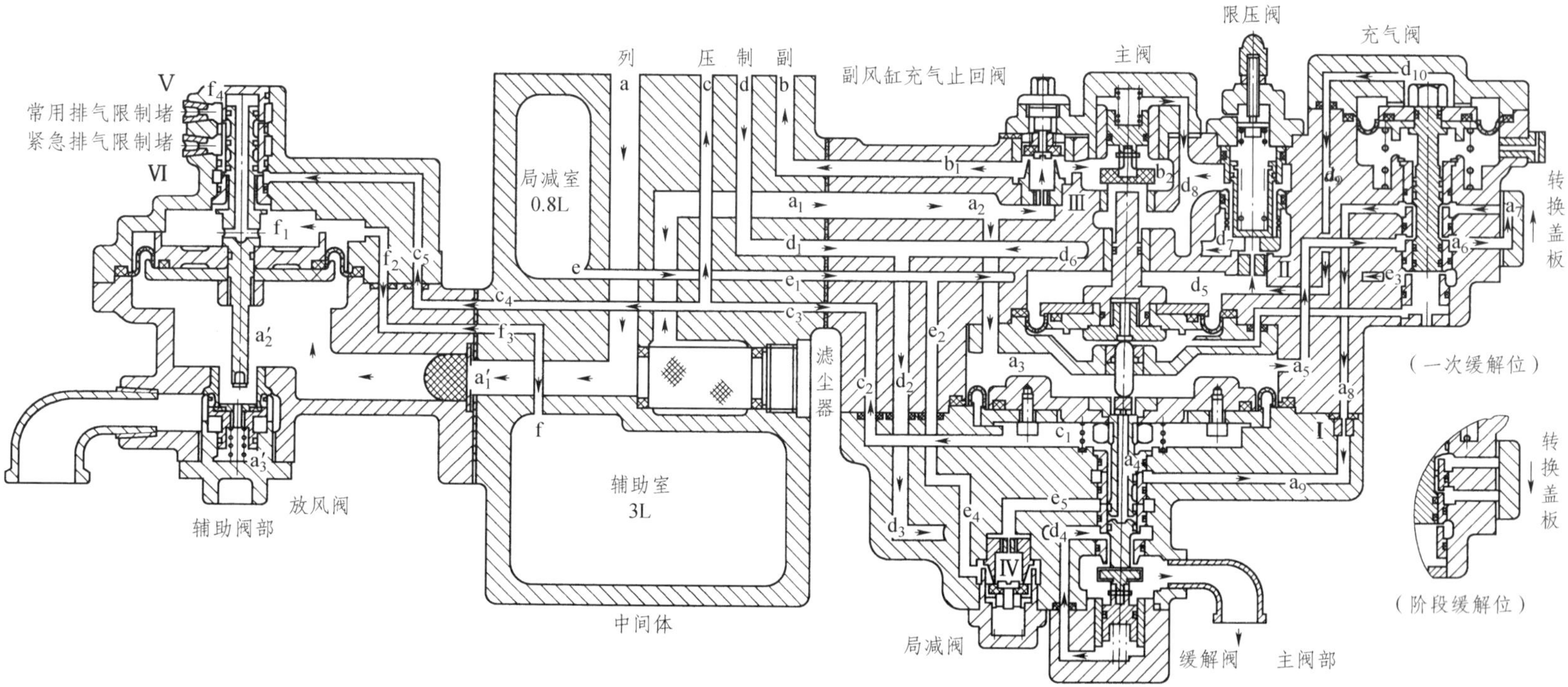

图 11-28　F8 型空气分配阀充气缓解位

制动机的稳定性，即指在制动管缓慢减压速度（如制动管漏泄等）下不发生制动作用的性能。

列车正常运行时，分配阀呈缓解状态。此时，若制动管缓慢减压（如漏泄），此漏泄速度小于制动管最小减压速度，则压力风缸气体经限制堵Ⅰ向制动管逆流，制动管压力下降的同时也补偿了制动管压力，使压力风缸与制动管的空气压力同步下降，在主活塞两侧不能形成压力差，主活塞不能上移而产生制动作用，保证了制动机的稳定性。

微课：F8 型分配阀常用制动作用

（二）常用制动作用及制动机的安定性（见图 11-29 和图 11-30）

1. 常用制动作用

列车运行中减速或准备进站停车时，司机施行制动管常用制动减压时，主控部主活塞上方的空气压力下降，而主活塞下方压力风缸的压缩空气开始向制动管逆流，但由于受缩孔堵Ⅰ的限制，其逆流速度较慢，随之主活塞上下形成一定的压力差，同时又有制动弹簧预紧力的作用，推动主活塞并带动缓解柱塞、主阀杆等向上移动。主控部处于制动位。

此时，由于缓解柱塞向上移动，切断压力风缸压缩空气向制动管逆流的通路，使主活塞上下两侧压力差进一步增大，主活塞迅速向上移动。缓解阀在弹簧的作用下，关闭制动缸与大气的通路。

第一阶段局减作用：主活塞上方的压缩空气经 a_3→缓解柱塞中心孔 a_4→缓解柱塞径向孔→缓解柱塞与局减阀套的沟槽→e_5→局减阀中的缩堵Ⅳ→e_4→e_2→e_1→e→局减室，同时经 e_3→充气阀排气口排入大气，形成第一阶段局部减压作用。

第一阶段局部减压作用进一步促进制动管空气压力的降低，使主活塞迅速向上移动，打开主阀上方的平衡阀，形成副风缸向制动缸充气的气路。

副风缸压力空气→b→b_1→b_2→打开的平衡阀口→d_8→限压阀套和限压阀→d_7→d_6→d_1→d→制动缸。同时制动缸压缩空气又经 d_7→大缩堵Ⅱ→d_5→主阀小活塞上方，又经 d_9→d_{10}→充气阀活塞上侧，压缩充气阀弹簧，使充气阀向下移动，充气阀杆上的橡胶密封圈切断局减阀通大气的通路，第一阶段局减作用结束。

但制动管压缩空气向局减室充气的通路并没有切断，局减室的空气压力将继续上升，一直到局减室空气压力与制动管空气压力平衡为止，即第二阶段局减作用结束。

在常用制动过程中，由于制动管压力低于副风缸空气压力，因此副风缸止回阀被关闭。

常用制动初期，辅助室空气压力几乎不变，制动管减压后，作用在辅助阀活塞上下侧的压力失去平衡，当其压力差大于辅助阀动作压差时，辅助活塞与辅助阀杆一起向下移动，先遮断压力风缸与辅助室的空气通路（c_5 与 f_1 间的联络），然后开启辅助室与常用排气堵的空气通路，使辅助室的气体从常用排气堵Ⅴ排入大气，辅助阀处于常用制动位。

2. 制动机的安定性

制动机的安定性是指制动机在常用制动时不发生紧急制动作用的性能。

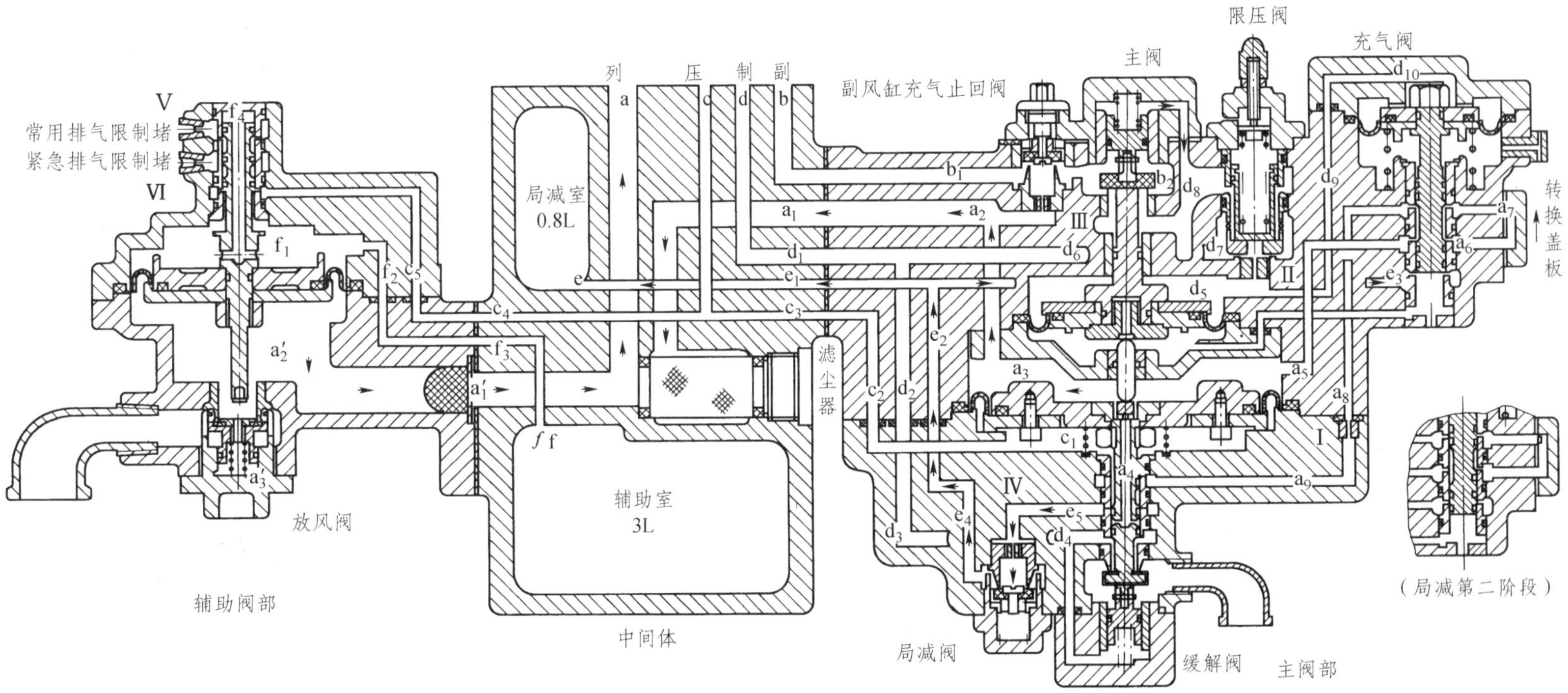

图 11-29　F8 型空气分配阀常用制动位（第一阶段局部减压）

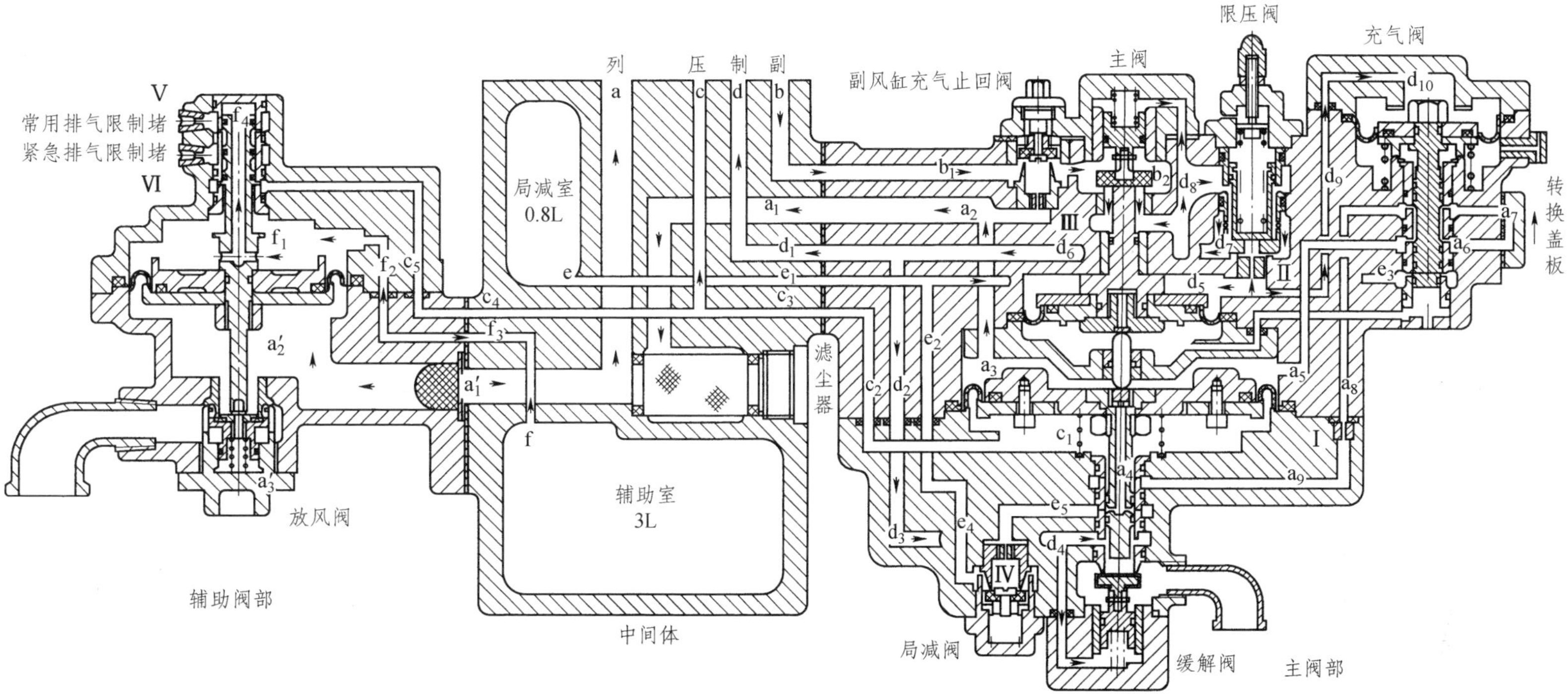

图 11-30　F8 型空气分配阀常用制动位

制动管常用制动减压，辅助活塞下方的空气压力下降，辅助活塞上下两侧形成常用制动压力差，辅助活塞稍向下移动，辅助阀杆露出常用制动排风堵 V，辅助室气体经常用排风堵排向大气（辅助室气体$\to f_3 \to f_2 \to f_1 \to f_4 \to$缩堵 V→大气），辅助室排气速度不小于制动管常用制动最大减压速度，辅助室空气压力紧随制动管空气压力下降，使辅助阀活塞上下不能形成更大的压力差而继续下移，放风阀在放风阀弹簧作用下保持与放风阀座密贴，保证了不产生紧急制动排风作用，即保证了制动机的安定性。

（三）制动保压作用及自动补风作用（见图 11-31）

1. 制动保压作用

微课：F8 型分配阀制动保压作用

在常用制动过程中，制动管停止减压后，副风缸气体继续进入制动缸及小活塞上方，当作用在主活塞上向下的作用力稍大于向上的作用力时，主阀小活塞和主活塞一起向下移动，平衡阀关闭，此时副风缸向制动缸充气通路被切断，副风缸停止向制动缸充气。主阀的其他通路与常用制动时相同，主阀处于制动保压位。

制动管停止减压后，辅助室压缩空气继续排入大气，当辅助活塞上侧的压力低于下侧压力时，辅助活塞带动辅助阀杆向上移动，关闭辅助室与大气的通路，辅助室停止排气，辅助室也处于保压状态。

2. 自动补风作用

制动保压位，主控部三压力机构处于平衡状态，即制动管压力与制动缸压力作用在主活塞与小活塞上向下的压力与压力风缸作用在主活塞上向上的压力平衡。

长大坡道运行因时间长，闸瓦磨耗引起制动缸活塞行程伸长，使得制动缸容积增大或因制动缸漏泄时，均会引起制动缸压力下降，则反映在小活塞上侧压力下降，主控部三压力机构失去保压位的平衡，机构向上的力大于向下的力，主活塞和小活塞上移，主阀杆再次推开平衡阀，使副风缸向制动缸和小活塞上方补风。当制动缸压力恢复到原平衡压力时，主活塞和小活塞下移，平衡阀再一次关闭，停止副风缸向制动缸补充压力空气。这一过程即自动补风作用，保证实现了制动力不衰减的性能。分配阀的这一性能，适应于长大下坡道运行。

（四）阶段缓解保压作用（见图 11-32）

微课：F8 型分配阀阶段缓解作用和紧急制动作用

当转换盖板处于阶段缓解位时，F8 阀具有阶段缓解作用，就是在充气缓解时制动管停止增压，制动缸压力也相应地停止向大气排气，实现制动机阶段性缓解动作。

在转换盖板阶段缓解位时，由于转换盖板切断了压力风缸与制动管的直接联络通路，主控部处于缓解位时，压力风缸的气体不能直接向制动管逆流，压力风缸的压力基本保持不变。当制动管停止增压，而作用在小活塞上方的制动缸压力与作用在主活塞上方的制动管压力的合力小于压力风缸向上的作用力时，主活塞向上移动，使制动管、制动缸、压力风缸三者压力维持平衡状态。此时主活塞带动缓解柱塞向上移动，缓解阀关闭，切断了制动缸向大气的排气气路，F8 型分配阀主阀从充气缓解状态进入阶段缓解保压位。

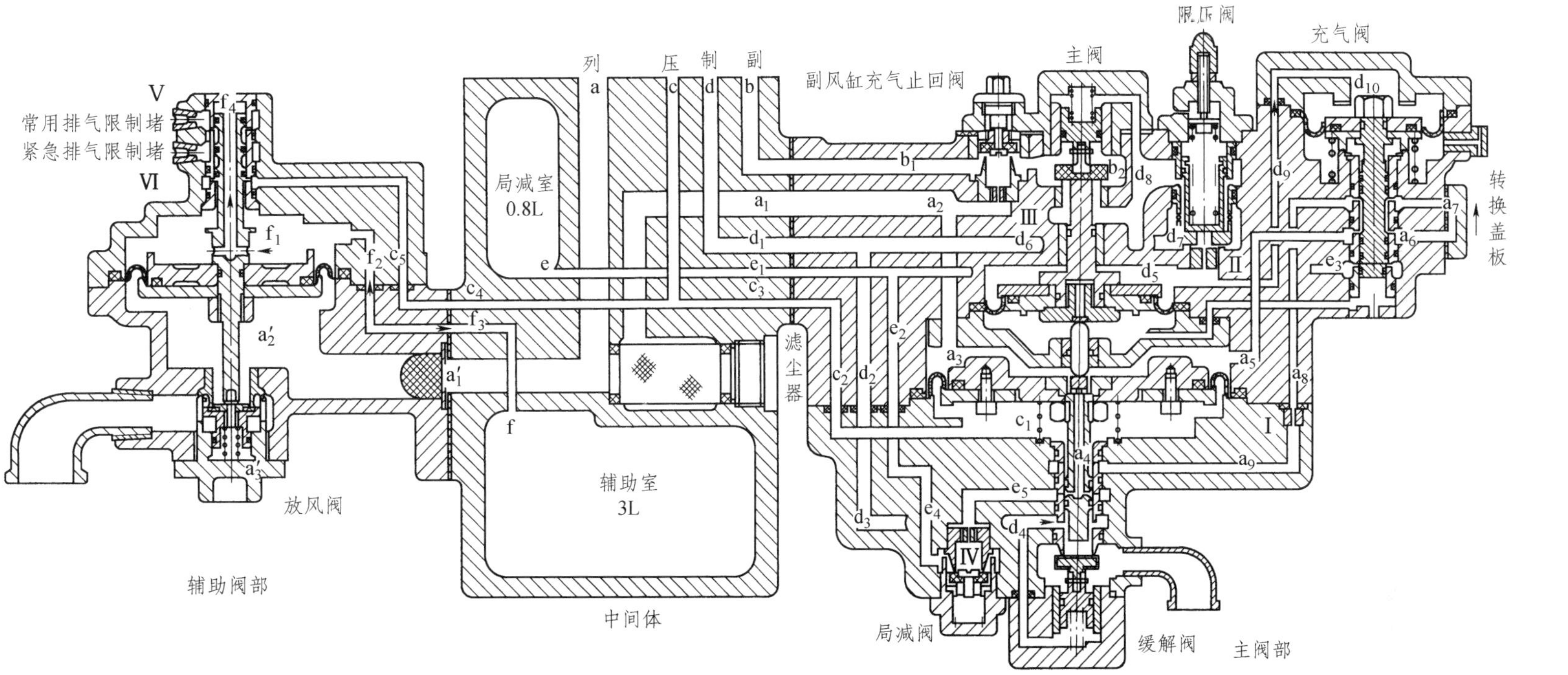

图 11-31　F8 型空气分配阀制动保压位

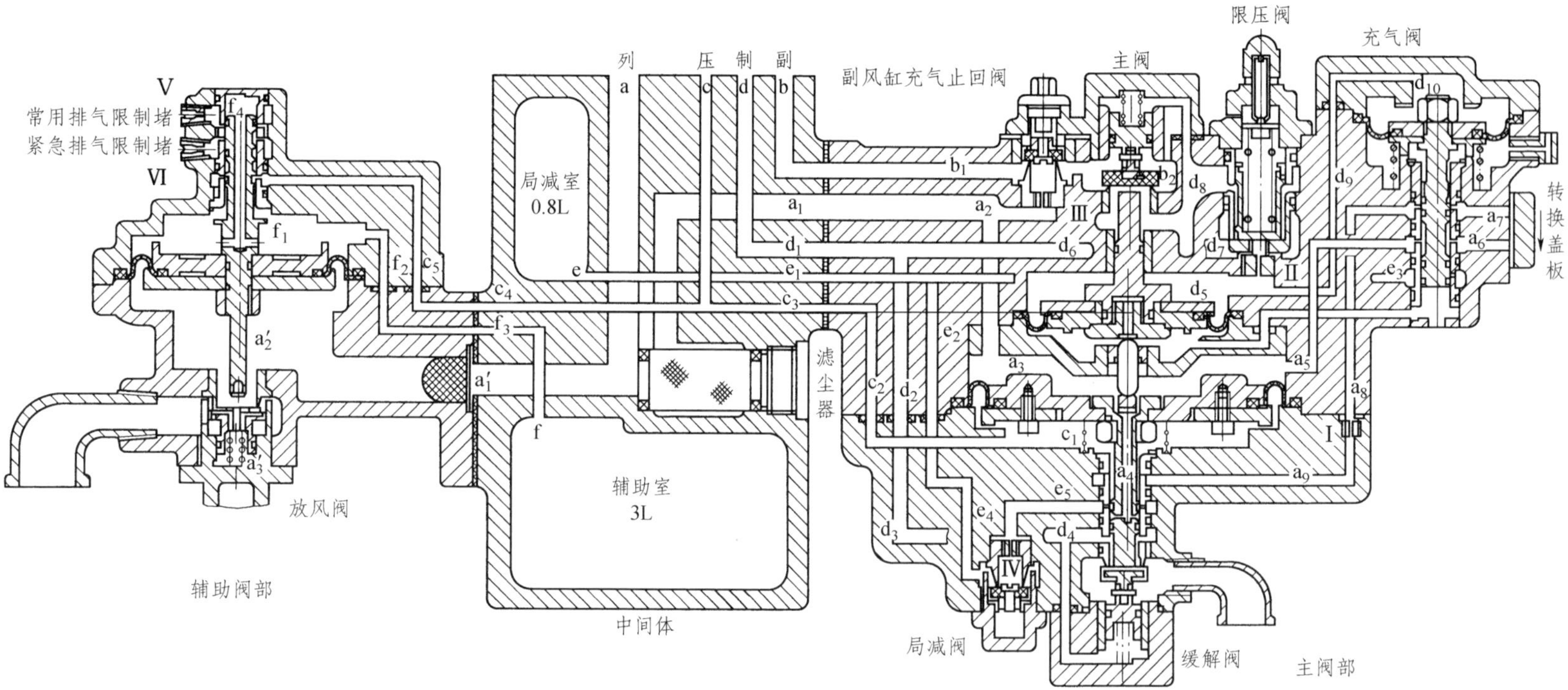

图 11-32 F8 型空气分配阀的阶段缓解保压位

只有在制动缸压力降到 20 kPa 以下时，充气阀在其弹簧作用下向上移动，充气阀杆重新沟通压力风缸与制动管的联络通路，压力风缸的压缩空气先向制动管逆流，等压力风缸空气压力小于制动管空气压力后，制动管向压力风缸充气。

阶段缓解保压位是在充气缓解作用后施行的制动管保压状态，所以缓解柱塞、主活塞、主活塞杆等都处于下方位置（即缓解阀刚关闭的位置），此时制动管与局减室的联络通路处于被切断状态；而制动保压位是在常用制动作用后的制动管保压状态，缓解柱塞、主活塞、主活塞杆都处于上方位置（平衡阀刚关闭的状态），此时制动管与局减室的联络通路是连通的。

（五）紧急制动作用（见图 11-33）

紧急制动时，主控部的动作与常用制动时相同，只是由于制动管的减压速度比常用制动时快，主控部动作更迅速。另外，主活塞上下两侧形成的压力差也比常用制动时大得多，所以平衡阀处于全开状态，副风缸压缩空气迅速进入制动缸，制动缸压力迅速上升。

由于制动管紧急减压，辅助活塞下方的空气压力骤降，辅助活塞的上下两侧形成较大的压力差，辅助活塞迅速向下移动，辅助阀杆压缩放风阀弹簧，顶开紧急放风阀，使制动管的压缩空气经放风阀口迅速排入大气，达到紧急排风的目的。此时，辅助室的空气除经常用制动排风堵Ⅴ排出外，辅助室与紧急排风堵Ⅵ的联络通路也被打开，辅助室气体经两路同时排入大气。

当制动缸的压力超过限压阀弹簧的预紧力时，限压阀向上移动，关闭副风缸向制动缸充气的通路。此时，虽然主阀处于紧急制动作用位，但制动缸的压力不能继续上升，制动缸的最高压力值受限压阀的控制。限压阀的限压值可根据不同的要求进行调整。

紧急制动时，制动管的空气压力迅速降低至零后，辅助室压力空气继续由两路排入大气，需要 10 ~ 15 s 降至 0，在此过程中，放风阀一直处于开放状态，制动管无法施行再充气。因此，F8 阀制动机在紧急制动后，必须保持 15 s 以后，才能施行充气缓解作用。

四、F8 型空气分配阀的检修

（一）检修的一般要求

（1）当车辆进行辅修（A1 修）、段修（A2、A3 修）或由于分配阀发生故障时，需将 F8 型分配阀的主阀、辅助阀及电控阀拆下，进行检修；如暂时不安装阀时，中间体上暴露出的主阀、辅助阀安装面须加以防护，以防尘土、杂物等进入。

（2）辅修（A1 修）时，只需将主阀、辅助阀拆下，对其表面油垢、污物用钢丝刷或铲子进行清理，并用压力空气吹净，然后卸下；中间体上的制动缸限制堵用标准钻头或钢针疏通后，重新装入。然后在 F8 型试验台上对拆下的各阀进行性能试验检查，经试验合格的，可不进行分解直接装车，如试验不合格，应针对存在的故障进行检修。最后，检查各部螺柱、螺母等紧固件，如出现滑扣、锈蚀严重、变形或损伤等问题应更换，同时检查各部零件是否有丢失现象。如有，应配齐后再装车。

（3）段修（A2、A3 修），将主阀、辅助阀全部拆下，对其表面污物进行清理，再进行分解。分配阀的全部清洗应按规定进行，重新润滑、组装工作应在清洁、明亮的工作台上进行。所有活动的橡胶 O 形圈和橡胶膜板、止回阀垫等均需更换。各零件检查合格后重新组装，经 F8 型分配阀试验台试验合格后方可装车使用。F8 阀的中间体在段修时不必拆下，但其内部的滤尘器必须进行清扫，如出现破损等现象，应更换。中间体表面也应进行清污，然后用高压

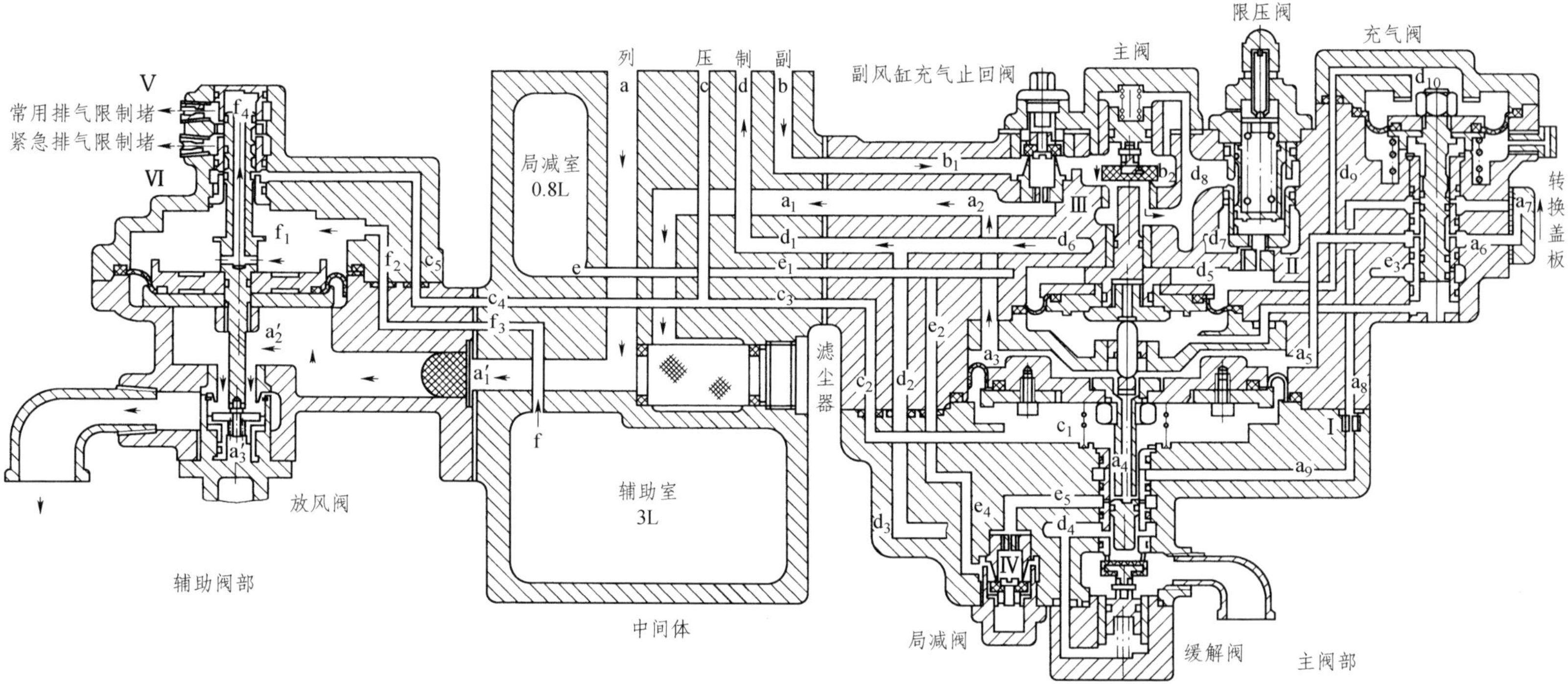

图 11-33　F8 型空气分配阀的紧急制动位

空气对其内部各腔及气路进行吹扫。

（4）其他段修、辅修要求按国铁集团的《25K 型客车检修规程》进行。

（5）厂修（A4 修）时，不但将主阀、辅助阀拆下，还须将中间体拆下，按规定对分配阀进行分解、清洗、检查、组装和试验，试验合格后，方可装车使用。厂修时，橡胶件一般应全部更换。中间体必须分解检查，清洗组装后，需进行风压 700 kPa 试验及通量试验，合格后方可装车。

（二）F8 型分配阀的检修及注意事项

1. 清扫

阀体外部除尘。先将阀体表面的油垢及尘土用钢丝刷刷干净，然后用压力空气吹干净。

2. 分解检查

（1）各铸件不得有裂纹。

（2）各金属件不得有变形或裂纹。

（3）各阀口不得有伤痕。

（4）各弹簧不得有变形、锈蚀或裂纹。

（5）对活动用密封 O 形圈，不得老化变质，其外侧面不得磨损，内侧面不得有裂纹；对固定用密封 O 形圈，不得老化变质及变形。

（6）橡胶膜板不得开胶或破裂；膜板内外侧用于密封的 O 形圈不得变形。

（7）将各阀套上的小孔用标准钻头疏通，并用压力空气吹干净。将各限止缩堵用标准钻头疏通，并用压力空气吹干净。

（8）各螺栓无滑扣，拧螺母时应灵活。

（9）各种固定胶垫不得老化、损伤。

3. 清洗及组装

（1）严禁用汽油浸洗各种橡胶件。

（2）对分解开的各种零件用压力空气先吹扫，然后用棉纱或棉布擦去上面的油垢、砂子等污物，特别是副风缸充气止回阀及其套处的油垢一定要清除干净。

（3）活动用橡胶 O 形圈及与其相对运动的零件必须涂上适量的硅脂。

（4）各活动的 O 形橡胶密封圈不得装错。

（5）各种胶垫不得装错或漏装。

（6）严防漏装或错装弹簧，各种弹簧必须装正，以免把弹簧压变形。

（7）在组装时严禁碰伤各阀口。

（8）各活动部件应动作灵活。

（9）组成件中有一个以上螺栓，在拧螺母时，要均匀紧固；对于较小直径的螺栓，应用力得当，以防滑扣。

（10）与阀口相接触的胶垫，其表面不得有凹陷，阀口印痕深度不得太大。

（11）组装时，必须注意各接合面是否平整，边缘有无凸起，如主阀、辅助阀安装面、各阀盖与阀体的接触面等。

五、F8 型分配阀的性能试验

1. 主阀试验

（1）试验准备。

① 接通电源开关，将电压调整为 DC 110 V，开风门 F1。

② 确认风源（总风缸）压力应在 650 kPa 以上，将试验台的工作压力调整到 600 kPa。

③ 开控制阀 K_1，将主阀卡紧在主阀安装管座上，将主阀上的转换盖板置“一次性缓解位（箭头朝上）”。开风门 F2、1、2、3、4、13，关其他风门，将操纵阀手把置 I 位，在制动管、副风缸、压力风缸充至定压的前提下，将操纵阀手把在 I 至Ⅶ位间往复移动两到三次后，再置 I 位。待制动管、副风缸、压力风缸充至定压后，将操纵阀手把移至Ⅶ位，打开 5 号塞门（以加大副风缸容积），调整主阀限压阀限制压力为（420+10）kPa，或根据需要将限压阀限制压力调整为（480+10）kPa，试验完毕后关 5 号塞门，然后将操纵阀手把置 I 位，要求主阀各部性能正常。

（2）漏泄试验。

① 缓解位漏泄试验：

将操纵阀手把置 I 位充气，待制动管、副风缸，压力风缸充至定压后，关闭风门 3，用肥皂水、转子流量计进行漏泄检查。

检查部位：

a. 缓解排气口；

b. 充气阀尾部（取下排气罩）：

c. 主阀与阀座连接处及阀体各结合部。

试毕，开风门 3。

要求：a、b 处漏泄量不得大于 160 mL/min；c 处不得有漏泄。

② 制动位漏泄试验：

将操纵阀手把由 I 位移至Ⅵ位，待制动管减压至 200 kPa 时，手把置Ⅲ位保压后进行漏泄检查。

检查部位：

a. 缓解排气口；

b. 充气阀尾部；

c. 充气阀六角螺帽上小孔；

d. 限压阀盖小孔；

e. 充气阀盖、局减阀螺盖与阀下体的结合处；

f. 关风门 4，观察压力风缸压力表（工 1），检查压力风缸漏泄。

试毕，开风门 4。

要求：a、b 处漏泄量不得大于 240 mL/min；c、d、e 处不得有漏泄；f 处压力风缸压力表（工 1）下降不得大于 5 kPa/min。

③ 紧急制动位漏泄试验：

将操纵阀手把由Ⅲ位移至Ⅶ位。待制动管压缩空气排净后，关闭风门 1，开风门 12，进行漏泄检查。

检查部位：

a. 试验台排气口 12；

b. 主阀缓解排气口。

试毕，开风门 1，关风门 15。

要求：a 处漏泄量不得大于 160 mL/min；b 处漏泄量不得大于 240 mL/min。

（3）充气试验。

开风门 9、10、11，待副风缸、制动缸、压力风缸压缩空气排净后，关风门 9、10、11，将操纵阀手把置Ⅰ位。

测定：① 压力风缸压力由 0 升至 500 kPa 的时间，并且能继续充至 600 kPa；② 副风缸压力由 0 升至 500 kPa 的时间，并且能继续充至 570 kPa。

要求：① 项应在 40 ~ 50 s 时间内；② 项应在 65 ~ 85 s 时间内。

（4）制动和缓解灵敏度试验。

将操纵阀手把置Ⅰ位充气，待制动管、压力风缸、副风缸充至定压后，手把移至Ⅴ位，制动管减压 40 kPa 后，手把移至Ⅲ位保压 1 min，然后手把再移至Ⅱ位。

要求：① 制动管减压 40 kPa 前应产生制动作用。制动缸压力不得高于 130 kPa。局减室升至最高压力的时间应为 1 ~ 2 s。制动后保压 1 min 不得发生自然缓解。② 将操纵阀手把移至Ⅱ位后，15 s 内应开始缓解。③ 制动缸压力降至 30 kPa 后，局减室应开始排气，在 15 s 内应排到 40 kPa 以下。

（5）常用制动试验。

① 制动缸自动补风试验：

将操纵阀手把置Ⅰ位充气，待制动管、压力风缸、副风缸充至定压后，手把移至Ⅵ位。当制动缸压力升至 200 kPa 时，将手把移至Ⅲ位保压。然后开风门 10，待制动缸压力下降 30 kPa 时，关闭风门 10。观察制动缸压力的变化情况。

要求：不得发生自然缓解或再制动现象，制动缸应能自动补风。

② 局减止回阀漏泄试验：

将操纵阀手把移至Ⅵ位，使制动管继续减压 200 kPa 后，手把移至Ⅲ位保压，观察局减室的压力变化情况。

要求：局减室压力升至最高值后不得下降。

（6）稳定性试验。

将操纵阀手把置Ⅰ位充气，待制动管、压力风缸、副风缸充至定压后，手把移至Ⅳ位，制动管减压 50 kPa。试毕，手把置Ⅰ位。

要求：制动管减压 50 kPa 内不得发生局减和制动作用。

（7）常用全制动及缓解试验。

将操纵阀手把置Ⅰ位充气，打开 5 号风门，待制动管、压力风缸、副风缸充至定压后，手把移至Ⅴ位，制动管减压 200 kPa 后，手把移至Ⅲ位保压 1 mm。然后将手把移至Ⅰ位。

要求：① 制动缸压力由 0 升至最高压力的时间为 3.5 ~ 5.5 s，保压 1 min 内不得自然缓解；② 制动缸压力由最高降至 40 kPa 的时间应为 6 ~ 10 s。

（8）一次性缓解试验。

将操纵阀手把置Ⅰ位充气，待制动管、压力风缸、副风缸充至定压后，手把移至Ⅵ位，制动管减压 200 kPa 后手把移至Ⅲ位。待制动管压力稳定后手把再移至Ⅱ位，在主阀开始缓解（缓解排气口开始排气）时，立即将手把移至Ⅲ位保压。观察制动缸压力表及缓解排气口。

要求：开始缓解后，制动缸压力能持续缓解到 0，压力风缸压力应有下降。

（9）阶段缓解试验。

将操纵阀手把置Ⅶ位，待制动管压缩空气排净后，把转换盖板调换到“阶段缓解位（箭头朝下）”。然后将操纵阀手把置Ⅰ位充气，待制动管、压力风缸、副风缸充至定压后，手把移至Ⅵ位，制动管减压 170 kPa，手把移至Ⅲ位；再将手把移至Ⅰ位，待主阀开始缓解（缓解排气口开始排气）时，立即将手把移至Ⅲ位。如此将手把在Ⅰ位和Ⅲ位之间往复移动，进行阶段缓解。

要求：阶段缓解次数应达到 5 次，并且制动缸压力最终能缓解到 0。

试毕，操纵阀手把置Ⅶ位，关闭风门 5，打开风门 9、10、11，排尽副风缸、制动缸和压力风缸的压缩空气后，关控制阀 K_1，取下主阀。

注意：主阀上的转换盖板应根据实际需要放置在“阶段缓解位”或“一次性缓解位”。

2. 辅助阀试验

（1）试验准备。

开控制阀 K_2，将辅助阀卡紧在试验台的辅助阀安装座上，开风门 S_1、S_2、6、13、14、15，其他风门关闭，操纵阀手把置Ⅰ位，待制动管，压力风缸、辅助室的压力到达定压后，关闭风门 6，操纵阀手把置Ⅶ位；然后打开风门 6，手把移至Ⅰ位。如此往复移动手把 2 ~ 3 次后，操纵阀手把置Ⅶ位。

（2）充气试验。

开风门 11、16，将制动管、压力风缸、辅助室的压缩空气排尽后，关闭风门 11，16，开风门 6，操纵阀手把置Ⅰ位。

要求：辅助室空气压力由 0 升至 500 kPa 的时间为 10 ~ 14 s，并能继续充至 600 kPa。

（3）漏泄试验。

① 缓解位漏泄试验：

将操纵阀手把置Ⅰ位充气，待制动管、压力风缸．辅助室充至定压后，用肥皂水、转子流量计检查漏泄。

检查部位：

a. 紧急排气口；

b. 常用，紧急排气限制堵；

c. 辅助阀各结合部及与阀座的连接处。

试毕，关闭风门 6。

要求：a 处漏泄量不得大于 50 mL/min；b 处 10 s 内肥皂泡直径不得大于 20 mm；c 处不得有漏泄。

② 制动位漏泄试验：

将操纵阀手把置Ⅰ位充气，待制动管、压力风缸、辅助室充至定压后，手把移至Ⅵ位，制动管减压 200 kPa 后，手把移至Ⅲ位保压。关闭风门 15，压力稳定后检查漏泄。试毕，开风门 15。

要求：a. 紧急排气口处的漏泄量不得大于 160 mL/min；b. 常用和紧急排气限制堵处在 5 s 内肥皂泡直径不得大于 20 mm（多余空气排出后测试）；c. 压力风缸压力表压力下降不得大于 5 kPa/min。

（4）安定性及常用转紧急制动试验。

开风门 6，将操纵阀手把置Ⅰ位充气，待制动管、压力风缸、辅助室充至定压后，关闭风门 6，手把移至Ⅵ位，制动管减压 200 kPa 后，手把移至Ⅲ位保压。然后再将手把移至Ⅶ位。

要求：① 手把移Ⅵ位，制动管减压 200 kPa 时，辅助阀不得发生紧急放风作用；② 保压后，手把移Ⅶ位，辅助阀仍能发生紧急放风作用。

（5）门 6，将操纵阀手把置Ⅰ位充气，待制动管、压力风缸、辅助室充至定压后，关闭风门 6，手把移至Ⅶ位。

要求：制动管减压在 80 ~ 120 kPa 内辅助阀发生紧急放风作用；辅助阀空气压力应在 10 ~ 15 s 内降至 40 kPa。

（6）加运缓解作用。

开风门 6，将操纵阀手把置Ⅰ位充气，待制动管、压力风缸、辅助室充至定压后，关闭风门 6；再将操纵阀手把移至Ⅵ位，制动管减压 180 kPa 后手把移Ⅲ位保压；然后手把移至Ⅰ位。观察压力风缸的压力变化。

要求：制动管压力上升至 600 kPa 期间，压力风缸的压力应下降 25 kPa 以上。

试毕，操纵阀手把置Ⅶ位，开风门 11、16，将压力风缸、辅助室的压缩空气排尽后，关控制阀 K_2，取下辅助阀。

3. 喷漆及喷涂标记

（1）试验合格后，须在铸造表面涂以 C06-1 铁红醇酸底漆后，再喷以 C04-42 深灰色醇酸磁漆，但安装面、铭牌不得油漆，各小孔加以防护。

（2）辅修、段修后的分配阀，需在合适部位喷涂标记。

4. 装运及存放

（1）当分配阀试验合格后从试验台卸下时，应在安装面装防护罩，直至装车时，方可卸下防护罩。

（2）分配阀如暂时不用时，需存在库房内，库内温度保持在-15 ~ +35 °C，相对湿度不得高于 80%。当存放期超过半年再使用时，须重新试验，合格后方可装车使用。存放期超过一年需重新拆检组装，试验合格后方可装车使用。

六、F8 型分配阀的故障处理

1. 充气缓解位

（1）主阀缓解口漏泄。

① 平衡阀漏泄。

初充气时，F8 阀处在缓解状态。这时，制动缸压力空气经缓解阀与大气相通，平衡阀呈关闭状态，此时制动管的压力空气经副风缸充气止回阀向副风缸充气，平衡阀胶垫上侧有压力空气。若此时平衡阀未关严，则制动管的压力空气经副风缸充气止回阀、平衡阀、限压阀、缓解阀排大气。此外，注意平衡阀是否装正（观察阀口在橡胶垫上的印痕）。

② 缓解柱塞 43 最下面一道 O 形密封圈漏泄。处理办法：更换橡胶 O 形圈。

③ 平衡阀导杆上的橡胶 O 形圈漏泄，需更换 O 形圈。

（2）充气阀尾部排气口漏泄。

首先判断漏泄的部位，若充气阀套后部小孔漏泄，则：① 中间体未安装好，需重新安装中间体；② 中间体中的橡胶 O 形圈漏泄，需要换 O 形圈。

若充气阀套尾部漏泄，则：① 充气阀套下部第二道橡胶 O 形圈漏泄，需更换 O 形圈；② 充气阀杆下部三、四道橡胶 O 形圈同时漏泄，需更换 O 形圈。

（3）辅助阀常用排风堵漏泄。

辅助阀杆上部第一道橡胶 O 形圈漏泄，需更换 O 形圈。

（4）辅助阀紧急排风堵漏泄。

辅助阀套上第三道橡胶 O 形圈漏泄，需更换 O 形圈。

（5）辅助阀部紧急放风阀排风口漏泄。

① 紧急放风阀漏泄。

紧急放风阀通常总是关闭的，只有当制动机处在紧急位时，放风阀才被打开。因此，若放风阀排风口漏泄，证明紧急放风阀未关严。

处理方法：只需将支管塞门关闭，然后将紧急放风阀盖拧下。检查紧急放风阀在紧急放风阀盖内能否灵活动作，有无卡住现象；检查与紧急放风阀接触的橡胶垫表面，若有异物，需清除干净。

② 紧急放风阀上 O 形橡胶密封圈漏泄，需更换 O 形圈。

2. 常用制动位

（1）四位减压，制动缸不出闸。

① 副风缸充气止回阀未关严。

副风缸充气止回阀未关严，因此制动管减压时，副风缸的压力空气经副风缸充气止回阀与制动管一起排向大气，从而使制动管的减压速度减慢，造成主活塞两侧不易形成压力差，所以常用制动时制动缸不易出闸或不出闸。

处理办法：打开主阀上盖。首先检查副风缸充气止回阀在阀套中能否灵活动作；取出止回阀，检查止回阀胶垫与其阀口接触处有无异物；检查止回阀胶垫是否平整，必要时将胶垫用水磨砂纸磨平或更换。

② 主膜板漏泄，需更换主膜板。

（2）常用制动时起非常制动作用。

造成的原因是辅助室里的压力空气降压速度太慢，使辅助阀活塞两侧形成的压力差达到了紧急制动时所需的值。

处理办法：

① 把辅助阀常用排气风堵取下，用标准钻头将其孔疏通。

② 把紧急放风阀盖拧下，检查紧急放风阀胶垫中间，螺栓有无松动。

③ 取出辅助阀套，用标准钻头将套上的常用排风孔疏通。

3. 制动保压位

（1）制动缸保不住压，很快产生自然缓解。

① 原因之一：副风缸充气止回阀未关严，制动保压后，副风缸的压力空气经副风缸充气止回阀进入制动管，使制动充气，三压力平衡的主阀失去压力平衡，因此 F8 分配阀很快自然缓解。

处理方法：同“六 2（1）①”中的处理方法。

② 原因之二：限压阀下部限制孔变小，使小活塞上侧所造成的空气压力小于制动缸的空气压力。因此，主阀保压后，制动缸里的空气必然要流向小活塞，使主阀压力失去平衡，导致分配阀自然缓解。

处理方法：取出限压阀下部的限制堵，将其孔疏通。

（2）制动保压经一段时间后缓解。

① 原因之一：压力风缸漏泄。

处理方法：检查压力风缸塞门是否关严；压力风缸塞门漏泄，需更换。

② 原因之二：在此时平衡阀应呈关闭状态，但若平衡阀未关严，则副风缸的压力空气流向制动缸，使主阀失去平衡，从而造成自然缓解。

处理方法：同“六 1（1）①”中的处理方法。

（3）缓解阀排风口漏泄。

① 缓解阀口漏泄。

在制动保压位，缓解阀呈关闭状态，制动缸与大气的通路被缓解阀切断。此时缓解阀漏泄的处理办法：调整缓解阀连接螺母；将缓解阀拆下，检查有无异物；检查缓解阀胶垫是否平整，必要时将胶垫磨平。

② 缓解阀导杆上橡胶 O 形圈漏泄，需更换 O 形圈。

（4）充气阀尾部排气口漏泄。

① 充气阀套最下边一道橡胶 O 形圈漏泄，需更换 O 形圈。

② 充气阀套尾部小孔漏泄，其原因是小膜板未装好或膜板破裂。

（5）制动保压后，制动管压力继续下降（简称抢风）。

① F8 中间体中副风缸通路是否堵塞，如果是，则更换管座，将换下的中间体重新疏通副风缸通路。

② 检查副风缸各管路是否畅通，如不畅通，则疏通之。

4. 紧急制动位

不起紧急制动作用或紧急灵敏度很差，其原因是辅助阀膜板未装好或膜板破裂。

思考与练习

一、填空题

1. F8 型分配阀主阀由主控部、（　　　　　　　　）、充气阀、局减阀、（　　　　　　）及转换盖板等组成。

2. F8 型分配阀辅助阀的二压力是指（　　　　　　）、（　　　　　　）两个压力。

3. F8 型分配阀在（　　　　）时，辅助阀上部两个排气孔均排气，排出的是（　　　　）的压力空气。

4. F8 型分配阀在缓解作用快结束时，充气阀尾部排气孔排出的是（　　　　）的气体。

5. F8 型分配阀限压阀的作用是限制（　　　　）时制动缸的最高压力。

6. F8 型制动机的车辆与非 F8 型制动机的车辆连挂混编时，F8 主阀上的转换盖板应置于（　　　　）位。

二、选择题

1. F8 型分配阀的主活塞两侧分别是压力风缸和列车制动主管的压力空气，小活塞上方是（　　）的压缩空气。

A. 制动缸　　B. 压力风缸　　C. 副风缸　　D. 缓解风缸

2. F8 型分配阀的辅助阀由辅助活塞、（　　）、放风阀、阀上体和阀下体等组成。

A. 紧急二段阀　　B. 加速缓解阀　　C. 辅助阀套　　D. 半自动缓解阀

3. F8 型分配阀在充气缓解位时，辅助室与（　　）相通。

A. 制动缸　　B. 副风缸　　C. 容积室　　D. 压力风缸

4. F8 分配阀完全采用橡胶密封结构，彻底取消（　　），检修方便。

A. 金属滑阀　　B. 铅合金滑阀　　C. 胶木滑阀　　D. 橡胶膜板

5. F8 型分配阀的主阀是（　　）平衡机构。

A. 一压力　　B. 二压力　　C. 三压力　　D. 四压力

三、判断题

1. F8 型分配阀是一种属于二压力机构、间接作用式阀。（　　）

2. F8 型分配阀的局减作用分两个阶段，在两个阶段中局减室均向大气排气。（　　）

3. F8 型空气制动机是具有阶段缓解性能。（　　）

4. F8 型空气制动机在常用制动时，制动缸压力不受限压阀的限制。（　　）

四、问答题

1. 简述自动补风作用。

2. 简述阶段缓解作用。

3. 简述 F8 型分配阀充气阀部的用途。

4. 简述 F8 型分配阀的局减阀的用途。

5. 简述 F8 型分配阀的辅助阀的用途。

拓展知识

一、705 型试验台的用途、构造和作用

705 型试验台是专供检查 103 型、104 型客、货车分配阀和 120 型货车控制阀性能用的试验台。凡新造或经洗检和修理的上述各型阀，必须通过本试验台检查合格后，才可装车使用。

705 型试验台由操纵阀、安装部、风缸、控制阀、自动阀门、压力表、限压阀、调压阀、台架及附属装置等部分组成。

705 型试验台的构造及原理如图 11-34 所示，控制屏板如图 11-35 所示。

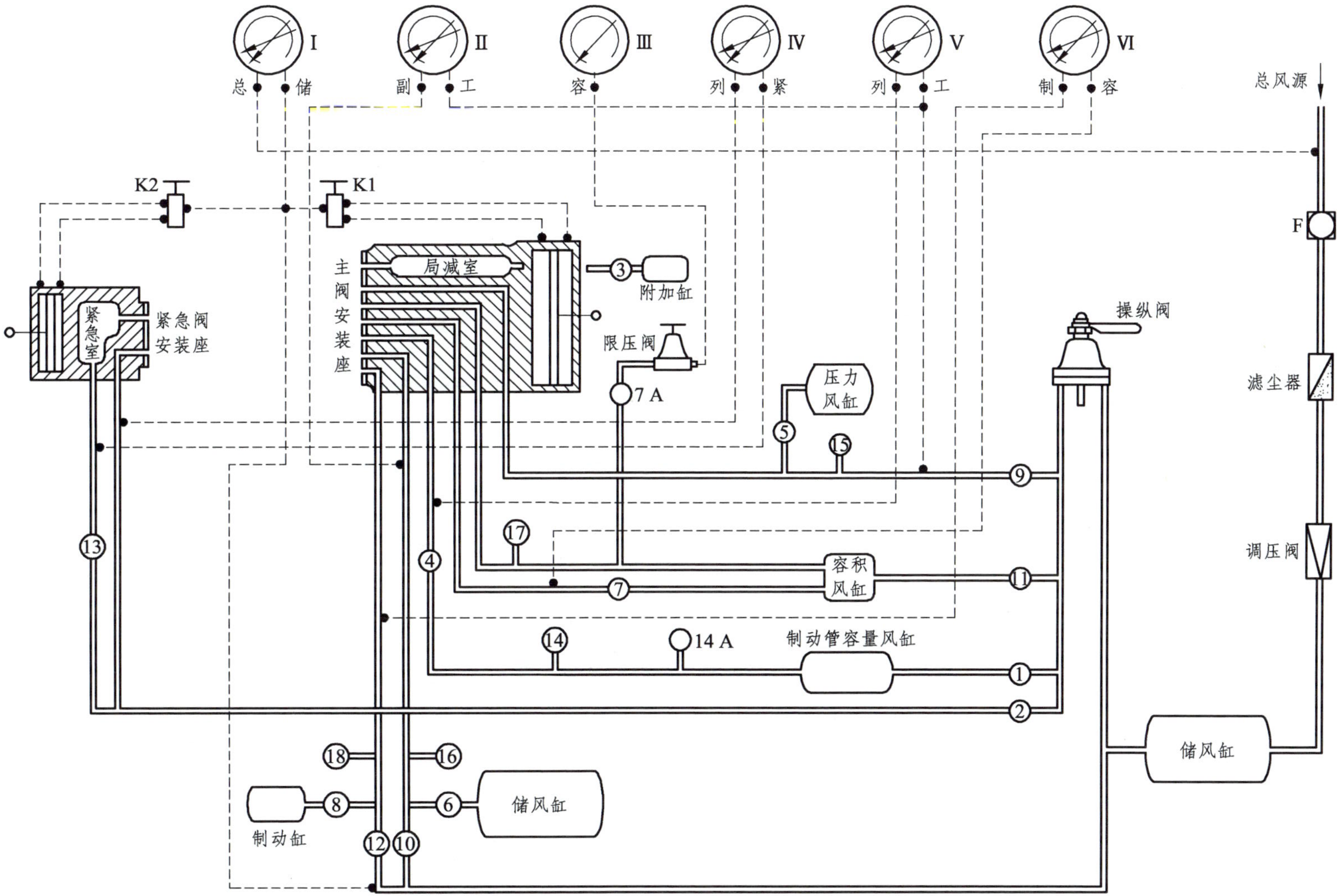

图 11-34　705 型试验台组成示意图

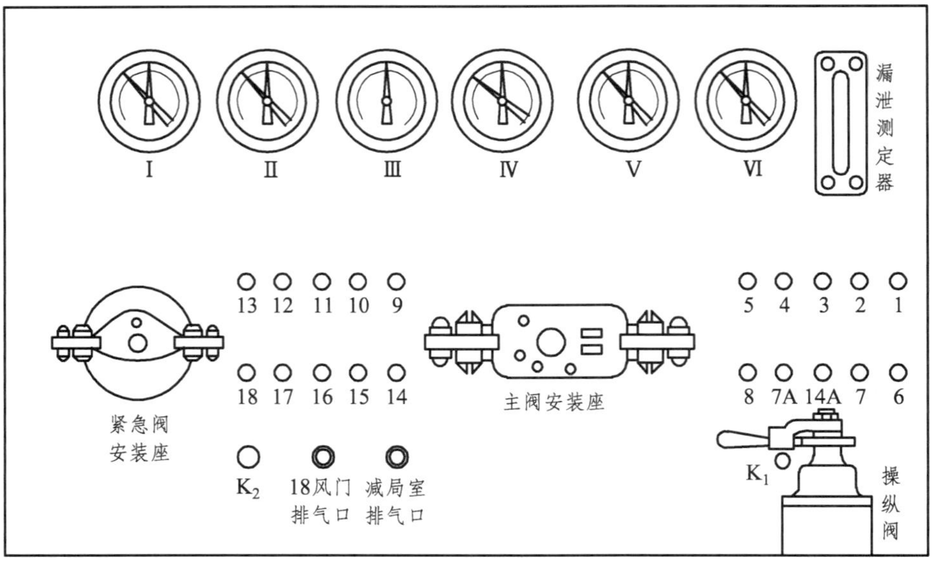

图 11-35　104 型试验台控制屏板

（一）操纵阀

操纵阀（见图 11-36）通过管路分别与储风缸、制动管容量风缸相连，其用途为控制制动管容量风缸压力的增减。它是将储风缸的压缩空气充入制动管容量风缸或将制动管容量风缸的压缩空气排向大气的装置。操纵阀的回转阀及阀座的位置如图 11-37 所示。

操纵阀手把置于各位置时的排气时间及用途见表 11-5。

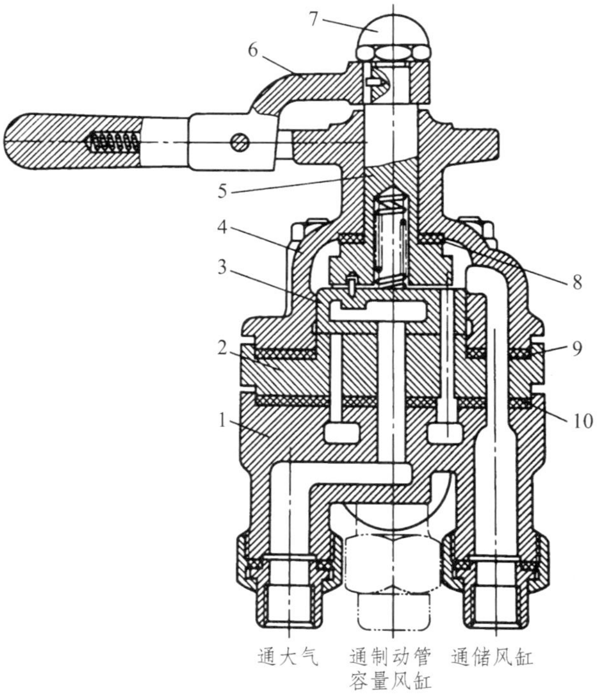

1—管座；2—回转阀座；3—回转阀；4—阀盖；5—回转阀杆座；6—手把；7—螺帽；8，9，10—胶垫。

图 11-36　操纵阀

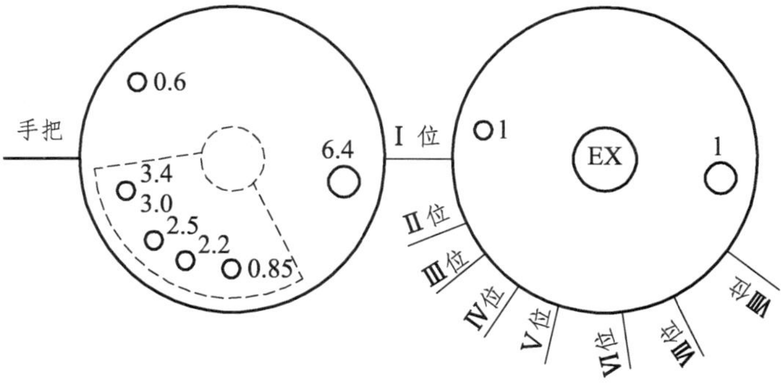

（a）回转阀　　（b）回转阀座

图 11-37　操纵阀的回转阀及回转阀座

表 11-5　操纵阀手把置于各位置时的排气时间及用途

手把位置		Ⅰ	Ⅱ	Ⅲ	Ⅳ	Ⅴ	Ⅵ	Ⅶ	Ⅷ
孔径/mm		6.4	0.6		0.85	2.2	2.5	3.0	3.4
要求	压力变化/kPa		50→150		600→500	600→400	600→400	600→300	600→300
	时间		50～52		18～20	6.5～7.0	5.0～7.0	6.5～7.0	5.0～5.5
用途		快充气	慢充气	中立	制动灵敏度试验	货车安定试验	客车安定试验	货车紧急制动灵敏度试验	客车紧急制动灵敏度试验

（二）安装部和五通控制阀

安装部由主阀安装座、紧急阀安装座和风卡装置等组成。主阀安装座内部有一局减室，座面上的孔道相当于分配阀（或控制阀）中间体主阀座上的孔道。紧急阀安装座内部有一紧急室，座面上的孔道相当于分配阀（或控制阀）中间体紧急阀座上的孔道。

风卡装置是设在安装部的后部，为装卸主阀和紧急阀用。主阀风卡装置和紧急阀风卡装置的构造基本相同，都是由活塞 10、皮碗 9、活塞杆 13、水平杠杆 14、推杆 15 和卡爪 7 等构成，如图 11-38（a）所示。

风卡装置的动作是通过操纵五通控制阀 K_1 和 K_2 来实现的，K_1 为装卡主阀用；K_2 为装卡紧急阀用。五通控制阀如图 11-38（b）所示，由阀体 4、控制阀套 3、控制阀杆 1 和 O 形密封圈 2 等组成。

当手柄 5 拉出，处于装卡位时，储风缸压缩空气经 a_4、控制杆 1 上的环槽 n、控制阀套 3 上的 b_3 孔进入阀体 4 的 b_2 通道，然后通过连接铜管，并经风卡气缸盖 12 上的 b_1 孔，进入活塞室上方的 B 室。与此同时，风卡活塞室下侧的 A 室压缩空气经安装阀体 8 上的 a_1 孔、连接铜管、a_2 孔、控制阀套 3 上的 a_3 孔、控制杆 1 上的 m 槽、控制阀套 3 上的 c_2、c_3 及控制杆 1 的中心孔道 c_4 排入大气。活塞 10 在 A、B 两室压力差的作用下，向 A 侧移动。活塞杆、水平杠杆和推杆同时向 A 侧移动。卡爪在推杆的作用下绕固定销转动，使卡爪的钳部紧紧地抓住主阀安装座的边缘。

反之，当手柄处于松卡位时，储风缸压缩空气经控制阀体的 a_4 孔、m、a_2、a_3、连接铜管、a_1、A；风卡活塞在 A 室压缩空气作用下向 B 侧移动，B 室压缩空气经 b_1、b_2、b_3、n 槽、c_1 排入大气。活塞杆、推杆同时沿 B 侧方向移动，卡爪绕固定销转动而松开，将主阀从安装座上脱开。

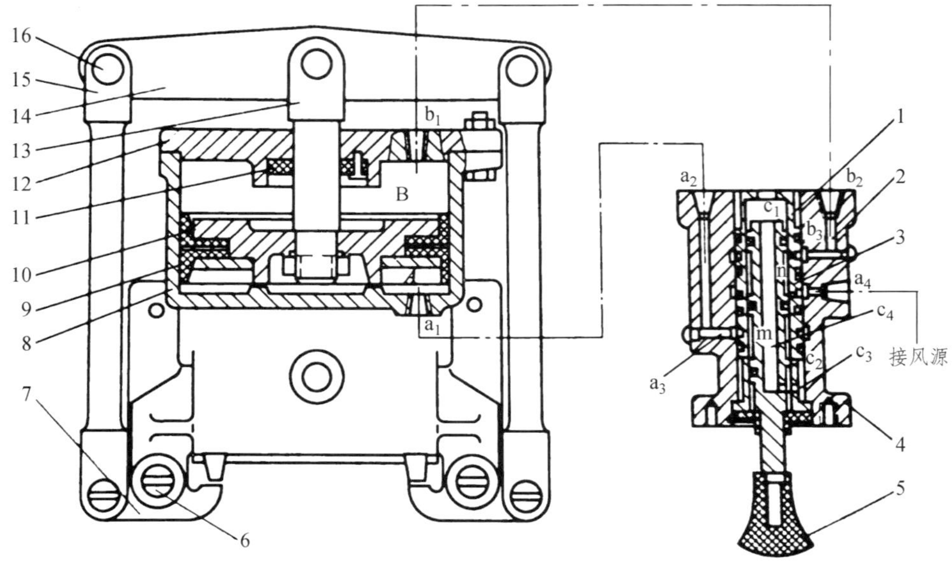

（a）主阀风卡装置　　　　　（b）五通控制阀

1—控制阀杆；2—O 形密封圈；3—控制阀套；4—阀体；5—手柄；6—固定销；7—卡爪；8—安装座体；9—橡胶皮碗；10—活塞；11—密封皮碗；12—气缸盖；13—活塞杆；14—水平杠杆；15—推杆；16—销。

图 11-38　五通控制阀及风卡装置（装卡位）

（三）三通控制阀和风动阀门

705 试验台上各管路的开闭均采用风动间接控制的三通控制阀门和风门进行。其特点是，控制阀可以集中排列，操纵方便。而风门可按风管的需要合理布局，避免了管路排列拥挤、重叠等弊病。

1. 构造

三通控制阀如图 11-39（a）所示，由手柄 1、控制阀杆 2、控制阀体 3、阀套 4、和 O 形密封圈 5 等组成。风门构造如图 11-39（b）所示，由体 6、中体 7、平膜板 8、活塞 9、压块 10 和风门垫 11 等组成。

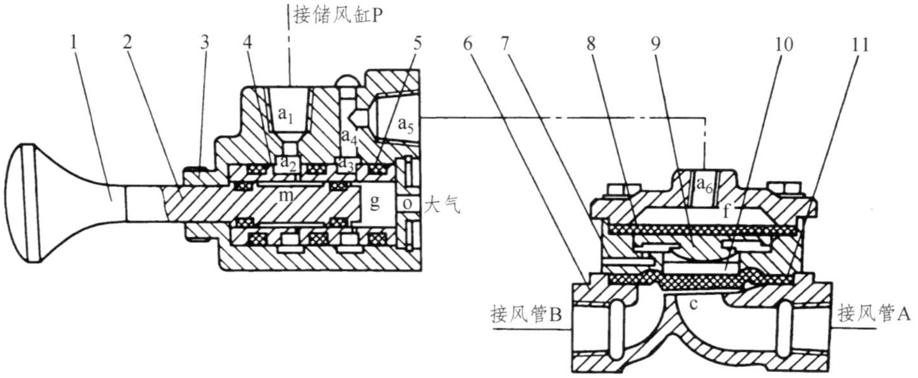

（a）　　　　　（b）

1—手柄；2—控制杠杆；3—控制阀体；4—阀套；5—O 形密封圈；6—阀体；7—中体；8—平膜板；9—活塞；10—压板；11—风门垫。

图 11-39　三通控制阀及风门

三通控制阀（包括五通控制阀）的橡胶密封圈可与分配阀（控制阀）的同规格橡胶密封圈通用。

2. 作用

当控制阀手柄处于拉出位时，平膜板 f 室内的压缩空气通过 a_6 孔、连接铜管，经 a_5、a_4 孔阀套的 a_3 孔、控制阀杆外端 g 和后盖上的 o 孔排入大气。与此同时风门垫被 A→B 通道中的压缩空气的压力及风门垫自身弹力的作用，打开阀口，使 A→B 的通道畅通，如图 11-39 所示。

当控制阀手柄处于推进位时，储风缸来的压缩空气经接口 P 通过 a_1 孔、阀套的小孔 a_2 孔、控制阀杆的 m 槽、阀套的小孔 a_3 孔，进入 a_4、a_5 孔，再经过铜管，经 a_6 进入平膜板室 f。平膜板和活塞在压缩空气的作用下推动压块向下移动，使风门垫紧贴在体 6 的阀口 c 上。压缩空气的通路 A→B 被切断。

风门具有双膜板结构，因此，在总风缸压力波动时仍保持可靠地密封。各风门的编号和用途见表 11-6。

表 11-6 控制阀及风门的用途和编号

编号	简称	用途	
K_1	主卡	控制主阀安装座抓紧机构的进、排气	
K_2	紧卡	控制紧急阀安装座抓紧机构的进、排气	
1	主列	切断风门	切断制动管容量风缸与操纵阀的通路
2	紧列		切断紧急阀安装座制动管与操纵阀的通路
3	附切		切断附加风缸的通路
4	列切		切断主阀安装座制动管的通路，以缩小制动管容积
5	二切		切断压力风缸的通路，以缩小压力风缸的容积
6	副切		切断副风缸的通路，以缩小副风缸的容积
7	容切		切断容积风缸的通路，以缩小容积风缸的容积
7A	限切		切断限压阀与单针（容积风缸）压力表Ⅲ
8	制切		切断制动缸的通路，以缩小制动缸的容积
9	工充	快充风门	向压力风缸充气
10	副充		向副风缸充气
11	容充		向容积风缸充气
12	制充		向制动缸充气
13	紧充		向紧急室充气
14	列排	快排风门	制动管容量风缸向大气快排
14A	缩排		制动管容量风缸通过缩孔向大气慢排气
15	工排		压力风缸向大气快排
16	副排		副风缸向大气快排
17	容排		容积风缸向大气排气
18	制排		制动缸向大气排气

风门 17 和 18 的结构与前述不同，它是一种排气阀，它分别由 17 和 18 号三通控制阀来控制。由于在排气阀口装有缩孔堵，所以排气较慢。

（四）调压阀

调压阀又称给风阀，用于保证 705 型试验台的定压维持在（600±10）kPa 的范围内。它由膜板 7、上活塞 6、下活塞 8、顶杆 11、止回阀 13、调压弹簧 4、密封圈和手轮 1 等组成，如图 11-40 所示。

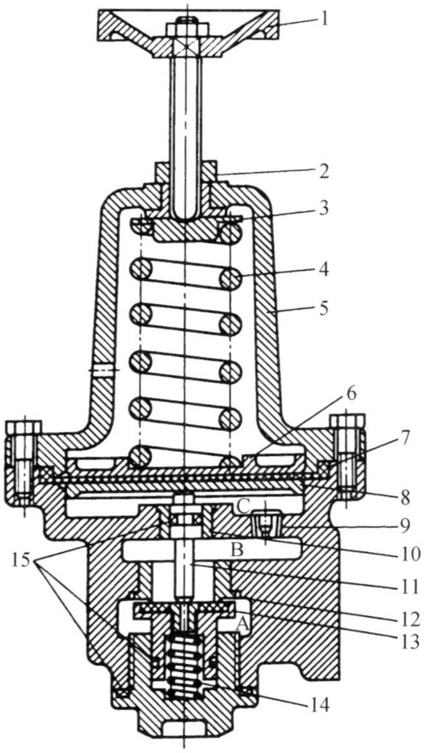

1—手轮；2—锁紧螺母；3—弹簧托板；4—调压弹簧；5—阀上盖；6—上活塞；7—膜板；8—下活塞；9—缩孔堵；10—顶杆套；11—顶杆；12—阀口；13—止回阀；14—阀弹簧；15—密封圈。

图 11-40 调压阀

A 室通风源、B 室通储风缸，B 室也通过缩孔通 C 室。

当储风缸的压力低于 600 kPa 时（即 C 室的压力低于调压弹簧所调定的压力时），则膜板活塞下凹，带动顶杆下移将止回阀顶开，于是风源的压力空气由 A 室进入 B 室而至储风缸，同时经缩孔堵的小孔缓慢地进入膜板活塞下方 C 室。待储风缸的压力达到 600 kPa 时，C 室也达到此压力，活塞膜板上下压力平衡，在阀弹簧的作用下，止回阀上升关闭阀口。以后，只要储风缸压力再低于 600 kPa，止回阀又会重新打开予以补风。因此，储风缸可以始终保持恒定的压力。储风缸所需的定压值，可以通过旋转手轮调整。

（五）限压阀和低压压力表

为了提高 104 型分配阀均衡部的灵敏度测试精度，705 型试验台采用小量程的低压压力表。它的最大量程为 100 kPa，表盘面分度为 2 kPa，可使读数达到 2 kPa 的精确程度。均衡部灵敏度试验，是由操纵阀通过制动管经风门直接向容积风缸充入 600 kPa 的空气，如不加以保护，就很容易使低压压力表受到损坏。限压阀是用来保护低压表的。它由阀体 9、活塞 7、膜板 8、止回阀 11、调压弹簧 6 和手轮 1 等组成，如图 11-41 所示。

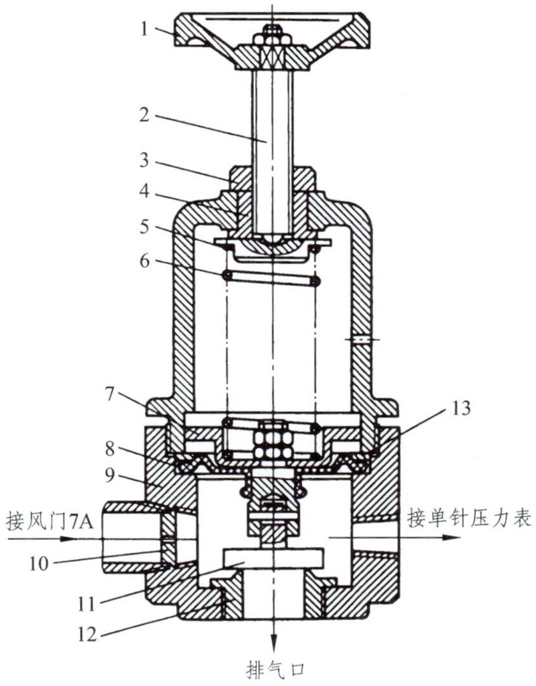

1—手轮；2—手轮轴；3—锁紧螺母；4—手轮轴套；5—弹簧托板；6—调压弹簧；7—活塞；8—膜板；9—阀体；10—缩孔堵；11—止回阀；12—阀口；13—压圈。

图 11-41　限压阀

限压阀限制了通往单针压力表（低压表）的压力，通常调整为 50 kPa 时，它的左边接口处通 7a 风门，即通容积风缸，右边接口处是通单针压力表。当调整弹簧调整的压力为 50 kPa 时，如果由左边进来的压缩空气超过此值，则将膜板活塞顶起，于是止回阀离开阀座，多余的压缩空气则从排气口排出，使得右边出口处的空气压力保持 50 kPa。缩口堵的作用是限制进气量。

（六）风缸

705 型试验台设有储风缸、副风缸、制动管容积风缸、压力风缸和制动缸等。在主阀安装座内设有局减室和紧急室。各风缸容积见表 11-7。

表 11-7　各风缸的容积

名称	储风缸	副风缸	制动管容量风缸	压力风缸	容积风缸	制动缸	附加风缸	局减室	紧急室
容积/L	100	80	15	11	3.8	15	0.9	0.6	1.5

（七）压力表

705 型试验台上设有五块双针压力表和一块单针压力表（低压表）。各压力表的编号和用途见表 11-8。

表 11-8　压力表的编号及用途

编号	简称	用途		编号	简称	用途	
		黑表针	红表针			黑表针	红表针
Ⅰ	总、储	总风缸	储风缸	Ⅳ	列、紧	紧急阀安装座制动管	紧急室
Ⅱ	副、工	副风缸	压力风缸	Ⅴ	列、工	主阀安装座制动管	压力风缸
Ⅲ	容	容积风缸		Ⅵ	制、容	制动缸	容积风缸

二、F8 型电空试验台

F8 型电空试验台可做 F8 阀主阀、辅助阀及中间体试验，同时又可做 F8 电空阀试验。采用按钮式电控阀门操纵，使用比较方便。

F8 电空阀试验台的主要技术参数：

（1）外形尺寸（长×宽×高）：1 620 mm×715 mm×1 660 mm。

（2）电源电压：AC 220 V，电磁阀工作电压：DC 110 V。

（3）电器开关发光管使用电压：DC 24 V。

（4）风源压力：650 ~ 700 kPa，试验台工作压力 600 kPa。

F8 型电空试验台主要由电接点操纵阀、压力表、叠加风门、调压阀、安装部、控制开关箱、漏泄检测装置、台架及电磁阀等组成，如图 11-42 所示。电器作用原理如图 11-43 所示。

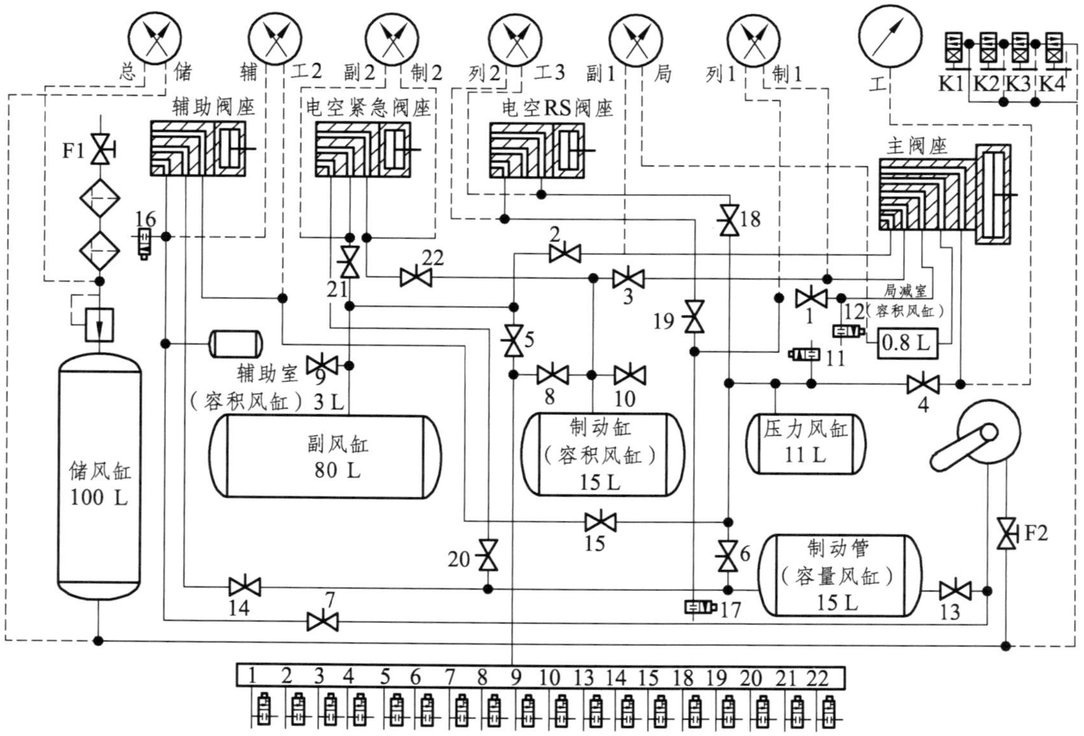

图 11-42　F8 型电空试验台的空气作用原理

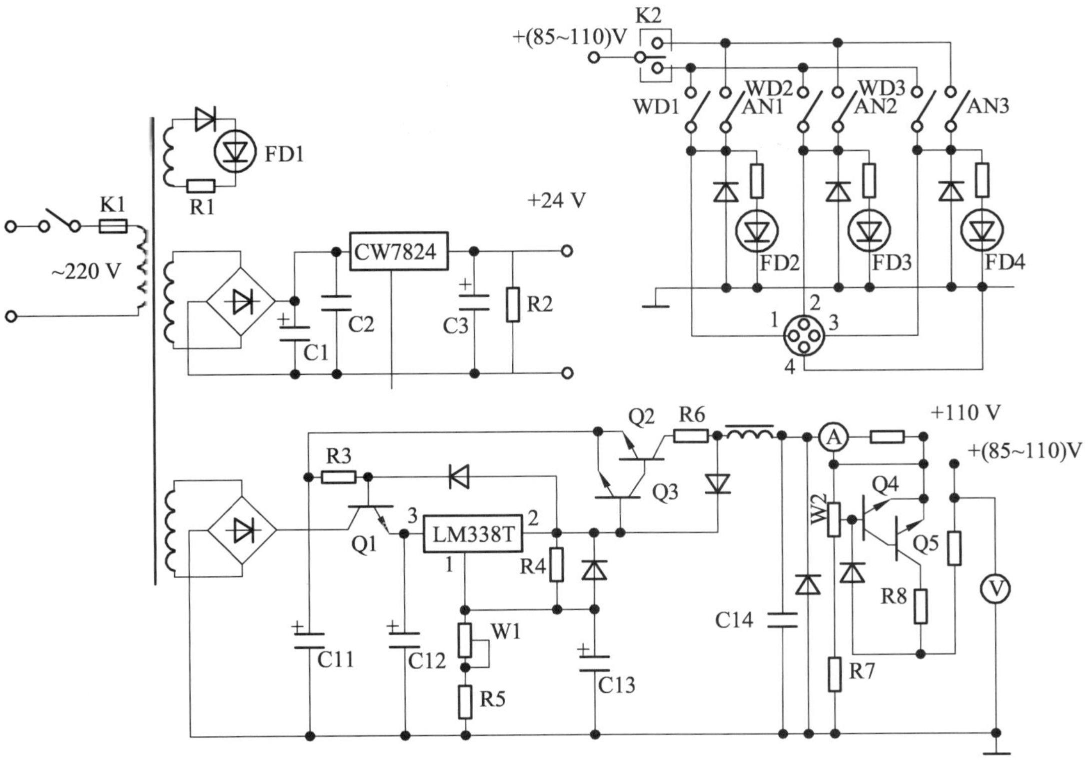

图 11-43　F8 型电空试验台的电器作用原理

1. 电接点操纵阀

电接点操纵阀由回转阀、回转阀座、管座、回转阀杆、阀盖和手把等组成。回转阀通过接管座用钢管与储风缸和制动管容量风缸等相连接。回转阀杆上安装三个凸轮及微动开关，在Ⅰ位、Ⅱ位、Ⅳ位、Ⅴ位、Ⅵ位、Ⅶ位时分别接通缓解电磁阀、常用制动电磁阀和紧急电磁阀。操纵阀设有 7 个作用位置来控制制动管内的压力变化和接通电接点。各作用位置的用途及充排气时间见表 11-9。

表 11-9　操纵阀作用位置技能检查标准

操纵阀作用位置		Ⅰ	Ⅱ	Ⅲ	Ⅳ	Ⅴ	Ⅵ	Ⅶ
孔径/mm		6.4	0.6		0.85	2.0	2.5	3.4
技术要求	压力变化/kPa	—	50 ~ 150	—	600 ~ 540	600 ~ 400	600 ~ 400	600 ~ 300
	时间/s	—	50 ~ 52	—	50 ~ 60	19 ~ 21	5.0 ~ 5.5	5.0 ~ 5.5
用途		快充气	慢充气	保压	稳定试验	制动敏度试验	安定试验	紧急制动试验
接通电磁阀		缓解	缓解		常用	常用	常用	常用、紧急

第Ⅰ位：快充气。

由储风缸来的压缩空气，通过操纵阀中的 ϕ6.4 mm 孔送入制动管。试验 F8 电空阀时，接通缓解电磁阀。

第Ⅱ位：慢充气。

由储风缸来的压缩空气，通过操纵阀中的ϕ0.6 mm，向制动管充气。制动管容量风缸压力从 50 kPa 上升到 150 kPa，需要 50 ~ 52 s。试验 F8 电空阀时，接通缓解电磁阀。

第Ⅲ位：保压。

切断所有充、排气通路。

第Ⅳ位：稳定试验。

使制动管中的压缩空气，通过操纵阀中的ϕ0.85 mm 孔缓慢排气。制动管压力从 600 kPa 降到 540 kPa 的时间需要 50 ~ 60 s。试验 F8 电空阀时，接通常用制动电磁阀。

第Ⅴ位：制动灵敏度试验。

使制动管中的压缩空气，通过操纵阀中的ϕ2.0 mm 孔排气。制动管压力从 600 kPa 降到 500 kPa 的时间为 19 ~ 21 s。试验 F8 电空阀时，接通常用制动电磁阀。

第Ⅵ位：安定试验位。

使制动管中的压缩空气，通过操纵阀中的ϕ2.5 mm 孔排气。制动管压力从 600 kPa 降到 400 kPa 的时间为 5.0 ~ 5.5 s。试验 F8 电空阀时，接通常用制动电磁阀。

第Ⅶ位：紧急制动试验。

使制动管中的压缩空气，通过操纵阀中的ϕ3.4 mm 孔排气。制动管压力从 600 kPa 降到 300 kPa，需要 5.0 ~ 5.5 s。试验 F8 电空阀时，接通常用制动电磁阀和紧急制动电磁阀。

2. 压力表

试验台上设有 6 块 1.0 级双针压力表，一块 0.4 级的标准单针压力表。各压力表的编号和用途见表 11-10。

表 11-10　压力表的编号及用途

编号	简称	用途	
		黑针	红针
1	储/总	储风缸压力	总风缸压力
2	副 1/局	副风缸压力	局减（室）风缸压力
3	制 1/列 1	制动缸压力	制动管压力
4	工	工作风缸压力（单针显示）	
5	工 2/辅	工作风缸压力	辅助（室）风缸压力
6	副 2/制 2	副风缸压力	制动缸压力
7	列 2/工 3	工作风缸压力	制动管压力

3. 叠加风门、电磁阀和控制开关箱

控制开关箱由上盖、下座、一元风门座、三元风门座、板式风门、电磁阀、开关、开关箱体等组成，用于试验台各风路的控制和开关。电磁阀除 11、12、16、17 号采用二位二通板式阀外，其余均采用二位三通板式阀，工作电压为 DC 110 V，电器开关发光管使用电压为 DC 24 V。各控制开关和风门编号及用途见表 11-11。

表 11-11　控制阀及风门的编号及用途

编号	用途
K_1	主阀风动卡具控制
K_2	紧急电磁阀风动卡具控制
K_3	电空 RS 阀（常用、缓解电磁阀）风动卡具控制
K_4	辅助阀风动卡具控制
F_1	总风源与试验台间的手动风门
F_2	制动管与操作台间的手动风门
1	切断主阀安装座与制动管容量风缸的通路
2	切断主阀安装座与副风缸的通路
3	切断主阀安装座与制动缸的通路
4	切断主阀安装座与压力风缸的通路
5	向副风缸充气
6	向压力风缸充气
7	向辅助风缸充气
8	向制动缸充气
9	副风缸向大气排气
10	制动缸向大气排气
11	压力风缸向大气排气
12	制动管向大气排气
13	切断制动管容量风缸与操纵阀之间的通路
14	切断辅助阀安装座与制动管风缸之间的通路
15	切断辅助阀安装座与压力风缸之间的通路
16	辅助阀快速充气
17	制动管快充气
18	切断常用、缓解电磁阀座与压力风缸之间的通路
19	切断常用、缓解电磁阀座与制动管风缸之间的通路
20	切断紧急电磁阀座与制动管风缸之间的通路
21	切断紧急电磁阀座与副风缸之间的通路
22	切断紧急电磁阀座与制动缸之间的通路

4. 风缸

试验台设置有储风缸（100 L）、制动管容量风缸（15 L）、副风缸（80 L）、制动缸（15 L）、压力风缸（11 L）、辅助（室）风缸（3 L）、局减（室）风缸（0.8 L）及风卡风缸等。

5. 调压阀、限压阀和五通控制阀

由膜板、止圈和橡胶密封圈等组成，用来调整试验台的工作压力和对风动卡具的控制，调压阀和油水分离器采用国外产品。试验台调定的工作压力为 600 kPa。

6. 安装部

试验台的安装部由主阀安装管座风动卡具、辅助阀安装管座风动卡具、电空 RS 阀风动卡具和紧急制动电磁阀风动卡具等组成。试验时分别将主阀、辅助阀、电空 RS 阀、紧急制动电磁阀卡紧在各自的管座上。

7. 电源

试验台的电源装置由变压器、整流装置、电表、开关等组成。输出电压为可调直流 110 V，用于电空试验时提供电流。

8. 漏泄检测装置

漏泄检测装置是一个转子流量计，由刻度管、浮球、支架、测定器手柄等组成，用来代替漏泄指示器，达到快速测量漏泄的目的。

9. 台架

采用封闭式箱体结构，角钢做骨架，钢板压制外表，试验台的所有部件均装于台架之中，外观比较整齐美观。

项目十二　客车电空制动机检修

项目概述

本项目以铁路客车 104 型电空制动机和 F8 型电空制动机为载体，设计工作情境，让学生组成学习团队，以团队为单位，通过分解、组装 104 型电空制动机和 F8 型电空制动机的零部件，掌握 104 型电空制动机和 F8 型分配电空制动机的检修及故障处理。

教学目标

1. 通过阅读工作任务单，明确工作任务要求；
2. 能根据任务要求和实际情况，合理制订工作计划；
3. 能正确分解、组装 104 型电空制动机和 F8 型电空制动机的各零部件；
4. 能正确进行 104 型和 F8 型电空制动机的检修和故障处理。

任务一　104 型电空制动机检修

【任务描述】

本任务实施中，首先通过分解、组装客车 104 电空阀等零部件，掌握 104 型电空制动机的结构组成、各部件用途、检修方法及故障处理等。

【任务实施】

课件：104 型电空制动机检修

一、104 型电空制动机的组成

104 型电空制动机是在 104 型空气制动机的基础上增设电磁阀安装座（包括三个电磁阀），一个 40 L 的缓解风缸和车端导线连接装置等组成，如图 12-1 所示。

它主要由制动管、制动支管、截断塞门及集尘器组合体、104 型电空分配阀、副风缸、压力风缸、制动缸和缓解风缸、五芯电缆、电缆连接器（连接电线、插头、插座）等组成。

电缆为五芯电缆（$4\times4\ mm^2+1\times2.5\ mm^2$）电缆，其中一芯（$2.5\ mm^2$）为 4 号导线，用于检查，另外四芯（$4\ mm^2$）分别为 1 号（制动）导线、2 号（缓解）导线、3 号（保压）导线和 5 号零线。接线方式如图 12-2 所示。

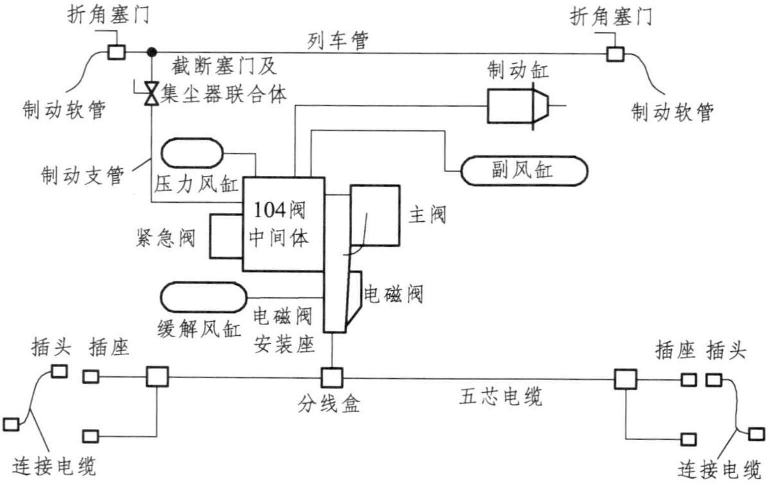

图 12-1 104 型电空制动机的组成

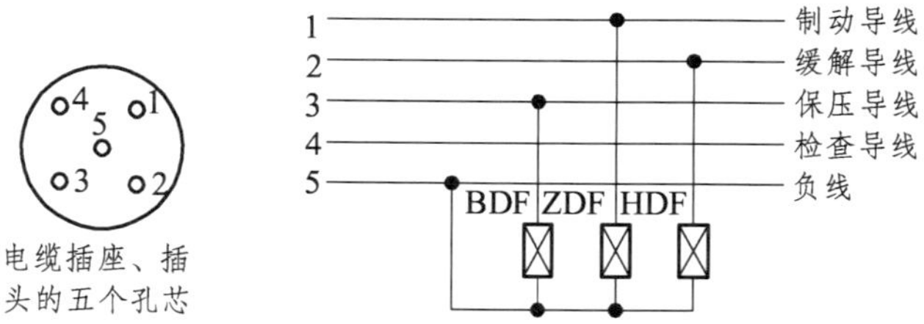

图 12-2 104 型电空制动接线简图

（一）构造

1. 电磁阀安装座

用来安装三个电磁阀的电磁阀安装座（见图 12-3）设于 104 型分配阀的中间体与主阀之间（见图 12-1），这样就构成了 104 型电控分配阀。图 12-3（a）所示为电磁阀安装座空气通路简图；而图 12-3（b）所示为面向与主阀安装面相接触的电磁阀安装座观看时的视图，可以看出，安装座上所安装的三个电磁阀在横向呈一排安装，自左至右分别为保压电磁阀、制动电磁阀、缓解电磁阀，而图 12-3（a）所示的三个电磁阀系上下排列是为了表示空气通路的方便。

增设电磁阀安装座后，原 104 阀的中间体与主阀之间的同名空气通路依旧相同。

电磁阀安装座主要由座体、止回阀、止回阀弹簧、止回阀座、止回阀盖、ϕ2.0 mm 缩孔堵、电磁阀盖等组成。

电磁阀安装座上方的止回阀，为副风缸向缓解风缸充气之用。但当副风缸空气压力低于缓解风缸空气压力时，缓解风缸压力空气不会向副风缸逆流。

该安装座底下设有防尘胶垫，胶垫盖住了两个排气口，其中一个是 104 阀容积室排气口，另一个排气口是制动管排气口，其上拧一个ϕ2.0 mm 缩孔堵，用以限制该车辆电空制动时的制动管排气速度。

该安装座上方两个侧面（安装面）分别与中间体和主阀（其间装有橡胶垫板）安装面相结合。正面下部装有三个电磁阀和接线端子，接线端子的 3、1、2 分别与保压电磁阀 BDF、制动电磁阀 ZDF、缓解电磁阀 HDF 中的引出线连接，三个电磁阀的另一个引出线共同接到端子 5。安装座背后靠近底部的 Rc3/4 孔为穿电缆和密封用；右边的 Rc3/4 孔接缓解风缸、左边的 Rc3/8 孔接主阀容积室孔。

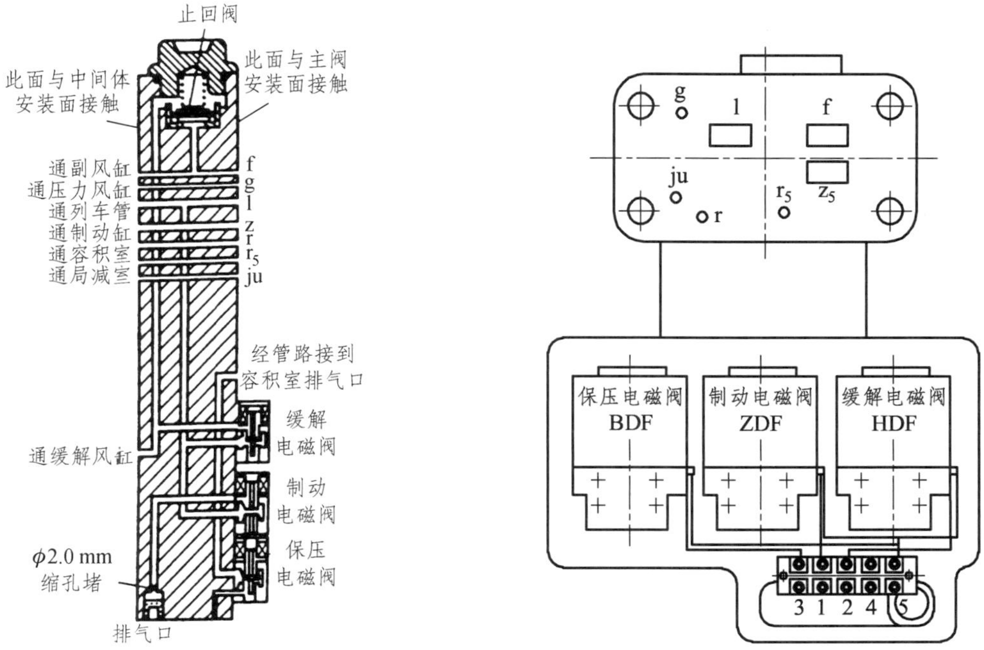

（a）显示空气通路简图　　　（b）侧视图（显示接主阀安装面、三个电磁阀及接线端子）

图 12-3　104 型电空制动机电磁阀安装座

2. 电磁阀

电磁阀是保证电空制动性能可靠的关键部件。

104 型电空制动机中的电磁阀（见图 12-4）由电磁阀体 6、电磁阀盖 2、线圈 3、静铁心 4、动铁心 1、顶杆 5、给排阀 7、给排阀弹簧 8 以及套和密封圈等零件组成。它是二位三通电磁阀，“二位”即得电和失电位，“三通”即可以控制三条空气通路，其中中间通路与上通路为常闭通路，中间通路与下通路为常开通路。电磁阀中通路最小为 ϕ4.0 mm。

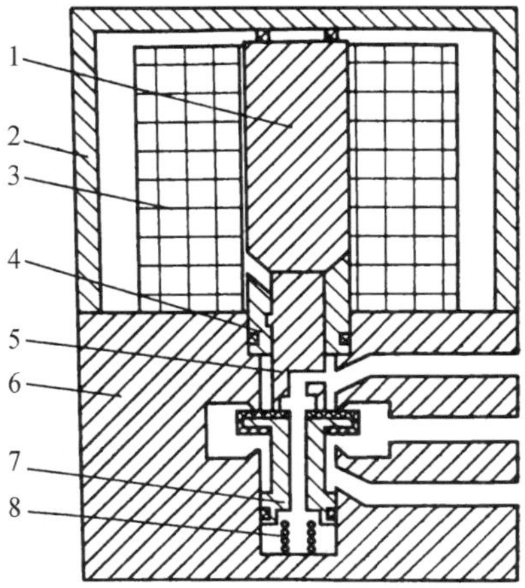

1—动铁心；2—电磁阀盖；3—线圈；4—静铁心；5—顶杆；6—电磁阀体；7—给排阀；8—给排阀弹簧。

图 12-4　104 型电磁阀的组成

当电磁阀得电时，电磁阀线圈通电后产生磁场作用于铁心上，使静、动铁心之间产生吸力，当此吸力克服给排阀弹簧压力、O 形密封圈阻力及其他阻力时，动铁心下移并推动顶杆向下移动，同时顶杆推动给排阀离开上阀座而与下阀座密贴，于是给排阀开启上阀口，而关闭下阀口。

当电磁阀失电时，线圈停止励磁，动、静铁心之间不再有吸力存在，这时给排阀在其弹簧反拨力的作用下，克服 O 形密封圈阻力及其他阻力，带动顶杆和动铁心向上移动。给排阀又离开下阀口而与上阀座密贴，于是，上阀口关闭，下阀口开通恢复到原始位置。

104 型电空制动机的三个电磁阀的型号相同，以保证互换性，其中保压电磁阀用的是常开通路，而制动电磁阀和缓解电磁阀用的是常闭通路。电磁阀用 4 颗 M6 螺柱紧固在电磁阀安装座上，为保证安装座密封，设有专门的电磁阀胶垫。

制动电磁阀的常闭状态（失电）切断制动管通大气的通路，制动电磁阀得电时开通制动管通向大气的通路。

缓解电磁阀用于控制缓解风缸与制动管的通路，得电时连通，失电时切断。

保压电磁阀控制容积室与大气的通路，得电时切断，失电时连通。

3. 缓解风缸

缓解风缸内的压缩空气由副风缸通过充气止回阀充至与副风缸相近的压力。制动过程中，当副风缸压力降低时，缓解风缸应保持压力不变。

（二）作用原理

在每辆客车的端墙中部的左、右两侧设有电缆插座。将两端具有插头的一段电缆（称为连接电缆）分别插入相邻两车的插座中，从而使包括机车在内的全列车的五芯电缆贯通。

三个电磁阀分别通过各自线圈的引出线、接线端子与五芯电缆相连接。电缆中五根导线的得电、失电由机车电空制动机控制。

主阀的容积室排气口用一根连接管接到电磁阀安装座后，通过安装座内部的气路与保压电磁阀连通。当保压电磁阀失电时，该气路与下端面的排气口（即前面所讲的“容积室最终排气口”）相通。所以容积室压力空气是否能排入大气，除取决于主阀中主活塞、滑阀位置外，还取决于保压电磁阀得电、失电情况。如果主阀虽处于充气缓解位，容积室压力空气已经到达容积室排气口，但保压电磁阀为得电工况，其内部的气路处于切断状况，则容积室压力空气仍不能排入大气而保持原有压力，这样主阀中的均衡部仍处于制动中立位，制动缸仍保持原有压力。

104 型电空制动机增设了 40 L 的缓解风缸用管子与电磁阀安装座相连接，并通过安装座内部气路，一路与缓解电磁阀相连接，另一路与设在安装座内的止回阀相连接。缓解风缸的用途是：当列车制动后施行电空缓解时，缓解导线及列车中每一车辆的缓解电磁阀同时得电，于是，各车缓解风缸的压力空气经缓解电磁阀内的通路充入制动管，由于各车的制动管同时增压。各车的 104 阀同时动作，处于充气缓解位，各车产生充气缓解作用。可以看出，由于缓解风缸和缓解电磁阀的配合作用，不仅可使列车中各车辆的缓解作用发生得早，而且前、后车辆的缓解作用一致性也好。当缓解风缸压力降低（由于它向制动管充气）而低于副风缸压力（来自机车的制动管压力空气通过处于充气缓解位的主阀向副风缸充气，所以副风缸增压）时，副风缸压力空气经安装座内的止回阀充入缓解风缸，最后使缓解风缸充至与副风缸压力一样，达到定压。

二、104型电空制动机的综合作用

（一）充气缓解位（即运转位）

104型空气分配阀处于充气缓解位。

三个电磁阀均不得电，常开的保压电磁阀使容积室压缩空气排大气的通路畅通，即容积室压缩空气→d_3孔→保压管→保压电磁阀→大气。

（二）常用制动位

当司机施行电空制动时，制动导线得电，列车中各车辆的制动电磁阀ZDF得电。制动管压力空气除通过机车制动机的中继阀排入大气外，还通过每辆车上的制动电磁阀→ϕ2.0缩孔堵→安装座排气孔排入大气。由于制动管减压，主阀作用部的主活塞由充气缓解位上移至制动位，104阀的主阀先后产生两阶段局部减压作用，压力风缸压力空气充入容积室，容积室增压，通过均衡部的动作，副风缸压力空气充入制动缸，车辆产生制动作用。

电磁阀得电时间的长短决定制动管的减压量。

（三）制动保压位

当施行电空常用制动而制动管减压量达到要求时，制动导线失电，制动电磁阀ZDF失电，该电磁阀内的空气通路被切断，于是制动管停止排气。当104阀的主活塞下方的压力风缸压力降到与制动管压力相同时，主活塞带动截止阀稍下移，截止阀切断压力风缸通向容积室的通路，容积室停止增压。在均衡部，当制动缸压力上升到等于容积室压力时，副风缸向制动缸充气通路被切断，于是制动缸处于保压状态。

在制动导线、制动电磁阀失电的同时，保压导线和保压电磁阀BDF得电，使容积室通往大气的整个通路中，除了在主阀作用部处的一段通路被截止阀切断以外，还在保压电磁阀内的气路处被切断，从而使容积室压力空气不能排出，而处于保压状态。

如再次要求制动缸增压，司机只要将自阀手柄在制动区内再次右移，于是又重复前面所述的制动工况以及制动后的保压工况，也即制动电磁阀再次得电，然后又失电，而保压电磁阀对应地再次失电，然后又得电。因此，这两个电磁阀交替得电、失电，可获得制动机阶段制动作用。

（四）制动后的缓解位

当机车司机施行电空完全缓解时（自阀手柄扳到运转位），缓解导线、缓解电磁阀HDF得电，与此同时，保压导线、保压电磁阀BDF失电。由于列车中每辆车的缓解电磁阀得电，它们连通了本车缓解风缸至制动管的通路，使缓解风缸压力空气迅速充入制动管，所以前、后部车辆的缓解作用的一致性大为改善。由于制动管增压，104型主阀作用部的主活塞下移到充气缓解位，制动管压力空气向压力风缸充气；容积室压力空气→作用部滑阀处的通路→主阀容积室排气口→电磁阀安装座的连接管→保压电磁阀BDF（失电时）内的气路→电磁阀安装座的排气口→大气。由于104阀一直处于充气缓解位以及保压电磁阀一直处于失电工况，所以上述容积室通大气的通路永远畅通，因而其压力一直降到零。通过主阀均衡部的动作，制动缸压力空气经均衡部排气口排入大气，制动缸压力一直降到零，制动缸得到完全缓解。

（五）制动后的阶段缓解位

当机车司机施行电空阶段缓解时（自阀手柄在制动区分段左移），一开始，缓解导线、缓解电磁阀 HDF 得电和保压导线、保压电磁阀 BDF 失电的情况与上述“电空完全缓解”时相同，容积室排气减压，通过均衡部动作，制动缸排气缓解。当制动缸压力降到符合司机要求的压力时（此时制动缸压力应与司机操纵的自阀手柄在制动区内扳置的位置相对应），保压导线、保压电磁阀 BDF 重新得电，保压电磁阀内的一段气路关闭，切断了容积室压力空气排入大气的通路，容积室不再排气减压，容积室保压，相应地，通过均衡部的动作，也即当制动缸压力降到与容积室压力相平衡时（实际上降到稍低于容积室压力时），作用活塞与其活塞杆稍上移而关闭了活塞杆顶端的排气口，于是，制动缸的排气通路被切断，制动缸保压。

如再次要求制动缸降压，司机只要将自阀手柄在制动区中再次左移，这时，保压电磁阀 BDF 再次失电，容积室再次排气。便可实现制动缸排气降压。因此，保压电磁阀 BDF 交替失电、得电，可获得制动机阶段缓解作用。

尽管 104 型分配阀为一次缓解阀，但在它处于缓解位时，保压电磁阀间断地得失电，控制容积室的阶段性排气，从而得到了制动机的阶段缓解作用。

（六）紧急制动位

紧急制动时，紧急阀与空气制动时一样动作，同时制动电磁阀得电，当制动管空气压力降到零，在 5 s 以后制动电磁阀失电。

104 型电空制动电磁阀的得失电情况见表 12-1。

表 12-1　电空制动电磁阀的得失电情况

电磁阀	作用位							
	运转位	常用制动位	保压位	缓解位	阶段缓解			紧急位
制动电磁阀	失电	得电	失电	失电	失电			先得后失
保压电磁阀	失电	失电	得电	失电	失电	得电	失电	失电
缓解电磁阀	失电	失电	失电	得电	得电	失电	得电	失电

三、104 型电空制动机常见故障及处理

（1）电磁阀不动作时，检查各电缆是否有断路现象。如果线路正常，则可能是电磁阀内部被卡住，轻轻地敲击或振动就能恢复正常。若仍无效果，或许是电磁阀有其他不易排出的故障，更换电磁阀。

（2）在制动位时，制动管减压过快或过慢，检查电磁阀安装座下方制动管排气口的缩堵是否正常；如果失电后，制动电磁阀排风不止，可判断为电磁阀阀口被异物垫住不能关严，动作几次可将异物吹掉，若仍无效果则须更换电磁阀。

（3）在制动保压位时，缓解风缸的压力保不住，随副风缸或制动管的空气压力往下降。其原因如下：

① 电磁阀座上的充气止回阀有故障。

② 缓解电磁阀的阀口被灰尘垫住，使缓解风缸与制动管相通，此时，处理电磁阀即可。

（4）在阶段缓解时，电磁阀的阶段缓解性能不明显，甚至没有阶段缓解性能。出现这种故障的原因有两种可能：一是由于电磁阀座至主阀 d_3 孔的外接管有漏泄，只要排出即可；二是保压电磁阀得电后未能切断所控制的空气通路，动作几次后有可能吹去垫住阀口的异物，如不能奏效则应更换电磁阀。

思考与练习

一、填空题

1. 104 型电空制动机是在 104 型客车空气制动机的基础上增设（　　　　）、（　　　　）、车端导线连接装置等组成。

2. 104 型电空制动机的充气止回阀是在充气状态时，（　　　　　　）气体经过止回阀充入（　　　　　　）。

二、选择题

1. 104 电空制动的控制线用（　　）芯电缆线

A. 二　　B. 三　　C. 四　　D. 五

2. 104 电空制动机中用于控制容积室与大气的通路，得电时切断，失电时连通的是（　　）。

A. 缓解电磁阀　　B. 保压电磁阀　　C. 制动电磁阀　　D. 紧急电磁阀

3. 下列对 104 电空制动机的制动电磁阀的作用叙述正确的是（　　）。

A. 常闭状态（失电）开通制动管通副风缸的通路

B. 得电时开通制动管向大气的排气通路

C. 常闭状态（失电）开通制动管通大气的通路

D. 得电时切断制动管向大气的排气通路

4. 104 型电空制动机在再充气缓解时（　　）压力空气充入列车管。

A. 压力风缸　　B. 缓解风缸　　C. 总风缸　　D. 副风缸

5. 104 型电空制动机（　　）是常开电磁阀。

A. 保压电磁阀　　B. 缓解电磁阀

C. 常用制动电磁阀　　D. 紧急制动电磁阀

三、判断题

1. 104 型电空制动机没有阶段缓解作用。（　）

2. 使用电空制动机可以提高制动的同步性，减少纵向冲击。（　）

3. 104 型电空制动机三个电磁阀是可以互换的。（　）

4. 电空制动可以大大提高列车的制动波速。（　）

5. 104 型电空制动机电气失效后，列车不能自动转为空气制动机的状态。（　）

四、问答题

1. 104 型电空制动机制动电磁阀的作用是什么？

2. 104 型电空制动机缓解电磁阀的作用是什么？

任务二　F8 型电空制动机检修

【任务描述】

本任务实施中，首先通过分解、组装客车 F8 型电空制动阀，掌握客车 F8 型电空制动机的结构组成、各部件用途、检修方法及故障处理等。

课件：F8 型电空制动机检修

【任务实施】

微课：F8 型电空制动机的构造

一、F8 型电空制动机的构造

F8 型电空制动机的电空制动装置主要由 F8 型电空阀及电空阀箱组成。

F8 型电空制动机是在不改变 F8 型分配阀结构、性能的基础上，增设了电空制动部分，即 F8 型电空制动机除 F8 型空气制动系统外，还增设了电空阀箱和截断塞门，如图 12-5 所示。电空阀箱用 4 颗 M16 的安装螺栓吊装在车下，箱背面有一个穿电线的口，以便连接车下的电空制动电路。电线穿入后须包扎好以防止受潮。电控阀箱内有 RS 电空阀、紧急电空阀、过渡板和连接电路。电线引入线必须牢固地安装在接线排柱上。

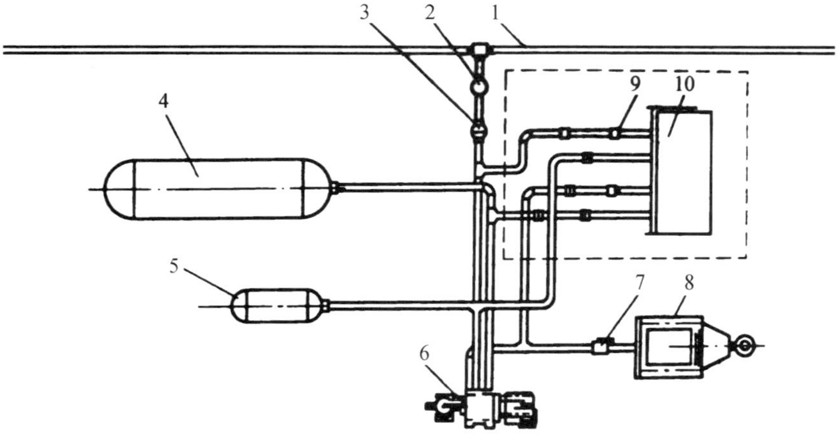

1—制动管；2—截断阀门；3—远心集尘器；4—副风缸；5—压力风缸；6—F8 型分配阀；7—缓解塞门；8—制动缸；9—截断塞门；10—电空阀箱。

图 12-5　F8 型电空制动机组成示意图

F8 型电空制动机的电空制动采用五线制，即常用制动线、缓解线、保压线（备用）、紧急制动线和负线。F8 型电空阀箱的外形如图 12-6 所示。

1. RS 电空阀部分

RS 电空阀部分包括 RS 电空阀体、常用制动限制堵、常用制动电磁阀、缓解电磁阀等，如图 12-7 所示。RS 电空阀和过渡板一起，用三颗连接螺栓安装在电空阀箱内。

常用制动电磁阀的作用：电空常用制动时，提高制动管的减压速度，加速电空制动作用。

缓解电磁阀的作用：初充气时，沟通压力风缸与制动管的空气通路，提高压力风缸的初充气速度；再充气时，加速压力风缸向制动管的逆流速度，达到迅速缓解的目的。

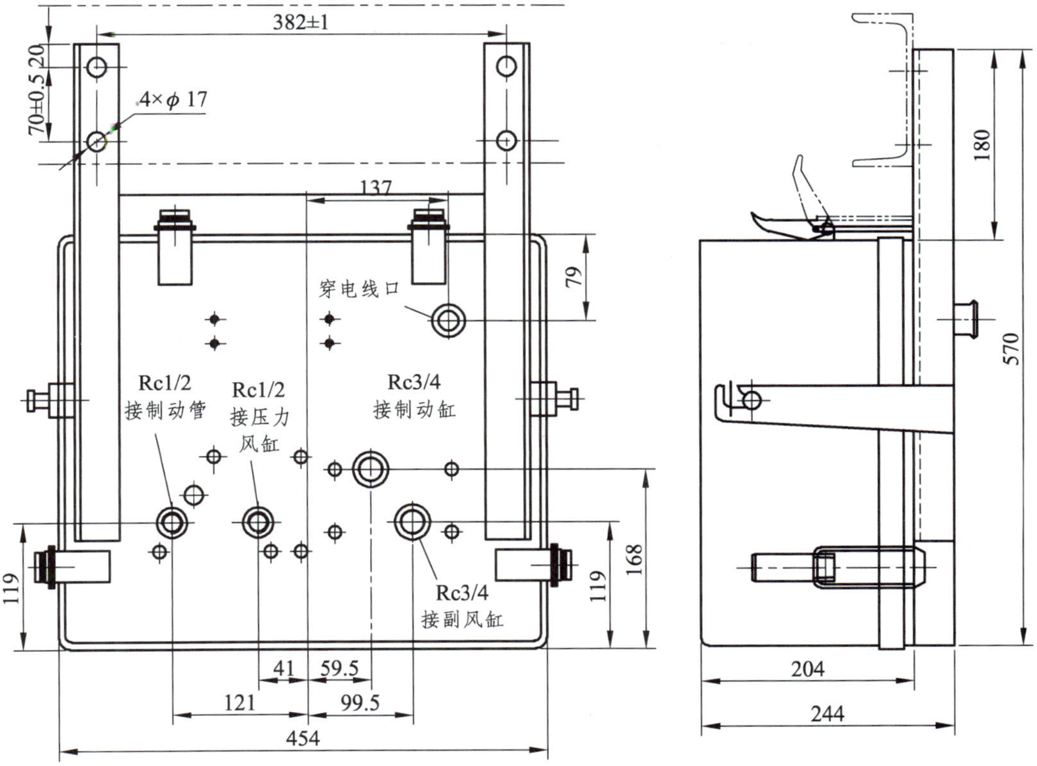

图 12-6　F8 型电空阀箱的外形尺寸

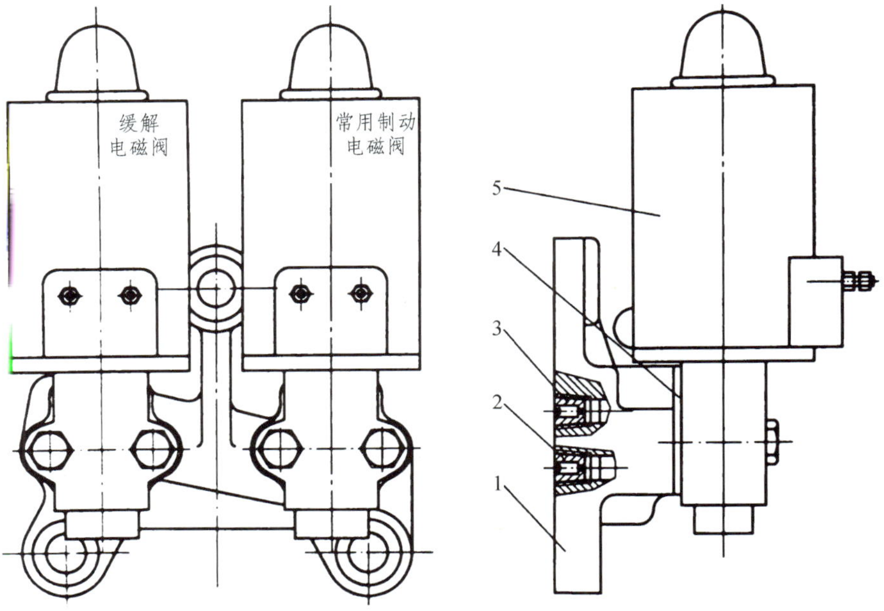

1—RS 电空阀体；2—常用制动限制堵；3—缓解限制堵；4—胶垫；5 电磁阀。

图 12-7　RS 电空阀

2. 紧急电空阀部分

紧急电空阀如图 12-8（a）所示，由紧急阀体 1、放大阀套 2、放大阀杆 3、上盖 4、中心顶 5、调整螺丝 6、限压阀弹簧 7、限压阀上体 8、限压阀 9、限压阀密封圈 10、限压阀套 12、限压阀杆 13、止回阀套 14、止回阀 17、止回阀弹簧 18、下盖 19、紧急限制堵 20、电磁阀等组成。

图 12-8（b）为改进型，改进的目的是进一步提高紧急电空限压作用的稳定性、可靠性，仅对限压阀结构做了局部调整，取消了限压阀套上的溢流小孔和限压阀胶垫，上下盖处增加了 O 形密封圈，其基本作用功能不变。

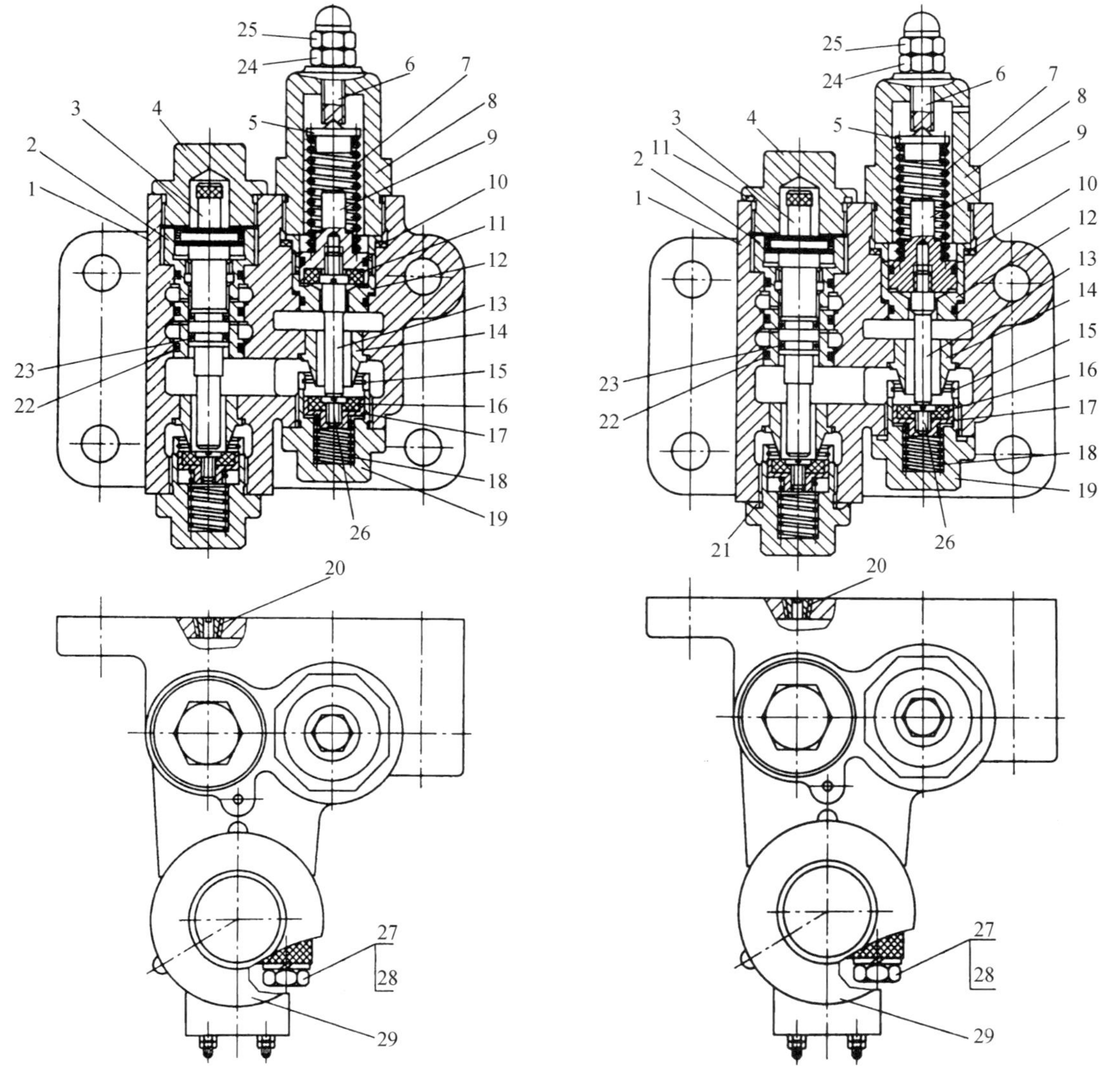

1—电空紧急阀体；2—放大阀套；3—放大阀杆；4—上盖；5—中心顶；6—调整螺丝；7—限压阀弹簧；8—限压阀上体；9—限压阀；10—限压阀密封圈；11—限压阀胶垫；12—限压阀套；13—限压阀杆；14—止回阀套；15—止回阀挡圈；16—止回阀胶垫；17—止回阀；18—止回阀弹簧；19—下盖；20—紧急限制堵；21，22，23—O 形密封圈；24—螺母；25—盖形螺母；26—螺钉；27—螺栓；28—弹簧垫圈；29—FK 型电磁阀。

图 12-8　F8 型紧急电空阀（改进型）

放大阀的作用：在电空紧急制动时，放大副风缸至制动缸充气的通路截面，提高电空紧急制动时副风缸向制动缸充气的速度，改善电空紧急制动性能，同时使制动管与大气连通，产生电空紧急制动附加排风。限压阀的作用：在电空紧急制动时，限制制动缸的最高压力值。电磁阀的作用：在电空紧急制动时，起控制放大阀的作用。

微课：F8 型电空制动机的作用

二、F8 型电空制动阀的作用

F8 型电空制动阀有充气缓解位、常用制动位、保压位和紧急制动位四个作用位置。

1. 充气缓解位（见图 12-9）

初充气时，缓解电磁阀励磁，制动管压缩空气经 $g \to g_1 \to g_5 \to g_6 \to$缓解电磁阀$\to m_3 \to m_2 \to$限制堵 $A \to m_1 \to m \to$压力风缸（同时还经 F8 型分配阀向压力风缸充气），压力风缸可快速充至定压。

另一路，制动管压缩空气经 $g \to g_1 \to g_8 \to g_9 \to g_{10} \to g_{11} \to g_{12}$，到放大阀套外侧，由于放大阀处在上端位置，所以制动管压力空气不能与大气相通。

副风缸压缩空气经 $h \to h_1 \to h_2 \to h_3 \to h_4 \to h_5$，此时，紧急电磁阀无电，阀口关闭。制动缸经 F8 型分配阀与大气相通，呈缓解状态。

制动后再充气时，由于压力风缸压缩空气压力大于制动管空气压力，所以压力风缸空气经 $m \to m_1 \to$限制堵 $A \to m_2 \to m_3 \to$缓解电磁阀$\to g_6 \to g_5 \to g_1 \to g$，向制动管逆流，使制动管的增压速度提高，起到加速缓解的目的，限制堵 A 控制压力风缸的充气速度和逆流速度，达到既满足一次性缓解的目的，又具有满足阶段缓解的性能。

常用制动电磁阀无电常用制动排气口关闭，制动管空气经 $g \to g_1 \to g_2 \to g_3 \to g_4$，到达常用制动电磁阀下方。但常用电磁阀下方的制动管压缩空气与大气之间的通路被切断。

紧急制动电磁阀无电，制动管通副风缸的空气通路被切断。放大阀上部气室 $h_9 \to h_8 \to h_7 - h_6 \to$大气，放大阀杆处于上端位置。

2. 常用制动位（见图 12-10）

电空常用制动时，常用制动电磁阀励磁，制动管压缩空气经 $g \to g_1 \to g_2 \to g_3 \to g_4 \to$常用制动电磁阀 $n_5 \to n_4 \to n_3 \to$限制堵 $B \to n_2 \to n_1 \to$大气，加快了制动管的减压速度，使 F8 型分配阀迅速发生制动作用，这样 F8 分配阀的动作不受空气制动波传递时间的影响，限制堵 B 控制制动管有较合适的排风速度。

发生常用制动后，制动缸的压缩空气可经 $k \to k_1 \to k_2 \to k_3 \to k_4$，进入紧急制动电控阀腔体内，但对该阀动作无作用。

此时，缓解电磁阀和紧急电磁阀均不励磁，压力风缸的空气压力不变，放大阀和紧急限压阀处于初始位。

3. 保压位（见图 12-11）

在保压位时，常用电磁阀、缓解电磁阀、紧急制动电磁阀均不励磁，制动管、压力风缸、副风缸和制动缸的空气压力均保持不变，相互间的联络通路被切断。

在此位置，如果缓解电磁阀间歇励磁，可获得电空制动的阶段缓解作用；如果常用制动电磁阀间歇励磁，可获得电空制动的阶段制动效果，因此保压位是不可缺少的位置。

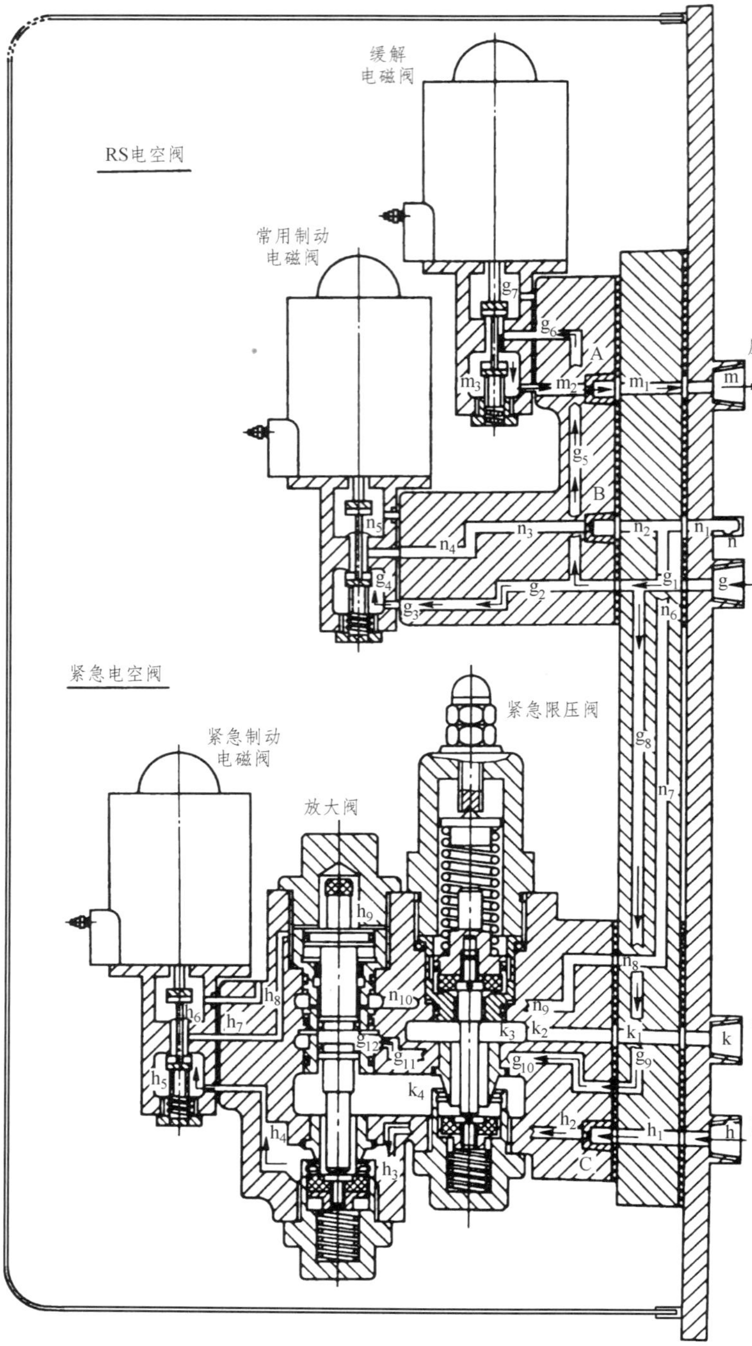

图 12-9　F8 型电空制动机的充气缓解位（缓解电磁阀励磁）

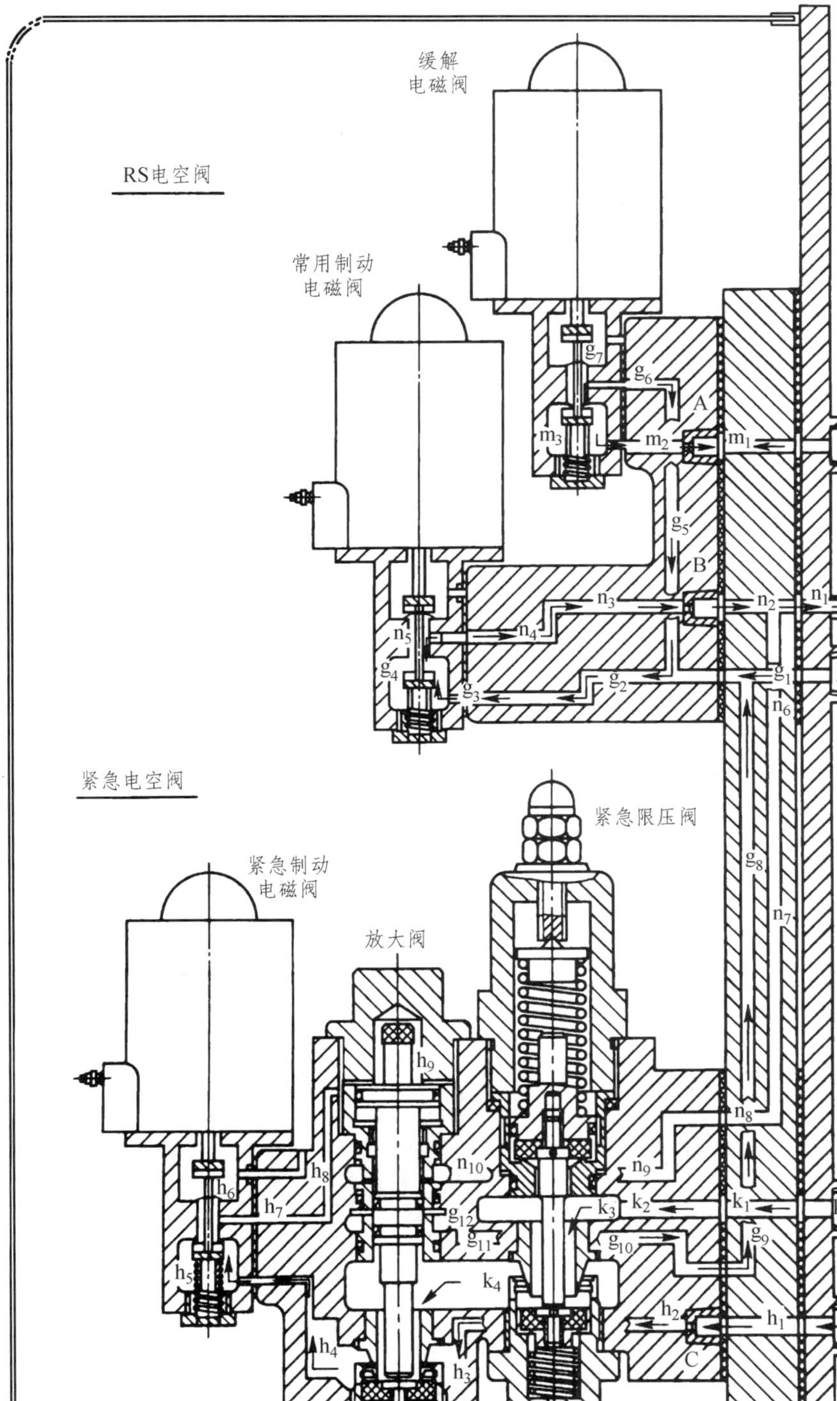

图 12-10　F8 型电空制动机的常用制动位（常用制动电磁阀励磁）

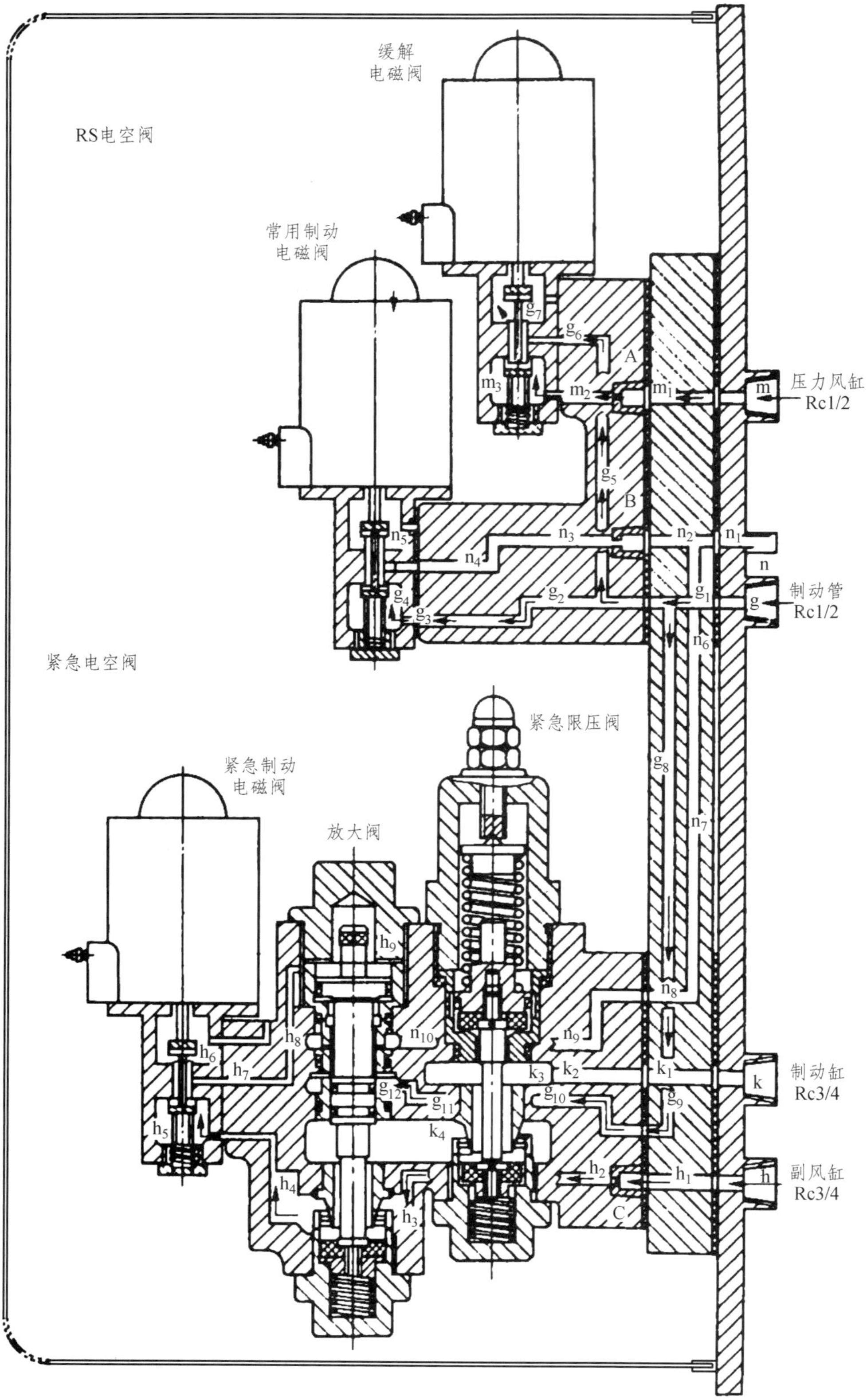

图 12-11　F8 型电空制动机的保压位（电磁阀均不励磁）

F8 型分配阀已具有阶段缓解性能，所以不需要单独设保压电磁阀，这为简化电空制动结构提供了方便条件。

4. 紧急制动位（见图 12-12）

在电空制动的紧急制动位时，常用制动电磁阀和紧急制动电磁阀同时励磁，常用电磁阀励磁后，制动管压缩空气经 $g \to g_1 \to g_2 \to g_3 \to g_4 \to$ 常用制动电磁阀 $n_5 \to n_4 \to n_3 \to$ 限制堵 $B \to n_2 \to n_1 \to$ 大气，使制动管产生与常用制动时相同的排气效果。

紧急制动电磁阀励磁后，副风缸的压缩空气经由 $h \to h_1 \to$ 限制堵 $C \to h_2 \to h_3 \to h_4 \to h_5 \to h_7 \to h_8 \to h_9$，推动放大阀杆下移，完成以下工作。

（1）制动管压缩空气排入大气。

制动管空气经由 $g \to g_1 \to g_8 \to g_9 \to g_{10} \to g_{11} \to g_{12} \to$ 放大阀杆与套间隙 $\to n_{10} \to n_9 \to n_8 \to n_7 \to n_6 \to n_2 \to n_1 \to n \to$ 大气。此时，制动管排大气的通路不受限制堵的限制，排气减压速度较快，且与常用制动的排气叠加，制动管减压速度骤增，强烈刺激 F8 型分配阀立即进入紧急制动位，使列车中各车辆同步起紧急制动作用，最大限度地改善了由于列车中制动时间差而引起的列车冲动。列车编组越长，减少冲动的效果越明显。

（2）开放副风缸向制动缸的充气气路。

放大阀杆向下移动，压缩止回阀弹簧，打开下方止回阀。副风缸压缩空气经 $h \to h_1 \to$ 限制堵 $C \to h_2 \to h_3 \to$ 左侧止回阀 $\to k_4 \to$ 右侧止回阀 $\to k_3 \to k_2 \to k_1 \to k$，进入制动缸。此时，副风缸压缩空气除经 F8 型分配阀进入制动缸充气外，又增加了一条新通路，相对于扩大了副风缸向制动缸充气的通路面积，缩短了制动缸的升压时间。制动缸压力的上升时间可由限制堵 C 的孔径来调节。

制动缸升压后，压缩空气经限压阀杆及其套的间隙，作用在限压阀活塞上，当该作用力大于限压阀弹簧力时，限压阀向上移动，同时，由于下方止回阀弹簧力的作用，右侧止回阀和限压阀杆一起上移，右侧止回阀被关闭，切断副风缸与制动缸之间的联络通路，停止从该通路向制动缸增压。

制动缸限压值的大小，可用调整螺丝来调节限压弹簧的预紧力而改变。

三、F8 型电空性能的试验

使用 F8 型电空制动机的电空性能在电空试验台进行试验，该试验台的结构见项目十一的拓展知识。

1. 紧急电空阀试验

（1）试验准备。

接通电源开关，将电压调整到 AC 110 V，开风门 F_1，总风源（总风缸）压力应在 650 kPa 以上，将试验台的工作压力调整到 600 kPa。开控制阀 K_2，将紧急电空阀卡紧在紧急电空阀安装座上，关 K_4，将辅助阀卡紧在辅助阀安装座上。开风门 F_2、F_{13}、F_{20}、F_{21}、F_{22}，关其他风门，将电空转换开关放在“手动”位置，按要求连接电磁阀的电线。

（2）缓解位漏泄试验。

开风门 5，操纵阀手把置 I 位，待制动管、副风缸、压力风缸充至定压后，开风门 8，当制 2 压力达 60 kPa 时，关风门 8。

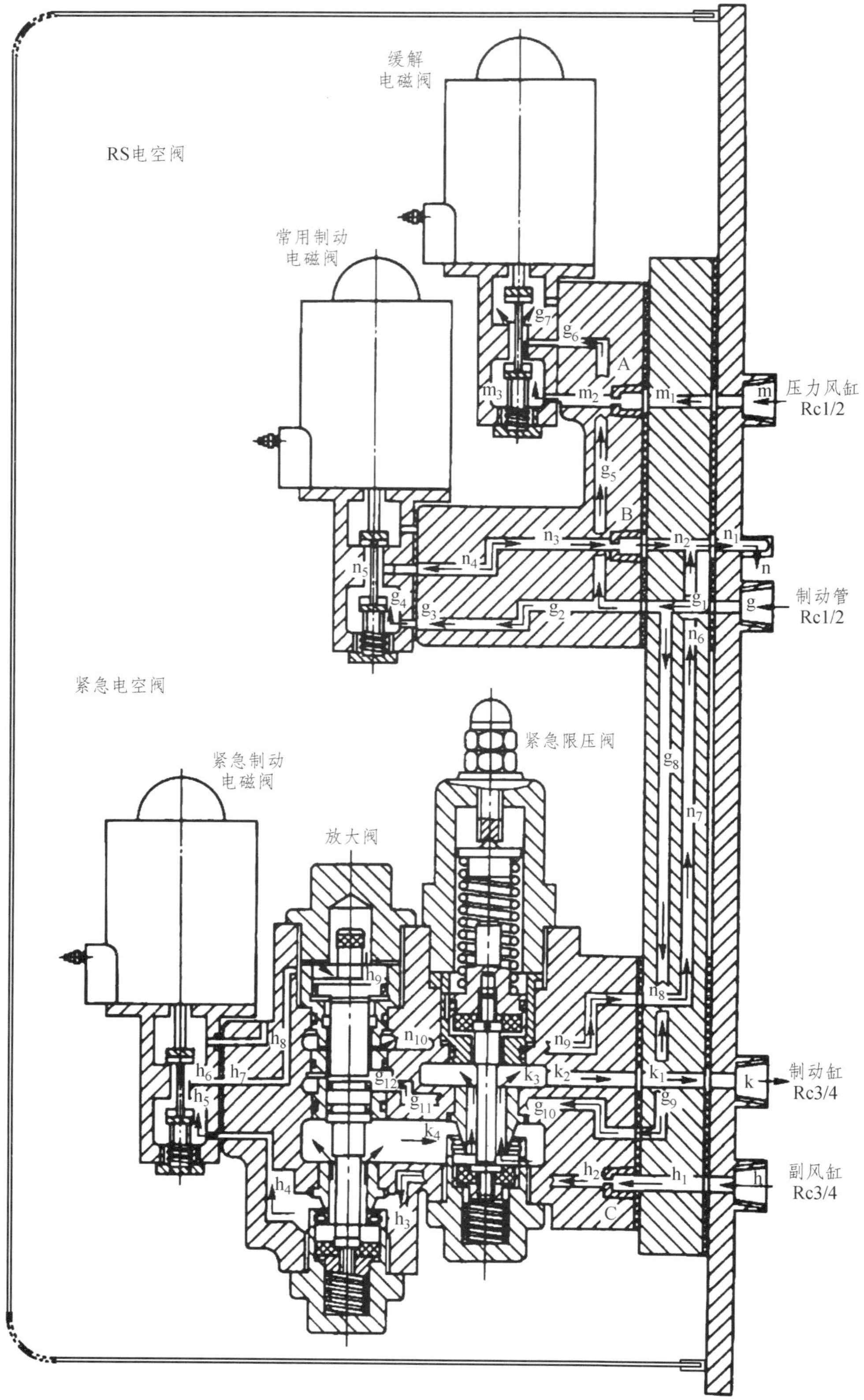

图 12-12　F8 型电空制动机的紧急制动位（常用制动电磁阀和紧急制动电磁阀均励磁）

① 用肥皂水检查紧急电空阀的各结合部。要求不得有漏泄。

② 用肥皂水检查电空阀座的排气口。要求 10 s 内肥皂泡直径不得大于 20 mm。

③ 用肥皂水检查电空阀电磁阀座的排气口。要求 10 s 内肥皂泡直径不得大于 20 mm。

④ 关风门 22，观察制 2 压力表。要求 1 min 内不得上升。

试验完毕，开风门 22。

（3）制动位漏泄试验。

开风门 10，待制 2 压力降为零后，关风门 10。关风门 5，将操纵阀手把置Ⅲ位，接通稳压电源上的“紧急”开关，检查放大阀上盖，限压阀下盖及各结合部。要求：不得有漏泄。

试验完毕，切断稳压电源上的“紧急”开关，开风门 10，排净制动缸压力后，关风门 10。

（4）紧急制动位试验。

① 制动管排风试验：

开风门 5，操纵阀手把置Ⅰ位，待制动管、副风缸充至定压 600 kPa 后，手把移至Ⅲ位，关闭风门 5，接通稳压电源上的“紧急”开关。

要求：制动管压力由 600 kPa 降至 300 kPa 的时间不得大于 7.5 s。

试验完毕，切断稳压电源上的“紧急”开关，开风门 10，排尽制动缸压力后，关风门 10。

② 制动缸限压值调整试验：

开风门 5，操纵阀手把置Ⅰ位，待制动管、副风缸充至定压 600 kPa 后，手把移至Ⅲ位，关闭风门 5，接通稳压电源上的“紧急”开关。

观察限压瞬间的制动缸压力值。调整紧急限压阀螺杆，将制动缸瞬间压力值调整为（460+10）kPa，产生限压作用后，由于制动缸充气速度很快，制动缸压力有回落现象是正常的。

试验完毕，将限压阀调整螺杆用螺母锁紧，切断稳压电源上的“紧急”开关，关风门 10，排净制动缸压力空气后关风门 10。

（5）试验结束。

将操纵阀手把置Ⅶ位，开风门 9、10，待制动管、副风缸、制动缸空气排净后，开 K_2，取下紧急电空阀。关风门 F_1、F_2，切断变压器电源开关，排净试验台各风缸压缩空气。

2. RS 电空阀试验

（1）试验准备。

接通电源开关，将电压调整到 AC 110 V，开风门 F_1，总风源（总风缸）压力应在 650 kPa 以上，将试验台的工作压力调整到 600 kPa。关控制阀 K_3，将 RS 电空阀卡紧在 RS 电空阀安装座上。开风门 F_2、F_6、F_{13}、F_{18}、F_{19}，关其他风门，将电空转换开关放在“手动”位置，按要求连接电磁阀的电线。

（2）常用电磁阀试验。

将操纵阀手把置Ⅰ位，待制动管、压力风缸充至定压后，操纵阀手把移至Ⅲ位保压。关风门 6。

① 用肥皂水检查常用电磁阀的排气口。要求要求 10 s 内肥皂泡直径不得大于 20 mm。

② 打开稳压电源上的“常用”开关。制 2 压力表压力由 500 kPa 降至 400 kPa 的时间为 4.5 ~ 7.5 s。

试验完毕，关闭稳压电源上的“常用”开关。

（3）缓解电磁阀试验。

① 开风门 6，操纵阀手把置Ⅰ位，待制动管、压力风缸充至定压后，关风门 6。操纵阀手把移至Ⅳ位，待制动管减压 170 kPa 后，手把移至Ⅲ位保压。关风门 18、19。

要求：压力稳定后 1 min 内制 2 压力表压力不得有上升，工 3 压力表压力不得有下降。

② 开风门 18、19。操纵阀手把置Ⅱ位，待制动管、压力风缸充至定压后，关风门 6。操纵阀手把移至Ⅳ位，待制动管减压 170 kPa 后，待制动管压缩空气排净后，操纵阀手把移至Ⅲ位保压。打开稳压电源上的“缓解”开关，观察制 2 压力表的压力上升情况。

要求：制 2 压力表压力由 60 kPa 上升到 120 kPa 的时间应为 12 ~ 18 s。

试验完毕，关闭稳压电源上的“缓解”开关。

（4）试验结束。

开风门 6。操纵阀手把置Ⅶ位，待制 2、工 3 压力表压力降为 0 后，拆下电磁阀连接线。开控制阀 K_3，取下电空 RS 电空阀。关风门 F_1、F_2。关闭稳压电源开关，排尽试验台各风缸压缩空气。

四、F8 型电空制动机的运用、故障判断及处理

（一）列检作业

列检作业除按有关规定对车辆和列车进行试验检查外，根据 F8 型电空制动机的结构、作用特点，列检作业中还有以下注意事项：

1. 拆换电空阀时的处理

拆换电空阀时，可不关闭制动支管的截断塞门，但电空阀箱后面的 4 个截断塞门需全部关闭后再拆卸。

拆卸后，保护好安装面，不要丢失零件，也要防止尘沙、泥土、杂物等进入。

2. 检查各塞门关闭位置

检查电空阀箱后 4 个截断塞门应全部在开启位置，以保证电空制动的正常使用。如果误关了这些塞门，将使本车的电空制动失去作用（仅具有空气制动作用）。

如果使用 F8 集成单元，需检查电磁阀座下方的塞门是否在开放位置（手把在下方为开，上方为关闭）。

3. 正确识别电空阀排气情况

以下是工作时的正常排风：电空常用制动和紧急制动时，电控阀箱后面均有短时附加排风声响（当然长时间排风是漏泄和故障）。

4. 关门车处理

在电空制动发生故障时，可单独切断有关电空部分，无须将制动支管截断塞门关闭。这样可保留空气制动系统继续使用。只有空气制动发生故障时，才需将制动支管的截断塞门关闭。

5. 电空连接插头检查

（1）车辆端部用的电空连接线，必须先检查插座有无断线、进水等。

（2）在插入电空连接线时，必须先检查插座有无进水，保证有良好绝缘。

（3）电空连接插头，需在插座上拧紧，保持良好接触。
（4）拆下电空连接插头时，必须将连接座上的盖关严。

（二）常见故障及判断

1. 紧急电控阀

（1）充气缓解时的漏泄。
① 制动缸压力上升：
a. 放大阀下部的止回阀漏泄：可以将止回阀胶垫磨平或更换之；也可以磨平阀口或更换之。
b. 放大阀套最下一道 O 形密封圈漏泄，应更换该 O 形密封圈。
c. 放大阀杆下面一道 O 形密封圈漏泄，应更换该 O 形密封圈。
d. 放大阀杆过长，可更换该阀杆或将它稍加磨短。
② 电磁阀座排气口漏泄：
原因是电磁阀口不严，应修理或更换电磁阀。
③ 制动管附加排气口漏泄：
a. 放大阀套中间一道 O 形密封圈漏泄，应更换该 O 形密封圈。
b. 放大阀杆上面一道 O 形密封圈漏泄，应更换该 O 形密封圈。
c. 阀体内部气路漏泄，应更换阀体。
（2）制动位故障。
① 不限压：
a. 限压阀弹簧调整压力过高，应重新调整，弹簧有永久变形时应更换之。
b. 限压阀 O 形密封圈阻力过大（O 形密封圈压量过大），应找出原因，更换限压阀、阀套或 O 形密封圈。
② 限压阀盖上孔漏泄：
a. 限压阀 O 形密封圈漏泄，应更换该之。
b. 限压阀套上 O 形密封圈（ϕ24 mm）漏泄，应更换该 O 形密封圈。

2. RS 电控阀

（1）充气时的故障。
① 初充气时附加排气孔漏泄：
可能是常用制动电磁阀漏泄——电磁阀胶垫有缺陷或有异物。可清除异物或更换电磁阀。
② 初充气时胶垫附近漏泄：
可能是电磁阀胶垫未装好，重新安装。
（2）制动时的故障。
① 常用制动时达不到排气时间要求：
可能是常用排气堵中心孔（应为ϕ1.7 mm）偏大或偏小或安装错误，应重新选用。
② 常用电磁阀胶垫处漏泄：
应重新安装或更换胶垫。
（3）缓解时的故障。
① 缓解时压力风缸降压过快，达不到时间要求：

可能是缓解排气堵中心孔（应为ϕ0.8 mm）偏大或螺纹太松，可更换或重新选用。

② 缓解电磁阀安装胶垫附近漏泄：

可能是电磁阀胶垫未装好，应重新安装。

思考与练习

一、填空题

1. F8 型电空制动机的 RS 电空阀由 RS 电空阀体、(　　　)、常用制动电磁阀和(　　　)等组成。

2. F8 型电空制动机的紧急电空阀部分主要由（　　　）、（　　　）和紧急电磁阀等组成。

3. F8 型电空制动机紧急电空阀的紧急电磁阀在（　　　）时起控制放大阀的作用。

4. F8 型电空制动机缓解电磁阀的作用：再充气时，压力风缸压缩空气向（　　　）的逆流，加速（　　　）增压速度，达到迅速缓解的目的。

5. F8 型电空制动机在缓解位时（　　　）得电，其余电磁阀均不得电。

二、选择题

1. F8 型电空制动机的紧急电空阀部分在电空紧急制动时，放大副风缸至制动缸的压缩空气通路截面，提高电空紧急制动时副风缸压缩空气向制动缸充气速度的是（　　）。

A. 限压阀　　　　B. 止回阀

C. 放大阀　　　　**D. 电磁阀**

2. F8 型电空制动机在常用制动位时（　　）得电。

A. 缓解电磁阀　　　　B. 常用制动电磁阀

C. 紧急制动电磁阀和常用制动电磁阀同时得电　　　　D. 紧急制动电磁阀

三、判断题

1. F8 型电空制动机紧急电空阀部的限压阀的限制压力是可调的。（　）

2. F8 型电空制动机由空气制动和电空制动两部分组成。（　）

3. F8 型电空制动机的电空制动采用四线制，即常用制动线、缓解线、紧急制动线和零线。（　）

4. F8 型电空制动机常用制动电磁阀的作用是电空常用制动时，提高制动管的压缩空气减压速度，加速电空制动作用。（　）

5. F8 型电空制动机紧急电空阀部的限压阀只在紧急电空制动时限制制动缸的最高压力。（　）

6. F8 型电空制动机在紧急制动时只有紧急电磁阀得电。（　）

7. F8 型电空制动机在电空制动发生故障时，无须将制动管支管上的截断塞门关闭，这样可保留空气制动系统继续使用。（　）

拓展知识

一、104 型集成化制动单元简介

现已装车的 104 型电空制动机集成式安装，可方便电空制动机的安装、检修和维护，且其整体结构将趋于紧凑、合理。

微课：104 型集成型电空制动机

（一）整机技术指标

（1）适用范围：适用于所有装有自动式制动系统的客车，包括准高速客车、提速客车及其他 25 型客车。

（2）适应环境：所有电器部件符合电器通用标准，电器部分、空气部分均适应温度±50 °C，相对湿度为 85%。

（3）采用板式安装，正面安装阀类部件，背面安装各容积风缸及各管路连接。

（4）电空制动用电磁阀与原有 104 电空制动机的电磁阀一致，有良好的通用性和互换性，额定工作电压为 110 V。

（5）采用自动作用式。

（6）常用全制动制动缸压力为 420 kPa。

（7）具有电空紧急制动功能，紧急制动制动缸压力为 420±10 kPa。

（8）具有阶段缓解性能的功能，阶段缓解次数不少于 5 次。

（9）电气失效后，列车能自动转为空气制动机状态。

（10）能与现有装有 104 型电空制动机的客车混编使用。

（11）实现真正意义上的集成，可根据不同需求进行部件的选择安装组成，可实现 104 空气制动、电空制动等功能。

（二）104 型集成电空制动机的特点

104 型电空制动机的集成，就是指将电空制动机的所有零部件集中安装在一块集成板上。安装如图 12-13 和图 12-14 所示，并有外罩把这些部件罩住，外罩的作用主要是为了防尘和密封，取消了 104 制动机的中间体。在集成板上，正面装有 104 主阀、紧急阀、充气阀、电磁阀、电磁阀安装座等。集成板背面有容积组合，包括容积室（3.85 L）、紧急室（1.5 L）、局减室（0.6 L）、制动管、副风缸、压力风缸、制动缸、缓解风缸的法兰接口、电空制动用电缆线连接器。这样，所有阀类零部件在安装面的正面，容积风缸和管路连接在集装板后面。

（三）主要部件及作用说明

1. 集成安装板 1

用来安装制动机阀类、电器件、容积风缸、法兰接头及其他部件。

2. 104 主阀 2

104 主阀为普通 104 空气制动机的主阀，其可与运用车的 104 主阀互换。

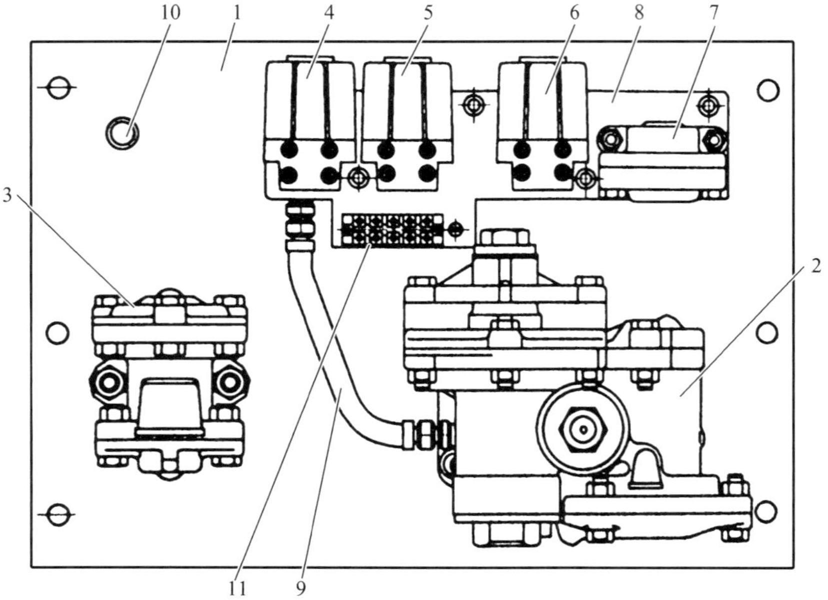

1—集成安装板；2—104 主阀；3—104 紧急阀；4—保压电磁阀；5—制动电磁阀；6—缓解电磁阀；7—充气阀；8—电磁阀安装座；9—保压管；10—连接线；11—接线端子（背面）。

图 12-13　104 型电空制动集成板的正面安装示意图

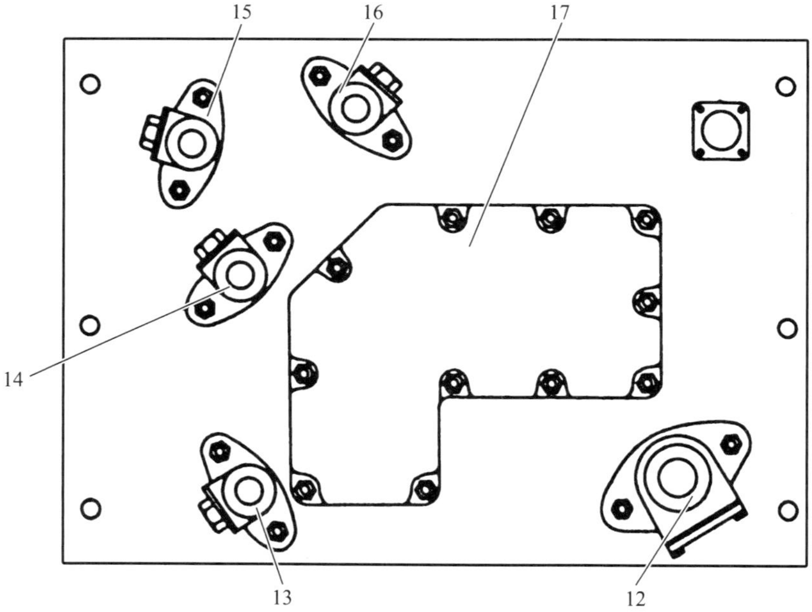

12—制动管法兰接头；13—制动缸法兰接头；14—副风缸法兰接头；15—缓解风缸法兰接头；16—压力风缸法兰接头；17—容积组合。

图 12-14　104 型电空制动集成板的背面安装示意图

3. 104 紧急阀 3

104 紧急阀为普通 104 空气制动机的紧急阀，其可与运用车的 104 紧急阀互换。

4. 电磁阀安装座 8

用来安装各电磁阀、充气阀及接线端子等，可以整体拆下，方便检修。

5. 电磁阀 4、5、6

104 集成电空制动机共设三个电磁阀：缓解、保压、制动三个电磁阀的结构相同，采用与原 104 电空制动机一致的电磁阀，相互之间可以互换使用。

（1）保压电磁阀 4。

保压电磁阀用来控制 104 主阀容积室排气口到大气的通路，用的是它的常开位，无电时此通路畅通，保证容积室到大气的通路；得电时则切断此通路，如果容积室内有空气存在，则不能排出。

（2）制动电磁阀 5。

制动电磁阀的常闭阀口遮断了制动管到大气的通路，当它得电时，常闭阀口打开，接通制动管通大气的通路，制动管的压力空气通过制动电磁阀排入大气；失电时，则停止排气。这样可以用制动电磁阀的得、失电来控制制动管的排气。

（3）缓解电磁阀 6。

缓解电磁阀是用来控制缓解风缸与制动管之间的通路，失电时常闭位，遮断两者之间的通路；得电时，沟通缓解风缸和制动管，当缓解风缸内的空气压力高于制动管时，则缓解风缸内的压力空气会流向制动管。

6. 充气阀 7

充气阀相对于原 104 电空制动机电磁阀安装座上的充气止回阀，只是结构有所变化，缓解风缸的压力空气可以由副风缸通过该充气阀充气。如果将副风缸换成总风缸，也可以满足缓解风缸的充气要求，并且缓解风缸的压力空气不能向副风缸或总风缸逆流。

7. 保压管 9

连接 104 主阀容积室排气口与电磁阀安装座，容积室的压力可由保压电磁阀控制。

（1）连接器。

为电空制动机电控制信号的接口。

（2）容积组合。

容积组合与安装板采用法兰连接，包含容积室、紧急室和局减室。

（3）风缸和空气管路接口。

共有 5 个风缸和空气管路接口，都采用法兰连接的方式，分别为制动管、制动缸、副风缸（或总风缸）、压力风缸、缓解风缸等法兰连接。

8. 安装使用说明

104 型集成电空制动机的各风缸、制动支管、5 芯主电缆和电空连接器与原 104 电空制动机一致。104 型集成电空制动机的安装分空气管路部分和电气部分安装。其基本结构布置如图 12-15 所示。

（1）空气管路部分的安装。

① 将 104 主阀和紧急阀用 M16 的螺栓紧固在集成安装板的正面，之间用橡胶密封垫密封。

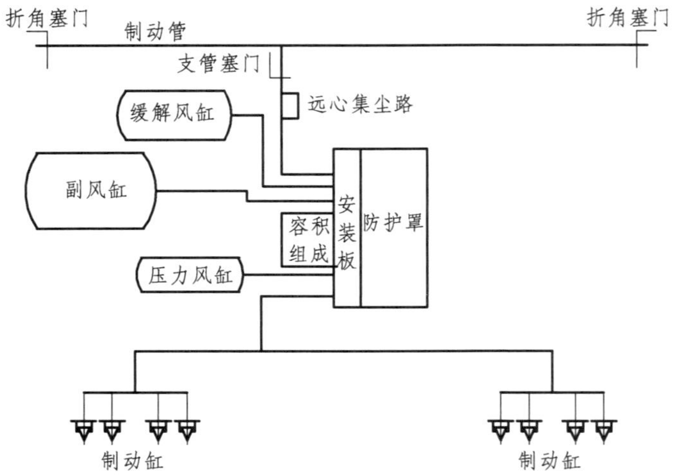

图 12-15　104 型集成电空制动机基本结构布置

② 将电磁阀座用 4 颗 M10 的内六角螺栓紧固在集成安装板上，电磁阀座的其他部件也要求安装完毕。

③ 用保压管的两端分别接电磁阀座下部的 Rc3/8 孔和主阀上的容积室排气孔 d_3（Rc3/8 接口）。

④ 将容积组合安装在集成板的背面，结合处用橡胶密封垫密封。

⑤ 将副风缸、压力风缸、制动缸、缓解风缸和制动管的法兰接口分别用 M12 和 M16 螺栓连接。

⑥ 将集成安装板用 6 颗 M16 的螺栓装在集成电空制动机的安装架上，各风缸和制动管按设计要求安装，并分别与集成安装板上的各相应接口连接。其中副风缸、压力风缸、制动缸、缓解风缸的接口为 Rc3/4，制动管接口为 Rc1。

（2）电气部分的安装。

① 按图 12-16 所示电气示意图布置电空制动电缆线，电缆必须走电缆管或有电缆护管套。

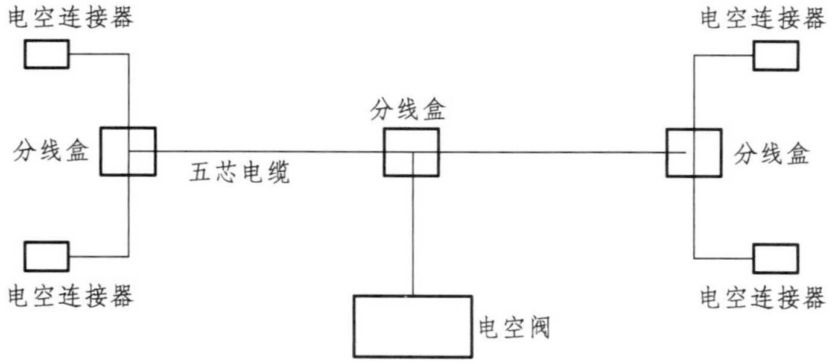

图 12-16　104 型集成电空制动机电缆布置

② 由车体中间或车上分线盒引出 4 芯电缆到集成电空制动机安装板的左上角，连接到电缆连接器后进入安装板正面，电缆连接器有 5 芯，4 芯电缆编号为 1 号（红）、2 号（绿）、3 号（黄）、5 号（黑），分别相应接于电磁阀组成上的接线端子，面对接线端子，从左至右的顺序号为 3，1，2，4，5，此编号相应接于 3 号——保压电磁阀（+）、1 号——制动电磁阀（+）、2 号——缓解电磁阀（+）、5 号——上述 3 个电磁阀的地线（-）、4 号——检查线。

③ 安装完毕后，检查各电缆的护套是否完整，各线路是否正确、无误，并保证各线芯之间无短路现象。

④ 将装有检查密封胶条密封罩与集成安装板用搭扣连接，并上开口销。

二、F8 型集成化电空制动单元简介

F8 型电空制动机是将空气制动部分和电空制动部分分开设计，方便了故障判断和处理，但也使车下的制动管路复杂化，增加了工作量，同时由于管路的漏泄，也增加了故障的意外因素，会给现场带来不便。1993 年开始考虑采用电空制动系统的集成化设计问题，使整个系统成为一个完整的独立单元。其关键是：设计合理的集成化气路板；解决气路板的粘接技术。

（一）集成气路板

由两块不锈铝合金板粘接（或钎焊）而成，将原 F8 型分配阀的中间体、RS 电空阀内气路及连接电空制动的管路系统，加工在其中一块较厚的板上，然后与薄板粘焊，并保证各气路间的完全密封。原中间体内的辅助室和局减室用两个与原容积相同的小气室代替，安装在薄板一侧。全部连接管路增设管路滤尘器后，都连接在薄板一侧，形成一个系统的电空制动集成气路板（见图 12-17），该板用三脚架吊装在车下。分配阀的主阀、辅助阀、紧急电空阀及三个电磁阀及切断阀布置在集成板的另一侧，这样分配阀和电空阀均便于装卸和检修。

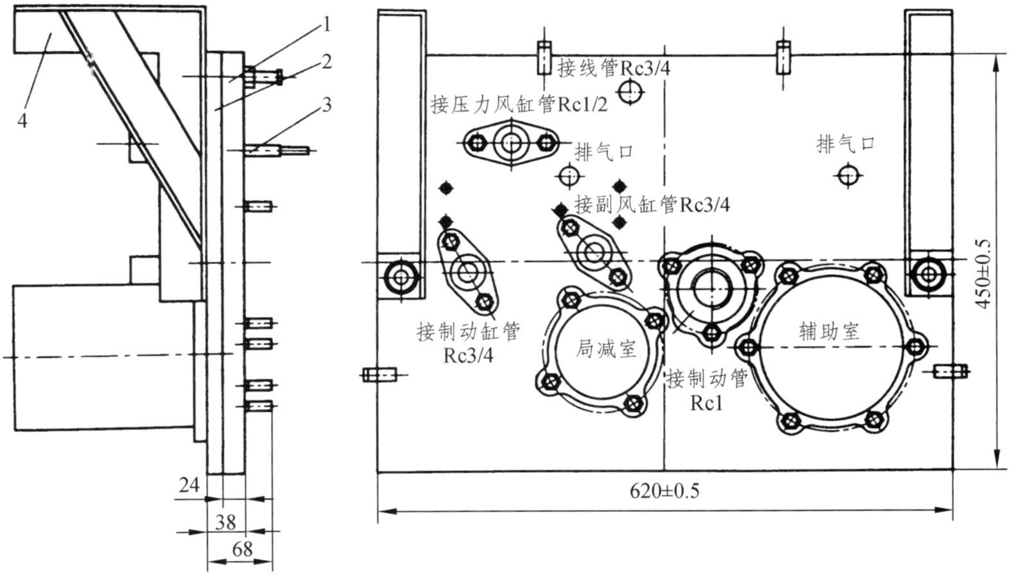

1—底板；2—面板；3—T 形槽用螺栓；4—吊架。

图 12-17　F8 型电空制动机集成气路板

（二）F8 型集成电空制动单元的特点

（1）F8 型集成电空制动单元外形如图 12-18 所示。用不锈钢铝合金制造的集成气路板代替了原 F8 型的中间体和 RS 电空阀体。原中间体为铸铁件，其中有两个气室，还有较复杂的气路，生产废品率高，不易清砂。这样既给生产带来不便，也使阀内清洁度难于保持，生产中还经常出现气路不畅的情况，增加了分配阀的故障，而集成气路板全部气路是粘焊前加工

完成的，可保证气路畅通、清洁、无沙，既方便生产，也大大减少了故障。

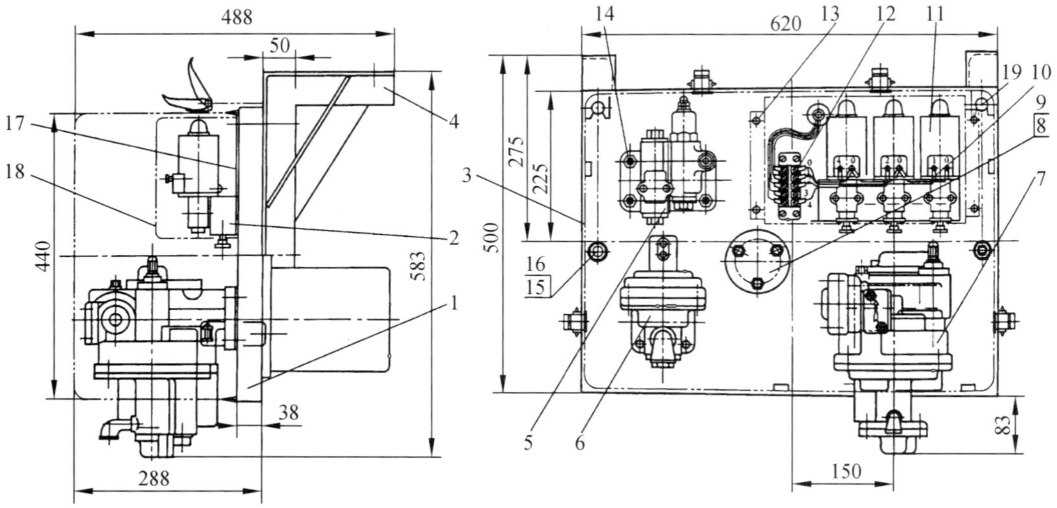

1—集成化气路板组成；2—电磁阀安装座组成；3—箱盖组成；4—吊架组成；5—F8 型紧急电控阀；6—F8 辅助阀；7—F8 主阀；8—1 号管路滤尘器前盖；9—1 号管路滤尘器胶垫；10—电路连接图；11—电磁阀（二位三通）；12—接线排；13—半圆头螺钉（M16×15）；14—六角螺母（M12）；15—六角头螺栓（M16×60）；16—六角螺母（M16）；17—电磁阀罩垫；18—电磁阀罩；19—吊轴。

图 12-18　F8 型集成电空制动单元外形

（2）用集成气路板的内部气路代替了原来复杂、易漏的外部连接管路系统。F8 型电空制动集成单元只有四根外部连接管，分别为制动支管 1 英寸、制动缸管 3/4 英寸、副风缸管 3/4 英寸，压力风缸管 1/2 英寸，如图 12-19 所示（见附录彩图）。

（3）集成化减小了质量。

原 F8 型电空制动机总质量（包括各种附件）约为 120 kg，F8 型电空制动集成单元总质量为 90 ~ 100 kg。

（4）在各管路连接处加装了管路滤尘器，以保证各通路的清洁，防止杂物进入阀内，减少了故障。

（5）延长了使用寿命。根据航空工业的使用经验，集成气路板的粘接技术可保证使用期在 15 年以上。

（6）分配阀、电空阀、电磁阀都安装在一起，结构紧凑。在电磁阀出现故障时，仍可方便地切换使用空气制动机继续运行，既方便维修，又方便运用。

（7）保持了原 F8 型电空制动机的性能，原零部件仍可互换。图 12-19 所示为电空制动单元的作用原理图（充气缓解位）。

F8 型集成电空制动单元包括 F8 型分配阀主阀、F8 型分配阀辅助阀、紧急电空阀、紧急制动电磁阀、常用制动电磁阀、缓解电磁阀、切断阀（电磁阀产生故障时切断电空部分）、管路连接滤尘器、集成气路板等。

（8）F8 型集成电空制动单元作用原理与原 F8 型电空制动机相同，这里不再赘述。

（9）集成气路板上安装的主要阀类用一个外罩罩住，可保持阀类外表清洁，减少车下恶劣环境的腐蚀，减少维修时的工作量，外罩表面经过喷塑处理或使用耐腐蚀的玻璃钢。

集成气路板可采用粘接或钎焊两种方法，无论哪种方法均须保证气路间的完全密封，在温度±500 °C 及压力为 1 200 kPa 条件下，不允许有任何漏泄。

为了提高铝板的连接强度，在主要连接螺栓部位，均使用了航空工业中成功使用的钢丝螺套，将钢丝螺套旋入铝板中。

粘接剂选用了航空航天业中使用成熟的改性 R14 环氧性结构胶黏剂。其长期使用温度为 −500 ~ +175 °C；剪切强度为 36.0 ~ 27.3 MPa。

另一种是钎焊的方法。用此方法生产的制动单元，先在电力机车上使用，效果较好。1999 年后生产的 F8 型电空制动单元，使用此方法。

项目十三　客车制动机性能试验

项目概述

课件：客车制动机性能试验

本项目以铁路客车 104 型制动机、F8 型制动机单车试验和旅客列车试验为载体，设计工作情境，让学生组成学习团队，以团队为单位，通过进行 104 型制动机和 F8 型制动机的单车制动性能试验的练习、列车制动性能试验的观摩等，掌握 104 型制动机、F8 型制动机的单车制动性能试验和旅客列车制动性能试验等。

教学目标

1. 通过阅读工作任务单，明确工作任务要求；
2. 能根据任务要求和实际情况，合理制订工作计划；
3. 能正确进行 104 型制动机和 F8 型制动机的单车制动性能试验；
4. 能正确进行旅客列车制动性能试验。

任务一　客车单车制动试验

【任务描述】

本任务实施中，首先通过认识客车单车试验器的组成、用途、结构等，掌握客车单车制动试验的步骤、方法及技术要求。

【任务实施】

一、客车车辆单车制动试验器

新造的客车车辆或客车制动机经过检修后，须进行单车制动性能试验，检验其制动装置的技术质量及检修质量是否符合要求。

单车制动性能试验应采用能自动打印的微机控制单车试验器或集中控制单车试验器进行。客车用手动单车试验器与货车用手动单车试验器结构和作用均相同，操作方法也基本相似，只是客车用单车试验器的单车制动阀通路比货车的稍大。手动操作单车试验器见货车部分项目七的任务一。

（一）客车电空单车试验器

电空单车试验器用于试验装有电空制动机的客车，在检修后进行单车制动性能试验。目前有 104 型和 F8 型两种电空单车试验器。电空单车试验器外形如图 13-1 所示。

（1）电气系统：电源电压为 AC 220 V；试验器输出电压为 DC（85 ~ 110）V。

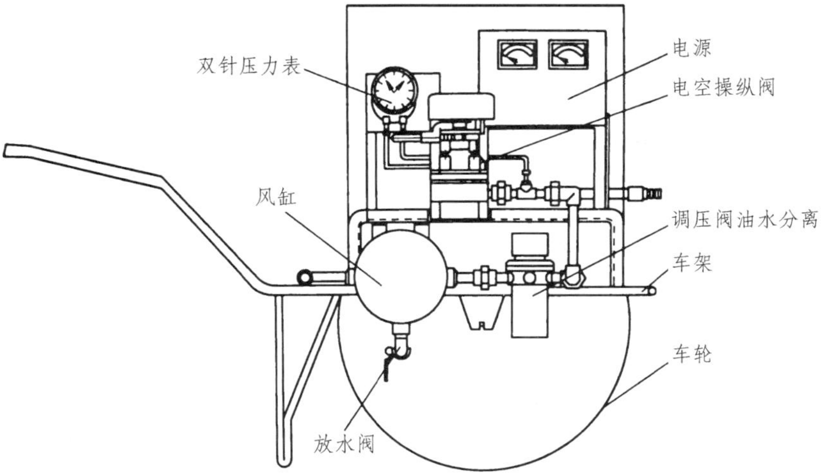

图 13-1　电空制动单车试验器外形

（2）104 型电空单车试验器的操纵阀各位置与各电磁阀得失电的关系见表 13-1（+为得电，-为失电）。

（3）F8 型电空单车试验器的操纵阀各位置与各电磁阀得失电的关系见表 13-2（+为得电，-为失电）。

表 13-1　104 型操纵阀手把各位置与各电磁阀得/失电关系

操纵手把位置 电磁阀	一	二	三	四	五	六
缓解	+	+	-	-	-	-
保压	-	-	+	-	-	-
制动	-	-	-	+	+	+

表 13-2　F8 型操纵阀手把各位置与各电磁阀得/失电关系

操纵手把位置 电磁阀	一	二	三	四	五	六
缓解	+	+	-	-	-	-
常用制动	-	-	+	+	+	+
紧急制动	-	-	-	-	-	+

（4）风缸：包括储风缸、副风缸、制动管容量风缸、压力风缸、制动缸、辅助（室）风缸、局减（室）风缸，各风缸容积见表 13-3。

表 13-3　各风缸容积

名称	副风缸	储风缸	制动管容量风缸	压力风缸	制动缸	局减（室）风缸	辅助（室）
容积/L	100	80	15	11	15	0.8	3

104 操纵阀各作用位置的用途和充排气时间见表 13-4。

表 13-4　104 型操纵阀各位置及充排气时间

单阀位置	充风或排风/kPa	孔径参考尺寸/mm	时间/s
急充风位	—	ϕ 6.4	
缓充风位	50 升至 150	ϕ 0.6	50 ~ 52
保压位	—	—	—
感度试验位	500 升至 400	ϕ 0.9	15 ~ 16.5
安定试验位	500 升至 300	ϕ 2.06	8 ~ 9
紧急制动位	500 升至 200	ϕ 3.7	3.5 ~ 5

F8 操纵阀各作用位置的用途和充排气时间见表 13-5。

表 13-5　F8 型操纵阀各位置及充排气时间

操纵手把位置	一	二	三	四	五	六
	快充	慢充	保压	感度	安定	紧急
孔径/mm	6.4	1.0	—	1.2	2.4	4.8
压力变化/kPa	—	50 ~ 150	—	500 ~ 400	500 ~ 300	500 ~ 200
时间/s	—	19 ~ 20	—	10 ~ 11.5	6 ~ 7.5	3 ~ 3.5

（5）压力表：试验台上设有 4 块双针压力表和 1 块标准压力表。

（6）转子流量计：

① 用于快速测量漏泄。

② 组成有刻度管、浮球、支架、测定器手柄等。

（二）客车微空单车试验器

目前微空单车试验器的种类较多，现介绍 WD-2K 和 WD-2 型微控客车单车试验器。

1. WD-2K 型微控客车单车试验器

（1）用途。

用于 104 型、F8 型电空单车制动机的单车试验；试验时可自动控制，也可手动操作；可对所有的试验项目进行自动连续试验，也可对某个项目单独试验；能对试验过程进行实时监控；可对试验结果进行打印、存储、查询和删除等操作。

（2）组成。

主要包括气路控制部分、手动按钮控制部分、微机自动控制部分、电源及其他部分。

（3）各部分组成及用途

① 气路控制部分主要由调压阀、过滤器、电磁阀、双针压力表、制动主管压力传感器、制动缸压力传感器、空气管路及管路接头等组成。气路控制原理如图 13-2 所示。

a. 电磁阀在微机控制下动作，使相应空气通路导通或关闭，其作用相当于原单车试验器操纵手把。

b. 制动主管、制动缸压力传感器将制动主管、制动缸压力以电信号的形式提供给系统微机，以便于完成试验过程的自动控制。

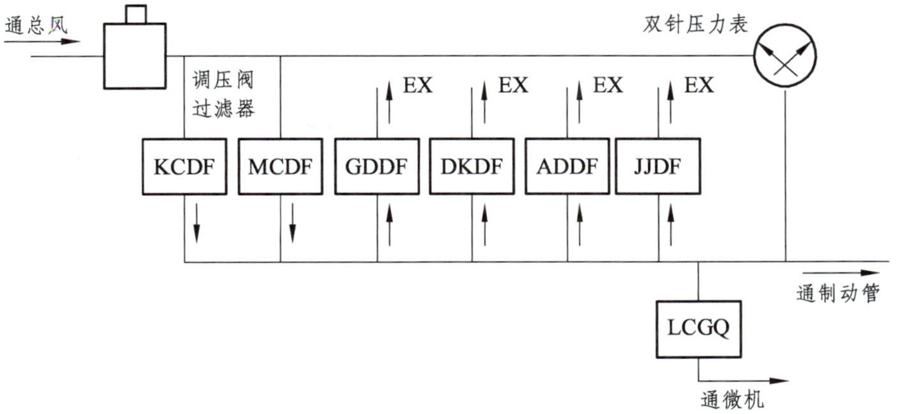

KCDF—快充电磁阀，通路上有 ϕ 6.4 mm 的缩孔；MCDF—慢充电磁阀，通路上有 ϕ 1.0 mm 的缩孔；GDDF—感度电磁阀，通路上有 ϕ 1.2 mm 的缩孔；DKDF—电空电磁阀，通路上有 ϕ 1.5 mm 的缩孔；ADDF—安定电磁阀，通路上有 ϕ 2.4 mm 的缩孔；JJDF—紧急电磁阀，通路上有 ϕ 4.8 mm 的缩孔；LCGQ—制动主管压力传感器。

（注：当所有电磁阀都失电时，所有的空气通路都被切断，试验器处于保压状态）

图 13-2　电空制动单车试验器气路控制原理

② 手动按钮控制部分将控制面板上的手动/自动切换按钮倒向手动侧，此时面板下方的“快充”“慢充”“快充”“感度”“电空”“安定”“紧急”6 个电磁阀按钮，以及“制动”“缓解”“保压”“紧急”4 个继电器按钮有效，按下某一个按钮，则该按钮上的灯将点亮，相应的电磁阀和继电器得电。

③ 微机自动控制部分将面板上的手动/自动切换按钮倒向自动侧，此时 6 个电磁阀和 4 个继电器将由微机来控制，而面板 10 个按钮将失效。微机的键盘由 20 个键组成，包括“0”~“9”10 个数字键和“确认”“修改”“终止”“打印”“删除”“上翻”“下翻”“忽略”“返回”“退出”10 个功能键。微机的显示屏在键盘的上方，用于显示输出检测内容和提示信息。

④ 电源及其他部分。

电源部分由两部分组成。

a. 交流 220 V 经 AC/DC 模块转换成直流可调 85 ~ 110 V 供电磁阀使用。

b. 交流 220 V 经开关电源变换后，输出电压为+5 V、－5 V、+12 V、－12 V 直流电压，供工控机及其外围电路使用。

2. WD-2 型微控客车单车试验器

（1）组成。

WD-2 型微控客车单车试验器主要由气路和电路两部分组成。气路设计如图 13-3 所示，电路设计如图 13-4 所示。

（2）结构特点。

① 可对 GL3 型、104 型、F8 型空气制动机、104 型电空制动机、F8 型电空制动机等进行各项单车制动性能试验。

② 具有自检功能。WD-2 型微控客车单车试验器每半个月自检一次，时间自 15 日依次递减，一直到零，若单车试验器未进行自检，就不能进行试验。

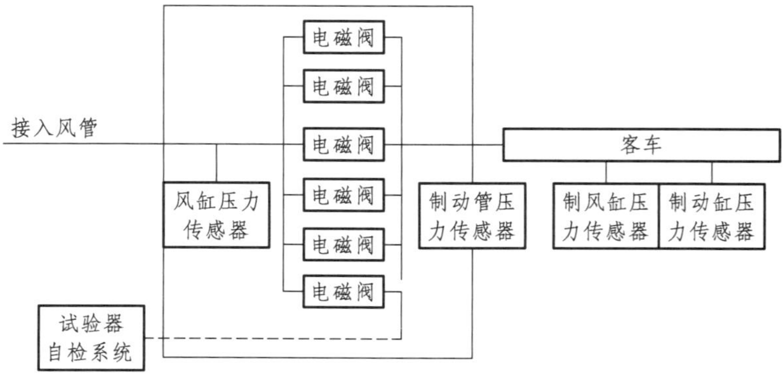

图 13-3 WD-2 型单车试验器气路设计原理

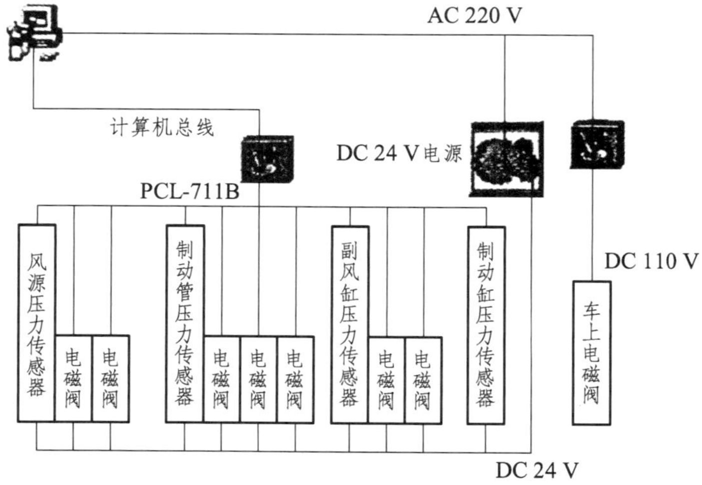

图 13-4 WD-2 型单车试验器电路设计原理

③ 显示采用触摸屏，操作运用方便。

（3）操作说明。

① 试验准备。

a. 接通单车试验器电源。如需要进行电空试验，应接好电空线。

b. 将传感器分别安装在副风缸和制动缸上，接好数据传输线。

注：对单元制动缸和密封式制动缸车辆，应在制动主管上加装三通，将制动缸传感器安装在三通上。

c. 按下绿色电源按钮，开机。

开机后，按照屏幕显示提示，插入电子钥匙。如果显示如下界面，则表示该单车试验器需进行自检，自检合格前，不能做试验。插入电子钥匙后，点击“确认”按钮，进入系统主界面。根据系统主界面提示：按“开始试验”按钮开始试验；按“结果验收”按钮进行验收；按“系统维护”按钮进入系统维护；按“退出系统”按钮退出系统。

② 开始试验。

按（开始按钮）按钮进入试验数据输入界面（如果因意外断电或保存时选择了“暂存”选项则出现相应界面提示）。根据操作界面提示进行空气制动试验。试验完毕后，可进行结果验收、数据报表调阅等操作。

该设备还具有系统维护、风路自检、数据传输、传感器标定等功能。

（4）WD-2 型微控客车单车试验器常见故障及排除。

① 自检时不合格。

慢充位不合格：

a. 自检前应保证自检风缸压力大于 50 kPa。

b. 检查传感器是否拧紧，制动管连接器与自检风缸连接器是否结合紧密。

其他位置不合格：更换相应气堵。

② 风压显示异常。

a. 副风缸或制动缸压力无显示：应检查是否接好数据线。

b. 压力显示 700 kPa 不变：数据线有损坏，可能外表皮磨损，造成短路，需要更换数据线。

③ 数据导出出现“实时错误 13”时，须注意输入的年份、月份、日期应在正常范围内。

④ 指示灯不亮。

a. 检查电源插座是否接好。

b. 检查空气开关是否合上。

c. 检查保险 FU1、FU2（保险座上的灯是否亮），如果亮，则保险坏，需要换保险。

⑤ 显示器不亮。

a. 检查显示器开关按钮是否处于“开”位，即显示器的指示灯是否亮。

b. 显示器电源插座是否松动。

c. 如果指示灯闪烁，应确认工控机开关已打开，或工控机电源插座是否松动。

⑥ 做电空试验时，无 DC 110 V 输出时，需检查控制箱上 DC 110 V 保险。

二、单车试验方法（手动）

装有球芯折角塞门或球芯直端塞门的车辆需进行过球试验。

（一）试验准备

（1）试验前应确认单车试验器检修不过期及性能良好。

（2）单车试验器的试验风压调整到规定压力 600 kPa。

（3）单车试验器与制动软管连接装置连接用的胶管内径为 25 mm，长度为 1.5 ~ 2 m。

（4）准备材质为尼龙，$\phi(20^{+0}_{-0.10})$mm 的实心尼龙球，实心尼龙网状回收器，其网孔直径应≤3 mm 且无破损。

（5）试验 F8 型制动机时，将转换盖板装在“阶段缓解位（盖板箭头向下）”。

（6）制动缸后盖安装 1.5 级空气压力表或传感器。

（7）安装分配阀前，需用压缩空气对车辆制动管进行吹扫干净，再装分配阀。单车试验前需用压缩空气对制动机各风缸内的水分及污垢吹净。

（二）试验步骤与要求

1. 过球试验

目的：检查制动主管是否畅通。

方法：

（1）尼龙球的安放：

① 采用锥芯折角塞门的客车，卸下车辆两端的折角塞门及制动软管后，把实心尼龙球放在补助管关口内，安放该段折角塞门及制动软管，然后与单车试验器连接，在另一端补助管口上安装网状接收器。

② 球芯折角塞门和球芯直端塞门的车辆，将网状回收器安装于远离单车试验器一端的编制制动软管总成连接器中，将实心尼龙球放在车辆另一端的连接器中，然后将单车试验器与之连接。

（2）操作：单车试验器置Ⅰ位充风，实心尼龙球须通过制动主管进入网状回收器中。

（3）试毕，单车试验器置Ⅲ位，将网状回收器和实心尼龙球取下（卸下的折角塞门及制动软管或总成后，须按规定安装软管堵等）。

2. 制动管及截断塞门漏泄试验

目的：检查车辆软管连接装置，制动主管至截断塞门前段的制动支管及各结合部的漏泄情况。

方法：

（1）管漏一，单车试验器与车辆一端软管连接，关闭该段折角塞门，单车试验器置Ⅰ位，制动管充至定压后，移至保压位保压。

（2）管漏二，另一端软管加软管堵，开放两端折角塞门，截断塞门处于关闭位，单车试验器置Ⅰ位，制动管充至定压后，移至保压位，用防锈检漏剂检查，管系各接头。

（3）管漏三，关闭另一端折角塞门，卸下软管堵，保压 1 min。

要求：

（1）管漏一，保压位保压 1 min，不得漏泄。

（2）管漏二，保压位保压 1 min，管系及各接头不得漏泄，制动管漏泄量不大于 5 kPa。

（3）管漏三，保压 1 min，制动管漏泄量不大于 5 kPa。

3. 全车漏泄试验

目的：检查车辆制动机截断塞门后段的制动支管、分配阀、副风缸、压力风缸及各连接风管结合部的漏泄情况。

方法：开放制动支管上的截断塞门，单阀手把放Ⅰ位充气，待副风缸达到定压并稳定后，将手把移至Ⅲ位保压 1 min，用防锈检漏剂检查制动主支管及副风缸管系接头。

要求：制动主支管及副风缸管系接头不得漏泄，保压 1 min，制动管漏泄量不大于 5 kPa。若漏泄超过规定量，则应在各结合部涂防锈检漏剂，查找漏泄处。经处理合格后方可进行下一步试验操作。

4. 制动及缓解灵敏度试验

目的：检查分配阀主活塞的移动阻力、充气孔状态及作用部的动作灵敏度。

（1）制动及灵敏度试验。

方法：单阀手把置Ⅰ位充气，待副风缸达到定压并稳定后，将手把移至Ⅳ位减压。当车辆制动管减压 40 kPa 时，手把移至Ⅲ位保压。

要求：

① 制动机需在车辆制动管减压 40 kPa 以前发生制动作用，其局减量不大于 40 kPa。

② 局部减压作用结束后，保压 1 min，车辆制动机不得发生自然缓解。

（2）缓解灵敏度试验。

方法：制动灵敏度试验合格后，将单阀手把移置Ⅱ位缓慢充气。

要求：45 s 内制动缸缓解完毕。

5. 制动安定试验

目的：检查车辆制动机的安定性、制动缸的漏泄和制动缸活塞行程情况。

方法：单阀手把放Ⅰ位充气，待副风缸达到定压并稳定后，将手把移至Ⅴ位减压 170 kPa。随后将单阀手把移至Ⅲ位保压。

要求：

① 制动机不得发生紧急制动作用。

② 检查制动缸活塞行程应在 180 ~ 200 mm。

③ 保压 1 min 制动缸不得漏泄。

6. 阶段缓解试验（F8 型制动机）

目的：检查 F8 型制动机阶段缓解性能。

方法：将单阀手把放Ⅰ位充气，待副风缸达到定压并稳定后，将手把移至Ⅴ位减压 170 kPa 时，立即将单阀手把移至Ⅲ位保压。制动作用停止后，手把转Ⅱ位充气缓解，产生缓解作用后，手把又移至Ⅲ位保压。反复地将单车制动阀手把从Ⅱ位至Ⅲ位移动三次以上。

要求：每次单车制动阀从Ⅲ位移至Ⅱ位制动机均应发生阶段缓解作用。

7. 紧急制动试验

目的：检查车辆制动机紧急制动的确实性、灵敏度和制动缸压力。

方法：单阀手把放Ⅰ位充气，待副风缸达到定压并稳定后，将手把移至Ⅵ位减压，实施紧急制动。

要求：

① 制动机发生紧急制动作用的制动管减压量不大于 100 kPa 时，制动缸压力为 460 ~ 490 kPa（带增压阀），410 ~ 430 kPa（不带增压阀）。

② 紧急制动试验后等待 15 s，再将单阀手把放置Ⅰ位充气，制动机缓解作用须良好。

8. 紧急制动阀试验

目的：检查车辆紧急制动阀的确实性。

方法：单阀手把置Ⅰ位，待副风缸达到定压并稳定后，手把置Ⅲ位保压，扳动紧急制动阀手把至全开位。

要求：紧急制动阀手把搬动到全开位后，制动机须产生紧急制动作用。试验合格后，用带车辆段代号的封印串以棉线将紧急制动阀进行铅封。

9. 人力制动机性能试验

方法：单阀手把置Ⅰ位充气，待副风缸达到定压并稳定后，手把置Ⅲ位保压，使空气制动机处于缓解位。拧紧人力制动机摇把，用人力制动机使车辆产生制动作用。然后，拧松人力制动机摇把，使车辆缓解。

要求：用手制动机制动时，全车的闸瓦必须抱紧车轮。缓解时，全车的闸瓦必须离开车轮。

10. 其他

一辆车装设 2 个制动阀时，每个制动阀须按上述要求分别进行试验。

（三）单车试验时注意事项

（1）接风管前应将风管内的尘土、积水吹扫干净。

（2）操作闸前应确认车下无人。

（3）摘下单车前，应先关闭车辆折角塞门，单车手把放Ⅲ位；摘风源风管时，应先关闭风源风管塞门。

思考与练习

一、填空题

1. 单车制动性能试验应采用能自动打印的（　　　　）单车试验器或（　　　　）单车试验器进行。

2. 客车用手动单车试验器和货车用手动试验器结构和作用（　　　　），操作方法也（　　　　），只是客车用单车试验器的单车制动阀通路比货车的（　　　　）。

3. 单车试验器的试验风压调整到规定压力（　　　　）kPa。

4. 过球试验的目的是检查制动主管（　　　　）。

5. 单车制动灵敏度试验时制动管减压（　　　　）kPa 以前发生制动作用。

二、选择题

1. 客车手动单车制动试验器单阀有（　　）个作用位置。

A. 四　　B. 五　　C. 六　　D. 七

2. 客车制动机单车试验做制动安定试验时，手柄应移至（　　）进行减压。

A. 二位　　B. 三位　　C. 四位　　D. 五位

3. 客车制动机单车试验器手柄第二个位置是（　　）。

A. 缓解感度试验位　　B. 制动感度试验位

C. 紧急制动试验位　　D. 保压位

4. 客车制动机（F8 型）单车试验进行阶段缓解试验时，反复将手把从Ⅲ位移至（　　）位，须产生阶段缓解。

A. Ⅰ　　B. Ⅱ　　C. Ⅴ　　D. Ⅵ

三、问答题

单车制动试验进行全车漏泄试验的目的是什么？

任务二　旅客列车制动试验

【任务描述】

本任务实施中，首先通过认识旅客列车试验器的组成、用途、结构等，掌握旅客列车制动性能试验的步骤、方法及技术要求。

【任务实施】

一、客车 LC 型列车试验器

LC 型旅客列车试验器由 J-Z 型自动制动阀、中继阀、滤尘器、压力表、风缸等组成，其外形如图 13-5 所示，其原理如图 13-6 所示。

1. 自动制动阀

自动制动阀是列车试验器中的控制部分。自动制动阀由管座、阀体、调整阀、紧急放风阀、重联柱塞阀、缓解柱塞阀、客货车转换阀等组成。

（1）管座阀体部分。

管座上设有均衡风缸管 1、列车制动主管 2、总风缸管 3、中均管 4、撒砂管、过充管、遮断阀管、单独缓解管和单独作用管等。列车试验器只用前 4 根，后 5 根管用丝堵堵塞。阀体上连接上盖、凸轮盒、调整阀盖及前盖等，如图 13-7 所示。

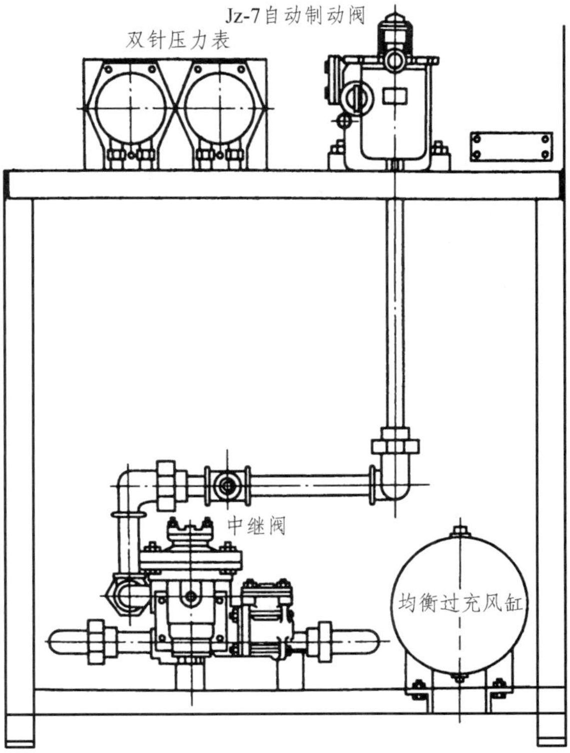

图 13-5　LC 型列车试验器的外形

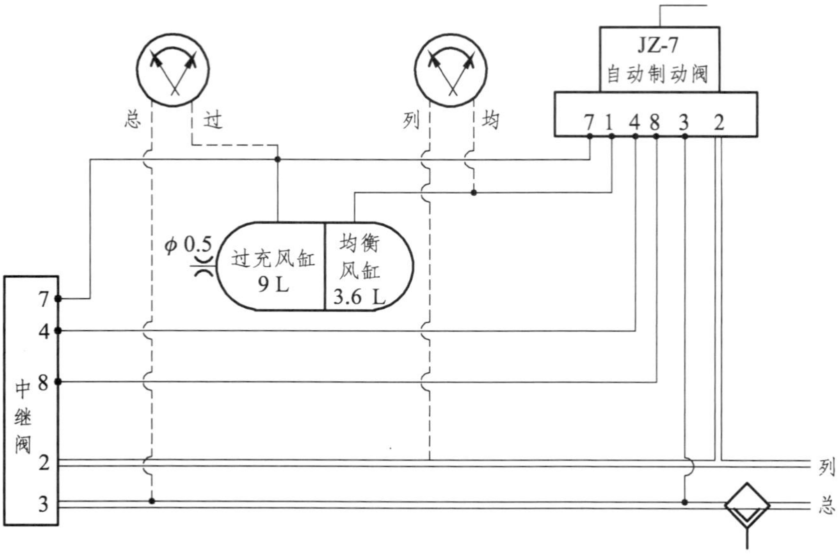

图 13-6　LC 型列车试验器原理

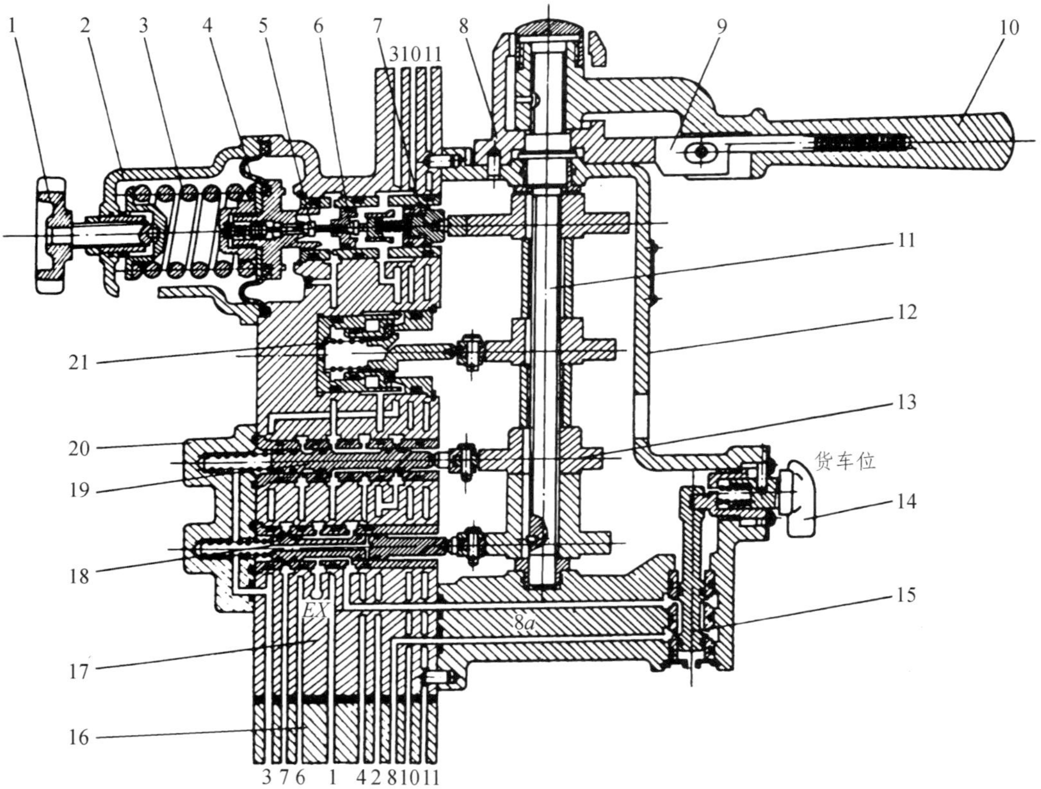

1—调整手轮；2—调整阀盖；3—调整弹簧；4—调整阀膜板；5—排气阀；6—供气阀；7—调整阀柱塞；8—盖；9—手轮定卡；10—手把；11—凸轮轴；12—阀盖；13—凸轮；14—转换手柄；15—客货车转换阀；16—管座；17—阀体；18—缓解柱塞阀；19—重联柱塞阀；20—前盖；21—紧急放风阀。

图中各管号：1—均衡风缸管；2—制动管；3—总风缸管；4—中均管（即中继阀均衡风缸管）；6—撒砂管；7—过充管；8—总风遮断阀管；10—单独缓解管；11—单独作用管。

图 13-7　JZ-7 型制动阀

自动制动阀为自动保压式，有 7 个作用位置：过充位、运转位、最小减压位、最大减压位、过量减压位、手柄取出位和紧急制动位。其中过量减压位（Ⅴ位）和手柄取出位（Ⅵ）对列车试验器没有用途。自动制动阀手把位置如图 13-8 所示。

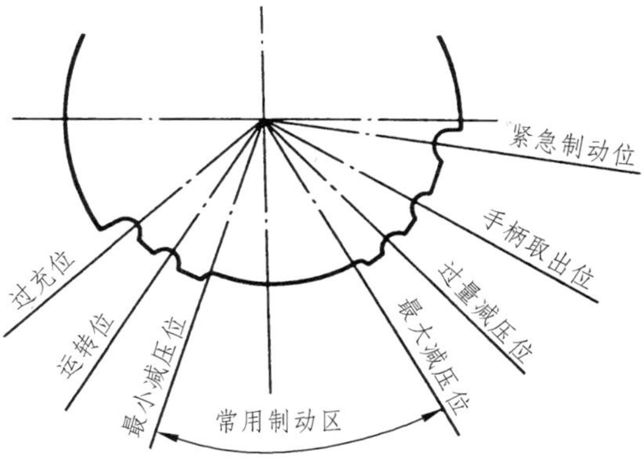

图 13-8　JZ-7 型自动制动阀手把位置

自动制动阀手把从左向右的 7 个位置作用如下：

① 过充位——此位可使列车制动主管得到比原规定的压力高出 40 kPa 的充风。

② 运转位——使列车制动主管得到规定的压力。

③ 最小减压位——使列车制动主管风压降低 50 kPa 后自动保压。

④ 最大减压量——使列车制动主管风压降低 170 kPa 后自动保压。

⑤ 过量减压位——使列车制动主管风压降低 250 kPa 后自动保压。

⑥ 手柄取出位——使列车制动主管风压降低 250 kPa，同时切断中继阀的作用，并可取出手柄。

⑦ 紧急制动位——将列车制动主管压力空气迅速排尽。

（2）调整阀。

调整阀由弹簧、膜板、排气阀、供气阀、柱塞及手轮等组成。

（3）紧急放风阀。

紧急放风阀是由放风阀、阀座及阀杆组成的无压差阀。

（4）重联柱塞阀。

重联柱塞阀由柱塞、柱塞套、复原弹簧及 O 形圈组成。

（5）缓解柱塞阀。

缓解柱塞阀由带有中心孔的柱塞、柱塞套、复原弹簧及 O 形圈等组成。

（6）客货车转换阀。

客货车转换阀由转换手柄、偏心轴、Ⅱ位柱塞、柱塞套、O 形圈及弹簧挡圈等组成。

2. 中继阀

中继阀为双阀口止阀结构，由主活塞、膜板、排气阀、供气阀、阀座、阀体、过充盖、过充塞、顶杆、各作用弹簧及管座等组成。中继阀上部的总风遮断阀部分，由阀体、遮断阀、阀套、弹簧及管座等组成，其结构如图 13-9 所示。均衡风缸通过中继阀控制制动管增减压。

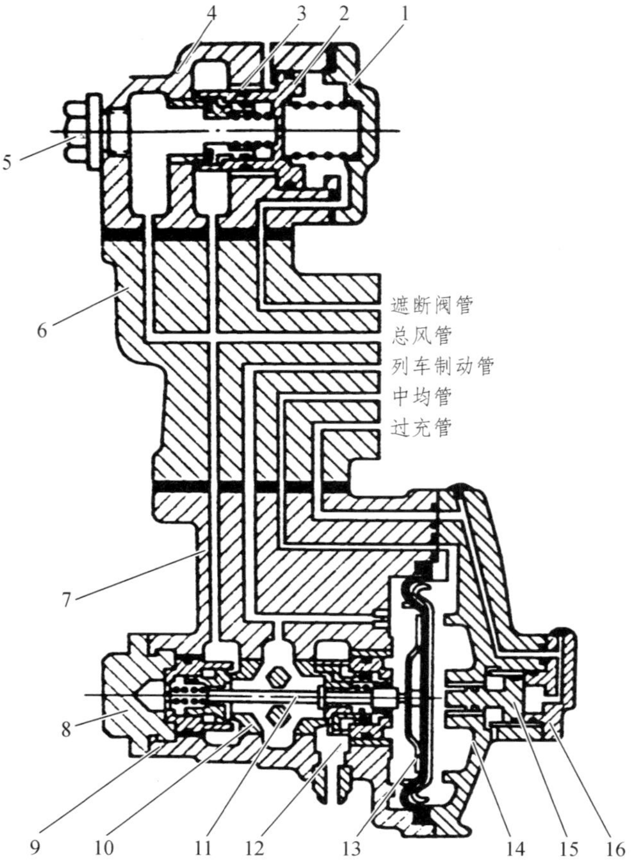

1—遮断阀盖；2—阀套；3—遮断阀；4—遮断阀体；5—螺盖；6—管座；7—阀体；8—螺盖；9—供气阀；10—供排气阀座；11—顶杆；12—排气阀；13—膜板；14—盖；15—过充柱塞；16—过充盖。

图 13-9　中继阀

3. 滤尘器

滤尘器为多孔滤芯（60 ~ 80 目）粉末冶金制品。

4. 压力表

压力表为两块双针表，其中一块的红针为列车制动主管压力，黑针为均衡风缸压力；另一块红针表示总风缸压力，黑针为过充风缸压力。

5. 风缸

风缸为双室一体焊接式，一侧为过充风缸，容积为 9 L，缸头设消除过充风缸压力的 ϕ0.5 mm 缩堵，另一侧为均衡风缸，容积为 3.6 L。

二、客车 JZ-7 型电空列车试验器

JZ-型电空列车试验器是设于地面的固定式列车电空制动试验设备，可以试验 104 加电空和 F8 加电空的编组列车以及两者混编或非电空制动的客货列车。

此种列车试验器由 JZ-7 型自动制动阀、中继阀、空气过滤器、压力表、风缸、空电转换

控制器、压力开关、电磁阀等组成，其结构原理如图 13-10 所示。

（1）本列车试验器的 JZ-7 型自动制动阀、中继阀、空气过滤器、压力表、双室风缸等与 LC 型列车试验器上的同类产品相同。

（2）空电转换控制器是以均衡风缸与列车制动主管压力差来控制制动、保压、缓解电信号的产生，从而控制车辆制动机实现制动、保压、缓解作用。当移动自动制动阀手把使均衡风缸减压时，空电转换控制器均衡风缸一侧的压力减小，从而推动其膜板，膜板产生的位移触动微动开关，因而产生制动电信号。同理，空电转换控制器膜板两侧压力平衡时，产生保压电信号。空电转换控制器均衡风缸一侧压力增加时，产生缓解信号。

（3）压力开关（共 4 个）。

① 制动主管压力开关“5PS”——作用压力调整为 590 kPa 左右。当列车主管压力升压超过 500 kPa 时，空电转换控制器膜板两侧压力平衡产生保压电信号。“5PS”的作用就是消除这一电信号。

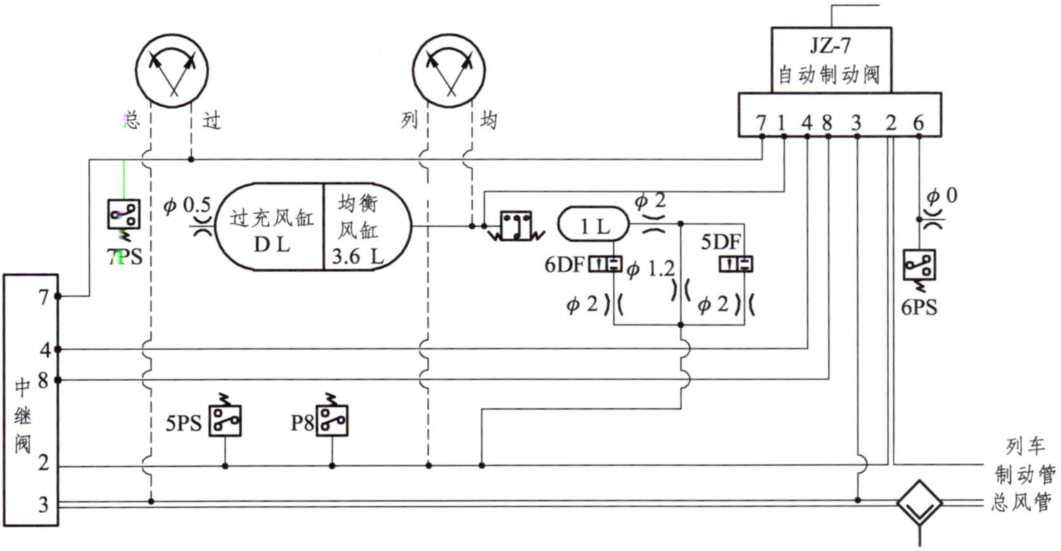

图 13-10　JZ-7 型电空试验器结构原理

② 制动主管压力开关“P8”——作用压力调整为 360 kPa 左右。当移动自动制动阀手把至过量减压位时，易出现制动主管压力低于均衡风缸压力而产生缓解电信号。“P8”的作用就是切断产生的缓解电信号。

③ 撒砂管压力开关“6PS”——作用压力调整为 100 kPa 左右。当移动自动制动阀手把至紧急制动位时，撒砂管有压力空气流入。“6PS”的作用就是产生紧急制动电信号。

④ 过充风缸压力开关“7PS”——作用压力调整为 100 kPa 左右。当移动自动制动阀手把至过充位时，制动主管压力将比均衡风缸压力高 25 ~ 40 kPa。“7PS”的作用是切断产生的制动电信号。

（4）6DF、5DF 电磁阀。

① 6DF——制动时协助制动主管排风，排风孔径 2 mm。

② 5DF——控制空电转换控制器控制制动主管一侧的空气流量。

三、列车试验方法

（一）列车试验项目与时机

列车制动性能试验有全部试验、简略试验和持续一定时间的全部试验三种。《技规》第 274 条规定，列车自动空气制动机应按下列规定进行试验。

列车制动机试验分为：到达全部试验、始发全部试验、持续一定时间全部试验及简略试验。

列检作业场须使用微控制动机地面试验装置和列车车辆制动试验检测装置进行列车制动机试验，试验检测数据须全部分析保存，检测结果作为列车制动机试验过程、作业质量判别的依据。列车制动机试验时应使用列车前部的试验执行器。因微控制动机地面试验装置检修、停电及故障等不能使用时，可利用本务机车进行列车制动机试验。有现场人工技术检查作用或安排技检作用时间的列车，其列尾装置软管的连接，由列检现场检车员负责。达到列车所在站须在列车制动机试验结束后，在进行排风作业。

1. 全部试验

（1）旅客列车在客技站检修作业。

（2）动车组出段前或返回地点停留后。

（3）在有客列检作业的车站折返的旅客列车。

站内设有试风装置时，应使用列车试验器试验，连挂机车后只做简略试验。对有空气弹簧等装置的旅客列车应同时检查辅助用风系统的漏泄。

2. 简略试验

（1）客列检作用后，客运列车始发前。

（2）更换机车或更换乘务组时。

（3）列车制动软管有分离情况时。

（4）列车停留超过 20 min 时。

（5）列车摘挂补机，或第一机车的自动制动机损坏交第二机车操纵时。

（6）机车改变司机室操纵时。

有列检作业的由列检人员负责，无列检作业的由运转车长负责，无运转车长的由车辆乘务员负责。挂有列尾装置的列车由司机负责。

3. 持续一定时间的全部试验

旅客列车出库前应施行持续一定时间的全部试验，在接近长大下坡道区间的车站，是否进行持续一定时间的全部试验，由铁路局集团有限公司规定。

长大坡道为：线路坡度超过 6‰，长度为 8 km 及其以上；线路坡度超过 12‰，长度为 5 km 及其以上；线路坡度超过 20‰，长度为 2 km 及其以上。

（二）试验方法及技术要求

1. 试验准备

（1）将列车试验器的给风阀调整到试验的规定压力 600 kPa；

（2）将列车试验器与列车前部制动软管连接好，并在列车尾部制动软管上安装试验校对压力表，打开列车所有的折角塞门。

（3）自动制动阀手把放Ⅰ位充气，待制动管压力接近定压时，再将手把移Ⅱ位继续充气，确认最后一辆车的制动管压力达到定压，列车试验器压力表与校对压力表的压力差不得超过±20 kPa（校对试验器）。

2. 到达全部试验

在列车最后一辆车尾部制动软管上安装无线风压检测仪，并确认主管压力达到规定压力，与无线风压检测仪的压力差不大于20 kPa。

（1）感度试验。

目的：检查列车制动及缓解的灵敏度。

① 制动感度试验。

方法：自动制动阀手把放运转位充气，确认列车尾部风压达到规定压力并稳定后，手把放常用制动位减压50 kPa，再将手把移至保压位保压1 min。

要求：全列车的车辆需全部产生制动作用，保压1 min不得发生自然缓解。

② 缓解感度试验。

方法：自动制动阀手把放Ⅱ位充气。

要求：全列车的制动机在1 min内缓解完毕。

（2）安定保压试验。

目的：检查列车制动机的常用制动安定性及保压性能。

方法：自动制动阀手把放运转位充气，确认列车尾部风压达到规定压力并稳定后，手把放常用制动位减压170 kPa，再将手把移至保压位保压。

要求：全列车制动机不得发生紧急制动作用。同时检查制动缸活塞行程符合规定。同时保压，1 min内无线风压检测仪显示的制动主管压力下降不大于20 kPa。

3. 始发全部试验

在列车最后一辆车尾部制动软管上安装无线风压检测仪，并确认主管压力达到规定压力，与无线风压检测仪的压力差不大于20 kPa。

（1）漏泄试验。

目的：检查列车制动主管、制动支管、副风缸、分配阀及各结合部位的漏泄情况。

方法：关闭第一辆车前端的折角塞门，制动管系保压1 min。

要求：无线风压检测仪显示的列车主管压力下降不大于20 kPa。

试验完毕开启折角塞门。

（2）感度试验。

目的：检查列车制动及缓解灵敏度。

① 制动感度试验。

方法：自动制动阀手把放运转位充气，确认列车尾部风压达到规定压力并稳定后，手把放常用制动位减压50 kPa，再将手把移至Ⅳ位保压保压1 min。

要求：全列车的车辆需全部产生制动作用，保压1 min不得发生自然缓解。

② 缓解感试验。

方法：自动制动阀手把放运转位充气。

要求：全列车的制动机在 1 min 内缓解完毕。

（3）安定保压试验。

目的：检查列车制动机的常用制动安定性及保压性能。

方法：自动制动阀手把放运转位充气，确认列车尾部风压达到规定压力并稳定后，手把置常用制动位减压 170 kPa，再将手把移至保压位。

要求：全列车制动机不得发生紧急制动作用。同时检查制动缸活塞行程符合规定。同时保压，1 min 内无线风压检测仪显示的制动主管压力下降不大于 20 kPa。

4. 简略试验

有列检参加的简略试验中，在列车最后一辆车尾部制动软管上安装无线风压检测仪。

目的：检查列车制动主管是否畅通（有无关闭的折角塞门或制动软管未接通现象），并检查制动机系统是否发生操纵失灵现象。

方法：机车自动制动阀手把放运转位充气，确认列车主管风压达到规定压力后，手把移置常用制动位减压 100 kPa，列车后部现场检车员（无检车员时由运转车长）确认最后一辆车发生制动作用后，自动制动机手把置运转位充气。

要求：

① 制动主管减压 100 kPa，由尾部检车员（无检车员时由运转车长）确认最后一辆车发生制动作用。

② 自动制动机手把置运转位充气缓解后，确认全列车必须缓解作用良好。

5. 持续一定时间的全部试验

在列车最后一辆车尾部制动软管上安装无线风压检测仪，并确认主管压力达到规定压力，与无线风压检测仪的压力差不大于 20 kPa。

① 全部试验（同前部始发列车全部试验）。

② 持续一定时间的制动保压试验。

目的：检查列车制动机的制动保压性能，以适应在长大下坡道长时间限制制动的运行需要。

方法：自动制动阀手把放Ⅰ位、Ⅱ位交替充气，确认列车尾部风压达到规定压力并稳定后，手把放Ⅴ位减压 100 ~ 140 kPa，再将手把移至Ⅳ位保压 3 min（各铁路局集团有限公司可根据具体线路的坡度情况规定制定保压时间的长短）。

要求：在规定的保压时间内，全列车制动机不得发生自然缓解作用。试验合格后，列检填写制动效能证明书交当乘司机。

试验完毕后，切断风源。关闭试验器及车列前端的折角塞门，摘下制动软管连接器；关闭列车尾部的折角塞门，摘校对压力表，装上防尘堵或列尾装置（装列尾装置开折角塞门）。

（三）列车电空制动机试验方法及要求

1. 全部试验

（1）试验准备：

① 绝缘测试：用 500 V 级绝缘电阻计表测量列车端头电空连接线各芯对地绝缘，不低于 0.1 MΩ。

② 在列车尾部制动软管上安装试验用压力表，列车制动管（以下简称“列车管”）压力达 600 kPa，列车尾部车辆压力表与试验用压力表的压力差不大于 20 kPa。

③ 将列车电空试验器（以下简称“试验器”）风管与列车制动软管连接好，并接好电空连接线，检查各控制开关必须良好并处于正确位置。

（2）空气制动试验（切断试验器电空制动电源）。

① 漏泄试验。

方法：制动管压力达到定压后，将试验器置于保压位或关闭第一辆车的折角塞门。

要求：保压 1 min 制动管压力下降不得超过 20 kPa。

② 制动和缓解感度试验。

方法：制动管压力达到压力后，将试验器置于常用制动位减压 50 kPa，保压 1 min 再置缓解位。

要求：减压 50 kPa 全列车必须产生制动作用，保压 1 min 不得发生自然缓解。试验器置缓解位充风缓解，全列车在 1 min 内缓解完毕。

③ 制动安定试验。

方法：制动管压力达到定压时，试验器置常用制动位减压 170 kPa 置保压位。

要求：全列车不得发生紧急制动作用。制动缓解指示器在制动机进行制动缓解试验时，显示正确；在制动保压状态下，列车制动主管压力每分钟漏泄不得超过 20 kPa。

（3）电空制动试验。

接通试验器电空制动电源，再进行下述制动、保压、缓解试验时，车辆人员除确认压力表以及列车制动、缓解良好外，还应确认电空连接线贯通。

① 制动和缓解感度试验。

方法：制动管压力达到定压时，将试验器置常用制动位减压 50 kPa（常用制动 1 号线得电），然后置缓解位缓解（2 号线得电，同时 1 号线断电）。

要求：制动时，常用制动电磁阀必须产生排风作用；缓解时，缓解电磁阀必须动作，全列车在 45 s 内缓解完毕。

② 制动安定试验。

方法：制动管压力达到压力时，试验器置常用制动位减压 170 kPa（常用制动 1 号线得电），再置保压位。

要求：全列车不得发生紧急制动作用；保压 1 min 制动制动缸压力下降不得超过 20 kPa。

③ 阶段缓解试验。

方法：常用制动减压 170 kPa，试验器手把在保压位、缓解位往复移动（保压 3 号线，缓解 2 号线间断得电）。

要求：制动机应发生阶段缓解作用，且缓解次数不少于 3 次。

④ 紧急制动试验。

方法：制动管压力达到定压后，试验器置紧急制动位减压（常用制动 1 号线、紧急制动 4 号线得电）。

要求：全列车减压 100 kPa 前应发生紧急制动作用。

⑤ 列车总风管漏泄试验。

方法：将被试列车一端的总风软管与列车试验器相连，另一端安装总风软管堵。各塞门置双管供风位。

要求：全列车总风管压力 600 kPa 时，全列车（静态）1 min 漏泄不大于 20 kPa。

2. 简略试验

除开通电空制动外，试验方法和要求同空气制动相同。

思考与练习

一、填空题

1. 旅客列车出库前应施行（　　　　）的全部试验。

2. 旅客列车进行漏泄试验时，制动管压力达到定压后，将试验器置于保压位或关闭第一辆车的折角塞门。保压（　　　　）min 制动管压力下降不得超过（　　　）kPa。

3. 旅客列车进行安定保压试验时，自动制动阀手把放运转位充气，确认列车尾部风压达到规定压力并稳定后，手把置常用制动位减压（　　　）kPa，再将手把移至保压位。

二、选择题

1. 列车电空制动安定试验时，（　　　）得电。

A. 缓解电磁阀　B. 制动电磁阀　C. 保压电磁阀　D. 紧急制动电磁阀

2. 列车空气制动感度试验时，减压（　　　）全列车必须产生制动作用。

A. 40 kPa　B. 50 kPa　C. 60 kPa　D. 100 kPa

3. 列车电空紧急制动试验时，除紧急电磁阀得电外，还有（　　　）得电。

A. 缓解电磁阀　B. 常用制动电磁阀　C. 保压电磁阀　D. 紧急制动电磁阀

4. 制动机简略试验时机车自动制动阀手把放运转位充气，列车主管风压达到定压后，手把移置常用制动位减压（　　　）kPa，自动制动机手把置运转位充气。

A. 100　B. 110　C. 140　D. 170

三、问答题

1. 自动制动阀的用途是什么？

2. 均衡风缸的用途是什么？

附　录　作用原理图（彩色）

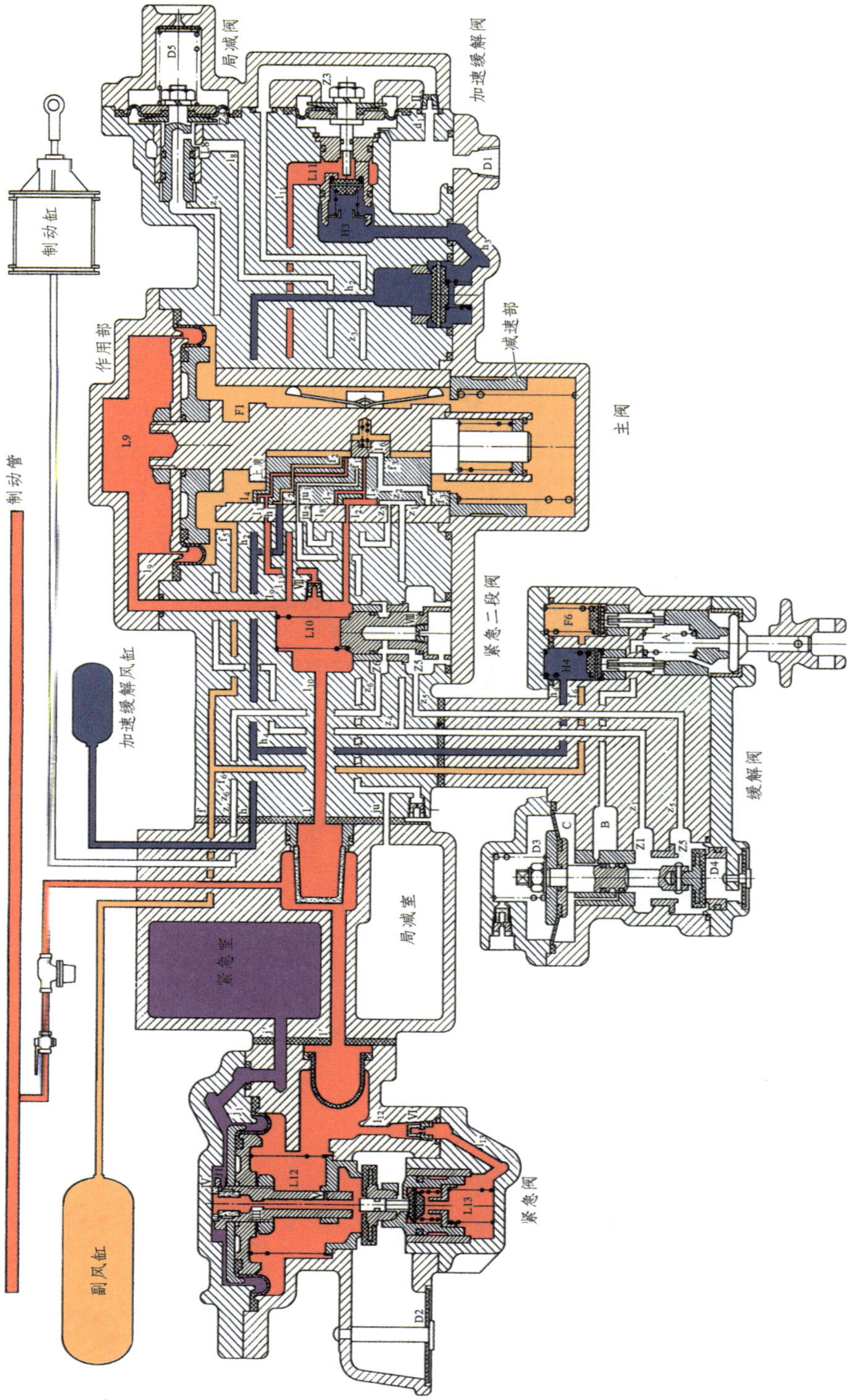

图 4-22　120 型控制阀充气缓解作用位

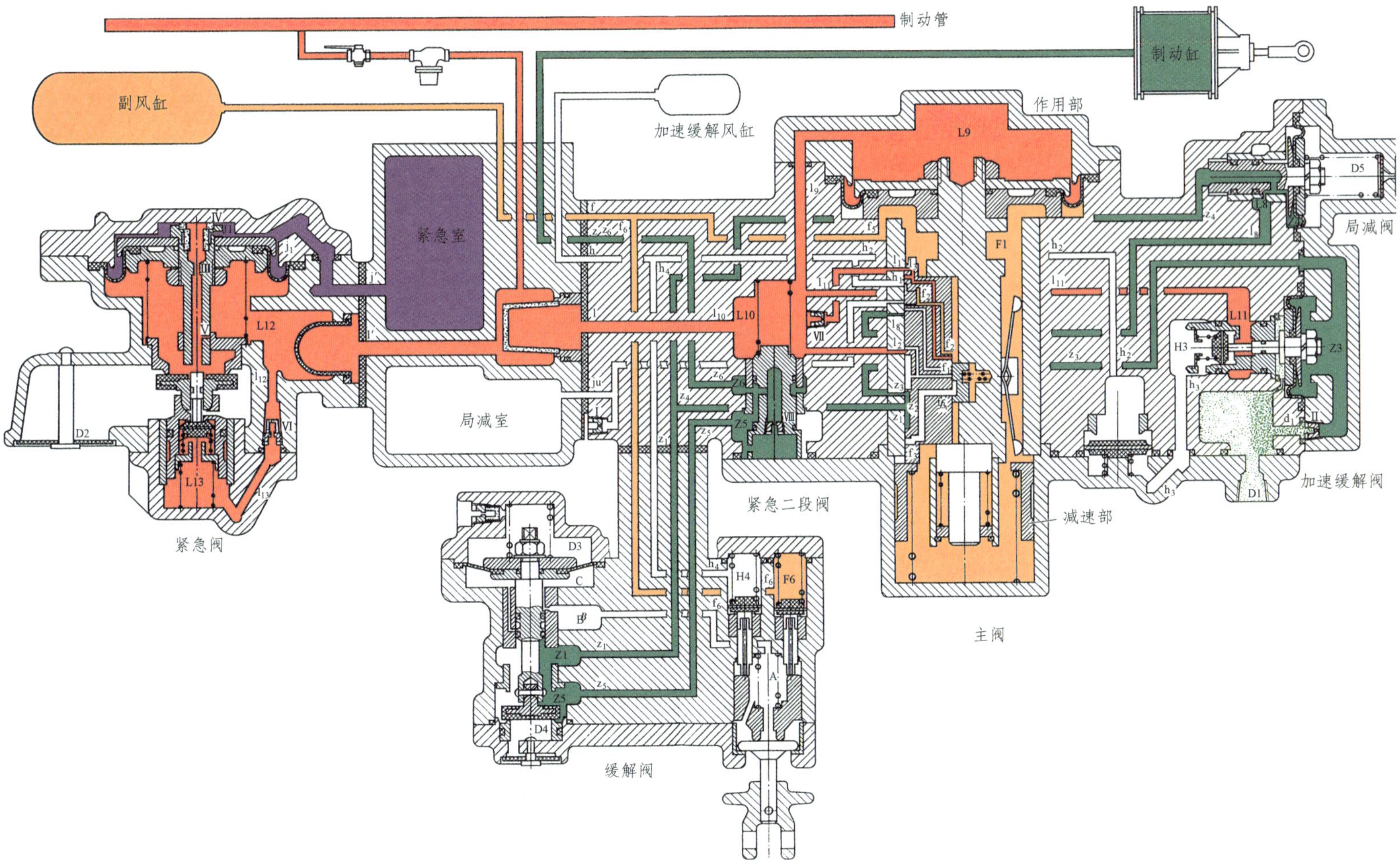

图 4-24　120 型控制阀减速充气缓解作用位

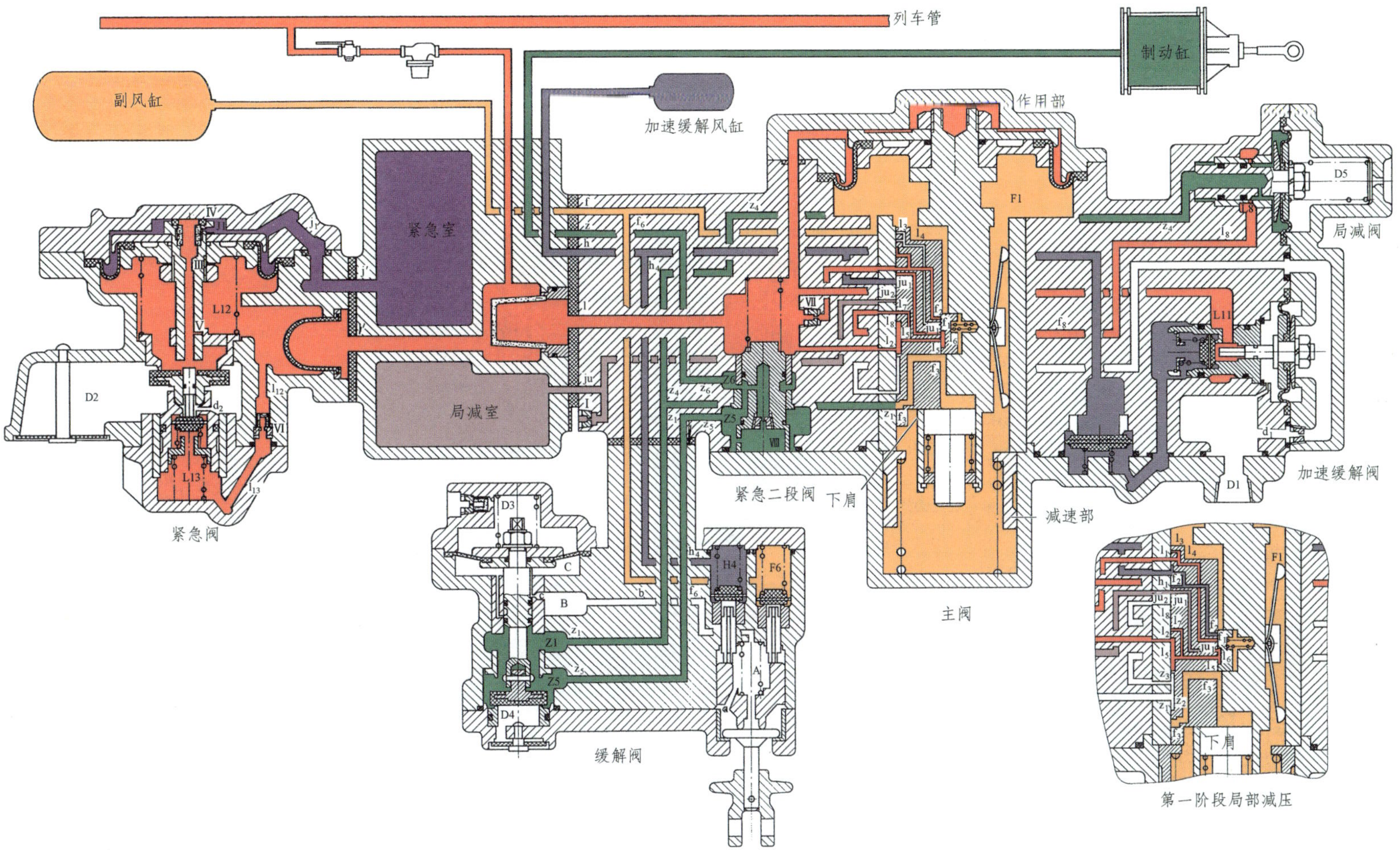

图 4-26　120 型控制阀常用制动位

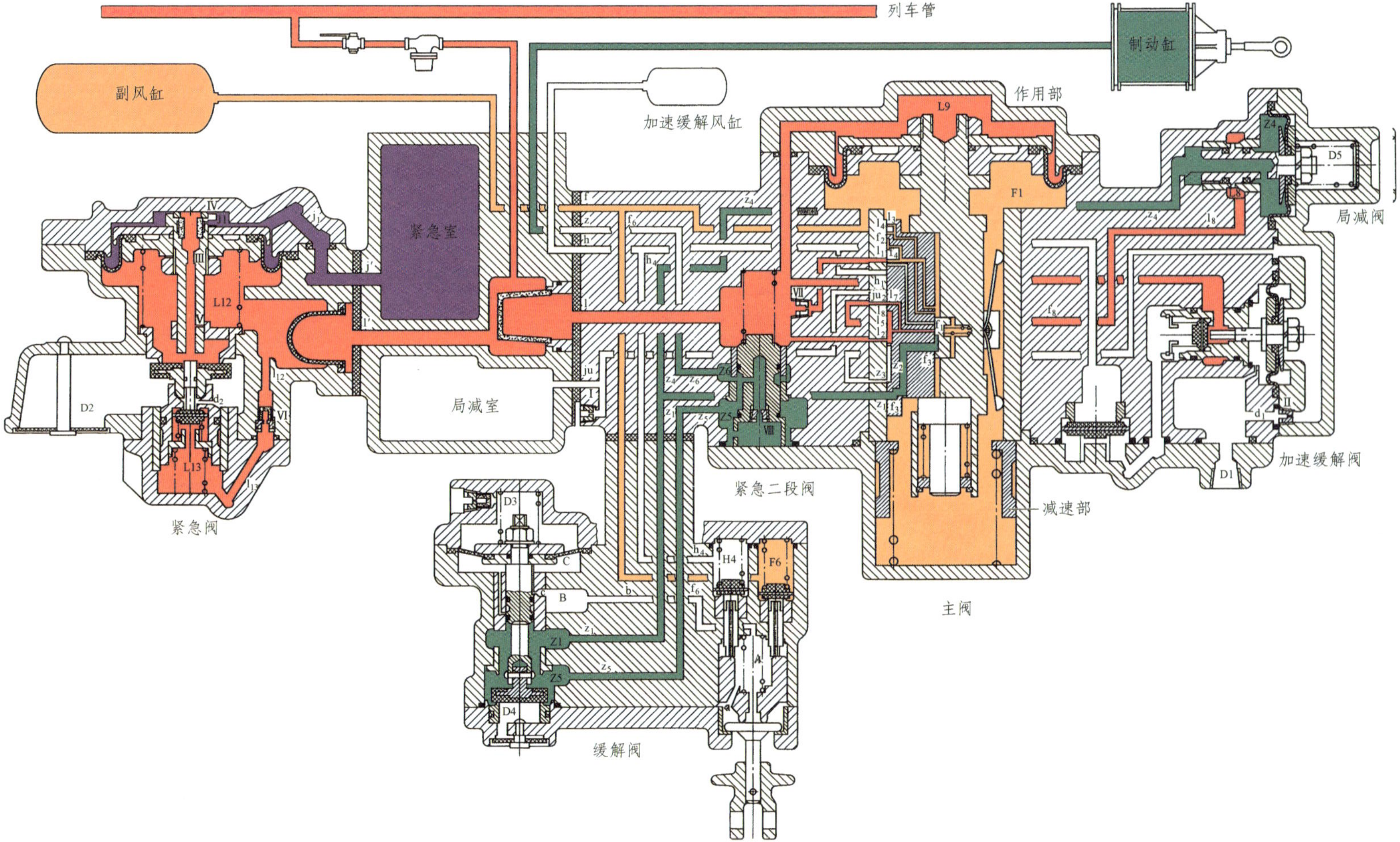

图 4-29　120 型控制阀制动保压位

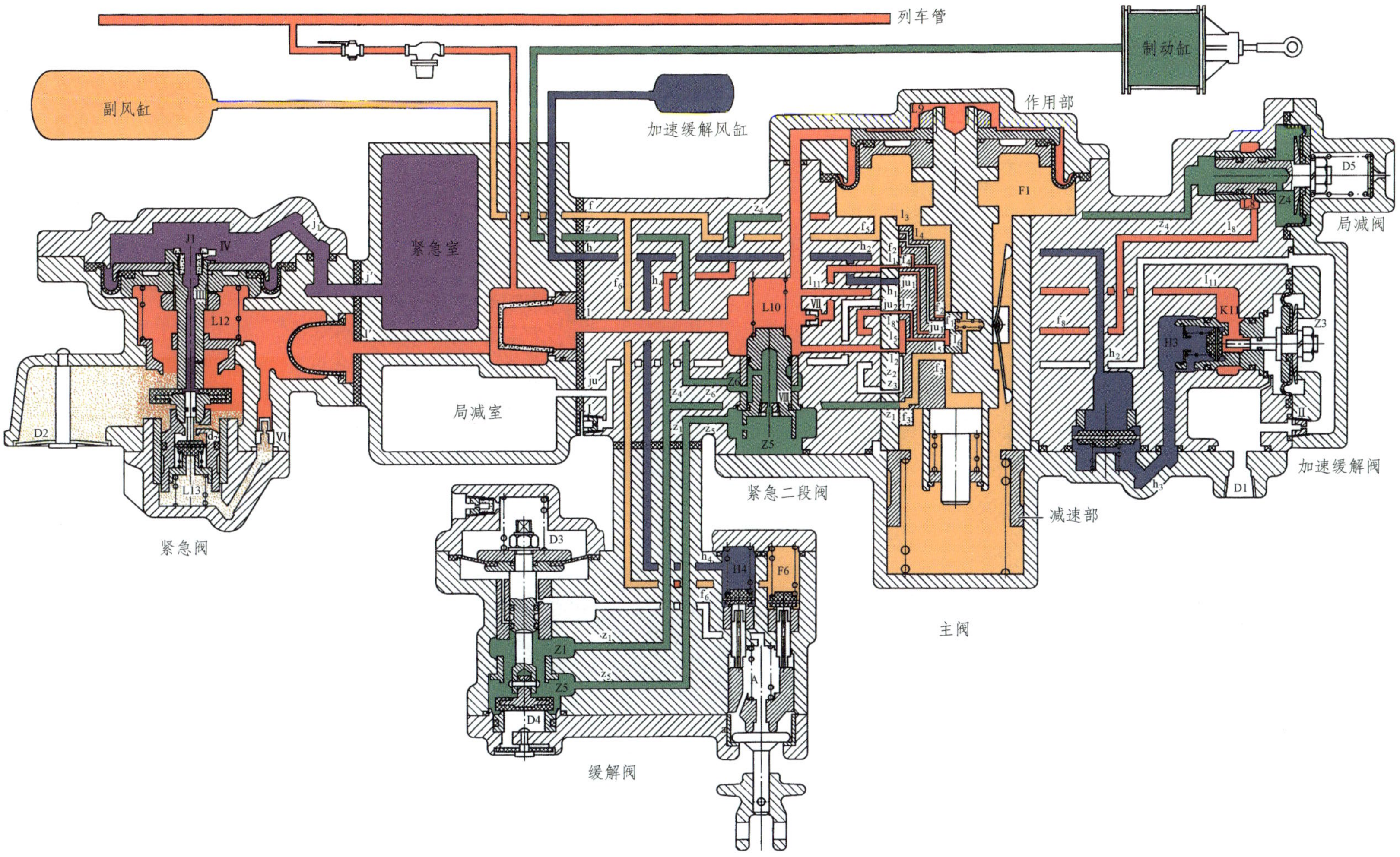

图 4-31　120 型控制阀紧急制动位

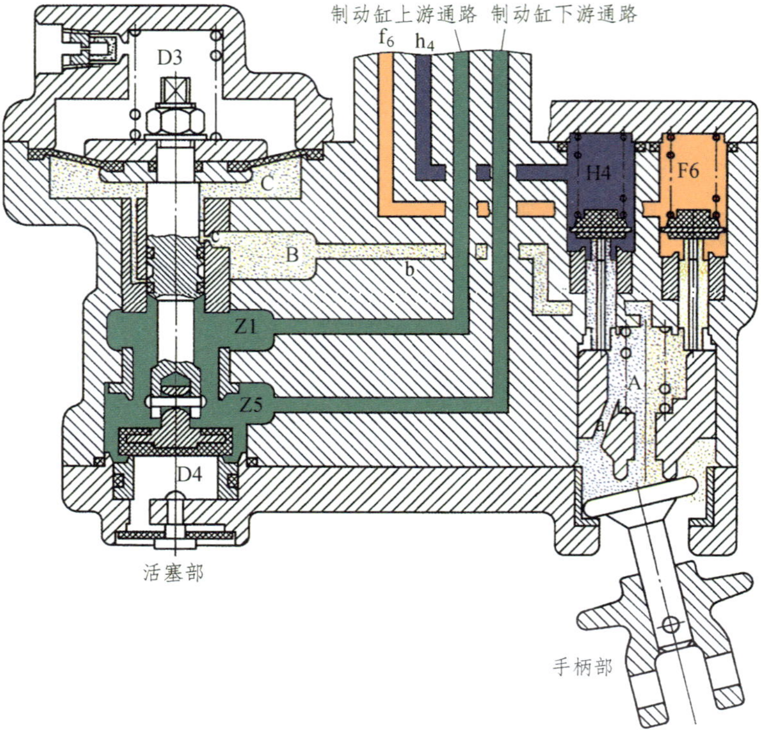

（a）

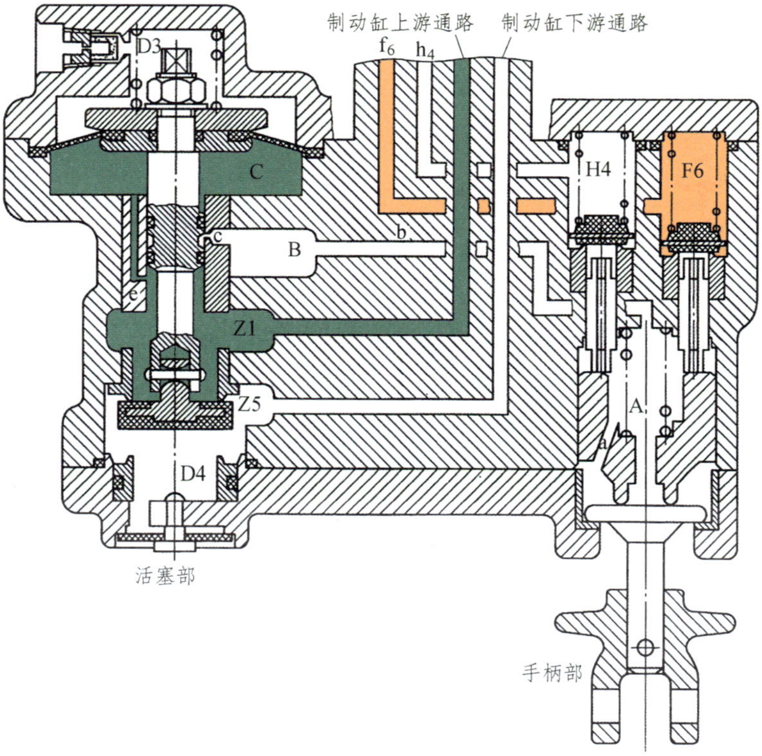

（b）

图 4-33　120 型控制阀缓解阀原理图

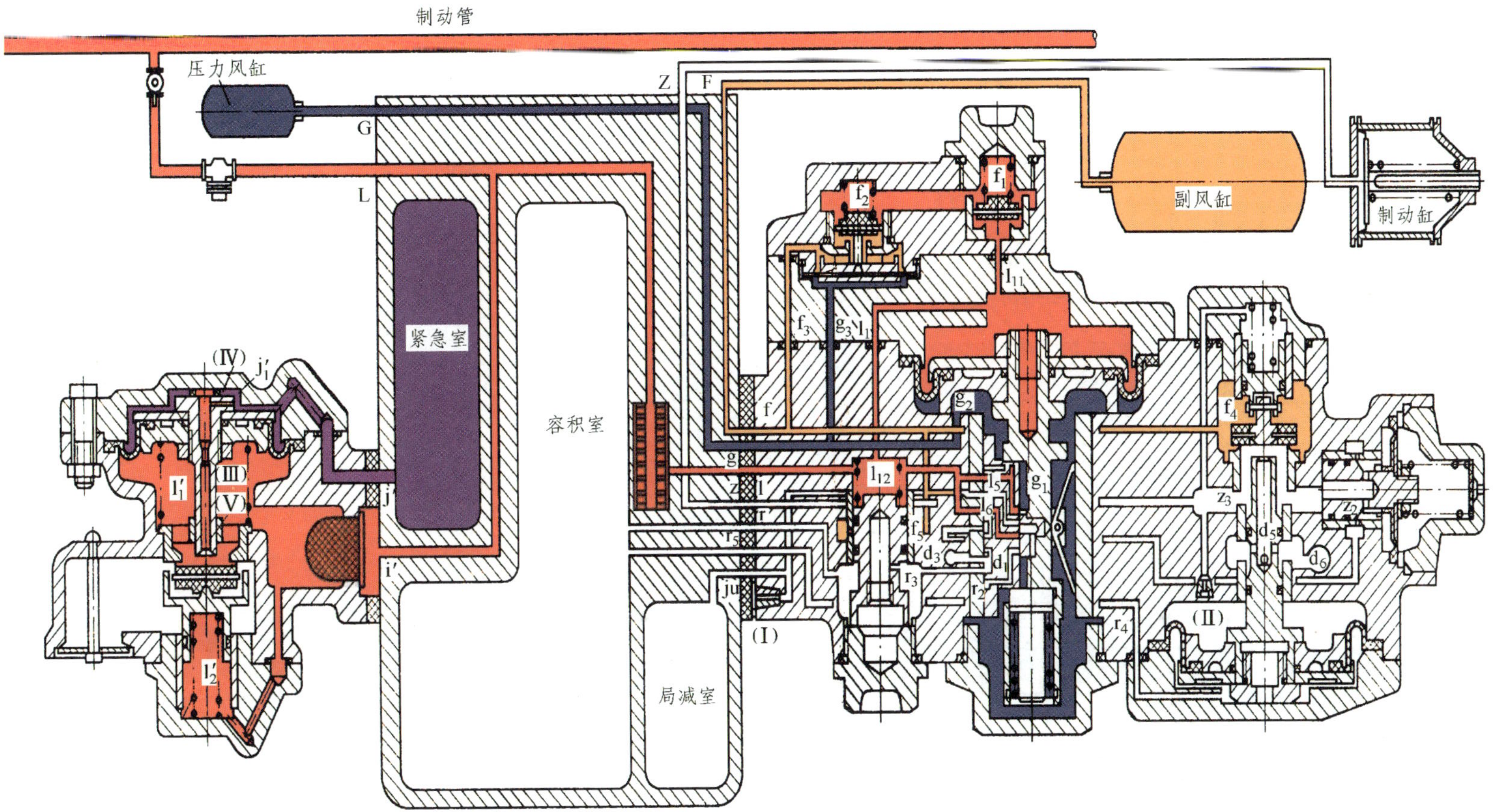

图 11-14　104 分配阀充气缓解位

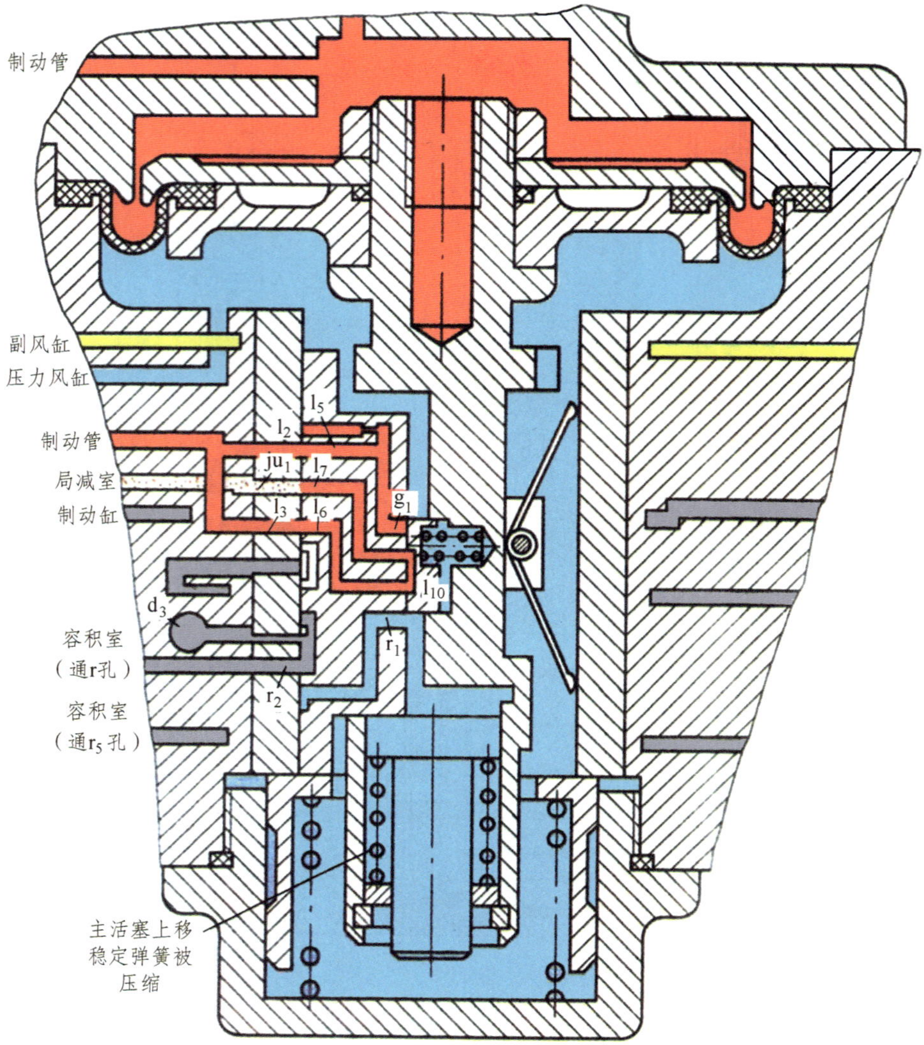

图 11-16　104 分配阀第一阶段局减位

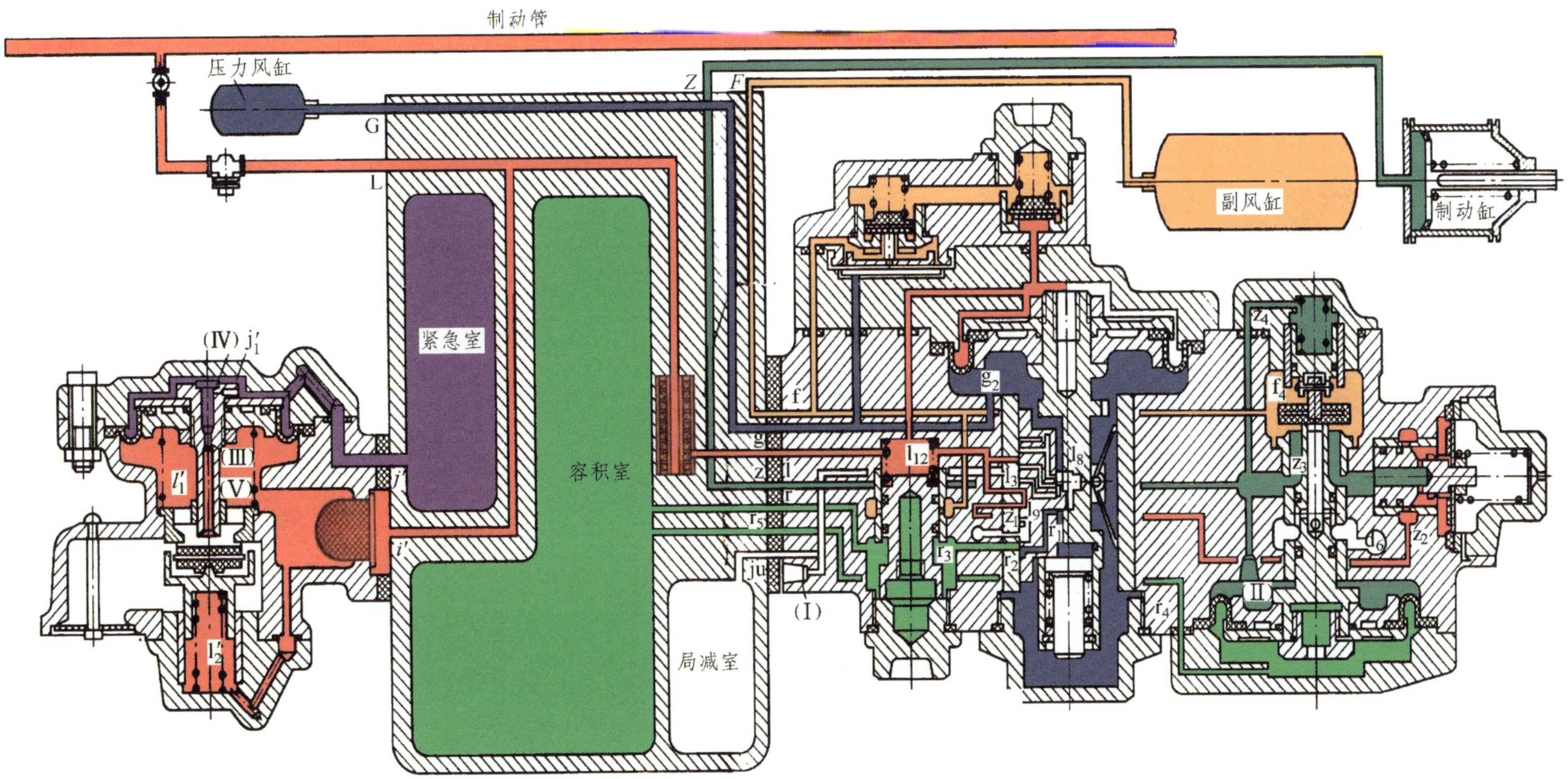

图 11-18　104 分配阀常用制动及第二阶段局减位位

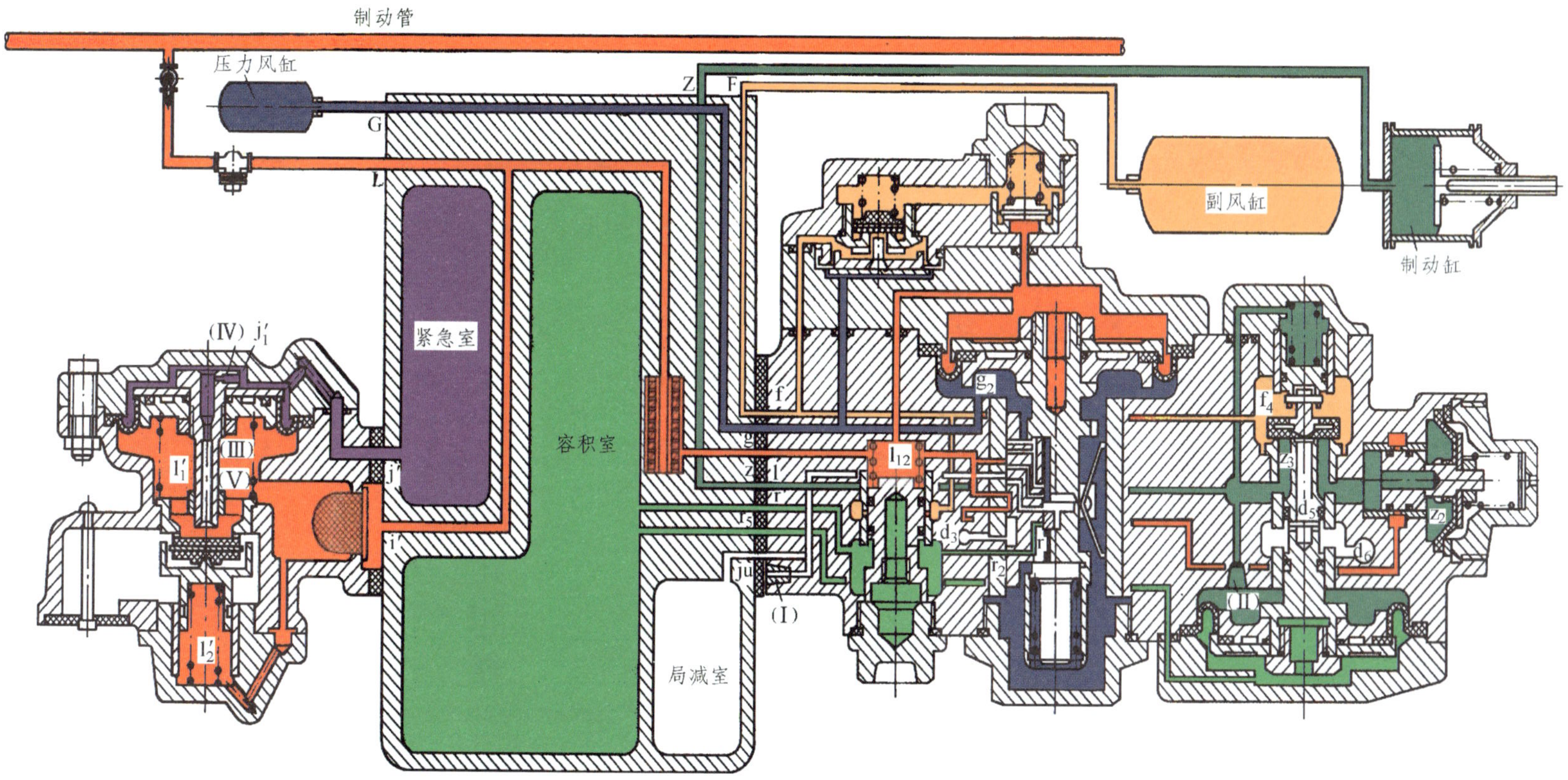

图 11-20　104 分配阀常用制动保压位

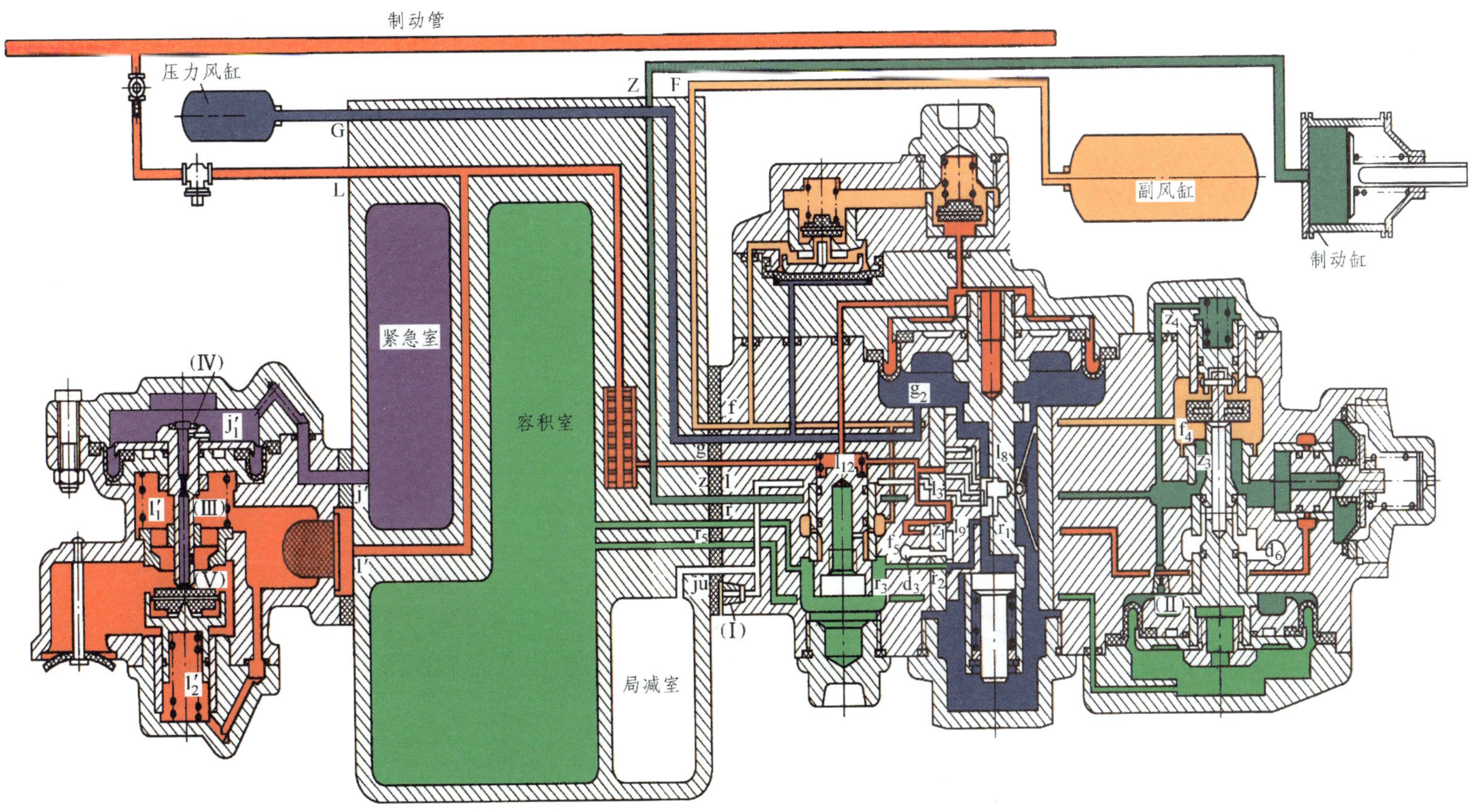

图 11-22　104 分配阀紧急制动位

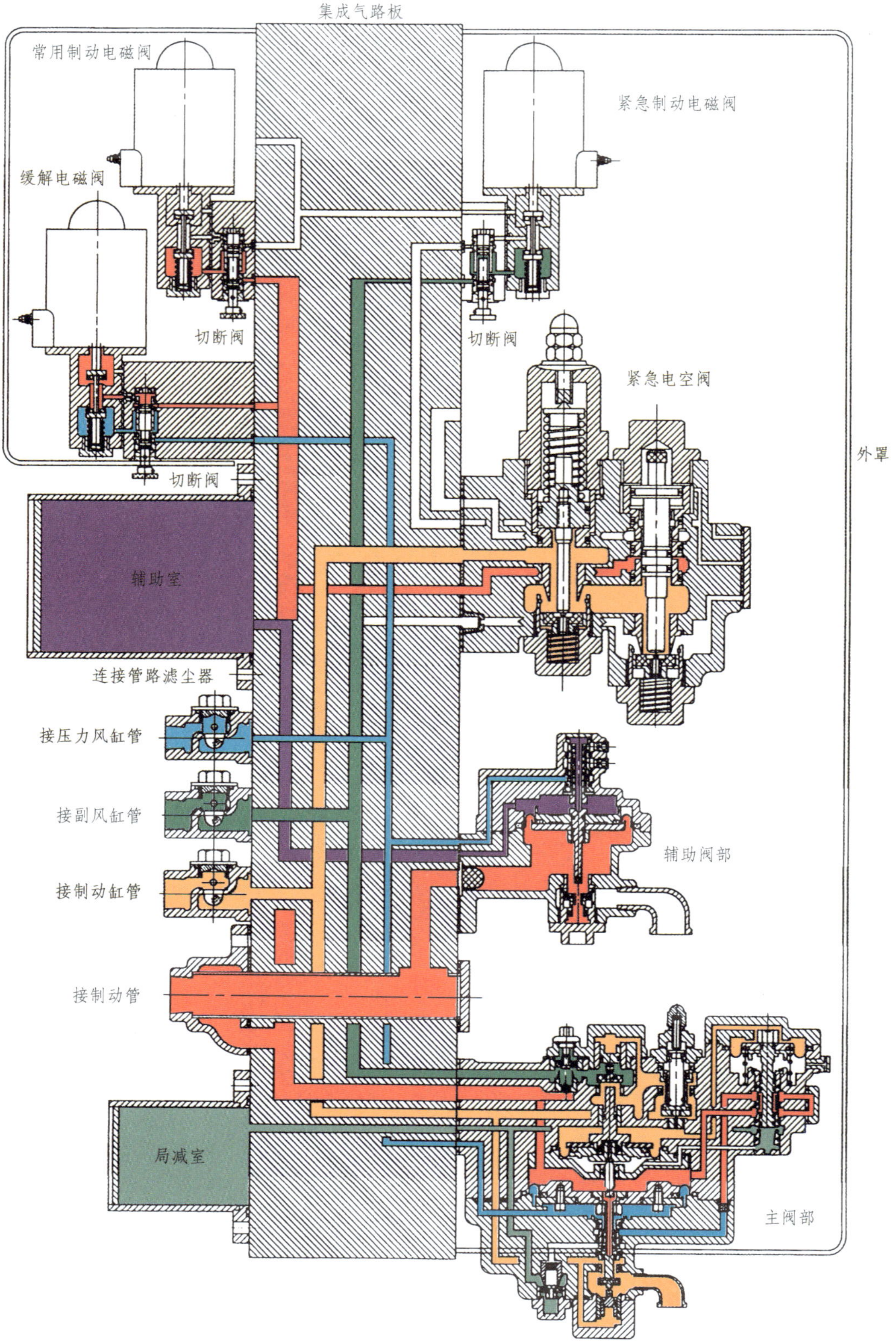

图 12-19　F8 型集成电空制动单元作用原理（充气缓解位）

参考文献

[1] 张旺狮. 车辆制动装置[M]. 2 版. 北京：中国铁道出版社，2015.
[2] 张庆玲，王洋，吕娜，等. 轨道车辆制动检修实务[M]. 北京：清华大学出版社，2015.
[3] 中华人民共和国铁道部. 铁路货车制动装置检修规则[M]. 北京：中国铁道出版社，2008.
[4] 张旺狮. 客车制动装置[M]. 北京：中国铁道出版社，2008.
[5] 张旺狮. 货车制动装置[M]. 北京：中国铁道出版社，2008.
[6] 廖锦春. 机车车辆制动装置[M]. 北京：中国铁道出版社，2008.
[7] 宇善良. 车辆制动[M]. 北京：中国铁道出版社，2016.
[8] 高伟，金光. 电力机车构造[M]. 成都：西南交通大学出版社，2015.
[9] 刘志强. 铁路机车车辆[M]. 北京：中国铁道出版社，2007.
[10] 王冰. 电力机车总体与整备[M]. 北京：北京交通大学出版社，2014.
[11] 宋顺宝. 客车车辆构造与检修[M]. 北京：中国铁道出版社，2003.
[12] 宫艳芳. 铁路机车车辆[M]. 北京：中国铁道出版社，2017.
[13] 许建林. 铁道机车制动系统综合作用图册[M]. 北京：北京交通大学出版社，2018.

思考与练习题参考答案